Margaret Sanger

Une autobiographie

Marguerite Sanger

Writat

Cette édition parue en 2024

ISBN : 9789359942612

Publié par
Writat
email : info@writat.com

Selon les informations que nous détenons, ce livre est dans le domaine public. Ce livre est la reproduction d'un ouvrage historique important. Alpha Editions utilise la meilleure technologie pour reproduire un travail historique de la même manière qu'il a été publié pour la première fois afin de préserver son caractère original. Toute marque ou numéro vu est laissé intentionnellement pour préserver sa vraie forme.

Contenu

REMERCIEMENTS

Mes remerciements vont tout particulièrement à Rackham Holt pour son aide avisée dans l'organisation du matériel et pour ses conseils infatigables et inspirés lors de la préparation de ce livre ; ainsi qu'à Walter S. Hayward dont l'aide compétente a contribué à alléger la tâche.

Au cours de la préparation de ce récit, de nombreux ouvrages ont été consultés. J'espère que leurs auteurs conviendront avec moi qu'une bibliographie sur une histoire personnelle est fastidieuse et accepteront une reconnaissance générale mais néanmoins reconnaissante.

Mon admiration s'est toujours portée vers la personne qui peut se mettre par écrit et consigner à des fins historiques un compte rendu exact de ses sentiments et de ses pensées honnêtes, même si elles peuvent sembler refléter celles de nombre de ses amis et de ses collaborateurs. Dans cette histoire, je n'ai intentionnellement blessé personne . Parce que son fil a nécessairement suivi des moments forts dramatiques, de nombreuses personnes qui ont joué un rôle important n'ont pas été mentionnées. Je ne les ai pas oubliés, ni ces nombreux autres qui ont fait des offrandes plus modestes. Certains ont été pionniers dans leurs domaines et localités particuliers ; certains ont donné généreusement et sans faille leur aide financière ; certains ont consacré bénévolement tout leur temps et leurs efforts en tant que dirigeants et membres du comité ; certains ont combattu et travaillé à mes côtés au fil des années ; certains ne sont intervenus que pour un rôle bref mais significatif. Bien qu'à la périphérie de l'armée, c'est vers ces derniers comme vers ceux de l'avant-garde que l'avancée s'est faite. Et je tiens particulièrement à remercier les collaborateurs et les membres des différents personnels dont la contribution ne peut en aucun cas être mesurée à l'aune de leurs fonctions et dont le dévouement infatigable et loyal a toujours été pour moi un rempart de force.

Il a été impossible de réaliser mon désir sincère de donner à tous une reconnaissance personnelle et individuelle et une expression de gratitude. Ni l'histoire du mouvement pour le contrôle des naissances ni la part que j'y ai prise ne pourraient être complètes, cependant, si je n'avais pas rendu hommage à l'intégrité, à la vaillance, au courage et à la clarté de vision des hommes et des femmes qui, année après année, ils ont maintenu leurs principes et ne s'en sont jamais écartés dans une cause qui nous appartient à tous.

Chapitre un

DONT JE SUIS

« Par où dois-je commencer, s'il vous plaît, Votre Majesté ? » Il a demandé. « Commencez par le début, dit le roi très gravement, et continuez jusqu'à la fin : puis arrêtez. »

LEWIS CARROLL

Les rues de Corning, New York, où je suis né, montent jusqu'à la rivière Chemung, qui coupe la ville en deux ; les gens qui vivent là-bas ont les genoux souples à force de monter et de descendre. Quand j'étais petite, les chênes et les pins rencontraient les allées de pierre au sommet de la colline, et là, dans les bois, mon père a construit sa maison, espérant que la « congestion des poumons » de ma mère serait soulagée si elle pouvait respirer l'air pur. , air chargé de baume.

Ma mère, Anne Purcell, toussait toujours, et lorsqu'elle s'appuyait contre le mur, la conversation, qui résonnait sans cesse de pièce en pièce, devait s'arrêter jusqu'à ce qu'elle se rétablisse. Elle était mince et droite comme une flèche, avec la tête bien posée sur les épaules tombantes, des cheveux noirs et ondulés, une peau blanche et impeccable, et des yeux bien écartés, gris-vert, mouchetés d'ambre. Sa famille était irlandaise d'aussi loin qu'elle puisse retracer ; la tension des conquérants normands s'était manifestée à travers les générations et pouvait expliquer son courage inébranlable.

La sensibilité de la mère à la beauté trouvait une partie de son expression dans les fleurs. Nous n'avions pas d'argent pour les acheter et elle n'avait pas le temps de les cultiver, mais les bois et les champs étaient notre jardin. Je ne me souviens jamais d'être assis à une table non égayée de fleurs ; depuis le premier arbousier du printemps jusqu'à la dernière verge d'or de l'automne, nous en avons eu en abondance.

Même si nous étions à l'époque victorienne, notre maison était presque exempte de victorianisme. Père lui-même avait fabriqué nos meubles. Il avait même coupé et poli la dalle de la grande « table au dessus de marbre », comme on l'appelait toujours. Seulement dans la pièce d'amis se trouvait une pièce achetée dans un magasin : un lavabo verni. Les choses que vous avez faites vous-même n'étaient pas considérées comme assez bonnes pour les invités. Parfois, les visiteurs du père étaient des médecins, des enseignants ou peut-être le curé du village, mais la plupart du temps, il s'agissait d'artisans de la communauté : ébénistes, maçons, charpentiers qui admiraient ses idées et partageaient sa passion pour la chasse. Entre arpenter les bois et discuter, ils avaient aidé à construire la charpente et le toit de la maison, travaillant après les heures pour ce faire.

Son père, Michael Hennessy Higgins, né en Irlande, était un anticonformiste de bout en bout. Tous les autres hommes avaient la barbe ou la moustache, pas lui. Sa crinière rouge vif, beaucoup trop longue selon la famille, s'éloignait de son front massif ; il ne le raccourcirait pas comme le faisaient la plupart des pères. En fait, cela convenait à sa tête finement modelée. Il mesurait près de six pieds et était musclé; ses yeux bleus vifs étaient rehaussés par une peau rosâtre et tachetée de rousseur. L'homélie et l'humour jaillissaient sans cesse de sa bouche généreuse avec un accent qu'il ne perdait jamais. Les blagues avec lesquelles il ponctuait chaque histoire étaient reprises, racontées et dispersées. Quand j'étais petite , ils me dépassaient, mais j'entendais mes aînés rire.

La cicatrice sur le front de son père était son insigne de service militaire. Lorsque Lincoln avait appelé à des volontaires contre le Sud rebelle, il avait pris ses seuls biens, une montre en or héritée de son grand-père et l'héritage de son propre père de trois cents dollars, et s'était enfui de son domicile au Canada pour s'enrôler. Mais on lui avait dit qu'il n'était pas assez vieux et il fut obligé d'attendre avec impatience un an et demi jusqu'à ce que, le jour de son quinzième anniversaire, il rejoigne la douzième cavalerie volontaire de New York en tant que batteur.

L'une des aventures de mon père avait été la capture d'un capitaine confédéré sur une belle mule, cette dernière étant considérée comme l'acquisition la plus précieuse du régiment. Nous avons été élevés dans la tradition selon laquelle il avait été l'un des trois hommes sélectionnés par Sherman pour leur bravoure. Cela nous a rendus très fiers de lui. Mieux vaut ne rien commencer avec mon père ; il pouvait battre n'importe qui ! Mais lui-même avait été consterné par les brutalités de la guerre ; jamais par la suite il ne fut intéressé par le combat, à moins peut-être que son esprit sportif irlandais ne se manifeste lorsque deux chiens bien assortis s'affrontaient.

Immédiatement après avoir quitté l'armée, son père avait étudié l'anatomie, la médecine et la phrénologie, mais uniquement pour perfectionner ses compétences en modelage. Il gagnait sa vie en ciselant des anges et des saints dans d'énormes blocs de marbre blanc ou de granit gris pour les pierres tombales des cimetières. C'était un philosophe, un rebelle et un artiste, dont aucun n'était fait pour produire de la richesse. Notre existence ressemblait à celle de n'importe quelle famille d'artistes : des poules aujourd'hui et des plumes demain.

Les Noëls étaient au seuil de la pauvreté. Si l'un d'entre nous avait besoin d'un nouveau manteau d'hiver ou d'une nouvelle paire de couvre-chaussures, ceux-ci constituaient nos cadeaux. J'étais le plus jeune d'une famille de six ans, mais d'autres ont continué à venir après moi jusqu'à l'âge de onze ans. Nos poupées étaient des bébés – des corps vivants qui se tortillaient pour se laver et s'habiller au lieu de visages sans vie qui ne pleuraient ni ne dormaient jamais. Un pin à côté de la porte était notre sapin de Noël. Père aimait que nous utilisions des choses naturelles et nous devions compter sur l'ingéniosité plutôt que sur les magasins du village, alors nous l'avons décoré avec du pop-corn blanc et des canneberges rouges que nous avons enfilés nous-mêmes. Notre don le plus précieux était celui de l'imagination.

Nous avions peu de temps pour nous récréer. L'école était à huit kilomètres et nous devions faire des allers-retours deux fois par jour et effectuer des tâches ménagères. Les garçons traitaient la vache, s'occupaient des poules et prenaient soin de Tom, le vieux cheval blanc qui tirait notre traîneau le long de la colline. Les filles aidaient à coucher les plus jeunes enfants, raccommodaient les vêtements, mettaient la table, nettoyaient les légumes et faisaient la vaisselle. Nous avons accepté tout cela sans sentiment de privation ni de lésation, étant plutôt fiers de partager la responsabilité.

Et nous avons profité au maximum de nos vacances. Nous étions si nombreux que nous n'avions pas besoin de dépendre des étrangers, et le samedi après-midi, nous jouions nous-mêmes des pièces de théâtre dans la grange. D'habitude, nous étions gênés d'afficher nos émotions ; nous considérions les larmes et les colères dans d'autres foyers avec un étonnement choqué comme des signes de mauvaise éducation. Mais jouer du théâtre, c'était encore autre chose. Ici, nous pourrions trouver un débouché pour le talent histrionique et gagner l'admiration au lieu de lever les sourcils. Je me considérais plutôt comme une actrice et j'imitais souvent certains personnages locaux, pour le plaisir apparent de mon public limité de famille et de voisins. Il ne fallut pas longtemps avant que je me mette à déclamer. *La Dame de Lyon* était une de mes spécialités :

Ceci est ton palais, où la lumière parfumée

Vole à travers la brume des lampes d'albâtre,

Et chaque air est lourd de soupirs

Des orangeraies et de la musique des doux luths

Et les murmures des fontaines basses qui jaillissent

Je suis au milieu des roses !

Le plein air était notre terrain de jeu, mais je n'avais pas conscience à l'époque de mon amour pour le pays. Les choses dans l'enfance changent de perspective. Ce qui était considéré comme acquis revêt alors une grande importance plus tard dans la vie. Je savais comment poussait le chêne et où se trouvaient les violettes blanches et jaunes, et avec un léger sentiment de supériorité, je montrais et expliquais ces mystères aux enfants de la ville. Ce n'est que lorsque les trottoirs sont devenus mes chemins que j'ai réalisé à quel point le pays faisait partie de moi et à quel point il me manquait.

Nous étions tous, frères et sœurs, sains et forts, vigoureux et actifs ; nos appétits n'étaient réduits que par nécessité. Nous jouions ensemble aux mêmes jeux et partagions les mêmes sports : le baseball, le patinage, la natation, la chasse. Néanmoins, hormis le fait que nous avions tous les cheveux roux, allant de la carotte au bronze, nous étions très distincts physiquement. Les filles étaient petites et féminines, les garçons rauques et musclés. Quand je suis allé dans le monde et que j'ai observé des hommes, par ailleurs admirables, qui ne pouvaient pas enfoncer un clou ou utiliser une scie, une pioche, une pelle ou une hache, j'étais abasourdi. J'ai toujours tenu pour acquis que n'importe quel homme pouvait fabriquer des choses de ses mains.

C'est ce que j'attendais même des femmes. Ma sœur aînée, Mary, possédait, plus que nous autres, un charme et une douceur innés. Elle pouvait faire n'importe quoi dans le domaine domestique : broderie, confection de vêtements, couture, cuisine ; elle savait concocter les mets les plus délicieux et les plus insolites, et préparer des pâtisseries délicates. Mais elle était aussi experte en tapisserie, en menuiserie, en peinture, en toiture en bardeaux ou en chaume. Lorsque Mary était à la maison, nous n'avons jamais eu besoin de faire appel à un plombier. Elle chevauchait gracieusement et maniait les rênes depuis le siège de la voiture avec la même dextérité ; elle pouvait traire une vache et accoucher d'un bébé ; les voisins l'appelaient pour soigner leur bétail malade ou, lorsque la mort survenait, pour disposer le corps ; elle enseignait les mathématiques et le latin et connaissait bien les classiques, mais elle préférait le théâtre et était une critique dramatique dont le jugement était souvent sollicité. Dans tout ce qu'elle faisait, sa douceur et sa gentillesse étaient apparentes, même si elle exerçait ses nombreuses bontés en secret. Elle a quitté le toit de la maison alors que j'étais encore enfant, mais elle n'a jamais manqué d'envoyer des boîtes de Noël dans lesquelles tous les membres de la famille partageaient, chaque cadeau joliment emballé et décoré de rubans et de cartes.

Mes frères étaient de fervents sportifs, même s'ils n'étaient peut-être pas des érudits exceptionnels. Ils pouvaient utiliser leurs poings et étaient aussi bons tireurs que leur père. D'ailleurs, nous savions tous tirer ; n'importe quelle personne normale pourrait manier une arme à feu. Mon père était un grand chasseur. Nos meilleurs moments étaient lorsque ses amis venaient passer la nuit, discutant tard, partant tôt le lendemain matin pour les bois lourds qui étaient pleins de renards, de lapins, de perdrix, de cailles et de faisans.

Quelqu'un nettoyait et graissait toujours un pistolet dans la cuisine ou transportait de la nourriture au chenil. Les garçons étaient dévoués à leurs chiens renards et lapins, mais leur père prodiguait son affection aux chiens oiseaux. Notre favori nous est parvenu sans être recherché ni acheté, et j'ai été fier de son arrivée dans la famille. Un après-midi, j'étais assis seul au bord du ruisseau sans nom qui coulait près de notre maison, clair et frais, assez profond par endroits pour faire de petites baignades lors des chaudes journées d'été. J'étais en train d'épingler avec des épines une couronne de feuilles pour orner ma tête lorsqu'un grand chien blanc s'est approché, a reniflé, a remué la queue et a semblé vouloir y appartenir. Ce n'était pas un chien ordinaire, mais un setter anglais de bonne race, visiblement perdu. Comme mon père l'aimerait !

Même si le chien n'avait pas de collier, j'étais un peu inquiet quant à mon droit de propriété. Une tache brun-rouge bien visible sur la nuque a simplifié mon problème. Discrètement, je l'ai glissé dans la grange, je l'ai attaché, j'ai choisi un pinceau, je l'ai trempé dans l'un des pots de peinture toujours à portée de main et j'ai multiplié la tache par dix. Pendant une journée, en attendant qu'ils sèchent, je l'ai bien nourri avec de la nourriture récupérée dans les rations des autres occupants du chenil, puis je l'ai emmené dehors, ses poils raidis avec de la peinture, et je l'ai offert à mon père comme cadeau spécial.

Acceptant le cadeau dans l'esprit dans lequel il était prévu, mon père admira les pointes du chien et, avec un scintillement incomparable, se prêta à une tromperie qui, bien entendu, ne pouvait tromper personne. Quand samedi soir est arrivé, le quartier a examiné l'animal ; personne ne le connaissait, alors nous l'avons nommé Toss et l'avons admis dans la maison. Plus tard, il s'est accouplé avec un setter irlandais sans importance, et l'un des chiots résultants, Beauty, a partagé ses privilèges.

Toss, ainsi que tout le monde, souscrivait à l'idée selon laquelle « l'artiste » en père devait être pris en charge. Au premier bruit de son raclement de gorge le matin, Toss ramassa les chaussures qui avaient été laissées pour être nettoyées et les porta une à une jusqu'à la porte de la chambre, puis remua la queue, attendant qu'on les caresse. Les chaussures de mon père étaient toujours cirées, son pantalon toujours froissé. Chaque jour, même lorsqu'il allait au travail, il enfilait des chemises blanches impeccables avec des cols amidonnés et des poignets amovibles ; c'était une sorte de luxe, car il fallait les laver à la maison, mais cela se faisait d'une manière ou d'une autre.

Le père prenait peu ou pas de responsabilité dans les moindres détails des tâches quotidiennes. Je peux le voir quand il n'avait rien sous la main, riant et plaisantant ou lisant de la poésie. Mais ma mère était constamment occupée à coudre, à cuisiner, à faire ceci et cela. Pour une femme aussi ardente et courageuse, il a dû faire des efforts, et je m'étonne encore de sa patience. Elle aimait profondément ses enfants, mais personne n'a jamais douté qu'elle idolâtrait son mari, et au cours des années de sa vie conjugale jusqu'à sa mort prématurée, sa constance n'a jamais faibli. Le dévouement du père envers la mère, bien que tout aussi profond, ne s'est jamais manifesté de manière pratique.

La relation existant entre nos parents était inhabituelle pour son époque ; ils avaient l'idée de la camaraderie et non seulement s'aimaient mais s'aimaient et se respectaient. Il n'y avait ni querelles ni querelles ; aucun de nous n'a eu à prendre parti en disant : « Père a raison » ou « Mère a raison ». Nous savions que si nous plaisions à l'un, nous plaisions à l'autre, et une telle atmosphère laisse des traces ; nous nous sentions à l'abri de l'incertitude émotionnelle et étions nous-mêmes guidés vers la certitude de notre avenir. Nous étions tous amis, mais pas dans le sens moderne de la familiarité. Un peu de dignité et de formalité étaient toujours maintenus et nous étions invariablement adressés par nos noms complets. Le siècle de l'enfant n'était pas encore arrivé.

A cette époque, les jeunes, à moins d'être invités à parler, étaient vus et non entendus. Mais dès que mon père nous considérait comme assez vieux pour avoir des idées ou des opinions, nous avions toute latitude pour les exprimer, aussi adolescents soient-ils. Il détestait l'esclavage du modèle et du suivi des exemples et croyait en l'égalité des sexes ; non seulement il s'est prononcé fermement en faveur du droit de vote des femmes à la suite de Susan B. Anthony, mais il a également préconisé les bloomers de Mme Bloomer comme tenue vestimentaire pour les femmes, même si sa femme et ses filles ne les portaient jamais. Il s'est battu pour des bibliothèques gratuites, une éducation gratuite, des livres gratuits dans les écoles publiques et la libération de l'esprit des dogmes et des absurdités . Assis confortablement, les pieds sur la table, il disait : « Vous devriez redonner quelque chose à votre pays car, enfant, vous avez été bercé dans le berceau de la liberté et allaité dans le sein de la déesse de la vérité. » Père parlait toujours comme ça.

Bien qu'il ait été le premier socialiste de la communauté, son père a également accepté l'impôt unique et est devenu le champion et l'ami d'Henry George. *Progrès et Pauvreté* était l'un des derniers ajouts à notre maigre bibliothèque. Il riait et se réjouissait lorsqu'il tombait sur des phrases qui lui paraissaient charnues, les lisant à haute voix à sa mère, qui les acceptait comme étant bonnes parce qu'il disait qu'elles allaient bien. Le reste d'entre nous avons tous dû parcourir le livre afin, comme il l'a dit, « d'élever l'esprit ». Pour moi, cela reste l'un des plus ennuyeux jamais écrits.

La loyauté de la mère envers le père a été mise à l'épreuve à plusieurs reprises. Elle était responsable de l'alimentation, de l'habillement et de la gestion de ses revenus, combinés à ceux des enfants les plus âgés. Mais la générosité de mon père ne tenait pas compte des faits. Un jour, on lui a demandé d'acheter une douzaine de bananes pour le dîner. Au lieu de cela, il en acheta quinze douzaines et, sur le chemin du retour, il les donna toutes aux écoliers et aux filles qui jouaient à la récréation. Une autre fois, il s'est présenté avec huit enfants d'un voisin ; le neuvième avait été mis en quarantaine pour diphtérie. Ils ont vécu avec nous pendant deux mois, entassés dans nos lits, blottis entre nous à table. Mère les a accueillis comme elle l'a fait pour ses autres invités. La maison était toujours ouverte. Elle n'était pas tant sociale que intrinsèquement hospitalière. Mais avec son corps frêle et son portefeuille mince, il lui fallait du courage pour sourire.

Une seule fois, dont je me souviens, la patience de ma mère a cédé. C'est à ce moment-là que son père envahit son royaume de manière trop radicale et invita Henry George à donner une conférence dans le principal hôtel - avec un banquet en plus. De l'argent économisé pour le charbon d'hiver, il avait retiré suffisamment d'argent pour divertir cinquante hommes dont les enfants étaient bien nourris et bien nourris. habillé. C'était la seule fois où je savais que mes parents étaient en désaccord, même si, même à ce moment-là, je n'entendais aucun mot de dispute. Quoi qu'il se soit passé entre eux, je n'en étais pas sûr, mais mon père a passé plusieurs jours à retrouver le sourire et la lumière dans ses yeux.

Après la visite d'Henry George, nous avons dû nous passer du charbon pendant la majeure partie de l'hiver.

Avec plus de plaisir que *le Progrès et la Pauvreté* , je me souviens d'une *Histoire du monde* , *de Lalla Rookh* , *des Voyages de Gulliver* et *des Fables d'Ésope* . Ce dernier a touché une corde sensible et philosophique chez mon père. "Loup! Loup!" et « Raisins aigres » étaient souvent utilisés pour illustrer les imperfections insignifiantes auxquelles tous les êtres humains étaient soumis. Pour ses paraboles, il s'inspirait aussi de la Bible, le volume le plus énorme que l'on ait jamais vu, relié de cuivre, avec de lourds fermoirs, et qui était le dépôt des statistiques familiales ; chaque naissance, mariage, décès y était inscrit. Les manuels du travail du père étaient les physiologies, dont l'un était associé à une matière médicale . Celles-ci m'ont particulièrement attiré, peut-être parce qu'elles étaient illustrées de planches aux couleurs vives, principalement rouges et bleues, et décrivaient l'intérieur fascinant et inconnu du corps humain.

Les voisins venaient constamment demander de l'aide à mon père. « À votre avis, quel est le problème avec cet enfant ? Même sans thermomètre, il pouvait savoir, en palpant la peau, si vous aviez de la fièvre. Il prescrivait du bismuth si le diagnostic était "maladie estivale", de l'huile de ricin si vous aviez mangé quelque chose qui ne vous convenait pas, et toujours du soufre et de la mélasse au printemps "pour nettoyer le sang".

La panacée de mon père était le whisky – le « bon whisky » qui « libérait l'esprit ». Il n'y avait rien d'un système dérangé à un esprit déprimé qu'il ne pouvait réparer. Il ne buvait jamais seul, mais aucun invité masculin ne franchissait la porte ou ne s'asseyait pour passer l'heure de la journée sans qu'il lui présente la bouteille. "Tu as un petit stimulant ?"

Mais pour mon père, la principale valeur du whisky était médicinale. Si les oreillons se transformaient en un gros et laid abcès, il mettait la lame de son couteau dans le feu, perçait la glande et nettoyait la plaie avec du whisky – du bon whisky. Quand mon visage était enflé d'érysipèle, il le peignait matin, après-midi et soir avec de la teinture d'iode ; le médecin l'avait ordonné. J'étais fermement maintenu en place à chaque fois que cette torture était infligée et, dès que j'étais relâché, j'ai sauté et j'ai couru en criant et en hurlant dans la cave, où j'ai plongé mon visage brûlant dans une casserole de babeurre frais jusqu'à ce que la douleur s'apaise. Cela a duré plusieurs jours et j'étais épuisé par le redoutable iode. Finalement, mon père a décidé d'abandonner le traitement et de le remplacer par du bon whisky. Puis j'ai récupéré.

Aussi nécessaire au père que les physiologies était un livre du célèbre phrénologue Orson Fuller, auprès duquel il avait étudié. Mon père croyait implicitement que la tête était l'expression sculptée de l'âme. Des yeux droits ou bridés, une crête entre eux, un nez retroussé, des lèvres charnues, des renflements devant ou derrière les oreilles, tous ces traits avaient pour lui une signification précise. Un chercheur devait être curieux, un chercheur avec une curiosité plus que normale ; un musicien devait avoir de l'ordre et du temps sur les sourcils ; un pugiliste ne pouvait pas être fait mais devait avoir les protubérances appropriées autour des oreilles.

L'une des phrases de mon père était : « La nature est le sculpteur parfait ; elle n'a jamais tort. Si vous semblez avoir commis une erreur de lecture, c'est que vous n'avez pas lu correctement. Lui-même se trompait rarement et sa réputation se répandait partout. Des jeunes hommes confus d'esprit et dans l' état habituel de perplexité avant l'obtention du diplôme sont venus de Cornell et d'autres collèges pour le consulter au sujet de leur carrière. Il examinait les têtes et les visages, leur disait où, selon lui, se trouvaient leurs véritables vocations, et complétait plus tard ces conseils par une volumineuse correspondance intéressée. Je n'ai pu m'empêcher de capter ses principes et une partie de sa fougue, même si je n'ai jamais pu aussi bien analyser le caractère. Aucune façade ou aucun sens commercial ne pourrait le détourner, alors que j'ai souvent été trompé par la confiance en soi et l'estime de soi d'une personne.

Dans la communauté majoritairement catholique de Corning, les croix fixées dans les cimetières étaient la règle pour les pauvres et, avant de se démoder, les anges dans diverses poses pour les riches. Je regardais mon père au travail.

Le croquis approximatif au crayon n'indiquait pas grand-chose ; le premier bloc de pierre non façonné l'était encore moins. Il jouait avec le marbre dur et inflexible comme s'il s'agissait d'argile, créant un petit éclat pour une bouche, qui devenait de plus en plus ronde. Un visage apparut alors, une épaule, un drapé, des mains en prière, jusqu'à ce que finalement le tout se dresse avec des ailes et une auréole.

Bien que les catholiques fussent les meilleurs protecteurs de son père, de par sa nature et son éducation, il déplorait leur dogme. Il rejoignit les Chevaliers du Travail, qui luttaient contre l'afflux d'immigrants non qualifiés en provenance des pays catholiques, ce qui ne le fit pas aimer de sa clientèle. Son mariage avec le colonel Robert G. Ingersoll, un homme selon son cœur, dont il avait étudié avec attention les œuvres et utilisé comme textes, l'était encore moins. Un jour, alors que le challenger lançait un défi retentissant dans les villes voisines, mon père a lancé une invitation à parler à Corning et à l'éclairer. Il collecta des souscriptions pour payer la seule salle de la ville, propriété du père Coghlan. Un avis fut inséré dans le journal selon lequel la réunion aurait lieu le dimanche suivant, mais la nouvelle se répandit principalement de bouche à oreille. « Mieux vaut venir. Parlez-en à tous vos amis.

Le dimanche après-midi est arrivé et mon père a escorté le « colonel Bob » de l'hôtel au hall, je trottais à ses côtés. Nous avons traversé la foule qui attendait, mais les portes fermées restaient silencieuses et réprobatrices – la nouvelle était également parvenue au père Coghlan.

Certains étaient là pour entendre et apprendre, d'autres pour dénoncer. Les antipathies entre les deux ont soudainement explosé en action. Les tomates, les pommes et les souches de chou se mirent à voler. Ce fut ma première expérience de colère dirigée contre ceux qui avaient des opinions contraires à celles acceptées. C'était mon premier, mais en aucun cas le dernier. Je devais le rencontrer à plusieurs reprises, et toujours avec le même étonnement et le même dédain. Mon père n'éprouvait apparemment que du dédain. Résolument, il annonça que la réunion aurait lieu dans les bois près de chez nous une heure plus tard, puis il conduisit Ingersoll et le « troupeau » à travers les rues. J'avançai à nouveau péniblement, ma petite main serrée dans la sienne, la tête toujours aussi haute.

Qui se souciait de cette petite salle morne et sombre ! Dans la forêt, il y avait de la place pour tous. Ceux qui étaient venus discuter étaient assis par terre, fascinés, en cercle autour de l'orateur debout. Pour eux, les huées étaient accessoires et étaient ignorées. Je ne me souviens pas d'un mot de ce que le colonel Ingersoll a dit, mais la scène demeure. Il était tard dans l'après-midi et les grands pins se dressaient devant l'éclat ardent du soleil couchant, qui illuminait le ciel avec l'éclat particulier aux rémanences de la vallée de Chemung.

Le père Coghlan, aux cheveux gris et fleuri, probablement grand dans la fleur de l'âge, est venu rendre visite à sa mère. C'était un vieux monsieur gentil, pas vraiment intolérant. La fermeture de la salle était une question de principe ; il ne pouvait pas accueillir d'athée dans ces murs sacrés. Mais il était prêt à en parler par la suite. En fait, il aimait plutôt discuter avec les rebelles. Il était plein de persuasion qu'il utilisait sur sa mère, la suppliant d'exercer son influence auprès de son père pour l'empêcher de s'abstenir de ses mauvaises voies. Elle avait été élevée dans la foi, même si depuis son mariage avec un libre penseur qui avait tant affligé ses parents, elle n'était jamais allée à l'église à ma connaissance. Le curé était troublé de voir son âme damnée alors qu'elle aurait pu être une bonne catholique, et la suppliait d'envoyer ses enfants à l'église et à l'école paroissiale, pour tenir bon contre l'intrusion de l'impiété. La mère a dû souffrir du conflit.

Aucun d'entre nous n'avait réalisé à quel point l'épisode d'Ingersoll allait affecter notre bien-être. Par la suite, nous étions connus comme les enfants du diable. Sur le chemin de l'école, des noms ont été criés, des langues tirées, des grimaces faites ; l'empreinte juvénile de la désapprobation avait été apposée sur nous. Mais nous étions tellement imprégnés de notions « hérétiques » que cela ne nous dérangeait pas particulièrement et ne pouvions pas voir l'avenir sombre où une enfance difficile allait devenir plus difficile. Plus aucun ange en marbre ne devait être sculpté pour les cimetières catholiques locaux et, tandis que les revenus du père diminuaient, la famille s'agrandissait.

Parfois, de grosses commissions lui étaient offertes dans des villes voisines où sa réputation était encore élevée, et il partait alors plusieurs jours d'affilée, revenant avec mille ou quinze cents dollars en poche ; nous avions tous des vêtements neufs et la maison en était pleine. On achetait de la nourriture pour l'hiver : navets, pommes, farine, pommes de terre. Mais là encore , une année pouvait s'écouler avant qu'il en ait une autre, et entre-temps, nous nous étions lourdement endettés.

À l'égard de la religion orthodoxe, l'attitude du père restait une attitude de tolérance. Il considérait le Nouveau Testament comme la noble histoire d'un être humain qui, à cause de l'ignorance et du manque d'imprimerie, était devenue exagérée. Il soutenait que les religions servaient leur objectif ; certaines personnes dépendaient d'eux toute leur vie pour leur discipline, pour les garder droits, pour les rendre honnêtes. D'autres n'avaient pas besoin d'être ainsi tenus en ligne. Mais la soumission à n'importe quelle église était une réflexion sur la force et le caractère. Vous devriez pouvoir obtenir de vous-même ce pour quoi vous deviez aller à l'église.

Lorsque nous lui avons demandé à quelle école du dimanche nous devrions assister, il a suggéré : « Essayez-les toutes, mais ne soyez enchaîné à aucune. » Pendant un an ou deux, j'ai fait le tour, surtout à Noël et à Pâques, où l'on recevait des oranges et des petits sachets de bonbons. Il faisait toujours froid à l'église catholique et les bancs en bois étaient très nus et durs ; certains sièges étaient recouverts d'un tissu rouge doux, mais ceux-ci étaient réservés aux riches, qui louaient les bancs et mettaient des dollars dans l'assiette lors de la collecte. Je n'ai jamais aimé voir la figure de Jésus sur la croix ; nous ne pouvions pas l'aider parce qu'il avait été crucifié depuis longtemps. Je préférais de loin la Vierge Marie ; elle était belle, souriante – comme j'aimerais avoir l'air quand j'aurais un bébé.

Dire mes prières pour le bénéfice de ma mère était spasmodique. Ethel, la sœur la plus proche de mon âge, était plus encline que moi aux phases religieuses et je pourrais la mettre au lit plus rapidement si je les disais avec elle. Un soir, lorsque nous eûmes terminé ce rituel respectueux , je montai sur la chaise de mon père pour lui souhaiter une bonne nuit. Il a demandé d'un ton interrogateur : « Qu'est-ce que tu disais à propos du pain ?

"Eh bien, c'était dans la prière du Notre Père : 'Donnez-nous aujourd'hui notre pain quotidien.'"

"À qui parlais-tu?"

"À Dieu."

« Dieu est-il un boulanger ? »

J'étais choqué. Je me suis néanmoins rallié à l'attaque et j'ai répondu du mieux que j'ai pu, sans doute influencé par les conversations que j'avais entendues. "Non bien sûr que non. Cela signifie la pluie, le soleil et tout ce qui fait le blé, qui fait le pain.

« Eh bien, eh bien, » répondit-il, « c'est donc l'idée. Alors pourquoi tu ne le dis pas ? Dites toujours ce que vous voulez dire, ma fille ; C'est beaucoup mieux."

Par la suite, j'ai commencé à remettre en question ce que je tenais auparavant pour acquis et à raisonner par moi-même. Ce n'était pas agréable, mais mon père m'avait appris à réfléchir. Il n'a donné à aucun de nous beaucoup de paix. Lorsque nous avons mis des chaussures solides, il a dit : « Très bien. Très confortable. Savez-vous qui les a fabriqués ?

"Eh bien, oui, le cordonnier."

Nous avons ensuite dû écouter des descriptions graphiques des conditions de travail dans l'industrie de la chaussure, afin d'en apprendre davantage sur la misère et la pauvreté dont souffraient les travailleurs afin de garder nos pieds au chaud et au sec.

Mon père ne parlait jamais de religion sans apporter les urnes. En fait, il a adopté le socialisme parce qu'il croyait que la philosophie chrétienne mettait en pratique, et pour moi, ses idéaux sont toujours les plus proches de la réalisation de ce que le christianisme est censé faire. Il essayait sans cesse de nous inculquer l'idée que notre devoir ne consistait pas à réfléchir à ce qui pourrait nous arriver après la mort, mais à faire quelque chose ici et maintenant pour rendre la vie des autres êtres humains plus décente. « Vous n'avez pas droit au confort matériel sans rendre à la société le bénéfice de votre honnête expérience », était l'une de ses maximes, et ses mots d'adieu à chacun de ses fils et filles devenus assez grands pour se débrouiller seuls étaient : « Laisse le monde meilleur parce que toi, mon enfant, tu y as habité.

C'était quelque chose à la hauteur.

Chapitre deux

GERME AVEUGLE DES JOURS À VENIR

« Je pense, très cher oncle, que vous ne pouvez pas <u>vraiment</u> souhaiter que je sois la « maman d'une nombreuse famille », *car je pense que vous verrez le grand inconvénient qu'une famille <u>nombreuse</u> serait pour nous tous, et particulièrement pour le pays, indépendant. des difficultés et des inconvénients pour moi-même ; Les hommes ne pensent jamais, du moins pensent rarement, à quel point c'est une tâche difficile pour nous, les femmes, de vivre cela <u>très souvent</u>. »*

LA REINE VICTORIA *à* LE ROI LÉOPOLD

Souvent, lorsque mes frères et sœurs et moi nous rencontrons, nous nous rappelons des aventures drôles ou passionnantes que nous avons vécues, mais je ne désire plus jamais revivre cette première partie de ma vie. L'enfance est censée être une période heureuse. Le mien était difficile, même si je ne le considérais pas alors comme un inconvénient et je ne le considère pas non plus maintenant.

Il ne m'est jamais venu à l'esprit de demander de l'argent de poche à mes parents, mais le jour est venu au cours de ma huitième année où j'ai désespérément besoin de dix centimes. *La Case de l'oncle Tom* arrivait en ville. Samedi après-midi, j'ai commencé avec une de mes camarades de jeu, elle avec son sou, moi avec rien d'autre que la foi. Nous sommes arrivés à l'Opéra de Corning une demi-heure plus tôt. La foule à l'entrée devenait de plus en plus dense. L'heure du lever du rideau était presque arrivée, et toujours pas de miracle. Néanmoins, il me fallait simplement entrer dans ce théâtre. Tout autour de moi avait des billets, de l'argent, ou les deux. Soudain, j'ai senti quelque chose toucher mon bras – le sac à main d'une femme qui était serré contre moi. C'était ouvert et je pouvais voir les pièces convoitées à l'intérieur. Un geste rapide et je pourrais réaliser le désir de mon cœur. Le désir était si profond et si dur qu'il effaçait tout sauf mon besoin impérieux. Je *devais* entrer dans ce théâtre.

J'étais sur le point de tendre la main vers le sac lorsque les portes s'ouvrirent en grand et que la foule se précipita en avant. Étant petit, j'ai été poussé tête baissée sous les cordes et dans la sécurité du siège le plus proche. Mais je ne pouvais prendre aucune joie à jouer.

Alors que je restais sans sommeil cette nuit-là, après une prière de remerciement pour mes nombreuses bénédictions, le claquement du fouet de Simon Legree et les chiens hors scène aboyant après Eliza n'occupaient pas mon esprit. A leur place étaient remplacées des images du diable qui m'avait tenté et de la main de Dieu qui avait été tendue pour me sauver du vol.

Suite à cette expérience, qu'on aurait pu appeler un éveil spirituel, j'ai commencé à associer mes désirs à un raisonnement sur les conséquences. C'était difficile parce que mes sentiments étaient forts et urgents. J'ai réalisé que j'étais composé de deux Moi : l'un, le Moi pensant, l'autre, volontaire et émotionnel, qui exerçait parfois un trop grand pouvoir ; il y avait un danger dans sa direction et je me suis fixé pour tâche d'unir les deux en me soumettant à des épreuves de toutes sortes pour renforcer le Moi de tête.

Pour avoir plus de courage, j'ai commencé à m'obliger à faire ce que je redoutais le plus : monter seul me coucher sans lumière, descendre dans la cave sans chanter, monter sur les chevrons de la grange et sauter sur la botte de foin trente pieds plus bas. Lorsque j'ai pu les accomplir sans broncher, je me suis senti plus en sécurité et plus fort en moi-même.

Mais la tâche la plus difficile de toutes m'attend encore.

De l'autre côté du Chemung, certains de nos amis possédaient une ferme. Leur verger, chargé de pommes délicieuses, me semblait un véritable Éden. Mais pour y arriver par le pont de bois, il y avait trois milles à la ronde ; mes frères préféraient l'itinéraire le plus court sur la travée de fer haute et étroite du chemin de fer d'Erie, sous laquelle la rivière coulait profondément et rapidement. Les liens espacés ne faisaient pas peur à leurs longues jambes, et ils les balançaient souvent par-dessus le bord pendant qu'ils pêchaient dans le ruisseau en dessous. Quand je fis le voyage, mon père et mon frère me tendirent chacun une main à laquelle je m'accrochai farouchement, et ils me soulevèrent à moitié par-dessus les interstices que mes jambes plus courtes pouvaient à peine franchir sans aide. Tenu fermement comme je l'étais, j'ai eu le vertige à cause de la hauteur, et une panique de terreur m'a saisi. En fait, la simple pensée du voyage, même si bien accompagné, me faisait me sentir étrange.

Il était interdit aux plus jeunes de traverser le pont sans être accompagnés. Mais je devais vaincre ma peur ; J'ai dû faire cette promenade seul. Je tremblai en m'approchant. Plus je le craignais, plus j'étais déterminé à me forcer à le faire. Je me souviens maintenant avec quelle stoïque j'ai posé un pied sur la première cravate et j'ai commencé le voyage aventureux et précaire qui s'étendait sans fin devant moi. Je n'osais pas regarder l'eau ; J'avais terriblement envie de voir que mes pieds étaient bien en place, mais je ne pouvais pas faire confiance à ma tête.

À peu près à mi-chemin, j'entendis le bourdonnement des rails en acier. Ma deuxième peur m'était venue : le train toujours possible. Je ne pouvais pas le voir à cause de la courbe au bout du pont. Le chant devenait de plus en plus fort à mesure qu'il se rapprochait. Je savais que je ne pourrais pas traverser à temps et je me tournai vers la poutre la plus proche à laquelle je pourrais m'accrocher. Mais c'était à six pieds. Le moteur, avec un cri sifflant, apparut — reniflant, énorme, menaçant, se précipitant. J'ai trébuché et je suis tombé.

A cette époque, j'étais rondelette et cette rondeur m'a sauvé. Instinctivement, mes bras sortirent et s'enroulèrent autour des liens tandis que je tombais entre eux. Là, je me balançais au-dessus de l'espace. Le pont trembla ; le tonnerre grossissait ; les voitures de tourisme, longues et rapides, fondirent en piqué. J'étais à moins d'un mètre du rail extérieur et une nouvelle terreur m'a saisi. J'avais vu le jet de vapeur aigu et grésillant alors que les locomotives approchaient de la gare. J'ai fermé les yeux et j'ai prié l'ingénieur de ne pas allumer la vapeur.

Après le passage du flou des roues, je ne sentais plus rien. Je suis resté là, je ne sais combien de temps, jusqu'à ce qu'un ami de mon père, qui pêchait en contrebas, vienne à mon secours. Il souleva le petit corps gros et douloureux, me remit debout, me demanda sévèrement si mon père savait où j'étais, me donna deux coups secs sur les fesses, tourna mon visage vers la maison, revint à sa verge et doubler.

Après avoir attendu quelques instants pour réfléchir, je compris qu'il me serait impossible de revenir sur mon chemin. Le bon sens m'a aidé. Le voyage en avant n'était pas plus loin que le voyage en retour. J'ai avancé avec beaucoup plus de courage, sachant que si je pouvais atteindre le bout du pont , je ne serais plus jamais aussi terrifié. Bien que meurtri et endolori, j'ai continué ma marche prudente et j'ai passé un aussi bon moment à la ferme que d'habitude.

Cependant, je suis rentré chez moi par le pont de bois, le chemin long mais pratique.

Quand Ethel m'a demandé ce soir-là pourquoi je mettais de la vaseline sous mes bras, j'ai simplement répondu que je m'étais gratté. L'imprudence n'a jamais été hautement estimée par aucun membre de la famille. Même si l'ingéniosité était considérée comme allant de soi, courir un danger inutile était tout simplement absurde, et je ne voulais aucune censure pour ma désobéissance.

Nous étions rarement grondés, jamais fessés. Si une conversation désagréable était nécessaire, aucun autre frère ou sœur n'était témoin ; aucun des parents n'a jamais humilié un enfant devant un autre. Cela faisait partie de la sensibilité des deux. Mère, en particulier, avait horreur de la véhémence personnelle et des disputes acrimonieuses ; en essayant de les prévenir ou de les arrêter, elle faisait preuve d'une intrépidité étonnante, séparant les chiens de combat, les garçons combattants, et même les hommes combattants.

Aussi pacificatrice qu'elle soit, il lui arrivait parfois de se battre vaillamment pour ses proches, ressentant amèrement les châtiments corporels alors habituels dans les écoles. Un jour, mon frère Joe est rentré à la maison avec les mains si enflées et si boursouflées qu'il ne pouvait pas accomplir sa corvée du soir consistant à rapporter le bois. Mère les regarda attentivement et lui demanda ce qui s'était passé. Il a expliqué que le professeur s'était endormi et que plusieurs garçons avaient commencé à lancer des boules de crachat. Lorsqu'on l'avait frappée sur le nez, elle s'était réveillée avec un petit cri.

La plupart des enfants avaient l'astuce de cacher leur visage derrière leurs grandes géographies et de donner l'impression d'étudier la page avec l'air le plus innocent du monde. Mais Joe n'avait pas une telle technique. Il était fou de rire. L'enseignant l'a d'abord accusé d'avoir lancé le spitball et, lorsqu'il a nié, il a insisté pour qu'il nomme le coupable. Elle avait été embarrassée par sa situation ridicule et avait transformé son émotion en ce qu'elle considérait comme une juste indignation. Joe avait payé le prix d'être battu pour son refus de violer le code d'honneur des écoliers.

C'était une injustice et le chemin le plus sûr vers la colère maternelle. Elle commença aussitôt le long voyage jusqu'à l'école. N'ayant trouvé personne, elle a parcouru encore plus de kilomètres jusqu'au domicile du professeur. Des reproches s'imposaient et elle les administra. Mais cela ne suffisait pas. Elle a ensuite demandé à son père de se rendre au Conseil scolaire et d'emmener Joe avec lui. Il n'aurait pas été possible de dormir avec elle dans la maison s'il ne l'avait pas fait. Une enquête a été promise, qui a abouti peu après au licenciement de l'enseignant.

Les professeurs de la Corning School n'étaient pas pires que les autres de leur époque ; beaucoup d'entre eux étaient bien meilleurs. Le bâtiment en brique était assez moderne pour l'époque, avec une aire de jeux autour et de bons directeurs pour le guider. Sa supériorité était due en partie à l'influence des Houghton , les grands industriels de la ville. Depuis trois générations, ils fabriquaient de la verrerie d'une texture et d'une beauté de design inégalées, et pratiquement aucune famille riche dans le pays ne possédait au moins une pièce maîtresse en verre taillé de Corning. Les usines avaient prospéré à l'époque des lampes à pétrole et, désormais, avec l'arrivée de l'électricité, elles faisaient des heures supplémentaires pour éteindre les ampoules.

Corning n'était pas dans l'ensemble une ville agréable. Le long des plaines fluviales vivaient les ouvriers des usines, principalement irlandais ; sur les hauteurs, au-dessus des nuages de fumée qui s'échappaient des cheminées, vivaient les propriétaires et les dirigeants. Les petites cours du premier étaient remplies d'enfants ; dans les jardins des collines, seuls deux ou trois jouaient.

Ce contraste a laissé une trace dans mon esprit. Les familles nombreuses étaient associées à la pauvreté, au labeur, au chômage, à l'ivresse, à la cruauté, aux combats et aux prisons ; les petits avec propreté, loisirs, liberté, lumière, espace, soleil.

Les pères des petites familles étaient propriétaires de leur maison ; les jeunes mères avaient le temps de jouer au croquet avec leurs maris le soir sur les pelouses lisses. Leurs vêtements avaient du style et du charme, et le parfum du parfum les enveloppait. Ils marchaient main dans la main lors de courses shopping avec leurs enfants, qui semblaient convaincus de leur droit à la vie. Pour moi, la distinction entre le bonheur et le malheur dans l'enfance était celle des petites familles et des familles nombreuses plutôt que celle de la richesse et de la pauvreté.

Chez nous aussi, nous avons ressenti la pression économique directement imputable à la taille. J'ai toujours eu peur qu'un jour nous soyons comme les familles des appartements, parce que nous avions toujours un autre bébé qui arrivait, un autre bébé qui arrivait. Une nouvelle portée de chiots était intéressante mais pas hors du commun ; de même, le cri d'un nouveau-né n'a jamais semblé inattendu. Ni l'un ni l'autre n'excitaient plus la curiosité que le petit-déjeuner ou le dîner. Personne ne m'a jamais dit comment ils étaient nés. Je savais juste.

J'avais à peine plus de huit ans lorsque j'ai aidé pour la première fois à laver le bébé de quatorze livres et demi après l'un des accouchements de sa mère. Elle avait traversé « une période terriblement difficile », mais son père l'avait tirée d'affaire et, au bout de quelques semaines, fatiguée et toussante, elle se remettait à son travail, croyant comme d'habitude que son dernier né était le prix d'un bébé parfait. Les onze enfants de la mère pesaient tous dix livres ou plus, et elle et son père avaient une fierté eugénique de race. Je l'entendais dire qu'aucun d'elle n'avait de marque ou de défaut, même si elle avait la plus grande compassion pour ceux qui pouvaient avoir des fentes palatines, des yeux louches ou être « nés malades ».

Tard dans la nuit, une femme s'est précipitée dans notre maison, cherchant une protection, serrant dans son châle un bébé maigre et nu, rongé par l'eczéma. Lorsque son hystérie fut suffisamment calmée , nous apprîmes que son mari était rentré ivre et avait jeté l'enfant qui pleurait dans la neige. Mon père était tout à fait d'accord pour appeler la police, mais ma mère était trop sage pour cela. Elle l'envoya parler à l'homme pendant qu'elle donnait un souper chaud à la femme en pleurs et la réconfortait. Le père est revenu peu de temps après pour lui dire qu'il était sécuritaire pour elle de retourner auprès de la multitude d'autres enfants parce que son mari s'était endormi. Aussi laid et taciturne qu'il fût, je l'imaginais rentrer à la maison après une dure journée de travail dans une maison déchirée par les cris de la petite chose souffrante. Je voyais que lui aussi était pathétique et victime ; J'avais de la sympathie pour sa rage.

Mais la mère a perdu un de ses magnifiques bébés. Henry George McGlynn Higgins avait été nommé en l'honneur de deux des figures rebelles que son père admirait le plus. L'enfant de quatre ans jouait joyeusement dans l'après-midi ; quelques heures plus tard, il était à bout de souffle. Père faisait chauffer sa marmite à céréales faite maison sur la cuisinière jusqu'à ce qu'elle bout, puis la portait fumante pour la placer sous la couverture qui s'élevait comme un chariot couvert au-dessus du lit. Dès qu'il s'est rendu compte que les remèdes maison ne fonctionnaient pas , il a fait venir le médecin. Mais les événements allaient trop vite pour lui. Nous nous étions couchés sans nous douter que le matin nous serions un de moins. J'ai été choqué et surpris que quelque chose puisse arriver et choisir l'un de nous hors du monde en si peu d'heures.

Je n'ai cependant pas eu le temps de réfléchir à la vérité déconcertante de la mort. Nous avons tous dû nous tourner vers notre mère consolatrice. Peut-être avait-elle inconsciemment souscrit à la théorie de son père selon laquelle le visage était le miroir de l'âme. Elle se plaignait de n'avoir aucune photo de son adorable garçon et se rappelait sans cesse la belle forme de sa tête, ses yeux écarquillés et bien placés, ses contours familiers qui avaient été effacés à jamais de sa vue et pourraient bientôt lui être effacés. la mémoire aussi.

Le chagrin de la mère face à la perte de son enfant a accru celui du père. Parce qu'il s'en voulait en partie, il cherchait désespérément à apaiser son chagrin. Le lendemain de l'enterrement, il était constamment occupé dans son atelier, et le soir tombant , il me prit affectueusement par la main en me demandant de rester debout et de l'aider dans un travail qu'il s'apprêtait à faire. J'ai accepté volontiers.

Vers onze heures, nous sortîmes ensemble dans la nuit noire, mon père poussant devant lui une brouette pleine d'outils et un sac de plâtre de Paris. Nous avons marché encore et encore à travers le silence sur une distance de trois kilomètres jusqu'au cimetière où le petit frère avait été enterré. Père connaissait chaque étape, mais c'était effrayant et je m'accrochais à sa main.

Juste au-delà de la porte d'entrée, mon père a caché la lanterne allumée dans les buissons voisins au-dessus d'une tombe et m'a dit d'attendre là-bas jusqu'à ce que j'entende quelqu'un arriver. Il s'attendait à ce que je grandisse à l'âge de dix ans. Les nerfs signifiaient la maladie ; si un enfant criait pendant la nuit, cela était simplement considéré comme « délicat ». En conséquence , j'ai obéi et j'ai regardé, frissonnant de froid et d'excitation, jeter de rapides regards sur les formes fantomatiques de certains monuments de mon père qui surgissaient de l'obscurité autour de moi. Je pouvais entendre le morceau régulier, le morceau, le morceau de sa pioche et de sa pelle, et le son plus aigu quand soudain il frappa le cercueil.

Père avait pris pour acquis que je comprenais et n'avait pas expliqué ce qu'il s'apprêtait à faire. Mais je n'ai jamais remis en question ses actions. Je ne savais pas qu'il existait une loi interdisant à un homme de déterrer son propre enfant mort, mais même si je l'avais su, j'aurais cru que la loi était mauvaise.

Nous avons fait un long et fatigant chemin de retour pour arriver à la maison tôt le matin. Rien n'a été dit à maman ni aux autres de cette incroyable aventure nocturne ; On ne m'a pas dit de garder le silence, mais je savais qu'il y avait du mystère dans l'air et que ce n'était pas le moment de parler.

Pendant deux soirées, j'ai travaillé avec mon père, l'aidant à briser le masque mortuaire, à mouler et à façonner le plâtre. Je me souviens de la sensation étrange que j'ai ressentie lorsque j'ai découvert certains cheveux coincés dans le plâtre. Le troisième jour, juste après le dîner, mon père nous a dit à tous : « Veux-tu venir à l'atelier ? Avec des yeux tendres sur sa mère, il découvrit et lui présenta le buste du petit garçon mort.

Elle était extraordinairement réconfortée. Même si le modèle, si parfait soit-il, me paraissait sans vie, de temps en temps elle entrait dans l'atelier, enlevait le tissu qui le protégeait de la poussière, pleurait et était soulagée, le récupérait et continuait son chemin.

Aucun d'entre nous n'a osé émettre un mot de critique à l'égard du mari adoré et adorant de sa mère ; néanmoins , son âme était parfois harcelée par sa philosophie du vivre et du laisser vivre, par ses principes contre les portes verrouillées et la propriété privée. Elle était simplement altruiste. Souvent, lorsqu'un de ses enfants avait de la fièvre , elle allait chercher de l'eau à la pompe de la cuisine afin qu'elle soit plus fraîche et plus fraîche pour les lèvres desséchées. Un jour, alors qu'elle faisait une telle course à tâtons, elle tomba sur un vagabond qui avait profité de la porte non verrouillée et s'était étalé sur le sol. Elle s'est précipitée pour réveiller son père, lui disant qu'il devait mettre l'homme dehors. Mais il se retourna simplement sur le côté et marmonna : « Oh, laisse-le tranquille. Le pauvre diable a besoin de dormir comme nous tous.

Une autre nuit, la mère a été réveillée par des bruits extérieurs. « Père, cria-t-elle, il y a quelqu'un au poulailler !

"Qu'est-ce qui te fait penser cela?" répondit-il d'un ton endormi.

«J'entends les poules. Ils ne feraient pas de bruit à moins que quelqu'un soit là. Se lever!"

Le père, docilement, enfila son pantalon et son manteau ; même devant les voleurs, il ne sortirait pas de sa chambre en chemise de nuit. Il se dirigea vers la porte de la cuisine et, tenant une lampe en haut, s'adressa aux deux hommes, dont l'un distribuait des poulets à l'autre : « Hé, vous, là ! Que voulez-vous dire par venir chez un homme au milieu de la nuit et voler ses poules ? Quel genre de citoyens êtes-vous ?

Cela ne semblait pas à ma mère le moment de faire un sermon moral. "Pourquoi ne sors-tu pas?" » elle a poussé.

"Il pleut."

« Donnez-moi la lampe ! » » demanda-t-elle, exaspérée.

Elle s'est dirigée vers notre voisin le plus proche, barbotant dans le petit ruisseau, se mouillant les pieds et criant : « Il y a quelqu'un dans notre poulailler !

Notre voisin s'est armé et est arrivé en courant. Un homme armé a envoyé les maraudeurs se précipiter vers le haut de la colline. C'était la philosophie de ma mère. Je pense que son père a perdu son estime pendant quelques jours après cela. Elle s'attendait à ce qu'il soit le gardien de la maison, mais il ne l'a jamais été. Ses vues libérales étaient si connues que notre maison était marquée du patrin du clochard du premier degré. « Obtenez toujours quelque chose ici. Ne soyez jamais refoulé. Si c'était le jour de paie, ils pouvaient compter sur un quart ainsi que sur un repas.

Un soir, nous attendions notre père à la maison, les poches remplies de l'argent de sa dernière commission, mais à la tombée de la nuit, il n'était pas encore revenu. Quand ma mère entendit frapper à la porte , elle alla l'ouvrir avec empressement. Deux étrangers en haillons se tenaient là.

« Est-ce que le patron est là ?

"Non, mais je le cherche d'une minute à l'autre."

"Nous voulons quelque chose à manger."

Sans plus de cérémonie que d'habitude parmi les chevaliers de la grande route, ils franchirent la porte et se dirigèrent vers la cuisine, connaissant parfaitement leur chemin.

"Comment oses-tu entrer dans cette maison !" s'exclama la mère avec indignation. "Lancer! Beauté!" elle a pleuré vivement. La peur dans sa voix poussa les chiens à se précipiter en bas, les crocs découverts et les poils hérissés. Ils sautèrent sur le dos des invités indésirables.

Mon père est arrivé quelques heures plus tard. La porte s'ouvrait largement, la neige entrait. Des morceaux de vêtements déchirés, des taches de sang étaient présentes et la mère était inconsciente sur le sol. Il lui versa du whisky dans la gorge. « Seul le bon whisky vous y a amené », répétait-il souvent par la suite, se rappelant son inquiétude. Il a utilisé le même remède pour la soigner pendant les six semaines de pneumonie qui ont suivi. Mais il avait été si profondément inquiet que sa générosité envers les vagabonds diminuait et que ses largesses se réduisaient.

Après cette maladie, ma mère toussait plus que jamais et il était évident que les pins ne l'aidaient pas. Mon père a décidé de déménager ; la maison était si visiblement marquée et il devait tellement s'absenter qu'il pensait qu'il était dangereux pour nous de vivre seuls si loin.

Chapitre trois

LES LIVRES SONT LES BOUSSOLE

donc déménagé en ville, toujours sur les collines de l'ouest. Cela a marqué le début de mon adolescence et de telles pauses sont toujours dérangeantes. Dans la maison dans les bois , nous avions tous été enfants ensemble, mais maintenant certains d'entre nous grandissaient.

Pourtant, il y en avait toujours de plus petits à coucher, à bercer ; il y avait des pieds et des genoux à frotter et des mains à laver. Même si nous disposions de plus d'espace, les études à domicile me semblaient parfois impossibles. Le salon était généralement occupé par les membres les plus âgés de la famille et les chambres étaient froides. J'ai continué mes cours, mais c'était simplement parce que je les appréciais.

Dans la plupart des écoles, les enseignants et les élèves étaient alors des ennemis naturels, et celui que j'avais en huitième année était particulièrement doué pour susciter l'antagonisme. Apparemment, elle n'aimait pas son travail et les jeunes dont elle s'occupait, autant que nous la détestions. Le sarcasme était à la fois sa défense et son arme d'attaque. Un jour, à la mi-juin, j'ai eu du retard pour partir à l'école. Bien conscient qu'être en retard était un crime odieux, je me suis dépêché, tirant et tirant sur ma première paire de gants en chevreau, que Mary venait de m'offrir. Mais la cloche avait sonné deux minutes avant que j'entre dans la pièce, rouge et essoufflé.

Le professeur avait déjà commencé le cours. Elle leva les yeux face à l'interruption. « Eh bien, eh bien, Miss Higgins, votre Seigneurie est enfin arrivée ! Ah, une nouvelle paire de gants ! Je me demande même si elle daigne venir à l'école.

Des rires éclatèrent autour de moi alors que j'entrais dans le vestiaire et déposais mon chapeau et mes gants. Je suis revenu, priant pour que le professeur ne fasse plus attention à moi, mais alors que je marchais péniblement jusqu'à mon siège , elle a continué à répéter avec des variations ses commentaires méchants. Même quand je me suis assis , elle ne s'est pas arrêtée. J'ai essayé de penser à autre chose, j'ai essayé de ne pas écouter, j'ai essayé de sourire avec les autres. Je l'ai enduré aussi longtemps que j'ai pu, puis j'ai sorti mes livres, pyramidant l'arithmétique, la grammaire et l'orthographe, je les ai attachés, je me suis levé et je suis parti.

Maman a été stupéfaite quand je suis arrivée sur elle. « Je ne retournerai plus jamais dans cette école ! » M'écriai-je dramatiquement. « J'ai fini pour toujours

! J'irai en prison, je travaillerai, je mourrai de faim, je mourrai ! Mais retournons à cette école et à ce professeur, je n'y retournerai jamais ! »

Lorsque les frères et sœurs aînés rentraient chez eux le soir, ils étaient aussi horrifiés que leur mère. « Mais il ne vous reste plus que deux semaines », ont-ils objecté.

«Je m'en fiche si ce n'est qu'une heure. Je n'y retournerai pas!''

Lorsqu'il est devenu évident que je maintiendrais mon point de vue, ma mère a semblé heureuse que je l'aide. J'étais minutieux et fort et je pouvais accomplir une quantité surprenante de travail en un rien de temps. Mais le reste de la famille était sérieusement alarmé. Les mois suivants ont été remplis de questions auxquelles je ne pouvais pas répondre. « Que peut-on être sans éducation ? » « Êtes-vous équipé pour gagner votre vie ? « La vie en usine est-elle une perspective agréable ? Si tu ne retournes pas à l'école, tu finiras sûrement là.

"D'accord. Je vais travailler ! J'ai annoncé avec défi. Le travail, même à l'usine, signifiait de l'argent, et l'argent signifiait l'indépendance. Je n'ai eu aucune réfutation à leurs arguments ; J'agissais sous une impulsion qui dépassait la raison et j'ai dû reconnaître que toute explication quant à ma décision capitale semblerait insensée.

Puis soudain, mon père, ma mère, ma deuxième sœur aînée Nan et Mary, qui avaient été convoqués à un conseil de famille, ont essayé d'autres tactiques. J'ai été envoyé pendant deux semaines à Chautauqua, pour y suivre des cours, entendre des conférences d'éminents orateurs et écouter de la musique. L'objectif était de stimuler mon intérêt pour l'éducation et de dissiper toute idée que je pourrais avoir de trouver un emploi.

Mon impulsion avait été mal interprétée. Je ne me révoltais pas contre l'éducation en tant que telle, mais seulement contre cette école en particulier et contre tel professeur en particulier. Lorsque l'automne approchait et que la prochaine séance approchait, je répétais encore que je n'y retournerais pas, même si je n'avais toujours pas de réponse aux questions répétées de Nan : « Qu'est-ce que tu vas faire ?

Nan était peut-être la plus inspirante de tous mes frères et sœurs. Tout le contraire de son père, elle voulait que nous nous conformions tous et était en larmes si nous ne le faisions pas. Pour elle, l'échec à cet égard démontrait un manque d'éducation. Pourtant, la connaissance, qui constitue la base de toute véritable culture, est encore plus importante que la conformité. Elle-même voulait écrire et avait reçu des prix pour des histoires de *Saint-Nicolas* et du *Compagnon de la Jeunesse* . Mais la famille dépendait trop des revenus des filles plus âgées, et elle fut obligée de reporter l'université et son désir tout aussi ardent d'étudier la sculpture. Elle est devenue traductrice du français et de l'allemand jusqu'à ce que ces aspirations puissent se réaliser.

Au moment de ma mutinerie, Nan était particulièrement perturbée. « Vous ne pourrez arriver nulle part sans éducation », a-t-elle déclaré fermement. Elle et Mary, unissant leurs forces, cherchèrent ensemble une école, suffisamment raisonnable pour leur bourse, mais suffisamment bonne académiquement pour me préparer à Cornell. L'enseignement privé n'était pas aussi cher qu'aujourd'hui et les familles aux moyens modestes pouvaient se le permettre. Mes sœurs ont choisi le Claverack College et le Hudson River Institute, à environ cinq kilomètres de la ville d'Hudson, dans les montagnes Catskill. Ici, dans l'une des plus anciennes institutions éducatives mixtes du pays, les agriculteurs méthodistes de la vallée hollandaise inscrivaient leurs fils et leurs filles ; malheureusement, il a disparu aujourd'hui, et avec lui l'esprit sain qu'il incarnait. Une sœur a payé mes frais de scolarité et l'autre a acheté mes livres et mes vêtements ; pour ma pension et ma chambre, je devais travailler.

Partir à l'école a été une époque dans ma vie. Le groupe familial autonome s'est soudainement multiplié à cinq cents étrangers, tous vivant et étudiant sous un même toit. Le dortoir des filles était à une extrémité, celui des garçons à l'autre, mais nous partagions la même salle à manger et nous nous asseyions ensemble en cours ; Parfois, un garçon pouvait rendre visite à une fille dans la salle de réception si un professeur était présent. J'ai préféré l'attitude des professeurs ; ils n'étaient pas tant des policiers que des compagnons et des amis, et leur instruction était plus individuelle et plus stimulante qu'à Corning.

Je n'avais pas d'argent pour faire des choses que les autres filles faisaient — partir en week-end ou faire des fêtes à la maison — mais servir à table ou faire la vaisselle ne me distinguait pas. Le travail était bien plus facile qu'à la maison, et une fille était plutôt félicitée pour avoir fait sa part. Au début, les étudiants me paraissaient tous inintéressants et manquant d'initiative. Je n'ai jamais retrouvé la même qualité d'imagination à laquelle j'étais habitué dans ma famille, mais à mesure que certains d'entre eux ont commencé à se démarquer, j'ai découvert qu'ils avaient leur propre personnalité.

Je n'étais à Claverack que depuis quelques jours et j'avais encore le mal du pays lorsqu'un matin, dans le hall, j'ai rencontré la plus belle créature que j'aie jamais vue. De longs cheveux volant sur ses épaules, elle était si mince et si fantomatique qu'elle semblait irréelle. Depuis, je n'ai jamais été aussi ému par la beauté humaine que par celle d'Esther. Je pleurais la nuit parce que je sentais que c'était quelque chose que je ne pouvais pas atteindre. Même ses vêtements ne ressemblaient à aucun autre. Beaucoup de filles enviaient leur goût et leur qualité, mais je savais qu'elles lui appartenaient de droit. De tous les livres que j'avais lus, elle était l'héroïne devenue vivante.

Même si nous étions aux antipodes des traditions, de l'apparence, du comportement, de l'expérience, Esther et moi avions la même vision romantique. Ayant des aspirations pour le théâtre, elle n'y reste qu'un an puis part fréquenter l'école d'art dramatique de Charles Frohman. J'avais été trop submergé par mon admiration pour elle pour y être heureux, et cela m'empêchait de me soucier particulièrement des autres. Néanmoins, je suis convaincu que dans tout échange d'affection la balance est inégale ; l'un doit donner et l'autre pouvoir recevoir. Au cours de ma deuxième année, j'ai reçu la dévotion d'une jeune fille semblable à celle dont j'avais fait preuve sur Esther. La loyauté et les éloges d'Amelia Stuart, mon amie rieuse, ont nourri tous les espaces vides de mon cœur. Elle était gaie et intelligente, méthodiste de formation mais pas de conviction. Chaque dimanche après-midi, consacré à la lecture de la Bible, nous recevions la permission d'étudier ensemble dans ma chambre, et là nous nous occupions consciencieusement, moi à raccommoder et à raccommoder, et elle lisant à haute voix, mais entrecoupant des passages solennels d' exagérations ridicules. Ce qui était censé être un exercice sérieux de l'esprit s'est transformé en réjouissance.

Mon amitié avec ces deux filles a été interrompue, mais jamais rompue.

Très peu de temps après mon arrivée à Claverack, j'avais été infecté par cette qualité indéfinissable et nébuleuse qu'on appelle l'esprit d'école, et je me trouvais bientôt au cœur des activités. L'assemblée avait lieu dans la chapelle tous les matins, au cours de laquelle nous devions tous à tour de rôle prononcer de petits discours et des essais, ou réciter des sélections de poésie. J'avais un sens très vif de la manière de dire les choses, mettant dans certains vers plus de ferveur dramatique que ne semble l'expliquer mon expérience limitée du théâtre, et c'est pour cela que le professeur d'élocution m'encourageait à avoir confiance en mes talents.

Je suppose que chaque fille veut, à un moment ou à un autre, devenir actrice. Mary m'avait emmené au théâtre de temps en temps, une fois lorsque Maude Adams jouait Juliette dans Roméo de John Drew, et s'était donné beaucoup de mal pour m'expliquer la différence entre des artistes comme Mary Anderson ou Julia Marlowe et la simple beauté en tant que telle. Elle n'aurait pas été contente que je voie Lillian Russell, ce que j'ai fait pendant les vacances de Noël à New York ; Lillian Russell était trop glamour et, de plus, elle aurait accepté les bijoux des hommes.

Un jour de vacances, j'ai annoncé à ma famille que je pensais faire carrière sur scène. La désapprobation était évidente de tous côtés. Père a fait caca; Marie seule gardait espoir. Elle a dit que j'avais des capacités et que je devrais aller à l'école d'art dramatique à New York dès que j'aurais terminé Claverack.

Elle s'adresserait immédiatement à Charles Frohman pour que je sois la doublure de Maude Adams, à qui au moins on disait que je ressemblais physiquement : petite et avec les mêmes abondants cheveux brun-roux. Manquant de bonnes caractéristiques , je n'étais fier que de mes tresses épaisses et longues. Je les décorais avec des rubans et j'admirais l'effet dans le miroir.

La demande a été déposée ; J'ai été photographié dans diverses poses avec et sans chapeau. Une lettre de retour de la direction de l'école est arrivée, contenant un formulaire à remplir avec nom, adresse, âge, taille, poids, couleur des cheveux, des yeux et de la peau.

Mais des données supplémentaires étaient nécessaires quant à la longueur exacte des jambes, droite et gauche, ainsi que les mesures de la cheville, du mollet, du genou et de la cuisse. Je connaissais mes proportions de manière générale. C'était l'époque où chaque paquet de cigarettes portait en prime la forme d'une actrice photographiée, dodue et bien formée. Dans le gymnase, les filles avaient comparé les tailles de ces beautés. Mais voir de telles informations personnelles être froidement couchées sur papier pour être transmises à des hommes inconnus était impensable. Je m'attendais à devoir rendre compte de la qualité de ma voix, de ma capacité à chanter, à jouer, de ma grâce, de mon agilité, de mon caractère et de mes mœurs. Comme je ne voyais pas ce que les jambes avaient à voir avec le fait d'être une seconde Maude Adams, je n'ai pas rempli le formulaire imprimé ni envoyé les photographies, mais je les ai simplement toutes rangées et je me suis tournée vers d'autres domaines où autre chose que les jambes devait compter.

La chapelle ne m'a jamais ennuyé. J'en étais venu à détester les rituels pratiqués dans de nombreuses églises que j'avais visitées : s'agenouiller pour prier, s'asseoir pour instruire, se tenir debout pour louer. Mais dans une chapelle méthodiste, chacun pouvait se lever et exprimer sa conviction. Ici, les jeunes pousses réfléchissaient et discutaient de la Bible, de la religion et de la politique. L'individu doit-il être immergé dans l'État ? Si vous aviez le droit à la libre pensée en tant qu'individu, devriez-vous le céder à l'Église ?

Nous griffonnions pendant les périodes d'études, débattions le soir. Sans toujours les digérer, mais avec une grande positivité, j'ai repris bon nombre des opinions que j'avais entendues exprimées chez moi. Pour la plupart des garçons et des filles, ces samedis matins où les efforts les plus ambitieux étaient proposés représentaient une véritable torture. Ils bégayaient et balbutiaient douloureusement. J'étais tout aussi nerveux – et probablement plus encore. Néanmoins, j'étais si ardent pour le suffrage, pour tout ce qui pouvait « émanciper » les femmes et l'humanité, que j'avais hâte de proclamer mes propres théories.

Mon père était toujours la source à laquelle je buvais, et j'envoyais de longues lettres à la maison, recevant en réponse des lettres encore plus longues, remplies de munitions sur le contexte historique de l'importance des femmes - Hélène de Troie, Ruth, Cléopâtre, Poppée, reines célèbres, femmes auteurs et poètes.

Lorsque la nouvelle s'est répandue que je devais présenter mon essai « Droits des femmes », les garçons, suivant l'attitude masculine que la plupart des gens ont oubliée mais dont toutes les suffragettes se souviennent bien, se sont moqués et ont dessiné des caricatures de femmes portant des pantalons, des cols raides et fumant de grosses cigarettes. des cigares. Sans me laisser décourager, j'ai été incité à inventer de nouveaux arguments. J'ai étudié et écrit comme jamais auparavant, me faufilant au cimetière et me tenant debout sur les monuments au-dessus des tombes. Chaque jour, dans le silence des morts, je répétais et répétais ce discours à haute voix. Quel essai c'était !

Les banderoles « Votes pour les femmes » ne flottaient pas encore, et mon faible bêlement précoce n'a suscité que peu d'enthousiasme. Je me tournai alors vers un sujet tout aussi sévère. Les autres étudiants avaient automatiquement accepté la cause de l'argent solide. J'ai épousé l'argent gratuit. A Chautauqua, j'avais entendu des échos de ces premières notes émises par Bryan pour les classes populaires. L'esprit humanitaire dans l'industrie s'est développé et s'est développé, mais il est encore profondément enfoui. Je crois que tout grand concept doit être présent dans la conscience de masse avant qu'une seule figure puisse l'exploiter et le libérer sur sa voie irrésistible.

Je n'avais pas vu le « Garçon Orateur de la Platte », mais le pays résonnait de ses paroles : « Vous n'appuierez pas sur le front du travail cette couronne d'épines ; vous ne crucifierez pas l'humanité sur une croix d'or. Ces phrases riches et sonores m'ont fait prendre conscience de l'importance des idées vestimentaires dans le beau langage. Mais bien plus encore, ils ont touché une corde sensible en moi. Moi aussi, d'une manière obscure et informelle, j'ai voulu contribuer à saisir l'utopie du ciel et à la planter sur terre. Mais que faire et par où commencer, je ne savais pas.

En raison de mes « idées avancées », pendant un certain temps, du moins, je suis désolé de le dire, ce sont principalement les grinds avec lesquels j'ai « marché dans Lovers' Lane », hochant la tête sagement et répondant à leurs aspirations sincères par des conseils profonds. Mais cela n'a pas duré. Bientôt, je vivais les romances habituelles entre garçons et filles ; chaque saison en apportait une nouvelle. Je ne prenais aucun d'eux très au sérieux, mais combinais adroitement le flirt avec la conviction que le mariage était quelque chose vers lequel je devais évoluer. C'est pourquoi j'ai transformé les suggestions vagues et hésitantes de mes jeunes amis en disant : « Je ne penserais jamais à me lancer dans le mariage sans une préparation précise et une étude de ses responsabilités. » Pratiquement aucune femme n'exerçait alors une profession ; le mariage était la seule issue. Cela semble il y a longtemps.

Diverses farces ont eu lieu à Claverack, comme se promener avec des garçons hors des limites et aller dans des endroits interdits pour prendre le thé. Vers la fin de ma dernière année , j'ai eu l'idée que plusieurs d'entre nous se faufilent par la fenêtre et descendent vers la salle de danse du village où nos admirateurs spéciaux nous rencontreraient. Vers onze heures et demie, au milieu de la gaieté, entra notre directeur, M. Flack, accompagné de la préceptrice venue chercher les « dames ». Nous sommes tous retournés à l'école, inquiets mais silencieux.

Le lendemain matin, j'ai reçu une invitation spéciale à appeler au Bureau. Je suis entré. M. Flack, un petit homme léger et sérieux, du type étudiant, avec une grosse tête et des sourcils hauts , me tournait le dos. Je me suis assis. Il ne m'a pas salué mais a continué à lire ses livres. Selon toute apparence, il ne savait pas que j'étais là. Puis, sans regarder autour de lui, il dit : « Mademoiselle Higgins, n'avez-vous pas honte d'avoir causé des ennuis à ces filles la nuit dernière, en les faisant sortir et en les obligeant à enfreindre les règles ? Il faudra peut-être même les renvoyer chez eux.

Bien que surpris qu'il ait dû savoir que j'étais le responsable, je ne pouvais pas le nier, mais j'ai d'abord pensé que quelqu'un avait dû le lui dire. Il poursuivit avec un débit rapide, presque comme s'il se parlait à lui-même : « Je t'ai observé depuis que tu es arrivé et je n'ai pas besoin qu'on me dise que tu as dû être le meneur. Encore et encore , j'ai remarqué votre influence sur les autres. Je tiens à attirer votre attention là-dessus, car je sais que vous allez l'utiliser à l'avenir. Vous devez faire votre choix : soit mettre les autres et vous-même en difficulté, soit vous guider, vous et les autres, dans des activités constructives qui feront honneur à vous et à eux.

Je ne me souviens pas très bien de ce qu'il a dit d'autre, mais je n'ai jamais oublié d'être sorti de sa chambre ce jour-là. Cela ne pouvait pas exactement être considéré comme un tournant dans ma vie, mais à partir de ce moment-là, j'ai réalisé plus fortement qu'auparavant qu'il y avait quelque chose en moi qui pouvait et devait être gardé sous mon contrôle et ma direction.

Longtemps après, j'ai écrit pour remercier M. Flack pour sa sagesse en offrant des conseils au lieu d'une discipline sévère. Il est décédé quelques années plus tard et j'étais heureux d'avoir pu déposer une rose dans sa main plutôt que sur sa tombe.

J'ai passé trois années heureuses à Claverack. La saison suivante, j'ai décidé de m'essayer à l'enseignement, ce qui était alors une activité féminine. Un poste m'était ouvert en première année d'une nouvelle école publique du sud du New Jersey. La majorité des élèves – Polonais, Hongrois, Suédois – ne parlaient pas anglais. Ils y venaient régulièrement. J'étais hors de moi de savoir quoi faire avec quatre-vingt-quatre enfants qui ne comprenaient pas un mot de ce que je disais. J'adorais ces petits gamins aux cheveux noirs et à la tête blonde qui s'ennuyaient de rester assis et se lançaient seuls dans des cascades pour se divertir. Mais j'étais tellement fatiguée à la fin de la journée que je m'allongeais souvent avant de m'habiller pour le dîner et que je me réveillais le lendemain matin à peine à temps pour commencer la routine. Très vite, j'ai pris conscience du fait qu'enseigner n'était pas seulement un métier, c'était une profession, et qu'une formation était nécessaire pour bien le faire. Mon tempérament ne me convenait pas et je n'avais donc aucun droit à cette vocation. Je ne me débattais que depuis peu de temps lorsque mon père m'a convoqué à la maison pour allaiter ma mère.

Elle était faible et pâle et les taches rouges sur ses pommettes se détachaient de manière surprenante sur son visage blanc. Même si elle crachait maintenant du sang lorsqu'elle toussait , nous nous attendions toujours à ce qu'elle vive éternellement. Elle était malade depuis si longtemps ; ce n'était qu'une attaque parmi tant d'autres. Père la portait de pièce en pièce et essayait désespérément de trouver de petits conforts. Nous avons fermé les portes et les fenêtres pour empêcher toute respiration de l'air cru du mois de mars et, dans l'atmosphère étouffante, nous avons travaillé dur sur son lit.

Dans un effort pour être plus efficace dans mes soins à ma mère, j'ai essayé de me renseigner sur la consommation en empruntant des livres de médecine à la bibliothèque du médecin local, qui était un ami de la famille, et ce faisant, je me suis tellement intéressé à la médecine que je J'ai définitivement décidé d'étudier pour devenir médecin. Lorsque je suis revenu chercher d'autres volumes et que j'ai annoncé ma décision, le médecin me les a donnés, mais il a souri avec tolérance : « Vous vous en remettrez probablement.

J'étais confiné depuis longtemps lorsque j'ai été invité à Buffalo pour les vacances de Pâques pour retrouver l'un des garçons par qui j'avais été embelli à Claverack. Mère a insisté sur le fait que j'avais besoin de vacances. Mary et Nan étaient toutes deux là ; Je pouvais rester avec eux et nous avions prévu un agréable voyage aux chutes du Niagara pour la journée.

Avec moi à l'écart, maman a renvoyé les petits enfants un à un, sous un prétexte ou un autre. Elle avait plus de difficultés avec son père. Les briques réfractaires du poêle s'étaient brisées et elle lui a dit qu'il devait aller en ville en chercher de nouvelles. Bien contre son gré, parce qu'il était vaguement inquiet, il se dirigea vers la fonderie. Il était parti uniquement parce que sa mère semblait le vouloir tellement, mais après avoir marché quelques pâtés de maisons, il s'est rendu compte qu'il ne pouvait plus continuer. Pour une raison mystique celtique qui lui était propre, il se retourna brusquement et revint à la maison. Mère était haletante de mort. Toute la famille détestait les scènes, elle surtout. Elle savait qu'elle allait mourir et voulait être seule.

C'était une superstition populaire selon laquelle un phtisique qui survivait jusqu'au mois de mars vivrait jusqu'en novembre. La mère est décédée le 31 du mois, laissant le père désolé et inconsolable. Je suis rentré chez moi en avion. La maison était silencieuse et il parlait à peine. Soudain, le calme de la nuit fut brisé par des lamentations et Toss fut retrouvé les pattes sur le cercueil, pleurant et hurlant – le son le plus poignant et le plus angoissant que j'aie jamais entendu.

Je devais prendre la place de ma mère : gérer les finances, commander les repas, payer les dettes. Il ne restait plus rien pour mes vêtements ni pour aucune distraction extérieure. Tout ce qui pouvait être évincé en faisant ceci ou cela devait servir à acheter des chaussures ou des produits de première nécessité pour les jeunes frères. Réparez, rapiécez, cousez comme vous le feriez, il y avait une limite à l'endurance des pantalons et il fallait en acheter de nouveaux.

Pour ajouter à mes malheurs, mon père, sensible aux critiques, me semblait soudainement métamorphosé d'un parent aimant, doux et bienveillant en un tyran des plus agaçants et irritants ; Dans aucun conte de fées que j'ai jamais lu, personne n'était aussi cruel. Celui qui nous avait donné le monde dans lequel errer voulait apparemment maintenant nous mettre derrière les barreaux d'une prison. Son comportement déraisonnable ne s'adressait pas aux garçons, qui se couchaient dès la fin des cours, mais à ses filles, Ethel et moi. Quoi que nous ayons fait, c'était mal. Il s'opposait particulièrement aux jeunes hommes.

Ethel recevait l'attention concentrée de Jack Byrne. Son père, en la grondant, lui a dit qu'elle devrait mélanger davantage. Mes copains étaient un peu plus âgés que ceux que j'avais eus à l'école et plus sérieux dans leurs intentions. Même si aucun d'entre eux ne m'intéressait vraiment – leur conversation semblait plate, composée de questions stupides et de réponses intelligentes et idiotes – mon père m'a aussi grondé à leur sujet : « Pourquoi n'es-tu pas sérieuse comme ta sœur ? Tu ne peux pas t'en contenter ? Est-ce que tu dois avoir quelqu'un de différent chaque soir ?

Des messages me parvenaient d'un jeune homme se dirigeant vers l'Ouest, oblitéré par la poste de Chicago ou de San Francisco. Ces lettres quotidiennes et parfois aussi ces télégrammes n'étaient pas une idée de courtisation de mon père. Que pourrait-on avoir à dire chaque jour ? Selon lui, un homme honnête venait à la maison et parlait franchement ; il s'est assis avec la famille et a fait connaissance. Père a dit : « Cet homme est un scélérat. Il est trop mondain. Il n'est même pas connu en ville.

Nous avons dû demander la permission si Tom, Jack ou Henry pouvaient appeler. Sans raison ni explication, mon père a dit « Non » et c'était fini. Si nous sortions, il fallait revenir à dix heures et rendre compte de nous-mêmes.

Puis vint le point culminant. Ethel et moi étions allés à un concert en plein air. Sur le coup de dix heures, nous étions à un pâté de maisons d'un coup de circuit de toutes nos forces. Lorsque nous sommes arrivés, avec trois minutes de retard, la maison était dans l'obscurité la plus totale, sans aucune vue ni bruit d'une créature vivante nulle part. Nous avons frappé et frappé. Nous avons essayé la porte d'entrée, l'arrière et le côté, puis à nouveau l'avant. Il s'est ouvert en partie ; Mon père a regardé dehors, a tendu la main et a attrapé le bras d'Ethel en disant : « Ce comportement scandaleux n'est pas de votre faute. Entrez." Sur ce, il l'a tirée à l'intérieur et la porte a claqué, me laissant dans le noir, abasourdi et déconcerté. Je ne connaissais pas ce monstre.

Blessé au-delà des mots, je me suis assis sur les marches, inquiet non seulement de cette nuit mais aussi du lendemain et du lendemain, inquiet des enfants laissés à la maison avec ce nouveau type de père. J'étais sûr que si j'attendais assez longtemps , il viendrait me chercher, mais c'était une soirée fraîche d'octobre. Je n'avais pas de couverture et j'ai commencé à avoir très froid.

Je me suis éloigné de la maison, essayant de décider où je devais aller et ce que je devais faire. Je ne pouvais pas m'attarder indéfiniment dans les rues, avec la possibilité de croiser un ouvrier d'usine ou un batteur ivre de passage. Au début, il ne semblait y avoir personne vers qui se tourner. Finalement, épuisé par le stress de l'émotion, je me rendis chez la jeune fille qui nous accompagnait au concert. Elle n'était pas encore couchée et sa mère m'accueillit avec une telle hospitalité que je lui en serai éternellement reconnaissant. Le lendemain matin, elle m'a prêté une voiture pour aller à Elmira, où j'avais des amis chez qui je pouvais rester.

Entre-temps, mon père m'avait trouvé parti. Il s'était habillé et avait arpenté First Street, fouillant chaque ruelle, se demandant si j'avais été vu. Lorsqu'il était revenu à l'aube pour me trouver toujours porté disparu , il avait envoyé un message à Mary, qui avait reçu son message presque en même temps que celui de moi, lui disant de ne pas s'inquiéter ; J'allais bien. Tous deux m'ont poussé à revenir à Corning, et en quelques jours je l'ai fait, reprenant mes responsabilités. Père et moi avons essayé d'en discuter, mais nous n'avons pas pu nous rencontrer sur l'ancien terrain ; entre nous un profond silence était tombé.

Père avait presque arrêté d'exposer ; au lieu de cela, il lisait davantage. Debs était apparu à son horizon et les journaux socialistes qui paruraient dans tout le pays paraissaient dans la maison. À la Bibliothèque Libre, qu'il avait contribué à créer des années plus tôt, il empruntait Spencer, alors moderne, et d'autres livres de sociologie.

J'avais renoncé à encourager les jeunes hommes à me voir, mais moi aussi je fréquentais la bibliothèque. Mes livres étaient de la fiction. "Toutes des absurdités", renifla mon père à la mention de titres tels que *Graustark* , *Prisonniers de l'Espoir* ou *Trois Mousquetaires* . Le mot « roman » choquait encore beaucoup de gens, et il les classait tous dans la catégorie des « histoires d'amour ». « Lisez pour cultiver et élever votre esprit. Lisez ce qui vous sera utile dans la bataille de la vie », a-t-il averti. Mais j'ai continué à m'échapper du quotidien pour me délecter des romances, les dévorant le soir et les cachant sous le matelas le jour.

Un midi, alors que j'attendais que les enfants viennent déjeuner, j'ai été enterré dans *David Harum* , trouvant cela très drôle, et je n'ai pas entendu mon père entrer. Il se tenait d'un air menaçant dans l'embrasure de la porte. J'aurais dû me sentir piégé, mais au lieu de cela, sans avertissement et sans raison, le vieil amour a repris feu. J'ai ri et ri. Je n'avais plus peur et je ne me souciais plus de ses regards renfrognés ou de ses vieilles idées stupides. Le long silence fut rompu.

"Écoutez ça." Et j'ai commencé à lire. Le froncement de sourcils commença à s'estomper et bientôt mon père rit aussi. C'était le premier rire qu'on entendait dans cette morne maison depuis la mort de sa mère. Le livre a disparu dans sa chambre, et peu de temps après, il a été surpris en train de chercher encore « ces absurdités ».

enfin compris pourquoi mon père avait été si différent. Il avait été seul pour sa mère, seul pour son amour, et sans doute lui manquait-il sa compréhension de ses propres désirs et appréhensions. Et puis, auparavant, il avait toujours compté sur elle pour nous comprendre et nous diriger. Il était probablement un peu jaloux, mais pas consciemment, car il considérait la jalousie comme un trait animal bien au-dessous de lui et refusait de la reconnaître en lui-même. Néanmoins, Beaus avait détourné l'affection de ses petites filles. Son sens des responsabilités l'avait tellement opprimé qu'il avait dérapé dans son jugement et, ce faisant, avait glissé dans l'ornière des convenances d'une petite ville. Sa discipline tardive, causée par l'inquiétude et l'anxiété, n'était qu'une tentative de guider ses enfants.

Cependant, je considérais que le temps était révolu pour de tels conseils. J'ai dû avancer seul sur le chemin expérimental de l'âge adulte. Même si l'occasion immédiate de lire des livres de médecine avait cessé avec la mort de ma mère, je n'avais jamais, au cours de ces mois, perdu ma profonde conviction qu'elle aurait peut-être pu être sauvée si j'avais eu une connaissance suffisante de la médecine. Cela était lié à mon désir latent de rendre service au monde. La carrière de médecin semblait répondre à toutes mes exigences. Je ne voyais pas pour le moment comment combler le fossé entre l'éducation de Claverack et celle de la faculté de médecine. Néanmoins, je pourrais au moins commencer par les soins infirmiers.

Mais mon père, bien qu'il proclamât sa croyance en une parfaite indépendance de pensée et d'esprit, ne pouvait pas approuver la profession d'infirmière, même lorsque je lui disais que certaines des filles les plus gentilles s'y lanceraient. "Eh bien, ils ne seront pas gentils longtemps", grogna-t-il. "Ce n'est pas une sorte de travail pour les filles." Mon argument selon lequel il nous avait lui-même appris à aider les autres n'a eu aucun effet.

Les idées de mon père, cependant, n'allaient pas me détourner de mon intention ; Même si l'atmosphère de la maison était devenue paisible, je devais quand même sortir et essayer mes ailes. Pendant encore six mois, nous avons couru, puis, un an seulement après le décès de ma mère, Esther m'a demandé de lui rendre visite à New York. Je voulais vraiment m'entraîner en ville, mais sa mère connaissait quelqu'un au conseil d'administration de l'hôpital de White Plains, qui venait tout juste d'ouvrir une école. Là, j'ai été accepté comme stagiaire.

Chapitre quatre

L'OBSCURITÉ LÀ ET RIEN DE PLUS

L'ancien hôpital de White Plains, qui ne ressemblait en rien à une institution moderne, était un manoir à trois étages, abandonné depuis longtemps parce que deux personnes y avaient été retrouvées mystérieusement mortes et que personne ne voulait plus le louer ou l'acheter. Le conseil d'administration de l'hôpital, se moquant de la superstition, l'avait volontiers acheté au bas prix auquel il avait été réduit. Cependant, malgré les réaménagements et la redécoration, de nombreuses personnes à White Plains se sont rendues jusqu'à l'hôpital de Tarrytown plutôt que de franchir les portails hantés.

Autrefois situé dans un terrain spacieux, le bâtiment était encore loin de la route ; un haut mur immédiatement derrière lui fermait la vue sur la rue voisine et on ne pouvait voir au-delà que le toit de ce qui avait été l'écurie. Les grands arbres environnants la rendaient ombragée même pendant la journée. Pour accéder au bureau, il fallait traverser une large véranda à piliers. Un salon et un salon avaient été réunis pour la salle des hommes, et une salle d'opération avait été clouée à l'arrière. Le grand et large escalier de chêne fumé, éclairé la nuit par des becs de gaz à faible inclinaison, traversait le haut plafond. Au deuxième étage se trouvaient la salle des femmes et quelques chambres privées. La douzaine d'infirmières dormaient dans les quartiers de domestiques rénovés, sous le toit en mansarde.

Les étudiantes infirmières des grands hôpitaux modernes n'ont aucune idée de ce qu'était notre vie dans un petit hôpital il y a trente-cinq ans. La salle de bains unique à chaque étage était située à l'arrière. Nous n'avions pas de résident interne et, par conséquent, nous devions dépendre principalement de notre propre jugement. Comme nous n'avions pas d'électricité, nous ne pouvions pas sonner pour subvenir à nos besoins et nous devions utiliser nos jambes pour monter dans les ascenseurs. Un stagiaire devait apprendre à fabriquer des pansements, des bandages, à mélanger des solutions et à travailler dur pour la stérilisation. Elle mit deux pouces d'eau dans la chaudière, posa une planche sur les briques placées au fond et équilibra le linge lavé et la gaze par-dessus. Puis, tapant sur le couvercle, elle fit bouillir vivement l'eau, regarda l'horloge, et lorsque le nombre de minutes prescrit fut écoulé, la stérilisation était terminée.

La grande confiance en moi avec laquelle j'entrais dans mes fonctions fut bientôt un peu choquée. L'un de nos cas concernait un vieil homme du County Home. Il se plaignait surtout de douleurs à la jambe et, comme son état n'était pas très grave, la surintendante des infirmières le laissa un après-midi sous mes soins. C'était mon premier patient. Quand j'entendis le battant de sa petite cloche nickelée, je me précipitai d'un air professionnel à son chevet.

« Missy, pourriez-vous s'il vous plaît panser ma jambe douloureuse ? Cela me fait tellement de bien.

Ayant juste suivi ma première leçon de bandage, j'étais ravi de cette opportunité de tester mes compétences. Je me mis au travail avec une grande précision et, une fois terminé, je me félicitai de mon travail soigné, admirant la jambe blanche et lisse. Ma première entrée a été inscrite sur sa feuille d'enregistrement.

Un peu plus tard, la surintendante, en faisant sa ronde, regarda le vieillard avec perplexité.

"Pourquoi as-tu bandé ta jambe?"

«J'ai demandé à l'infirmière de le faire pour moi.»

« Pourquoi cette jambe ? C'est l'autre qui fait mal.

"Oh, elle était si gentille que je ne voulais pas l'arrêter."

J'ai baissé la tête avec embarras, mais j'étais jeune et impatient, et je ne suis pas resté courbé longtemps.

En peu de temps , je me suis considérée comme complètement habituée à ce que beaucoup considèrent comme les aspects désagréables de l'allaitement ; la vue du sang ne m'a jamais donné la nausée et j'ai assisté à des opérations, même au cerveau, sans les étourdissements habituels. Puis un jour, le conducteur d'un wagon de livraison Macy, qui était tombé du siège, a été amené avec le nez fendu. Je tenais la bassine pour le jeune médecin qui la recousait, quand une des autres infirmières a dit quelque chose pour le taquiner. Il a laissé tomber son travail, laissant l'aiguille et le fil de boyau de chat collés sur le nez de la patiente, et l'a chassée de la pièce et dans le couloir. Le malade, indolore sous anesthésie locale, les regardait avec douceur ; mais l'idée que le médecin et l'infirmière puissent être assez insensibles au point de faire des blagues m'a horrifié.

Lorsque poursuivants et poursuivis revinrent, ils me trouvèrent en tas sur le sol, le bassin basculé à côté de moi, les instruments et les éponges éparpillés partout. Le patient était toujours assis tranquillement, attendant que toutes ces bêtises s'arrêtent. Je suis heureux de dire que c'est la seule et unique fois où je me suis évanoui en service.

La formation, aussi rigide soit-elle, aurait été bien moins difficile sans l'infirmière en chef véritablement diabolique. Le matin, elle était tout sourire, si sainte qu'on apercevait presque l'auréole autour de sa tête. Mais à mesure que la journée avançait, le démon en elle apparut. Elle pourrait toujours imaginer des choses supplémentaires à faire pour vous empêcher de prendre vos deux heures de repos habituelles l'après-midi. C'était particulièrement dur pour moi parce que j'avais développé des glandes tuberculeuses et que j'avais de la fièvre. Au cours de ma deuxième année, j'ai été opéré et, deux semaines plus tard, affecté à un service de nuit, où je suis resté trois mois horribles.

Ma pire tribulation est survenue pendant cette période. Les gens se rendaient alors rarement à l'hôpital pour des affections mineures ; nos patients étaient généralement des malades très malades, exigeant un maximum d'attention. Il n'y avait pas d'infirmier et je ne pouvais utiliser que ma main gauche car mon épaule droite était encore bandée. Je m'occupais des admissions, notais les dossiers et, lorsque des cloches aiguës ponctuaient le silence de l'attente, parfois une avant que j'aie eu le temps de répondre à la première, je parcourais précipitamment les trois étages, à travers les ombres soulagées seulement par le faible bruit. lueur rouge des jets de gaz. Je suppose que les aventures étaient inévitables.

Une nuit, un Italien fut arrêté dans la rue, presque épuisé, et transporté à l'hôpital. Il était si malade, soupçonné d'être atteint de typhoïde, qu'il aurait dû bénéficier d'un traitement « spécial », mais il a été placé dans le service. Un vieux canapé en cuir se trouvait devant les fenêtres, et chaque fois qu'une pause survenait dans mes fonctions, je m'allongeais. De là, je pouvais garder un œil sur mon nouveau patient. Aussi malade qu'il était, il insista pour faire le long voyage à travers la salle jusqu'aux toilettes. Je ne pouvais pas expliquer à quel point c'était imprudent, car il ne comprenait pas un mot d'anglais. Il a dû se lever de son lit entre trente et quarante fois.

Juste au moment où l'aube du début du printemps apparaissait par la fenêtre derrière moi , je suis devenu somnolent. J'étais sur le point de m'assoupir lorsqu'une prémonition m'avertit et j'ouvris suffisamment les paupières pour voir l'homme passer la main sous son oreiller, en sortir prudemment quelque chose, glisser hors de son lit. Envoûté, je le regardai glisser d'un pas doux alors qu'il se dirigeait vers moi. J'avais l'impression d'être hypnotisé par le sommeil et je ne pouvais pas bouger. Il s'approchait de plus en plus, les yeux fixes, les mains derrière lui. Soudain, je me suis mis en devoir, je me suis levé rapidement, je lui ai ordonné de se recoucher et j'ai couru devant pour redresser ses draps et ses oreillers, ne réalisant pas mon danger jusqu'à ce qu'il se penche sur moi, son couteau à la main. Avant qu'il puisse pousser, j'ai attrapé son bras et je l'ai tenu. Même si j'étais petit, j'avais de bons muscles et il était très malade.

Pendant ce temps, un autre patient saisit sa sonnette et sonna, et sonna et sonna. Personne n'a répondu. Les infirmières étaient trop loin pour entendre ; les autres patients du service étaient incapables de m'aider. Mais l'homme a rapidement épuisé le peu d'énergie dont il disposait et j'ai pu lui récupérer le couteau, le repousser dans le lit et prendre sa température. J'ai supposé qu'il était soudainement devenu délirant.

Vers sept heures, j'ai répondu à une convocation à la porte d'entrée et j'ai trouvé trois policiers qui voulaient savoir si nous avions un patient italien. « En effet , nous l'avons fait», répondis-je avec émotion et j'appelai le surintendant.

Une fois les formalités administratives terminées, j'ai appris que mon italien appartenait à un gang qui se cachait dans une grotte entre Tarrytown et White Plains, retenant les passants. Parmi eux, ils avaient commis cinq meurtres. Les autres avaient tous été pourchassés, mais l'effondrement de cet homme avait temporairement caché sa localisation. L'attaque contre moi n'était apparemment qu'accessoire à sa tentative de s'échapper par la fenêtre ouverte derrière moi. Il a été emmené à la prison de l'hôpital du comté et je n'ai pas regretté de le voir partir.

Après cet incident, un infirmier a été engagé et, même s'il était autorisé à dormir la nuit, il était rassurant de savoir qu'il pouvait être appelé en cas d'urgence. L'urgence s'est vite présentée. Un jeune homme d'environ vingt-cinq ans, de parents aisés, a été admis comme alcoolique. Je me souviens avoir été impressionné par la douceur de sa poignée de main lorsque je l'ai salué. Il présentait les premiers symptômes du delirium tremens, mais il était désormais parfaitement conscient et n'avait besoin que d'une attention de routine.

Dans la nuit, le nouvel arrivant m'a demandé de lui apporter à boire de l'eau. Quand je suis revenu dans la pièce et que je le lui ai proposé, il m'a jeté dans un coin à dix pieds de là. Alors que ma tête cognait contre le mur, il a bondi du lit après moi et s'est penché sur ma gorge. Bien qu'à moitié abasourdi et déconcerté, j'avais pourtant plus de force que l'homme dont les muscles flasques refusaient d'obéir à sa volonté. Le patient du lit voisin sonna et quelques instants plus tard, l'infirmier vint à mon secours. Entre nous, nous avons mis la pauvre jeunesse folle dans une camisole de force. Le médecin appelé ne put rien faire et le matin le jeune homme mourut heureusement.

Faire la différence entre les choses réelles et les choses imaginaires n'était pas toujours facile la nuit. Un matin, vers deux heures, j'étais en train d'écrire mon histoire dans le bureau d'accueil au rez-de-chaussée, juste à côté de la véranda. La fenêtre et le rideau derrière mon dos étaient relevés d'environ dix pouces pour laisser entrer l'air frais et humide. Soudain, j'ai eu l'impression que des yeux me fixaient. Je n'aurais pas pu expliquer pourquoi; Je n'avais entendu aucun son, mais j'étais certain qu'il y avait un être humain quelque part. Quiconque était venu pour des affaires légitimes aurait parlé. C'était peut-être un autre patient avec un couteau. Dois-je rester assis ? Dois-je regarder derrière moi ?

J'ai tourné la tête vers la fenêtre et là, un visage laid et souriant avec une moustache noire et étalée me regardait. Il aurait pu être désincarné ; je ne voyais que ce visage extraordinaire, blanc sur fond d'encre. Ce n'était pas un patient, ni quelqu'un dont j'avais la charge. Le soulagement fut immédiat et l'action automatique. J'ai saisi le long poteau de fenêtre, deux fois plus grand que moi, je me suis précipité vers la porte extérieure et je l'ai chassé de la véranda. Il a couru vers la porte extérieure tandis que je brandissais mon arme derrière lui.

De telles réactions instantanées doivent être le résultat de craintes suscitées par l'entreprise dans l'enfance avant qu'elles ne puissent prendre de l'ampleur. Désormais, je pouvais généralement agir sans avoir à y penser beaucoup ni à être troublé rétrospectivement. Ils étaient tous occupés au travail de jour de l'infirmière de nuit.

Le fait que j'avais une faible vitalité me rendait probablement plus sensible aux influences mentales que physiques. Des médecins réalistes et des infirmières en chef sévères ont essayé de cacher aux stagiaires les histoires de la vieille maison, mais sans grand succès. Quand les patients de couleur ne parvenaient pas à dormir , ils nous racontaient des histoires étranges et, les yeux roulants, affirmaient solennellement qu'elles étaient vraies. Une vieille femme brune, entendant les hululements des hiboux commencer leur triste « trop- whoo , trop- whoo », s'asseyait droite dans son lit et murmurait : « Supposons que ce soit ça . tu m'appelles ? Hit appelle quelqu'un à l'hôpital.

À maintes reprises, après le hululement des hiboux, soit quelqu'un mourait à l'hôpital, soit il était amené à mourir d'un accident. La raison m'a dit que c'était une pure coïncidence, mais cela a commencé à m'énerver.

Et puis des événements plus étranges, pour lesquels je n'ai pu trouver aucune explication, ont suivi. Un jour, alors que je faisais ma tournée, un peu après minuit, je me dirigeai vers la chambre occupée par le valet tuberculeux d'un membre de la famille Iselin. Je m'attendais à ce qu'il dorme tranquillement parce qu'il était simplement là pour se reposer avant d'être renvoyé chez lui en Angleterre, mais il était réveillé et a demandé de la glace. Je me dirigeai vers le réfrigérateur, qui se trouvait deux étages plus loin dans la cave. Mais en haut des escaliers, je m'arrêtai brusquement : « Un… Deux… Trois ! J'ai entendu des coups sourds et distincts directement sous l'escalier.

Pas une seule chose tangible à proximité n'aurait pu émettre ces sons. En l'espace de quelques secondes , j'ai fait l'inventaire de l'importance de ma vie par rapport à la bonne prise en charge de mon patient. J'ai dû descendre délibérément ces marches, ne sachant pas ce qui pourrait m'attendre en bas.

Alors que je marchais sur la première marche, les mêmes coups revinrent : « Un… Deux… Trois !

J'ai essayé de me dépêcher mais il m'a semblé que chaque pied était attaché à des tonnes de fer. Les petits diables rouges des veilleuses clignaient vers moi et semblaient rendre les ombres plus épaisses dans les coins. Mais rien ne me retenait de la salle sombre et fantomatique. J'ai descendu ces marches d'une manière ou d'une autre et j'ai traversé la salle à manger jusqu'à la cuisine. Là, je m'arrêtai à nouveau. Dois-je emporter un couteau de boucher avec moi ? "Non, je ne ferai pas ça", me suis-je répondu résolument et je me suis dirigé vers les escaliers de la cave.

Pour la troisième fois, on frappa à la porte. Jetant un coup d'œil à droite et à gauche, le dos tourné vers l'obscurité, je me suis glissé, j'ai atteint le réfrigérateur, j'ai cassé quelques morceaux de glace avec les mains tremblantes, je les ai mis dans un bol, je me suis armé pendant que je les coupais en morceaux encore plus fins et je suis parti. au retour, mes pieds beaucoup plus légers en montant qu'en descendant.

Je n'avais été absent que peu de temps, mais le patient, sans cause apparente, avait eu une hémorragie et était décédé en quelques minutes.

Plusieurs fois par la suite, j'ai entendu ces bruits nocturnes, généralement au-dessus de moi. Ils ont commencé à ressembler davantage à des pas – « tapez, tapez, tapez, tapez », très rapides et un peu étouffés. Bientôt, je ne dormais pas bien pendant la journée.

Un matin, à table du petit-déjeuner, j'ai demandé : « Qui se promenait hier soir ? »

"Je ne l'étais pas." "Pas moi." "Certainement pas moi", résonna un refrain. « Qu'est-ce qui te fait penser que quelqu'un était debout ? »

"J'ai entendu distinctement des pas sur toute la longueur du troisième étage."

"Quelle heure?"

"Vers quatre heures."

Mais personne n'a admis s'être levé. "Alors l'un de vous a dû marcher dans son sommeil", ai-je insisté.

L'infirmière qui m'avait précédé dans le service de nuit a timidement contribué : « J'entendais toujours quelqu'un. Je ne voulais rien en dire de peur que vous me preniez pour une pédé.

Vers le matin de la nuit suivante, alors que j'étais dans la salle du deuxième étage , j'ai de nouveau entendu le crépitement au-dessus de ma tête. J'ai couru à l'étage jusqu'au quartier des infirmières aussi vite que possible et j'ai regardé dans le couloir. Chaque porte était bien fermée. J'ai démoli deux étages jusqu'au premier étage. Le bruit est revenu une fois de plus au-dessus de moi. Retour au deuxième étage. Tous les patients étaient dans leur lit. J'ai demandé au seul éveillé : « Est-ce que tu viens de te lever ?

"Non."

« Est-ce que quelqu'un d'autre s'est levé ?

"Non."

Certaines nuits se passaient tranquillement. Mais j'entendais les bruits assez souvent pour être vraiment inquiet, de peur d'imaginer des choses. J'ai dit à l'une des infirmières les plus âgées : « Je vais vous réveiller et voir si vous les entendez aussi.

"Je vais m'asseoir avec toi", proposa-t-elle.

"Non, je t'appellerai. Ils ne viennent que presque le matin.

La fois suivante, au premier coup, je me suis précipité vers sa chambre, je l'ai secouée pour la réveiller, je l'ai conduite à l'étage inférieur : « Là, tu entends ?

Son expression était une confirmation suffisante.

En la quittant, j'ai pris un autre vol et j'ai attendu. En un instant, le « Touchez, touchez, touchez, touchez » retentit à nouveau au-dessus de nous. Je suis monté. Elle a dit qu'elle avait bien entendu, mais que cela lui était venu par-dessus *la* tête. Au moins, mes sens ne me jouaient pas de tours. Mes récits étaient davantage crédibles et d'autres infirmières interrompaient parfois leur sommeil pour écouter.

Un de mes compagnons a dit à un jeune et intelligent médecin membre du personnel qu'il valait mieux que je cesse de travailler la nuit avant de faire une dépression nerveuse. Même s'il pensait que c'était une absurdité de jeune fille, il pouvait voir que j'étais sérieusement affecté, et de toute façon, l'effort de trois mois consécutifs pour une tâche aussi difficile était bien trop dur. Une autre infirmière m'a relevé.

Après ma deuxième opération glandulaire, j'ai été placé dans l'une des chambres privées à l'étage supérieur. Je ne m'en suis pas très bien sorti et ce même médecin est resté à l'hôpital toute la nuit pour être de garde. Étant agité, je me suis réveillé, seulement pour entendre les bruits identiques qui me hantaient depuis si longtemps. Je l'ai appelé et je me suis exclamé : « Le voilà. Vous ne l'entendez pas ?

Il l'a fait, mais avec confiance, il est monté à l'étage jusqu'à l'étage des infirmières. Je savais qu'il ne trouverait rien. Quand il est revenu, j'ai demandé : « Avez-vous vu quelqu'un ?

"Non. Apparemment, tout le monde dormait. J'ai regardé dans toutes les pièces.

Immédiatement, les coups revinrent. Il se déplaça un peu plus vite pour descendre. Au bout de quelques minutes, il remit la tête dans la porte. "Tu es dans ton lit? Vous n'êtes pas debout ? Je lui ai assuré que je n'avais pas bougé, sachant bien qu'il avait dû les entendre comme toujours , d'en haut.

Même s'il croyait toujours que quelqu'un se promenait dans les lieux, le médecin était désormais déterminé à percer le mystère et revenait tous les soirs pendant une semaine. Mais le bruit était un feu follet. Il n'a jamais pu le rattraper. Il était si désireux d'épuiser toutes les possibilités qu'il a même porté l'affaire devant le conseil d'administration. L'un d'eux expliqua avec condescendance que c'était probablement l'écho d'un rat dans les murs ; ils avaient l'habitude de prendre ainsi à la légère les superstitions qui s'accrochaient à la vieille maison.

Le médecin a continué son travail de détective jusqu'au jour où il est apparu de très bonne humeur. Depuis les fenêtres arrière, il désigna le toit qui dépassait le haut mur du fond. "J'ai trouvé ça. Cette écurie est construite sur les mêmes poutres que cette maison. Lorsqu'un cheval s'agite vers le matin, il trépigne et la vibration est transportée à travers lui sous terre jusqu'à ce bâtiment. Maintenant, tu crois aux fantômes ?

La vie n'était en aucun cas aussi sérieuse que tout cela en a l'air. Amelia m'avait suivi à l'hôpital et nous avons continué nos moments gays ensemble. D'ailleurs, les soins infirmiers eux-mêmes présentaient souvent des aspects amusants. Le nombre d'infirmières autorisées était très restreint et, au cours de notre dernière année de formation, nous avons été envoyés sur des cas privés, voyant ainsi à la fois les hauts et les bas de la vie, ce qui nous a bien préparés à l'expérience.

Celui qui avait des connotations romantiques a eu lieu immédiatement après que Howard Willett ait transféré sa fête à la maison d'Aiken, en Caroline du Sud, au Gedney Farms Manor à White Plains. L'indisposition du jeune Eugène Signey Reynal avait la scarlatine. La contagion commença à se propager parmi les invités et les domestiques, et le Dr Julius Schmid, vieux et honoré, figure remarquable de la communauté et également notre chef de cabinet, désigna trois d'entre nous comme infirmières pour y servir, transformant pratiquement l'endroit en un hôpital pour cinq semaines.

Ma charge spéciale était Adelaide Fitzgerald, la fiancée de Reynal , mais lorsque la nécessité s'est fait sentir, nous avons changé de place. L'état de

Reynal ne cessait de se détériorer. Un matin, au lever du jour, alors que le patient était presque dans le coma, le Dr Schmid fit appeler le prêtre pour lui administrer l'extrême-onction et me dit : « Tu ferais mieux d'aller chercher Miss Fitzgerald et de lui dire qu'il y a très peu d'espoir.

Elle s'est agenouillée près de son lit, "Gene", lui a-t-elle appelé, "Gene, nous allons nous marier tout de suite."

Reynal était aussi proche de la mort qu'un homme pouvait l'être, mais sa voix parvint à son subconscient et le rappela. Une autre infirmière et moi, appelées à la hâte pour servir de demoiselles d'honneur, nous tenions debout, vêtues d'un blanc amidonné et bruissant, à côté du lit. C'était extraordinaire à regarder ; Reynal sembla se secouer vivant jusqu'à ce qu'il soit suffisamment conscient pour répondre «oui» au prêtre arrivé pour accomplir un office tout à fait différent.

En guise d'anti-climax à toute cette excitation et à mon intense dégoût, j'ai moi-même eu une légère crise de scarlatine. J'étais tellement gêné que j'ai continué à travailler et je ne me suis couché que lorsque j'ai commencé à peler.

Mes cas habituels offraient un drame d'un autre genre. Souvent , j'étais appelée au milieu de la nuit pour un cas de maternité, à une quinzaine de kilomètres de l'hôpital, où je devais stériliser l'eau et faire bouillir les forceps sur un feu de bois dans la cuisinière pendant que le médecin nettoyait du mieux qu'il pouvait. pourrait. Plusieurs fois , le travail s'est terminé avant qu'il puisse arriver et j'ai dû effectuer l'accouchement moi-même.

Voir naître un bébé est l'une des plus grandes expériences qu'un être humain puisse vivre. Pour moi, la naissance a toujours été plus impressionnante que la mort. Aussi souvent que j'ai été témoin du miracle, tenant la créature parfaite avec ses petites mains et ses petits pieds, chaque fois j'ai eu l'impression d'entrer dans une cathédrale avec la prière dans le cœur.

Il y a si peu de connaissances dans le monde comparé à ce qu'il y a à savoir. J'ai toujours été profondément touché par la confiance que les patients, riches ou pauvres, hommes ou femmes, vieux ou jeunes, accordaient à leurs infirmières. Quand nous sommes apparus, ils semblaient dire : « Ah, voici quelqu'un qui peut nous le dire. » Les mères me demandaient pathétiquement, plaintivement, avec espoir : « Mademoiselle Higgins, que dois-je faire pour ne pas avoir un autre bébé tout de suite ? J'étais incapable de répondre à leurs questions intimes et je les transmettais au médecin, qui le plus souvent reniflait : « Elle devrait avoir honte de parler de choses pareilles à une jeune fille.

Tous ces problèmes furent ainsi sommairement écartés. Nous avions une femme dans notre hôpital qui avait fait plusieurs fausses couches et six bébés, chacun né d'un père différent. Les médecins et les infirmières savaient qu'à chaque fois qu'elle sortait, elle reviendrait bientôt, mais ce n'était pas leur affaire ni l'affaire de qui que ce soit ; c'était juste « naturel ».

Pour finir, les infirmières en formation ont été affectées à l'un des plus grands hôpitaux de la ville où elles travailleront au cours des trois ou six derniers mois de notre formation. Le mien était le Manhattan Eye and Ear, situé sur la 41e rue et Park Avenue, en face de l'hôtel Murray Hill, et j'ai été heureux de pouvoir découvrir des équipements modernes et une discipline d'horlogerie. Mon nouvel environnement était considérablement moins dur et intense, plus confortable et plus tranquille.

Lors d'une des fréquentes soirées dansantes informelles organisées là-bas, mon partenaire médecin a reçu un message – pas un appel, mais un appelant. Son architecte voulait revoir les plans avec lui. « Venez, » l'invita-t-il. "Voyez si vous pensez que ma nouvelle maison sera aussi belle que moi."

L'architecte a été présenté. "Voici William Sanger."

Nous étions tous les trois penchés sur les plans. Le médecin était le seul à ignorer la soudaine qualité électrique de l'atmosphère.

Le lendemain matin, à sept heures trente, alors que je sortais pour mon habituel « constitutionnel », Bill Sanger était sur le pas de la porte. Il avait ce genre de nature romantique qui me plaisait et il avait attendu là toute la nuit. Nous avons fait notre promenade ensemble ce jour-là et régulièrement pendant plusieurs jours par la suite, apprenant les uns sur les autres, explorant l'esprit de chacun et découvrant une communauté d'idées et d'idéaux. Sa finesse s'inscrivait dans tout mon destin, si je puis dire, aussi bien que ma formation hospitalière.

J'ai trouvé la mère de Bill une personne charmante, artistique, musicale et très cultivée. Son père était un riche éleveur de moutons en Australie. Quand on voyage à partir de là, il faut pratiquement faire le tour du monde, et pour se rendre à San Francisco, il avait traversé l'Europe centrale. Dans une ville allemande, il était tombé amoureux de la plus jeune fille du maire , alors âgée de quatorze ans seulement. Lorsqu'elle était en âge de se marier , il était revenu la chercher, et c'était de cette mère talentueuse que Bill avait tiré son goût pour la musique et son désir de peindre.

Bill n'était architecte que de profession ; il était un pur artiste par tempérament. Même si son cœur n'était pas dans le dessin mécanique, il le faisait bien. Stanford White m'a dit un jour qu'il était l'un des six meilleurs dessinateurs de New York. Il m'a confié son rêve de pouvoir un jour abandonner l'architecture et se consacrer à la peinture, notamment à la peinture murale. J'avais inculqué en moi le sentiment de la relation naturelle entre la couleur et la symétrie des lignes, et je sympathisais non seulement avec ses aspirations, mais j'étais intensément fier de son travail. Un jour, nous nous marierions et, dès que nous aurons suffisamment économisé , nous irons à Paris, où l'inspiration des grands peintres français convoquait les artistes du monde entier.

Ces projets étaient nébuleux et n'avaient rien à voir avec mon départ brusque de New York. Un après-midi, vers seize heures, j'étais sous une lucarne et je mettais des gouttes dans les yeux d'un convalescent. De manière inattendue, inexplicable, le verre a commencé à s'effondrer. Presque par instinct, j'ai tiré mon patient sous le linteau de la porte. Une grande explosion s'ensuivit et le chaos se déchaîna ; la lucarne en ruine s'est effondrée dans les escaliers, le plâtre et les radiateurs sont tombés des murs, les portes sont tombées, les fenêtres sont fissurées.

Je me précipitai vers le lit de l'homme qui avait besoin de ma première attention. Il avait été opéré de la cataracte quelques heures auparavant et mes ordres étaient de ne pas le laisser bouger trop tôt, de peur que le liquide contenu dans ses yeux ne s'écoule et n'endommage sa vue de façon permanente. Mais lui et les autres patients terrifiés étaient déjà debout.

Rassembler toutes les personnes dont je m'occupais et vérifier leurs noms a pris plusieurs minutes, et pendant que j'essayais encore de les faire taire, des ambulances d'autres hôpitaux sont arrivées. Au moment où j'avais fait descendre mes protégés au rez-de-chaussée, un chemin avait été dégagé à travers les débris de briques et de bois tombés. Comme il ne s'agissait pas de cas sur civière, j'ai pu en rassembler dix dans une seule ambulance et nous avons été emmenés à l'hôpital de New York. Ce n'est que lorsque je les ai tous installés en toute sécurité que j'ai appris ce qui était arrivé à notre bâtiment. Une énorme explosion dans le nouveau métro de Park Avenue l'a pratiquement démoli et il a fallu l'évacuer.

Je suis retourné à White Plains, où Bill venait fréquemment me voir. Au cours d'une de nos promenades, il a arraché paresseusement quelques vignes sur un mur de pierre, puis, avec ses mains, il a incliné mon visage pour m'embrasser. Le lendemain matin, à ma grande mortification, quatre marques de doigts révélatrices ont été soulignées sur ma joue par des ampoules d'herbe à puce. Le lendemain, mon visage était enflé au point que mes yeux étaient bien fermés et j'ai été malade pendant deux mois ; ma formation étant terminée, j'ai été renvoyé chez moi en convalescence.

Chapitre cinq

DES CORAUX POUR COUPER LA VIE

Pendant un certain temps, je suis restée à Corning, puis je suis retournée à New York pour commencer sérieusement à allaiter. Lors d'un de mes après-midi libres du mois d'août, Bill et moi sommes allés faire une promenade en voiture et il a suggéré que nous nous arrêtions chez un de ses amis qui était ministre. Tout avait été préparé. Le permis et le riz attendaient. Et donc nous nous sommes mariés.

La première année est consacrée à moitié à l'amour et à moitié à la planification d'un avenir ensemble qui durera pour toujours. Ces rêves nourrissent les ambitions de la jeunesse, mais ils peuvent rarement se réaliser dans leur intégralité. Dans notre cas, les obstacles sont survenus à une vitesse excessive.

Je n'allais pas bien. Je payais le prix de longues heures passées dans la chambre étroitement confinée de ma mère et d'un surmenage continu à l'hôpital. Le conseil médical était d'aller vivre dans l'Ouest, mais je ne partirais pas sans Bill, et il avait une commission qui le retenait à New York. En conséquence, je fus envoyé dans un petit semi-sanatorium près de Saranac où fut consulté le grand docteur Trudeau, spécialiste de la tuberculose pulmonaire.

L'existence là-bas était déprimante. Un homme pourrait me parler un jour, plein de vie, d'esprit et d'espoir, et ne pas apparaître le lendemain matin. Les morts étaient habituellement évacués dans le calme de la nuit et les médecins ne faisaient aucun commentaire. Dans cet environnement sombre, je me reposais, me préparant à la maternité. Le flot de traités sur la psychologie de l'enfant n'avait pas encore commencé, et même les livres sur les soins et l'alimentation des nourrissons étaient rares. Mais j'ai lu tout ce que je pouvais.

Juste avant l'heure de la naissance du bébé , je suis retourné dans le petit appartement de l'avenue Saint-Nicolas, dans la 149e rue, alors pratiquement en banlieue. Prenant toutes nos précautions, nous avions engagé quatre médecins d'affilée. Le Dr Schmid avait déclaré qu'il procéderait à la cérémonie à moins qu'elle n'ait lieu la nuit, auquel cas son assistant devrait s'en charger. L'assistant avait prévu que, s'il n'était pas disponible, son assistant serait de garde, et cet assistant avait un autre assistant pour l'assister.

Lorsqu'un matin, vers trois heures, j'ai ressenti les premières légères et fines douleurs d'avertissement, Bill a essayé l'un après l'autre de nos obstétriciens — aucun n'a pu être localisé. Il a dû courir au coin de la rue chez le médecin généraliste le plus proche. Presque autant à cause de l'inexpérience de ce jeune médecin qu'à cause de mon état physique, l'épreuve fut particulièrement dure, mais le bébé Stuart, étant donné le nom de famille d'Amelia, était en parfaite santé, fort et robuste. Je considérais cela comme une victoire, même si elle n'était que partielle, car il me fallait retourner directement dans les montagnes. C'était très dur de repartir si tôt et à une telle heure, mais je ne pouvais pas croire que cela durerait longtemps.

Avec Stuart et une infirmière , j'ai pris chambre dans une ferme sympathique près d'un petit village des Adirondacks ; Je ne voulais pas du bébé au milieu de malades et, d'ailleurs, je n'étais pas la bienvenue à Saranac même, puisque le Dr Trudeau n'aimait pas avoir en résidence des patients dont la maladie avait progressé au-delà d'un certain stade. L'une des parties les plus importantes du traitement consistait à se gaver de nourriture. J'étais rempli du remède alors reconnu, la créosote, et j'avalais capsule après capsule, ce qui me coupait complètement l'appétit. Pourtant , je devais verser du lait et avaler des œufs, et toujours je devais me reposer, me reposer et me reposer.

Au bout de huit mois, j'étais pire au lieu de mieux, et je n'avais aucun intérêt à vivre. Nan et la mère de Bill ont été convoquées et deux des associés du Dr Trudeau sont venus me voir. Ils m'ont conseillé de me rapprocher de Saranac et de me séparer de toutes responsabilités personnelles.

"Qu'est-ce que tu aimerais faire toi-même ?" ils ont demandé.

"Rien."

"Où voudrais-tu aller?"

"Nulle part."

« Voudrais-tu que le bébé soit envoyé à ton frère, ou préfères-tu que ta belle-mère le prenne ?

"Je m'en fiche."

À chaque suggestion, j'étais négatif. Je n'étais même pas intéressé par mon bébé.

Les deux médecins sont partis. Le plus jeune, cependant, apparemment insatisfait de l'attitude professionnelle, revint presque immédiatement, non pas tant à titre médical qu'en termes de convivialité anxieuse. J'étais toujours assis dans le même état d'apathie. Il posa doucement sa main sur mon épaule, mais j'eus la sensation d'être violemment secoué. "Ne sois pas comme ça!" il s'est excalmé. « Ne vous laissez pas tomber dans un tel état mental. Faire quelque chose! Vouloir quelque chose! Vous ne vous rétablirez jamais si vous continuez ainsi.

Je n'ai pas pu dormir cette nuit-là. J'avais été brutalement tiré de ma stupeur par le médecin compréhensif. De toute évidence , on se préparait à une maladie persistante qui se terminerait par la mort. Mais si je devais mourir , je préférerais être avec ceux que j'aime plutôt que de disparaître la nuit dans le cadre d'une routine froide.

Alors que les premières lueurs de l'aube apparaissaient à travers les rideaux, je me levai et regardai l'horloge qui tournait régulièrement. Il n'était pas encore cinq heures. Je m'habillai rapidement, puis me dirigeai vers la chambre sur la pointe des pieds où l'infirmière et le bébé dormaient profondément. Je l'ai réveillée et lui ai dit de faire ses valises ; nous retournions à New York. Elle leva les yeux avec une consternation somnolente, mais obéit docilement. Le fermier a attelé son cheval et nous avons couru jusqu'à la gare au petit matin d'été, éclairé par le soleil et joyeux par les oiseaux.

Bill attendait au Grand Central Terminal, tout naturellement perplexe. Il avait reçu ce matin-là deux télégrammes, l'un disant que je devais être immédiatement transféré à Saranac, en attendant son accord quant à la garde du bébé par des parents, et l'autre de ma part lui demandant de me rencontrer parce que je rentrais à la maison. Je lui ai expliqué du mieux que je pouvais les raisons de ma décision soudaine. Même si j'avais probablement l'air incohérent, il a compris et, au lieu de me gronder, m'a apaisé tendrement et s'est exclamé : « Vous avez fait exactement ce qu'il fallait. Je ne te laisserai pas mourir.

« Et ne m'oblige pas à manger ! Ne me parlez même pas de nourriture ! Il a promis de me laisser faire ce que je voulais.

Dans le petit hôtel familial de Yonkers dans lequel nous nous sommes installés, je vivais presque seule, gardant le bébé et tout le monde loin de moi ; J'avais désormais compris les dangers du contact dans la propagation de la tuberculose. Une fois libéré des horreurs de l'invalidisme et réconforté par l'amour et le dévouement, j'ai commencé à retrouver un intérêt normal pour la vie et, au bout de trois semaines, j'étais remis de mon rejet hystérique de la nourriture.

Dès que j'ai été assez fort , nous avons commencé à explorer le comté de Westchester pour trouver un site d'habitation. Nous voulions quelque chose de plus qu'une simple maison. Nous voulions de l'espace, nous voulions une vue, nous voulions un jardin. À Hastings-on-Hudson, nous avons trouvé ce que nous cherchions. Là, sur cinquante acres de colline surplombant la rivière, une dizaine de familles – médecins, enseignants, professeurs d'université, scientifiques – s'étaient regroupées pour construire le type d'habitations qui leur plaisaient dans l'environnement qu'elles considéraient le mieux adapté à leurs enfants. Nous aussi, nous avions en tête une famille et une existence de banlieue confortable et sereine, et nous avons rejoint cette colonie de Columbia, comme on l'appelait, en louant un petit cottage en attendant de pouvoir construire le nôtre.

Les autres épouses et moi passions nos après-midi à discuter des problèmes majeurs des domestiques, des jardins et des écoles. Si nous allions en ville, nous emmenions les enfants avec nous, leur équipions des chaussures spéciales chez Coward's, leur faisions découvrir les musées, les bibliothèques ou les galeries d'art. La vie était centrée autour d'eux. Lorsque Stuart et ses petits amis ont commencé à poser des questions : « D'où viennent les bébés ? Je les ai rassemblés et j'ai essayé d'y répondre, en utilisant comme illustrations les phénomènes simples de la nature : fleurs, grenouilles, poissons et animaux. Je considère toujours que cette approche a sa place auprès de nombreux enfants, même si les éducateurs sexuels modernes peuvent sourire de cette méthode, la trouvant démodée.

Aucun membre de la colonie ne jouait aux cartes. Au lieu de cela, les femmes ont formé un club littéraire où nous lisions des articles sur George Eliot, Browning et Shakespeare, ainsi que sur certains auteurs actuels, et où nous avions des discussions politiques occasionnelles. De là est né le Women's Club of Hastings.

Tout cela était très agréable et, au début , j'étais occupé et content. Les interminables détails du ménage ne me semblaient pas une corvée ; surmonter des crises mineures était passionnant. Même si je n'ai jamais été servilement domestique, j'avais tendance à être servilement maternelle. Bill était un mari dévoué. Il a pris soin de moi par petites touches : en partant pour le train et en revenant pour passer la tête par la porte et appeler : « Il fait terriblement froid. Ne sortez pas sans votre emballage », ou, s'il faisait chaud, il proposait : « Donnez-moi votre liste et je vous enverrai les courses. »

Je menais à nouveau la vie d'une famille d'artistes. Bill était un travailleur acharné ; Je me souviens rarement d'une soirée passée à lire ensemble. J'ai fait la lecture et il a dessiné ou peint. Mais je n'ai jamais vraiment su si nous étions riches ou pauvres. Il possédait les plus belles qualités du génie créateur, et avec elles certaines de ses limites et de ses responsabilités. Lorsqu'il fut payé pour une grosse commission, il m'apporta des orchidées et des robes japonaises brodées que je n'avais pas besoin de porter, et remplit la maison de luxe. Cela ne correspondait pas à mon sens pratique. Si le compte de l'épicerie restait impayé depuis longtemps, je protestais : « Ils sont magnifiques. Merci, mais pouvons-nous nous les permettre ?

« Certainement », et de sa poche sortaient des billets pour l'opéra ou le théâtre, ses principaux plaisirs.

"Mais nous ne devrions pas", lui ai-je remontré en ébouriffant une liasse de billets devant lui.

Néanmoins, nous avons utilisé les billets.

Chaque architecte souhaite concrétiser ses idées au moins une fois dans sa propre maison. La nôtre était « moderne » dans sa simplicité carrée et ses surfaces sans fioritures de tuiles creuses en stuc , étant même appelée une maison témoin ; les gens venaient de loin pour l'étudier. Il a été conçu pour avoir une grande chambre d'enfant ouvrant sur une véranda donnant sur l'Hudson, un studio, une salle de bain dans chaque chambre, des cheminées partout, et une particulièrement spacieuse dans la grande bibliothèque. De cette pièce, l'escalier ouvert, bifurquant au palier inférieur avec quelques marches menant à la cuisine, remontait le mur jusqu'au deuxième étage.

La maison a pris du temps à terminer, mais c'était amusant. Dès que Bill a terminé son travail à New York, il s'y est remis. Théoriquement, il surveillait la nuit et le constructeur construisait le jour. Mais lorsqu'un arc ne s'avérait pas parfait, il saisissait une hache et en coupait une partie, en se martelant généralement les doigts. Les voisins, soucieux de leurs sous, tendaient leurs oreilles au bruit et aux clameurs et s'exclamaient : « Voilà une autre cloison. » Lorsque l'entrepreneur est revenu le matin , il a trouvé son travail de la veille démoli. Certaines portions ont été entièrement réalisées en deux ou trois fois.

La couleur sur les boiseries, nous l'avons appliquée nous-mêmes à la lumière artificielle, repulpés à genoux ou tendus en hauteur. Si l'effet était mauvais, nous devions tout faire correspondre à nouveau. Soir après soir, nous travaillions à la rosace qui devait couronner d'éclat la tête de l'escalier. Jusque tard dans la nuit, nous avons soudé et soudé chaque pétale lumineux. Nos doigts étaient coupés, nos nerfs irrités, nos yeux fatigués. Mais un amour infatigable est entré dans la composition de cette rosace qui symbolisait la stabilité de notre avenir. Nous visions la permanence et la sécurité, et nos efforts semblaient fusionnés en une unité indestructible. C'était notre clé de voûte de beauté.

Après les fastidieux soucis des détails, nous sommes soudain devenus trop impatients pour attendre davantage et, malgré l'état brut de la maison, en fin d'après-midi de février, mi-neige, mi-pluie, une camionnette de déménagement s'est arrêtée devant notre porte d'entrée. . À travers la pénombre, des caisses, des caisses et des tonneaux ont été transportés.

Stuart, quatre ans, n'allait pas bien. Nous l'avons mis au lit tôt et Bill a allumé un feu rugissant dans la fournaise pour lutter contre le froid croissant. Puis, avec un marteau et une griffe, nous nous tournâmes vers nos trésors, que nous n'avions pas vus depuis si longtemps. C'était comme ouvrir des colis le matin de Noël. Nous avions presque oublié la tapisserie que Mary avait envoyée de Perse, le tapis d'Egypte, les peintures de Bill. « Qu'y a-t-il dans cette boîte ? Oh, regarde ici ! Voyez ce que j'ai trouvé ! » Un flot de couleurs nous a inondés. Nous avons testé leur chaleur sur nos murs et sols impeccables. Je portais mon deuxième bébé et j'étais fatiguée des heures avant de vouloir arrêter. Alors que je montais au lit, j'ai regardé joyeusement la litière en dessous.

Quelque temps plus tard, j'ai entendu vaguement un martèlement dans mon sommeil et je me suis réveillé pour réaliser que c'était la servante allemande à la porte qui criait : « Madame. Viens! Feu dans le grand poêle !

Nous avons sauté du lit. Une fumée âcre nous envahissait les narines et nous étions balayés par l'horreur du feu la nuit. Bill m'a crié : « Sortez ! Je dois donner l'alarme.

Il s'enfuit en pyjama ; il n'y avait pas de téléphone à moins d'un demi-mile. J'ai saisi Stuart de son berceau, de ses draps et tout. Cela n'a duré que quelques secondes, mais la cuisine était déjà en feu et les flammes montaient dans l'escalier. J'ai tiré la couverture sur sa tête et j'ai commencé à descendre prudemment, en serrant le côté extérieur. Les marches brûlantes craquèrent sous mes pieds, mais ne s'effondrèrent que lorsque j'atteignis la bibliothèque remplie de fumée.

La famille d'en face nous a accueillis. Après avoir bordé Stuart dans un lit improvisé, je suis allé le voir. Non seulement le camion de pompiers essayait de gravir la colline glacée, deux pas en avant et un en arrière, mais tout le village l'accompagnait pour aider à organiser une brigade de seaux.

Les nuages s'étaient dissipés et la lune brillante brillait sur cette scène étrange. Le temps était devenu beaucoup plus froid et la pluie s'était transformée en cristaux qui brillaient sur les branches des arbres et des arbustes. C'était incroyablement fantastique, et dans ce décor irréel, les flammes, comme dirigées par une intention diabolique, ne jaillissaient que par notre précieuse rosace. Je restais silencieux face au résultat de mois de travail et d'amour qui se désintégrait lentement. Pétale par pétale, il succombait aux langues de feu léchantes ; un à un, ils tombèrent dans la neige gris-blanc. Les assembler avait pris tellement de temps ; maintenant, sans relâche, ils étaient séparés. Une chose de toute beauté avait péri en quelques instants.

C'était comme si un chapitre de ma vie se terminait, et je n'étais ni déçu ni regretté. Au contraire, j'avais conscience d'un certain soulagement, d'un fardeau soulagé. À cet instant, j'ai appris la leçon de la futilité des substances matérielles. Quelle importance avaient-ils spirituellement s'ils pouvaient aller si vite ? Les douleurs, les soifs, les chagrins pourraient être mis dans la création de quelque chose d'extérieur qui, d'un seul coup, pourrait vous être enlevé. Avec la destruction de la vitrine, mon échelle de valeurs suburbaines a été consumée. Je ne pourrais plus jamais mettre ma foi dans des choses concrètes ; Je dois bâtir sur moi seul. J'espérais pouvoir continuer à avoir de jolis objets autour de moi, mais je pourrais aussi être heureux sans eux.

La journée suivante a été remplie de voisins venus présenter leurs condoléances et offrir leur aide, ainsi que d'experts en sinistres qui scrutaient et posaient des questions. Ils ont constaté que le feu trop intense dans le four avait surchauffé les tuyaux autour desquels l'amiante n'avait pas encore été enroulée. Nous avons perdu beaucoup parce que, bien que la maison fût couverte, l'assurance des meubles n'avait pas été transférée à son nouvel emplacement et, de plus, beaucoup de nos biens étaient irremplaçables, leur valeur résidait dans le sentiment qui y était attaché.

Une catastrophe personnelle peut en fin de compte se révéler être un bien public. Les membres de la communauté sont rassemblés dans un esprit de sympathie et apprennent, grâce à l'expérience des autres, comment se protéger. Après notre mésaventure, tous les propriétaires de la colonie Columbia ont commencé à se tourner vers leur fournaise et à assurer leur maison.

Nos murs étaient ignifugés et une grande partie de la maison aurait pu être sauvée, mais c'était en réalité plus décourageant qu'une démolition complète ne l'aurait été, car dans ce dernier cas, nous aurions pu commencer à reconstruire depuis le début. J'ai beaucoup admiré Bill pour la manière résolue avec laquelle il s'est remis à accomplir cette tâche douloureuse. Il a parcouru chaque centimètre carré, disant ici : « Cette planche est en bon état », et là arrachant des morceaux noirs de bois carbonisé. C'était un sale boulot, mais il s'y est tenu. Néanmoins, malgré tous nos efforts pour peindre et teindre, nous ne parvenons pas à nous débarrasser complètement de l'odeur indubitable et ineffaçable qui entoure un bâtiment incendié, presque comme l'odeur de la mort.

L'été prochain, nous avons emménagé à nouveau. Mais la maison n'a jamais été la même. Je n'ai jamais pu retrouver cette première bouffée de joie.

Grant, mon deuxième fils, est né presque immédiatement. J'adorais avoir un bébé à soigner à nouveau et j'en voulais au moins quatre de plus aussi rapidement que ma santé le permettait. Je ne pouvais pas attendre encore cinq ans. J'aspirais particulièrement à une fille et, vingt mois plus tard, mon souhait s'est réalisé. Après la naissance de Peggy, le médecin descendit et vit Bill assis dans la bibliothèque avec Grant dans ses bras et des larmes coulant de ses yeux.

« Pourquoi, qu'est-ce qu'il y a ? Il y a une gentille petite fille à l'étage.

« Je pense à ce pauvre petit garçon. Margaret désire une fille depuis si longtemps qu'elle n'aura plus de place pour lui dans son cœur.

Les craintes de Bill étaient sans fondement. Grant n'a pas été supplanté, mais Peggy était un bébé si satisfaisant que je n'ai pas été particulièrement déçu lorsque ma maladie est réapparue et que le médecin a dit que ma famille devait cesser à ce stade. J'étais assez content des choses telles qu'elles étaient.

Même lorsqu'il était petit, Stuart, aux cheveux blonds et de construction carrée, était pratique, aimait le sport et avait un esprit raisonné et logique, expérimentant toujours la vie ainsi que les choses mécaniques. Higgins minutieux, il devait le découvrir par lui-même et le prouver. Il avait l'habitude de piétiner et de gronder lorsqu'on lui présentait une corvée, comme tondre la pelouse ou apporter du bois pour les cheminées, mais ses rébellions étaient brèves et, lorsqu'il réalisait l'inévitable, il en faisait un jeu. "Venez", a-t-il salué ses amis. « Nous avons beaucoup à faire. Allons-y ! Nous allons nous amuser beaucoup.

Les autres garçons, séduits par ses invitations enthousiastes, croyaient eux aussi que tondre la pelouse ou rapporter du bois figuraient parmi les meilleurs jeux inventés.

Grant était plus gêné que Stuart, plus inarticulé, mais plus affectueux. Il suivit servilement le bébé Peggy. Ils étaient généralement main dans la main, et la noirceur de Grant contrastait avec ses cheveux blonds et brillants. Dès qu'elle a pu parler, ils se sont appelés « nous ». Peggy était l'enfant la plus indépendante que j'aie jamais vue. A trois ans, elle savait ce qu'elle voulait et où elle allait. Elle était vive, espiègle, rieuse, l'incarnation de tous mes espoirs en une fille.

Stuart incarnait le scientifique, Grant l'artiste et Peggy l'action. C'était maternellement gratifiant de se demander s'ils réaliseraient ces propensions plus tard dans leur vie.

J'ai apprécié mes activités littéraires avec mes enfants et Bill m'a encouragé. « Allez-y et terminez votre écriture. Je vais préparer le dîner et faire la vaisselle. Et de plus, il l'a fait, en tirant les ombres cependant pour que personne ne puisse le voir. Il pensait que je devrais en faire une carrière au lieu de me limiter aux intérêts des petites villes.

Bill et moi ressentions ce qui équivalait à une faim mondiale, une attirance vers des horizons plus vastes. Pour lui, Paris était encore au-delà de la prochaine colline. Je n'ai pas pu exprimer mon mécontentement face à la futilité de mon cours actuel, mais après mon expérience d'infirmière possédant les bases, ce retrait tranquille dans la vie domestique apprivoisée de ce joli village au bord de la rivière semblait friser la stagnation. J'avais l'impression que nous avions dérivé dans un marécage, mais nous n'attendions pas que la marée nous libère.

Il était inutile de souligner l'importance des nécessités pratiques pour un artiste et j'ai donc décidé de reprendre le métier d'infirmière afin de gagner ma part. Nous avions passé des années à construire notre maison et ne l'avions utilisée que pendant une brève période. J'étais heureux de partir lorsque, dans l'un de nos marasmes financiers, nous nous sommes replongés dans le courant effréné de la vie new-yorkaise.

Chapitre six

FANATIQUES DE LEURS IDÉAUX PURS

Nous avons pris un appartement en ville. C'était un type de chemin de fer à l'ancienne : grand, haut de plafond, avec beaucoup d'espace, d'air et de lumière. La grand-mère des enfants est venue vivre avec nous et sa présence m'a rassuré lorsque j'ai été appelé pour une affaire ; mes enfants étaient totalement en sécurité sous sa garde.

Nous avons plongé tête baissée dans l'une des phases de la vie les plus intéressantes que les États-Unis aient jamais connues. Le radicalisme dans les mœurs, l'art, l'industrie, la morale et la politique était en effervescence, et le couvercle était sur le point d'exploser lors de la Grande Guerre. John Spargo, une autorité sur Karl Marx, avait traduit *Das Kapital* en anglais, donnant ainsi une impulsion au socialisme. Lincoln Steffens avait publié *La Honte des villes*, George Fitzpatrick avait produit *War, What For ?*, une étrange et merveilleuse mise en accusation du capitalisme, qui s'est vendue à des milliers d'exemplaires.

Les noms de Cézanne, Matisse et Picasso sont devenus familiers de ce côté-ci de l'Atlantique à l'époque de la remarquable exposition de l'Armurerie, lorsque des exemples exceptionnels de peinture impressionniste et cubiste ont été importés d'Europe. Mais il y avait tellement d'excentricité – une jambe sur une tête, un chapeau sur un pied, le *Nu descendant un escalier*, tout cela au nom de l'art – qu'il fallait fermer un œil pour le regarder. L'Armurerie vibrait ; ça a secoué New York.

Même si Bill avait étudié selon la vieille école, il pouvait percevoir le point de vue radical dans l'art, mais aussi dans la politique. Son attitude envers les outsiders ressemblait beaucoup à celle de son père. Il avait toujours été socialiste, bien qu'inactif, et tenait son ami Eugène V. Debs en haute estime.

Une religion sans nom se répandait dans le pays. Les convertis étaient des libéraux, des socialistes, des anarchistes, des révolutionnaires de toutes nuances. Ils étaient aussi déterminés dans leur foi dans la révolution à venir que n'importe quel chrétien primitif dans l'établissement immédiat du Royaume de Dieu. Certains pourraient même prédire la date exacte de son apparition.

À une extrémité de l'échelle des rebelles et des moqueurs se trouvaient les parlementaires « roses », socialistes et théoriciens, à qui les anarchistes ont lancé l'insulte « bourgeoise ». De l'autre côté se trouvaient les Industrial Workers of the World, les « Wobblies », qui préconisaient la syndicalisation de l'ensemble de l'industrie plutôt que de l'artisanat ou du commerce. Cela devait être réalisé, si nécessaire, par une action directe.

Presque sans le savoir, vous êtes devenu un « camarade ». Vous pouviez soit appartenir à un groupe qui croyait que la civilisation devait être sauvée par le vote et par une législation protectrice, soit aller plus à gauche et croire avec les anarchistes en l'intégrité de l'individu et qu'il était possible de développer le caractère humain pour le point où les lois et la police étaient inutiles.

L'agitation mentale était telle qu'elle créait une quasi-Renaissance. Tout le monde écrivait sur les nébuleuses « nouvelles libertés ». On pouvait presque toujours trouver des gens pour soutenir les dirigeants ou les magazines, même si nombre de ces derniers ne vivaient que pour un seul numéro.

Upton Sinclair utilisait son don d'expression vive et sa juste colère pour tenter de corriger les abus sociaux par la méthode indirecte mais très efficace du récit. *The Jungle* était un exposé puissant sur l'industrie capitaliste de la viande, responsable du « bœuf embaumé » qui avait empoisonné les soldats américains en 1998. Aussi courageux qu'il soit, la vieille garde socialiste se méfiait de lui, le considérant comme un radical au chapeau de soie qui conservait sa philosophie bourgeoise. De plus, il était divorcé, et le divorce à cette époque était un véritable scandale. Même si les anarchistes ne se souciaient pas du tout de ces détails, les socialistes étaient imprégnés de toutes les respectabilités ; Pour la plupart de ces Allemands épris de leur foyer, seule la forme du gouvernement avait besoin d'être modifiée.

Aux États-Unis, le parti essayait de se séparer de cette influence allemande, et le porte-drapeau du concept américain était le magnétique et bien-aimé Debs. Pas lui-même un intellectuel, il n'avait pas besoin de l'être ; il était intelligent. Issu des rangs des cheminots, il connaissait par expérience leurs difficultés. Même si je ne suis pas sûr qu'il soit réellement grand, il donnait l'illusion de sa taille en raison de sa minceur et de ses épaules voûtées. Il était tout en flammes, comme un esprit de feu. C'était sans doute pour cela que les membres de sa coterie le suivaient avec tant de plaisir.

Notre salon est devenu un lieu de rassemblement où les libéraux, les anarchistes, les socialistes et les IWW pouvaient se rencontrer. Ces individualistes véhéments devaient avoir un public, de préférence restreint et intime. Ils sont vraiment venus voir Bill ; J'ai fait le cacao. J'écoutais, pas du tout sûr que mes opinions seraient acceptées par ce groupe très supérieur. Quand je m'aventurais docilement à quelque chose, j'avais de fortes chances de me retrouver du côté opposé – juste dans une foule de gauche et vice versa.

N'importe quel soir, vous pourriez trouver des visiteurs du Middle West excités par Jack Reed, intimidés par Bill Haywood, conduits doucement vers la pensée anarchiste par Alexander Berkman. Quand les gorges se sont sèches et que le flot de discours a diminué, quelqu'un est sorti acheter des sandwichs hamburger, des hot-dogs et de la bière, payés par tous. Le luxe du repas de minuit dépendait de la collection de pièces de monnaie jetées au milieu de la table, qui consistaient en à peu près de ce que chacun avait dans sa poche. Ces amis attentionnés n'ont jamais imposé de travail supplémentaire ni de dépenses supplémentaires. En cuisine, chacun tranche, beurre, ouvre des boîtes de conserve. Dès que tout fut reconstitué, la conversation reprit pratiquement là où elle s'était arrêtée.

Les gens de droite comme de gauche qui s'opposaient habituellement à ceux qui se trouvaient entre les deux aimaient Jack Reed, le maître reporter tout juste sorti de Harvard. Il refusait de se conformer aux règles et aux habitudes de l'une ou l'autre, même si son penchant naturel semblait être plus en harmonie avec l'action directe.

Derrière ce jeune homme très intellectuel se dressait un géant borgne, grossier et trébuchant, avec une tête énorme qu'il avait tendance à tenir d'un côté. Big Bill Haywood ressemblait à un taureau sur le point de plonger dans une arène. Il semblait toujours regarder avec méfiance d'un côté à l'autre avec son œil unique, la tête légèrement tournée comme pour vous voir. Sa grande voix résonnait ; son discours était grossier, tout comme ses manières ; sa philosophie était celle des camps miniers où il avait passé sa vie. Mais je m'aperçus bientôt qu'il n'avait pas son égal en termes de douceur et de sympathie. Il était direct parce qu'il était simple et direct. Même s'il n'était pas fait sur mesure, il était fait sur mesure.

Parce que les sympathisants de Big Bill voyaient tellement de choses bonnes en lui, ils voulaient adoucir les bords irréguliers. Lorsqu'ils ont essayé de peaufiner ses discours, Jack Reed s'y est opposé en disant : « Donnez-lui les mains libres. Il exprime ce que vous et moi pensons de manière beaucoup plus dramatique que nous. N'essayez pas de l'arrêter ! Nous devrions l'encourager.

L'une des meilleures amies de Big Bill, Jessie Ashley, a eu, sans le vouloir, une influence apprivoisée. Ces deux-là formaient la combinaison la plus étrange au monde : le vieux Bill avec son oeil borgne, ses ongles courts et rugueux, son pantalon infroissable et ses vêtements de mauvaise qualité pour lesquels il refusait de payer plus que le minimum ; Jessie à l'accent bostonien et aux lunettes cerclées d'écaille, compromis entre lunettes et lorgnette, d'où pendait un ruban noir, mot ultime de la décoration excentrique.

Jessie était l'un des hommes et des femmes les plus remarquables, de longue race, qui se révoltaient contre la tradition familiale. Elle était la fille du président de la New York School of Law et la sœur de son doyen. Lorsque son frère avait organisé le premier cours de droit pour femmes, elle avait été son élève et était devenue plus tard la première femme avocate de New York. Son esprit particulièrement honnête était tolérant envers les autres, mais intransigeant envers elle-même. On disait avec raison d'elle qu'elle était toujours au premier plan quand il fallait du courage pour être là ; toujours en retrait quand il y avait du crédit à gagner. Socialiste dans la pratique comme dans la théorie, elle a dépensé une grande partie de ses revenus pour faire sortir des radicaux de prison, et elle a mis librement à profit sa propre expérience juridique en leur faveur. Néanmoins, ses apparitions aux réunions de grève étaient légèrement inconfortables ; la tension de classe monta par vagues.

Beaucoup d'autres essayaient de sortir de l'ornière de la tradition. Alexander Berkman, le doux anarchiste, les comprenait tous. Il venait d'être libéré après quatorze ans d'emprisonnement pour sa tentative d'assassinat d' Henry Clay Frick lors de la grève de Homestead Steel en 1892. Son émergence avait ravivé l'anarchisme, et en particulier son credo d'individualisme pur : se débrouiller seul et être soi-même. , de ne jamais laisser une personne dicter à une autre, même un parent à un enfant.

L'apparence de Berkman démentait sa réputation : blond, aux yeux bleus, légèrement bâti, avec des cheveux fins, un visage et des mains sensibles et mobiles. C'était un ascète réfléchi, croyant sincèrement que le moyen le plus rapide d'attirer l'attention sur les outrages sociaux était de commettre un acte dramatique, aussi violent ou antipathique qu'il puisse être par rapport à sa nature, et d'en subir ensuite les conséquences. Il n'était pas du tout aigri par son séjour en prison et avait un grand sens de l'humour, associé à sa compréhension la plus extraordinaire des étranges congrégations de personnes qui étaient sur le point de se fondre dans son creuset ardent de vérité.

Elizabeth Gurley Flynn avait fait la transition du catholicisme, Jack Reed du statut d'« homme de Harvard », Mabel Dodge du statut de matrone de la société. Ils ont tous dû renoncer à la conscience de classe et acquérir la conscience de la lutte des classes. Berkman s'est lié d'amitié avec tous et lorsqu'ils ont été confrontés à des problèmes apparemment insurmontables, il les a conseillé dans leur cheminement spirituel, les a soutenus et soutenus. C'est pour cette raison qu'il était aimé de tous ceux qui rencontraient son charme le plus gracieux.

Ce n'était pas la manière d'Emma Goldman, dont l'habitude était de réprimander et de fustiger avec un langage de mépris. Elle n'était jamais satisfaite jusqu'à ce que les gens arrivent à sa porte et acceptent le dogme qu'elle s'était tissé. Petite, trapue, voire corpulente, véritable type de paysanne russe, sa silhouette indiquait la force du corps et la force de caractère, et cette impression était renforcée par sa démarche ferme et sa démarche assurée.

Même si je n'aimais ni ses idées ni ses méthodes, je l'admirais ; elle était vraiment comme un ménage de printemps pour la pensée bâclée de l'Américain moyen. Notre gouvernement a souffert aux yeux du monde libéral lorsqu'elle et Berkman ont été expulsés du pays.

De tous les lieux étranges où se rencontraient ces diverses personnalités, aucun n'aurait pu être trouvé de plus étrange que le salon de Mabel Dodge, qui déferla sur New York comme une fusée. Mabel appartenait à l'une des vieilles familles de Buffalo, mais elle n'était orthodoxe ni en pensée ni en action. Ce n'est que dans les aménagements luxueux de sa maison qu'elle s'est conformée.

Parmi les sites et souvenirs que je n'oublierai jamais, il y avait ses célèbres soirées à la Neuvième Rue et à la Cinquième Avenue. Il y en a un, typique de tous les autres, qui me vient à l'esprit ; toute la gamme du libéralisme s'était rassemblée dans son spacieux salon devant un feu ouvert. Les jambes croisées sur le sol, dans la meilleure tradition bohème, se trouvaient des Wobblies aux cheveux non coupés, au visage mal rasé, appuyés contre des draperies de valeur. Leurs vêtements étaient peut-être négligés, mais leurs yeux brillaient d'intérêt et d'intelligence. Chacun connaissait sa propre version du sujet aussi bien que n'importe quel érudit. Il fallait s'informer pour être dans le mouvement libéral. Les idées étaient respectées, mais il fallait les étayer par des faits. Les expressions de simples émotions, libérées par la raison, ne pouvaient pas se laisser aller à vagabonder.

Écoutante plus que bavarde, Mabel était assise près de l'âtre, une frange brune dessinant un visage blanc, simplement vêtue de velours, le pied joliment cambré battant l'air. Pendant deux heures, j'ai observé avec fascination cette cheville de soie qui ne cessait de s'agiter violemment.

Le sujet de conversation s'est avéré être l'action directe. Big Bill était la figure de la soirée, mais tout le monde cherchait une occasion de parler. Chacun croyait détenir la clé des portes du Ciel ; chacun essayait de convertir les autres. On ne pouvait pas vraiment appeler cela un débat, car une seule personne tenait la parole aussi longtemps qu'elle le pouvait. Puis, à l'un de ses moments les plus efficaces, quelqu'un d'autre se leva à moitié et interposa un « Mais… » L'orateur se dépêcha ; à sa phrase suivante, d'autres « Mais... », jusqu'à ce qu'il soit finalement abattu par le poids des interruptions. Au final, les conversions étaient nulles ; tous étaient d'avance convaincus pour ou contre, et je ne les ai jamais vu changer de terrain.

Il n'est pas difficile d'en rire aujourd'hui, mais personne n'aurait pu être plus sérieux et déterminé qu'à l'époque.

Juste avant que la dispute n'atteigne le stade de bagarres à coups de poing, les grandes portes s'ouvrirent en grand et le majordome annonça : « Madame, le souper est servi. » Beaucoup de garçons n'avaient jamais entendu ces mots, mais tous se levèrent avec empressement et la discussion fut, du moins pour le moment, reportée. La table large et généreuse de la salle à manger était chargée de bœuf, de dinde froide et de jambon chaud – de la viande copieuse pour les âmes affamées. Sur une table d'appoint se trouvaient des pichets de limonade, des siphons, des bouteilles de seigle et de scotch.

Mabel n'a jamais bougé pendant que le banquet faisait rage, mais elle est restée assise, son pied battant toujours l'air, et a parlé avec les quelques personnes qui n'ont pas choisi de manger.

Les contrastes de classe rencontrés lors d'un rassemblement n'étaient pas uniques. On les trouvait ailleurs, même dans le mariage. Lorsque le riche JG Phelps Stokes épousa Rose Pastor, une fabricante de cigares juive russe, les deux familles se sentirent également indignées ; il fut pratiquement envoyé à Coventry par ses anciens associés et les Juifs la considéraient comme une renégat parce qu'elle portait une croix d'argent autour du cou. William English Walling, le dernier mot à Newport, épousa Anna Strunsky, le dernier mot de l'intelligentsia juive, et devint lui-même l'un des principaux critiques littéraires du côté radical.

Harvard avait formé des douzaines de libéraux, et tous s'amusaient avec les conventions acceptées en pensée. L'un d'eux était Walter Lippmann, les autres étaient Norman Hapgood et son frère Hutchins. « Hutch » travaillait alors sur le *Globe*, un journal qui, en raison de sa politique éditoriale large, était préféré par de nombreux radicaux au *Call*. Il se tenait aux côtés de Bill Haywood et d'Emma Goldman, même s'il avait bien plus à perdre économiquement et socialement que les rouges purs et simples.

Les anarchistes initiaient rarement quoi que ce soit, parce qu'ils n'avaient ni le personnel ni l'équipement, mais quand quelque chose d'autre était lancé qui semblait avoir du bon, ils entraient directement. C'est ce qu'ils ont fait avec l'école Ferrer sur la Douzième Rue près de la Quatrième Avenue. , à la fondation de laquelle Hutch, avec le journaliste libéral Leonard Abbott et l'auteur Manuel Komroff, ont été des inspirateurs. L'objectif était de fournir une forme d'éducation plus progressiste que celle offerte par les écoles publiques, et son nom était destiné à perpétuer la mémoire du libertaire espagnol récemment martyrisé, Francisco Ferrer, qui avait créé en Espagne des écoles modernes et gratuites dans lesquelles la science et l'évolution avait été enseignée.

Lola Ridge, intense rebelle australienne, était la secrétaire organisatrice, Robert Henri et George Bellows donnaient des cours d'art, et un jeune homme nommé Will Durant fut choisi pour diriger les plus jeunes enfants, combinant dans son enseignement Froebel, Montessori et d'autres nouvelles méthodes. . Sous lui, nous avons inscrit Stuart.

Will Durant était d'origine canadienne-française. Sa mère avait travaillé dur pour le faire entrer dans un séminaire jésuite, mais juste avant de prononcer ses vœux, il avait abandonné le sacerdoce. Pendant ses études , il avait lu Krafft-Ebing et Havelock Ellis et était prêt à familiariser New York avec les faits de la psychologie sexuelle. S'asseyant nonchalamment pour prononcer ses conférences, qui témoignaient de ses connaissances et de ses recherches, il a présenté à son auditoire restreint mais sérieux pratiquement la première expression publique de ce sujet intime.

Le jeune instructeur a plutôt créé un problème aux réalisateurs en épousant inopinément une élève, Ida Kaufman, communément appelée Puck. Je me souviens d'un samedi où elle s'ébattait avec Stuart, et ma blanchisseuse lui a dit : « Eh bien, tu es si jeune pour être mariée. Aimez-vous?"

Puck a répondu: "Oh, je m'en fiche, mais je préfère de loin jouer aux billes."

Les intellectuels affluaient alors pour s'enrôler sous le drapeau de l'humanitarisme, et dès que quelqu'un faisait preuve de sympathie humaine , il était considéré comme socialiste. Mes sentiments personnels m'ont attiré vers la philosophie individualiste et anarchiste, et j'ai lu Kropotkine, Bakounine et Fourier, mais il m'a semblé nécessaire d'approcher l'idéal par la voie du socialisme ; Tant que l'obtention de nourriture, de vêtements et d'un logement se faisait sur une base compétitive, l'homme ne pourrait jamais développer une véritable indépendance.

C'est pourquoi j'ai rejoint le Parti Socialiste, Local Numéro Cinq, lui-même quelque peu rebelle dans ses rangs, qui, contre la volonté de l'autorité centrale, avait été chargé d'amener Bill Haywood Est après sa sortie de prison. Les membres – italiens, juifs, russes, allemands, espagnols, un assez bon mélange – utilisaient les chambres situées au-dessus d'un magasin de quartier comme lieu de rencontre et on les retrouvait là tous les soirs en train de lire et de discuter de politique.

Quelqu'un avait fait don d'une somme d'argent destinée à intéresser les femmes au socialisme. Preuve que nous n'étions pas forcément comme les suffragettes masculines, agressives, bouledogues et casse-vitres d'Angleterre, moi, Américaine et mère d'enfants, j'ai été sélectionnée pour recruter de nouvelles adhérentes parmi les clubs de travailleuses. Les Scandinaves, qui avaient un syndicat de domestiques, étaient les plus satisfaisants ; ils penchaient déjà vers le libéralisme.

Grant, qui était encore trop jeune pour aller à l'école, désapprouvait totalement mes activités politiques. Un jour, alors que j'étais sur le point de partir pour la soirée, il est monté sur mes genoux et m'a dit : « Vas-tu à une réunion ?

"Oui."

« Une réunion soshiste ?

"Oui."

"Oh, je déteste le soshisme !"

Tout le monde était amusé lorsque les Sanger se rendaient à une réunion socialiste. Si j'avais une idée, je me penchais et la murmurais à Bill, qui agitait la main et attirait l'attention. « Margaret a quelque chose à dire à ce sujet. As-tu entendu Margaret ? Beaucoup d'hommes auraient pu qualifier mes opinions de stupides et, en fait, je n'en étais pas du tout sûr moi-même, mais Bill pensait que si j'en avais une, elle valait la peine d'être entendue.

John Block et son épouse, Anita, étaient d'ardents défenseurs de cette cause. C'était une grande personne, diplômée de Barnard et éditrice de la page féminine de The *Call*. Elle m'a téléphoné un soir : « Veux-tu m'aider ? Nous avons une conférence prévue ce soir et notre conférencier ne peut pas venir. Ne veux-tu pas la remplacer ?

« Mais je ne peux pas parler. Je n'ai jamais prononcé un discours de ma vie.

« Vous n'aurez qu'à le faire. Je ne peux trouver personne et je compte sur toi.

« Combien y en aura-t-il ? J'ai demandé.

« Seulement une dizaine. Vous n'avez rien à craindre.

Mais j'avais très peur. Je ne pouvais pas manger mon dîner. Tremblant et tremblant, je faisais face à la petite poignée de femmes qui étaient venues après leurs longues heures de travail chercher l'illumination. Ne me considérant pas qualifié pour parler du travail, j'ai abordé le sujet de la santé, que je connaissais mieux. Il s'agissait là, semble-t-il, de quelque chose de nouveau. Ils étaient ravis et ont dit à Anita : « Ayons davantage de discussions sur la santé. » La deuxième fois que nous nous sommes rencontrés, l'assistance était passée à soixante-quinze personnes et des dispositions ont été prises pour continuer les conférences, si on pouvait les convoquer ainsi, que j'avais préparées pendant que mes patients dormaient.

Les jeunes mamans du groupe posaient tellement de questions sur leur vie familiale intime que j'en ai parlé à Anita. "Juste ce qu'il faut", dit-elle. "Écrivez vos réponses et nous les testerons lors de l' *appel*." Le résultat fut la première composition que j'avais jamais réalisée en vue d'être publiée, une série sous le titre général *Ce que chaque mère devrait savoir*. J'ai tenté, comme je l'avais fait avec les enfants Hastings, d'introduire l'impersonnalité de la nature afin de briser la conscience rigide du sexe de la part des parents, enclins à être trop intensément personnels à ce sujet.

Ensuite, Anita a demandé qu'une deuxième série s'intitule *What Every Girl Should Know*. Le motif était : « Si la mère peut impressionner l'enfant avec la beauté, l'émerveillement et le caractère sacré de la fonction sexuelle, elle lui a donné la première leçon. »

Ces articles ont duré trois ou quatre semaines jusqu'à ce qu'un dimanche matin, je me suis tourné vers l' *Appel* pour voir mon précieux petit effort et, à la place, j'ai rencontré une boîte à journaux large de deux colonnes dans laquelle était imprimé en lettres noires :

CE QUE CHAQUE FILLE DEVRAIT SAVOIR

<table>
<tr><td>RIEN
!</td></tr>
</table>

PAR ORDRE DE

LE SERVICE DES POTES

Les mots gonorrhée et syphilis apparaissaient dans cet article et Anthony Comstock, chef de la Société new-yorkaise pour la suppression du vice, ne les aimait pas. Par la loi dite Comstock de 1873, qui avait été adroitement adoptée par un Congrès très occupé à la veille de l'ajournement, la Poste avait reçu le pouvoir de décider de ce qui pouvait être qualifié d'obscène, lascif, indécent ou obscène, et cet extraordinaire L'homme avait reçu le pouvoir extraordinaire, seul parmi tous les citoyens des États-Unis, d'ouvrir toute lettre, tout colis, toute brochure ou tout livre passant par la poste et, s'il le souhaitait, de déposer sa plainte auprès de la poste. Sa société était devenue si puissante que tout ce à quoi il s'opposait en son nom était presque automatiquement interdit ; il s'était révélé être le seul censeur de quatre-vingt-dix millions de personnes. Pendant une quarantaine d'années, Comstock avait endigué la marée montante d'une pensée nouvelle, causant ainsi beaucoup de mal, et ce n'est que maintenant que sa lutte désespérée contre *September Morn* le rendait absurde et ridiculisé.

Mais au même moment, John D. Rockefeller Jr. organisait également le Bureau d'hygiène sociale, en partie pour éduquer le public travailleur sur ce qu'on appelait poliment « les maux sociaux ». Un bon départ était en cours même si aucune enquête n'avait été achevée. Faute de données, les enseignants ont dû parler en termes généraux. Néanmoins, pour moi, qui avais assisté à des heures d'exposés très académiques exprimés sur un ton cultivé, leur approche semblait craintive et leurs paroles déguisées en verbiage. Je ne voyais aucune raison pour laquelle ces faits ne pourraient pas être exposés en quelques minutes dans un langage suffisamment simple pour que quiconque puisse le comprendre.

Une fois ma série terminée, elle était imprimée sous forme de brochure. J'en ai envoyé une copie au Dr Prince Morrow du Bureau, lui demandant son avis et toutes corrections qu'il pourrait suggérer pour la prochaine édition ; à ma grande joie, il a répondu qu'il aimerait le voir se propager par millions. Le Bureau avait des noms et un soutien, mais il ne progressait pas très rapidement vers l'éducation des travailleurs concernant les maladies vénériennes ; les articles de l' *Appel* , en revanche, parvenaient par milliers à cette même classe, mais celui qui mentionnait la syphilis était supprimé.

J'ai continué assidûment à écrire des pièces pour l' *Appel* . L'un d'eux rapportait la grève des blanchisseries à New York au cours de l'hiver 1912, non autorisée par Samuel Gompers et sa Fédération américaine du travail, qui affirmait qu'elle seule avait le droit de déclarer des grèves. Pour avoir des détails, je suis allé chez les Amazones irlandaises qui, avec leurs maris, étaient parties sans être interpellées, simplement parce qu'elles n'en pouvaient plus. Parmi tous les syndiqués, ils étaient ceux qui travaillaient le plus durement, étaient les moins bien payés et avaient les horaires les plus longs et les plus irréguliers. Un homme a décrit sa journée typique : il se levait à cinq heures, disposait de dix minutes pour le déjeuner, moins pour le dîner, et se traînait chez lui à onze heures du soir. J'étais heureux qu'ils aient eu le courage de se rebeller, et il fallait du courage pour faire un piquet de grève – se lever si tôt par des matins glacials et attendre et attendre pour affronter les briseurs de grève et discuter avec eux. La police était prête à bondir lorsque le patron a pointé du doigt les meneurs.

C'est la seule fois où j'ai été en contact avec des hommes et des femmes en grève ensemble. Je voyais que les hommes avaient deux choses en tête : une économique – un salaire supplémentaire de deux dollars et des heures de travail plus courtes qu'ils pourraient gagner ; l'autre politique : l'avènement de la révolution sociale. Les femmes ne se souciaient vraiment ni de l'un ni de l'autre. La relation entre son mari, ses enfants et elle-même dominait chacune d'elles. Elle pouvait se plaindre d'être fatiguée et de ne pas avoir assez d'argent, mais elle associait toujours les deux à une progéniture trop nombreuse.

Certains grévistes pensaient que je pourrais les aider, mais je n'étais pas du tout sûr de croire ni à l'action directe, ni à la législation comme remède à leurs difficultés. Ce manque de conviction m'a empêché de disposer de la force nécessaire pour les aider à s'organiser, et dans une telle urgence, il fallait un leader énergique. Le soir de leur rassemblement, j'ai été stupéfait par la confusion totale. N'importe qui pouvait parler – et il le faisait.

Je me sentais impuissant au milieu de ce chaos et affligé par leur impuissance. Mais je connaissais la personne qui pouvait gérer la situation efficacement, et j'ai donc fait venir Elizabeth Gurley Flynn, une militante d'action directe identifiée aux IWW. Son père, Tom Flynn, un organisateur syndical, était le même type de rebelle philosophique que mon père, pendant longtemps. en conversation mais à court de travail. Elizabeth avait été dans les camps de bûcherons de l'Ouest, où elle avait gagné l'adoration totale des bûcherons. Au bout de sa langue se trouvaient les mots et les phrases qu'ils comprenaient, et elle savait exactement la bonne note pour les remuer.

Elizabeth se tenait sur l'estrade, d'une beauté dramatique avec ses cheveux noirs et ses yeux d'un bleu profond, son teint blanc crème rehaussé par le foulard flamboyant qu'elle portait toujours autour de son cou. Sans détour, elle a commencé par dire que c'était une folie de la part des grévistes de renoncer à leur pain et à leur beurre en se retirant. Ils pourraient arriver plus rapidement à leurs fins s'ils lançaient d'hypothétiques *sabots* dans la machinerie. « Si une chemise arrive d'un homme qui porte une taille quinze, renvoyez-lui une taille dix-huit. Remplacez une chemise habillée par un denim bleu. C'est ce qu'ont fait les blanchisseurs de France et qui ont mis les employeurs à genoux.»

L'assistance était fascinée par cet enseignement de l'art du sabotage lorsque des hommes forts de Gompers apparurent et la bataille commença. Ils ont foulé la scène, déplacé meubles et chaises, fait tellement de bruit que la voix d'Elizabeth ne pouvait pas être entendue et ont finalement expulsé certains de ses sympathisants.

Il valait probablement mieux en fin de compte que la Fédération américaine du travail prenne finalement les travailleurs de la blanchisserie sous son aile, car les IWW n'étaient pas un corps organisé, mais simplement une force d'agitation qui n'avait guère la force nécessaire pour mener une grève réussie à New York. Ville. Son influence à Lawrence, dans le Massachusetts, était bien plus puissante. Joe Ettor , autrefois cireur de chaussures en Californie, avec Arturo Giovanitti , érudit, idéaliste, poète et rédacteur en chef d' *Il Proletario* , avaient excité les grévistes non organisés du textile avec une éloquence passionnée. Les paroles de ces deux-là étaient si convaincantes que des travailleurs de sept nationalités, principalement italiennes, se sont retirés spontanément.

La fusillade accidentelle contre une jeune fille d'un piquet a fourni une excuse, aussi farfelue que cela puisse paraître, pour emprisonner les tisons, Ettor et Giovanitti , qui ont été accusés d'être « complices *avant* le fait », ce qui signifiait qu'ils étaient accusés d'avoir su à l'avance qu'elle partait. ont été abattus par la police et en étaient donc responsables. Désormais, les grévistes avaient des martyrs et les héros occidentaux des IWW affluaient pour les aider. Bill Haywood, William E. Trautman du United Brewery Workers, Carlo Tresca , rédacteur en chef et propriétaire d'un journal italien à New

York, ont contribué à organiser le plus grand spectacle que l'Est ait jamais vu : défilés, banderoles, chansons, discours.

Toute la population italienne d'Amérique était en éveil. Ils formaient alors un peuple à part entière. Pendant bien plus longtemps que les deux générations habituelles parmi les autres races immigrées, ils ont conservé leurs habitudes, leurs traditions et leur langue, ont mangé leur propre type de nourriture et ont lu leurs propres journaux.

Les Italiens de New York qui étaient d'accord avec les grévistes ont décidé une démarche inédite dans ce pays bien qu'elle ait été tentée en Italie et en Belgique. La principale raison de l'échec de toutes les rébellions ouvrières était les cris de faim des bébés ; s'ils étaient seulement nourris, les grévistes pourraient généralement tenir le coup. Il fut décidé d'amener les enfants des ouvriers du textile à New York, où ils pourraient être pris en charge jusqu'à ce que le problème soit réglé. Cette résolution a été prise sans savoir combien il pouvait y en avoir ; une disposition serait disponible d'une manière ou d'une autre.

Encore une fois parce que j'étais américaine, infirmière et réputée sympathique à leur cause et à celle des enfants, le comité m'a demandé, avec John Di Gregorio et Carrie Giovanitti , d'aller chercher les jeunes. Dès que j'ai accepté, des appels téléphoniques ont été passés à Lawrence et un délégué a pris le train de minuit pour prendre les dispositions préliminaires.

Nous avons trouvé les garçons et les filles rassemblés dans une salle publique de Lawrence et, avant de commencer, j'ai insisté sur des examens physiques pour détecter les maladies contagieuses. L'un d'eux, bien que atteint de diphtérie, travaillait jusqu'au moment de la grève. Presque tous avaient des végétations adénoïdes et des amygdales hypertrophiées. Chacun, sans exception, était incroyablement émacié.

Nos cent dix-neuf enfants étaient de tous âges, depuis les bébés de deux ou trois ans jusqu'aux plus âgés de douze à treize ans. Bien que ces derniers aient été employés dans les usines textiles, leurs vêtements étaient simplement usés en lambeaux. Pas un enfant ne portait de vêtements en laine et quatre seulement portaient des pardessus. Jamais, au cours de mes soins dans les bidonvilles, je n'avais vu des enfants dans un état aussi déplorable et en lambeaux. Le temps de février était maussade et nous avons dû les conduire jusqu'à la gare. Là, les parents, les larmes aux yeux et la gratitude au cœur, ont abandonné leur progéniture frissonnante.

Le vent était encore plus glacial lorsque nous atteignîmes Boston et l'argent manquait. J'en avais juste assez pour payer les billets de train et aucun pour affréter des bus ou louer des taxis. Par conséquent, nous avons dû encore une fois nous précipiter à pied de la gare du Nord à la gare du Sud. Mais, une fois de plus dans le train, grand était l'enthousiasme des garçons et des filles, qui se divertissaient en chantant la *Marseillaise* et l' *Internationale* . Tous connaissaient les paroles aussi bien que les airs, même si les premiers pouvaient être en polonais, hongrois, français, allemand, italien et même anglais. Les enfants qui chantaient ces chansons sont désormais grands. Je me demande comment ils perçoivent l'état actuel du monde.

Alors que nous approchions de New York, j'ai commencé à m'inquiéter de notre arrivée. Nous étions tous fatigués. Des préparatifs auraient-ils été faits pour nourrir cette foule affamée et l'héberger pour la nuit ? Mais j'aurais dû me fier au sentiment profond et à l'instinct dramatique des Italiens. Des milliers d'hommes et de femmes attendaient. Alors que mes assistants et moi descendions du train, ressemblant à trois joueurs de flûte suivis de nos cohortes en haillons, la foule a traversé les lignes de police, a sauté les cordes, a rattrapé les enfants à leur arrivée et les a hissés sur leurs épaules. J'ai été saisi par les deux bras et j'ai eu, moi aussi, l'illusion d'être balayé de terre.

Le comité avait obtenu l'autorisation de défiler jusqu'à Webster Hall, près d'Union Square. Nos pieds fatigués se sont mis au rythme du groupe. Tandis que nous avancions en chantant, en riant, en pleurant, de grandes banderoles brandies et des torches allumées, la foule sur les trottoirs criait, sifflait et applaudissait.

A Webster Hall, le souper était prêt en abondance. Beaucoup de nos petits convives étaient si peu habitués à s'asseoir à table qu'ils ne savaient pas comment se comporter. Comme des animaux timides, ils essayaient de se mettre à l'abri, portant leurs assiettes jusqu'à une chaise, une boîte, n'importe quoi à portée de main. Presque tous saisissaient leur nourriture à deux poings et la fourraient, tellement ils avaient faim.

Les socialistes n'étaient pas à l'origine de ce combat mais ils y étaient. Beaucoup étaient venus offrir un abri pendant la durée de la grève – peut-être six semaines, peut-être six mois, peut-être un an – avec des visions dans leur esprit de petits enfants magnifiques, aux yeux étoilés et sans défense. Au lieu de cela, on leur a présenté des gamins débraillés, dont beaucoup n'avaient jamais vu de brosse à dents. Mais ils se sont magnifiquement ralliés ; Je ne peux pas en dire trop sur eux.

C'était une responsabilité de répartir correctement les enfants, mais j'ai bénéficié d'une aide volontaire et intelligente. Les Polonais avaient envoyé un délégué polonais, les Français avaient envoyé un délégué français, etc., afin que tous puissent être placés dans des foyers où ils pouvaient être compris. Heureusement, plusieurs familles étaient prêtes à accueillir plus d'un enfant, ce qui nous permettait généralement de garder frère et sœur ensemble. Chacun, avant d'être remis, a été soumis à un examen médical. Les parents adoptifs temporaires devaient promettre d'écrire aux vrais parents et également d'envoyer un rapport hebdomadaire au comité sur l'évolution de leurs charges. Le dépouillement fut minutieux et ce n'est qu'à quatre heures du matin que le dernier d'entre nous se coucha.

La semaine suivante, quatre-vingt-douze autres enfants furent arrêtés, mais je n'y participai pas, car j'étais sur une affaire. L'hystérie était maintenant telle que certains parents du poste de Lawrence furent battus et arrêtés par la police. Victor Berger du Wisconsin, le seul membre socialiste du Congrès, a demandé une enquête sur les circonstances ayant conduit au débrayage. Même si je n'y étais pas identifié, il m'a demandé d'être présent aux audiences.

Lorsque Gompers a témoigné, il a littéralement tremblé de rage et il m'a semblé qu'il était sur le point d'avoir l'apoplexie. Les propriétaires de l'usine ont accusé que toute cette affaire avait été montée uniquement pour la notoriété et que la Société pour la prévention de la cruauté envers les enfants devait intervenir.

Malheureusement, les témoins des grévistes n'étaient pas bien documentés. Lorsqu'il est devenu évident que le Comité du Congrès n'avait pas reçu la bonne impression, Berger m'a demandé de prendre la parole et de décrire l'état des enfants tels que je les avais vus. La rédaction de statistiques sur les rapports d'hôpitaux m'avait donné l'habitude du classement. J'ai pu, grâce à mes brèves notes, répondre à toutes les questions sur leurs nationalités, leurs âges, leurs poids, le nombre de ceux qui étaient sans sous-vêtements et sans pardessus. Le sénateur Warren Gamaliel Harding a dirigé l'enquête et j'ai pu voir qu'il sympathisait avec mes réponses véhémentes.

La publicité avait été si bien gérée par les Italiens et leurs dirigeants que l'opinion populaire s'est tournée en faveur des grévistes, et ils ont finalement gagné. Fin mars , les petits réfugiés, qui s'étaient fait aimer de leurs parents adoptifs, retournèrent au quartier des moulins. Il était difficile de reconnaître les mêmes enfants de six semaines auparavant, repulpés et vêtus de vêtements neufs. En novembre, Ettor et Giovanitti furent acquittés.

La grève de la soie de Paterson l'année suivante, au cours de laquelle les ouvriers étaient à nouveau majoritairement italiens, fut peut-être aussi importante que celle de Lawrence, mais elle n'était en aucun cas aussi dramatique. Paterson était une ville sombre et, en tant que rivière, le Passaic était plus triste que le Merrimac. Même si les dirigeants se sont montrés beaucoup plus cohérents, la prudence s'est manifestée de tous côtés. Ce qui m'intéressait principalement résidait dans la participation de Bill Haywood. À Lawrence, il n'avait été qu'un membre du comité , alors qu'à Paterson, il était responsable pour la première fois dans l'Est. Auparavant, il avait toujours conseillé aux attaquants de « prendre les choses en main » et de ne pas riposter de manière trop douce. Mais ici, devant dix mille personnes rassemblées à la tribune, je l'ai entendu avertir : « Gardez vos mains dans vos poches, les hommes, et personne ne pourra dire que vous tirez. »

Un Américain était susceptible d'être désavantagé dans la gestion des étrangers, en particulier lorsqu'il se sentait lésé. Ils s'opposaient à sa manière de procéder, si différente de la leur, et lui, en revanche, ne pouvait pas comprendre pleinement leur psychologie et avait l'obstacle supplémentaire d'être obligé de travailler par un intermédiaire linguistique.

A Paterson, les groupes italiens n'étaient pas derrière Bill. Dès qu'il commença à tempérer son langage et à émettre des conseils plus prudents, ses partisans autrefois fidèles le répudièrent. Son cri de clairon « Les mains dans les poches », qui visait à créer une opinion populaire favorable en prouvant qu'ils étaient de « bons garçons », leur avait en fait *attaché* les mains, et les détectives les avaient tout de même battus et intimidés. Le public n'a pas été impressionné et était irrité. Ils prétendaient qu'il n'avait pas le vieil esprit combatif dont il avait fait preuve lorsqu'il dirigeait les mineurs de l'Ouest, qu'il devenait mou, qu'il était malade. Même s'il avait effectivement progressé tactiquement et les avait laissés là où ils étaient, il a désormais perdu son pouvoir de leadership.

Suivant la méthode qui avait eu tant de succès à Lawrence, Jack Reed s'efforça de dramatiser l'action directe dans un énorme spectacle au Madison Square Garden. Il a même demandé à des porteurs de porter un véritable cercueil dans le hall pour représenter en images les funérailles d'un ouvrier qui avait été abattu à Paterson. Je sentais un frémissement parcourir le public, mais, dans l'ensemble, la conviction manquait.

Le concours était une conclusion appropriée à une période de ma vie. Je crois que nous avions tous notre rôle à jouer. Certains en avaient des importants ; certains étaient là pour apporter leur soutien à une scène ; certains n'étaient que des voix hors scène. Chacun, quel que soit son rôle, était essentiel. Je n'ai fait que marcher, mais cela a eu une influence sur mon avenir.

Quelle que soit la mesure dans laquelle je participais aux grèves, je revenais toujours à l'idée qui commençait à m'obséder : qu'il fallait quelque chose de plus pour améliorer la condition des plus pauvres. Il était à la fois absurde et futile de lutter pour quelques sous alors que les bébés qui arrivaient rapidement avaient besoin d'argent pour les nourrir.

J'étais complètement découragé après la débâcle de Paterson et j'avais le sentiment écœurant qu'il n'y aurait pas de fin ; il me semblait que toute la question des grèves pour obtenir des salaires plus élevés était basée sur le besoin économique de l'homme de subvenir aux besoins de sa famille, et que c'était là un principe superficiel sur lequel fonder une nouvelle civilisation. De plus, j'étais suffisamment féministe pour m'offusquer du fait que la femme et ses exigences ne soient pas prises en compte dans la reconstruction de ce nouveau monde dont tout le monde parlait. Ils ne prenaient pas en compte la qualité de vie elle-même.

Chapitre sept

LE REFLUX TURBIDE ET LE FLUX DE MISÈRE

« Chaque nuit et chaque matin

Certains naissent dans la misère.

Chaque matin et chaque nuit

Certains sont nés pour un doux plaisir.

Certains sont nés pour un doux délice,

Certains sont nés dans une nuit sans fin. »

WILLIAM BLAKE

Durant ces années à New York, les infirmières formées étaient très demandées. Peu de gens voulaient entrer dans les hôpitaux ; ils avaient peur d'être « entraînés » et n'acceptaient de s'y rendre qu'en cas d'urgence désespérée. Le sentiment était particulièrement véhément concernant la question d'avoir des bébés. La propre chambre d'une femme, aussi mal agencée soit-elle, était l'endroit habituel où elle faisait la grasse matinée. Je n'étais pas suffisamment libérée des tâches domestiques pour être infirmière générale, mais je pouvais normalement gérer les cas obstétricaux car j'étais prévenue suffisamment à l'avance pour planifier mon emploi du temps. Et après avoir purgé mes deux semaines, je pouvais rentrer chez moi.

Parfois, j'étais convoqué dans de petits appartements occupés par de jeunes employés, vendeurs d'assurances ou avocats débutants, la plupart âgés de moins de trente ans et dont les femmes attendaient leur premier ou leur deuxième bébé. Ils étaient toujours désireux de connaître la meilleure et la plus récente méthode de soins et d'alimentation des nourrissons. En particulier, les patients juifs, dont la vie était centrée sur la famille, appréciaient les conseils et les suivaient implicitement.

Mais de plus en plus, mes appels commençaient à venir du Lower East Side, comme si j'y étais attiré magnétiquement par une force indépendante de ma volonté. Je détestais la misère et le désespoir des pauvres, et je n'ai jamais éprouvé en travaillant parmi eux cette satisfaction que tant de femmes nobles ont trouvée. Mon souci pour mes patients était désormais très différent de mon attitude antérieure à l'hôpital. Je pouvais voir que beaucoup de choses n'allaient pas chez eux, ce qui n'apparaissait pas dans le diagnostic physiologique ou médical. Une femme en couches n'était pas simplement une femme en couches. Ma vision élargie incluait une vision de son passé, de ses potentialités en tant qu'être humain, du genre d'enfants qu'elle portait et de ce qui allait leur arriver.

Les épouses de petits commerçants étaient mon cas le plus fréquent, mais j'avais des charpentiers, des chauffeurs de camion, des lave-vaisselle et des vendeurs de chariots. J'ai admiré intensément la considération que la plupart de ces personnes avaient pour les leurs. L'argent pour payer le médecin et l'infirmière avait été soigneusement économisé des mois à l'avance – les beaux-parents, les grands-pères et les grands-mères avaient tous contribué.

Dès que les voisins apprenaient qu'une infirmière se trouvait dans le bâtiment , ils venaient lui rendre visite amicalement, portant souvent des fruits, des gelées ou du poisson gefüllter préparés selon une recette chère. C'était infiniment pathétique pour moi qu'eux, si pauvres eux-mêmes, m'apportent à manger. Plus tard, ils revinrent sous prétexte de récupérer l'assiette et s'assirent pour une conversation agréable ; rien n'était pressé. Toujours derrière le petit cadeau, il y avait la question : « Je suis enceinte (ou ma fille ou ma sœur l'est). Dis-moi quelque chose à éviter d'avoir un autre bébé. Nous ne pouvons pas encore nous en permettre un autre.

J'ai essayé d'expliquer les deux seules méthodes dont j'avais jamais entendu parler parmi les classes moyennes, et toutes deux étaient invariablement écartées comme inacceptables. Ils n'étaient d'aucune utilité pour l'épouse parce qu'ils imposaient le fardeau de la responsabilité uniquement au mari – un fardeau qu'il assumait rarement. Ce qu'elle cherchait, c'était une protection personnelle qu'elle pourrait utiliser elle-même, et il n'y en avait pas.

Au-dessous de cette couche de la société se trouvait une personne vivant dans des circonstances véritablement désespérées. Les hommes étaient maussades et peu qualifiés, acceptant de temps en temps des petits boulots, mais le plus souvent au chômage, se prélassant dans et hors de la maison à toute heure du jour et de la nuit. Les femmes semblaient se faufiler en se rendant au marché et se trouvaient sans voisinage.

Ces classes submergées et intactes dépassaient le cadre de la charité organisée ou de la religion. Aucun syndicat, aucune église, ni même l'Armée du Salut ne les ont contactés. Ils avaient peur de tout le monde et rejetaient toute aide, ordonnant à tous les intrus de se tenir à l'écart ; ils considéraient la naissance comme la mort comme leur propre affaire. Les agents sociaux, qui commençaient tout juste à apparaître, étaient profondément méfiants parce qu'ils fouinaient dans les maisons et les vies, posant des questions sur les salaires, combien de membres de la famille, si l'un d'entre eux avait déjà été en prison. Souvent, deux ou trois personnes s'étaient rendues là ou étaient maintenant soupçonnées de prostitution, de vol à l'étalage, de vol de sac à main, de petits larcins et, par conséquent, passaient furtivement devant les grands uniformes bleus du coin.

La plus grande dépression m'envahit à mesure que j'approchais de cette région subreptice. Au-dessous de la Quatorzième Rue, j'avais l'impression de respirer un air différent, d'être dans un autre monde et un autre pays où les gens avaient des habitudes et des coutumes étrangères à tout ce dont j'avais jamais entendu parler.

Il y avait alors à New York environ dix mille appartements dans lesquels aucun rayon de soleil ne pénétrait directement ; ces fenêtres n'ouvraient que sur une cour étroite d'où montaient des odeurs fétides. Elle était rarement nettoyée, même si des ordures et des ordures y tombaient souvent. Toutes ces habitations étaient imprégnées du souffle nauséabond de la pauvreté, de cette odeur de moisi, indéfinissable, indescriptible, qui ne peut être expulsée par fumigation, qui me rend malade mais qui semble passer inaperçue pour ceux qui y vivaient. Lorsque je me suis mis au travail avec des antiseptiques, leur piqûre âcre, au moins temporairement, a masqué la puanteur.

Je me souviens d'un cas de confinement pour lequel j'ai été appelé par le médecin d'une compagnie d'assurance. J'ai grimpé les cinq étages et suis entré dans les salles sans air, mais le bébé était arrivé trop vite. Un garçon de dix ans était le seul assistant. Cinq vols, c'était un long chemin ; il avait enveloppé le placenta dans un morceau de journal et l'avait laissé tomber par la fenêtre dans le tribunal.

De nombreuses familles accueillaient des « pensionnaires », comme on les appelait, dont les petites contributions payaient le loyer. Ces abandonnés, vagabonds, travaillant et buvant alternativement, étaient entassés avec les enfants ; une seule chambre contenait parfois jusqu'à six dormeurs. Les petites filles avaient l'habitude de s'habiller et de se déshabiller devant les hommes et étaient souvent violées, parfois par leur propre père ou leurs frères, avant d'atteindre l'âge de la puberté.

La grossesse était une maladie chronique chez les femmes de cette classe. Des suggestions sur ce qu'il fallait faire pour une fille « en difficulté » ou une femme mariée « attrapée » passaient de bouche en bouche : tisanes, térébenthine, cuisson à la vapeur, descendre les escaliers, insérer de l'orme rouge, des aiguilles à tricoter, des crochets à chaussures. . Lorsqu'ils avaient vent d'un nouveau remède, ils se précipitaient vers la pharmacie, et si le vendeur était enclin à se montrer amical , il pouvait dire : « Oh, cela ne vous aidera pas, mais voici quelque chose qui pourrait vous aider. Les jeunes pharmaciens refusaient généralement de donner des conseils parce que, si cela était connu, ils tomberaient sous le coup de la loi ; les sages-femmes étaient encore plus craintives. Les femmes condamnées m'ont imploré de révéler le « secret » des riches, me proposant de me payer un supplément pour le leur dire ; beaucoup croyaient vraiment que je retenais des informations pour de l'argent. Ils ont interrogé tout le monde et essayé n'importe quoi, mais rien ne leur a servi à rien. Le samedi soir, j'ai vu des groupes de cinquante à cent personnes, châles sur la tête, attendant devant le bureau d'un avorteur à cinq dollars.

Chaque fois que je revenais dans ce quartier qui devenait un cauchemar récurrent, j'entendais que Mme Cohen « avait été transportée à l'hôpital, mais n'en était jamais revenue », ou que Mme Kelly « avait envoyé les enfants dans un voisine et avait mis sa tête dans le four à gaz. Jour après jour, de telles histoires revenaient à mes oreilles – un bébé mort-né, un grand soulagement – la mort d'un enfant plus âgé, du chagrin mais encore une sorte de soulagement – l'histoire mille fois racontée de décès dus à l'avortement et d'enfants placés en institution. J'ai frémi d'horreur en écoutant les détails et en étudiant les raisons qui les sous-tendaient – la misère liée à une procréation excessive. Le gaspillage de vies semblait totalement insensé. Un à un, des visages inquiets, tristes, pensifs et vieillissants se rassemblaient devant moi dans mes rêves, tantôt de manière attrayante, tantôt de manière accusatrice.

Il ne s'agissait pas simplement de « conditions malheureuses parmi les pauvres » comme nous l'avons lu. Je connaissais personnellement ces femmes. Ils vivaient, respiraient, des êtres humains, avec des espoirs, des peurs et des aspirations comme les miens, mais leurs corps fatigués et difformes, « toujours malades, jamais défaillants », étaient destinés à être jetés à la ferraille avant l'âge de trente-cinq ans. . Je ne pouvais pas échapper aux faits de leur misère ; et je ne voyais aucune issue. Ma propre existence familiale, douillette et confortable, devenait un reproche pour moi.

Puis, par une journée étouffante de la mi-juillet 1912, je fus convoqué dans un immeuble de Grand Street. Ma patiente était une petite et légère Juive russe, âgée d'environ vingt-huit ans, avec des traits particuliers auxquels la souffrance donne une expression digne d' une madone . L'exigu trois pièces était dans un piteux état de désordre. Jake Sachs, un chauffeur de camion à peine plus âgé que sa femme, était rentré chez lui et avait trouvé les trois enfants en train de pleurer et elle était inconsciente à cause des effets d'un avortement volontaire. Il avait appelé le médecin le plus proche, qui à son tour m'avait fait venir. Les revenus de Jake étaient insignifiants, et la plupart d'entre eux étaient destinés à garder les enfants pas trop forts propres et correctement nourris. Mais l'ingéniosité de sa femme leur avait permis d'économiser un peu, et il était heureux de consacrer cette somme à une infirmière plutôt que de la faire aller à l'hôpital.

Le médecin et moi nous sommes mis au travail pour combattre la septicémie. Jamais je n'avais travaillé aussi vite, jamais avec autant de concentration. Les journées et les nuits étouffantes se fondaient dans un enfer torpide. Il ne semblait pas possible qu'il puisse y avoir une telle chaleur, et chaque morceau de nourriture, de glace et de médicaments devait être transporté jusqu'à trois étages.

Jake était plus gentil et attentionné que la plupart des maris que j'avais rencontrés. Il aimait ses enfants et avait toujours aidé sa femme à les laver et à les habiller. Il avait apporté de l'eau et descendu les ordures avant de partir le matin, et avait fait tout ce qu'il pouvait pour moi tout en la regardant avec anxiété progresser.

Au bout de quinze jours, le rétablissement de Mme Sachs était en vue. Les voisins, habituellement fatalistes quant aux résultats de l'avortement, étaient sincèrement heureux qu'elle ait survécu. Elle souriait faiblement à tous ceux qui venaient la voir et les remerciait gentiment, mais elle ne pouvait pas répondre à leurs chaleureuses félicitations. Elle semblait plus déprimée et anxieuse qu'elle n'aurait dû l'être et passait trop de temps en méditation.

Au bout de trois semaines, alors que je m'apprêtais à quitter la fragile patiente pour reprendre sa vie difficile, elle finit par exprimer ses craintes : « Un autre bébé va m'achever, je suppose ?

« Il est trop tôt pour en parler », temporisai-je.

Mais quand le médecin est venu faire son dernier appel, je l'ai pris à part. "Mme. Sachs est terriblement inquiet à l'idée d'avoir un autre bébé.

"Elle l'est peut-être", répondit le médecin, puis il se plaça devant elle et dit: "Encore de telles cabrioles, jeune femme, et il ne sera pas nécessaire de m'envoyer chercher."

«Je sais, docteur», répondit-elle timidement, «mais», et elle hésita comme s'il lui fallait tout son courage pour le dire, «que puis-je faire pour l'empêcher?»

Le médecin était un homme bon et il avait travaillé dur pour la sauver, mais de tels incidents lui étaient devenus si familiers qu'il avait depuis longtemps perdu toute la délicatesse qu'il avait pu avoir autrefois. Il rit avec bonhomie. « Tu veux avoir le gâteau et le manger aussi, n'est-ce pas ? Eh bien, cela ne peut pas être fait.

Puis, prenant son chapeau et son sac pour partir, il dit : "Dites à Jake de dormir sur le toit."

J'ai jeté un rapide coup d'œil à Mme Sachs. Même à travers mes larmes soudaines, je pouvais voir sur son visage une expression de désespoir absolu. Nous nous sommes simplement regardés, sans dire un mot jusqu'à ce que la porte se soit refermée derrière le médecin. Puis elle leva ses mains fines aux veines bleues et les serra d'un air suppliant. « Il ne peut pas comprendre. Ce n'est qu'un homme. Mais c'est le cas, n'est-ce pas ? S'il vous plaît, dites-moi le secret, et je ne le dirai jamais à personne. *S'il te plaît!* »

Que devais-je faire ? Je ne pouvais pas prononcer les phrases conventionnellement réconfortantes qui ne seraient d'aucun réconfort. Au lieu de cela, je l'ai rendue aussi facile physiquement que possible et j'ai promis de revenir dans quelques jours pour lui parler à nouveau. Un peu plus tard, alors qu'elle dormait, je m'éloignai sur la pointe des pieds.

Nuit après nuit, l'image nostalgique de Mme Sachs apparaissait devant moi. Je me suis trouvé toutes sortes d'excuses pour ne pas y retourner. J'étais occupé sur d'autres affaires ; Je ne savais vraiment pas quoi lui dire ni comment la convaincre de ma propre ignorance ; J'étais impuissant face à des atrocités aussi monstrueuses. Le temps a passé et je n'ai rien fait.

Le téléphone sonna un soir, trois mois plus tard, et la voix agitée de Jake Sachs me supplia de venir immédiatement ; sa femme était de nouveau malade et pour la même cause. Pendant un moment fou, j'ai pensé envoyer quelqu'un d'autre, mais en fait, bien sûr, je me suis dépêché d'enfiler mon uniforme, j'ai attrapé mon sac et je suis parti. Pendant tout le trajet, j'avais envie d'un accident de métro, d'une explosion, de tout ce qui m'empêcherait de devoir rentrer dans cette maison. Mais rien ne s'est produit, même pour me retarder. Je me suis tourné vers la porte sombre et j'ai remonté les escaliers familiers. Les enfants étaient là, des petites choses.

Mme Sachs était dans le coma et est décédée dix minutes plus tard. J'ai croisé ses mains immobiles sur sa poitrine, me rappelant comment ils m'avaient supplié, implorant si humblement de savoir ce qui lui était dû. J'ai passé un drap sur son visage pâle. Jake sanglotait, passant ses mains dans ses cheveux et les arrachant comme un fou. Il gémissait encore et encore : « Mon Dieu ! Mon Dieu! Mon Dieu!"

Je l'ai laissé faire les cent pas désespérément, et pendant des heures, j'ai moi-même marché, marché et marché dans les rues silencieuses. Quand je suis enfin arrivé à la maison et que je suis entré tranquillement, toute la maison dormait. J'ai regardé par ma fenêtre et vers la ville faiblement éclairée. Ses douleurs et ses chagrins se pressaient sur moi, une image animée roulait devant mes yeux avec une clarté photographique : des femmes se tordant en travail pour donner naissance à de petits bébés ; les bébés eux-mêmes, nus et affamés, enveloppés dans des journaux pour les protéger du froid ; des enfants de six ans au visage pincé, pâle, ridé, vieux dans une misère concentrée, poussés dans des caves grises et fétides, accroupis sur les dalles de pierre, leurs petites mains décharnées fouillant dans les haillons, fabriquant des abat-jour, des fleurs artificielles ; des cercueils blancs, des cercueils noirs, des cercueils, des cercueils qui se succèdent interminablement. Les scènes s'empilaient les unes sur les autres. Je n'en pouvais plus.

Alors que je me tenais là, l'obscurité s'est estompée. Le soleil se levait et projetait son reflet sur les toits des maisons. C'était aussi l'aube d'un nouveau jour dans ma vie. Le doute et la remise en question, l'expérimentation et l'essai allaient désormais être derrière moi. Je savais que je ne pouvais pas me contenter de maintenir les gens en vie.

Je me couchai, sachant que, quoi qu'il en coûte, j'en avais fini avec les palliatifs et les guérisons superficielles ; J'étais résolue à rechercher la racine du mal, à faire quelque chose pour changer le destin des mères dont les misères étaient vastes comme le ciel.

Chapitre huit

J'AI DES PROMESSES À TENIR

Comment les mères pouvaient-elles être sauvées ? J'ai franchi de nombreuses portes tournantes, j'ai regardé autour de moi et, ne trouvant pas ce que je cherchais, je suis ressorti. Je parlais sans cesse à tous ceux qui semblaient avoir à cœur la protection sociale. Les femmes progressistes que j'ai consultées étaient profondément décourageantes. « Attendez que nous obtenions le vote. Ensuite, nous nous en occuperons », m'ont-ils assuré. J'ai essayé les socialistes. Ici, là et partout, la réponse arrivait : « Attendez que les femmes soient plus instruites. Attendez que nous obtenions une répartition équitable des richesses. Attendez ceci et attendez cela. Attendez! Attendez! Attendez!

N'ayant aucune idée de la puissance des lois qui jetaient un voile d'ignorance sur la profession médicale ainsi que sur les laïcs, j'ai demandé à plusieurs médecins de ma connaissance : « Pourquoi les médecins ne font-ils pas quelque chose ?

« Les personnes dont vous vous inquiétez n'utiliseraient pas de contraception si elles en avaient ; ils se reproduisent comme des lapins. Et en plus, il y a une loi contre cela.

« L'information existe, n'est-ce pas ?

« Peut-être, mais je doute que vous puissiez le trouver. Même si vous le faites, vous ne pouvez pas le transmettre. Comstock vous aura si vous ne faites pas attention.

Afin de découvrir quelque chose sur ce sujet si mystérieux et si inexplicablement interdit, j'ai passé près d'un an dans les bibliothèques : l'Astor, la Lenox, l'Académie de médecine, la Bibliothèque du Congrès et des dizaines d'autres. En espérant que des traités de psychologie pourraient m'éclairer, j'ai lu Auguste Forel et Iwan Block. D'un seul coup, j'ai avalé *Psychology of Sex de Havelock Ellis* et j'ai souffert d'une indigestion psychique pendant des mois. Je n'ai pas été choqué, mais cette multitude d'anomalies m'a rendu spirituellement malade. Tant de volumes étaient consacrés aux cas exceptionnels, et si peu aux inadaptations des gens mariés normaux, infiniment plus nombreuses et plus urgentes.

J'ai lu des traductions de l'allemand dans lesquelles il était conseillé aux femmes d'avoir plus d'enfants car il pouvait être prouvé statistiquement que leur condition s'améliorait grâce à la procréation. Le seul article sur la question que j'ai pu découvrir dans la littérature américaine est celui d'Edward

Alsworth Ross, de l'Université du Wisconsin, dans l' *Atlantic Monthly* , qui a attiré l'attention de ses lecteurs sur la baisse du taux de natalité dans les classes supérieures et instruites et sur l'augmentation du taux de natalité dans les classes supérieures et instruites. parmi les inaptes, dont les conséquences seraient sûrement un suicide racial.

L'Anglais Thomas Robert Malthus n'est resté pour moi qu'un nom, quelque chose comme Platon ou Henry George. Père avait parlé de lui, mais il parlait surtout de l'agriculture – du blé et des vivres au sens national du terme. Il avait peut-être une philosophie, mais pas, pour moi, une philosophie vivante. Il avait été rangé sur une étagère et, dans mon esprit, n'avait rien à voir avec le problème humain quotidien. Je ne cherchais pas de théories. Ce que je souhaitais, c'était simplement une méthode simple de contraception pour les pauvres.

La poursuite de ma quête m'a beaucoup éloigné de chez moi. Les enfants venaient après l'école et me cherchaient immédiatement. "Où est maman?" » était la question habituelle. S'ils me trouvaient près de mon panier de raccommodage , ils sautaient tous de joie, se prenaient par la main et dansaient en criant : « La maison de ma mère, la maison de ma mère, la couture de ma mère. » La couture semblait impliquer une mesure de permanence.

Moi aussi, je voulais chasser la barrière inquiétante de la séparation en contactant plus étroitement avec eux. Je voulais les avoir uniquement pour moi, les nourrir, les baigner, les habiller moi-même. J'avais entendu parler des dunes propres et balayées par le vent de Cape Cod, qui semblaient aussi éloignées que possible de la laideur de la civilisation. Socialisme, anarchisme, syndicalisme, progressisme, j'en avais marre de tous. À la fin du printemps, complètement déprimé et insatisfait, j'ai mis les enfants sous mes bras, je suis monté à bord d'un bateau de Fall River et je suis parti en pionnier vers Provincetown.

En 1913, la pointe du Cap n'était qu'un village de pêcheurs doté d'un chemin de planches qui, m'a-t-on dit, avait été financé par le Congrès. De long en large, le chasseur, le dernier des crieurs publics, marchait en proclamant la nouvelle.

Au début , nous vivions à l'étage supérieur d'une maison de pêcheur, au bord de l'eau. Après qu'il soit sorti le matin, sa femme et ses enfants, ainsi que moi et les miens, sommes restés seuls. Puis les vieilles femmes se souvinrent de scènes de leurs débuts sur les baleiniers. Leurs mères les avaient mis au monde sans aide, et leurs propres fils, à leur tour, étaient nés sur les navires et avaient été apprentis auprès de leurs maris. Ils s'intégraient simplement dans la vie, mais les jeunes Portugais, qui reprenaient l'industrie de la pêche, se demandaient ce qu'ils devaient faire pour limiter leurs familles.

Le village était plutôt en désordre et sentait le poisson. J'étais encore trop proche de l'humanité et je voulais être plus seule, alors nous avons déménagé à l'extrême extrémité de la ville. Notre véranda faisait face à la baie et, lorsque la marée était haute, l'eau montait et léchait les pilotis sur lesquels le cottage était construit. Stuart, Grant et Peggy avaient l'habitude de s'asseoir sur les marches et de se barboter les orteils. À marée basse, ils disposaient de deux milles de plage sur lesquels sauter et courir ; c'était un endroit merveilleux pour jouer, et tout l'été, nous prenions des petits déjeuners au lever du soleil et des pique-niques au coucher du soleil.

Ethel, qui avait épousé Jack Byrne, était désormais veuve et s'était également lancée dans la profession d'infirmière. Elle avait beaucoup de temps libre et restait avec moi. Par conséquent, j'ai pu lui confier les enfants lorsque j'ai fait mes expéditions à la célèbre bibliothèque publique de Boston, prenant le *Dorothy Bradford* à midi et revenant le lendemain. Même là, je n'ai trouvé aucune information plus fiable que celle échangée par les commérages d'une petite ville.

J'ai passé toute la saison à Provincetown, à tâtonner pour acquérir des connaissances, classant toutes mes activités passées dans leurs catégories appropriées, pesant le pour et le contre de ce qu'elles contenaient de bon et aussi de ce qui leur manquait. C'était une période de gestation. Tout comme vous donnez naissance à un enfant, vous pouvez donner naissance à une idée.

Entre les moments de réflexion et les jeux avec les enfants, je participais aux divertissements de la minuscule colonie de gens sympathiques. Charles Hawthorne avait une école de peinture, et Mary Heaton Vorse et son mari, Joseph O'Brien, y étaient ; Hutch Hapgood et Neith Boyce aussi . Jessie Ashley avait sorti Big Bill Haywood du bourbier de la grève de Paterson et l'avait amené au repos et à récupérer.

Big Bill était l'un des rares à voir ce que je visais, même s'il craignait que mon avenir ne mette en jeu le bonheur de mes enfants. Même lui ne pensait pas que la question des petites familles était suffisamment importante pour être introduite dans la plateforme du travail. Néanmoins, tandis que nous parcourions la plage , il vint à mon aide avec cet encouragement encourageant dont j'avais si cruellement besoin. Il n'a jamais perdu de mots en me conseillant « d'attendre ». Au lieu de cela, il m'a suggéré d'aller en France et de constater par moi-même les conditions résultant de générations de limitations familiales dans ce pays. Cela m'a semblé une idée formidable, car cela donnerait également à Bill Sanger une chance de peindre au lieu de continuer à construire des maisons de banlieue.

Le voyage en Europe semblait si urgent que, quels que soient les sacrifices à faire, nous avons décidé de les faire lorsque nous y sommes arrivés. À l'automne, nous avons vendu la maison d'Hastings, donné certains de nos meubles et mis le reste en stock. Même si nous ne nous en rendions pas compte sur le moment, nos gestes indiquaient une table rase du passé.

Anita Block nous propose de passer par l'Écosse ; elle voulait que j'écrive trois ou quatre articles sur ce que vingt-cinq ans de propriété municipale à Glasgow avaient fait pour les femmes et les enfants. Les socialistes disaient que tout là-bas appartenait au peuple lui-même et qu'il avait gagné sa propre fortune : les banques, les écoles, les maisons, les parcs, les marchés, les galeries d'art, les musées, les blanchisseries, les bains publics, les hôpitaux et les tramways. La ville était sur le point de rembourser la dernière dette du système de transport, et cela était salué comme une grande victoire, un exemple parfait de ce que le socialisme pouvait faire. Cela sonnait gros et bien, et moi aussi, j'ai été impressionné. À Glasgow, pensais-je, je trouverais certainement des femmes marchant main dans la main avec des hommes et des enfants libres et heureux.

En octobre, les Sangers quittèrent Boston sur un bateau à cabines, peu nombreux et bondé, et, par une nuit noire, deux semaines plus tard, remontèrent la Clyde. Le programme naval de 1913 obligeait chaque chantier naval à fonctionner en double, et l'éclat et l'éclat sur l'obscurité sombre étaient comme un pays des fées : des lumières d' étoiles géantes et scintillantes s'étendant de l'horizon vers le ciel, une belle introduction à l'utopie.

Dès le lendemain, je commençais mes investigations. Pour m'occuper des enfants âgés de neuf, cinq et trois ans, j'ai eu recours à une sorte d'agence pour l'emploi gérée par la Corporation municipale. On m'avait dit que n'importe qui pouvait appeler ici pour n'importe quel type de service imaginable. En réponse à ma convocation, arriva aussitôt à ma porte, debout, droit et comme une machine, un petit garçon en uniforme à boutons, avec une mentonnière retenant sa casquette sur le côté de sa tête. Le salaire de Willie MacGuire devait être de douze cents de l'heure, ou cinquante cents pour la demi-journée. Sa fonction était de faire sortir les trois, de les divertir et de les rendre fidèlement à tout moment désigné. Même s'il n'était pas plus grand que Stuart, son efficacité m'a rassuré et j'ai vite appris qu'il accomplissait ses fonctions avec diligence.

Sur le plan religieux, j'ai fait le tour de toutes les institutions sociales, et d'abord tout s'est présenté comme on m'avait laissé espérer, sauf le temps. Il venait toujours de pleuvoir, et quand le soleil se montrait, c'était rarement assez longtemps pour assécher les promenades. Même si les rues étaient propres, elles étaient invariablement mouillées et humides, et personne ne portait de caoutchouc. Partout, on voyait des petites filles à genoux, frottant les seuils des maisons, ou encore portant d'énormes paquets ou paniers d'épicerie à livrer au domicile des acheteurs. Les gens eux-mêmes semblaient froids et rigides, aussi lugubres que leur climat. Seuls les policiers avaient le sens de l'humour.

Au fur et à mesure que j'avançais, les défauts des entreprises civiques tant vantées ont commencé à se manifester. Glasgow avait ses endroits les plus beaux, mais même les immeubles modèles n'étaient pas aussi bons que nos immeubles d'habitation les plus simples de la classe moyenne inférieure. L'une d'elles avait été construite pour héberger « des veuves et des veufs méritants et respectables appartenant à la classe ouvrière » ayant un ou plusieurs enfants sans personne pour s'occuper d'eux pendant l'absence des parents. Mais le bâtiment avait été remis à l'usage exclusif des veufs. Les veuves et leurs enfants ont dû se débrouiller seuls.

Tous les logements ont été planifiés scientifiquement sur la base de tant de pieds cubes d'air et de tant de lumière pour tant d'êtres humains, allant de deux à cinq. Aucune surpopulation n'était autorisée.

« Eh bien, ai-je demandé, que se passe-t-il lorsqu'il y a cinq ou six enfants ? »

« Oh, ils ne peuvent pas vivre ici », répondit le surintendant. "Ils doivent aller ailleurs."

"Mais où?"

La conversation cessa.

Avec une attention particulière, j'ai retracé les aventures d'une famille qui avait dépassé la limite de trois enfants. Les parents s'étaient d'abord installés à la périphérie de la ville, puis, à mesure que de plus en plus d'enfants naissaient, ils avaient voyagé d'un endroit à l'autre, de plus en plus crasseux, de plus en plus décrépit. Ils en avaient maintenant neuf et habitaient une masure dans les bidonvilles de la construction navale, incroyablement sale et trop loin des splendides services publics pour en profiter un jour.

Plus je regardais loin, plus l'incohérence grandissait. Les marchés modèles vendaient principalement des produits en gros, et les vraiment pauvres, obligés de se regrouper à l'autre bout de la ville, se contentaient de pain et de thé et étaient reconnaissants de les avoir. Une autre déception fut celle des lavoirs, datant de 1878, époque à laquelle ils avaient été considérés comme une nécessité publique parce que les hommes avaient protesté contre le fait qu'ils étaient chassés de leurs maisons par le linge qui, à cause de la pluie incessante, semblait y rester pour toujours. Un stand ne coûtait que deux pence de l'heure, moins cher que de chauffer l'eau à la maison, et il y avait toujours des femmes qui faisaient la queue. Mais le tramway, qui était sur le point d'être liquidé malgré ses bas tarifs, interdisait les paniers à linge et, par conséquent, ceux qui n'étaient pas à distance de marche - et c'étaient eux qui en avaient le plus besoin - étaient privés de son tramway. utiliser.

Dans tout le bidonville, j'ai vu des femmes ivres et détrempées dont les dents restantes, semblables à des accrocs, collaient comme des crocs et dépassaient de leurs bouches enfoncées. Quand j'ai demandé à l'un des dirigeants de la société pourquoi elles étaient tellement plus dégradées que les hommes, il a répondu : « Oh, les femmes de Glasgow sont toutes sales et basses. Ils sont désespérés.

« Mais pourquoi cela devrait-il être le cas ? » J'ai persisté.

Sa seule réponse a été : « C'est de leur faute. »

Bill et moi avons marché tard dans la nuit, accablés par une pauvreté indescriptible. Les rues étaient remplies de mendiants combattants et impuissants. Des centaines de femmes étaient à l'étranger, les grands châles sur la tête servant à deux fins : premièrement, garder leurs épaules au chaud ; l'autre, pour enrouler autour du bébé que chacun portait. Il était évident que leurs vêtements se composaient uniquement d'un châle, d'un jupon, d'un manteau et de chaussures. Les enfants plus âgés mendiaient : « Un centime pour du pain, Mademoiselle, un centime pour du pain. »

C'était infiniment froid, morne et décevant — on parle tant de salaires plus élevés et d'une meilleure subsistance, et ici les ouvriers l'avaient et qu'obtenaient-ils ? — un peu plus de lumière, peut-être, quelques sous de plus par jour, la possibilité de acheter de la nourriture un peu moins chère, quelques parcs dans lesquels ils pourraient se promener, une banque où leur argent rapportait un intérêt légèrement plus élevé. Mais dès qu'ils franchissaient la frontière d'un autre bébé, ils se retrouvaient exactement dans le même état que les personnes échappant au contrôle municipal.

La propriété municipale était une chose de plus à jeter.

Un jour maussade et pluvieux, heureux de laisser derrière nous les voix stridentes et pleurantes des mendiants de Glasgow, nous sommes montés à bord d'un horrible bateau à bestiaux à destination d'Anvers. Les enfants avaient tous le mal de mer alors que nous rebondissions et ballottions au-dessus de la mer du Nord. C'était un véritable travail de s'occuper d'eux trois sans infirmière, surtout lorsque la tempête les jetait hors de leur lit sur le sol de la cabine. Heureusement , ils n'ont subi aucune fracture, même si vingt-six chevaux dans la cale ont dû être abattus car leurs jambes étaient cassées.

Nous sommes arrivés à la Gare du Nord à Paris au terme d'une autre journée lamentable et déroutante : toot-toot ! vapeur, bagages, enlèvements brusques par des porteurs en blouse bleue et à casquette noire, tous ressemblant à des méchants, embouteillage au guichet, taxi bruyant jusqu'à un hôtel de la rive gauche.

Paris ressemblait à un autre Glasgow, plus un village de province qu'une grande métropole. L'atmosphère de petite misère détruisait mes rêves de gaieté et d'élégance parisiennes ; même les enfants français étaient vêtus de tabliers noirs, ternes et sombres. En quelques jours, nous avions sous-loué un appartement sur le boulevard Saint-Michel, en face du jardin du Luxembourg, où Grant et Peggy pouvaient jouer. Nous étions quatre étages plus haut et le froid pénétrait jusqu'à la moelle de nos os. Nous pourrions mettre des tonnes de briquettes dans les petites cheminées sans jamais avoir de chaleur. Toute la famille a enfilé des sous-vêtements en flanelle, les premiers depuis ma petite enfance.

J'ai présenté Stuart au directeur du *lycée du district* . Il a demandé un acte de naissance et je n'en avais pas.

"Mais sans cela, comment puis-je savoir où il est né et quel âge il a ?" Le fonctionnaire semblait laisser entendre que Stuart n'existait pas.

«Mais», protestai-je, «le voici. Il est vivant."

« Non, non, Madame ! La loi dit que vous devez avoir un acte de naissance.

J'ai dû l'envoyer dans une école privée, ce qui a pesé lourdement sur le budget.

Bill trouva un studio sur Montparnasse, juste derrière la gare. Il revenait sans cesse chez lui tout heureux de sa rencontre avec le grand Matisse et d'autres peintres révolutionnaires sortant à peine de l'obscurité. Je me promenais occasionnellement dans des studios et des expositions, mais j'essayais de m'exprimer clairement sur mon propre sujet et je prêtais peu d'attention à ceux qui sont apparus plus tard comme des géants du monde artistique. La compagnie de Jessie Ashley et Bill Haywood, qui venaient d'arriver à Paris, m'était plus familière.

J'avais aussi envie de rencontrer des Français et de découvrir leurs points de vue. L'un des premiers fut Victor Dave, le dernier dirigeant survivant de la Commune française de 1871. Le jour de Thanksgiving, nous avons organisé un petit dîner et avons invité des amis américains à le saluer. Il avait alors plus de quatre-vingts ans, mais il était toujours enthousiaste et actif. Au fur et à mesure que la soirée avançait, nous l'avons commencé à parler de ses expériences passées et il nous a captivés jusqu'au petit matin, lorsque nous avons tous pris le petit-déjeuner dans l'appartement.

Le vieux Communard parlait bien mieux l'anglais qu'aucun d'entre nous ne parlait français. Il gagnait désormais trois dollars par semaine grâce à ses compétences linguistiques, car il était la seule personne à laquelle le gouvernement pouvait faire appel non seulement pour la langue mais aussi pour les dialectes des Balkans. La veille encore, il traduisait une nouvelle série de traités que la France concluait avec les États des Balkans dans une tentative désespérée de les lier à la Triple Entente. Même s'il était un homme philosophe qui pouvait être gai face à ses propres difficultés, ses confidences étaient sérieuses et tristes. D'après les accords alors rédigés, notamment ceux avec la Roumanie, il ne prévoyait que la guerre, prédisant avec certitude que d'ici cinq ans toutes les nations seraient à couteaux tirés. Nous, nouveaux arrivants en Europe, ne pouvions pas comprendre le sens de ses paroles, et les habitants haussaient les épaules et disaient : « Il vieillit. Il ne voit pas que nous sommes désormais au-delà de la guerre, que les gens sont trop intelligents pour y recourir à nouveau.

Quand je regarde en arrière, il apparaît clairement que nous avons entendu en France tous les grondements de la guerre mondiale. L'agitation était dans l'air comme aux États-Unis, mais avec une différence. Les théâtres montraient des pièces anti-allemandes, des pancartes *de revanche* décoraient le tombeau de Napoléon aux Invalides et les draperies noires rouillées autour de la statue enveloppée de Strasbourg sur la place de la Concorde affichaient une note macabre. On s'en est souvenu par la suite ; à l'époque, ils faisaient simplement partie de la scène parisienne.

J'ai réalisé l'inconvénient de ne pas mieux connaître la langue française et j'ai commencé à mettre en pratique ce que je savais et à en apprendre davantage. La chance m'a mis en contact avec une Anglaise, l'épouse du rédacteur en chef de *L'Humanité* , l'organe de la Confédération Générale du Travail, la célèbre CGT. À elle, je me suis accroché et chez elle j'ai rencontré le leader socialiste Jean Jaurès . Son anglais était mauvais et mon français pire ; nous avons dû avoir un interprète. Sans aucun doute, nous avons manqué beaucoup de choses, mais nous avons quand même constaté que nous nous comprenions. Je crois que son assassinat à la veille de la guerre qu'il avait tant fait pour empêcher a constitué une perte irréparable pour la cause de la paix.

Dans mes difficultés linguistiques, la maîtrise de Jessie Ashley a été d'une aide constante. Ensemble, nous mangions dans les restaurants fréquentés par les ouvriers, qui venaient en groupe, gardant leur casquette, profitant de la bonne nourriture bon marché accompagnée de vin. Souvent, nous étions les seules femmes présentes, toujours à l'exception de l'inévitable caissière.

Même si les femmes étaient rarement vues lors d'une réunion de la CGT, Victor Dave nous a emmenés, Jessie et moi, à une réunion particulièrement impressionnante à laquelle Bill Haywood devait s'adresser. Sa réputation de tison l'avait précédé, et la police veillait à ce qu'aucune émeute ne s'ensuive ; ils arrêtaient chaque personne qui traversait le pont et exigeaient des comptes sur sa destination. Notre passeport représentait l'apparence vénérable de notre escorte, dont les longs cheveux blancs pendaient bas sur sa tête. Son haut-de-forme, cet insigne universel de respectabilité, nous laisse passer.

Le vaste auditorium était rempli d'environ trois mille syndicalistes français, semblables à ceux des IWW américains, tous debout, tous portant l'uniforme du prolétariat : casquettes à visière noire et velours côtelé amples. On les exhortait à ne pas prendre les armes contre les travailleurs des autres nations. J'ai commencé à me demander si les divers signes d'inquiétude qui m'avaient impalpablement entouré depuis mon arrivée en France n'avaient pas une signification plus désespérée que nous, en Amérique, ne l'avions imaginé. La *guerre, à quoi ça sert ?* les discussions à New York ne semblaient qu'une partie des conversations du soir. Là encore, j'écoutais des protestations contre les efforts du gouvernement visant à attiser la haine nationale en qualifiant cela de patriotisme. J'avais si souvent entendu les mots « Travailleurs du monde entier, unissez-vous », mais j'étais finalement vaguement inquiet à cause de la différence d'esprit.

Alors que nous débouchions dans la rue étroite en forme de ruelle, nous trouvâmes les sorties sur le boulevard gardées par des centaines de gendarmes, à cheval et à pied. Si une épidémie s'était produite, les syndicalistes rassemblés auraient été littéralement piégés.

Mon malaise s'est accru à la suite d'une visite au nationaliste hindou Shyamaji . Krishnavarma . En Angleterre, il avait été un agitateur en faveur du Home Rule indien et, lorsque la résidence londonienne du vice-roi des Indes avait été bombardée, avec d'autres Indiens qui auraient pu être impliqués, il s'était enfui en France, si longtemps sanctuaire pour quiconque, parce que de convictions politiques, a eu des ennuis ailleurs. Krishnavarma était en train de rédiger le *Sociologue indien* , qui était secrètement diffusé outre-Manche.

Krishnavarma avait demandé s'il pouvait être autorisé à donner une réception en mon honneur. Aucun hindou n'avait jamais donné de réception en mon honneur. Cependant, essayant de donner l'impression que cela se produisait fréquemment, j'ai fixé une heure et suis entré courageusement dans son salon, soutenu, comme d'habitude, par Jessie.

Il y avait environ vingt-cinq hommes, tous étudiants indiens, et une seule autre femme, Mme Krishnavarma , à peine sortie du purdah et toujours en costume indigène. C'était une grande concession qu'elle avait été autorisée à entrer, malgré la présence d' hommes. Il était évident qu'elle pouvait écouter mais pas parler, car, lorsque je lui posais des questions sur ses enfants, Krishnavarma répondait rapidement à sa place. Un peu plus tard, je lui disputais un point et, pour étayer son argument, il lui donna un bref ordre en hindoustani. Elle se leva rapidement et revint bientôt avec un exemplaire de Spencer bien marqué au pouce et au crayon. J'en étais venu à considérer la philosophie de Spencer comme vieille et brumeuse. Ses enseignements étaient si doux que je me demandais pourquoi il avait bien pu être traqué. Bien que Krishnavarma œuvrait pour la liberté de l'Inde, il n'était pas allé plus loin que ce thé rose qui n'était même pas la Chine pâle, encore moins le Ceylan noir et robuste.

J'étais à la maison depuis à peine plus d'une demi-heure et j'étais en train de m'habiller pour le dîner lorsque Peggy entra avec animation. « Mère, il y a trois soldats à la porte ! Les uniformes brillants des gendarmes lui avaient plu et elle était contente et excitée. Lorsque je sortis à leur rencontre , ils me demandèrent d'où nous venions, l'objet de notre visite en France, combien de temps nous comptions y rester, de quelle manière nous avions localisé l'appartement, chez qui nous l'avions loué, où je était cet après-midi-là, depuis combien de temps je connaissais Krishnavarma et la raison pour laquelle j'étais chez lui. Finalement, ils ont expliqué leur présence en affirmant que le concierge n'avait pas transmis les informations requises à la préfecture.

Lorsque j'ai décrit cette étrange visite à quelqu'un qui connaissait les coutumes françaises, on m'a dit que les concierges étaient tous des agents de police d'office et étaient tenus de rendre compte régulièrement des activités, aussi insignifiantes soient-elles, de leurs locataires. Ceux-ci ont été intégrés aux dossiers de tous les étrangers. En fait, la police, en collaboration avec les services secrets britanniques, surveillait les appels de Krishnavarma . Par la suite, des gendarmes se sont attardés devant les portes de notre appartement et, partout où j'allais, j'avais conscience de leur présence à proximité.

En raison de la prédilection des Français pour la qualité plutôt que pour la quantité, ils avaient non seulement adopté la définition sociologique du prolétariat, « les prolifiques », terme initialement appliqué par les Romains à la classe la plus basse de la société, mais l'avaient interprété littéralement. Les syndicalistes en particulier avaient intégré ce qu'ils appelaient la génération consciente à leur politique et à leurs principes et s'étaient affiliés au mouvement néo-malthusien, dont le siège était à Londres.

Les parents de France, presque au même niveau de salaire que ceux que j'avais vus à Glasgow, avaient réglé la question à leur propre satisfaction. Leurs un ou deux enfants bénéficièrent de tous les soins et avantages de la culture française. J'ai été frappé de l'attention maternelle portée par notre *femme de chambre* à son unique enfant. Elle arrivait promptement au travail, mais rien ne pouvait la persuader d' arriver avant que Jean ait été conduit à son école, et rien ne pouvait l'empêcher de partir promptement à midi pour le chercher pour son déjeuner.

Lorsque Bill Haywood a commencé à m'emmener chez les syndicalistes, j'ai découvert une parfaite acceptation des limitations familiales et de leur relation avec le travail. « Vous venez de découvrir cela ? J'ai demandé à chaque femme que j'ai rencontrée.

"Oh, non, *maman* me l'a dit."

"Eh bien, qui lui a dit?"

" *Grand-mère* , je suppose."

Le *Code Napoléon* avait prévu que les filles devaient hériter à parts égales avec les fils, ce qui, dans l'esprit paysan économe, avait indiqué qu'il était souhaitable d'avoir moins de descendance. Personne n'épouserait une fille à moins qu'on lui ait appris comment régler le nombre de ses membres ainsi que le foyer lui-même.

Certaines des formules contraceptives transmises étaient presque aussi efficaces que celles d'aujourd'hui. Même si elles devaient réaliser des choses simples, les mères s'enorgueillissaient autant de leurs recettes spéciales de suppositoires que de celles du *pot au feu* ou du vin.

Toutes les Françaises considéraient cette connaissance comme leur droit individuel et, en cas d'échec, comme l'avortement, qui était encore courant. J'ai parlé des problèmes de mon propre peuple, mais ils ne pouvaient m'aider, se contentant de hausser les épaules, apparemment heureux de vivre en France et non aux États-Unis. Cette indépendance de pensée et d'action me paraissait tout à fait admirable à l'époque et je chantais les louanges du système.

Bill était heureux dans son studio, mais je ne trouvais pas la paix. Chaque jour où je restais, chaque personne que je rencontrais ne faisait qu'empirer les choses. Une année entière avait été consacrée à cette réflexion inactive et incohérente. La famille et les amis ont fait preuve d'une grande patience. J'avais ajouté à mon expérience personnelle les statistiques de Glasgow et les petites formules que j'avais recueillies auprès des paysans français. Dans ce contexte, j'avais pratiquement atteint le point d'explosion. Je ne pouvais pas contenir mes idées, je voulais continuer ce que j'avais à faire dans le monde.

Le dernier jour de l'année, le 31 décembre 1913, Bill et moi nous sommes dit au revoir, ignorant que notre séparation allait être définitive. Avec les enfants je m'embarquai à Cherbourg pour rentrer chez moi.

Chapitre neuf

LA FEMME REBELLE

« Oh vous, filles de l'Occident !

Ô vous, jeunes filles et aînées ! Ô vous, jeunes filles et femmes !

Jamais vous ne devez être divisés, dans nos rangs vous avancez unis,

Pionniers ! Ô pionniers ! »

WALT WHITMAN

Le *New York* était un beau navire et il ne faisait pas trop hivernal pour se promener sur le pont. Une fois les enfants couchés en toute sécurité, j'ai fait les cent pas et j'ai absorbé dans mon être ce calme qui vous vient en mer. Le fait que c'était le réveillon du Nouvel An a ajouté au caractère poignant de mes émotions mais n'a pas obscurci la foi intérieure.

Je savais que quelque chose devait être fait pour sauver ces femmes sans voix ; quelqu'un devait exprimer avec une intensité brûlante la conviction qu'il doit être habilité à décider par lui-même du moment où il doit remplir la fonction suprême de maternité. Il fallait leur faire prendre conscience de la façon dont ils étaient enchaînés et les inciter à la mutinerie. C'est dans ce but que j'ai conçu l'idée d'un magazine appelé *Woman Rebel* , dédié aux intérêts des travailleuses.

J'avais souvent pensé à Vashti comme à la première femme rebelle de l'histoire. Un jour, alors que son mari, le roi Assuérus, exhibait à son peuple ses beaux draps, ses colonnes de marbre, ses lits d'or et d'argent et toutes ses richesses, il avait ordonné que sa belle reine Vashti soit également exposée. Mais elle avait refusé d'être exposée comme un bien ou un bien mobilier. À cause de sa désobéissance, qui risquait de donner un très mauvais exemple aux autres épouses, elle avait été rejetée et Assuérus avait choisi une nouvelle épouse, la douce et douce Esther.

Je voulais que chaque femme soit une Vashti rebelle, pas une Esther ; devait-elle être simplement une planche à laver avec une seule chanson, une seule chanson ? Certes, il faut lui permettre de développer toutes ses potentialités. Les féministes essayaient de la libérer de la nouvelle idéologie économique mais ne faisaient rien pour la libérer de sa soumission biologique à l'homme, qui était la véritable cause de son asservissement.

Avant de rassembler autour de moi des amis pour l'aide qu'il me fallait pour inciter les femmes à la sédition, avant de leur demander de croire, il me fallait tracer ma propre voie. Dois-je porter la cause à l'attention des gens par les gros titres et les premières pages ? Dois-je suivre ma propre contrainte, quelles que soient les conséquences extrêmes ?

J'ai pleinement reconnu que je devais m'abstenir d'actes que je ne pouvais pas accomplir. De nombreux mouvements avaient lancé des défiations sans but ultime, tirant avec un pistolet à éclats par-ci, un pistolet à éclats par là, et finalement se tirant une balle dans la tête. Ils ressemblaient trop à de l'écume – trop bruyants avec le crissement des cornes de fer-blanc et d'autres instruments bon marché au lieu des sons plus graves d'un peuple indigné, en colère et sérieux.

Avec une vision aussi cristalline que celle qui m'était venue après la mort de Mme Sachs, lorsque j'avais renoncé pour toujours à la profession d'infirmière, j'ai vu le chemin à parcourir dans sa direction civique, nationale et même internationale – un panorama des choses à venir. Enflammé par cette vision, je suis allé dans le salon et j'ai écrit et écrit page après page jusqu'aux heures du jour.

Après avoir fixé les principes, j'ai laissé les détails se régler eux-mêmes. J'ai réalisé qu'il fallait payer un prix pour une pensée honnête : un prix pour tout. Même si je ne savais pas exactement comment je devais me préparer, quelle tournure les événements pourraient prendre ou ce que je pourrais être appelé à faire, l'avenir dans ses aspects plus larges s'est en réalité développé tel que je l'ai vu cette nuit-là.

Les mêmes pensées se répétaient sans cesse pendant le reste du voyage, autrement sans incident. Dès que possible après mon arrivée à New York, j'ai loué un petit appartement bon marché sur Post Avenue, près de Dyckman Street, si loin dans le haut de Manhattan que même les rames de métro de Broadway ont réussi à se frayer un chemin pour profiter du soleil et de l'air frais. Ma salle à manger était mon bureau, la table mon bureau.

Un nouveau mouvement commençait et il fallait que le bébé ait un nom. Cela n'appartenait pas au socialisme et n'était pas non plus dans le domaine du travail, et cela avait bien plus à voir avec la simple prévention de la conception. Un soir, alors que quelques compagnes étaient assises avec moi, nous avons débattu tour à tour de la parentalité volontaire, de la maternité volontaire, de la nouvelle maternité, de la génération constructive et de la nouvelle génération. Les termes déjà utilisés – néo-malthusianisme, limitation familiale et génération consciente – semblaient étouffants et manquaient d'attrait populaire.

Le mot contrôle était bien, mais je n'aimais pas la limitation – c'était trop limitatif. Je ne préconisais pas un système à un enfant ou à deux enfants comme en France, et je n'étais pas non plus entièrement d'accord avec les néo-malthusiens anglais dont le souci était presque entièrement de limitation pour des raisons économiques. Mon idée du contrôle était plus grande et plus libre. Je voulais que la famille y adhère, mais le contrôle familial ne me semblait pas correct. Nous avons essayé le contrôle de la population, le contrôle de la race et le contrôle du taux de natalité. Puis quelqu'un a suggéré : « Baissez le taux ». Le contrôle des naissances était la réponse ; nous savions que nous l'avions. Notre travail de la journée était terminé et tout le monde a pris son chapeau et est rentré chez lui. Le bébé a été nommé.

Lorsque j'ai annoncé pour la première fois que j'allais publier un magazine, « Où vas-tu trouver l'argent ? » on m'a lancé des volées de toutes parts. Je ne le savais pas, mais j'étais certain que cela arriverait d'une manière ou d'une autre. Le soutien moral était tout aussi important. Ces mêmes jeunes amis et moi avons fondé une petite société, officiellement intitulée Ligue nationale de contrôle des naissances, avons recherché l'aide de passionnés pour d'autres causes, nous tournant d'abord vers les féministes parce qu'elles semblaient nos alliées naturelles. Armés de tracts, nous sommes allés à Cooper Union pour leur dire que dans *Woman Rebel*, ils auraient l'occasion d'exprimer leurs sentiments.

Charlotte Perkins Gilman, la leader féministe, essayait d'inspirer les femmes de ce pays à donner un sens plus profond à leur vie, ce qui pour elle signifiait bien plus que l'obtention du droit de vote. Néanmoins, à cette époque, je n'ai touché aucune corde sensible de la part d'elle ou de collègues aussi intelligents que Crystal Eastman, Marie Howe ou Henrietta Rodman. Il semblait incroyable qu'ils puissent sérieusement s'occuper de ce que je considérais comme des futilités alors que des mères à quelques pas de leurs réunions mouraient d'une mort choquante.

Qui se souciait de savoir si une femme gardait son prénom – Mary Smith au lieu de Mme John Jones ? Qui se souciait de savoir si elle portait son alliance ? Qui se souciait de sa revendication du droit au travail ? Des centaines de milliers de blanchisseuses, de couturières, de vareuses, de servantes, de téléphonistes, d'employées de magasin auraient volontiers changé de place avec les féministes en échange du droit d'avoir des loisirs, d'être un peu paresseuses de temps en temps. Lorsque j'ai suggéré que la base du féminisme pourrait être le droit d'être mère indépendamment de l'Église ou de l'État, leurs préjugés hérités ont été immédiatement réveillés. Ils étaient toujours soumis à l'atmosphère masculine séculaire faite de protection et de domination.

Déçu de ce point de vue, je me suis tourné vers les socialistes et les syndicalistes, espérant qu'ils comprendraient l'importance de la limitation familiale dans le type de civilisation vers laquelle ils trébuchaient. Des avis ont été envoyés aux *Masses* , *à la Terre Mère* , *à l'Appel* , *au Bras et au Marteau* , *au Libérateur* , tous des noms faisant écho à l'esprit qui les avait vivifiés.

Bientôt, j'eus plusieurs centaines d'abonnements à la *Woman Rebel* , payés d'avance à raison d'un dollar par an, période pour laquelle j'avais fait mes projets. Les bénéfices devaient être versés sur un compte renouvelable distinct, scrupuleusement conservé. Contrairement à tant de périodiques éphémères, le mien ne devait pas éclater avant d'avoir fonctionné, ne laissant à ses abonnés que quelques numéros alors qu'ils avaient droit à davantage. Finalement, nous avons eu une liste de diffusion d'environ deux mille, mais cinq, dix, voire cinquante exemplaires étaient souvent regroupés en un paquet pour être distribués gratuitement à une organisation syndicale.

J'étais seul responsable du magazine financièrement, légalement et moralement ; J'étais rédacteur, directeur, service de diffusion, comptable et je payais la facture de l'imprimeur. Mais toute cause qui n'a pas de soutien est perdante. Il y avait tant d'hommes et de femmes secrétaires, sténographes, commis qui venaient le soir que je ne trouvais pas de place pour tout le monde. Certains tapaient à la machine, d'autres adressaient des enveloppes, certains allaient dans les bibliothèques et cherchaient des choses à utiliser, certains écrivaient des articles, bien qu'ils signaient rarement leur propre nom. Pas un seul centime n'a jamais été consacré aux salaires, car le service était rendu gratuitement.

En mars 1914, parut le premier numéro de la *Femme rebelle* , huit pages sur papier bon marché, copiées à la française, postées en première classe dans la ville et exprimées à l'extérieur. Ma première déclaration du droit de l'individu était le slogan « Ni Dieu, ni Maître ». Des dieux, pas Dieu. Je voulais que ce mot aille au-delà de la religion et arrête aussi de transformer les idoles, les héros, les dirigeants en dieux.

J'ai défini le devoir d'une femme : « Regarder le monde en face avec un regard d'enfer dans les yeux ; avoir une idée; parler et agir au mépris des conventions. C'était un moment merveilleux pour dire ce que nous souhaitions. Toute l'Amérique était un coin de Hyde Park en ce qui concerne les critiques et les réflexions stimulantes. Nous avons prôné l'action directe et abordé les questions brûlantes du moment. Avec un bon sens de l'ironie, nous avons imprimé un discours anticapitaliste en forme de boîte à savon. Je ne sais pas si les financiers que nous avons dénoncés auraient été tolérants ou irrités par nos assauts s'ils les avaient lus, ou s'ils auraient été aussi passionnés pour leur cause que nous pour la nôtre. Peut-être qu'eux aussi auront oublié cette émotion maintenant.

Ma routine quotidienne commençait toujours par la lecture de la pile de courrier et, un matin, mon attention fut attirée par une enveloppe officielle non affranchie de la poste de New York. Je l'ai déchiré.

Chère Madame, Vous êtes informé par la présente que l'avocat du ministère des Postes a décidé que la *femme rebelle* du mois de mars 1914 ne pouvait pas être envoyée en vertu de l'article 489, lois et règlements postaux.

EM Morgan, maître de poste.

J'ai relu la lettre. C'était tellement inattendu qu'au début, l'importance n'en était pas comprise. Je n'avais donné aucune information sur la contraception ; J'avais simplement annoncé mon intention de le faire. Puis j'ai commencé à réaliser qu'aucune mention n'était faite d'un ou plusieurs articles spéciaux. J'ai écrit à M. Morgan et lui ai demandé de préciser ce qui l'avait offensé spécifiquement, m'aidant ainsi dans mon cours futur. Sa réponse répétait simplement que le numéro de mars n'était pas postable.

J'avais prévu les objections des organismes religieux, mais je croyais avec mon père : « Tout ce que vous voulez peut être accompli en mettant un petit morceau de papier dans l'urne. » Par conséquent, voir notre insignifiant magazine être arrêté par le grand et puissant gouvernement des États-Unis semblait si ridicule qu'il nous faisait presque sentir importants.

Pour le monde de la presse, c'était une nouvelle, mais aucun quotidien n'y a vu une atteinte à la liberté de la presse. Le *Sun* titrait : « « FEMME REBELLE » INTERDITE DES MAILS. » Et sous le commentaire : « Dommage. L'affaire devrait être inversée. Ils devraient lui être interdits et orthographiés différemment.

à plusieurs reprises l'article 211 des lois fédérales en vertu desquelles la Poste agissait. Cette clause pénale de la loi Comstock était restée en suspens à Washington comme la carapace séchée d'une tortue. Son emprise s'était même resserrée sur le plan moral ; au cas où le mot obscène s'avérerait trop vague, sa définition a été élargie pour inclure la prévention de la conception et le fait de provoquer l'avortement sous une seule et même rubrique. Il me paraissait scandaleux que les informations sur la maternité, si généralement qualifiées de sacrées, soient assimilées à de la pornographie.

Néanmoins, je n'avais pas enfreint la loi, car elle n'interdisait pas de discuter de contraception – simplement de donner des conseils. J'avais un désir ardent de saper cette loi. Mais si je poursuivais la publication , je m'exposais à une accusation fédérale et à une peine de prison de cinq ans plus une amende de cinq mille dollars. J'ai dû choisir entre abandonner la *Femme rebelle* , changer de ton ou continuer comme j'avais commencé. Même si je n'avais aucune envie de devenir un martyr, j'ai suivi sans hésitation cette dernière voie.

J'ai rassemblé notre petit groupe. Au début, nous pensions que Comstock avait arrêté toute l'émission avant la livraison, mais apparemment ce n'était pas le cas, car seuls les numéros A à M envoyés par la poste locale avaient été confisqués. Nous en avons pris un nouveau lot au centre-ville, en avons glissé trois dans une chute, quatre dans une autre, et avons parcouru des kilomètres à travers la ville pour qu'aucune boîte ne contienne plus de quelques exemplaires.

La même procédure dut être poursuivie les mois suivants. Parfois, la lumière du jour me surprenait, avec un ou plusieurs assistants, toujours en train de sortir de l'imprimerie et de déposer les copies, pièce par pièce, dans diverses boîtes et goulottes. J'ai estimé que le gouvernement était absurde et tyrannique de nous obliger à faire cela sans aucun but valable. Je ne pouvais alors pas m'habituer à ses méthodes. Je ne l'ai pas encore fait et je ne le ferai probablement jamais.

La *Femme Rebelle* a produit des résultats extraordinaires, des vibrations saisissantes qui ont apporté des contacts, des messages, des demandes de renseignements, des brochures, des livres, et même de l'argent. J'ai correspondu avec les plus grandes féministes d'Europe : Ellen Key, alors au sommet de sa renommée, Olive Schreiner, Mme Pankhurst, Rosa Luxemburg, Adele Schreiber, Clara Zetkin , Roszika Schwimmer, Frau Maria Stritt . Mais j'ai également entendu des sources et des groupes dont j'ignorais à peine l'existence : théosophe, nouvelle pensée, rosicrucien, spiritualiste, scientifique mental. Ce n'est pas seulement de New York, mais des autoroutes et des routes du nord, du sud, de l'est et de l'ouest que l'inspiration est venue.

Après le deuxième numéro, l'accent a été mis sur le contrôle des naissances. En six mois, nous avions reçu plus de dix mille lettres, arrivant en nombre croissant. La plupart d'entre eux lisent : « Votre magazine fournira-t-il des informations précises et fiables pour empêcher la conception ? » Je n'ai pas pu l'imprimer. Réalisant maintenant que cela allait être un combat assez important, j'ai pris soin de ne pas enfreindre la loi sur un point aussi trivial. Il eût été ridicule qu'une seule lettre parvienne à la mauvaise destination ; par conséquent, je n'ai envoyé aucune information sur la contraception par la poste.

Cependant, je n'avais pas l'intention d'abandonner cet objectif premier. Je commençai à trier et à arranger le matériel que j'avais rapporté de France, complété de formules et de dessins, pour le publier dans une brochure où je pourrais traiter le sujet avec plus de délicatesse que dans une revue, l'écrivant pour des femmes aux vocabulaires extrêmement restreints. Quelques centaines de dollars étaient nécessaires pour financer la publication de *Family Limitation* , comme je l'ai nommé, et j'ai contacté Theodore Schroeder, un avocat réputé et un ardent défenseur de la liberté d'expression. Il avait reçu un fonds d'un certain Dr Foote qui avait produit un livre sur *Borning Better*

Babies , et je pensais que ma brochure pourrait être considérée comme un bénéficiaire.

Le Dr Abraham Brill publiait alors une traduction de Freud, à laquelle Schroeder s'intéressait beaucoup. Il m'a demandé si j'avais été psychanalysé.

« Qu'est-ce que la psychanalyse ? »

Il m'a regardé d'un œil critique, comme d'une grande hauteur. « Vous devriez être analysé quant à vos motivations. Si, au bout de six semaines, vous souhaitez toujours publier cette brochure, je vous en paierai dix mille exemplaires.

"Eh bien, tu penses que je ne voudrais pas continuer ?"

« Je ne le pense pas seulement. J'en suis tout à fait sûr.

"Alors je ne serai pas analysé."

J'ai apporté le manuscrit chez un imprimeur bien connu pour ses tendances libérales et son courage. Il a lu le contenu page par page et a déclaré : « Vous n'installerez jamais cela dans aucun magasin à New York. C'est un travail de Sing Sing .

Chacun des vingt imprimeurs que j'ai essayé de persuader avait peur d'y toucher. Il semblait impossible de publier le contenu de cette brochure.

Entre-temps, à la suite du numéro de mars, les numéros de mai et juillet de *Woman Rebel* ont également été interdits. En réponse à chacune des mises en demeure, j'ai demandé quel ou quels articles particuliers avaient suscité la désapprobation, mais je n'ai pu obtenir aucune réponse.

À cette époque , je considérais le mouvement contre le contrôle des naissances comme faisant partie de la lutte pour la liberté d'expression. Combien les autorités postales supprimeraient-elles ? Que recherchaient-ils réellement ? J'étais déterminé à inciter et à aiguillonner jusqu'à ce que l'on obtienne une connaissance précise de ce qui était « obscène, obscène et lascif ».

Théodore Schroeder et moi nous rencontrions de temps en temps au Club Libéral, et il nous donnait de très bons conseils : je ne pouvais pas continuer éternellement avec la *Femme Rebelle* . Finalement, la Poste m'épuiserait en arrêtant les numéros aussi vite que je les imprimais. Il a prévenu : « Ils ne feront pas ceci et cela à moins que vous ne fassiez ceci et cela. Si vous faites telle ou telle chose, vous devrez en assumer les conséquences.» C'était un bon avocat et une autorité en matière de Constitution.

Lorsque ma famille a appris que je risquais de me retrouver dans des eaux profondes, un conseil a été convoqué, tout comme lorsque j'étais enfant. Un verdict de dépression nerveuse a été ouvertement prononcé, mais dans l'esprit de tous régnait la crainte tacite que j'aie dû devenir mentalement déséquilibré. Ils ont insisté pour que mon père vienne à New York, où il n'était pas allé depuis quarante ans, pour me persuader d'aller dans un sanatorium.

Pendant plusieurs jours, mon père et moi avons discuté du contenu de *Woman Rebel*. Dans son langage fin et fluide, il exprimait sa haine. Il méprisait les discours sur la révolution et désespérait de quiconque pouvait discuter de sexe, attribuant cela à ma formation d'infirmière qui, disait-il, m'avait mis en possession de tous les secrets connus du corps humain. Il n'était pas tout à fait sûr de ce qu'était le contrôle des naissances, et mon raisonnement, qui retraçait le schéma de nos anciens arguments, ne l'impressionna pas.

Mon père n'aurait rien à voir avec les « pédés » qui venaient à la maison – des gens dont personne n'avait jamais entendu parler – qui arrivaient avec des articles sur tous les sujets possibles et me défiaient de les publier au nom de la liberté d'expression. J'ai tout imprimé. Pour le numéro d'août, j'ai accepté un essai philosophique sur la théorie de l'assassinat, largement dérivé de Richard Carlile . C'était vague, insensé et inoffensif, et n'avait aucune incidence sur ma politique, sauf pour inciter le gouvernement à agir, car l'assassinat était également inclus dans l'article 211.

Quelques semaines plus tôt seulement, la guerre prédite par Victor Dave avait commencé à progresser à toute allure. Au moment même où la plupart des gens étaient occupés avec des géographies et des atlas, essayant de savoir où se trouvait Sarajevo, les États-Unis ont choisi de rompre leurs relations diplomatiques avec moi.

Un matin, je fus surpris par le tintement péremptoire, impérieux et incessant de ma cloche. Lorsque j'ai ouvert la porte, j'ai été confronté à deux messieurs.

« Veux-tu entrer ?

Ils me suivirent dans mon salon, scrutèrent avec étonnement le vélocipède et le chariot, les animaux laineux et les jouets empilés dans le coin. L'un d'eux a demandé : « Êtes-vous rédacteur en chef et éditeur d'un magazine intitulé *Woman Rebel* ?

Lorsque je l'ai avoué, il m'a remis un document légal entre les mains. J'ai essayé de le lire, me faufilant lentement dans la jungle de la terminologie juridique. Peut-être que les mots sont devenus un peu flous à cause du léger tremblement de mes mains, mais j'ai réussi à démêler le point crucial du message. J'avais été inculpé – sous pas moins de neuf chefs d'accusation – pour violation présumée des lois fédérales. Si je suis reconnu coupable de tout cela, je pourrais être passible de quarante-cinq ans de pénitencier.

J'ai regardé les deux agents du ministère de la Justice. Ils semblaient gentils et sensés. Je les ai invités à s'asseoir et j'ai commencé à expliquer le contrôle des naissances. Pendant trois heures, j'ai présenté à leur imagination quelques-unes des histoires tragiques de la maternité des conscrits. J'oublie maintenant ce que j'ai dit, mais à la fin, ils ont convenu qu'une telle loi ne devrait pas figurer dans les textes législatifs. Pourtant, c'était le cas, et il n'y avait rien d'autre à faire que de porter mon affaire devant les tribunaux.

Une fois les agents partis, mon père franchit la porte de la pièce voisine où il lisait le journal. Il a mis ses deux bras autour de moi et m'a dit : « Ta mère serait en vie aujourd'hui si nous avions su tout cela à ce moment-là. » Il avait appliqué mon récit directement à sa propre vie. « Vous gagnerez cette affaire. Tout est avec vous : la logique, le bon sens et le progrès. Je n'ai jamais vu la vérité jusqu'à cet instant.

Phraséologie démodée, mais mon père était enfin convaincu. Il est rentré chez lui assez fier, pensant que je n'étais pas si fou après tout, et a commencé à m'envoyer des coupures de presse pour aider à prouver le bien-fondé du contrôle des naissances – les femmes qui s'étaient noyées ou leurs enfants et la brutalité des parents, parce que même l'amour maternel pouvait devenir cruel. si on est trop pressé.

Ma foi était encore enfantine. J'avais confiance que, comme mon père, un juge représentant notre gouvernement serait convaincu. Il me suffisait d'expliquer aux gens au pouvoir ce que je faisais et tout se passerait bien.

Le 25 août, j'ai été interpellé dans l'ancien bureau de poste du centre-ville. Le juge Hazel, lui-même père de huit ou neuf enfants, était aimable et je soupçonnais que les deux agents fédéraux qui m'avaient convoqué avaient dit un bon mot en ma faveur. Mais le procureur adjoint Harold A. Content semblait être un jeune homme féroce. Lorsque le juge a demandé : « Quel genre de choses Mme Sanger fait-elle pour violer la loi ? » il a répondu : « Elle imprime des articles prônant le lancement de bombes et l'assassinat. »

"Mme. Sanger ne ressemble pas à un lanceur de bombes ou à un assassin.»

M. Content a murmuré quelque chose à propos du fait que tout n'était pas de l'or qui brillait ; Je faisais beaucoup de mal. Il a laissé entendre qu'il était au courant de mes tentatives pour faire publier *la Limitation familiale* lorsqu'il a déclaré : « Elle ne se contente pas simplement de violer la loi, mais envisage de le faire à très grande échelle. »

La juge Hazel, estimant apparemment les accusations très exagérées, a reporté l'affaire jusqu'au trimestre d'automne, ce qui m'a donné six semaines pour préparer ma réponse, et M. Content a été d'accord, disant que si ce n'était pas assez de temps, je pourrais avoir plus de temps.

La presse était également encline à se montrer amicale. Les journalistes sont venus sur Post Avenue, ont parcouru les différents articles. Ils ont convenu : « Nous pensons que le gouvernement a absolument tort. Nous ne voyons pas en quoi cela a du sens. Malheureusement, pendant que nous parlions, Peggy, qui n'avait jamais vu de derby, s'empara de leurs chapeaux et de leurs bâtons, et dans le hall se forma un petit défilé d'enfants qui défilèrent devant la porte. L'un des messieurs était si furieux que j'ai caché Peggy dans la cuisine, loin de sa colère. En sortant , il a remarqué : « Vous devriez les soumettre à un contrôle des naissances avant leur naissance. Pourquoi ne restez-vous pas à la maison et réfléchissez-vous à discipliner votre propre famille ?

J'avais beaucoup de choses à faire qui ne pouvaient être reportées, la plus importante d'entre elles étant d'assurer l'avenir des enfants. Cela a occupé une grande partie de mon temps au cours des semaines suivantes. Temporairement, j'ai envoyé les deux plus jeunes aux Catskills et Stuart dans un camp dans le Maine, organisant l'école à l'automne à Long Island.

Les fonds de défense étaient toujours collectés lorsque les radicaux avaient des problèmes pour payer des avocats pseudo-radicaux pour défendre des dossiers sur des points techniques. Je n'allais pas laisser un avocat me sortir de là. Puisque mon inculpation n'avait pas empêché ma publication de *Woman Rebel*, dans les colonnes du numéro de septembre, j'ai dit à mes abonnés que je ne voulais pas de centimes ni de dollars, mais je les ai appelés à unir leurs forces et à protester en leur propre nom contre l'invasion de leurs droits par le gouvernement. . Ce numéro et celui d'octobre ont tous deux été supprimés.

Durant ce qu'on pourrait appeler ma phase de somnambulisme, c'était comme si je me dirigeais vers un précipice et que rien ne pouvait me réveiller. Je n'étais pas à l'écoute des objections de ma famille ni des critiques de mes amis. Il y avait des gens autour de moi, je le savais, mais je ne pouvais pas les voir clairement ; J'étais sourd à leurs avertissements et aveugle à leurs signes.

Quand je regarde la situation à travers le regard de ceux qui m'ont donné des conseils circonspects, je peux comprendre leur attitude. J'étais considéré comme un conservateur, voire un bourgeois par les radicaux. Je travaillais sur un sujet illégal, je n'étais pas un écrivain ou un orateur qualifié, je n'avais pas d'expérience dans les arts de la propagande, je n'avais pas d'argent pour lancer une campagne entraînante et je ne possédais ni position sociale ni influence.

De l'avis de presque toutes mes connaissances, je devrais passer au moins un an en prison, et ils ont commencé à me montrer leurs condoléances. Aucun n'a proposé de faire quoi que ce soit, ils ont simplement suggéré comment je pourrais m'en sortir. Une gentille femme que je n'avais jamais vue auparavant m'a appelé tard dans la soirée et s'est portée volontaire pour me donner des cours de danse. Dans une petite cabane de six mètres sur quatre, elle avait développé un système qui, selon elle, était également applicable à une cellule de prison et me maintiendrait en bonne santé. Elle a même rédigé des instructions précises pour combiner les exercices appropriés avec le rythme de la danse.

Mais je n'avais moi-même aucune intention d'aller en prison ; ce n'était pas dans mon programme.

Une autre chose que je devais faire avant mon procès. *La limitation familiale* doit simplement être publiée. J'avais enfin trouvé la bonne personne : Bill Shatoff , d'origine russe, grand et costaud, à l'époque opérateur de linotype dans un journal étranger. Pour que personne ne le voie, il travaillait en dehors des heures d'ouverture, alors que son magasin était censé être fermé.

Au début , je n'avais pensé qu'à une édition à dix mille exemplaires. Cependant, lorsque j'ai appris que les dirigeants syndicaux des industries de la soie, de la laine et du cuivre étaient impatients de disposer de davantage d'exemplaires à distribuer, j'ai élargi mon projet. J'aurais aimé en imprimer un million mais, faute de moyens, je n'ai pas pu en imprimer plus de cent mille.

L'adressage des enveloppes a demandé beaucoup de travail. Nuit après nuit, le groupe fidèle travaillait dans une salle de stockage, emballant, pesant, estampillant. Les paquets allaient aux usines de l'Est, aux mines de l'Ouest — à Chicago, San Francisco et Pittsburgh, à Butte, Lawrence et Paterson. Tous ceux qui en auraient demandé des exemplaires devaient les recevoir simultanément ; Je ne voulais pas qu'on en diffuse avant d'être prêt et j'ai refusé d'en avoir un chez moi. J'étais un tyran à ce sujet, aussi ferme qu'un général sur le fait de ne laisser aucune aspérité.

En octobre, mon cas s'est présenté. Je n'avais reçu aucune notification et, sans avocat pour me tenir au courant, je ne savais même pas qu'on l'avait appelé jusqu'à ce que le bureau du procureur de district me téléphone. Comme M. Content m'avait promis beaucoup de temps, j'ai pensé que ce n'était qu'une formalité et que tout ce que j'avais à faire était de me présenter.

Le lendemain matin , je me présentai au tribunal. Alors que j'étais assis dans la salle bondée , je me sentais écrasé et opprimé par le sentiment intuitif du pouvoir immense et impersonnel de mes adversaires. L'intérêt populaire se concentre désormais sur l'Europe ; mon petit défi n'avait plus d'importance. Lorsque j'ai été sorti de ma rêverie par la voix de l'employé qui barrissait avec le ton rauque et mécanique d'un annonceur de train quelque chose à propos de *The People* v. *Margaret Sanger* , une immense carte des États-Unis, prenant vie, m'est venue à l'esprit. comme un animal massif et multicolore contre lequel moi, si insignifiant et si petit, je dois en quelque sorte me défendre. C'était une sensation formidable.

Mais le courage ne m'a pas entièrement abandonné. Elsie Clapp, dont la silhouette grecque ample lui donnait l'air d'une tour de force, a marché avec moi dans l'allée comme si elle aussi devait être jugée. J'ai dit au juge Hazel que je n'étais pas préparé et j'ai demandé un ajournement d'un mois. M. Content m'a étonné en s'y opposant. "Mme. Sanger a eu tout son temps et je ne vois aucune raison, Votre Honneur, pour laquelle nous devrions avoir un nouveau report. Chaque jour de retard signifie que ses violations augmentent. Je demande que l'affaire se poursuive cet après-midi.

Un changement d'attitude du juge Hazel s'est produit depuis le mois d'août. Au lieu d'écouter ma demande, il m'a conseillé de prendre immédiatement un avocat : mon procès se poursuivrait après la pause de midi.

J'étais tellement étonné que je ne pouvais que croire que son refus était dû à mon manque de connaissances techniques, et j'ai supposé qu'à ce stade, je devais vraiment avoir un avocat. Je connaissais Simon H. Pollock, qui avait représenté les syndicats lors de la grève de Paterson, et je suis allé le voir. Il a convenu avec moi que la plaidoirie d'un avocat ne serait pas rejetée et, cet après-midi-là, a demandé avec confiance un sursis d'un mois. Cela a été refusé. Il l'a réduit à deux semaines. Encore une fois, cela a été refusé. Le lendemain matin, à dix heures, l'affaire devait être jugée sans faute.

Du ministère des Postes , j'ai reçu une rumeur détournée selon laquelle ma condamnation avait déjà été décidée. Quand j'ai raconté cela à M. Pollock, il a dit : « Je ne peux rien faire. Vous feriez mieux de plaider coupable et de nous laisser vous sortir aussi vite que possible. Nous pourrions même parvenir à conclure un accord avec le procureur afin que vous n'ayez qu'à payer une amende.

J'ai refusé avec indignation de plaider coupable, quelles que soient les circonstances. Quel était l'intérêt de procéder à mon inculpation afin de tester la loi, puis d'admettre que j'avais mal agi ? J'essayais de prouver que la loi était fausse, pas moi. Ne donnant à M. Pollock aucune indication sur la manière d'agir, j'ai simplement dit que je l'appellerais.

Il était maintenant quatre heures et je cherchais refuge chez moi pour réfléchir à mes troubles mentaux et à ma détresse. Mais la maison était remplie de trop d'associations et d'émotions qui me tiraient dans un sens ou dans l'autre. Quand mes pensées ne parvenaient pas à être claires et claires , j'ai fait ma valise, je suis retourné en ville et j'ai pris une chambre dans un hôtel, l'endroit le plus impersonnel au monde.

Il n'y avait aucun doute dans mon esprit que si je me retrouvais face à un tribunal hostile le lendemain matin, sans y être préparé, je serais reconnu coupable d'avoir publié un article obscène. Un tel verdict serait une injustice. Si je devais convaincre un tribunal du bien-fondé de ma cause, il me faudrait que mes faits soient bien rassemblés, et cela ne pourrait pas se faire en dix-huit heures.

Ensuite, il y a eu la question du bien-être des enfants. Avais-je le droit de leur laisser l'héritage d'une mère emprisonnée pour une littérature offensante dont personne ne connaissait les détails ?

Que devais-je faire ? Dois-je prendre un autre avocat, un avocat ayant une influence personnelle, qui pourrait obtenir un report, et devrions-nous ensuite aller au tribunal ensemble et nous battre ? Je n'avais pas d'argent pour un tel luxe. Dois-je suivre l'inévitable suggestion du « Je vous l'avais bien dit » et prendre mes médicaments ? Oui, mais quel médicament ? Je n'avalerais pas une dose pour la mauvaise maladie.

Je n'avais pas peur du pénitencier ; Je n'avais peur de rien, sauf d'être incompris. Néanmoins, dans ces circonstances, mon déplacement sur place ne pouvait aider personne. J'avais vu tellement de gens faire vaillamment des choses stupides, comme agiter un drapeau rouge, crier des propos incendiaires, diriger un défilé, juste pour l'excitation de faire ce que la foule attendait d'eux. Ensuite, ils sont allés en prison pendant six mois, un an peut-être, et que s'est-il passé ? Quelque chose avait été tué en eux ; on n'en a plus jamais entendu parler. J'avais vu des âmes plus courageuses et plus résistantes que celles que j'avais vaincues dans l'esprit et le corps par des peines de prison, et je n'allais pas être perdue et brisée pour un problème qui n'était pas le vrai, comme les articles totalement sans importance de *Woman Rebel* . Si j'avais pu publier *Family Limitation* plus tôt et orienter l'acte d'accusation autour de cela, aller en prison aurait pu avoir une certaine signification.

Partir était bien plus difficile que rester. Mais si je devais naviguer vers l'Europe , je pourrais préparer mon dossier de manière adéquate et revenir ensuite pour gagner ou perdre devant les tribunaux. Il y avait un train pour le Canada en quelques heures. Puis-je le prendre ? Dois-je le prendre ? Pourrais-je un jour faire comprendre à ceux qui m'avaient déconseillé ce travail et ces activités ? Pourrais-je un jour faire comprendre à quelqu'un ? Comment pourrais-je me séparer des enfants sans les revoir ? La jambe de Peggy était enflée à cause de la vaccination. Cela ne cessait de m'inquiéter, me faisait hésiter, m'angoisser. C'était si difficile de décider quoi faire.

Parfaitement immobile, ma montre sur la table, je voyais défiler les minutes. Il ne pourrait y avoir de retraite une fois monté à bord de ce train. La torture de l'incertitude, l'agonie de prendre une décision pour ensuite la revenir ! L'heure avançait de plus en plus tard. C'était comme la naissance et la mort : il fallait les affronter seul.

Environ trente minutes avant l'heure du train , je savais que je devais y aller. J'ai écrit deux lettres, une au juge Hazel, une à M. Content, qui devaient être reçues au bureau le lendemain, les informant de mon action. J'avais demandé un mois et cela avait été refusé. Ce déni de droit et de liberté m'a obligé à quitter ma maison et mes trois enfants jusqu'à ce que je prépare mon dossier, qui concernait la société plutôt qu'un individu. Je les préviendrais à mon retour. Que ce soit dans un mois ou dans un an dépendait de ce que je jugeais nécessaire de faire. Enfin, comme pour dire : « Profitez-en au maximum », j'ai joint à chacun un exemplaire de *Family Limitation* .

Me séparant de tout ce qui me tenait à cœur dans la vie, j'ai quitté New York à minuit, sans passeport, ne sachant pas si je pourrais un jour y revenir.

Chapitre dix

NOUS PARLONS LA MÊME BONNE LANGUE

A Montréal, j'ai trouvé réconfort et refuge. En fait, sur n'importe quel chemin que j'emmenais, des hommes et des femmes qui connaissaient la *Femme Rebelle* sont venus à mon aide. Je n'oublierai jamais la générosité des Baines qui m'ont accueilli au train et m'ont accueilli chez eux. Ils avaient été amis de Walt Whitman et honoraient toujours « sa » mémoire. Je me suis assis à la table où « il » était assis et sur « sa » chaise. Parmi leurs nombreuses gentillesses, ils m'ont présenté Edward Carpenter, également mentionné sur un ton émerveillé, chef du groupe Whitman en Angleterre et auteur de *Love's Coming of Age* , qui figurait alors sur toutes les étagères modernes.

Puisque j'ai été accusé de crime, je pourrais être extradé. J'étais donc obligé, en achetant mon passage, de choisir un nouveau nom. A peine avais-je choisi l'atrocement laide « Bertha Watson », qui semblait me priver de féminité, que j'ai voulu m'en débarrasser. Mais une fois l'ayant adopté je ne pouvais plus y échapper.

Je suis monté à bord du *RMS Virginian* , chargé de munitions, de nourriture, d'Anglais rentrant chez eux pour le devoir de guerre et de Canadiens en route. Même avant que l'impression de *Family Limitation* ne commence en août, j'avais prévu un message clé qui publierait tous les pamphlets simultanément chaque fois qu'il serait reçu par l'un des quatre lieutenants de confiance. Au cas où l'un serait arrêté, un autre malade ou un troisième décèderait, tout se passerait néanmoins comme prévu. Trois jours après mon départ de Montréal, j'ai envoyé un câble et j'ai reçu peu de temps après une réponse indiquant que le programme était exécuté comme prévu. Mon âme était malade et mon cœur vide pour ceux que j'aimais ; la seule lueur dans cette terrible nuit de désespoir était le faible espoir que mes efforts pourraient peut-être faciliter l'avenir de Peggy.

Le responsable du gouvernement examinant les diplômes à Liverpool a déclaré sévèrement : « L'Angleterre est en guerre, Madame. Vous ne pouvez pas vous attendre à ce que nous vous laissions passer. Nous renvoyons chaque jour des personnes sans passeport et je ne peux pas faire d'exception dans votre cas.»

Mais j'ai eu de la chance en tant qu'allié ; elle vient si souvent pour aider en cas d'urgence. Une connaissance à bord du navire téléphona et tira des câbles, une procédure moins courante en Angleterre qu'aux États-Unis. Sur sa garantie que j'obtiendrais un passeport de l'ambassade américaine dès mon arrivée à Londres, j'ai été autorisé à entrer.

J'ai parcouru des rues sales dans un taxi jusqu'au palais Adelphi. Il a plu toute la journée, le vent soufflait, ses hurlements passaient par les fenêtres et descendaient par la cheminée. Le mal du pays m'envahit encore plus que jamais auparavant ou depuis. Je savais qu'il ne suffirait pas de « s'installer et de réfléchir », comme disent les Quakers, alors j'ai erré dans le quartier des affaires, essayant de m'adapter aux prix affichés dans les vitrines des magasins afin d'avoir une idée de ce qu'ils se trouvaient. dollars et centimes. J'ai vu l'architecture de l'église et la cathédrale, qui ne devrait pas être achevée avant cinquante ans. Cela n'avait pas l'air si splendide, mais comme tout était fermé , je ne pouvais vraiment pas le dire.

Liverpool était une ville pittoresque. J'ai aimé ses maisons en briques patinées, ainsi que le sentiment d'uniformité et de sédentarité, comme si les gens qui y habitaient avaient prévu de rester là où ils étaient pour le temps éternel. Les femmes pauvres portaient indifféremment dans les rues des robes faites à l'origine pour l'agitation, des chapeaux à plumes, des caricatures qui auraient dû être rangées dans les greniers quarante ans auparavant.

Bertha Watson avait une lettre à la Fabian Society locale et, à six heures, je suis allée au Clarion Café, où elle se réunissait chaque vendredi. J'ai présenté sa lettre, j'ai été chaleureusement accueilli et invité à la discussion. J'ai trouvé les Anglais à cette époque et plus tard polis dans leurs paroles et leurs actions, tolérants dans leur écoute. Un des membres m'a aidé à localiser des chambres temporaires pendant que j'attendais l'arrivée des lettres et des messages des États-Unis. Ces logements étaient chez des gens gentils de la classe moyenne à qui je payais trente shillings par semaine, petit-déjeuner et dîner compris.

Je serai toujours heureux d'avoir assisté à cette réunion, car j'y ai rencontré Lorenzo Portet , autrefois compagnon de Francisco Ferrer et aujourd'hui héritier de son œuvre éducative, que tous deux croyaient être la clé de l'émancipation espagnole.

Après la tentative d'assassinat d'Alphonse XIII et de Victoria d'Angleterre, le gouvernement avait arrêté deux mille cinq cents Espagnols ayant des idées républicaines, parmi lesquels Ferrer. Son école avait été fermée et il avait été emprisonné. Lorsqu'il fut finalement libéré, il était toujours déterminé à éduquer pour la paix universelle par le biais de la justice économique. Ainsi, comme le disait Portet , il avait rouvert une école pour toute l'Espagne en publiant à Barcelone des textes ouvriers. Encore une fois, cela ne lui avait valu aucune récompense de la part d'un gouvernement reconnaissant. En 1909, il avait été arrêté lors d'une purge contre les républicains, s'était dressé contre un mur, avait été abattu et son corps avait été jeté dans un fossé.

Ferrer avait laissé son argent à Portet , qui remplissait désormais sa confiance en alimentant le pays en traductions scientifiques modernes provenant d'Italie, de France et d'Angleterre. C'était un homme de taille et de poids moyens dont le regard alerte vous décrivait avec une précision parfois inquiétante. Après notre première rencontre, il m'a fait appel avec minutie et formalité et a produit un article d'un magazine new-yorkais qui relatait l'histoire de l'inculpation de Margaret Sanger. "C'est toi?" il a interrogé avec le saut de tout fait qui s'appelle l'intuition.

Portet , professeur né, enseignait alors l'espagnol aux jeunes de l'Université de Liverpool. Aucun être humain que j'ai jamais connu ne pouvait expliquer avec autant de peine les détails d'un sujet. Il a placé devant vous votre propre opposition, l'a rassemblée dans toutes ses forces, puis a anéanti chaque point, un à un. Son cynisme humoristique était des plus déroutants pour ceux qui n'étaient que des convertis émotionnels vers des mondes meilleurs. "Civilisation?" il pourrait dire : « C'est surtout une question de bonnes routes. »

Parfois, au milieu de ces longues et mornes semaines de novembre, je m'enfuyais au Pays de Galles, où il y avait des ruelles sans fin, sinueuses et dures, avec très peu de charrettes et toutes très calmes. Même ici se trouvaient les bibliothèques Carnegie, l'une d'elles étant transformée en restaurant. Je suis entré dans les maisons des ouvriers de la fonderie de Green Brombo , Wexham, toutes de jolies petites maisons en pierre de deux ou trois pièces, serrées les unes contre les autres, charmantes avec leurs allées, leurs murs et leurs jardins fleuris. Les gens étaient lents, réfléchis et simples.

Liverpool n'était qu'un carrefour ; Londres était mon terminus. Là, j'ai pu étudier au British Museum et rencontrer les néo-malthusiens. Vers la fin du mois , je suis arrivé à Londres à travers des kilomètres de banlieues aux cheminées ; il pleuvait toujours et il y avait du brouillard, mais il régnait toujours une atmosphère amicale dans l'air. J'avais l'impression d'arriver dans une résidence secondaire.

Mes premiers logements étaient au dernier étage d'un « bed and breakfast » sur Torrington Square, juste derrière le British Museum. J'ai regardé de petites rangées d'arbres, des clôtures en fer, des marches qui montaient vers toutes les maisons. Il n'y avait qu'une seule salle de bain et son utilisation coûtait un supplément. Chaque matin, vers sept heures, on frappait à la porte et, lorsque j'ouvrais la porte , je découvrais dehors une petite cruche d'eau chaude. Je devais briser la glace de mon grand pichet, mélanger les deux et verser le tout dans ma cuve en fer blanc dont le fond se dressait derrière moi comme un trône. Après cet hiver, j'ai réalisé à quel point les Britanniques avaient acquis leur courage moral bien connu.

Je n'avais pas de cheminée, mais deux étages plus bas se trouvait une pièce vide avec une grille. Parfois, je m'offrais le luxe de le louer pour la soirée et d'acheter du bois pour me réchauffer pendant que je travaillais. J'ai compensé cela en ne demandant pas à la femme de ménage salope de Cockney de m'apporter le thé et j'allais également chaque matin dans la salle à manger du sous-sol pour mon petit-déjeuner, économisant ainsi un shilling par semaine. Peu de temps après, j'ai été frappé par les premiers troubles digestifs que j'ai jamais eu et j'ai été obligé de faire appel à un médecin américain. Il m'a regardé avec désinvolture puis, sans autre examen, m'a demandé : « Avez-vous bu du café anglais ?

"Pourquoi oui."

«Eh bien, abandonne. Les Anglais ne savent pas faire de café ; ils savent seulement faire du thé. Prenez du thé anglais.

J'ai suivi ses conseils et à partir de ce moment-là, au lieu d'emporter avec moi mes propres habitudes alimentaires, j'ai essayé de m'adapter à la nourriture du pays où je me trouvais. De cette façon, je m'entends beaucoup mieux.

Le dimanche, j'assistais à des concerts ou visitais des galeries d'art, mais comme c'était la guerre, peu de photos étaient malheureusement montrées. Cependant, chaque jour de la semaine, je me trouvais au British Museum, entrant dès l'ouverture des portes le matin. Pour obtenir l'autorisation de travailler, il fallait avoir une carte, mais une fois obtenue, vous pouviez occuper un siège spécial et des livres vous étaient réservés. Mon objectif était de présenter mon cas sous tous les angles, de rendre le procès historique afin que le contrôle des naissances soit sérieusement discuté en Amérique. C'est pourquoi j'ai lu avec avidité et volume de nombreux volumes importants, et j'ai feuilleté soigneusement les pages jaunies et cassantes des brochures et des grand format, trouvant beaucoup de choses ennuyeuses, beaucoup de choses hors de propos, mais aussi beaucoup de choses amusantes, ne serait-ce que pour la manière lourde de leur contenu. expression. En fin de compte, j'avais une image de ce qui s'était passé auparavant.

Le père de la limitation familiale était Thomas Robert Malthus, né en 1766 à Rookery, près de Dorking, Surrey. En 1798, ce vicaire d'Albury publia son *Principe de population* et exposait dans le premier chapitre ses célèbres postulats : « premièrement, la nourriture est nécessaire à l'existence de l'homme ; deuxièmement, que la passion entre les sexes est nécessaire et restera à peu près dans son état actuel... » Par conséquent , la fertilité effrénée de la race humaine était certaine de dépasser les fruits disponibles de la terre, et, bien que les freins naturels de la guerre, la maladie et les privations contrôlaient la population depuis des siècles, elles avaient entraîné à leur suite la misère, le désastre et la mort. Sa solution était un contrôle volontaire et intelligent du taux de natalité au moyen de mariages tardifs, qui laissaient peu d'années pour avoir des enfants. Cependant, la nature humaine est telle que Malthus pourrait prêcher éternellement sans que personne ne tienne compte de ses conseils. Ce n'est que lors de la profonde dépression économique qui a suivi les guerres napoléoniennes que les gens se sont inquiétés du surplus de population.

Pour John Stuart Mill, la production des familles nombreuses devait être considérée au même titre que l'ivresse ou tout autre excès physique. Dans la toute première édition de son *Économie politique* , il parlait de « prudence, soit que les mariages soient contractés avec parcimonie, soit que l'on veille à ce qu'au-delà d'un certain nombre d'enfants n'en résultent pas », et concluait que « le grand problème pratique est de trouver les moyens de limiter le nombre des naissances. Mais il a laissé cela simplement comme un grand problème pratique.

Francis Place, le maître tailleur de Charing Cross, est né dans une prison privée pour dettes tenue par son père à Vinegar Yard. Il fut le premier à suggérer l'idée de la contraception comme remède à la pauvreté, mais il se montra plus pratique dans sa prédication que dans sa performance, engendrant quinze enfants. En 1822 il publie *Illustrations et preuves du principe de population* :

Si, surtout, il était une fois clairement compris qu'il n'était pas déshonorant pour les personnes mariées de recourir à des mesures de précaution qui, sans nuire à la santé ni détruire la délicatesse féminine, empêcheraient la conception, un contrôle suffisant pourrait immédiatement être consacré à l'augmentation de la population au-delà des moyens de subsistance ; le vice et la misère pourraient, dans une mesure prodigieuse, être éloignés de la société, et l'objet de M. Malthus, de M. Godwin et de toute personne philanthropique pourrait être promu.

Place s'était renseigné sur Adam Smith, Locke, Hume, Thomas Paine et Burke. De nombreux penseurs et hommes de lettres remarquables ont visité sa remarquable bibliothèque. Parmi eux se trouvait Robert Owen, l'industriel textile, qui, dans son *Moral Physiology* , proposait ouvertement une méthode de contraception :

Je m'assieds pour écrire un petit traité qui me soumettra aux abus des bien-pensants, aux fausses déclarations de la part des hypocrites et aux reproches même de la part des honnêtes prévenus.

Il s'adressait à des jeunes hommes et femmes qui croyaient encore à la vertu et au bonheur. « L'être humain est une marionnette, un esclave, si son ignorance doit être la sauvegarde de sa vertu. » En réponse à l'accusation selon laquelle le coït interrompu n'était pas naturel, il souligna que l'on pourrait appeler ainsi le fait de contrecarrer tout désir ou impulsion humaine. « Si cette restriction insignifiante doit être qualifiée de contre nature, que dire du célibat ?

Owen, dans sa jeunesse, avait été impressionné par les souffrances de la classe ouvrière et, dans un premier effort pour alléger le fardeau de ses employés, avait institué de nombreuses réformes à l'usine de New Lanark, gagnant ainsi une prospérité matérielle ; il connut moins de succès lorsqu'il émigre aux États-Unis et établit à New Harmony, dans l'Indiana, une colonie communautaire de courte durée. Cependant, sa venue en Amérique eut au moins un résultat important. Son livre a influencé le docteur Charles Knowlton de Boston à écrire un traité intitulé *Fruits of Philosophy* dans lequel il recommandait une formule chimique et d'autres méthodes pour empêcher la conception. Je n'en avais pas trouvé trace dans mes recherches précédentes, même à Boston où elle avait été publiée.

La réaffirmation par Knowlton de l'opportunité, tant d'un point de vue politique que social, pour l'humanité de pouvoir limiter à volonté le nombre de ses descendants sans sacrifier la gratification de l'instinct reproducteur qui en découle, aurait été peu remarquée sans les répercussions en L'Angleterre quarante ans plus tard.

Au début de l'industrialisation victorienne , les enfants d'un homme étaient le soutien de famille et les limites familiales avaient naturellement disparu. Mais lorsque la législation humanitaire a commencé à sauver les enfants des usines, le spectre de la population s'est à nouveau manifesté.

En 1861 fut créée la Ligue Malthusienne, destinée à influencer l'opinion publique et à surmonter l'idée fausse dominante du malthusianisme, et en 1876, un libraire de Bristol publia une édition anglaise de *Fruits of Philosophy* . Il a été immédiatement arrêté sous l'accusation de publication d'un livre obscène et sa peine a été suspendue après avoir plaidé coupable.

Le brillant rationaliste et libre penseur Charles Bradlaugh , personnalité redoutable, et Annie Besant, plus tard théosophe renommée mais alors jeune rebelle, créèrent un partenariat d'impression et vendirent la brochure. Sans l'approuver dans tous ses détails, ils décidèrent de contester le droit de le publier et de prouver que la prévention de la conception n'était pas obscène.

Leur procès devant le Lord Chief Justice Cockburn et un jury spécial a suscité un intérêt extraordinaire. Le solliciteur général lui-même a comparu comme avocat principal de la poursuite. Prenant dans ses mains un exemplaire des *Fruits de la Philosophie,* il l'ouvrit solennellement et dit : « Cela me fait vraiment extrêmement mal », puis, hésitant, « très pénible pour moi de devoir lire ceci ». Mais il l'a fait.

Bradlaugh et Besant ont mené leur propre défense. Ce dernier, avec une éloquence et une assurance étonnante, retint pendant deux jours l'attention admirative de la cour. Néanmoins, tous deux furent reconnus coupables de diffamation envers les mœurs publiques, condamnés à six mois de prison et à mille dollars d'amende, et tenus de fournir des garanties de deux mille cinq cents dollars pour bonne conduite au cours des deux années suivantes. L'affaire a immédiatement fait l'objet d'un appel. Heureusement, le tribunal supérieur l'a rejeté pour un détail technique, car aucune preuve spécifique d'obscénité n'était incluse ; si les propos étaient polluants, ils devaient figurer dans le procès-verbal.

Cette décision établit définitivement en Angleterre que la contraception ne devait pas être classée parmi les obscénités. En conséquence, une nouvelle vie fut insufflée à la Ligue Malthusienne et son nom fut changé en Société Néo-Malthusienne. Dans le premier numéro de son journal mensuel , il a formulé une modeste affirmation : « Nous avons le SEUL REMÈDE par lequel la maladie de la société peut être guérie. » Au lieu des conseils peu pratiques de Malthus de se marier tard, les néo-malthusiens conseillaient le mariage précoce, l'utilisation de méthodes contraceptives et la naissance d'enfants en fonction de la capacité de gain du père ; la situation d'un homme dans la vie devrait déterminer le nombre de ses enfants. En outre, ils entendaient une à une « crever les bulles fragiles de l'émigration, de la diminution de la production et de la colonisation intérieure, qui sont de temps à autre mises en avant ». L'accent est toujours mis sur les aspects sociaux et économiques plutôt que sur les tragédies personnelles des femmes.

C'était en 1876 ; maintenant, en 1914, les Drysdale , le Dr CV et son épouse, Bessie, étaient les esprits directeurs de la Société. Ils avaient derrière eux un long héritage de malthusianisme ; l'oncle du premier, le Dr George Drysdale, fraîchement arrivé d'Édimbourg en 1854, avait publié anonymement ses *Elements of Social Science* , qui étaient parus en quinze langues. Il avait même lui-même étudié le chinois pour assurer une traduction raisonnablement précise dans cette langue. Aux jours les plus sombres du victorianisme, ce jeune médecin avait inclus la Femme Nouvelle dans son interprétation de Malthus. Lui et son frère Charles, également médecin, étaient amoureux d'Alice Vickery, qui avait choisi cette dernière et lui avait donné un fils, le présent CV

Alice Vickery était aussi géniale à son époque que Mary Wollstonecraft à son époque. Après un combat acharné, qui comprenait l'obtention de son diplôme à Dublin et sa formation à Paris, elle avait prouvé qu'elle avait le droit d'accéder à la profession médicale et était devenue la première femme médecin d'Angleterre.

Mon plus grand désir était d'entrer en contact avec les Drysdales . Ils m'ont invité à prendre le thé dans leurs bureaux – des bureaux au sens anglais du terme, pas le nôtre. Sous la pluie inévitable, je me suis dirigé vers les appartements de la reine Anne et j'ai été étonné de ne trouver rien sur la porte, à l'exception du nom du Dr CV Drysdale. Le terme malthusien n'était pas considéré comme approprié selon les idées de convenance du propriétaire. En fait, dans toute l'Angleterre, le mot suscite l'antagonisme. Les gens traversaient la rue pour l'éviter.

J'entrai dans un salon, gai avec des chaises recouvertes de chintz et un canapé, des oreillers à l'arrière, tout à fait adaptés à l'époque de la reine Anne. Un feu brûlait joyeusement, mais même cela n'était pas aussi bienvenu que les bras ouverts et l'enthousiasme avec lesquels j'ai été accueilli, non seulement par les Drysdale mais aussi par le Dr Binnie Dunlop, brun, écossais, mince et pimpant, intellectuellement enthousiaste bien que pas émotionnellement; par Olive Johnston, la fidèle secrétaire qui a travaillé de nombreuses années avec les Drysdale ; et par FW Stella Browne, une ardente féministe dont le visage légèrement fleuri, les cheveux jamais tout à fait blancs et la vivacité infatigable sont les mêmes un quart de siècle plus tard. Beaucoup de femmes militantes sont comme ça ; quelque chose dans leur esprit les maintient toujours jeunes.

Le Dr Drysdale était alors au début de la quarantaine, mince, blond, enclin à être chauve. Dans son exubérance, il n'était pas du tout britannique, mais sa personnalité agréable, chaleureuse et courtoise était britannique à son meilleur. Bessie Drysdale, à peu près de l'âge de son mari, était le membre pratique, dispensant une charmante hospitalité. Les autres étaient comme une armée à ma rencontre, mais elle fermait la marche avec du thé, des gâteaux et des choses réconfortantes.

Il me semblait que je les avais déjà vus et connus auparavant. J'ai immédiatement été sûr d'être au bon endroit. Aux États-Unis, j'avais été seul, m'opposant à tous ceux dont les principes généraux étaient les mêmes que les miens mais qui désapprouvaient mes actions. Mais ces nouveaux amis étaient d'accord avec moi. Au lieu de m'accabler de critiques et de craintes, ils m'ont offert toute la force d'une organisation internationale ainsi que leur esprit encyclopédique pour me soutenir.

La politique des néo-malthusiens avait été d'éduquer les éducateurs. Ils pensaient qu'une fois que la pratique de la limitation familiale aurait été établie parmi les classes aisées et socialement en vue, elle serait reprise par les couches inférieures. Ils ne se découragèrent pas, même si, après presque quarante ans, le succès semblait toujours aussi lointain ; Non seulement les classes ouvrières ne manifestaient aucun désir des avantages de la limitation familiale, mais elles ignoraient même l'existence d'une telle chose.

Tout le monde dans la salle a apprécié ma rébellion et m'a félicité pour l'invention d'un nom aussi simple et facile à comprendre que le contrôle des naissances. Quand je leur ai expliqué comment j'avais géré la distribution des brochures sur les *limitations familiales* , le Dr Drysdale s'est levé impétueusement et a dit : « Oh, si Dieu avait une loi Comstock ! Rien ne peut plus ébranler le peuple britannique qu'une mauvaise loi. Alors ils feront quelque chose pour changer cela !

Cet après-midi fut l'un des plus encourageants et des plus agréables de ma vie. La chaleur de mon accueil m'a renforcé pour affronter l'avenir. Cela a atténué mon terrible mal du pays et freiné l'envie toujours croissante de fuir Londres, malade de la guerre, et de retourner rapidement vers les enfants. Pendant mon séjour, j'ai vu une grande partie des Drysdale et de leur groupe, et entre nous tous s'est développé une étroite parenté qui a duré à travers les années tumultueuses.

J'aime penser à Londres en ce moment, principalement à cause de tous mes nouveaux amis et des rires qu'ils m'ont apportés. Dernièrement, il n'y en avait eu que peu dans ma vie, mais avec tous les amis que j'avais en Angleterre – plus qu'avec toute autre personne que j'ai jamais connue – j'ai ri, et ce rire a tissé et soudé les liens de camaraderie.

Un jour, au British Museum, j'étais devant les catalogues, qui se présentaient sous forme de livres, attendant qu'un homme près de moi termine le volume que je voulais consulter. Je l'ai regardé négligemment, puis plus attentivement, pensant avoir identifié le profil à partir des photos que j'avais vues. Lorsqu'il eut posé le livre , je m'aventurai timidement : « N'êtes-vous pas Edward Carpenter ?

Presque sans me regarder, il a répondu : « Oui, et n'est-ce pas Margaret Sanger ?

Ce fut un choc pour Bertha Watson d'entendre ce nom répété à haute voix dans un lieu public. Cependant, la reconnaissance de M. Carpenter était facilement explicable. Il était plus ou moins prêt à me voir parce qu'il avait déjà reçu ma lettre et qu'on lui avait dit ce matin-là, dans ma pension, que je ne reviendrais du British Museum que le soir. Comme nous ne pouvions pas parler dans cette salle de silence, nous nous sommes rendus dans la salle égyptienne, puis pour déjeuner. Il était humain, plein d'esprit, amusant et humoristique – une personne vivante qui respirait le magnétisme.

Edward Carpenter m'a rassuré sur le fait que ce que je faisais ne concernait pas seulement le présent mais appartenait encore plus au futur. De ce bel esprit, j'ai tiré la confirmation de la pureté de mon effort, quelque chose qu'il est essentiel que je rapporte en Amérique si d'autres là-bas devaient éprouver le même sentiment de justification. Outre-Atlantique, nous étions encore incertains de notre éthique, et même de notre morale. Nous avions besoin de l'approbation de l'opinion publique britannique et de l'approbation de ses grands philosophes, pour pouvoir être forts dans nos convictions.

Au cours des premières semaines en Angleterre, je n'ai pas ressenti de véhémence à l'égard de la guerre, d'autant plus que des pancartes étaient affichées partout : « Business as habituelle ». Je pensais que ce serait une petite agitation, bientôt terminée. Bien entendu, les discours sur la guerre étaient universels. Le système d'espionnage allemand a fait l'objet de nombreuses discussions. Je me demandais si ce n'était pas la caractéristique générale de l'Allemand de toujours observer et d'être précis dans les détails qui rendait ses informations précieuses. Il a fait la même chose aux États-Unis, où personne n'a pensé à le traiter d'espion. Partout, les femmes tricotaient des chaussettes et des mitaines, mais j'étais plus impressionné par le fait qu'elles fumaient dans les halls des hôtels – un nouveau signe d'émancipation pour moi – et roulaient même leurs propres cigarettes. Si une femme venait prendre le thé, sans dire un mot, un chasseur lui produisait sa propre boîte de tabac. Lorsqu'elle est partie, il a été remis à sa place.

Cependant, au fil des mois, être Américain devint presque aussi malchanceux qu'être Allemand. Quiconque souhaite rester en sécurité en Angleterre doit se mettre d'accord avec l'Angleterre et renoncer à tout vestige d'indépendance de pensée ou de liberté d'expression. Partout où j'allais, j'entendais parler de « l'Amérique traîtresse ». À la table d'un wagon-restaurant, un Anglais aux cheveux gris, ignorant ma nationalité, a affirmé : « Les Américains sont prêts à tout pour de l'argent. »

«Oui», acquiesça son compagnon. « Ils ne se soucient pas de savoir qui tue leurs balles. Ils sont payés pour cela. C'était un jeune Néerlandais, apparemment tout juste revenu des Indes orientales, et la conversation entre les deux se développa vivement. Les Américains étaient une « race mixte sans âme ; ils n'avaient aucune des qualités qui font la grandeur d'une nation : pas de traditions, pas d'histoire, pas d'art, pas de musique, absolument rien d'autre que leur argent ; ils devaient venir en Europe pour tout : en Angleterre pour les lois, les coutumes et la morale, en France pour les modes et les arts ; c'étaient des sangsues humaines attachées à l'Europe, sans motivation, sans originalité ou capacité créatrice ; ils-"

Je l'ai interrompu : « Que voulez-vous que l'Amérique fasse ? Pourquoi devrait-elle se lancer dans cela ? Doit-elle fidélité à l'Angleterre, à la France ou à la Russie ?

« Oh non, mais pour la Belgique. L'Amérique a signé le Traité de La Haye avec nous tous, et elle ne l'a pas respecté. »

À cela, j'ai avancé l'argument suivant : « Nous, les Américains, ne sommes pas comme les Européens. Nous sommes un mélange hétérogène de toutes les forces combattantes et de toutes les nations du monde. Nous incluons les Irlandais qui détestent l'Angleterre et les Juifs dont on peut difficilement dire qu'ils aiment la Russie. Une grande partie de notre population – travailleuse, civilisée, fiable et prospère – est constituée d'Allemands, avec lesquels nos Scandinaves sympathisent. Alors, avec qui pouvons-nous nous allier contre l'Allemagne ? Et pourquoi ? – une toute petite mention lointaine de gratitude envers la France pour son aide dans notre révolution contre la domination britannique – et la Statue de la Liberté.

Dans l'ensemble, j'étais plus proche du nationalisme lorsque j'ai quitté l'Angleterre que lorsque j'y suis allé. J'ai dû mener un tel combat pour expliquer les États-Unis que, presque involontairement, je me suis senti de moins en moins internationaliste. C'était un sentiment étrange, comme si quelqu'un que vous connaissiez et aimiez était critiqué, et vous preniez les bâtons pour vous défendre.

Chapitre onze

HAVELOCK ELLIS

« Celui qui monte au sommet des montagnes trouvera

Leurs sommets les plus élevés sont enveloppés de nuages et de neige ;

Autour de lui se trouvent des rochers glacés et soufflent fort

Combattre les tempêtes sur sa tête nue. »

LORD BYRON

À l'approche de Noël, ma solitude envers les enfants s'est accrue. C'était leur moment particulier. J'avais des messages de leur part et à leur sujet, mais ceux-ci ne pouvaient pas donner de petits détails intimes ; l'Atlantique s'étendait sur une vaste étendue, paraissant plus vaste aux écrivains épistolaires. Leurs voix, leurs caresses, même leurs petites disputes me manquaient. Je me demandais presque si l'isolement cellulaire en prison n'était pas préférable à mon isolement actuel.

Au milieu de ce profond désir d'être avec eux et de partager leur arbre, j'ai reçu une note cordiale de Havelock Ellis me demandant de venir prendre le thé. Avec une aimable prévoyance, il m'avait donné des instructions explicites sur la manière d'atteindre les quatorze demeures de Dover à Brixton, de l'autre côté de la Tamise. Je suis monté à bord d'un bus bondé à Oxford Circus. Même si c'était une journée misérable vers la fin sombre de 1914, l'esprit de Noël était dans l'air et tout le monde était chargé de ballots enrubannés et de paquets lumineux.

Regardant de travers le commissariat qui occupait l'étage inférieur, je montai les escaliers et, avec la timidité d'un adolescent plein de peurs et d'incertitudes, soulevai l'énorme heurtoir de cuivre. La silhouette d'Ellis lui-même est apparue dans la porte. Il ressemblait à un géant de stature, un homme charmant et simple, vêtu de vêtements amples, avec une tête puissante et un merveilleux sourire. Il avait alors cinquante-cinq ans, mais cette tête ne changera jamais – la touffe de cheveux blancs, la barbe vénérable, hirsute mais bien entretenue, la bouche large et expressive et les yeux enfoncés, tristes même malgré le scintillement humoristique toujours latent.

J'ai immédiatement eu conscience d'être en présence d'un grand homme, mais j'ai d'abord été surpris par sa voix lorsqu'il m'a accueilli. Elle était typiquement anglaise, grande et mince. Un jour, j'ai parlé à un prisonnier de Sing Sing qui était dans la maison de la mort depuis trois ans et qui ne pouvait plus parler qu'à voix basse par la suite. Ellis était un ermite depuis vingt-cinq ans. Il avait vécu dans la brousse en Australie, puis s'était retiré dans son bureau. Néanmoins, l'importance de ce qu'il avait à dire compensait largement l'instrument qui le transmettait.

Il m'a conduit au salon à travers lequel pénétrait à peine le crépuscule morne d'un après-midi d'hiver à Londres, et m'a assis devant un petit feu de gaz. Certaines pièces vous impressionnent par leur froid épouvantable, même lorsqu'elles sont chaudes. Celui-ci, bien que dépourvu de chauffage central, avait la chaleur de nombreux livres. Il alluma deux bougies sur la cheminée, qui vacillèrent doucement sur ses traits, lui donnant l'air d'un voyant.

Nous nous sommes assis et le silence est tombé. J'ai essayé quelques remarques sans but mais j'ai bégayé d'embarras. Ellis était immobile. Les bavardages n'étaient pas possibles avec lui ; vous ne deviez exprimer que les vérités les plus profondes en vous. Aucun autre être humain ne pourrait être aussi silencieux et rester aussi posé et calme dans le silence.

Pendant qu'Ellis préparait le thé dans la cuisine, il m'a laissé parcourir sa bibliothèque et les dernières nouvelles d'Amérique. Il avait disposé et marqué certains éléments pertinents qui, selon lui, n'auraient peut-être pas été portés à mon attention. C'était, j'ai découvert plus tard, l'une de ses caractéristiques les plus attachantes. Il entrait toujours dans la vie de l'autre par petits détails, sans jamais oublier même le type de pain ou d'olives, de fruits ou de vins que vous préfériez. Son détachement n'était pas incompatible avec la sympathie.

Bientôt apparut un grand plateau chargé de thé, de gâteaux, de pain et de beurre, et nous nous assîmes devant la flamme bourdonnante et parlâmes et parlâmes ; et pendant que nous parlions, nous avons tissé dans nos vies un réseau intangible d'intérêts mutuels. J'ai alors commencé à réaliser que les hommes qui sont vraiment grands sont les plus faciles à rencontrer et à comprendre. Après ces premiers instants, j'étais en paix et content comme je ne l'avais jamais été auparavant. Ignorant totalement le respect qu'il suscitait, Ellis ne se collait aucune étiquette, ne prenait aucune pose, ne faisait aucun effort pour impressionner. Il était simplement, sans en avoir conscience, ce qu'il était.

Lorsqu'il m'a demandé de décrire en détail comment j'avais affronté la loi, j'ai parlé avec enthousiasme de l'approbation encourageante que les Drysdale venaient de me donner. Il n'a pas montré le même enthousiasme ; en fait , il était plutôt inquiet, et peu disposé à louer mon manque de respect pour l'ordre établi, croyant tellement en mon cas qu'il voulait que j'évite les erreurs. Je pense que son influence a toujours été plus ou moins dominatrice et modératrice ; il a essayé de me faire prendre, moi aussi, la voie du milieu. Même s'il faisait parfois allusion à certaines des phases les plus amusantes du procès de son propre travail, il l'avait relégué au fond de son esprit.

Cette étude monumentale destinée aux médecins et aux psychologues avait été projetée alors qu'Ellis était étudiant en médecine à dix-neuf ans. Mais sa courte pratique de la médecine, sa rédaction de la *série Mermaid of Old British Dramatists* et la préparation de plusieurs traités sociologiques étaient intervenus avant, en 1898, la parution de *Sexual Inversion , le premier volume.* George Bedborough , imprimeur, avait été arrêté pour avoir vendu un exemplaire et accusé de « publication d'un diffamation obscène dans l'intention de corrompre les lois des sujets de Sa Majesté ». Ellis, l'érudit, préférait ignorer la controverse ; la couronne du martyr n'aurait pas coïncidé favorablement avec une recherche calme et sereine. Jugeant simplement stupide de la part du gouvernement britannique d'avoir porté l'affaire devant les tribunaux, il suspendit immédiatement la vente du volume, si déçu que ses propres compatriotes ne comprenaient pas ses motivations qu'il déclara sur-le-champ qu'il ne ferait pas publier ses autres volumes. en Angleterre, et il ne l'a jamais fait.

Lui, plus que quiconque, a su clarifier la question du sexe, la libérer de la souillure qui lui était liée depuis les débuts du christianisme, la faire sortir de la cave obscure, la placer à un niveau supérieur. Cela a été sa grande contribution. Tel un alchimiste, il a transmué le trouble psychique qui avait suivi ma lecture de ses livres en une essence spirituelle.

Nous avions beaucoup de choses à discuter, mais soudain, je me suis rendu compte que j'avais dû dépasser mon temps. Sept heures sonnèrent avant que je réalise combien il était tard. Cela m'avait paru si court.

Je n'étais pas excité alors que je retournais à travers l'épais brouillard vers ma propre petite chambre terne. Mon émotion était trop profonde pour ça. J'avais l'impression d'avoir été exalté dans un monde jusqu'alors inimaginable.

Certains de mes nouveaux amis, Guy Aldred , Henry Sara et Rose Witcop , m'ont invité à prendre le thé avec eux le soir de Noël. Rose était délibérée dans ses mouvements, grande et brune, avec des cheveux noirs et raides tombant bas sur son front et accrochés à la nuque. Elle et Guy étaient tous deux d'ardents pacifistes. Quelques jours plus tôt, je les avais entendus réprimander leur fils, âgé de six ans, pour avoir proposé au Père Noël de lui amener des soldats de plomb. Il avait vu des uniformes dans toutes les rues et des répliques de jouets dans toutes les vitrines ; tous les petits garçons en avaient. Je n'avais pas pu envoyer beaucoup de cadeaux à mes enfants et, avant de quitter la maison, je me suis glissé dans sa chambre. Il dormait profondément et ses vêtements étaient soigneusement étalés au pied de son lit. Au mépris de mes propres principes , j'ai rangé une boîte de soldats sous la couverture afin qu'il puisse voir cet ensemble martial dès le matin.

Rose et Guy étaient complètement dégoûtés par moi.

Beaucoup de choses cette soirée m'ont ému. Les chanteurs de Carol ont défilé sur Torrington Square, groupe après groupe soulevant des voix plaintives dans *Good King Wenceslas* et *We Three Kings of Orient Are* . J'avais mal à la tête mais je suis sorti et je me suis promené dans les rues pour voir Merrie England à Yuletide. Je portais tellement de vêtements que je pouvais à peine marcher, et j'avais toujours un froid glacial. Cela faisait à peu près un an que j'avais quitté la France avec les enfants, pour ne jamais retrouver Bill.

Comme je suis lent à prendre mes décisions et que je ne peux pas me séparer rapidement des émotions passées, toutes les brèches doivent se produire progressivement. Une certaine frustration accompagne inévitablement tout effort. Mon mariage n'avait pas été malheureux ; Je ne l'avais pas laissé faire. Cela n'avait pas échoué à cause du manque d'amour, de romance, de richesse, de respect ou de l'une de ces qualités censées provoquer des ruptures conjugales, mais parce que les intérêts de chacun s'étaient élargis au-delà de ceux de l'autre. Le développement avait été si rapide que nos vies avaient divergé, en raison même de cette croissance que nous recherchions l'un pour l'autre. Je ne pouvais pas vivre avec un être humain conscient que mes nécessités contrecarraient ou éclipsaient ses progrès.

Cela a été une année chargée, englobant des sentiments hauts et profonds. Le réveillon de Noël, c'était trop pour moi. Je suis retourné m'asseoir, me demandant si les enfants allaient bien et étaient satisfaits. Le lendemain matin, ils reçurent un télégramme, des fleurs de Bill et un joli mot de Havelock Ellis.

Par la suite, Havelock m'a énormément aidé dans mes études en guidant mes lectures. Les mardis et vendredis étaient ses jours au British Museum, et il laissait souvent de petits messages à ma place, énumérant des articles utiles ou proposant des suggestions de livres qui pourraient m'aider dans l'aspect particulier sur lequel je m'occupais alors.

Si, en voyageant avec lui dans le tramway, en allant à un concert, en achetant du café et des cigarettes devant le Musée, une pensée lui venait, il sortait un morceau de papier et prenait des notes. C'est ainsi qu'il rassembla son matériel pour en faire des livres, le rassemblant au coup par coup et le rangeant dans des enveloppes. Tout ce qui concernait la danse allait dans l'enveloppe de la danse, la musique dans la musique, et ainsi de suite. Dès que l'un d'eux était suffisamment rassasié pour attirer son attention, il le retirait et commençait à en faire quelque chose.

Parfois, nous dînions ensemble dans un restaurant de Soho ; de temps en temps, je prenais le thé chez lui. Dans sa cuisine et sa salle à manger combinées, chauffées par un poêle à charbon, il effectuait son travail et y préparait également des repas pour lesquels il se vendait. Il était fier de pouvoir allumer un feu avec moins de bâtons et moins de papier qu'une femme de ménage experte, et a déclaré un jour qu'il préférait recevoir des éloges pour la création d'une salade plutôt que d'un essai.

L'une des quatre pièces était réservée à l'usage de sa femme, Edith. Elle préférait la campagne et vivait dans sa ferme en Cornouailles, alors que Havelock aimait être en ville ; même s'il n'en faisait pas partie, il aimait entendre ce qui se passait à son sujet. Chaque fois qu'elle venait en ville , elle trouvait tous ses livres et ses biens intacts ; chaque fois qu'il se rendait en Cornouailles, il trouvait tout prêt pour lui. L'un ou l'autre pourrait, sur un coup de tête, monter à bord d'un train sans bagages et être chez lui en quelques heures.

Edith était petite et trapue, colorée, aux cheveux bouclés, avec des yeux bleus mystiques mais qui les accompagnait d'une touche pratique. Elle pouvait gérer la ferme, s'occuper du bétail et disposer de ses produits. Sa vitalité était si grande qu'elle cherchait d'autres débouchés dans l'écriture de fiction.

Bernard Shaw essayait un jour de trouver son chemin jusqu'à la ferme Ellis et s'est arrêté devant un chalet pour savoir s'il était sur la bonne route. La bonne-épouse ne pouvait pas le lui dire.

"Mais je sais que M. et Mme Ellis vivent près d'ici."

Elle a continué à protester que personne de ce nom n'était dans le quartier jusqu'à ce que Shaw désigne une maison qui semblait être celle-là. "Qui vit ici?"

"Deux étrangers."

"Que font-ils?"

"Oh, l'homme, il écrit à partir des livres des autres, mais elle écrit avec sa tête."

La personne qui a vu la plupart de Havelock était Olive Schreiner, une de ses amies de longue date et celle d'Edith. J'ai été ravi de rencontrer l'auteur de *Woman and Labour* et d'un autre favori, *The Story of an African Farm* . Elle venait d'arriver en Angleterre pour la première fois depuis vingt-cinq ans et était prise dans la guerre.

Sachant que Havelock était un philosophe, je m'attendais à ce qu'il soit un homme âgé, mais, malgré ses cheveux blancs, je l'avais trouvé jeune, physiquement et mentalement. Les écrits d'Olive Schreiner étaient si vivants que j'avais imaginé une jeune femme. Au lieu de cela, même si ses cheveux étaient noirs, son corps hollandais carré et trapu était vieux et étalé. Elle avait peut-être été en partie vieillie par l'effroyable asthme dont elle souffrait depuis tant d'années. L'effet a été renforcé par l'environnement sombre de l'hôtel miteux dans lequel je l'ai vue pour la première fois.

Un autre facteur contributif était certainement son découragement face à la guerre. Bien que sa mère soit anglaise, son père hollandais et qu'elle soit sujette britannique, son nom germanique lui causait les complications les plus pénibles. Les autres clients de l'hôtel du même sexe, lorsqu'ils aperçurent son nom sur le registre ou l'entendirent biper, insistèrent auprès du directeur pour lui dire soit qu'elle devait être expulsée, soit qu'ils allaient chercher un logement ailleurs. Elle était littéralement traquée d'un endroit à l'autre.

Il est possible qu'Olive ait ressenti la tragédie de la guerre plus que toute autre personne que j'ai rencontrée à Londres à cette époque. Elle n'avait jamais cru que « les garçons seraient sortis des tranchées d'ici Noël » ou que les affaires pourraient continuer encore longtemps. Elle avait déjà été témoin des horreurs du conflit armé en Afrique du Sud ; cela semblait commencer doucement, mais cela ne s'est pas terminé ainsi. Elle craignait que le monde entier ne soit pris au piège dans cette situation, que l'internationalisme et le mouvement pacifiste soient pratiquement terminés et qu'une toute nouvelle génération doive naître avant que nous puissions récupérer ce que nous avions perdu. Elle me parut alors trop découragée ; ce n'est que plus tard, lorsque ses paroles se sont réalisées, que j'ai compris à quel point ses prophéties étaient exactes.

Mieux que n'importe quel être vivant, Olive comprenait Havelock. Je m'en suis rendu compte lors d'une conversation entre elle et Edith. Cette dernière était aux États-Unis pour donner des conférences sur trois écrivains : son mari, James Hinton, qu'il admirait énormément, et Edward Carpenter. Son accueil l'avait convaincue que le nom d'Ellis dépassait les frontières de l'Angleterre, et elle souhaitait qu'il revienne avec elle l'année suivante pour récolter une partie du respect du respect que des milliers d'Américains lui portaient.

Havelock fut frappé de terreur, d'abord à l'idée de venir dans un nouveau pays, puis à la simple évocation de parler en public. Il ne pouvait imaginer aucune torture pire que celles-là. Mais pour plaire à Edith, qu'il aimait beaucoup, et aussi parce que sa persévérance et sa détermination étaient si grandes qu'il avait du mal à s'opposer à elle, il accepta de s'en remettre à nous trois.

Edith et moi avions appelé Olive pour en discuter. Comme d'habitude, elle venait tout juste de déménager. Cette fois, elle était plus gaie et, après le thé, nous abordâmes la question capitale du sort d'un autre individu. Edith, avec son feu et sa ferveur habituels, a commencé à persuader Olive, l'amie de toujours de Havelock, et moi, sa nouvelle amie, qu'aller en Amérique serait pour lui un couronnement de gloire. Elle a imploré notre aide pour qu'il se décide à le faire.

Olive a typiquement écouté avec une attention soutenue jusqu'à ce qu'Edith ait fini. Puis elle s'est tournée vers moi. « À votre avis, que devrait faire Havelock ?

Moi, sachant combien les Américains attendaient d'un orateur en termes de voix, de personnalité et de talent oratoire, et aussi avec quelle facilité ils pourraient être déçus à moins que les gestes et l'apparence extérieure ne répondent à leurs attentes, j'ai conclu qu'il ne trouverait pas cette couronne de gloire ou cet acclamé universel, et qu'il reviendrait probablement désillusionné après la première fanfare publicitaire. J'ai dit, sans donner mes raisons, "Je ne pense pas qu'il devrait y aller."

« L'un de vous a-t-il demandé à Havelock ce qu'il voulait faire ? » questionna Olive.

"Je l'ai fait", a déclaré Edith, "et il ne veut pas."

"Alors cela règle complètement la question", répondit Olive. « Personne n'a le pouvoir d'obliger un autre à faire ce qu'il ne veut pas, peu importe à quel point vous, moi ou l'un d'entre nous pensons que cela pourrait être pour lui. Moi-même, je ne ferai jamais un pas que mon instinct ou mon intuition me dit de ne pas faire. Je suis entièrement guidé par cet instinct, et si je devais me réveiller demain matin et que ma voix intérieure me disait d'aller au sommet de l'Himalaya, je ferais mes valises et partirais.

Ce bref discours détermina la question pour Havelock, son droit de rester confortablement à Londres et de renoncer à toute l'aventure qu'Edith avait prévue pour lui.

Olive, dans son humeur généralement sombre, était plus encouragée par le travail effectué pour les femmes en matière de contrôle des naissances que par toute autre chose. Elle-même, qui n'avait eu qu'un seul enfant, décédé, en comprit l'importance. La dernière fois que je l'ai vue, elle m'a entouré de ses deux bras et m'a dit : « Nous ne nous reverrons peut-être jamais, mais votre effort est l'étoile brillante qui brille à travers les nuages noirs de la guerre. »

Elle n'a pas pu retourner en Afrique du Sud avant la fin de la guerre. Un matin, peu de temps après, elle fut retrouvée morte dans son lit. Selon ses instructions, son petit enfant et son chien bien-aimé ont été retirés de leurs anciens lieux de repos et les Cafres les ont transportés tous les trois au sommet d'une montagne à l'extérieur de Queenstown, où ils reposent depuis sur leur haute éminence.

Ellis a été appelé le plus grand gentleman anglais vivant. Mais l'Angleterre seule ne peut pas le revendiquer ; il appartient à toute l'humanité. Je le définis comme quelqu'un qui rayonne de vérité, d'énergie et de beauté. Je le vois dans un royaume au-delà des cris et du tumulte. Les capitaines et les rois vont et viennent. Les guerriers lilliputiens se pavanent et les frontières entre les nations se dessinent et se défont. Bien qu'il ne participe pas activement à ce trafic extérieur, il ne demeure pas isolé dans une tour d'ivoire qu'il a lui-même construite.

Cet olympien semble éloigné des souffrances du monde, mais il a pénétré profondément les problèmes persistants de la course. Rien d'humain n'est étranger à sa sympathie. Ses connaissances sont vastes et profondes ; sa sagesse encore plus profonde. Il ne fait aucun effort strident et flagrant pour crier son message à haute voix, mais peu à peu et en nombre toujours croissant, des hommes et des femmes s'arrêtent pour écouter sa voix sereine.

Voilà un phénomène plus étonnant que les acquis de la radioactivité. Malgré tous les obstacles et obstructions qui ont empêché son expression, sa vérité a filtré jusqu'aux esprits prêts à la recevoir. Sa philosophie, si elle peut être réduite à une essence, est celle de la vie plus abondante, atteinte par une compréhension plus complète de nous-mêmes et une charité sereine envers tous.

C'est à Havelock Ellis que nous devons notre conception de ce Royaume de Dieu en nous, de ce monde intérieur qui cache toutes nos potentialités inhérentes de joie comme de souffrance. Grâce à lui, nous comprenons que le bonheur doit être le fruit d'une attitude envers la vie, qu'il ne dépend en aucune manière des récompenses ou des dons de la fortune. Comme saint François d'Assise, il enseigne la beauté de la nature, de son frère le soleil et de sa sœur la lune, des oiseaux, des poissons et des animaux, et de tout l'apparat des saisons qui passent.

Je n'ai jamais ressenti autant pour quelqu'un d'autre que pour Havelock Ellis. Le connaître a été un immense privilège ; réclamer de lui mon ami mon plus grand honneur.

Chapitre douze

CIGOGNE SUR LA HOLLANDE

Jour après jour, les employés du British Museum empilaient des livres et des brochures sur la table devant mon siège. En examinant les statistiques de l'état civil de l'Europe, il m'a semblé que c'était principalement aux Pays-Bas qu'il y avait une force œuvrant en faveur d'une construction raciale constructive. Les Néerlandais avaient depuis longtemps adopté une attitude pleine de bon sens sur le sujet, considérant le fait d'avoir un bébé comme un luxe économique, quelque chose comme un piano ou une automobile dont il fallait s'occuper ensuite.

Les Drysdale ont souvent mentionné l'excellent travail accompli par le Dr Aletta Jacobs d'Amsterdam et le Dr Johannes Rutgers de La Haye. L'histoire de la conquête par le Dr Jacobs d'obstacles presque insurmontables à une carrière médicale était particulièrement attrayante. Née en 1854 dans la province de Groningue, elle était le huitième enfant d'un médecin qui, avec huit cents dollars par an, devait subvenir aux besoins de sa femme et de ses onze enfants. Même avant l'adolescence, elle avait demandé avec défi : « À quoi sert votre cerveau si vous êtes née fille ? Elle était déterminée à devenir médecin comme son père, même si aucune femme n'avait jamais été admise à l'université de Groningue. Son esprit était si indomptable qu'à dix-sept ans, après avoir réussi les examens et demandé l'admission, on lui a permis d'écouter pendant un an, puis de s'inscrire comme étudiante permanente.

En 1878, le Dr Jacobs avait terminé ses études de médecine à l'Université d'Amsterdam et s'était rendue à Londres, où elle avait assisté au procès Besant et Bradlaugh , rencontré les Fabiens, rencontré les Malthusiens, et était devenue une ardente suffragette. Cette première femme médecin des Pays-Bas était revenue à Amsterdam et y avait bravé la désapprobation des amis de son père en exerçant sa profession et en ouvrant une clinique gratuite pour les femmes et les enfants pauvres, où elle donnait des conseils et des informations sur la contraception, pour la première fois jamais été fait dans le monde.

En quelques années et dans un rayon de huit kilomètres, la proportion de mortinaissances et d'avortements ainsi que les maladies vénériennes avaient commencé à diminuer, les enfants remplissaient les écoles, les gens quittaient leurs bateaux fluviaux pour se lancer dans l'agriculture.

Les Pays-Bas étant un si petit pays, où l'affaire d'une personne était l'affaire de tous, de tels changements ne pouvaient passer inaperçus. À peu près à la même époque, le Dr Charles R. Drysdale, alors président de la Ligue anglaise, avait été invité à prendre la parole lors d'un congrès médical international tenu à Amsterdam. Les résultats de la clinique du Dr Jacobs étaient si évidents qu'immédiatement après, la Ligue néo-malthusienne néerlandaise fut créée et trente-quatre médecins y rejoignirent. Lorsque d'autres centres furent créés, uniquement à des fins de consultation, le mot clinique leur fut également appliqué. En 1883, le Dr Mensinga , gynécologue de Flensburg, en Allemagne, avait publié une description d'un dispositif contraceptif appelé pessaire à diaphragme, que lui et le Dr Jacobs avaient perfectionné. Le Dr et Madame Hoitsema Rutgers avaient pris la direction de la Ligue en 1899 avec un tel succès que l'œuvre s'était répandue dans ce royaume bien ordonné. En reconnaissance de ses réalisations considérables et précieuses, la reine Wilhelmine lui avait décerné une médaille d'honneur et une charte et l'avait considéré comme l'un des grands services publics.

Dans mes recherches statistiques, j'ai accordé une attention particulière aux taux de natalité et de mortalité des Pays-Bas pour voir comment ils avaient été affectés au cours de cette période de trente-cinq ans. Ils présentent la mortalité maternelle la plus faible, alors que les États-Unis arrivent en tête de liste ; trois fois plus de vies de mères étaient sauvées dans le petit pays des digues que dans mon pays natal. De plus, le taux de mortalité infantile à Rotterdam, Amsterdam et La Haye, les trois villes dans lesquelles la Ligue était la plus active, était le plus bas de tous ceux du monde.

Au cours de la même période, le taux de mortalité avait été réduit de moitié, mais, étonnamment, j'ai constaté que le taux de natalité n'avait diminué que d'un tiers. En d'autres termes, le taux de mortalité avait diminué plus rapidement que le taux de natalité, ce qui signifiait que la population des Pays-Bas augmentait plus rapidement que celle de tout autre pays d'Europe.

J'ai eu beaucoup de mal à concilier ces chiffres avec mon idée préconçue selon laquelle le contrôle des naissances entraînerait automatiquement une diminution de la population. Puisqu'elle augmente, le contrôle des naissances n'est peut-être pas, après tout, la réponse au problème économique international. Si cela était vrai, tous mes calculs seraient bouleversés.

Impatient d'aller aux Pays-Bas et de découvrir les faits réels, non seulement à partir des archives néerlandaises mais aussi à partir de mes observations personnelles, j'ai décidé tranquillement (la plupart de mes décisions à l'époque étaient des décisions discrètes) de traverser la Manche. Cela impliquait d'éventuelles rencontres indésirables avec des fonctionnaires curieux, des bombes flottantes, des sous-marins et toutes sortes d'inconvénients et de retards, mais mon empressement m'a fait ignorer les obstacles.

J'ai demandé au consul néerlandais un visa pour le passeport de Bertha Watson.

" Quatre-vingts cents, s'il vous plaît " et aucune question posée.

Afin de ne pas avoir à retourner à Londres avant de me rendre à Paris, je me présentai également au Consulat de France. J'ai attendu deux heures. « Deux dollars, s'il vous plaît », et toujours aucune question.

Je me suis attaché au bout de la longue file d'attente à la gare de Victoria pour faire inspecter les passeports, et j'ai bientôt été en toute sécurité dans le train pour Folkestone . Nous étions en retard lorsque nous atteignîmes la Manche. Encore une fois , nous avons fait la queue pour une inspection. De nombreuses Belges avec quatre ou cinq enfants retournaient vers leur peuple ; les petits endormis et les femmes fatiguées s'installèrent sur la plate-forme pour se reposer jusqu'à ce que certains aient passé. Deux détectives ont jeté un coup d'œil nonchalant à mon passeport, puis m'ont permis d'entrer dans la salle officielle. Les inspections étaient devenues de plus en plus strictes ; c'était le test ultime. Là étaient assis en rangée trois officiers en mufti, bien nourris et brusques avec autorité. J'ai remis mon passeport au premier, qui m'a regardé de haut en bas comme si j'étais un ennemi traître, puis je l'ai remis au suivant. Cet homme aussi me considérait avec suspicion et méfiance et sortit un carnet, scannant les noms pour voir si les miens figuraient sur la liste des proscrits. Le dernier des trois, qui devait prendre la décision finale — net, soigné et dur comme un clou dans la voix et dans les manières — demanda : « Pourquoi allez-vous sur le continent, Madame ? Une autre balade joyeuse ? Vous, les Américains, devez penser que cette guerre ne représente que cela. Pouvez-vous nous donner une bonne raison pour vous laisser passer ?

Heureusement , j'étais préparé à une telle éventualité. J'ai sorti de mon sac une lettre de Bernarr MacFadden me demande de répondre à certaines questions sous forme d'articles pour *la culture physique* comme la relation entre les inaptes et la croissance démographique. J'ai proposé ce document tandis que ceux qui faisaient la queue derrière moi attendaient avec réactivité. Il l'a lu minutieusement, prenant plus de temps que nécessaire, à mon avis, dans ma nervosité. Finalement, il le plia soigneusement et dit : « C'est du bon travail, ceci. Dommage que quelqu'un ne l'ait pas fait auparavant.

Puis il apposa son dernier cachet officiel sur mes différents papiers et je passai vers la passerelle.

Aucune complication ne se présenta à La Haye et, tôt un matin de janvier 1915, je m'inscrivis dans un hôtel bon marché. C'était réconfortant d'entendre à nouveau un radiateur grésiller. J'ai rejoint les autres invités qui déjeunaient joyeusement *en famille* autour d'une seule table et, comme je ne parlais ni néerlandais ni allemand, j'ai mâché en silence mon pain noir et mon fromage, j'ai bu l'excellent café et j'ai regardé avec intérêt. Bien qu'ils aient l'air impassibles comme tous les Néerlandais, ils étaient amicaux.

Je n'ai pas essayé de téléphoner au Dr Rutgers. Au lieu de cela, alors qu'il n'était pas encore neuf heures, j'ai hélé un taxi et j'ai tendu au chauffeur un bout de papier sur lequel j'avais écrit la rue et le numéro. En réponse à ma sonnerie à la porte à laquelle j'étais amené, une petite fenêtre carrée dans la partie supérieure s'ouvrit mystérieusement et un visage desséché, âgé et curieux s'encadra dans l'ouverture. Il est resté pendant que j'expliquais ma mission. Apparemment, la confiance a été inspirée parce qu'une fois mon histoire terminée, la porte s'est ouverte en grand et le visage, matérialisé par le Dr Rutgers, m'a fait entrer dans la bibliothèque, où j'ai attendu qu'il revienne dans ses vêtements de ville. Ensuite, nous sommes allés prendre un deuxième petit-déjeuner dans un café voisin.

Le médecin s'est avéré être un gentil petit homme dont la femme était désormais invalide. Il lui était difficile de parler anglais. La plupart des Néerlandais parlaient quatre langues, mais seuls ceux qui avaient vécu en Angleterre parlaient bien l'anglais. Les difficultés s'atténuaient cependant au fur et à mesure que nous grignotions des brioches et sirotions café après café jusqu'à midi. Réchauffé par mon récit de la bataille aux États-Unis, il secoua la tête en pensant à ce à quoi je pourrais devoir faire face à l'avenir, et exprima plus d'inquiétude quant à ma situation difficile et plus de sympathie sincère pour le fait que j'ai dû laisser les enfants derrière moi. que quiconque que j'avais encore rencontré. C'était la première personne à qui j'avais pu parler de ma tristesse personnelle.

Pour sa part, le Dr Rutgers a décrit ses difficultés à maintenir les cliniques ouvertes et, par l'intermédiaire de la Ligue, à empêcher une législation défavorable. Le néo-malthusianisme n'a jamais été populaire nulle part, quelle que soit la preuve de la diminution de la misère et de la souffrance humaine. Le Dr Rutgers avait supporté seul le poids de toutes les critiques adressées à sa société.

La méthode Rutgers pour créer de nouvelles cliniques a abouti à un système solide pour faire face au taux de natalité. Les hommes et les femmes qui lui ont servi de conseillers ont compris qu'une hausse du taux de natalité, où que ce soit dans le pays, serait bientôt suivie d'un taux de mortalité infantile élevé. Ils en ont donc rapidement informé la société, qui a envoyé une sage-femme ou une infirmière auxiliaire, formée à la technique standardisée par le Dr Rutgers, dans le secteur encombré pour y installer une clinique de démonstration. Elle prenait habituellement un appartement avec deux pièces supplémentaires, l'une pour attendre, l'autre un bureau modestement équipé comme celui de n'importe quelle sage-femme de campagne.

Son devoir était de se rendre dans la maison où un enfant était décédé, d'en connaître la cause et de donner des conseils amicaux sur la santé de la mère. Elle l'a également encouragée à ne pas avoir d'autre bébé tant que la condition d'ignorance, de pauvreté ou de maladie, quelle qu'elle soit, n'ait pas été améliorée ou éliminée. Chaque fois que quatre étaient nés dans une telle famille, ce conseil devenait plus catégorique.

Dès que le Dr Rutgers m'eut expliqué sa politique, j'eus la réponse la plus importante au problème déroutant et gênant de l'augmentation de la population aux Pays-Bas provoquée par le contrôle des naissances. C'était un espacement approprié. Le nombre d'une famille ou le nombre d'une nation peuvent être augmentés à condition que l'arrivée des enfants ne soit pas trop rapide pour permettre à ceux qui sont déjà nés d'être assurés de gagner leur vie et de s'assimiler dans la communauté.

Le Dr Rutgers m'a suggéré de venir à sa clinique le lendemain et d'apprendre sa technique. Il forme actuellement deux sages-femmes en vue de la création d'un nouveau centre dans la banlieue de La Haye. Sous sa tutelle, j'ai commencé à comprendre la nécessité d'une instruction individuelle aux patients si l'on voulait que la méthode de contraception prescrite remplisse sa fonction. Je me demandais avec quelle facilité cela pourrait être fait. Très vite, moi-même, incapable de parler à ces femmes dans leur propre langue, j'en ai instruit soixante-quinze.

J'avais l'habitude de bombarder le petit homme de questions concernant chaque cas. J'ai contesté son système autocratique de dictée sans explication. Dire simplement : « C'est ce que vous faites. Faites toujours cela », n'avait à mon avis aucune valeur éducative.

« Ne pensez-vous pas que ce serait une bonne idée de dire à vos patients ce que vous visez et pourquoi ? J'ai demandé.

"Non, je ne peux pas prendre de temps. Ils doivent faire ce qu'on leur dit.

C'était le point de vue du médecin que je connaissais, mais avec lequel je ne pouvais pas être d'accord.

Cela me semblait également une erreur de considérer les femmes simplement comme des unités dans un projet sociologique visant à améliorer la race humaine. Sur les fiches n'étaient inscrits que des noms et des adresses ; pas d'histoire de cas. Je voulais en savoir beaucoup plus sur eux. Combien d'enfants avaient-ils déjà eu ? Combien en avaient-ils perdu ? Quel était le salaire de leurs maris ? Quel était l'espacement dans chaque famille et quels ont été les effets ? Dans quelle mesure la méthode de contraception a-t-elle été efficace ?

Si cette information avait ensuite été enregistrée, le mouvement pour le contrôle des naissances aurait pu plus tard citer chapitre et verset dans son propre support.

Après ma matinée de travail avec le Dr Rutgers , je me rendais habituellement au Bureau central des statistiques avec mon traducteur, interprète et guide trois en un. Mes conclusions ont été que dans toutes les villes et districts où des cliniques avaient été créées, les chiffres montraient une amélioration : les conditions de travail étaient meilleures et les enfants allaient à l'école, ce qui avait amélioré leur niveau d'éducation. Les prostituées professionnelles étaient peu nombreuses, et même celles-ci étaient allemandes, françaises, belges ou anglaises, car les Néerlandaises étaient encouragées à se marier tôt. Cela a fait une différence. Du point de vue eugénique, il y a eu une augmentation rapide de la stature des conscrits néerlandais, comme le montrent les archives militaires. Les données ont prouvé de manière concluante qu'un taux de natalité contrôlé était aussi bénéfique que je l'avais imaginé, issu de la première clinique lancée par l'entreprise du Dr Aletta Jacobs.

J'avais bien sûr hâte de rencontrer le Dr Jacobs et je lui ai envoyé une note demandant le privilège d'un entretien. Une réponse vint, brève et brutale ; elle ne me verrait pas. Elle ne se souciait pas de mes études ni de moi, car c'était un sujet de médecin et dans lequel les profanes ne devaient pas s'immiscer. J'étais déjà parvenu en principe à la même conclusion, mais j'étais consterné par ce premier rebut que j'avais rencontré. J'ai aussi été blessé autant que je pouvais l'être pendant cette période où je semblais n'être qu'une masse de douleurs, physiquement et mentalement. Ce n'est que bien plus tard que j'ai appris qu'être infirmière n'était pas recommandé en Europe, où elle ressemblait davantage à une servante supérieure, une corvée de ménage qui s'occupait des malades plutôt que de la cuisine.

Pendant deux mois, j'ai erré aux Pays-Bas, visitant des cliniques et des infirmières indépendantes à La Haye, Rotterdam et Amsterdam. Malgré la propagande de la Ligue contre la commercialisation, j'ai trouvé de nombreux magasins dans lesquels une femme, si elle le souhaitait, pouvait acheter des produits contraceptifs aussi facilement qu'une brosse à dents. Malheureusement, dans certains d'entre eux, elle pouvait être examinée et ajustée par des vendeuses peu formées en technique et peu de connaissances en anatomie. Même si la Ligue néerlandaise comptait plusieurs milliers de membres — chacun était actif, écrivant aux journaux, parlant à des amis, assistant à des réunions — et bien que cinquante-quatre cliniques existaient, de nombreuses personnes bien informées n'en savaient rien. Plus surprenant encore, la profession médicale dans son ensemble semblait totalement ignorante du travail dirigé de contrôle des naissances en cours. Il ne semblait donc pas extraordinaire qu'aucune idée de tout cela — qu'il s'agisse de cliniques ou de méthodes contraceptives — n'ait jamais atteint les États-Unis, et que pratiquement aucune tentative de copie n'ait été faite en Angleterre.

Même dans ce pays neutre, les signes de guerre étaient partout. Sur le chemin, des soldats en uniforme, armés, montaient la garde, et aux gares, des wagons de la Croix-Rouge étaient prêts. Les sentiments parmi les Néerlandais étaient très partagés : le mari de la reine Wilhelmine était allemand ; l'armée et l'aristocratie étaient pour la Triple Alliance ; les classes les plus pauvres étaient davantage influencées par les souffrances des milliers et des milliers de Belges qui s'étaient rassemblés au coin du feu hollandais pour se nourrir et se loger.

Nulle part ailleurs je n'ai été aussi impressionné par les tragédies de la guerre. Souvent, vers quatre heures, je prenais *du kaffee klatch* chez une dame hollandaise qui s'asseyait, très convenablement, pendant que la femme de chambre servait le café, le meilleur d'Europe, dans la grande cafetière blanche en porcelaine. Je soupçonnais que la majeure partie de la matinée avait été consacrée à superviser les préparatifs de la délicieuse nourriture.

Au cours d'un de ces après-midi , j'ai été présentée à cinq déléguées allemandes venues assister à la Conférence des femmes pour la paix. Ils avaient du mal à pardonner les récits d'atrocités allemandes que l'Angleterre avait laissé circuler. J'ai osé demander comment ils pourraient les réfuter, surtout à la lumière du rapport de la Commission Bryce. « La guerre n'était-elle pas cruelle et sauvage, et ces choses ne se seraient-elles pas produites ?

« Oui, oui », a répondu l'un d'eux, « mais des centaines de nos jeunes Allemands nous sont ramenés, morts et vivants, dont le nez et les oreilles ont été coupés, mis dans des paquets et emmenés au quartier général pour être récompensés. On ne songerait pourtant pas à accuser les soldats français ou anglais de pareilles barbaries. Nous savons que parce que leur code leur interdit de faire ces choses eux-mêmes , ils ont fait appel aux Maures, aux Gurkhas et aux sauvages d'Afrique.

Incapables de comprendre comment ceux envers qui elles éprouvaient une telle amitié pouvaient répondre à ce sentiment par de la haine, les femmes me dirent avec perplexité : « Dites-nous vraiment pourquoi les gens qui ne nous connaissent pas nous détestent comme ils le font. » La dignité de leur chagrin, le lourd fardeau du chagrin sous lequel ils travaillaient, le calme et l'équité avec lesquels ils le supportaient, avaient un effet apaisant.

Les Pays-Bas étaient l'endroit idéal pour retrouver un certain équilibre, surtout si l'on était passé par l'Angleterre, où les sentiments étaient si amers. J'ai entendu à Amsterdam une conversation des plus éclairantes entre deux Anglais et un Allemand. Après avoir examiné le pour et le contre, ils se serrèrent la main partout, convenant que six mois après la fin de la guerre, le commerce allemand et anglais se déroulerait main dans la main, les procès et les griefs oubliés.

Aller directement des Pays-Bas en France était pratiquement impossible ; il ne m'a pas non plus été facile de faire des détours via l'Angleterre, en raison du blocus sous-marin allemand récemment institué. Puis j'appris enfin qu'un cargo allait être envoyé à Londres pour le tester. Jour après jour, j'allais sur les quais pour prendre des nouvelles et je profitais de l'intervalle pour des contacts sociaux agréables.

Plutôt que de prendre un cocktail avant le déjeuner ou le dîner, les Néerlandais se réunissaient dans leurs restaurants préférés pour l'apéritif. Le verre, dont le bord ailé s'étendait à environ un demi-pouce du haut, était rempli à débordement de Bols. Au début, vous n'étiez pas censé y toucher ; au lieu de cela, vous vous êtes penché et en avez en quelque sorte ramassé un peu avec votre bouche avant de le ramasser et de l'apprécier. Les apéritifs français étaient agréables et doux, mais le gin hollandais était si fort et cru que je m'émerveillais de la façon dont ils pouvaient le prendre avec le sourire. J'étais définitivement inégal à l'art.

Un soir, je fus invité à jouer au billard avec un Néerlandais, un Anglais et un Allemand. J'acceptai aussi naturellement que pour une partie de whist. Le Néerlandais a ensuite déclaré que même si aucune épouse hollandaise respectable n'aurait pu jouer au billard dans cette pièce sans être ensuite approchée ou insultée, une Américaine pouvait tout faire sans perdre sa caste. Elle s'occupait de ses propres affaires, payait ses propres factures, et même si on la voyait dans la rue tard dans la nuit sans escorte, tout le monde savait qu'elle devait accomplir des affaires légitimes.

Alors l'Anglais parla dans le même sens. Il a dit que vous trouviez la femme américaine dans toutes sortes d'endroits isolés et souvent douteux, mais qu'il suffisait de regarder son visage franc pour trouver une réponse à ce qu'elle faisait là-bas. Les femmes européennes lui doivent beaucoup pour son action pionnière sur le continent. En Angleterre, il était courant de voir les femmes les plus estimables fumer des cigarettes dans tous les restaurants et hôtels à la mode, tout comme en Amérique.

« Comme en Amérique ! » J'ai haleté, me rappelant mon étonnement d'avoir vu des femmes fumer en public à Londres. « Je suis sûr qu'il doit y avoir une erreur. Les femmes ne sont pas censées fumer en Amérique. C'est un exemple pour l'Europe , car ils n'ont même pas conquis cette liberté.»

Ce fut une surprise pour tous. Mais le Néerlandais s'est rallié à la défense, déplaçant le sujet. "Néanmoins, c'est la femme la mieux habillée du monde."

« Et le Parisien ? M'écriai-je.

« Je n'en excepte aucun. J'ai parcouru plus de la moitié du globe. J'ai porté une attention particulière aux étrangers, à leurs coutumes, à leur éducation, à leurs goûts, et j'ai été convaincue qu'aujourd'hui la Parisienne a dû céder à l'Américaine en matière d'habillement et de mode. Les designs parisiens sont destinés aux États-Unis, pas à la France ou à l'Angleterre. La Française est peut-être soignée, soignée et décontractée, mais en France, il faut une femme riche pour être à la mode, tandis qu'à New York, toutes les vendeuses portent des éditions bon marché des derniers styles.

L'Allemand était plongé dans ses réflexions pendant ces discours, posant son menton dans sa main. Éveillé par le son de l'horloge, il interpola soudain : « Eh bien, on peut toujours le savoir à un couple américain en Europe. La femme est trop autoritaire, elle ouvre la voie, c'est elle qui parle et commande, tandis que l'homme la suit et paie les factures en silence.

"Eh bien, vous devez l'avoir vu quand il se comportait bien", suggérai-je, "car à la maison, il n'est pas si silencieux sur le paiement des factures."

Sans complexe, l'Allemand a poursuivi : « Mon frère qui a vécu longtemps en Amérique dit que la femme là-bas est la chef de la maison, qu'elle gère tout ; sa parole fait loi. Est-ce vrai?"

Il semblait très perturbé et j'étais sur le point de répondre, mais le Britannique se leva pour parler. « Bien sûr qu'elle l'est, car elle est de loin supérieure. Eh bien, les hommes américains n'ont rien de commun avec les femmes. Ils sont grossiers, directs, bruts, tandis que les femmes sont finement sensibles, exquises et courtoises. L'homme n'a rien d'autre à donner à sa femme que de l'argent ; il rentre le soir et parle affaires, n'introduit chez lui que des amis qui l'aideront financièrement, et lorsque sa femme discute de musique, d'art ou de littérature, il s'endort et ronfle. C'est pourquoi elle apporte sa fortune en Europe pour son mari. Elle trouve son égale chez le Français, l'Italien, l'Espagnol, mais surtout chez l'Anglais. Car tout Anglais est un gentleman, et chaque Américaine est une dame !

L'Allemand a ajouté une dernière note convulsive au règlement du problème des femmes en ajoutant : « Est-il vrai que le mari américain non seulement fait la vaisselle mais pousse le landau ?

"Eh bien, oui, il fait souvent ça."

"C'est terrible -rr- rrible ", répondit-il, les r s'étalant et ses mains serrées contre ses tempes.

Et là-dessus nous partîmes tous pour notre repos. Mais quelques jours plus tard, l'un ou l'autre des quatuors eut raison. La nouvelle est arrivée que mon bateau était sur le point de partir immédiatement et j'ai cherché le capitaine . À la première indication de ma course, il agita les mains et dit : « Non ! Non! Pas de femmes !

J'ai continué à parler jusqu'à ce que je lui fasse admettre qu'il s'intéressait à l'Amérique, au régime alimentaire et à la population. Quand j'ai découvert qu'il était un lecteur de *culture physique,* j'ai sorti ma lettre ouverte de sésame et encore une fois, elle était plus puissante qu'un passeport. Je suis resté à le raisonner sur la jetée, jusqu'à ce qu'il finisse par dire : « Il y a une règle qui interdit de prendre des femmes. Mais vous, les Américains, n'êtes pas comme les autres. Je pense que je peux vous y inscrire. J'ai été autorisé à embarquer.

Pendant le voyage, nous fûmes très prudents, jetant l'ancre au crépuscule et, quand le jour faisait jour, surveillant attentivement les mines flottantes qui auraient pu se détacher de leurs amarres. Il nous fallut deux nuits et un jour pour faire une traversée qui ne durait habituellement que neuf ou dix heures.

J'ai eu tout le temps de trier mes impressions et mes conclusions concernant le mouvement contraceptif. Ils avaient été révolutionnés. Je ne pouvais plus considérer cela comme une lutte pour la liberté d'expression, car je réalisais maintenant qu'elle impliquait bien plus que des conférences, des livres ou des brochures. Ce n'était pas suffisant.

L'enseignement personnel s'est avéré être la meilleure méthode, et j'ai conclu que les cliniques étaient les lieux appropriés pour diffuser des informations mais aussi, aussi admirables qu'elles soient aux Pays-Bas, qu'elles ne devraient pas être confiées à des sages-femmes non qualifiées, des travailleurs sociaux. , ou même des infirmières. Ceux-ci pouvaient bien sûr instruire d'une manière ou d'une autre, mais seuls les médecins possédaient les connaissances requises en anatomie et en physiologie et la formation en gynécologie pour examiner correctement et prescrire avec précision.

J'avais un nouvel objectif, mais je n'avais jamais imaginé combien il serait difficile et lointain de l'atteindre.

Chapitre treize

LES PAYSANS SONT ROIS

Je ne suis resté que quelques jours à Londres, puis je suis parti pour Paris, une ville lugubre, très lugubre car tant de gens étaient vêtus de noir. Jaurès avait été fusillé. La capitale avait déjà été déplacée à Bordeaux et la suspicion et l'hystérie étaient dans l'air. Lorsque je me rendais à quelques minutes en voiture de Paris pour déjeuner ou dîner, je pouvais voir les enchevêtrements de barbelés et les interstices là où les arbres avaient été abattus pour une meilleure visibilité.

J'ai renouvelé tous les contacts possibles. Mais tout le monde était maintenant trop occupé par la guerre pour penser à un sujet tel que la limitation des familles, qui, pour les Français, n'avait jamais été un sujet de passion parce qu'ils y étaient trop habitués. En outre, l'autre aspect de la question se présente désormais. Ils commençaient à se demander : « Si nous avions eu une population plus nombreuse, n'aurions-nous pas pu retenir les Allemands ? »

J'ai revu Victor Dave. Il mourait littéralement de faim, soutenu seulement par des cadeaux amicaux de quelques francs ici ou là, qu'il acceptait toujours en riant ; quelle différence cela lui faisait-il de vivre quelques jours de plus ? Je n'ai jamais vu de plus grande galanterie que celle manifestée par son sourire et le haussement d'épaules alors qu'il se dirigeait nonchalamment vers son travail avec deux morceaux de pain sec dans sa poche.

Les bibliothèques étaient fermées. Paris n'était pas un endroit pour moi, mais je voyais un peu d'Espagne et Portet m'y attendait. Après l'habituelle dispute sur le passeport et une certaine surprise face au prix des arrangements en voiture-lits, je suis parti pour le Sud. Il était quatre heures du matin lorsque l'express arrivait à Cerbère , la gare frontalière où les Français considéraient tous les passagers avec prudence et méfiance.

« Cerbère !» » a crié le garde, et « Passeports ! cria un inspecteur qui le suivait. Le mien n'était pas tout à fait correct. Le train est parti, me laissant, moi et mes bagages, désolés sur le quai. Au cours de plusieurs entretiens avec divers fonctionnaires, je constatai que mon passeport manquait d'une signature particulière et que Perpignan était la ville la plus proche où l'on pouvait l'obtenir.

J'ai arpenté la petite gare en guettant le retour du train. Comme d'habitude, les paysans dormaient dans la salle d'attente, les uns par terre, les autres assis sur des sacs et des colis. Nous étions si proches sous l'ombre des Pyrénées qu'elles semblaient presque basculer sur nous.

De la fenêtre du train, j'admirais la beauté de l'aube et du soleil levant, scène d'une telle magnificence qu'elle me récompensait en plaisir de tous mes ennuis. D'un côté se trouvait l'extrémité de la Méditerranée, d'un bleu aussi magique que je l'avais jamais imaginé. De l'autre se trouvaient les montagnes majestueuses et escarpées avec des sommets enneigés et des bases couvertes d'abricots roses en fleurs. Des petits villages aux maisons blanches et aux toits de tuiles rouges nichés dans les vallées et les routes sinueuses serpentant à flanc de colline, où des milliers d'acres de vignes, soignées et bien entretenues, représentaient le pays viticole.

De Perpignan, j'ai télégraphié à Portet : « Vivre ou mourir, couler ou nager, survivre ou périr, je serai à Barcelone demain », et je suis remonté dans le train le cœur léger et mes papiers, au nombre de trois.

Déjà dans le minuscule compartiment de seconde classe se trouvaient une grande femme d'âge moyen dont le doux visage était encadré d'une mantille noire, un petit homme aux cheveux gris, visiblement son mari, et un plus jeune d'environ vingt-cinq ans. Il y aurait eu assez de monde comme ça, mais ils avaient apporté avec eux des paquets et des ballots qui remplissaient l'espace jusqu'au toit. Cependant, ils m'ont laissé suffisamment de place pour me recroqueviller et m'endormir.

Je me suis réveillé en sursaut, entendant à nouveau le mot fatidique : « Passeports ! et j'ai trouvé l'agent examinant ceux de mes compagnons de voyage. J'ai ouvert le sac dans lequel j'avais toujours porté mes papiers d'identité, mais ils n'y étaient pas. L'officier attendait. « J'ai tous mes papiers signés, dis-je, mais je ne les retrouve pas. Va vers les autres et quand tu reviendras, je les aurai.

Comme il ne comprenait pas l'anglais, mon discours n'avait que peu d'effet ; il a continué à attendre. J'ai commencé à trier des objets – des lettres, des livres, des brochures de toutes sortes et de toutes descriptions, fouillant dans chaque sac, à l'intérieur et à l'extérieur de chaque paquet. Mes compagnons de voyage regardaient l'agitation avec sympathie et écartaient leurs jambes pour que je puisse regarder sous le siège.

À ce stade, un autre uniforme s'est approché et les deux se sont consultés. Alors l'un d'eux donna un coup de sifflet et, à son appel fort et perçant, cinq hommes accoururent. Le plus grand d'entre eux a ouvert en grand la porte du compartiment pour m'indiquer que je devais descendre. Ils me bavardaient en français et en espagnol ; Je parlais anglais. Nous allions tous aussi vite que possible. D'abord , j'ai bondi et j'ai protesté, puis je me suis assis et j'ai agité mes mains en disant : « Va-t'en ».

Finalement , apparut un jeune étudiant espagnol qui parlait anglais. Il m'a fait savoir que le train était déjà en retard à cause de moi ; Je dois descendre pour que les autres passagers puissent prendre le Barcelona Express.

Cela ne me dérangerait plus. "Moi aussi, je veux l'attraper", m'exclamai-je. « Pourquoi ne passent-ils pas à autre chose ? J'ai un passeport et je le trouverai dans quelques minutes. J'ai payé mon billet pour Port Bou et je n'y retourne pas. Vous pouvez arrêter le train ici pendant une semaine si vous le souhaitez, je ne bougerai pas !

Les gendarmes attendaient sur la plate-forme en contrebas. L'interprète haussa les épaules : « Elle fera ce qu'elle dit. C'est une Américaine et elle ne descendra jamais. Autant passer à autre chose.

Néanmoins, le grand gaillard à la longue cape noire saisit résolument les sacs les uns après les autres et les distribua. Sous le dernier se trouvaient les papiers manquants. Tout de suite, tout le monde était entouré de sourires. Les sacs ont été restitués et les agents se sont excusés, m'ont remercié abondamment et sont partis.

Les passagers me serraient la main tout autour.

Juste avant d'arriver à Port Bou, l'un d'eux a regardé par la fenêtre et a transmis quelques mots aux autres en catalan. Tout le compartiment était comme électrifié. En quelques secondes, les colis furent déchirés et les cartons éventrés. La Señora ôta sa mantille et plaça sur sa tête un nouveau chapeau élégant, puis le couronna avec un autre, et un autre, et un autre, jusqu'à ce qu'elle en porte finalement quatre. Des mètres de dentelle magnifique et exquise entrèrent dans son corsage. Elle ôta sa jupe extérieure et enveloppa ses hanches dans des morceaux de tissu. Les hommes remplissaient leurs poches et la doublure de leurs manteaux. Il ne restait finalement plus que quelques rouleaux de tresse. Le plus jeune souleva son pantalon, l'enroula autour de ses jambes et rentra les extrémités dans ses jarretières. Puis, par la fenêtre, du papier froissé, des boîtes, des ficelles sont passés. Finalement, alors que le train ralentissait, ils enfilèrent des plumeaux en lin chamois clair. Mes yeux sont sortis de la tête en voyant ces gens simples se transformer soudain en gros stylés revenant de Paris.

Les deux hommes fumaient nonchalamment des cigares comme si de rien n'était pendant que les douaniers fouillaient leurs sacs. Toutes les personnes concernées savaient qu'il s'agissait de marchands qui faisaient de la contrebande, mais même les autorités considéraient qu'il était légitime qu'ils en apportent autant qu'ils pouvaient emporter avec eux. Alors qu'ils quittaient le hangar où mes affaires étaient encore en train d'être fouillées, ils me jetèrent un regard compatissant et lançaient des regards indignés aux fonctionnaires qu'une dame soit ainsi servie.

Je m'attendais à trouver au coin des rues de Barcelone des Carmen avec des fleurs d'hibiscus dans les cheveux, des guitaristes et des chanteurs errants. Mais la seule musique qui passait devant ma fenêtre sortait mécaniquement des vielles à roue à deux roues richement ornées. Pourtant, la ville était pleine de couleurs. D'étranges petits chariots bâchés, comme s'ils faisaient partie d'une caravane, vacillaient sur les pavés. Il y avait quelque chose de magnifiquement élégant chez les membres de la *Guardia Civil* , majestueusement montés sur des chevaux arabes, leurs moustaches farouchement hérissées, leurs uniformes flamboyants d'écarlate et de jaune surmontés de chapeaux en cuir verni noir. Les bonnets phrygiens rouges des porteurs semblaient un rappel presque trop réaliste de la révolution. Les ouvriers portaient encore leurs écharpes à franges cramoisies, leurs blouses françaises bleues et leurs chaussures blanches à semelles de corde. Les hommes, en général, étaient de petite taille, mais donnaient une impression de force comme des tiges d'acier ; les femmes, toujours vêtues de noir, sauf les très jeunes, étaient grosses et se dandinaient.

D'innombrables cloches sonnaient constamment dans d'innombrables églises. Partout, comme des corbeaux, il y avait des prêtres vêtus de longues robes flottantes, de chapeaux de pelle et d'orteils nus et sales dépassant de leurs sandales. Aux coins des rues centrales , je les ai vus occuper les stands des correspondants professionnels qui, pour dix centimes, lisaient et répondaient aux lettres des analphabètes.

Même si Barcelone, capitale de la province séparatiste de Catalogne, était le centre industriel progressiste de l'Espagne, elle n'a pas été assombrie par une mêlée de cheminées éructantes. Les centaines d'usines étaient cachées, chacune isolée dans les champs, laissant la ville libre de la circulation, de la fumée et du vrombissement des machines. Les palmiers des places et des parcs étaient beaux, mais à côté du nouveau se dressait l'étonnante antiquité de la vieille ville, encombrée et mélancolique.

Surplombant la mer, au bout de la Rambla, décorée sur toute sa longueur de stands de fleurs et d'arbres bruyants d'oiseaux, se dressait une haute colonne portant la statue de Colomb. Autour de la base se trouvaient des scènes représentant divers incidents du voyage en Amérique, chacune représentée par de petites images coulées en bronze, toutes belles dans les moindres détails. Mais l'effet a été grandement gâché parce que presque tous ceux qui restaient avaient perdu une jambe, un bras, un pied ou même une tête. Après avoir examiné cela pendant un certain temps et réfléchi aux raisons, j'ai conclu que les figures si fortement réalisées et placées n'avaient pas été facilement supprimées, et j'ai décidé que cela devait avoir quelque chose à voir avec la guerre hispano-américaine. Quand j'ai demandé à mes amis espagnols si j'avais bien deviné, leur seule explication était que les voyous l'avaient sans doute fait pour le sport.

Cependant, après avoir quitté le pays , j'ai reçu une vérification de ma supposition. Le monument avait été lapidé en 1998, mais aucun Espagnol n'aurait jamais admis ce fait à un Américain ; le simple fait de mentionner ces désagréments pourrait blesser les sentiments du visiteur.

J'ai commencé à étudier l'espagnol avec un professeur, mais je n'étais pas encore assez avancé pour pouvoir avancer dans mes recherches. Malheureusement aussi, même si les hommes se pressaient en masse dans les cafés, ils maintenaient leurs femmes dans une réclusion semi-orientale et imposaient même mentalement aux étrangers leurs idées profondément enracinées sur l'isolement des femmes. Je ne pouvais pas violer cette coutume en me déplaçant seul, car j'étais un invité. Par conséquent Portet , qui était lui-même un homme occupé, m'a fourni une succession d'escortes masculines.

Vers la fin d'un certain après-midi, fatigué et endoloris, j'étais assis avec l'un de ces messieurs arrangeants à une table sur le trottoir en sirotant un apéritif – un délicieux vermouth français agrémenté d'olives farcies aux anchois. Les cireurs de bottes faisaient leur tournée habituelle auprès des clients et les hommes faisaient nettoyer leurs chaussures. Comme j'avais beaucoup marché, les miens paraissaient un peu éraflés et j'étendis les pieds.

Mon compagnon me regarda d'un air suppliant. "Je vous en supplie, Señora , pas ici."

"Pourquoi pas?"

Mais le garçon avait déjà apporté son petit repose-chaussures, avait commencé à cracher sur mon richelieu et à frotter avec énergie et enthousiasme. Embarrassé, mon escorte s'est levée et s'est éloignée, mais, intéressé par les nouvelles méthodes du garçon, j'ai gardé les yeux sur mes chaussures et je n'ai rien remarqué d'anormal.

Dès qu'il eut fini , je levai les yeux. Il devait y avoir vingt-cinq hommes rassemblés devant le café, tous regardant fixement et attentivement ce spectacle insolite. Lorsque j'ouvris mon sac à main pour payer le garçon, il ôta sa casquette avec le geste le plus gracieux. " Señora , c'est avec plaisir."

La foule à l'extérieur a applaudi bruyamment et j'ai senti mon visage s'échauffer. Ce n'est qu'après qu'ils eurent disparu que mon protecteur revint, pâle et extrêmement agité. « Vous voyez ce que vous avez fait, vous voyez ? Ce sera la blague de l'Espagne ! Vous êtes l'ami du professeur Portet ! C'est une réflexion sur lui et sur sa famille ! Vous ne pouvez pas faire ces choses !

J'ai alors réalisé que je devais être plus circonspect.

Portet , qui était après tout le successeur de Ferrer, était surveillé partout où il allait par les services secrets et fit bientôt remarquer que moi aussi j'avais une ombre : l'homme qui était constamment assis à la petite table ronde au dessus de marbre en face de mon hôtel. Il a dit que je devrais toujours avoir cet individu ou l'un de ses amis avec moi. Ils étaient en service pendant huit heures, et si je devais participer à une vie nocturne , j'en aurais trois distinctes sur vingt-quatre heures.

Ces agents du gouvernement devaient rendre compte régulièrement des personnes avec qui je me trouvais et des endroits où j'allais et, en un sens, ils prenaient aussi soin de moi, même si Portet n'était jamais sans un revolver dans sa poche. En Espagne, un souffle d'humidité et les parapluies s'ouvraient partout. Un jour, en route vers une mission pour les Belges, Portet et moi attendions le tramway lorsqu'une éclaboussure de pluie tomba. Son espion se précipita pour lui tenir un parapluie tandis que le mien courait après mon chapeau que le vent m'avait arraché de la tête. Ou encore, si je prenais le train seul, mon accompagnateur de jour, ayant déjà été en conférence avec le propriétaire de l'hôtel, se présentait à la billetterie et expliquait au commis où je voulais aller. S'il avait parlé anglais, j'aurais sans aucun doute apprécié sa conversation, mais Portet m'a prévenu qu'il était indigne de saluer une telle créature.

Les fréquentes attentions amicales de nos espions ne purent attirer un mot d'approbation de Portet , bien qu'à une occasion ils rendirent un véritable service. En nous arrêtant en route à la société American Express pour récupérer de l'argent, nous sommes partis visiter une partie de la vieille ville nouvelle pour moi. À seulement quelques pâtés de maisons des berges et des magasins modernes se trouvaient des pompes centrales à partir desquelles les femmes transportaient l'eau jusqu'à leurs maisons dans de hautes cruches en terre, exactement de la même manière primitive qu'il y a des siècles. On accédait aux maisons du quartier rouge par des escaliers extérieurs le long desquels se trouvaient des niches renfermant des récipients pour l'eau bénite, dans lesquels les clients trempaient religieusement leurs doigts, se signaient et entraient.

Tandis que nous nous promenions dans une de ces rues étroites et hautes de chaque côté, je me sentis soudain et sans raison alarmé, et au même instant Portet mit la main dans sa poche. J'ai jeté un coup d'œil derrière moi et j'ai constaté que nos deux ombres protectrices familières avaient disparu ; Je sentais qu'il y avait un danger, mais moi aussi j'essayais d'agir comme si tout allait bien, comme s'il n'y avait pas de quoi s'inquiéter. Nous avons marché de la même manière tranquillement jusqu'au coin. Là, dans un éclair, dans une autre rue, nous avons aperçu rapidement des personnages en difficulté au loin. En un instant, ils disparurent.

Nous nous sommes dirigés vers notre destination : un petit café face à la Méditerranée. Alors que nous l'admirions, j'ai été surpris par la vue de nos deux espions qui s'approchaient, l'un d'eux tenant un long couteau au tranchant déchiqueté. Je ne pouvais pas comprendre ses paroles excitées, mais sa pantomime décrivait si clairement une lutte à mort que ma chair a commencé à ramper et des frissons ont parcouru ma colonne vertébrale. Il s'arrêta, s'inclina et tendit le couteau, me l'offrant visiblement.

Portet , l'air très furieux, sortit son revolver, le montra à l'homme et lui ordonna de partir. Quand tous deux se furent retirés, déconcertés, Portet traduisit brièvement : « Il dit qu'il vous a sauvé la vie, que des voleurs vous ont vu chercher de l'argent à l'American Express ce matin et qu'il savait qu'ils allaient vous attaquer. Il les suivit et leur arracha le couteau. Je lui ai dit que c'était inutile. Les voleurs auraient eu autant de bien qu'ils ont donné ! Je peux prendre soin de toi."

Je pensais que j'aurais dû au moins récompenser cet homme, mais pas Portet , le révolutionnaire, qui était furieux de cette présomption. Il était toujours en colère contre eux. Lorsqu'il est venu déjeuner avec moi le dimanche des Rameaux, le propriétaire de l'hôtel s'est penché par-dessus la table en toute confidentialité et m'a dit : « L'agent du gouvernement souhaite vous parler. »

Portet a crié : « S'il s'approche, je lui tirerai dessus ! Le chien, le ver, le chien ! Comment osait-il?"

"Ne pouvons-nous pas découvrir ce qu'il veut?" Je suggère.

Le propriétaire répondit : « Rien, Señor , sauf pour demander si vous et la Señora assistez à la corrida cet après-midi. Son temps est écoulé à quatre heures, mais si vous allez à la *Plaza de Toros* , il sera heureux de rester en service encore huit heures.

Nous sommes allés; il est venu sur place et a vu le spectacle aux frais du gouvernement.

Les bancs en ciment du grand amphithéâtre étaient remplis à pleine capacité. Les gens gesticulaient, bavardaient avec volubilité, comme s'ils attendaient quelque chose d'inhabituel ou quelque chose de bien attendu avec impatience. Au-dessus de nous, le ciel gris et monotone ressemblait à une immense tente, tant il était régulier et incolore, mais de temps en temps une tache bleue apparaissait. L'humeur des spectateurs changea avec la même inattendue, passant de la joie et de la joie presque instantanément à l'impatience ou à la colère ; tantôt ils applaudissaient et louaient le matador, tantôt ils l'insultaient et le vilipendaient.

La plupart de mes amis espagnols espéraient que j'aimerais une corrida, même si Portet , qui trouvait cela barbare, m'a dit que cela me choquerait probablement ; tout étranger qui en voyait un fermait simplement les yeux avec horreur lorsqu'un pauvre vieux cheval squelette était tellement encorné que ses intestins tombaient puis étaient repoussés pour rentrer dans l'arène. Si je voulais me faire remarquer en montrant mes sentiments, la population pourrait se retourner contre moi et, en plaisantant, il a suggéré de suivre l'exemple d'Alphonse XIII, qui avait offert à son épouse anglaise une paire de lunettes de théâtre aux verres parfaitement noirs parce qu'elle était si ouverte et franche pour afficher ses émotions. Elle était restée debout et les regardait fixement tout le temps, et elle a ainsi survécu à sa première corrida.

J'ai promis de faire attention et j'ai regardé à l'œil nu.

Le taureau sortit en reniflant avec passion et vigueur, regardant autour de l'arène d'un grand noble mouvement de tête. Soudain, il vit une couleur qu'il n'aimait pas, quelque chose d'hostile. Il se précipita vers lui, puis une silhouette d'apparence médiévale dansa devant lui avec une cape pour le confondre. Il oublia son ennemi initial et se précipita sur la chose rouge. Une autre silhouette tournoyante détourna son attention et le mit en colère pour qu'il se dirige vers le nouvel adversaire, fasse un autre plongeon et soit à nouveau accueilli par un éclair de couleur.

Cela s'est produit encore et encore. La vitalité du pauvre taureau fut finalement épuisée, non pas à cause d'un combat direct, mais à cause des nombreuses forces déconcertantes qui étaient là pour le détruire : les capes flottantes, les formes kaléidoscopiques, les banderilles lancées rapidement et les lances brillantes des picadors. Puis, alors qu'il saignait et était complètement épuisé, le héros sortit avec une épée pour le tuer. On l'a traîné dehors, des sombreros ont tourbillonné dans l'arène, des cris et des cris se sont élevés, l'orchestre a joué, une grande victoire avait été remportée.

Peu de temps après, avant même l'apparition d'un autre taureau, les vendeurs sont arrivés avec des paniers de sandwichs chauds préparés avec la viande grillée de celui qui venait d'être tué.

Portet ne me laissait pas dire un seul mot jusqu'à ce que nous soyons complètement hors de portée ; on peut parler librement en Espagne contre l'Église ou les prêtres, mais il ne faut pas critiquer cette institution sacrée. L'idée me traversait l'esprit qu'une corrida était le symbole de la lutte des classes ouvrières. Les grèves, les piquets de grève, les prisons ont épuisé leur énergie jusqu'à ce qu'eux aussi chargent aveuglément d'une manière ou d'une autre, passant toujours à côté du problème principal.

Beaucoup de mes vacances se sont déroulées avec plus de bonheur que cela. Je ne me lassais pas des montagnes boisées qui abritaient Barcelone, la plupart ayant une signification religieuse. Portet et moi montâmes en funiculaire jusqu'au sommet du Tibidabo , le très haut lieu où le diable tenta Jésus, lui montrant en un instant le monde s'étalant devant lui.

Encore une glorieuse journée de printemps, nous avons parcouru trente miles de route jusqu'à Montserrat, la montagne divisée en deux à la Crucifixion. C'était le spectacle le plus étrange pour quelqu'un venant d'un pays de métros et d'ascenseurs que d'observer les ânes chargés de paquets de légumes, d'œufs et de beurre sur le dos, et de voir leurs propriétaires se promener le long des collines, maîtres au moins de leurs compétences. eux-mêmes, sinon de leurs ânes. La brise soufflait encore plus fraîche alors que nous gravissions la pente finale jusqu'à l'immense monastère au sommet. Ensuite, la nuit tomba, et la lune brillait sur les énormes rochers des rochers imposants, et le vent murmurant se balançait de masse en masse et se répercutait de nouveau d'où il venait. Ce fut une soirée enchantée.

En faisant d'autres sorties à la campagne , j'ai aperçu une intelligence innée chez le paysan le plus ignorant. L'individu moyen ne pouvait pas dire les noms des plantes ou des fleurs les plus simples, mais un regard, un ton de voix, étaient compris en un éclair. Même les enfants gitans de la banlieue de Barcelone, avec leurs petits pieds sales et leurs vêtements en lambeaux, qui dansaient des danses bizarres et flattaient les étrangers pour quelques sous, avaient une luminosité naturelle au-delà de toute croyance.

Mais cette intelligence n'était pas dirigée, et une des raisons était inhérente à la nature rebelle du Catalan ; il n'aurait préféré aucun système de gouvernement si cela avait été possible, car il était agité et tumultueux sous la contrainte.

Quand j'ai vu des enfants conduire des aveugles dans les rues jour après jour, j'ai demandé : « Ne sont-ils pas obligés d'aller à l'école ? L'éducation n'est-elle pas rendue obligatoire par le gouvernement ?

On s'est moqué de moi. « Si le gouvernement envoyait nos enfants à l'école, nous saurions que ce n'est pas le bon type d'école. »

Cependant, les parents qui en avaient les moyens étaient suffisamment disposés à les envoyer dans les écoles de Ferrer. Avant lui, les deux tiers des Espagnols ne savaient ni lire ni écrire. L'enseignant, qui travaillait constamment toute l'année , gagnait en moyenne environ seize dollars par mois. « Il a plus faim qu'un maître d'école » était un axiome domestique.

Depuis quatorze ans auparavant, la première école de Ferrer avait ouvert ses portes, quarante-six avaient commencé à fonctionner et, en outre, la plupart des villes, quelle que soit leur taille, possédaient au moins une école rationaliste entretenue par les ouvriers et utilisant également les textes de Ferrer. Les bases étaient alors posées pour que les enfants d'hier deviennent les leaders du combat d'aujourd'hui. Les élèves que j'ai vus à Sabadella , à Grenade et à Séville, apprenaient les processus de la vie depuis la cellule, et leurs instructeurs essayaient vraiment de leur donner une attitude scientifique plutôt que théologique.

En raison du long isolement mental et physique que leur imposait l'Église, qui contrôlait toute l'éducation, cinq mille villes et villages ne pouvaient être atteints que par des sentiers et des pistes. L'Église s'était opposée à la construction de routes car, une fois les transports rendus plus accessibles, les femmes pourraient plus facilement quitter leurs maisons à la campagne et se rendre en ville où le mal les attendait : leurs mœurs étaient sauvegardées par des sentiers pour vaches.

La plus grande partie de l'Espagne était un pays décharné, dénudé et tragique, avec de vastes steppes désolées et un sol rouge et appauvri qui donnait l'impression qu'il avait été trempé de sang humain pendant des siècles. Il est certain que l'effusion du sang a été une question indifférente dans l'histoire espagnole. Dans un sens, le peuple tout entier était sans loi et hostile aux dirigeants. Chaque enfant connaissait les maux d'El Caciquismo . Un Espagnol a dit : « La démocratie, le républicanisme ou le socialisme n'ont en réalité pas grand-chose à faire dans notre pays, car nous n'acceptons de bon gré ni roi, ni président, ni prêtre, ni prophète. »

Les ouvriers catalans avaient peu confiance dans le gouvernement, quelle qu'en soit la marque, et s'en tenaient directement à un seul objectif : la révolution par l'action économique, principalement la grève générale. Il ne considérait pas le gouvernement comme une chose vague et mystérieuse dont les actes ou les erreurs ne pouvaient être reprochés à personne ; il exigeait que ceux qui détenaient l'autorité rendent compte des résultats de leur autorité. Il n'oubliait jamais un tort et, généralement, les responsables payaient la note. J'ai parfois pensé que ses « tentatives » étaient davantage menées dans un esprit de vengeance et de haine individuelle que dans le cadre d'une protestation sociale.

Au début de la Rambla se trouvait une grande place, la Plaza de la Constitucion , et c'est là que chaque jour, de cinq à six heures, la population se déplaçait. Des milliers de pieds avaient tellement usé le trottoir qu'il fallait le remplacer. Un midi, la place fut détruite. Personne ne pouvait y marcher pendant vingt-quatre heures, les ouvriers étaient occupés, des cordes étaient placées aux deux extrémités de la promenade et une immense pancarte était érigée : « Interdit d'entrer. Par arrêté du gouvernement. »

Les flâneurs se sont rassemblés pour regarder la proclamation. Ils commencèrent à parler, leurs gestes devenant de plus en plus véhéments, jusqu'à ce qu'ils finissent par baisser les cordes et marcher délibérément sur le béton frais. Ils n'allaient pas être interdits par le gouvernement ! Il fallait refaire tout le travail et j'ai remarqué la nuit suivante que six policiers à cheval gardaient les quatre côtés. Mais personne ne semblait accorder la moindre attention à l'un ou l'autre de ces incidents.

Les Catalans étaient une race d'individualistes, chacun ayant sa propre loi. Leurs caractéristiques les plus marquantes étaient l'indépendance et la dignité personnelle. Même Pepet , le serveur de mon hôtel, savait user de sa liberté. Parfois, il quittait tranquillement la salle à manger et descendait dans la rue se raser pendant que nous prenions notre soupe. Il revint finalement pour le cours suivant, heureux et propre, son absence n'étant pas réprouvée.

Chaque fois que la conversation des convives l'intéressait, Pépet intervenait aussi naturellement que s'il était assis et qu'on le servait au lieu de servir. Dans n'importe quel autre pays, cela aurait été considéré comme de l'insolence, mais ici, toute la courtoisie et le respect lui étaient témoignés comme il le faisait aux autres. Si vous disiez que vous alliez prendre un certain tramway jusqu'à un certain endroit pour y être à trois heures de l'après-midi, il vous interrompait : « Pardonnez-moi, madame , vous n'avez pas besoin d'être là avant quatre heures trente, et c'est beaucoup plus long. mieux vaut emprunter cette autre route.

Comme les autres, j'ai dit : "Bien, Pepet , nous suivrons ton conseil."

Avec l'expulsion des Juifs d'Espagne, la force motrice de l'initiative commerciale, qualité qui, heureusement ou malheureusement, fait cruellement défaut dans le pays, a disparu. Pérez Galdós a déclaré :

Le défaut capital des Espagnols de votre temps est de vivre exclusivement la vie des mots, et la langue est si belle que le plaisir de son doux son vous incite au sommeil. Tu parles trop. Vous prodiguez sans relâche une richesse de phrases pour dissimuler la pauvreté de vos actions.

Je ne croyais pas tout à fait cela, mais il ne fait aucun doute que les Espagnols avaient une habitude exaspérante de procrastination. C'était « Sí , Sí , Señora , assurément, certainement », tous gracieusement prometteurs – et puis rien ne se passait. Pour un Américain, c'était particulièrement agaçant, car il était toujours pressé ; il espérait voir et connaître toute l'Espagne dans un mois. Mais il ne fallait pas bousculer l'Espagnol. Lorsqu'on lui demande quelle heure il est, il peut répondre : « Peut-être quatre heures de soleil de plus. »

Ce défi aux horloges et cette absence de tension et d'agitation me plaisaient personnellement. On racontait l'histoire d'un Espagnol allant chercher fortune en Amérique du Sud. Après avoir trouvé un emploi qui lui plaisait, il a travaillé trois heures et a soudainement demandé son salaire. Lorsque son employeur lui a demandé la raison de son départ brusque, il s'est exclamé avec colère : « Pensez-vous que je vais passer toute ma vie à travailler pour vous ?

Don Quichotte représentait véritablement le tempérament espagnol. Le grand enthousiasme manifesté pour un projet et l'imagination encore plus forte qui voyait non seulement l'affaire commencée mais aussi terminée, étaient espagnols au dernier degré. Le chevalier de La Manche ne pensait pas à envahir les villes et à combattre les géants, mais il finit par y réfléchir. "Je considère que tout cela est déjà fait."

Le caractère espagnol, si paradoxal, si séduisant et souvent si difficile à comprendre, me fascinait. Je pourrais m'épuiser en adjectifs : inconstant, impétueux, riche d'âme, ascétique, passionné, réaliste, individualiste. La courtoisie et le cérémonial étaient une seconde nature pour les Catalans de Barcelone, censée être la ville la plus dangereuse et la plus anarchique d'Europe, où des milliers d'anarchistes se rassemblaient et complotaient et où des bombes étaient lancées enveloppées dans des fleurs.

Je me souviens que dans les tramways de banlieue qui s'enfonçaient dans les montagnes, des vendeurs d'omelettes chaudes et froides parcouraient les quais de la gare. Celui qui en achetait un, avant de le manger lui-même, l'offrait à tous les passagers de la voiture, même s'ils transportaient leur propre déjeuner.

Accepter, cependant, était une violation choquante des bonnes manières. L'offrant a protesté que vous deviez l'accepter et vous avez dû réfléchir rapidement pour trouver une excuse plausible. « Mes amis m'attendent pour dîner avec eux » ou « Je viens de manger quelque chose à la dernière gare ». Il ne faut jamais, jamais, jamais accepter.

Havelock racontait une grave erreur qu'il avait commise lors d'un voyage en Espagne. Lorsqu'il avait admiré un bijou, la dame à qui il appartenait l'enlevait promptement et le lui jetait en disant : « Je suis honorée de vous l'offrir. Elle avait tellement insisté que, même s'il était complètement mal à l'aise, il l'avait accepté – la pire chose qu'il aurait pu faire. Bientôt, il disparut de ses effets, mais quelle ne fut pas sa surprise lors de sa prochaine rencontre avec la dame de la retrouver le portant à nouveau sans aucun signe de trouble. Ses domestiques avaient été si indignés que l'un d'eux l'avait aussitôt volé.

Les hommes espagnols étaient non seulement courtois envers les femmes mais aussi entre eux, n'hésitant pas à montrer leur respect et leur affection. Même les mendiants s'adressaient les uns aux autres avec les phrases les plus grandioses : « Votre Altesse » ou « Votre Grâce ». On pourrait se demander : « Où dormira Votre Excellence ce soir ? »

"Sous le pont, Mon Seigneur."

Il leur manquait ce regard de pauvreté dans l'âme qui existait dans la même classe dans d'autres pays. En supposant que l'état d'un spécimen en lambeaux et en lambeaux était temporaire, je l'ai interrogé : « Que faites-vous habituellement ?

«Je flâne, je paresse, je traîne.»

« Mais quel travail fais-tu ? »

Il se redressa avec la plus grande hauteur et dit fièrement : « Je ne travaille pas. Je suis un mendiant.

Faire des affaires avec les Espagnols exigeait un savoir-faire tout à fait étranger à l'Américain moyen. Par exemple, j'ai vu dans une vitrine un panier que je pensais absolument devoir avoir. Mon escorte et moi sommes entrés dans le magasin. Comme le propriétaire ne parlait pas anglais, tout ce que je pouvais faire était de le regarder avec envie, de le prendre dans ma main et de demander à mon compagnon : « À votre avis, combien cela coûte-t-il ? Il n'a pas répondu, mais a montré quelque chose d'autre sur le mur, et nous sommes partis sans connaître le prix. Je pensais que c'était une personne terriblement stupide.

Le lendemain, je suis passé au même endroit avec Portet et j'ai supplié : « Oh, entrez et demandez combien coûte ce panier. Je veux l'acheter."

Il m'a souri avec indulgence. « Vous savez, dans notre pays, nous ne pouvons pas simplement nous rendre sur place et connaître les prix. Cet homme est un artisan. Nous lui parlerons.

Le propriétaire et sa femme nous ont serré la main et ont apporté le meilleur vin de la cave. Alors le premier dit : « La Señora était ici hier. Parlez-nous d'elle.

"Elle vient d'Amérique du Nord", répondit Portet .

"Parlez-nous de l'Amérique du Nord."

Après quarante minutes de cela, pendant lesquelles je gardais un œil sur le conteneur en osier sans pouvoir détourner la conversation vers lui, nous avons dit : « *Hasta la vista* » et nous nous sommes inclinés pour sortir.

Une semaine plus tard , Portet et moi, suivant l'aimant de mon panier particulier, avons cherché à nouveau le magasin. Les relations étaient désormais établies et nous étions en droit de nous interroger à ce sujet. Mais nous ne pouvions toujours pas exiger catégoriquement : « Combien ça coûte ? Nous devons dire : « Ce panier doit valoir telle ou telle chose », ce qui rend le chiffre plus élevé qu'il ne devrait l'être.

"Oh, non, non, non, non!" protesta le propriétaire. « Cela n'en vaut pas la peine. Mes humbles mains l'ont façonné. Cela ne vaut presque rien.

Il a essayé de me le faire accepter pour rien. J'ai dû refuser et essayer une fois de plus de lui faire prendre plus que sa valeur. Jamais il n'y a eu autant de jonglerie avant d'arriver enfin au montant exact des pesetas.

Lors de mon départ du pays, j'ai dû franchir une ponction similaire. J'ai passé environ sept semaines à Barcelone et je n'ai jamais reçu de facture d'hôtel : aucune pour l'hébergement, pour la lessive, pour les repas ou pour les extras comme le café. Le jour approchait où je devais rentrer en France, et je ne voulais pas avoir trop d'argent espagnol sur moi, juste assez pour m'emmener à la frontière. De là, j'avais déjà acheté mes billets pour l'Angleterre.

Chaque fois que je parlais *de cuenta* au propriétaire, en s'inclinant et en levant les paumes, il répondait : « Sí , Sí , Señora », jusqu'à ce que finalement, le dernier matin, je me dirige résolument vers le bureau et dis : « Je vais rater mon train. si je dois aller à l'American Express pour obtenir plus d'argent. Vous devez vraiment me dire combien je dois.

Il est monté à l'étage. J'ai attendu. Finalement il descendit, les cheveux hérissés. Il jeta le compte sur la table avec un air des plus vindicatifs. J'y ai jeté un coup d'œil. Le total était très faible ; cela aurait à peine pu couvrir le coût de la nourriture.

«J'ai été humilié!» s'exclama-t-il dramatiquement.

"Qu'est-ce qu'il y a ?" J'ai interrogé.

« Nous vivons dans le pays le plus infernal du monde ! »

"Pourquoi, que s'est-il passé?"

« Une dame vient d'Amérique du Nord. Elle nous rend visite, elle reste ici, nous l'aimons bien et je dois lui présenter cette sordide facture !

Un jour, quand les combats seront terminés , je retournerai en Espagne.

Chapitre quatorze

O, ÊTRE EN ANGLETERRE

Quand je suis arrivé à Londres, c'était le printemps, et aussi beau que seul le printemps peut l'être en Angleterre. J'avais envie de sortir à la campagne et, grâce à la gentillesse du Dr Alice Vickery, j'ai rapidement été hébergée dans une maison privée à Hampstead Gardens, à côté de sa pittoresque maison en briques rouges couverte de lierre. Dans le grand jardin à l'arrière, nous prenions souvent le thé sous les pommiers en fleurs. Là, vêtue de gris ou de violet, avec un col blanc et une mèche de dentelle qui ne faisait pas vraiment un bonnet sur la tête, elle divertissait les jeunes femmes modernes d'Angleterre qui travaillaient pour des réformes de toutes sortes. Pourtant, à quatre-vingts ans, elle était à l'écoute de toutes les questions de l'heure, occupée à rédiger des tracts ou des articles soulignant les points faibles des programmes sociaux.

Le Dr Vickery était tellement imprégné du côté vivant du néo-malthusianisme que je pouvais difficilement me permettre de renoncer à une heure possible avec elle. Souvent, lorsque nous nous trouvions seuls dans son salon, je m'asseyais à ses pieds et écoutais l'histoire des pionniers malthusiens, ce qu'ils avaient dû subir et ce qu'ils avaient accompli. Pour mon bénéfice, elle a sorti de son grenier un véritable trésor des premiers jours : de vieilles circulaires, brochures et lettres aujourd'hui, j'en ai peur, détruites.

Presque tous les après-midi, prenant sa canne et accompagnée du Dr Binnie Dunlop, le Dr Vickery montait à bord du tramway pour assister à un rassemblement. Elle avait été l'une des premières à accueillir les suffragettes militantes, et elle ne manquait jamais un meeting de suffrage, ni d'ailleurs aucun autre important sur le bien-être infantile ou maternel, l'eugénisme ou la santé publique. Elle y allait toujours dans le but précis d'amener le public à l'essentiel. Avec le temps, elle est devenue une figure familière. Dès qu'elle entrait dans une salle, on sentait les personnes présentes s'aligner contre elle. Ils savaient qu'elle allait aborder un sujet controversé dont personne ne voulait discuter, comme le contrôle des naissances. C'était comme jeter un rocher dans un joli lac tranquille, mais, avec un extérieur imperturbable et une détermination farouche, elle se levait invariablement, demandait au président de la reconnaître et disait son point de vue du côté féministe de la question. De la bouche de cette vieille dame victorienne , il semblait étrange d'entendre des remarques franches sur l'importance de limiter la progéniture. Le Dr Dunlop, avec la détermination écossaise, était également déterminé à remettre les gens dans l'ordre ; il la suivit et lui expliqua les aspects médicaux de la population.

En juin, le Dr Vickery m'a demandé de raconter mon histoire à un groupe de ses amis. Parmi eux se trouvait Edith How-Martyn, récemment diplômée de la London School of Economics. Mais déjà l'ardeur zélée de cette petite et légère personne lui avait valu la prison pour le suffrage. Elle s'était maintenant séparée de Mme Pankhurst, incapable de souscrire à la politique militante.

L'Américaine a tendance à dire : « Tout ce que je peux faire pour vous, faites-le-moi savoir », puis s'en va, la conscience soulagée. L'Anglaise affirme avec certitude qu'elle peut organiser un rendez-vous, vous mettre en relation avec un tel, vous donner de l'argent ou obtenir de l'argent pour vous. Edith How-Martyn m'a dit d'une manière calme : « Je pense que ce que vous nous avez dit aujourd'hui devrait avoir un public plus large. Allez-vous donner une conférence si nous l'organisons pour vous ? Nous ferons le travail des ânes ; tout ce que vous avez à faire est de parler.

En quelques jours, l'heure et le lieu furent fixés. Je devais comparaître au Fabian Hall le mois suivant sous mon propre nom.

Les chaises de l'auditorium étaient en bois et l'intérieur n'était pas chauffé, ce qui n'était pas comme une salle américaine. Le public était bien différent des petits rassemblements socialistes d'ouvrières auxquels je m'adressais chez moi. Les atroces et hideux chapeaux anglais lui donnaient un air intellectuel et hautement respectable. Ces représentants de presque toutes les organisations sociales et civiques de Londres avaient une attitude rationaliste et préféraient écouter les principes et les théories. Je leur ai expliqué ce que j'avais essayé de faire à travers la *Femme rebelle* et leur ai expliqué ma conception privée et personnelle de ce que devrait signifier le féminisme ; c'est-à-dire que les femmes devraient d'abord se libérer de l'esclavage biologique, ce qui pourrait être mieux accompli grâce au contrôle des naissances. Ce fut, d'une manière générale, l'introduction du terme en Angleterre.

Beaucoup sont venus me parler par la suite, parmi lesquels Marie Stopes, une paléontologue qui s'était fait une réputation grâce à ses travaux sur le charbon. Est-ce que je viendrais chez elle et discuter du livre qu'elle était en train d'écrire ?

Au cours des tasses de thé, j'ai trouvé qu'elle avait une attitude ouverte et franche qui m'a vraiment conquis. Elle m'a immédiatement mis dans ses confidences, déclarant que son mariage n'était pas consommé et que pour cette raison, elle obtenait l'annulation. Son livre, *Married Love* , était basé en grande partie sur ses propres expériences et sur le malheur que les gens ressentaient à cause de l'ignorance et du manque de compréhension dans le mariage, et elle espérait que cela aiderait les autres. Elle était extrêmement intéressée par la corrélation entre la réussite conjugale et les connaissances en matière de contrôle des naissances, même si elle admettait ne rien savoir de ces dernières. Puis-je lui dire exactement quelles méthodes ont été utilisées et comment ? Malgré ma conviction que les cliniques néerlandaises pouvaient être améliorées, j'ai été enthousiasmé par l'idée en tant que telle et je les ai décrites telles que je les avais vues.

Plus tard, à mon retour aux États-Unis, j'ai apporté avec moi le manuscrit de *Married Love* et j'ai essayé tous les éditeurs établis à New York, recevant un refus de chacun. Finalement, j'ai convaincu le Dr William J. Robinson de le publier sous les auspices de son *Critic and Guide* , un magazine mensuel qui abordait de nombreux sujets que le *Journal* of the American Medical Association ne voulait pas aborder. Malheureusement, même ici, il a fallu l'expurger. Lorsque j'ai télégraphié au Dr Stopes, j'avais un éditeur à New York, son nouveau mari, HV Roe, a financé une édition anglaise intégrale qui parut simultanément.

Personne ne peut sous-estimer le travail accompli par Marie Stopes. Bien que ses autres livres, *Radiant Motherhood* et *Wise Parenthood* , aient eu une valeur limitée car basés sur une expérience personnelle limitée, elle a traité la connaissance sexuelle avec délicatesse et sagesse, la plaçant dans une catégorie moderne et pratique. Elle a lancé la première clinique de contrôle des naissances en Angleterre, mais elle n'a pas été une pionnière du mouvement. Annie Besant, le Dr Vickery, les Drysdale et bien d'autres avaient labouré la terre et semé la graine. Il suffisait d'une voix nouvelle, articulée et claire comme la sienne, pour la pousser aux premiers rangs du mouvement, où elle dut être très surprise de se retrouver.

Beaucoup de gens faisaient tout leur possible pour être gentils avec moi à cette époque. J'ai souvent été invité au domicile d'EPC Haynes, avocat, écrivain sur la liberté de la presse et excellent conseiller. Autour de sa table, l'un des plus grandioses d' Angleterre, se trouvait généralement un grand groupe de personnes distinguées. Parmi eux se trouvait le vétéran de la guerre civile américaine, le major GP Putnam, un petit éditeur pimpant, vif et alerte avec une moustache blanche et des yeux bleus froids. Il était conservateur et formel, mais en même temps un incendiaire dans sa mode et un passionné pour certaines questions. Haynes l'avait invité à entendre mon point de vue et avait lui-même abordé le sujet du contrôle des naissances. Ainsi , j'ai pu préparer le terrain pour que GP Putnam's Sons reprenne finalement la publication de *Married Love* dans ce pays, même si ce n'est qu'en 1931, grâce aux efforts du Major, que l'interdiction qui interdisait l'importation de l'édition complète aux États-Unis fut levée. États.

Harold Cox, brillant député et rédacteur en chef de l' *Edinburgh Review* , était un autre hôte charmant à Old Kennards dans le Buckinghamshire. Dans la *Revue* , il contribuait constamment à former une opinion publique éclairée sur

le contrôle des naissances, ayant tous les arguments à portée de main et ne manquant jamais une occasion de répondre aux questions du London *Times*
.

Hugh et Janet de Selincourt à Torrington, dans le Sussex, où Shelley est née, a toujours été un havre de refuge. Après cinq jours de travail en ville, je pourrais venir, fatigué et refoulé, passer un week-end. J'ai adoré la joie et la simplicité de la musique, les conversations légères et le thé sur la pelouse. De là, on voyait du lierre anglais grimper jusqu'au toit de chaume et un étang, un petit étang, transformé en piscine. L'impression générale était celle d'arbustes et de vieux murs avec des arbres fruitiers palissés. Au-delà de l'herbe verte et veloutée se trouvaient des rosiers rouges, de belles bordures de lupins roses et des delphiniums, les plus hauts et les plus bleus que j'aie jamais vus . Depuis la fenêtre de la salle à manger, l'effet était celui d'une tapisserie. Je voulais un jour incarner l'esprit décousu de cette maison dans l'une des miennes.

Là encore, le rire m'a lié à ces gens. Nous avons ri et nous avons ri et nous avons ri. Des journées entières se passaient dans la gaieté pour les choses les plus absurdes. Hugh n'a jamais vraiment pu m'accepter comme croisé ; il éclatait de rire chaque fois que je parlais du sujet de la population – c'était trop pour une femme en robe jaune de s'en soucier.

Mais bon nombre de mes week-ends étaient consacrés à « m'en préoccuper ». Lors des réunions syndicales du dimanche après-midi à Londres, il y avait toujours quelqu'un qui pérorait. « Voici l'occasion pour vous de parler de contrôle des naissances », a un jour insisté Rose Witcop .

C'était l'occasion de toucher les travailleurs et j'ai accepté, mais le déjeuner de ce jour-là m'a fait trembler. Henry Sara, un homme jeune mais âgé dans la manière de parler, a remarqué que je ne mangeais ni ne buvais et que je pouvais à peine prononcer un mot. « Je dis, quelle est l'idée de toute cette inquiétude ? Ce qu'il faut penser, c'est que tout le monde vient simplement pour entendre quelqu'un ou n'importe qui. Ils n'ont aucune idée de ce que vous allez dire. Tout va bien pour eux. Gardez cela à l'esprit et arrêtez de vous inquiéter.

Ses encouragements amicaux me donnèrent un peu plus de courage, mais, en chemin vers la salle, Rose Witcop me reprocha sévèrement le tremblement que je semblais incapable d'arrêter. « Ce sont simplement des gens à qui vous allez parler. C'est totalement absurde d'être nerveux à ce sujet.

Lorsque Rose s'est levée pour me présenter, elle a commencé : « Camarades… » Il y a eu une longue pause. Pour la deuxième fois, elle essaya d'un ton moins assuré : « Camarades… » Un autre intervalle et une troisième fois, d'une voix si faible qu'elle pouvait à peine l'entendre, elle essaya : «

Camarades… » Puis, chuchotant à peine : « Excusez-moi. ," elle s'est assise. En comparaison, mon discours n'était pas mauvais.

Écrire à cette époque était un moyen d'expression bien plus facile que parler. Je n'avais pas oublié mes abonnés à la *Femme Rebelle* . Il me fallait remplir mes obligations et fournir de quoi remplacer les trois numéros que je n'avais pas pu leur fournir. C'est pourquoi j'ai écrit trois brochures sur les méthodes de contraception respectivement en Angleterre, aux Pays-Bas et en France. Les imprimer m'a coûté une somme d'argent considérable. Mes amis au Canada, sachant que je n'étais pas riche, de temps en temps, lorsqu'ils recevaient une petite aubaine ou un dividende inattendu, m'envoyaient de petits chèques de cinq à dix livres, disant : « À utiliser pour votre travail. Ceux-ci étaient venus assez souvent.

Une fois, j'avais vidé mon portefeuille en payant le dernier pamphlet ; Je n'avais plus un sou pour acheter des timbres. Dix jours s'étaient écoulés et j'espérais toujours que quelque chose vienne m'aider. Ce matin-là, une lettre arriva. Je l'ai déchiré et un mandat est tombé. Me précipitant au plus vite à la poste, je reçus l'argent, dépensai le tout en timbres et revins en toute hâte dans l'espoir de faire sortir toute l'édition en *arabe* ; dans les navigations en temps de guerre, il fallait en tenir compte. Un lot d'enveloppes était déjà entré dans la boîte à piliers, et j'étais justement en train de finir d'adresser et de tamponner le deuxième lot lorsque j'entendis le heurtoir de la porte en dessous résonner dans la maison. Cela sonnait avec autorité et sonnait si inquiétant que j'avais l'impression que cela devait avoir quelque chose à voir avec moi.

Effectivement, quelques instants plus tard, un policier et un homme en civil sont apparus à mon seuil. Ils m'ont demandé si j'étais la personne qui envoyait des quantités de courrier à une adresse étrangère.

"Oui", admis-je d'une petite voix, me demandant ce qui allait se passer maintenant.

Le policier s'est approché, m'a montré une enveloppe non ouverte et a demandé sévèrement : « Avez-vous posté ceci ?

"Je pense que oui."

« Madame, en Angleterre, nous ne mettons jamais Sa Majesté à l'envers. Nous ne représentons pas notre Roi debout sur sa tête. Voudriez-vous, en apposant vos cachets, faire attention aux usages de notre pays ?

Le soin avec lequel j'ai collé le reste à l'endroit m'a retardé de sorte que j'ai à peine réussi à faire l' *arabe* . C'est seulement à ce moment-là que j'ai eu le temps de lire la lettre. Je l'ai sorti de mon sac, pensant combien c'était merveilleux que mes amis m'envoient de l'argent et combien de bien j'avais pu en faire. À ma consternation et à mon étonnement , ce n'était pas pour mon usage, mais pour acheter des cadeaux, certains livres à renvoyer le plus tôt possible.

L'argent avait disparu et les cadeaux ne pouvaient pas être achetés.

Après toute cette précipitation et cette agitation, l' *arabe* fut torpillé et tomba avec les deux mille brochures entières. J'ai fait un nouvel effort, cette fois réussi, et j'ai rédigé un article sur Emerson, Thoreau et Humphrey Noyes et la communauté Oneida, dont parlaient les Anglais.

Entre-temps, j'avais écrit au Canada pour m'excuser et lui dire que j'espérais pouvoir bientôt remplir les commandes. J'avais désormais une ouverture devant moi pour une carrière à l'étranger. La maison d'édition de Portet à Barcelone était étroitement alliée à d'autres à Paris. Par son intermédiaire, on m'a proposé de choisir des livres appropriés en anglais, qui pourraient être publiés en français et en espagnol, en particulier des ouvrages qui seraient utiles aux femmes et au travail. Le salaire était satisfaisant, le travail lui-même intéressant et il promettait une permanence dès la fin de la guerre. J'avais presque décidé de le prendre, choisissant même une petite maison à Versailles avec des pièces ensoleillées et un jardin pour les enfants.

Il n'y avait qu'un seul inconvénient : la crainte subtile et persistante que quelque chose n'allait pas chez Peggy. Nuit après nuit, sa voix me tirait d'un profond sommeil et me laissait dans un état d'agitation jusqu'à ce que je reçoive la lettre suivante contenant des nouvelles que tout allait bien. J'ai essayé d'écarter cette peur et j'ai voulu la faire partiellement submerger, mais toujours la même voix troublée résonnait à mes oreilles : « Mère, Mère, tu reviens ?

Une expérience précise mais inexplicable ne cessait de me laisser perplexe. En ouvrant les yeux le matin, ou même avant d'être complètement réveillé, j'ai pris conscience du chiffre 6, comme si ce chiffre se répétait encore et encore dans mon esprit somnolent. J'essayais souvent de l'intégrer à un événement de la journée – six heures, six pence, le prix du thé, ou toute autre chose amusante, et aussi décontractée ou idiote que je pouvais inventer. Je fis cela pour me protéger contre le pressentiment qui semblait d'abord m'arriver avec la récurrence de ce numéro. Plus tard, comme une feuille sur un calendrier mural, NOV. 6 s'est démarqué.

Lorsque l'éditeur m'a demandé de m'engager en signant un contrat de trois ans pour rester à Paris, j'ai répondu : « Oui, je le ferai si vous me garantissez de m'enfermer ou de m'envoyer en Afrique ou au Pôle Nord jusqu'après le 6 novembre. .»

"Pourquoi le 6 novembre ?"

"Je ne sais pas, mais je suis sûr que quelque chose d'important va se produire ce jour-là, quelque chose de différent et quelque chose qui affectera tout mon avenir."

Il dressa nos plans au 1er janvier de l'année suivante.

Edith Ellis donnait une conférence en Amérique et, par lettre, nous nous sommes arrangés pour qu'elle ramène Peggy et Grant, car il semblait que je risquais de rester quelque temps. Puis, comme seule Peggy semblait seule et avait besoin de sa mère et que Grant était heureux à l'école, il fut décidé qu'il devait y rester. Edith devait naviguer avec Peggy sur le *Lusitania* .

Lorsqu'on a appris que le paquebot avait été torpillé, je me suis tenu au milieu de la nuit devant le bureau de Cunard, scrutant avec horreur les rangs croissants de disparus et de morts. Ce n'est qu'à deux heures du matin que la liste fut complète et que je pus respirer à nouveau ; ni le nom de Peggy ni celui d'Edith n'y figuraient. Edith avait reçu un de ces avis avertissant les passagers potentiels que le navire pourrait exploser, et était l'une des rares à avoir tenu compte de l'avertissement et à être transférée sur un autre bateau. Malgré cela, l'idée d'être responsable de Peggy avait été trop alarmante et elle avait décidé de ne pas l'amener.

La guerre avait renvoyé de nombreux Américains d'Europe et Bill était retourné à New York. J'avais reçu de lui une lettre détaillée décrivant les événements bouleversants du mois de décembre précédent. Un homme se présentant comme A. Heller l'avait visité dans son studio et lui avait demandé un exemplaire de *Family Limitation* , plaidant qu'il était pauvre, qu'il avait une famille trop nombreuse et qu'il était un de mes amis. Bill a dit qu'il était désolé, mais nous avions convenu que je continuerais mon travail indépendamment de lui, et il ne pensait même pas avoir les brochures. Cependant, l'histoire de l'homme était si pathétique qu'il fouilla et en trouva par hasard une dans le tiroir de la bibliothèque.

Quelques jours plus tard, Bill a ouvert la porte à un six pieds aux cheveux gris et aux moustaches latérales qui n'a pas perdu de temps pour annoncer : « Je suis M. Comstock. J'ai un mandat d'arrêt contre vous pour diffusion de littérature obscène. Il était accompagné du soi-disant Heller, qui s'est avéré être Charles J. Bamberger, un agent de la Société new-yorkaise pour la suppression du vice. Les trois sont partis mais Bill s'est rapidement retrouvé dans un restaurant au lieu du commissariat de police. Lorsqu'il protesta qu'il souhaitait consulter un avocat sans délai, Comstock, entre deux bouchées de déjeuner, lui offrit des conseils. « Jeune homme, je veux agir comme un frère pour toi. Les avocats coûtent cher et ne feront qu'aggraver votre cas. Ici, il tapota l'épaule de Bill. "Plaidissez coupable de cette accusation et je demanderai une peine avec sursis."

La réponse de Bill fut que, bien qu'il ait été en Europe au moment de la rédaction de la brochure, il croyait aux principes qui y étaient incorporés et que, par conséquent, ses propres principes étaient en jeu. Il ne plaiderait pas coupable. "Vous savez aussi bien que moi, M. Comstock, qu'il n'y a rien d'obscène dans ce pamphlet."

"Jeune homme, je fais ce travail depuis vingt ans, et ce tract est la pire chose que j'aie jamais vue."

Ce genre de conversation dura tout l'après-midi ; Comstock a même essayé de soudoyer Bill pour qu'il transforme les preuves des États en révélant où je me trouvais. Il avait l'habitude d'arriver au poste de police si tard que son prisonnier ne pouvait pas communiquer avec un avocat ou un bureau de cautionnement et devait passer la nuit en prison. Il pourrait alors déclarer aux journaux que son captif n'avait pas pu obtenir une libération sous caution.

Lorsque Comstock et Bill arrivèrent enfin au tribunal de police de Yorkville et que le greffier avait demandé à ce dernier comment il souhaitait plaider, Comstock parla en son nom : « Il plaide coupable ».

"Je ne le fais pas", a expliqué Bill. "Je plaide non coupable."

Il fut traduit en justice et sa caution fut fixée à cinq cents dollars, mais il fut obligé de passer trente-six heures en prison avant de pouvoir l'obtenir.

En septembre, j'ai appris qu'après plusieurs reports, son procès avait finalement eu lieu devant les juges McInerney , Herbert et Salmon. Il commença à lire sa déclaration dactylographiée. « J'admets que j'ai enfreint la loi, et pourtant j'affirme que dans tous les sens du terme, c'est la loi et non moi qui suis jugé ici aujourd'hui. »

Le juge McInerney l'a interrompu. « Vous admettez que vous êtes coupable, et toutes vos déclarations ne sont que des opinions. Je ne vais pas avoir beaucoup de charabia sur le disque. Nous n'avons pas le temps de nous embêter. Ce livre est non seulement indécent mais immoral. Sa circulation constitue une menace pour la société. Trop de femmes prônent le droit de vote des femmes. S'ils préconisaient d'avoir des enfants , nous serions mieux lotis.

« La loi vous donne le privilège d'être condamné à une amende pour cette infraction, mais je ne pense pas qu'il devrait en être ainsi. Un homme, aussi coupable que vous l'êtes, ne devrait avoir aucune alternative à une peine de prison. Cent cinquante dollars ou trente jours de prison.

"Alors je veux dire au tribunal", a crié Bill en se penchant en avant et en levant la main pour plus d'insistance, "que je préférerais être en prison avec mon respect de moi-même plutôt qu'à votre place sans cela!"

Bien qu'il fût convaincu de la justesse de ma cause, c'était le premier et le seul exemplaire du pamphlet qu'il distribuait jamais. C'était l'une des plus grandes ironies de la vie que, malgré notre séparation, il ait dû être entraîné dans mon combat et aller en prison pour cela.

Lorsque j'ai reçu la lettre de Bill annonçant cette nouvelle, j'ai traversé la pelouse en courant jusqu'au Dr Vickery. Le Dr Drysdale se trouvait là et, dans son indignation, son visage devint rouge et ses mains serrées. Il marchait de long en large sur le sol avec une frénésie de rage à l'idée qu'une telle chose puisse être faite à n'importe quel être humain. Je suis encore touché quand je pense à cette personne douce et douce, émue jusqu'à une profonde colère face à une injustice qui ne l'a pas touché personnellement.

La question qui se posait à moi était : « Dois-je y retourner ? Tout comme le procès de Bill, le mien se déroulerait probablement de la même manière. Je ne voulais pas me sacrifier pour une cause perdue. J'étais jeune et je savais que je devais être utilisé pour quelque chose. Reportant temporairement ma réponse définitive à la maison d'édition, j'ai décidé de retourner aux États-Unis, mais seulement le temps d'évaluer la situation, de récupérer mes enfants. J'avais l'intention, si possible, de revenir dans cette petite maison de Versailles.

Chapitre quinze

HAUT ACCROCHE LE GANT

« Que Dieu et les hommes décrétent

Des lois pour eux-mêmes et non pour moi ;

Leurs actes, je les juge et je les condamne vivement

Mais quand ai-je fait des lois pour eux ? »

AE HOUSMAN

Fin septembre 1915, je partis de Bordeaux, je me souviens combien ce voyage fut interminable à travers l'Atlantique dangereux et brumeux. L'ombre du *Lusitania* planait sur nous. Le navire était absolument sombre et la tension crépitait dans l'air même. Mes propres pensées étaient noires comme la nuit et la vieille nervosité, la nervosité qui accompagnait une étrange saisie au creux de l'estomac, était sur moi ; un pressentiment effrayant et un pressentiment m'accompagnaient presque sans cesse.

Lorsque j'ai réussi à dormir quelques heures, j'ai sursauté des rêves désagréables. L'un d'eux consistait à tenter de lutter contre la circulation dans une rue bondée ; J'ai été poussé sur le trottoir et j'ai dû avancer prudemment. Les foules mécaniques, semblables à des automates, marchaient, marchaient, marchaient, toujours dans la direction opposée. Puis, tout à coup, dans mon rêve, les gens se sont transformés en souris – des milliers et des milliers ; ils sentaient même la souris. Je me suis réveillé et j'ai dû ouvrir le hublot pour débarrasser la pièce de cette odeur de moisi de souris.

Enfin , les lumières de Staten Island, clignotant comme des spectres dans la pénombre de l'aube, signalèrent notre arrivée saine et sauve à la quarantaine. Alors que le navire naviguait le long du quai de West Fourteenth Street, en ce gris matin d'octobre, une nouvelle exaltation, un nouvel espoir surgit dans mon cœur.

Revoir les visages américains après l'indicible désespoir de l'Europe, ressentir la rude démocratie des porteurs et des chauffeurs de taxi au bon cœur et durs à cuire ; respirer l'air frais et électrique de l'automne de la maison – tout cela apportait avec eux une joie irrésistible. Parce que je voulais que cette sensation perdure, j'ai refusé un taxi, j'ai récupéré mon petit sac et je me suis éloigné de la jetée en regardant autour de moi.

Au premier kiosque à journaux que je suis passé, j'ai aperçu les mots : « Que devons-nous faire à propos du contrôle des naissances ? sur la couverture de la *Pictorial Review*. Cela semblait étrange d'être accueilli, non pas par des amis ou des parents, mais par une phrase personnelle publiée dans un magazine. Je l'ai acheté et, chantant pour moi-même, je suis allé dans un hôtel où les enfants m'ont été amenés. Je ne peux pas décrire la joie de les retrouver.

Ce soir-là, je me suis assis à mon bureau et j'ai écrit plusieurs lettres. J'ai informé le juge Hazel et le procureur adjoint Content que j'étais maintenant de retour et prêt à être jugé, et j'ai demandé si les actes d'accusation de l'année précédente étaient toujours en cours ; J'ai été poliment informé qu'ils l'étaient.

Une note plus difficile à rédiger est allée à la Ligue nationale de contrôle des naissances, qui avait été réorganisée en mon absence sous la direction de Mary Ware Dennett, Clara Stillman et Anita Block. On lui avait remis tous mes dossiers, y compris la liste des abonnés à la *Femme Rebelle*. Je leur ai demandé quel soutien moral je pouvais attendre de la Ligue, leur disant que cela permettrait de déterminer la durée de mon séjour.

Mme Stillman, la secrétaire, m'a invité à la rappeler quelques jours plus tard à son domicile, où devait se tenir une réunion de direction. J'y suis allé avec une vive impatience, totalement pas préparé à la vraie réponse. Le comité s'était réuni. Mme Dennett, Mme Stillman et Anita étaient toutes là. Mme Dennett a parlé au nom du groupe ; la Ligue nationale de contrôle des naissances n'était pas d'accord avec mes méthodes, mes tactiques, avec tout ce que j'avais fait. Une organisation comme la leur, dont la fonction était avant tout de modifier les lois de manière ordonnée et appropriée, ne pouvait logiquement pas sanctionner quiconque aurait enfreint ces lois.

Après avoir lancé cet ultimatum, Mme Dennett s'est dirigée vers la porte avec moi. Est-ce que cela me dérangerait de lui donner les noms et adresses de ces personnes socialement éminentes et distinguées que j'avais trouvées intéressées lors de mon voyage en Europe ? Tout en ayant le cœur brisé par ma réception, j'étais aussi amusé par sa perspicacité.

Mme Dennett était une bonne promotrice et une militante expérimentée, une directrice de bureau compétente, une travailleuse infatigable pour le droit de vote et la paix, avec une expérience qui aurait pu être inestimable. J'ai souvent regretté que nous n'ayons pas pu conjuguer nos efforts. Si nous avions pu le faire, le mouvement aurait pu être avancé de plusieurs années.

Ma quatrième communication était adressée au Dr William J. Robinson, un émigré du pays de la médecine orthodoxe, qui possédait une sensibilité aux humeurs actuelles. Lorsqu'il s'est rendu compte que les conférences de Will Durant avaient suscité un intérêt pour la psychologie sexuelle, il est intervenu pour s'adresser à un public plus large, en utilisant une approche plus populaire, même si, à ma connaissance, il n'avait jamais discuté publiquement de la prévention de la conception.

Le Dr Abraham Jacoby, doyen bien-aimé de la profession, en acceptant la présidence de l'Académie de médecine, avait soutenu le contrôle des naissances et, grâce aux efforts du Dr Robinson, un petit comité avait ensuite été formé pour se pencher sur cette question. D'après les rapports qui m'étaient parvenus, je n'ai pu découvrir s'il y avait eu un accord harmonieux selon lequel le sujet relevait du domaine de la médecine. A ma question, le Dr Robinson a répondu que le comité ne s'était réuni qu'une seule fois et qu'il considérait que je ne pouvais attendre aucun soutien de leur part. Il a joint un chèque de dix dollars pour les frais de mon procès.

Voilà deux déceptions à affronter. Ces deux organisations semblaient si bien placées pour poursuivre le progrès : l'une pour changer les lois, l'autre pour prendre en charge la médecine. Ni l'un ni l'autre n'avaient répondu à mes espoirs et j'ai donc senti que je devais entrer à nouveau dans la mêlée. Ma préoccupation brûlante pour les milliers de femmes qui n'ont pas été prises en compte n'a apparemment trouvé aucun soutien officiel ; le contrôle des naissances était de retour là où il avait commencé. J'étais convaincu que je devais compter uniquement sur la perspicacité compatissante de femmes intelligentes, dont j'étais certain qu'elle était latente et pouvait être éveillée.

Mais ces problèmes ont été soudainement balayés par une crise de nature plus intime, une tragédie sur laquelle je me trouve toujours incapable d'écrire, malgré tant d'années passées.

Quelques jours après mon arrivée, Peggy a contracté une pneumonie. Lorsque M. Content m'a téléphoné pour me dire que je ferais mieux de venir en discuter, je n'ai pas pu y aller. Il a été extrêmement gentil, m'a assuré que rien n'était pressé et qu'il reporterait le procès jusqu'à ce que je sois libre. Cela m'a permis de lui consacrer toute mon attention et mon temps.

Peggy est décédée le matin du 6 novembre 1915.

La joie dans la plénitude de la vie s'en est alors retirée et n'est jamais tout à fait revenue. Au plus profond du royaume caché de ma conscience, ma petite fille a continué à vivre, et dans cet endroit étrange et mystérieux où réalité et imagination se rencontrent, elle a grandi jusqu'à devenir une femme. Là, elle mène une existence idéale, épargnée par la dure réalité et la désillusion.

Des hommes et des femmes de toutes les classes sociales, de presque toutes les villes d'Amérique, m'ont témoigné leur sympathie. L'argent destiné à mon procès dépassait mon entendement – pas des montants importants, mais importants pour les expéditeurs – provenant des mineurs de Virginie occidentale et des bûcherons de North Woods. Certains avaient parcouru cinq miles pour lire *Family Limitation* ; d'autres l'avaient fait copier pour eux. Des femmes écrivaient sur des enfants morts depuis un quart de siècle et qu'elles pleuraient encore en secret, et m'envoyaient des photos et des mèches de cheveux de leurs propres bébés morts. Je n'avais jamais pleinement réalisé jusqu'alors que la perte d'un enfant reste inoubliable pour chaque mère au cours de sa vie.

L'opinion publique s'était concentrée sur les activités de Comstock suite à la sentence de Bill, et les libéraux avaient été excités. Des commissions de deux ou trois sont venues me demander de me charger de la tâche purement législative de modifier la loi fédérale. L'aide allait arriver : trains spéciaux pour le Congrès, enquêtes, commissions et victoire en vue avant la fin de l'année ! C'était tentant. Cela semblait tellement faisable en apparence, tellement plus facile que des retards angoissants devant les tribunaux. Beaucoup d'autres m'ont conseillé, comme avant, qu'en plaidant coupable, je choisissais le meilleur terrain pour faire mon combat.

L'un de ceux qui m'ont poussé à adopter une voie médiane était Max Eastman, qui possédait une égalité d'humeur et une tolérance inhabituelles envers tous ceux qui s'opposaient à lui, ainsi qu'un esprit vif et une imagination vive qui conduisaient des hypothèses à des conclusions logiques. Ce poète à la voix douce et léthargique, contrôlé mentalement et émotionnellement, avait un trop grand sens de l'humour et une trop grande capacité à visualiser les événements dans leur propre perspective pour préconiser une action directe.

Max m'a donné rendez-vous avec Samuel Untermyer , autorité en matière de droit constitutionnel et personne vers qui les libéraux se sont tournés en raison de la lutte qu'il avait menée contre les trusts ; il pourrait peut-être redresser les aspects juridiques. Je l'ai trouvé trônant dans son luxueux bureau au milieu des plus magnifiques roses American Beauty – des dizaines et des dizaines et des dizaines. Avec ses yeux perçants et sa tête trop grosse pour sa silhouette, il apparaissait comme un cerveau désincarné. Même si le rendez-vous avait été pris avec difficulté – écrire et téléphoner aux secrétaires pour être vérifié – le temps n'était plus rien pour lui. Il était si doux, si courtois, si sympathique, si tranquille ; il semblait comprendre et être prêt à me débarrasser du fardeau des soucis juridiques.

Décrochant le téléphone, il dit : « Passez-moi M. Content. » Puis: "Harold, viens à mon bureau et apporte ton dossier sur Mme Sanger."

Lorsque le procureur de district est arrivé, la voix de M. Untermyer a complètement changé. Il parla sévèrement au jeune homme. « Pourquoi, Harold, qu'essayez-vous de faire : persécuter cette petite femme si frêle et si délicate, mère de famille ? Vous ne voulez pas la mettre derrière les barreaux, n'est-ce pas ? Elle fait un travail noble dans le monde et vous voilà en train de vous comporter ainsi ! Représentez-vous le gouvernement ou êtes-vous simplement victime de préjugés en votre propre nom ? »

M. Content a répondu respectueusement : « Eh bien, M. Untermyer , nous ne voulons pas poursuivre Mme Sanger, mais nous voulons qu'elle promette d'obéir à la loi.

« A-t-elle enfreint la loi ? »

"Nous avons la preuve positive qu'elle l'a violé à très grande échelle."

M. Untermyer lui a immédiatement assuré : « Bien sûr, elle promettra de ne plus enfreindre les lois. C'est tout ce que c'est ? Annulez simplement cet acte d'accusation et oubliez-le.

M. Content est parti. M. Untermyer s'est tourné vers moi avec cordialité et m'a dit : « Eh bien, vous voyez ? Nous avons réglé ce problème.

"Qu'est-ce qui va se passer? La loi sera la même, n'est-ce pas ?

"Pourquoi oui."

"Qu'est-ce que tu as dit à propos d'une promesse?"

"Oh, oui, écris-moi une lettre pour dire que tu n'enfreindras plus la loi."

"Je ne pouvais pas le promettre, M. Untermyer ."

"Quoi?"

« Non, je ne pouvais pas faire ça. La loi est là. Il doit lui arriver quelque chose.

« La loi n'est peut-être pas ce qu'elle devrait être, mais vous n'arriverez à rien en la violant. Il faut le changer par des méthodes légales ; rassemblez tous vos amis et allez au Congrès.

Encore une fois , j'ai exposé ma position. La loi spécifiait l'obscénité et je n'avais rien fait d'obscène. J'ai même eu le meilleur du gouvernement quant à l'accusation précise. Je n'avais pas donné d'informations sur la contraception dans *Woman Rebel* et je n'avais donc violé la loi ni dans l'esprit ni dans le principe. Mais je l'avais fait en faisant circuler *Family Limitation* , et cela serait inévitablement évoqué. Je le voulais vraiment, pour que le contrôle des naissances soit défini une fois pour toutes comme obscène ou non obscène.

M. Untermyer prit un de ses gros livres et relut la section en question. Il dit encore : « La preuve est que vous avez violé la loi. Nous ne séparons pas l'esprit de la lettre. Tout est là. Il me semble que plaider coupable vous sortirait de vos ennuis sans perte de dignité. Vous devriez vous considérer chanceux du résultat suggéré. Vous ne pouvez rien gagner par un procès. On ne peut même pas obtenir de publicité à notre époque, alors que les journaux sont remplis de nouvelles sur la guerre et que les grands événements de l'histoire se produisent. »

Je ne pouvais toujours pas admettre son interprétation. Il fallait faire la différence entre les choses mentionnées dans cette loi et l'obscénité réelle ; il faudrait un jour que les tribunaux en décident.

"Vous n'avez aucun cas", a persisté M. Untermyer . « Si vous avez enfreint la loi, personne ne peut rien faire ou dire pour contester ce fait. Mais nous devons empêcher que vous alliez en prison. Je vais voir ce que je peux faire."

« Je n'ai pas peur d'aller en prison. Entrer ou rester dehors n'a rien à voir. La question en jeu est de savoir si j'ai fait ou non quelque chose d'obscène. Si je n'ai rien fait d'obscène, je ne peux pas plaider coupable.

M. Untermyer était bouleversé. Au lieu de son ancienne chaleur, j'avais conscience d'une politesse sèche et froide. Je suis sorti de son bureau avec le sentiment d'avoir eu l'occasion de me faire un ami puissant et je l'avais perdue en refusant d'accepter le point de vue juridique.

Max aussi était décidément en colère. Son attitude était : « Nous avons essayé de vous aider, et vous avez refusé notre aide. » Il écrit formellement :

Vous pourriez accompagner votre plaidoyer de culpabilité d'une déclaration, tant devant la Cour que devant la presse, ce qui en ferait une attaque bien plus éclatante contre la loi pour la violation de laquelle vous plaideriez coupable qu'un plaidoyer de non-culpabilité. Cela ferait mille fois plus de bien . En même temps , cela satisferait votre orgueil ou votre sentiment que vous devriez être assez courageux pour défendre ce que vous pensez, ou quoi que ce soit qui vous pousse à refuser l'avis d'un avocat.

Je ne plaiderais coupable d'aucun chef d'accusation. Ils ne pouvaient pas me faire. Je sentais au plus profond de moi que j'avais raison et qu'ils avaient tort. J'avais toujours cette confiance naïve que lorsque les faits seraient connus, le gouvernement ne condamnerait pas volontairement des millions de femmes à la mort, à la misère ou à l'avortement, ce qui les laisserait physiquement endommagées et spirituellement paralysées.

Clarence Darrow et d'autres avocats libéraux de diverses villes ont généreusement proposé de venir à New York pour présenter leur cas gratuitement, mais après mon entretien avec Untermyer , j'étais convaincu que les arguties des avocats obscurcissaient inévitablement les questions fondamentales ; J'ai dû émouvoir les gens et les persuader émotionnellement. Je n'avais aucune pratique pour parler en public; la mienne était la valeur de la foi. Cependant, j'étais certain que, parlant avec la plénitude de mon cœur, je serais guidé par la grandeur et la profondeur de ma conviction. Malgré le vieil adage selon lequel « celui qui a lui-même pour avocat a un imbécile pour client », j'étais sûr que n'importe quel jury composé d'honnêtes hommes m'acquitterait.

J'ai demandé à M. Content de mettre mon cas au calendrier le plus tôt possible. Elle a été convoquée pour fin novembre, puis fixée au 18 janvier, puis au 24 janvier. J'allais presque chaque semaine exiger que cela ait lieu, en insistant toujours sur le fait que je souhaitais un procès avec jury. L'un des juges que j'ai rencontré dans ces différents tribunaux m'avait préalablement demandé dans une lettre personnelle de lui envoyer *la Limitation Familiale*, et je la lui avais envoyée par courrier avec mes compliments. Le scintillement de ses yeux se reflétait dans les miens ; nous savions tous les deux que lui et moi avions techniquement enfreint la loi.

Comme l'a commenté le New York *Sun* , « l'affaire Sanger présente l'anomalie d'un procureur réticent à engager des poursuites et d'un accusé impatient d'être jugé. » Les journaux y prêtaient de plus en plus attention. Une photo de moi et de mes deux jeunes fils a largement circulé et a semblé modifier l'attitude d'un public jusqu'alors cynique. À cette époque , je pensais que les journaux étaient contre moi, mais aujourd'hui, en parcourant ces vieilles coupures, je me rends compte qu'il s'agissait simplement de l'impersonnalité des colonnes d'information. Leur hésitation éditoriale les a fait apparaître, comme toutes les autres forces conservatrices et réactionnaires, comme mes adversaires. Mais la base de la presse américaine , même si elle doit toujours avoir ses petites blagues, a toujours été sympathique.

Ils ont imprimé la lettre à Woodrow Wilson, initiée par Marie Stopes. Cela "impliquait d'attirer l'attention" du président sur le fait que je risquais d'être poursuivi pénalement pour avoir fait circuler une brochure sur le contrôle des naissances, qui était autorisé dans tous les pays civilisés à l'exception des États-Unis ; que l'Angleterre était passée par la phase d'interdiction de ce sujet une génération auparavant ; et que supprimer une opinion sérieuse et désintéressée sur quelque chose d'aussi important était préjudiciable au progrès humain. Il a respectueusement exhorté le président à exercer sa puissante influence en faveur de la liberté d'expression et de l'amélioration de la race. Cette lettre était inestimable en raison de ses signataires : Lena Ashwell, William Archer, Percy Ames, Aylmer Maude, MC Stopes, Arnold Bennett, Edward Carpenter, Gilbert Murray et HG Wells, dont le nom faisait la une des journaux. Si un groupe aussi éminent en Angleterre pouvait se permettre de me soutenir, alors le même genre de personnes ici serait peut-être moins craintive.

À mesure que l'opinion publique grandissait, des télégrammes et des lettres affluent sur le juge Clayton exigeant le rejet des accusations portées contre moi. Il les a empilés dans des poubelles et a fait remarquer à M. Content d'un ton ennuyé : « Enlevez ces lettres de Sanger. » Le fait que je me préparais à aller au tribunal sans être défendu par un avocat rendait la situation plus difficile pour eux.

Mes alliés radicaux collectaient, selon leur habitude, de l'argent pour ma défense, mais cela n'avait aucun effet sur ma situation financière privée. Ma sœur Ethel, qui vivait avec moi, a pensé que je devrais y réfléchir. Un jour, elle a dit : « J'ai un bon dossier à défendre. Ne voudriez-vous pas le prendre ?

"Quel genre?"

"Maternité. Elle s'attend à accoucher dans un jour ou deux, probablement par césarienne. Elle m'a demandé, mais je préférerais que tu l'aies.

« Ça ne m'intéresse pas, merci. J'ai abandonné les soins infirmiers.

"Eh bien, Mme Sanger", remarqua-t-elle ironiquement, "voudriez-vous me dire ce que vous allez faire pour gagner votre vie ?"

« Gagner ma vie ne m'intéresse pas. Je me suis jeté sur l'univers et il prendra soin de moi.

Elle me regardait tristement et avec une appréhension inquiète.

Trois jours plus tard, Ethel reçut la convocation attendue. En sortant, elle récupéra le courrier à la porte. Il y avait une lettre d'une de ses connaissances californiennes qui ne savait pas où j'étais mais qui avait son adresse. "Voulez-vous s'il vous plaît donner les quarante-cinq dollars ci-joints à Margaret Sanger de la part de ses sympathisants ?"

Ethel me l'a remis avec le commentaire résigné : "Eh bien, voici votre chèque de Dieu."

La rédactrice en chef de *Woman Rebel* avait lancé son unique combat de défi, mais elle pourrait jouer un rôle mineur dans la marche en avant vers les « droits des femmes ». Dans les cercles féministes, j'étais peu connue. Avec mon chagrin personnel, mes multiples tâches domestiques, ma timidité sociale, j'évitais de rencontrer de nouvelles personnes. Mon attitude a donc suscité une certaine réticence chez ceux qui autrement auraient pu se précipiter à mon secours. En effet, je souhaitais un certain type de soutien, mais je ne pouvais pas prendre l'initiative de le demander.

Cela a été soudainement fait pour moi. Un après-midi, j'ai été invitée à un thé organisé par Henrietta Rodman, féministe des féministes, dans son appartement de Greenwich Village. Wells était particulièrement sanctifié parmi son groupe et je devrais être d'accord s'il approuvait. À la suite de cette réunion, la militante pour le droit de vote, Alice Carpenter, a mis en branle un dîner à l'hôtel Brevoort qui aura lieu le 23 janvier, la veille de mon procès. Je devais avoir la chance de dire mon mot, de faire valoir mon point de vue devant un rassemblement de personnes influentes. Bien que je ne l'aie revue que quelques années plus tard, je l'ai remerciée dans mon cœur à plusieurs reprises pour ce qu'elle avait fait.

Dans la salle de bal étaient rassemblées plusieurs centaines de personnes. Mary Heaton Vorse , le Dr Mary Halton, Jack Reed, le Dr Robinson, Frances Brooks Ackerman, Walter Lippmann, alors de la *Nouvelle République* , et Mme Thomas Hepburn, la Kathy Houghton de mon enfance Corning, étaient tous là.

Alors que nous étions sur le point d'aller dîner, Rose Pastor Stokes, la présidente, m'a pris à part et m'a dit : « Quelque chose de très inquiétant s'est produit. Nous venons de parler au Dr Jacoby. Il a un discours prêt dans lequel il a l'intention de vous envoyer au ciel pour ingérence dans ce qui devrait être une question strictement médicale. N'oubliez pas qu'il est très admiré et qu'il parle ici ce soir au nom des médecins. Nous voulions que vous veniez à la fin du programme, mais maintenant nous allons vous mettre en premier afin que vous puissiez pointez ses armes.

Mon appréhension s'est accrue. Néanmoins, je me suis plongé dans mon discours inaugural soigneusement préparé en faveur du contrôle des naissances. Heureusement , j'avais déjà prévu de réprimander les médecins qui constataient quotidiennement les conditions qui m'avaient tant ému et qui obligeaient pourtant une personne comme moi, non équipée comme elle, à remuer l'opinion publique. C'était comme transporter du charbon à Newcastle ; ils auraient dû m'apprendre.

J'ai dit que je reconnaissais que beaucoup de ceux qui avant moi, aux opinions et aux tempéraments divers, soutiendraient la propagande sur le contrôle des naissances si elle était menée d'une manière qu'ils considéraient comme sûre et sensée, même s'ils n'approuvaient pas les méthodes que j'avais suivies dans ma tentative de susciter femmes qui travaillent au fait qu'avoir un enfant était une responsabilité suprême. Il n'y avait rien de nouveau ou de radical dans le contrôle des naissances, comme l'avaient démontré Aristote et Platon ainsi que de nombreux penseurs modernes. Mais les idées des sages et des scientifiques étaient stériles et n'affectaient pas les terribles réalités de la vie des déshérités. Pendant que leurs discussions se poursuivaient, les gens eux-mêmes avaient et pratiquaient encore aveuglément et désespérément le contrôle des naissances par les méthodes les plus barbares : infanticide, avortement et autres moyens grossiers. J'aurais peut-être adopté une politique de sécurité, de bon sens et de conservatisme, mais aurais-je obtenu une audience ? Certes, les médecins et les scientifiques avaient bien plus de connaissances techniques que moi, mais je m'étais retrouvé dans la situation de quelqu'un qui avait découvert qu'une maison était en feu et c'était à moi de crier l'avertissement. Ensuite, d'autres, plus expérimentés dans l'organisation exécutive, purent rassembler et diriger toute la sympathie et l'intérêt suscités. Ce n'est qu'ainsi que je pourrais être justifié.

Comme ma charge avait devancé la sienne, le vénérable docteur Jacoby dut soit me répondre, soit changer d'avis. Il a choisi cette dernière solution et a parlé de la question de la qualité de la population, ce qui aurait peut-être pu être interprété en ma faveur.

Beaucoup de femmes présentes étaient des exemples concrets de la manière dont le contrôle des naissances pouvait leur permettre de mener une vie digne. Elsie Clews Parsons a suggéré que vingt-cinq personnes qui l'avaient pratiqué se lèvent devant le tribunal avec moi et plaident coupables devant la loi. Mais un seul s'est porté volontaire. Ce qui m'a le plus surpris a été la voix de Mary Ware Dennett annonçant qu'elle représentait la Ligue nationale de contrôle des naissances et que cet organisme allait soutenir Margaret Sanger dans son épreuve – des abonnements étaient nécessaires de toute urgence pour la Ligue.

Le lendemain matin, lorsque je suis arrivé à neuf heures à l'édifice de la Cour fédérale, plus de deux cents partisans étaient déjà dans les couloirs. Un grand corps de reporters et de photographes était présent. Le décor était planté pour un drame passionnant.

Le juge Henry D. Clayton et les procureurs adjoints Knox et Content arrivèrent à dix heures trente, ressentant apparemment les effets de la publicité de la veille.

Au moment où Knox a décidé d'ajourner l'audience d'une semaine, j'étais debout pour demander un procès immédiat, mais le juge Clayton a reporté l'affaire. Tout le monde est rentré chez lui déçu.

Le 18 février, le gouvernement a finalement déclaré nolle prosequi . Content a expliqué qu'il y avait eu de nombreuses affirmations selon lesquelles l'accusé était victime de persécution, et que cela n'avait jamais été l'intention des autorités fédérales. « L'affaire avait été portée devant les grands jurés de la manière la plus impartiale possible et, comme ils avaient voté un acte d'accusation, le procureur de district ne pouvait rien faire d'autre que de poursuivre. Mais maintenant qu'il s'est rendu compte que l'acte d'accusation remontait à deux ans et que Mme Sanger n'était pas une personne désordonnée et n'avait pas l'habitude de publier de tels articles, le gouvernement a estimé qu'il y avait des raisons de douter sérieusement.

Eh bien, lorsqu'une armée monte la colline puis redescend, il faut toujours donner une bonne excuse.

Tous mes amis considéraient l'annulation de l'acte d'accusation fédéral comme une grande réussite. Il y eut beaucoup de réjouissances et de félicitations, mais ils firent comme s'ils disaient : « Maintenant, installez-vous dans votre coin domestique, reprenez votre mari, prenez soin de vos enfants, tenez-vous bien, et plus de ces bêtises. Votre devoir est de faire ce que vous êtes capable de faire, c'est-à-dire de vous occuper de votre maison et de ne pas tenter quelque chose que d'autres peuvent faire mieux que vous.

Mais je ne me contentais pas d'avoir un dîner Liberty et de jubiler. Je ne pouvais considérer qu'une victoire morale avait été obtenue. La loi n'a pas été testée. J'étais d'accord avec le fidèle *Globe*, qui affirmait fermement : « Si le sujet envoyé par la poste par Mme Sanger était obscène il y a deux ans, il l'est toujours. » Je connaissais et sentais instinctivement le danger d'avoir un privilège en vertu d'une loi plutôt qu'un droit. Je ne pouvais pas encore me permettre de pousser un soupir de soulagement.

La loi fédérale ne concernait que la littérature imprimée. Ma propre brochure avait donné l'impression que le texte imprimé était le meilleur moyen d'informer les femmes, mais le cours pratique de technique contraceptive que j'avais suivi aux Pays-Bas m'avait montré qu'une femme était si différente d'une autre dans sa structure que chacune avait besoin d'informations particulières. appliquée à elle-même en tant qu'individu. Les livres et les brochures devraient donc être d'une importance secondaire. La voie de la santé publique passait par l'enseignement personnel dans les cliniques.

Une lumière s'était allumée ; tant d'invitations à prendre la parole lors de réunions dans diverses villes et villages m'ont été envoyées que je n'ai pas pu toutes les accepter, mais j'en ai accepté autant que je pouvais. Il ne s'agissait plus seulement d'un mouvement de liberté d'expression, et je voulais aussi, si possible , présenter cette nouvelle idée de clinique au pays. Si je pouvais les lancer, d'autres organisations et même des hôpitaux pourraient faire de même. J'avais la vision d'une « chaîne » – des milliers d'entre eux dans chaque centre de l'Amérique, dotés de spécialistes plaçant le sujet sur une base scientifique moderne grâce à la recherche.

De nombreux États occidentaux avaient déjà accordé le droit de vote aux femmes. Ayant obtenu ce type de liberté, j'étais sûr qu'ils recevraient plus facilement des cliniques, en particulier la Californie qui n'avait pas de loi contre le contrôle des naissances. La même chose suivrait à l'Est. Comme je l'ai dit à la *Tribune* : « J'ai la parole de quatre médecins éminents selon lesquels ils me soutiendront dans mon travail... Il y aura des infirmières à la clinique et des médecins qui enseigneront aux femmes ce qu'elles doivent savoir. . Toutes les femmes mariées ou sur le point de se marier seront assistées gratuitement et sans aucun doute.

Une belle promesse, mais difficile à tenir, comme les événements allaient le prouver.

Chapitre seize

Écoutez-moi pour ma cause

« *Parlez clairement si vous parlez.*

Gravez chaque mot avant de le laisser tomber. »

OLIVER WENDELL HOLMES

Un jour, Amos Pinchot m'a demandé combien de temps il m'avait fallu pour préparer la première conférence que j'avais donnée lors de mon voyage de trois mois à travers le pays en 6.

«Environ quatorze ans», répondis-je.

Je pensais à tout le temps qui s'était écoulé pendant lequel des expériences tragiques et émouvantes m'étaient venues et s'incarnaient en elles.

Tant de choses dépendaient de ce discours ; il faut amener les femmes de loisirs à écouter, les femmes riches à donner, les femmes d'influence à protester. Avant de commencer le 1er avril, j'ai essayé de me mettre à leur place et de voir comment leurs intérêts et leur imagination pourraient être le plus efficacement excités, comment les images qui m'avaient si sans cesse assaillie pourraient leur être rappelées au mieux. J'étais certain que si je pouvais faire cela, ils feraient le reste.

Mais l'anxiété qui entra dans la composition de ce discours n'était rien comparée aux angoisses avec lesquelles j'envisageais de le prononcer. Ma mère disait qu'une femme honnête ne voyait son nom dans les journaux que trois fois au cours de sa vie : à sa naissance, à son mariage et à sa mort. Même si, par nature, je répugnais à la publicité, le genre de travail que j'avais entrepris ne me permettait pas d'y échapper, mais j'étais mort de peur. Dans l'espoir que cette pratique me donnerait plus de confiance, je grimpais sur le toit de l'hôtel de Lexington Avenue où je résidais et je récitais, ma voix s'étendant par-dessus les toits des maisons et résonnant timidement parmi les cheminées.

Je me suis répété la conférence encore et encore avant de l'essayer auprès d'un petit public à New Rochelle. Je n'osais pas m'éloigner de mes notes ; Je devais le lire et, une fois terminé, je n'ai pas eu l'impression qu'il ait été très réussi. Au moment où j'ai atteint Pittsburgh, ma première grande ville, j'avais mémorisé chaque point et chaque virgule, mais j'avais toujours peur que si je perdais un mot , je ne saurai pas quel était le suivant. J'ai fermé les yeux et j'ai parlé avec peur et tremblement. Les ouvriers et les travailleurs sociaux qui se pressaient dans le grand théâtre ont répondu avec un tel enthousiasme que j'étais au moins sûr que leur attention avait été retenue par son contenu.

Il était intéressant de voir les crayons sortir lors de l'annonce selon laquelle il y avait spécifiquement sept circonstances dans lesquelles le contrôle des naissances devait être pratiqué.

Premièrement, lorsque le mari ou la femme souffrait d'une maladie transmissible, comme l'épilepsie, la folie ou la syphilis.

Deuxièmement, lorsque la femme souffrait d'une affection temporaire des poumons, du cœur ou des reins, dont la guérison pouvait être retardée par la grossesse.

Troisièmement, lorsque les parents, bien que normaux, avaient des enfants anormaux.

Quatrièmement, lorsque le mari ou la femme étaient adolescents. Le mariage précoce, oui, mais la parentalité devrait être reportée après la vingt-troisième année pour le garçon et la vingt-deuxième pour la fille.

Cinquièmement, lorsque la capacité de gain du père était insuffisante ; aucun homme n'a le droit d'avoir dix enfants s'il ne peut en subvenir à plus de deux. Il fallait tenir compte du niveau de vie souhaitable; c'était une chose si les parents envisageaient des études universitaires pour leur progéniture, et une autre s'ils les voulaient simplement pour une exploitation industrielle.

Sixièmement, les naissances devraient être espacées de deux à trois ans, selon l'état de santé de la mère.

Tout cela allait de soi du point de vue physiologique et économique. Mais je souhaitais introduire une dernière raison qui me paraissait tout aussi importante, même si elle n'avait pas été prise en compte statistiquement.

Septièmement, chaque jeune couple devrait pratiquer le contrôle des naissances pendant au moins un an après le mariage et deux en règle générale, car cette période devrait être une période d'ajustement physique, mental, financier et spirituel au cours de laquelle ils pourront grandir ensemble, cimenter les liens d'attraction. , et planifier pour leurs enfants.

Comme les autres métiers, la maternité doit servir son apprentissage. Il n'était pas logique d'attendre des fruits des bourgeons ; pourtant, si la féminité s'épanouissait trop tôt à partir de l'enfance, elle n'avait aucune chance d'être une chose en soi. J'ai proposé un cas hypothétique. Supposons que deux jeunes gens se marient au début, ignorant ses implications et ses possibilités. La mariée, complètement prise au dépourvu, revint enceinte de sa lune de miel : maux de tête, nausées, maux de dos, fatigue générale et dépression. L'amant romantique n'a jamais connu cette fille en tant que femme ; elle ne lui apparut plus que comme une mère. Dans de telles circonstances, le mariage a rarement eu l'occasion de devenir un instrument de développement aussi efficace qu'il aurait pu l'être.

Je voulais que le monde soit sécurisé pour les bébés. Une enquête gouvernementale a permis de tirer des conclusions significatives quant au nombre de bébés qui ont vécu jusqu'à célébrer leur premier anniversaire. Celles-ci reposaient en grande partie sur trois facteurs : le salaire du père – à mesure qu'il diminuait, davantage de morts et à mesure qu'il augmentait, davantage de survivants ; l'espacement des naissances : lorsque les enfants naissaient à un an d'intervalle, ils mouraient davantage que si la mère avait droit à un intervalle de deux ou trois ans entre les grossesses ; la position relative dans la famille : du nombre des deuxièmes-nés, trente-deux sur cent mouraient chaque année, et ainsi de suite progressivement jusqu'à ce que parmi ceux qui naissaient douzièmes, le taux soit de soixante sur cent.

J'ai affirmé que la sympathie et la charité envers les bébés n'étaient pas suffisantes, que les laiteries n'étaient pas suffisantes, que les maternités n'étaient pas suffisantes et qu'une législation protectrice sous la forme de lois sur le travail des enfants n'était pas suffisante. Avec toute la force que je pouvais rassembler, j'ai insisté sur le fait que le premier droit d'un enfant était d'être désiré, d'être planifié avec une intensité d'amour qui lui donnait son titre d'être. Il devait être désiré par les deux parents, mais surtout par la mère qui devait le porter, le nourrir et peut-être influencer sa vie par ses pensées, ses passions, ses rébellions, ses aspirations.

Afin que tous les bébés nés puissent être assurés d'être sains de corps et d'esprit, j'ai suggéré de manière plus légère que le gouvernement leur délivre des passeports, attirant l'attention du public sur le fait que les adultes de ce pays ne penseraient jamais à partir à l'étranger sans un gouvernement. garantir leur passage en toute sécurité et leur préservation contre tout préjudice ou mauvais traitement. Si cela était nécessaire pour les adultes voyageant vers un pays étranger, combien plus important était-il de protéger les enfants qui devaient entrer dans ce nouveau monde étrange et peu sûr.

Je leur ai également rappelé que personne n'envisagerait de se lancer dans la profession médicale ou juridique sans une préparation adéquate. Même les cuisiniers ou les blanchisseuses postulaient rarement sans une expérience prouvant qu'ils étaient qualifiés pour accomplir leurs tâches. Mais quiconque, aussi ignorant qu'il soit, qu'il soit malade mentalement ou physiquement ou qu'il ne connaisse pas les enfants, semblait considérer qu'il avait le droit de devenir parent.

Sur le même ton, j'ai proposé un bureau de candidature pour les enfants à naître. J'imaginais un couple marié venant ici pour un bébé comme pour une femme de chambre, un chauffeur ou un jardinier. L'enfant à naître s'est tourné vers ses futurs parents et a posé quelques questions que tout salarié est en droit de poser à son employeur.

L'enfant à naître demanda à son père : « As-tu un certificat de santé ? »

Et à la mère : « Comment vont tes nerfs ? Que savez-vous des bébés ? Quel genre de table dressez-vous ?

Et à eux deux : « Quels sont vos projets pour m'élever ? Dois-je passer mon enfance dans des usines ou des moulins, ou dois-je bénéficier des opportunités offertes par une vie de famille intelligente et saine ? Je suis exceptionnellement doué », pourrait ajouter le bébé. « Savez-vous comment développer mes talents ? Quelle sorte de société avez-vous créée pour que mon génie puisse s'exprimer pleinement ?

Tous les bébés revenaient à la question pratique : « Combien d'enfants avez-vous déjà ?

"Huit."

"Combien gagnez-vous?"

"Dix dollars par semaine."

« Et vivre dans deux pièces, dites-vous ? Non, merci. Suivant s'il-vous-plaît."

J'essayais de faire réfléchir les gens pour qu'ils puissent agir. Mon rôle était de leur donner les faits et ensuite, lorsqu'ils leur demandaient ce qu'ils devaient faire à leur sujet, de leur proposer des programmes concrets pour les ligues et les cliniques. Beaucoup de femmes avaient bien plus d'expérience en matière de direction et d'administration que moi, et je m'attendais toujours à ce qu'elles continuent là où je m'étais arrêté afin que je sois libre de retourner en Europe.

Mes espoirs semblaient fondés lorsque de nombreux spectateurs de Pittsburgh attendirent ensuite pour demander de l'aide pour s'organiser. C'est ainsi que fut créée la première ligue nationale de contrôle des naissances. Ceci et tous les suivants, j'ai fait référence à la Ligue nationale de contrôle des naissances de Mme Dennett pour qu'elle soit sous sa direction future.

Cette réunion s'est tenue sous le parrainage de Mme Enoch Raugh, une philanthrope d'un grand courage. Au début, presque partout où j'allais, le sujet du contrôle des naissances était susceptible de faire ressortir ceux qui s'y identifiaient. Les gens aisés moyens hésitaient, à l'exception des dirigeants juifs dans les affaires civiques qui, dès qu'ils en furent personnellement convaincus, ne montrèrent aucune hésitation à s'aligner publiquement.

Chicago n'a pas répondu de la même manière. Certains membres du puissant Women's City Club m'avaient demandé en privé de parler, mais lorsque l'affaire fut portée devant leur conseil d'administration, l'invitation non officielle fut officiellement annulée. Ici encore, les conservateurs appréciaient les avantages du contrôle des naissances pour eux-mêmes mais refusaient de l'approuver pour les moins fortunés de leur sexe. Comme elles ne m'écoutaient pas, j'ai essayé de joindre directement les femmes des parcs à bestiaux.

Tant de centaines de lettres m'étaient parvenues – non seulement en anglais, mais aussi en hongrois, bohème, polonais et yiddish – réclamant des informations, que j'avais toutes les raisons de supposer que ce que j'avais à dire serait le bienvenu à Halsted. Rue. J'étais incrédule lorsque je rencontrais une résistance imprévue.

Hull House et des établissements similaires avaient été créés pour aider les pauvres à s'aider eux-mêmes. Mais j'ai découvert que même si les agences sociales s'étaient efforcées au départ de gagner la confiance en ouvrant des laiteries et des crèches, cet objectif avait été quelque peu obscurci au profit de l'efficacité pure. De nombreux travailleurs sociaux en étaient venus à traiter les individus comme de simples cas à cataloguer, proclamant avec arrogance qu'ils savaient « ce qui était le mieux pour les pauvres » ; un type s'était développé, et ceux qui en appartenaient manquaient de sympathie humaine. Au lieu de cela, ils ont élargi leur propre ego par la domination. Leur désir de se forger un prestige et de s'assurer une position importante dans la communauté avait formé une barrière civique, un mur en fait autour du quartier des parcs à bestiaux, empêchant tout nouveau concept, personne ou organisation d'entrer sans autorisation officielle. Les femmes des parcs à bestiaux étaient littéralement emprisonnées dans leurs maisons à cause d'idées avancées à moins qu'elles ne se rendent dans d'autres quartiers de la ville.

Parce que cette situation ridicule s'était produite à Chicago, aucune salle ne pouvait être construite dans le voisinage immédiat. Je n'aurais pu y tenir aucune réunion sans Fania Mindell, l'une des nombreuses idéalistes de l'époque qui se sont lancées dans la lutte pour les opprimés à la suite de leurs propres souffrances et répressions en Russie. Elle avait une nature dévouée et altruiste qui la faisait travailler, esclave, peiner pour l'amour de le faire. Elle a pris toutes les dispositions, réunissant un public de mille cinq cents personnes venues des environs du travail et des parcs à bestiaux.

Ces premières conférences à Chicago et ailleurs attirèrent des essaims de femmes, payant vingt-cinq cents pour remplir les auditoriums ; Je me souviens que l'une d'elles offrait son alliance comme prix d'entrée, à échanger le jour de la paie. Ils ont amené leurs enfants, et plus d'une fois j'ai dû élever la voix au-dessus des roucoulements et gargouillis persistants d'un bébé au premier rang. Il y avait une entente naturelle entre les nourrissons. Si l'on donnait une bouteille à l'un, l'autre se mettait à pleurer. Un troisième à l'arrière a rejoint le chœur, ou un petit garçon dans l'allée latérale a chuchoté d'une voix stridente : « Je veux rentrer à la maison ! J'avais très envie de voir tous ces bébés, parce que je savais ce que leurs mères étaient venues chercher – une aide certaine pour ne plus en avoir – et cette aide ne pouvait pas leur être donnée.

Souvent, à ces réunions, je voyais une femme assise près de l'estrade tenant un bouquet de fleurs sauvages, des marguerites, de la dentelle de la reine Anne ou du beurre et des œufs, attendant de me présenter le petit bouquet, de me dire que depuis qu'elle avait reçu mon pamphlet, elle avait « évité les ennuis ». Quelle que soit la manière dont elle était formulée, la gratitude était sincère.

À maintes reprises, quelqu'un surgissait devant moi et me tendait la main : « J'étais abonnée à *Woman Rebel*. J'ai reçu toutes vos brochures d'Angleterre.

Quand j'ai demandé : « Quel est ton nom ? avec la réponse, comme un éclair, est venu le nombre d'enfants et la localité, et l'histoire m'a été envoyée des années plus tôt. Et : « Vous n'habitiez pas à Des Moines ? J'ai continué. C'était rarement le mauvais endroit. De cette façon, j'ai rencontré des dizaines d'« amis » qui faisaient partie des deux mille premiers.

Le Dr Mabel Ullrich de Minneapolis m'a conseillé de ne pas y aller parce que les Twin Cities étaient les plus conservatrices d'Amérique. « Vous n'aurez pas six personnes », a-t-elle prophétisé.

"Pensez-vous que j'en aurai six?"

"Peut-être."

"Alors j'irai."

J'étais prêt à parler partout où cela était possible, quelle que soit la présence. Six personnes, convenablement convaincues, faisaient généralement réfléchir soixante personnes en très peu de temps. Malgré l'avertissement du Dr Ullrich, des centaines de chaises ont dû être amenées à la bibliothèque publique de Minneapolis pour faire face au trop-plein.

Les gens étaient souvent surpris par la taille de mon public. J'aurais été surpris si l'inverse avait été le cas, même si je n'aimais pas trop de personnes présentes car le sujet était trop intime pour un grand nombre dans de grandes salles. Tous sont venus parce que le contrôle des naissances a touché leur vie de manière profonde et vitale ; ils écoutaient si sérieusement, si attentivement que l'atmosphère même était feutrée et anormalement calme.

Ici à Minneapolis est arrivé un télégramme de Frederick A. Blossom, Ph.D., directeur des Associated Charities of Cleveland, que j'avais rencontré là-bas.

Est-ce que je prendrais la parole à la Conférence nationale des travailleurs sociaux qui se tiendrait alors à Indianapolis ? Il n'a pas réussi à me faire inscrire au programme, mais les deux sujets qui suscitaient actuellement un intérêt considérable étaient la réforme pénitentiaire instituée par Thomas Mott Osborne à Sing Sing et le contrôle des naissances. Il pensait que cela valait la peine que je vienne.

Comme j'avais près d'une semaine avant mon rendez-vous prévu à Saint-Louis, le temps s'est très bien passé et j'ai saisi l'occasion. Je ne m'attendais pas à une action concrète, mais j'avais envie de susciter le mécontentement face à l'aplanissement du sommet, de dire à ces travailleurs sociaux qui travaillent péniblement dans leurs organisations que je pensais que leurs réalisations étaient temporaires et que la charité n'était qu'un plumeau tombé du ciel. particules de surface qui se sont simplement déposées ailleurs. Ils ne pourraient jamais atteindre leur idéal d'éliminer les problèmes des masses tant que la reproduction du flot incessant de bébés non désirés ne serait pas arrêtée.

Blossom, polie, instruite et intelligente, avait une personnalité charmante et désarmante, et des capacités bien au-dessus de la moyenne. Une partie de son travail avait consisté à cultiver les riches, et en cela il avait parfaitement réussi parce qu'il était si suave, n'agitant jamais un drapeau rouge devant le nez de qui que ce soit comme je le faisais ; mes discours enflammés sur le féminisme avaient effrayé certains de mes partisans.

Ce maître manager savait exactement quoi faire et comment s'y prendre. Des avis ont été affichés dans tout l'hôtel et déposés dans la boîte aux lettres de chaque délégué, annonçant la réunion à seize heures de l'après-midi, la seule heure où nous pouvions avoir le grand amphithéâtre. Même si des tables rondes se déroulaient au même moment, elles étaient bondées jusqu'aux portes ; les gens étaient assis sur la plate-forme, sur les rebords des fenêtres et sur les radiateurs.

J'ai été presque surpris de constater qu'un si grand nombre de ceux dont j'espérais la coopération se manifestaient en si grand nombre. Walter Lippmann a déclaré : « Cela va lancer le football du contrôle des naissances directement dans le Pacifique. » Et, en effet, les agents sociaux, tels les dards à plumes d'un pissenlit soufflé dans l'air, se sont dispersés dans toutes les régions du pays ; par la suite, vers l'Ouest et vers l'arrière, j'ai entendu des échos de la réunion.

Au cours des semaines précédentes, dans diverses villes, il avait été difficile de rester seul une minute. Les femmes avec leurs inévitables bébés n'arrêtaient pas de me rendre visite dans les hôtels, tout comme les hommes qui partaient au travail tôt le matin, portant leur boîte à lunch. J'étais tellement fatigué mentalement par la tension qu'il me semblait que je devais m'éloigner de l'humanité pendant un petit moment si je voulais conserver ma raison. Le pire de tout était la solitude et le chagrin omniprésents : l'apparition de Peggy qui voulait que je reconnaisse qu'elle était partie et qu'elle n'était plus là.

Je me suis glissé à Saint-Louis deux jours à l'avance pour pouvoir être seul, m'inscrivant à l'hôtel Jefferson et demandant à ne pas être dérangé. Mais le téléphone a sonné avant même que j'aie défait ma valise ; un journaliste avait vu mon nom au bureau et avait demandé une interview. J'ai répondu que je ne pouvais pas le donner ; Je n'étais pas à Saint-Louis en ce qui le concernait. En me disant : « Bien, j'ai échappé à ça », je me suis couché. Mais le lendemain matin, un ruban en première page de son journal annonçait que je me « cachais » dans la ville. Dans mon ignorance, j'avais violé l'étiquette observée par les comités d'accueil, et la mienne s'en indignait vivement. J'ai eu peu de repos.

Parmi les soutiens se trouvait Robert Minor, un vieil ami, ancien caricaturiste remarquable du New York *World*, qui avait été licencié parce qu'il avait refusé de dessiner sur l'Allemagne le genre d'images que souhaitaient ses employeurs. Il avait été convenu que j'irais au Victoria Theatre dimanche soir, qui avait déjà été payé à l'avance afin que la réunion soit gratuite. Cependant, à huit heures moins le quart lorsque nous sommes arrivés, le bâtiment était dans l'obscurité totale et les portes étaient verrouillées. Le bureau du propriétaire était fermé ; il n'était pas chez lui ; il n'y avait aucun moyen de savoir quoi que ce soit. En fait, il s'était temporairement effacé parce qu'il ne voulait pas admettre qu'il avait été menacé d'un boycott catholique de son théâtre et qu'on lui avait promis une protection contre un éventuel procès pour rupture de contrat.

Au moins deux mille personnes s'étaient rassemblées et remplissaient l'air de cris, de sifflements, de hourras, de cris : « Les catholiques dirigent la ville ! Brisez la porte ! Minor m'a exhorté à me lever dans la voiture et à prononcer mon discours, mais sans le cadre approprié, j'étais perdu ; c'était un type de bataille qui nécessitait un militant expérimenté. Même si je ne me sentais pas à la hauteur, j'ai commencé, mais ma voix n'a pas pu surmonter le tumulte.

J'étais à peine en route qu'un sergent de police s'est levé et m'a saisi le bras. « Ici maintenant, tu devras descendre. Vous ne pouvez pas parler ici.

"Discours! Discours!" » a crié la foule. "Continue."

Mais le propriétaire de la voiture, à mon grand soulagement, a démarré son moteur. Je me suis assis sur le siège avec un bruit sourd et nous sommes partis.

L'incident a eu des répercussions. Le Men's City Club, considérant l'événement comme une tache sur le beau nom de la ville, m'a demandé de prendre la parole lors de leur déjeuner du lendemain, et j'ai promis d'attendre.

Bien que quarante catholiques démissionnèrent ensuite en bloc, Saint-Louis ne fut pas contraint et plus d'une centaine de nouveaux membres le rejoignirent immédiatement.

William Marion Reedy, propriétaire et éditeur du célèbre *Reedy's Mirror* , se trouvait au théâtre fermé. Il a imprimé une caricature montrant le Capitole des États-Unis avec une couronne papale dessus, a déclaré dans un éditorial que le pape dictait désormais à l'Amérique ce qu'elle devait entendre et penser, et a souligné les dangers qui en résulteraient pour le pays si un groupe religieux était autorisé à faire cela. domination. « Aucune idée répandue dans le monde n'a jamais été supprimée. Les idées ne peuvent pas être enfermées dans *des oubliettes* », fut sa péroraison.

Après avoir quitté le Middle West et atteint les montagnes Rocheuses, l'atmosphère a changé. J'ai même été frappé par l'attitude des chasseurs et des serveurs du Brown Palace Hotel à Denver. À New York, vous étiez servis par des hommes et des garçons étrangers entraînés, italiens et français. Ici, ils étaient nés aux États-Unis, aux yeux bleus, au teint clair et à la mâchoire forte. Sans s'incliner ni obséquieux, ils ont apporté votre nourriture et porté vos sacs comme pour vous rendre service. Vous avez hésité à leur donner un pourboire, mais en réalité, ils ne l'ont jamais refusé.

J'ai adoré Denver lui-même. Il me semblait que les femmes là-bas étaient les plus belles que j'aie jamais vues : fraîches, charmantes, vivantes. Ils disposaient du droit de vote depuis longtemps et l'utilisaient efficacement. Parce qu'ils croyaient au tribunal pour mineurs du juge Ben Lindsey, ils l'avaient maintenu au pouvoir malgré l'antagonisme concerté de politiciens pittoresques mais corrompus.

Même si le juge Lindsey avait des ennemis acharnés dans des lieux élevés, il avait aussi des amis fidèles. Lorsque Théodore Roosevelt s'y était arrêté en 1912 lors de son Western Swing, le juge se heurtait à une opposition. Les élus de la ville ne voulaient pas l'inclure comme citoyen important dans leur comité d'accueil de leur plateforme. Roosevelt regardait en vain parmi tous ces banquiers et hommes d'affaires. "Où est Ben Lindsey?" Il a demandé.

"On ne parle pas de lui ici."

« N'est-ce pas ? Eh bien, c'est un de mes amis. Je ne dirai pas un mot jusqu'à ce que Ben Lindsey vienne s'asseoir sur cette estrade à côté de moi.

Il ne parlerait pas non plus jusqu'à l'arrivée de Lindsey ; tout le monde a dû attendre.

C'était un moment fort pour moi à ce moment-là, si peu de temps après ma propre comparution devant le tribunal, que le juge Lindsey préside ma réunion. Autrefois, mes auditeurs, à l'exception d'Indianapolis, appartenaient principalement à la classe ouvrière. Ici, elles étaient épouses de médecins, avocats, petits fonctionnaires, membres de clubs.

J'étais plus que ravi d'avoir un public qui avait le pouvoir de changer l'opinion publique. Le « dixième submergé » n'a pas besoin de théories ni de preuves des avantages de la limitation familiale ; ils étaient la preuve – l'exemple vivant de la nécessité. Il était d'une importance vitale d'avoir des auditeurs réfléchis qui non seulement utilisaient eux-mêmes des contraceptifs, mais qui faisaient progresser la réflexion à travers la littérature, les discussions et les articles. Je leur racontais l'histoire de ces millions de personnes qui n'avaient pas pu venir, et j'essayais de la raconter telle que je la savais vraie. Les stimuler offrait la meilleure possibilité d'accomplir quelque chose.

Le juge Lindsey m'a invité à m'asseoir sur le banc avec lui le lendemain matin, et j'ai regardé avec fascination la façon dont il traitait ses affaires. La méthode judiciaire habituelle était la punition, et plus il y avait de punition, mieux c'était. Mais il opérait selon la nouvelle psychologie. Par exemple, il a tenté d'inculquer le sens des responsabilités à un garçon qui avait désobéi à sa mère et s'était enfui de l'école, en lui montrant sa dette envers elle et comment il devrait l'aider plutôt que de lui causer du chagrin.

La même tactique a été employée dans le cas de Joseph, accusé d'avoir agressé sa femme, Nelly, qui se tenait silencieusement à l'arrière-plan, un châle sur la tête. Lindsey a lu les preuves, puis a dit : « Joseph, viens ici. »

Joseph s'approcha, semblant quelque peu coupable, comme le faisaient habituellement les hommes de son statut lorsqu'ils se présentaient au tribunal.

« Qu'est-ce que j'entends à propos de toi ? Pourquoi as-tu frappé Nelly ?

«Elle m'a rendu fou», marmonna Joseph.

« Joseph, tourne la tête et regarde ta femme. Regarde la! Regarde ! tu es maigre, pâle, faible, et tu es un grand homme fort qui frappe cette délicate petite femme. N'as-tu pas honte de battre Nelly ? Toi qui as promis de l'aimer, de l'honorer et de la protéger ?

La réprimande a duré deux bonnes minutes. Finalement, des larmes commencèrent à jaillir des yeux de Nelly et à couler sur son visage. Elle s'avança, prit Joseph par la main et dit : « Oh, il n'est pas si méchant, juge. » Joseph l'embrassa alors. Au lieu de le punir, ce qui aurait en fait également été de punir Nelly, le juge Lindsey l'a mis en liberté conditionnelle pour qu'il fasse rapport dans deux mois, et le mari et la femme sont sortis bras dessus bras dessous.

L'une des choses les plus difficiles à combattre pour un juge d'un tribunal inférieur est le préjugé de la police contre ceux qui ont déjà un casier judiciaire. Le juge Lindsey, lorsqu'une affaire lui était soumise, n'a jamais cru les gens sur parole, mais a demandé à sa propre secrétaire, employée et payée par lui, de se rendre au domicile et d'enquêter, et il a tenu l'affaire jusqu'à ce que cela soit terminé. Mais je pensais alors que soit le juge Lindsey se dirigeait droit vers les ennuis, soit Denver possédait son propre royaume où régnait la liberté.

Une attitude de libéralité similaire prévalait de l'autre côté des Rocheuses. Dans de nombreux endroits où j'avais déjà parlé, des policiers étaient postés aux portes. Parfois, ils étaient même venus à l'hôtel pour lire mon discours, comme à Saint-Louis et à Indianapolis. Mais à Los Angeles, les responsables de toute la ville, même les représentants de la division de police des femmes, m'ont rencontré au commissariat ou m'ont rendu visite amicalement.

J'étais toujours aussi terrifié à l'idée de parler qu'au début ; Je me réveillais tôt le matin, parfois avant qu'il ne fasse jour, et je sentais une horrible dépression m'envahir. J'ai réalisé que c'était la conférence imminente qui m'affectait tellement, et j'ai attendu cette heure avec appréhension. Ma maladie physique ne s'est améliorée que lorsque je me suis levé et que j'étais bien dans mon sujet.

Même si c'était ma première visite en Occident, je n'avais pas le temps de faire du paysage. Dans la mesure du possible, je voyageais de nuit et arrivais de jour, et à ce stade de mon voyage, j'étais apparemment toujours fatigué. La routine s'est poursuivie indéfiniment, une succession interminable de descentes de train, de présentations, de discussions devant des comités, de déversements – et rien ne se passait. Physiquement et psychiquement, ce fut l'une des périodes les plus basses de ma vie.

Quelqu'un à San Francisco a fait une belle chose pour moi. Je n'ai jamais su qui elle était, mais à la fin d'une réunion, elle est venue me chercher dans sa voiture et m'a emmené dans une forêt d'arbres immenses et hauts où le soleil brillait. Là, elle m'a laissé un quart d'heure au milieu d'une cathédrale de grands conifères avec le ciel au-dessus et moi seul. Je n'ai jamais oublié le calme et la tranquillité.

J'ai trouvé la côte Ouest un endroit animé. Les idées étaient constamment débattues. Chaque discours a reçu un accueil stimulant. Emma Goldman était là année après année et avait incité les gens à oser s'exprimer. Toutes sortes d'individus vous catéchisaient, et si vous n'étiez pas bien ancré dans votre sujet, vous preniez vite conscience de votre ignorance. Les Wobblies passaient des heures dans les bibliothèques, non seulement pour se réchauffer, mais aussi pour essayer de trouver des points sur lesquels attaquer le prochain conférencier qui devrait venir en ville. Souvent, les plus enthousiastes étaient considérés comme des excentriques – du régime alimentaire, du libre-échange, de l'impôt unique et de l'argent gratuit – si familiers que leur soulèvement était salué par des gémissements. Cela ne me dérangeait pas qu'on pose des questions, même si tout ce que je savais était remis en question. C'était bien pour moi qu'en plus de mon Malthus, je connaissais mon Schopenhauer et mon Nietzsche, mon Henry George, mon Marx et mon Kropotkine. Il me semble qu'aujourd'hui le ton du public s'est dégradé ; les requêtes ont rarement la même compréhension intellectuelle derrière elles.

Mon accueil à Portland a été délicieux. Le poète de soixante ans, CES Wood, élégant et gracieux, avait pour habitude de saluer personnellement les femmes oratrices, de leur dédier des poèmes à leur arrivée et d'envoyer des tonnelles de fleurs dans leurs chambres d'hôtel. La Ville des Roses a fait beaucoup pour divertir ses visiteurs.

Ici, j'ai été invité par une église à m'adresser à sa congrégation après le service du soir. Je n'étais pas très bien dans l'après-midi, mais j'ai promis au téléphone d'être là si je le pouvais. J'étais en retard et la réunion avait déjà commencé. En me glissant à l' arrière , j'entendis le président me traiter de Jeanne d'Arc. Il y avait bien trop de Jeannes d'Arc à cette époque. Ne voulant pas être décevant, j'ai fait demi-tour et suis retourné à l'hôtel. Comme personne ne m'avait jamais vu, ni mon entrée ni ma sortie n'ont été remarquées.

J'admirais les femmes robustes et vitales ; ils semblaient si efficaces et j'ai regretté de ne pas avoir donné la même impression. Je ressentais cela, mais je ne pouvais m'empêcher de ressembler, comme quelqu'un l'a dit, à « une fleur affamée tombant sous la pluie ». Si j'étais dans une pièce avec dix personnes et que quelqu'un entrait et s'attendait à ce que je sois présent, elle s'approchait invariablement de la plus grande femme et lui disait : « Comment allez-vous, Mme Sanger ? Pendant un bref moment, j'ai essayé de paraître plus compétent en portant des costumes sévères, mais cette phase n'a pas duré ; D'une part, une simplicité efficace coûtait de l'argent et je n'en avais pas assez pour être vraiment bien adapté. Cependant, l'anonymat dû à mon apparence était, dans l'ensemble, heureux. J'ai toujours pu me promener dans n'importe quelle rue, dans n'importe quel restaurant ou magasin, et être rarement identifié, ce qui m'a permis de maintenir une vie relativement privée.

Un dîner fut donné à Portland ; le président, qui avait vu passer et repartir Susan B. Anthony et de nombreuses autres femmes défendant des causes, a prononcé un bref discours d'introduction. Je me souviens rarement de ce que les gens disent en de telles occasions, mais une de ses déclarations est restée gravée dans ma mémoire. «J'aimerais revoir Margaret Sanger après dix ans. La plupart des mouvements soit vous brisent, soit développent le type de visage de « personnage public » qui est devenu dur et figé au cours de combats longs et furieux. Mais sa cause est différente de toutes celles que j'ai jamais connues. J'aimerais voir comment elle s'en sortira.

J'y ai pensé à maintes reprises : comment, si la cause n'est pas assez grande pour vous élever hors de vous-même, vous pouvez être poussé jusqu'à l'amertume par l'apathie du public et, au sein de votre propre entourage, par les mesquines fiertés et jalousies des petits. des egos qui réclament attention et approbation.

L'une des premières personnes que j'ai rencontrées dans la ville a été le Dr Marie Equi , d'origine italienne et de feu latin. Décidément, elle était individualiste et robuste. Son corps fort et large pouvait parcourir des kilomètres et des kilomètres à cheval, de jour comme de nuit. Elle avait été élevée à l'époque des pionniers, où le travail médical était un véritable service. Si des cowboys ou des Indiens se disputaient, étaient en difficulté ou en prison, le Dr Equi était toujours là pour leur dire un bon mot.

C'est à Portland que j'ai réalisé que *Family Limitation* , écrit grossièrement et à la hâte en 1914, avait besoin d'être révisé. Les travailleuses auxquelles il s'adressait avaient besoin de connaître les faits. Il avait rempli son rôle à l'état brut, mais le moment était désormais venu d'atteindre les classes moyennes, pour lesquelles il exigeait un ton un peu plus professionnel. Le Dr Equi m'a apporté une véritable aide dans cette affaire.

Plus la brochure était largement distribuée, plus j'étais heureux. Comme il n'était pas protégé par le droit d'auteur, quiconque le voulait pouvait en réimprimer autant qu'il le souhaitait, et les bûcherons IWW, par exemple, les voyageurs sans famille qui s'installaient en Californie pour la récolte de l'été, se procuraient souvent ainsi un peu d'argent supplémentaire. alors qu'ils voyageaient d'un endroit à l'autre. Lorsqu'ils déroulèrent les couvertures drapées sur leurs épaules, une demi-douzaine de brochures en tombèrent.

Un mécanicien automobile de Portland avait réalisé une de ces réimpressions et m'avait demandé s'il pourrait la vendre lors de ma prochaine réunion. Je n'avais moi-même jamais distribué publiquement *Family Limitation* , mais si des habitants locaux voulaient le faire, je n'avais aucune objection. Le mécanicien et deux de ses amis vendirent alors des exemplaires et furent arrêtés. Leur procès a été reporté afin que je puisse donner les conférences que je proposais à Seattle et à Spokane.

Une fois ces audiences terminées , je suis revenu pour servir de témoin, et lors d'une autre réunion tenue la nuit précédant le procès, quatre autres d'entre nous ont été arrêtés, le Dr Equi , deux Anglaises et moi-même. J'ai été extrêmement heureux de voir pour la première fois des femmes s'exprimer ouvertement et courageusement ; plus d'une centaine de

personnes nous ont suivis dans les rues jusqu'à la prison en demandant à être
« laissées entrer aussi ». Nous avons également enfreint la loi.

La prison de la ville était belle, propre et chaleureuse. Les filles, qui n'étaient
pas enfermées dans des cellules, couraient partout pour parler de leurs
problèmes et de leurs plaintes avec le Dr Equi , et recevaient en retour des
condoléances et des conseils judicieux.

Nous avons été jugés tous les sept le lendemain. Deux avocats se sont chargés
de nous défendre et ils ont été formidables. Nous avons tous été reconnus
coupables. Les hommes ont été condamnés à une amende de dix dollars, que
le juge a déclaré qu'ils n'étaient pas tenus de payer ; les femmes n'ont pas été
condamnées à une amende du tout.

Les journaux ont fait beaucoup de bruit à propos de cette affaire, mais ce
n'était pas un type de publicité de mon choix et cela n'a pas contribué à
rapprocher l'objectif. L'année 1916 a été remplie de troubles, certains utiles,
d'autres non. Le ferment travaillait violemment. Tout le monde a commencé
à faire des choses ici et là. De nombreux radicaux, dont certains que je ne
connaissais même pas, distribuaient des tracts et se faisaient arrêter et
emprisonner. Des réunions se tenaient à New York au coin des rues, à Union
Square, Madison Square.

Il fallait garder la tête froide, vaquer à ses occupations, prendre des décisions
réfléchies, perdre le moins de temps possible en futilités ; il a toujours été
difficile d'empêcher des cerveaux émotifs dispersés de perturber le flux clair
du courant. On ne pouvait tout naturellement pas attendre du public qu'il
fasse la distinction entre les activités intentionnelles et les autres activités
menées au nom du mouvement.

Emma Goldman et son directeur de campagne, Ben Reitman, ont
tardivement préconisé le contrôle des naissances, non pas pour le
promouvoir mais de manière stratégique pour utiliser dans leur propre
programme anarchiste la valeur publicitaire qu'il avait acquise. Plus tôt, elle
m'avait fait sentir qu'elle considérait cela comme sans importance dans la
lutte des classes. Soudain, alors qu'en 1916 elle eut démontré que c'était
important, elle fit une conférence sur le sujet, fut arrêtée et condamnée à dix
jours de prison.

Ben Reitman, qui avait l'habitude de parcourir les allées lors des réunions en
criant *la Terre Mère d'Emma Goldman* d'une voix qui n'avait jamais besoin d'un
mégaphone, a également été arrêté lorsque la police a trouvé sur la table de
son amphithéâtre de Rochester plusieurs livres sur le contrôle des naissances.
. L'un d'eux était celui du Dr Robinson, qui avait publié à la hâte un volume
prétendant donner des informations sur la contraception. L'acheteur

imprudent a découvert, en arrivant à la section censée lui fournir les faits pour lesquels il avait payé son argent, que les pages étaient blanches et vides.

Ce qui m'intéressait beaucoup plus était la décision de Jessie Ashley, d'Ida Rauh , qui était l'épouse de Max Eastman, et de Bolton Hall, un leader du mouvement de l'impôt unique, de présenter des cas types au motif que le refus d'informations sur la contraception aux femmes dont la santé peut être mise en danger par une grossesse est inconstitutionnelle puisque la Constitution garantit à chaque individu le droit à la liberté. Ces trois-là se sont fait arrêter pour contrôle des naissances. Ils ont tous trois été reconnus coupables et ont eu le choix entre une amende ou une peine de prison. Ils ont payé les premiers en annonçant qu'ils feraient appel, mais, malheureusement, comme il s'est avéré plus tard, ils n'ont pas mis leurs intentions à exécution.

Une démarche sympathique, sinon sage, a été entreprise par un jeune homme de Boston nommé Van Kleek Allison, qui a commencé à distribuer des tracts aux travailleurs à leur sortie des usines. Au début de l'été, il en a donné un à un leurre de police, a été arrêté et condamné à trois ans de prison. Ce cher vieux Boston, la patrie des puritains, s'est soulevé de toutes ses forces et a tenu une immense réunion de protestation en sa faveur.

Ce fut l'occasion de mon premier chahut. Un juif converti au catholicisme, nommé Goldstein, a commencé à me poser des questions de manière belliqueuse. Ce n'était pas dans le sens d'essayer de trouver les réponses, mais comme s'il les avait emballées dans sa propre poche et essayait simplement de me piéger, et qu'il, à son tour, avait ses réponses prêtes pour les miennes. Mais après mes expériences occidentales, je n'étais pas au dépourvu et j'ai été aidé en outre par d'autres membres de l'auditoire qui ont pris ma défense lorsqu'il est devenu presque insultant.

Je n'ai jamais pris à la légère les questions posées et je n'ai jamais jugé aucune question trop triviale ou indigne d'une réponse honnête. Je croyais que pour chaque personne qui avait le courage de demander, il devait y en avoir au moins vingt-cinq qui aimeraient savoir, et je n'ai jamais supposé que quiconque cherchait à me tromper en me faisant donner des informations illégales, même si sa demande pouvait apparaître comme prévue. pour m'embrouiller ou m'être imposé de manière vindicative. Je répondais habituellement : « C'est un point intéressant. Je suis heureux que vous en ayez soulevé la question », puis j'ai commencé à en discuter du mieux que j'ai pu.

Un autre chahut à Albany a donné lieu à de joyeuses retrouvailles. Quelqu'un dans le public a insisté sur le fait que mon travail était inutile. En temps normal, je n'y aurais pas prêté attention, ne considérant pas du tout cette déclaration comme personnelle. Mais une dame se leva, portant un haut col de dentelle soutenu par des baleines et un chapeau posé à plat sur la tête, un fantôme de mes années d'écolière. «Je connais Margaret Sanger», a-t-elle déclaré. «J'ai couché avec elle, j'ai vécu avec elle, j'ai travaillé avec elle, je l'ai accouchée et j'ai nommé mon bébé en son honneur.» C'était là que la chère vieille Amélia était venue me défendre. Son style vestimentaire était resté le même qu'il y avait quinze ans, tout comme sa loyauté et son esprit. La conférence terminée, nous sommes retournés ensemble chez elle à Schenectady ; elle a sorti du grenier des albums, des photographies et des instantanés pris à Claverack, et nous nous sommes assis par terre et avons bercé de rire jusqu'à trois heures du matin.

À mon retour à New York après mon long voyage, j'ai loué un studio dans ce qui semblait être un peu le vieux Chelsea, sur la Quatorzième Rue, entre la Septième et la Huitième Avenue. Gertrude Boyle, la sculptrice, avait celui en dessous de moi et ma sœur Ethel a emménagé au-dessus. De temps en temps, mon père venait de Cape Cod pour passer du temps avec nous.

Même s'il ne faisait jamais assez chaud, faute de chauffage central, cela m'endurcit physiquement, et les cheminées à foyer ouvert, alimentées sans cesse par le expansif et volubile Vito Silecchia , le vendeur de charbon italien, gardaient l'air frais et propre. Les beaux hauts plafonds, les hautes fenêtres et les larges portes écartées entre les pièces donnaient une atmosphère d'espace, et les merveilleuses boiseries sculptées étaient une joie. Les fenêtres à l'arrière étaient drapées de rideaux jaune clair, reflétant une lueur illusoire de soleil. Au-dessus de l'un d'eux poussait une vigne de glycine japonaise ; chaque fois que je levais les yeux , je voyais ce petit bout de printemps.

Chapitre dix-sept

FOI, J'AI ÉTÉ UN ABSOLUMENT À LA LOI

« Si une femme se lasse et finit par mourir en couches, cela n'a pas d'importance. Qu'elle meure seulement d'avoir porté ; elle est là pour le faire. »

MARTIN LUTHER

À l'automne 1916, quiconque marchait dans le couloir du dernier étage du 104 Fifth Avenue aurait pu voir les mots « Birth Control » imprimés sur la porte menant à un bureau équipé de manière professionnelle et efficace de dossiers et de catalogues sur fiches. Il était présidé par Fred Blossom, le parfait représentant. Il m'avait dit à Cleveland qu'il en avait assez de la charité amélioratrice et, désireux de faire quelque chose de plus significatif, il avait offert six mois pour ce travail. Désormais, infatigablement, il écrivait, parlait, se faisait des amis et, plus important encore, collectait des fonds. Ses repas se limitaient à une pomme pour le déjeuner et à un sandwich pour le dîner ; il quittait rarement le bureau avant minuit.

Comme un aspirateur, Blossom a aspiré des volontaires d'ici et d'ailleurs pour m'aider avec les boîtes et les malles de lettres qui m'étaient parvenues de tout le pays – un millier de Saint-Louis seulement. Tant que je n'avais pas eu d'aide sténographique , je n'avais pu que les ouvrir, les lire et les ranger tristement. Finalement, avec quinze ou vingt assistants, la tâche commença : trier ces problèmes et y répondre. Le contenu tombait presque invariablement dans certaines catégories définies, et j'ai institué un système pour que tel ou tel paragraphe puisse être envoyé en réponse à tel ou tel appel.

Nous n'avions qu'une seule sténographe rémunérée : la petite Anna Lifshiz , qui devint bientôt bien plus une collègue qu'une secrétaire. Si nous n'avions pas d'argent en banque, elle attendait son salaire jusqu'à ce que nous l'ayons. Lorsque j'ai rencontré la mère d'Anna, qui a conféré à sa maison hospitalière une dignité d'antan , j'ai réalisé que le bon caractère de sa fille était un héritage direct. Chaque Noël, je recevais un cadeau composé de vin et de gâteaux fabriqués par Mme Lifshiz , et Anna disait toujours lorsqu'elle les apportait : « Ma mère prie pour votre santé, votre bonheur et que vous vous portez bien.

J'avais été encouragé par l'intérêt suscité lors de mon voyage en Occident, mais je n'étais en aucun cas satisfait. L'idée pratique de donner des informations sur la contraception dans des cliniques créées à cet effet a semblé recueillir partout l'approbation générale. Boston semblait à cette époque un point de départ possible. Bien qu'Allison ait dû purger soixante jours dans la maison de correction de Deer Island, le total de son procès sensationnel avait été bon. Avant son arrestation, il n'y avait pas eu de ligue dans le Massachusetts, et avec son arrestation étaient venus de la publicité, des amis, des travailleurs, des réunions, des lettres, des entretiens, tous d'une grande valeur éducative.

Plus important encore que l'enthousiasme suscité, les meilleures autorités judiciaires de Boston avaient décidé que les informations sur la contraception pouvaient être données verbalement par les médecins à condition qu'elles ne soient pas annoncées. L'interprétation à donner à la publicité a retardé l'ouverture effective d'une clinique. L'ancien esprit était là pour mener la bataille, mais il s'agissait d'obtenir un leadership, et cela ne s'est pas produit ; aucune femme médecin n'était prête à prendre ce risque. Si les citoyens du Massachusetts avaient alors saisi l'opportunité d'élargir leurs lois, les écrivains et les orateurs pourraient désormais avoir plus de liberté pour s'exprimer.

Blossom a rapidement organisé la New York State Birth Control League pour modifier la loi de l'État. Au-delà de l'introduction d'un projet de loi , il n'a guère progressé et a rapidement expiré. Ce n'était qu'un de ces nombreux groupes qui se réunissaient, parlaient, parlaient et ne faisaient rien d'efficace.

L'approche législative m'a semblé une méthode lente et tortueuse pour légaliser les cliniques ; nous avions une chance meilleure et plus rapide en obtenant une interprétation judiciaire favorable en contestant directement la loi. J'ai décidé d'ouvrir une clinique à New York, une démarche bien plus difficile qu'à Boston. L'article 1142 des lois de New York était précis : *personne ne* pouvait donner à *qui que ce soit des informations sur la contraception* , pour *quelque* raison que ce soit. D'un autre côté, l'article 1145 stipulait clairement que les médecins pouvaient donner des ordonnances pour empêcher la conception à des fins de guérison ou de prévention d'une maladie. Deux avocats et plusieurs médecins m'ont assuré que cette exception ne concernait que les maladies vénériennes. Dans ce cas, l'intention était de protéger l'homme, ce qui pouvait incidemment promouvoir l'immoralité et permettre la promiscuité. J'avais affaire à un mariage. Je souhaitais que l'interprétation soit élargie afin de protéger les femmes contre les problèmes de santé résultant d'une grossesse excessive et, ce qui est tout aussi important, d'avoir le droit de contrôler leur propre destin.

Pour changer cette interprétation, il était nécessaire de disposer d'un cas de test. Ceci, à son tour, exigeait que je respecte strictement la lettre de la loi ; c'est-à-dire avoir des médecins qui ne donneraient que des informations verbales pour la prévention des maladies. Mais les femmes médecins qui avaient promis de le faire ont maintenant refusé. J'ai écrit, téléphoné, demandé à des amis de demander à d'autres amis de m'aider à trouver quelqu'un. Aucune n'était disposée à adhérer à la cause, craignant de mettre en péril sa pratique privée et de courir le risque d'être censurée par sa profession ; elle pourrait même perdre son permis.

Ils avaient devant eux l'exemple du Dr Mary Halton qui, de toutes les femmes que j'ai connues, est peut-être celle qui comprend le mieux les secrets cachés du cœur. Elle n'a jamais atteint ses mérites et n'aura sans doute jamais les honneurs qui lui sont dus, même si elle a un public inconnu qui l'aime non seulement parce qu'elle a fait quelque chose directement pour eux, mais parce qu'ils ont entendu parler de ce qu'elle a fait pour les autres. Elle a ce qui, à mon avis, est l'attitude du vrai médecin ; qu'il ne suffit pas de guérir les maux : il faut aussi prêter attention à l'environnement, aux chagrins, aux privations. Son cabinet est une clinique de protection sociale où les femmes de toutes classes sociales, de tous âges et de toutes nationalités se rendent pour obtenir des conseils, parfois sans même payer le transport aller-retour. Les célibataires, qui demandent rarement l'aide des médecins ou des cliniques, admettent qu'ils ne sont pas mariés, ont une confiance si profonde dans le Dr Mary qu'ils se déchargent librement.

Le Dr Mary faisait auparavant partie du personnel de l'hôpital Grosvenor et y avait tenu sa clinique du soir. A une de ses patientes opérée d'une tuberculose glandulaire, elle avait prescrit un pessaire cervical. Lorsque, quelques soirs plus tard, la femme était revenue pour être réaménagée, le Dr Mary était sorti et sa remplaçante, horrifiée et choquée, avait présenté l'affaire au conseil. Le Dr Mary avait été appelé avant eux. Elle leur avait dit sans équivoque que donner des informations sur la contraception aux patientes qui en avaient besoin faisait partie de son travail et qu'elle avait le droit de le faire en vertu de la loi.

Le conseil d'administration n'était pas d'accord avec elle et avait demandé sa démission.

Je ne voulais pas compliquer la question de la vérification de la loi en demandant à une infirmière de fournir des informations, car une infirmière n'était pas visée par l'exception de l'article 1145. Mais comme je ne trouvais aucun médecin, je dus m'en passer. Ethel, une infirmière diplômée, était prête à contribuer à l'aide au mouvement, même si elle n'en faisait pas partie dans le même sens que moi. Puis, tant que je devais enfreindre la loi de toute façon, j'ai conclu que je pouvais aussi bien violer la loi. à grande échelle en incluant la pauvreté comme motif pour donner des informations sur la contraception. Je ne voyais pas pourquoi les difficultés et les soucis de la femme d'un travailleur ne seraient pas aussi préjudiciables que n'importe quelle maladie. Je voulais un avis juridique à ce sujet si possible.

Mes prochains problèmes étaient de savoir d'où proviendrait l'argent et où devait être située la clinique. Depuis que j'avais annoncé que j'allais en ouvrir un d'ici quelques mois, j'étais submergé sous une avalanche de questions sur le lieu, auxquelles je ne pouvais pas répondre pendant un temps. Le choix d'une localité appropriée était de la plus haute importance. J'ai parcouru les rues du Bronx, de Brooklyn, des quartiers inférieurs de Manhattan, de l'Est et de l'Ouest. J'ai scruté les statistiques de l'état civil de tous les arrondissements : natalités et mortalité infantile et maternelle par rapport aux bas salaires, mais aussi le nombre d'institutions philanthropiques dans les environs.

Les deux questions du où et du comment furent réglées le même jour.

Cet après-midi-là, cinq femmes de la section de Brownsville à Brooklyn se sont rassemblées dans ma chambre pour chercher le « secret » du contrôle des naissances. Chacun avait quatre enfants ou plus, laissés chez des voisins. L'une d'elles venait de se remettre d'un avortement qui avait failli la tuer. « Un autre m'enlèvera. Alors que va devenir ma famille ?

Elles se balançaient d'avant en arrière tandis qu'elles racontaient leurs afflictions, racontées si simplement, chacune pouvant à peine laisser son amie finir avant de se lancer dans le récit de ses propres souffrances - le coût élevé de la nourriture, les maigres revenus de son mari lorsqu'il travaillait, son impuissance dans sa lutte pour joindre les deux bouts, ses pleurs, ses enfants malades, l'inquiétude constante d'un autre bébé – et la peur pesait toujours sur elle nuit et jour, année après année.

Tous ont crié à quel point une clinique serait une bénédiction et une aubaine dans leur quartier.

Ils ont parlé une heure et quand ils ont fini, il me semblait que j'avais moi-même vécu leurs tragédies. Je me suis souvenu de l'histoire d'un Espagnol tellement désespéré par l'injustice infligée à des prisonniers innocents qu'il avait sorti un revolver dans la rue et l'avait tiré sur la première personne qu'il rencontrait ; tuer était sa seule façon d'exprimer son indignation. J'avais envie de faire la même chose.

J'ai décidé sur-le-champ que la clinique ouvrirait à Brownsville et que je chercherais un site le lendemain. Comment le financer, je ne le savais pas, mais cela n'avait pas d'importance.

Puis soudain le téléphone sonna et j'entendis une voix féminine disant qu'elle venait de revenir de la côte Ouest apportant de Kate Crane Gartz , que j'avais rencontrée à Los Angeles, un chèque de cinquante dollars à faire comme je le souhaitais. Je savais ce que je devais en faire ; payer le premier mois de loyer. J'ai visualisé deux salles au rez-de-chaussée, une pour l'attente et une pour la consultation, et un endroit à l'extérieur pour déposer les poussettes.

Fania Mindell avait quitté Chicago pour m'assister à New York. C'était une journée terriblement pluvieuse du début octobre que nous avons parcouru les rues mornes de Brownsville pour trouver l'endroit le plus approprié aux conditions les moins chères possibles. Nous nous sommes arrêtés dans l'une des stations laitières pour nous renseigner sur les magasins vacants. « Ne venez pas ici », fut la réponse. De nombreuses organisations sociales étaient créées pour répondre aux exigences de la pauvreté et de la maladie, et nous leur avons demandé à tous, pour ensuite recevoir la même réponse : « Nous ne voulons pas de problèmes. Restez en dehors de ce quartier. Le commentaire le plus doux était : « C'est une bonne idée, mais nous ne pouvons pas vous aider. » Même si elles convenaient que les mères de la communauté devraient limiter leurs familles, elles semblaient terrifiées à l'idée d'une clinique de contrôle des naissances. Il semblait également qu'ils craignaient que nous supprimions les problèmes sociaux et qu'ils perdent leur emploi.

Brownsville n'était pas unique ; Brooklyn était et est toujours parsemée de villages aussi lugubres, et même le Queens, avec ses prétentions à un niveau plus élevé, a sa part. Mais Brownsville était particulièrement sombre et sordide. Pâté de maisons après pâtés de maisons, rue après rue, à perte de vue, dans toutes les directions, s'étendaient les mêmes lignes interminables de maisons exiguës, non peintes, accroupies les unes contre les autres comme pour se réchauffer, débordant d'excès d'humanité misérable.

Les habitants étaient pour la plupart juifs et italiens, certains arrivés dans ce pays étant enfants, certains appartenant à la deuxième génération. Je préférais un propriétaire juif, et M. Rabinowitz était la réponse. Il était prêt à nous louer le numéro 46, rue Amboy, pour cinquante dollars par mois, une réduction par rapport au loyer régulier, car il réalisait ce que nous essayions de faire. Ici, dans cette communauté juive, je n'avais aucune crainte à avoir à briser des fenêtres ou à lancer des épithètes, mais je n'étais guère préparé à l'amitié offerte à partir de ce jour.

J'ai envoyé une lettre au procureur du district de Brooklyn, disant que je comptais fournir des informations sur les contraceptifs à partir de cette adresse. Sans attendre la réponse, qui n'est jamais venue, nous avons commencé à nous amuser en réaménageant notre petite clinique. Nous devions continuer à financer les dépenses dans les limites du budget, mais Fania savait le yiddish et savait aussi négocier. Nous avons acheté des chaises, des bureaux, des revêtements de sol, des rideaux, une cuisinière. Si je devais ne laisser aucune lacune dans l'examen de la loi, nous pourrions seulement donner les principes de la contraception, montrer aux femmes un pessaire cervical, expliquer que si elles avaient eu deux enfants , elles devraient avoir une taille et si plus, une plus grande. Ce n'était pas du tout idéal, mais je n'avais pas d'autre recours à l'époque. Cependant, nous pourrions peut-être avoir un médecin n'importe quel jour et, par conséquent, nous avons ajouté une table d'examen à notre équipement.

M. Rabinowitz a passé des heures à ajouter des touches ici et là pour rendre les deux pièces brillantes et impeccables encore plus blanches comme neige. « Il ressemble davantage à un hôpital », a-t-il déclaré.

Entre-temps, nous avions imprimé environ cinq mille avis en anglais, italien et yiddish :

LES MÈRES !

Pouvez-vous vous permettre d'avoir une famille nombreuse ?

Voulez-vous d'autres enfants ?

Si non, pourquoi les avez-vous ?

NE PAS TUER, NE PAS PRENDRE LA VIE, MAIS EMPÊCHER

Des informations sûres et inoffensives peuvent être obtenues auprès d'infirmières qualifiées à

46 RUE AMBOY

PRÈS DE L'AVENUE PITKIN—BROOKLYN.

Parlez-en à vos amis et voisins. Toutes les mamans sont les bienvenues

Des frais d'inscription de 10 centimes donnent droit à toute mère à cette information.

Nous les fourrions dans les boîtes aux lettres, maison après maison, jour après jour, en haut, en bas, partout, regardant tristement les enfants négligés qui pullulaient dans les ruelles et au-dessus des escaliers de secours des immeubles condamnés et jouaient sur les tas d'ordures. les terrains vacants. Nous avons rarement vu une femme qui ne portait pas ou ne transportait pas un bébé. Nous nous sommes arrêtés pour parler à chacun et lui avons donné une réserve de tracts à remettre à ses voisins. En passant devant une pharmacie, nous nous sommes arrangés avec le propriétaire pour qu'il se prépare à nous fournir les pessaires que nous allions recommander.

Le matin du 16 octobre 1916 – frais mais ensoleillé et lumineux après des jours de pluie – Ethel, Fania et moi avons ouvert les portes de la première clinique de contrôle des naissances en Amérique, la première au monde à l'exception des Pays-Bas. Je crois toujours qu'il s'agissait d'un événement d'importance sociale.

Les femmes viendraient-elles ? Sont-ils venus ? Rien, pas même le fantôme d'Anthony Comstock, n'aurait pu les éloigner. Nous étions arrivés tôt, mais avant que nous puissions dépoussiérer l'endroit et nous préparer pour la réception officielle, Fania a appelé : « Sortez et regardez. A mi-chemin du coin, ils faisaient la queue, au moins cent cinquante, certains en châle, d'autres sans chapeau, leurs mains rouges serrant les plus petits, froids et gercés de leurs enfants.

Fania a commencé à prendre des noms, des adresses, l'objet de sa venue à la clinique, des antécédents – mariée ou célibataire, des fausses couches ou des avortements, combien d'enfants, où ils sont nés, quels âges. Me rappelant que les cliniques néerlandaises, en n'enregistrant rien, avaient rendu presque impossible la mesure de ce qu'elles avaient accompli du point de vue humain, j'avais décidé que nos fichiers devraient être aussi complets qu'il était possible de les constituer. Fania avait un exemplaire de *Ce que chaque fille devrait savoir* sur son bureau et, si elle avait un moment libre, lisait-le. Lorsqu'on lui a demandé, elle a indiqué où l'on pouvait l'acheter et en a ensuite conservé quelques exemplaires pour la commodité de ceux qui les voulaient.

Les enfants restaient avec elle et les mères étaient conduites vers Ethel ou moi dans la pièce du fond, de sept à dix heures à la fois. À chaque groupe, nous avons expliqué simplement ce qu'était la contraception ; que l'avortement n'était pas une bonne méthode – peu importe à quel point il était pratiqué, il coûtait la vie ; que la contraception était la meilleure méthode, la plus sûre – cela prenait un peu de temps, un peu de peine, mais cela en valait la peine à long terme, car la vie n'avait pas encore commencé.

Certaines femmes étaient seules, certaines en couple, certaines avec leurs voisins, certaines avec leurs filles mariées. Certaines n'osaient pas en parler avec leurs maris, et d'autres avaient été incitées par eux à le faire. A sept heures du soir, ils venaient encore, et des hommes aussi, amenant parfois leurs femmes timides et embarrassées, ou de temps en temps seuls pour dire qu'ils resteraient à la maison pour s'occuper des enfants si leurs femmes pouvaient venir. Une centaine de femmes et quarante hommes ont franchi les portes, mais nous ne pouvions pas commencer à terminer la file ; on a dit aux autres de revenir « demain ».

Au cours des jours suivants, des femmes apparurent tenant à la main de minuscules bouts de papier, mesurant rarement plus d'un pouce de large, qui s'étaient glissés dans l'impression. Les journaux yiddish et italiens avaient repris l'histoire sur les prospectus qui portaient l'adresse de la clinique, et les maris les avaient lus en revenant du travail et les avaient découpés pour leurs femmes. Les femmes qui avaient vu ces brefs et discrets articles de journaux venaient même du Massachusetts, de Pennsylvanie, du New Jersey et de l'extrémité de Long Island.

Des couples nouvellement mariés, avec peu d'amour, de foi et d'espoir pour les sauver de la charité, racontèrent les petits appartements qu'ils avaient choisis et leur détermination à réussir ensemble si seulement les enfants ne naissaient pas trop tôt. Un matin, un squelette décharné s'est soudainement levé et a prononcé un discours passionné. « Ils nous font de la charité quand nous avons plus de bébés que nous ne pouvons nourrir, et quand nous tombons malades avec plus de bébés parce que nous essayons de ne pas les avoir , ils nous donnent juste plus de discours caritatifs ! »

Des femmes qui avaient elles-mêmes déjà dépassé l'âge de procréer sont venues simplement nous exhorter à préserver les autres des chagrins d'une santé ruinée, de maris surmenés et de couvées d'enfants déficients et rebelles grandissant dans les rues, remplissant les dispensaires et les hôpitaux, passant devant les tribunaux pour mineurs.

Nous avons enregistré chaque candidat et, même si les détails pouvaient varier, les histoires étaient fondamentalement identiques. Tous étaient confus, tâtonnant parmi les enseignements sexuels ignorants des pauvres, cherchant sans conseils la vérité, induits en erreur et désorientés dans une jungle enchevêtrée de superstitions populaires et de remèdes de vieilles femmes. Inconsciemment, ils ont dramatisé le terrible besoin d'une instruction intelligente et scientifique sur ces questions de vie – et de mort.

Comme c'était inévitable, beaucoup ont été tenus à l'écart par la rumeur selon laquelle la police allait nous perquisitionner pour avoir pratiqué des avortements. « Clinique » était un mot qui, pour les personnes sans instruction, signifiait généralement un tel endroit. Cela ne nous dérangerait pas particulièrement d'être perquisitionnés sur cette accusation, car nous pourrions facilement la réfuter. Mais ces rumeurs ont aussi attiré les plus pitoyables de toutes, les futures mamans, à contrecœur, qui espéraient trouver un moyen de se sortir de leurs dilemmes. Leurs menaces désespérées de suicide vous hantaient la nuit.

Une épouse juive, après avoir donné naissance à huit enfants, a subi deux avortements et Dieu sait combien de fausses couches. Épuisée, abattue, non seulement par le travail acharné dans sa propre cuisine, mais aussi par le travail supplémentaire d'un atelier clandestin de fabrication de chapeaux, elle était maintenant à bout de forces, nerveuse au-delà des mots et dans un état d'excitation morbide. "Si vous ne m'aidez pas, je vais couper un verre et l'avaler ce soir."

Une femme poussée au point de se suicider était malade – une responsabilité communautaire. Elle avait surtout besoin d'une attention et d'un dévouement concentrés, et je ne pouvais pas laisser une telle personne sortir de la clinique tant que son humeur n'aurait pas changé. Renforcer l'espoir pour l'avenir semblait être le meilleur moyen de dissuasion. « Votre mari et vos enfants ont besoin de vous. Un de plus ne fera pas une grande différence. J'ai dû promettre à chacun d'aller de l'avant et faire en sorte que ce bébé et moi-même promettions en retour : « Vous n'aurez plus jamais à le faire. Nous allons prendre soin de vous.

Jour après jour, la salle d'attente était remplie de membres de toutes races et de toutes croyances ; Juifs et chrétiens, protestants et catholiques romains nous ont fait leurs confessions, quelles que soient leurs professions à la maison ou à l'église. J'ai demandé à une petite catholique brillante quelle excuse elle pouvait invoquer auprès du prêtre lorsqu'il avait appris qu'elle était allée à la clinique. Elle répondit avec indignation : « Ce ne sont pas ses affaires. Mon mari a le cœur faible et ne travaille que quatre jours par semaine. Il reçoit douze dollars, et nous pouvons à peine vivre avec cela maintenant. Nous avons suffisamment d'enfants.

Son amie, assise à côté, acquiesça. « Quand j'étais mariée, interrompit-elle, le curé nous disait d'avoir beaucoup d'enfants et nous l'écoutions. J'en avais quinze. Six vivent. J'ai trente-sept ans maintenant. Regardez-moi! J'ai peut-être cinquante ans ! »

Ce soir-là, j'ai fait un calcul mental de quinze frais de baptême, de neuf funérailles de bébés, de messes et de bougies pour le repos de neuf âmes de bébés, des angoisses physiques de la mère et des tourments émotionnels des deux parents, et je me suis demandé : « Est-ce la bonne chose ? prix du christianisme ?

Mais ce n'était pas tout à fait triste ; nous étions souvent acclamés par des visiteurs plus gays. La femme de l'épicier du coin et la veuve avec six enfants qui tenaient la cantine au bout de la rue sont venues nous souhaiter bonne chance, et le gros vieux boulanger allemand dont la femme distribuait des prospectus à tous ceux qui passaient devant la porte envoyait régulièrement des dons de beignets. Chaque fois que la pression devenait si écrasante que nous ne pouvions pas sortir pour un repas, nous étions sûrs d'entendre Mme Rabinowitz appeler en bas : « Si j'apporte du thé chaud maintenant, empêcherez-vous les gens de venir ? Deux policiers joviaux s'arrêtaient chaque matin à la porte pour discuter de la météo. Les journalistes ont regardé en spéculant sur combien de temps nous allions tenir. Le facteur délivrant ses cinquante à cent lettres habituelles avait sa petite plaisanterie : « Adieu, mesdames ; j'espère que je vous trouverai ici demain.

Bien que la file d'attente à l'extérieur ait suffi à attirer l'attention de la police, neuf jours se sont écoulés sans interférence. Puis un après-midi, alors que, toujours découragé, j'étais en train d'interroger un médecin, une femme, de forte corpulence et de visage dur, entra et dit à Fania qu'elle était mère de deux enfants et qu'elle n'avait pas d'argent pour subvenir à ses besoins supplémentaires. Elle ne semblait ni surchargée ni anxieuse et, parce qu'elle était si bien nourrie quant à son corps et prospère quant à ses vêtements, elle ne semblait pas appartenir à la communauté. Elle a acheté un exemplaire de *What Every Girl Should Know* et a insisté pour payer deux dollars au lieu des dix cents habituels.

Fania , qui avait une intuition sur de telles questions, a appelé Ethel à part et lui a dit qu'elle était certaine qu'il s'agissait d'une policière. Mais Ethel, qui n'était pas du genre prudente, répondit : « Nous n'avons rien à cacher. Amenez-la quand même. Elle a parlé avec la femme en privé, lui a donné nos publications et, interrogée sur nos projets futurs, les a racontés franchement. Le sceptique Fania a épinglé le billet de deux dollars sur le mur et a écrit en dessous : « Reçu de Mme —— du département de police, en guise de contribution. Une heure après, nous nous attendions à des ennuis. Nous savions que cela devait se produire tôt ou tard, mais nous aurions préféré que cela se produise d'une manière différente.

Le lendemain, Ethel et Fania étaient toutes deux absentes de la clinique. La salle d'attente était presque remplie à craquer lorsque la porte s'ouvrit et que la femme qui m'avait été décrite entra.

"Êtes-vous Mme Sanger?"

"Oui."

« Je suis policier. Vous êtes en état d'arrestation."

Les portes étaient verrouillées et Mme Margaret Whitehurst et d'autres membres en civil de la brigade des mœurs, habitués à faire des descentes dans les casinos et les maisons de rendez-vous, commencèrent à exiger les noms et adresses des femmes, les voyant avec des bébés, cassés, vieux, inquiets, tourmentés, mais les traitant pourtant comme s'ils étaient des pensionnaires d'un bordel. Toujours craintifs en présence des policiers, certains se sont mis à crier à haute voix et les enfants sur leurs genoux ont crié aussi. Pendant quelques instants, ce fut comme une panique, jusqu'à ce que je puisse leur assurer que j'étais le seul à être arrêté ; rien ne leur arriverait et ils pourraient rentrer chez eux s'ils se taisaient. Au bout d'une demi-heure, j'ai finalement persuadé les policiers de laisser partir ces femmes effrayées.

Nos quatre cent soixante-quatre dossiers ont été confisqués, et la table et le matériel de démonstration ont été emportés dans la file d'attente des patients à l'extérieur. Les plus timides étaient partis, mais beaucoup étaient restés. C'était une région où l'on pouvait rassembler une foule par un simple geste plus urgent qu'un simple mouvement de la tête vers le ciel. Les journalistes armés de leurs appareils photo s'étaient joints à la foule et la rue était bondée. Des masses de gens se sont répandues sur le trottoir et sur le trottoir, se pressant avec enthousiasme.

Le wagon de patrouille s'est approché en fracas de notre porte. J'avais un certain respect pour les policiers en uniforme – vous saviez de quoi il s'agissait – mais aucun pour la brigade des mœurs. J'étais brûlant d'indignation face à leur attitude indescriptible envers les mères de la clinique et j'ai déclaré que je préférais marcher jusqu'au tribunal plutôt que de m'asseoir avec elles. Leurs sentiments étaient très blessés. « Eh bien, nous ne vous avons rien fait, Mme Sanger », ont-ils protesté. Néanmoins j'avançais en avant, eux me suivaient.

Un journaliste du *Brooklyn Eagle* m'a emboîté le pas et, avant que nous soyons allés loin, a suggéré : « Maintenant, je vais arranger ça avec la police pour que vous vous enfuyiez, et quand nous atteignons ce coin , vous courez. Je vais m'arrêter et leur parler pendant que vous contournez le pâté de maisons et arrivez d'abord à la gare. C'était fantastique pour n'importe qui, alors de mal interpréter ce que je faisais et d'imaginer que je courrais autour du pâté de maisons pour un coup publicitaire.

J'ai passé la nuit à la prison de Raymond Street et je ne l'oublierai jamais. Les matelas étaient tachés et sentaient mauvais, les couvertures raides de saleté et de crasse. La puanteur m'a donné la nausée. Ce n'était pas une pensée réconfortante de se passer de draps quand il faisait si froid, mais, compte tenu des occupants malades qui auraient pu me précéder, je ne pouvais pas me résoudre à me glisser sous les couvertures. Au lieu de cela, je me suis allongé sur le dessus et j'ai enroulé mon manteau autour de moi. Le seul objet propre était ma serviette, et je l'ai drapée sur mon visage et ma tête. Pendant des heures interminables, j'ai lutté contre des cafards et des insectes horribles qui rampaient hors des murs et sur le sol. Lorsqu'un rat a sauté sur le lit , j'ai crié involontairement et je l'ai envoyé en courant.

Ma cellule se trouvait au bout d'une rangée centrale, toutes ouvertes devant et derrière sur deux couloirs. Les prisonniers se sont rassemblés dans l'une des allées le lendemain matin et je les ai rejoints. La plupart avaient été accusés de délits mineurs tels que vol à l'étalage et petits larcins. Beaucoup avaient le visage buriné , formaient une classe à part, riant et indifférents. Mais je n'ai entendu aucun langage grossier. Derrière ces bavardages, je sentais un ressentiment profond et amer ; certains d'entre eux étaient là depuis trois ou quatre mois sans avoir été jugés. Les plus chanceux disposaient d'un peu d'argent pour engager des avocats ; d'autres ont dû attendre que le tribunal leur assigne des défenseurs légaux.

Pendant que je parlais aux filles, la matrone s'est dépêchée de dire : « Les dames arrivent ! et nous a chassés dans nos cellules. Les Dames, un comité d'une société pour la réforme des prisons, nous regardaient comme si nous étions des animaux en cage. Une voix douce me roucoula : « Es-tu entré pendant la nuit ?

"Oui", répondis-je, ignorant l'hypothèse selon laquelle j'étais un marcheur de rue.

"Pouvons-nous faire quelque chose pour vous?"

Les autres détenues étaient assises dans leurs coins, l'air aussi innocentes et douces que possible, mais je l'ai surprise en disant : « Oui, vous pouvez. Entrez et nettoyez cet endroit. C'est sale et vermineux.

Le Comité partit précipitamment dans le couloir. Cependant, un autre membre vigilant est revenu pour demander : « Est-ce vraiment très sale ?

Même si je lui ai parlé en détail des couvertures, des odeurs, des cafards, elle ne pouvait visiblement pas imaginer la situation. "Je suis terriblement désolé, mais nous ne pouvons pas changer cela."

J'étais encore exaspéré par cette réponse lorsque j'ai été appelé à la salle de réception pour accorder une interview aux journalistes. En plus de répondre aux questions sur le raid, j'ai dit que j'avais un message pour les contribuables de Brooklyn ; ils payaient de l'argent pour que leurs prisons fonctionnent de manière ordonnée, comme dans toute communauté civilisée, et devraient savoir que cet argent était gaspillé, car les conditions de vie sur la rue Raymond étaient intolérables.

Ma caution a été fixée dans l'après-midi et quand je suis ressorti , j'ai vu attendre devant la femme qui allait avaler le verre ; elle était là depuis tout ce temps.

Je suis retourné directement à la clinique, je l'ai rouverte et d'autres mères sont arrivées. J'avais espéré qu'une décision de justice nous permettrait de continuer, mais maintenant M. Rabinowitz est descendu en s'excusant. Il a dit qu'il était désolé, et il l'était vraiment, mais la police lui avait fait signer des papiers d'expulsion, au motif que j'« entretenais une nuisance publique ».

Aux Pays-Bas, une clinique a été citée comme étant d'utilité publique ; aux États-Unis, elle était classée comme nuisance publique.

Deux policiers en uniforme sont venus me chercher et avec eux j'étais prêt à monter dans le wagon de patrouille jusqu'au poste. Alors que nous commencions, j'ai entendu le cri d'une femme qui venait de passer au coin de la rue pour se rendre à la clinique. Elle abandonna sa poussette, se précipita à travers la foule et cria : « Reviens ! Reviens et sauve-moi ! Elle a couru pendant une dizaine de mètres après la camionnette avant que quelqu'un ne la rattrape et ne la conduise sur le trottoir. Mais la dernière chose que j'ai entendue, c'est cette pauvre mère distraite, criant et appelant : « Reviens ! Revenir!"

Chapitre dix-huit

FAIM MAIGRE ET SOIF VERTE

" *Tout ce que nous savons qui sont en prison*

C'est que le mur est solide ;

Et que chaque jour est comme une année,

Une année dont les journées sont longues. »

OSCAR WILDE

En repensant à cette période chargée de détresse émotionnelle, je n'ai aucun regret. Mais, en regardant vers l'avenir, je suis reconnaissant qu'il ne soit pas nécessaire de répéter ces jours passionnés, dangereux et menaçants.

Le raid a abouti à quatre cas distincts : Ethel a été accusée d'avoir violé l'article 1142 du Code pénal, conçu pour empêcher la diffusion d'informations sur la contraception ; Fania pour avoir vendu un livre prétendument indécent intitulé *What Every Girl Should Know* ; Moi, premièrement, pour avoir dirigé une clinique en violation du même article 1142, deuxièmement, pour avoir violé l'article 1530 en entretenant une nuisance publique.

J'ai affirmé que l'article 1142, qui interdisait l'information sur les contraceptifs à, pour et par quiconque, était inconstitutionnel, car aucun État n'était autorisé à interférer avec le droit d'un citoyen à la vie ou à la liberté, et un tel refus constituait certainement une ingérence. L'expérience a montré qu'il ne sert à rien de simplement défendre une telle position devant un tribunal inférieur ; il doit être porté devant un tribunal supérieur, et seul un avocat versé dans les considérants, dans toutes les circonstances, pourrait y parvenir. Mais j'espérais toujours en trouver quelqu'un qui serait capable de voir que l'importance du contrôle des naissances ne pouvait pas être correctement soulignée si l'on s'inclinait trop profondément devant la majesté lente et lourde de la loi.

L'avocat qui s'est proposé, JJ Goldstein, avait un parcours qui le rendait plus sympathique que les autres avocats, même les plus libéraux. Il faisait partie de ces jeunes hommes juifs prometteurs qui avaient été guidés tout au long de leur adolescence par Mary Simkhovitch , fondatrice de Greenwich House, et Lillian Wald, fondatrice de Henry Street Settlement. Les graines du service social avaient été plantées en lui ; sa formation juridique n'a que temporairement ralenti leur croissance.

JJ s'était placé dans une position difficile pour un jeune démocrate de Tammany, celui de devenir un jour magistrat ; il aurait pu être pardonné plus facilement s'il avait reçu une rémunération plus élevée. Même s'il a dû être convaincu que nous refusions de nous impliquer dans des manœuvres politiques, il s'est vaillamment battu pour nous.

Le 20 novembre, nous avons plaidé non coupable et le procès a été fixé au 27 novembre. JJ s'est efforcé de nous faire juger tous les trois simultanément, mais la Cour des sessions spéciales n'a rien voulu. Il a ensuite demandé un procès devant jury, qui pouvait être accordé à la discrétion de la Cour suprême ; la demande a été refusée. Un appel devant la Division d'appel a été rejeté ; les requêtes en habeas corpus ont été rejetées ; un autre appel devant la Division d'appel a été rejeté ; des ajournements en attendant l'appel ont été demandés mais n'ont pas été accordés. En effet , j'ai été rapidement formé aux aspects techniques du droit pénal.

Je me sentais comme une victime qui entra dans la salle d'audience, qu'on faisait s'incliner devant le juge et qui ne savait pas de quoi il s'agissait. Chaque geste a sa signification particulière, qu'il ne faut pas négliger pour que les recours soient possibles. Nous avons dû faire beaucoup plus d'apparitions que cela n'aurait été nécessaire autrement ; tout devait être correctement consigné dans le dossier.

Soir après soir, JJ répétait les arguments qu'il allait présenter et m'ordonnait de répondre aux questions. Je ne comprenais pas les détails techniques et j'ai supplié de pouvoir raconter l'histoire à ma manière, craignant que les chagrins des mères ne se perdent dans le labyrinthe labyrinthique du verbiage judiciaire. Mais il a soutenu que si l'affaire devait faire l'objet d'un appel devant une juridiction supérieure, elle devait être menée selon certaines formalités.

« Pourquoi devrait-il être rédigé en langage juridique ? » ai-je demandé. « Je suis un simple citoyen, né dans un pays démocratique. Un tribunal devrait également écouter mon plaidoyer exprimé dans un langage simple pour le peuple. Je suis sûr que je peux leur faire comprendre et susciter leur compassion.

Il a réitéré que je ne pouvais pas m'adresser à un tribunal comme si j'essayais d' inculquer mon point de vue à un individu. « Vous ne pouvez pas leur parler de cette façon. Vous devrez me laisser parler.

"Mais c'est comme ça que je parle et je suis l'accusé."

Je m'attendais pleinement à ce que si j'étais autorisé à exposer ma version humaine des tragédies de Brownsville, aucun appel ne serait nécessaire. Mais JJ connaissait les tribunaux et n'avait pas de tels espoirs. Il doutait encore de tout succès devant le tribunal inférieur et ne comprenait toujours pas mon point de vue, comptant principalement sur des détails techniques pour gagner le procès.

JJ s'était formellement opposé à ce que notre procès ait lieu pendant la session de novembre parce que le juge McInerney devait présider ce mois-là et que lors de procès précédents, il avait exprimé des opinions partiales. Cette objection a été rejetée.

La méthode strictement légale ayant échoué, j'ai eu recours à la mienne et j'ai écrit au juge McInerney une lettre ouverte :

En tant qu'Américain attaché aux principes et à l'esprit dans lesquels cette République a été fondée, en tant que juge tenu par serment de rendre un jugement juste et impartial, vous considérez-vous, dans votre conscience la plus profonde, qualifié pour juger mon cas ?

Dans les affaires de contrôle des naissances auxquelles vous avez présidé, vous avez montré à tous les hommes et femmes réfléchis un préjugé indéfectible et dénoncé un esprit imprégné de sectarisme et d'intolérance de l'Inquisition.

Se présenter devant vous implique une conviction.

Le juge McInerney « a demandé au procureur de district d'être retiré de cette affaire ».

Le procès fut fixé au 4 janvier 1917, mais la première affaire, celle d'Ethel, fut jugée si tard dans l'après-midi qu'elle dut être reportée. Quatre jours après, malgré nos efforts pour être jugée ensemble, elle se présenta seule. Elle a librement admis qu'elle avait décrit des méthodes de contrôle des naissances, mais a nié l'accusation du procureur selon laquelle nos frais d'enregistrement de dix cents en faisaient une affaire de « gain d'argent ». Cette accusation, ainsi que d'autres accusations sensationnelles, telles que « la clinique était destinée à éliminer les Juifs » étaient souvent insérées dans les documents pour que les journalistes puissent les reprendre, en faire de bons articles et, par conséquent, influencer les lecteurs des journaux contre nous. C'étaient de grandes pierres d'achoppement.

Notre témoin le plus important, le Dr Morris H. Kahn, médecin du grand magasin Bloomingdale's qui tenait également une clinique privée où il donnait des informations sur le contrôle des naissances, était prêt à témoigner, mais son témoignage a été rejeté comme étant « non pertinent, incompétent et sans importance ». .» Il est certain que l'accusation portée contre Ethel concernait un profane ; néanmoins, il était extraordinaire que nous ne puissions pas obtenir d'audition pour un médecin. JJ n'a eu que quinze minutes pour présenter son argument sur l'inconstitutionnalité de l'article 1142, et le juge qui présidait a décidé que le tribunal était tenu de le déclarer constitutionnel sur la base d'un précédent, quel que soit l'argument.

Ethel a été reconnue coupable.

Au cours des deux semaines précédant le prononcé de la sentence , nous avons débattu de ce qu'elle et moi devions faire. Peut-être pourrait-on suspendre l'affaire, ce qui réglerait tout, mais nous devions chacun nous préparer à une peine d'emprisonnement de courte ou de longue durée. Dans le premier cas, la soumission était la solution la plus sage, parce que le public ne la considérerait pas comme suffisamment importante pour s'agiter ; dans ce dernier cas, une grève de la faim semble indiquée, mais là encore, seulement si l'on peut y prêter suffisamment d'attention.

Le New York *World* avait la politique la plus libérale de tous les principaux quotidiens du matin et semblait donc offrir les meilleures chances d'être favorablement disposé. J'ai contacté l'un de ses rédacteurs et lui ai demandé s'il imprimerait l'intégralité de notre article si je lui donnais un scoop et garantissais l'exactitude. Il a accepté et nous a assigné un journaliste spécial.

Ethel a été condamnée le 22 janvier à trente jours de détention au Workhouse sur l'île Blackwell dans l'East River. Malgré notre discussion sur cette possibilité, elle a été complètement choquée et s'est exclamée : « Je vais faire cette grève de la faim. »

Après avoir passé la nuit dans les Tombeaux, elle a été renvoyée le lendemain matin au tribunal fédéral du district de Brooklyn sur ordre d'habeas corpus comme moyen de suspendre sa peine en attendant l'appel. La lumière du jour n'a apporté aucun changement dans sa détermination à poursuivre la grève de la faim. « Je n'ai encore rien mangé », a-t-elle déclaré et, se souvenant de l'histoire selon laquelle une gréviste de la faim avait reçu de la nourriture dans ses tasses d'eau, elle a ajouté : « et s'ils me renvoient, je ne boirai pas. n'importe quoi non plus.

Ni JJ ni moi ne considérions qu'une phrase aussi courte valait la peine de vous briser la vie. De plus, cette cause ne signifiait pas pour Ethel ce qu'elle m'avait fait. «Réfléchissez bien à cela», lui ai-je rappelé. "Une grève de la faim n'est pas nécessaire et si vous la commencez , vous devrez la poursuivre." Elle a insisté sur le fait qu'elle était prête à mourir s'il le fallait ; elle avait fait son testament et pris des dispositions pour le sort de ses deux enfants : la grève de la faim devait se poursuivre. L'ordonnance a été refusée et elle a été renvoyée au Workhouse. En chemin, elle a expliqué aux femmes avec qui elle partageait le wagon de patrouille les faits saillants sur le contrôle des naissances.

Lorsqu'on a demandé au commissaire à la correction Burdette G. Lewis de commenter la décision d'Ethel, il s'est moqué. « D'autres ont menacé de faire une grève de la faim. Cela ne signifie rien." Au début, aucune nourriture ne lui a été apportée, mais après le début de la publicité, les autorités ont désespéré de la forcer à manger. C'était une affaire qu'ils ne savaient pas comment gérer ; ils n'étaient pas préparés mentalement à affronter des prisonniers coupables d'avoir commis une faute légale afin d'obtenir un droit légal.

Ethel était restée cent trois heures sans manger lorsque le commissaire Lewis a créé un précédent dans les annales des prisons américaines en ordonnant qu'elle soit nourrie de force, la première femme à être ainsi traitée dans ce pays. Il a déclaré avec optimisme à la presse à quel point le processus était simple, consistant simplement à l'enrouler dans une couverture pour qu'elle ne puisse pas se débattre, puis à lui faire introduire du lait, des œufs et un stimulant dans l'estomac à travers un tube en caoutchouc. Il soulignait à quel point elle restait en bonne santé, à quel point elle opposait peu d'opposition, à quel point tout cela lui paraissait insensé ; il allait lui faire payer les dépenses engagées pour faire appel à un expert pour la nourrir.

Dès que j'ai entendu que ma sœur était « passive sous l'alimentation », je suis devenue désespérément inquiète pour elle ; seule une perte complète de force aurait pu diminuer sa résistance.

Après une interview, le commissaire Lewis avait exclu tous les journalistes et fait sa propre déclaration. "Je n'ai pas beaucoup de patience face aux efforts de Mme Byrne pour obtenir de la publicité pour sa cause, et je ne contribuerai pas à une telle campagne en publiant des bulletins."

Mais des bulletins étaient néanmoins publiés et imprimés.

De sources convenues à l'avance, je recevais chaque soir des messages et des notes, ainsi que des rapports sur le pouls et la température d'Ethel. J'ai ainsi appris que sa vision devenait affectée et que son cœur commençait à manquer de battements, à cause du manque de liquides. « Se passer d'eau, c'était plutôt pénible », se dit-elle. « La nuit, la femme dont la tâche était de parcourir les couloirs pour donner à boire aux prisonniers s'ils le voulaient s'arrêtait juste à côté de ma cellule et criait : « De l'eau ! Eau!' jusqu'à ce que j'aie eu l'impression que je ne pouvais pas le supporter. Et de l'autre côté de moi, il y avait le bruit de la rivière à travers la fenêtre.

Personne n'était autorisé à rendre visite à Ethel, à l'exception de JJ, qui, en tant qu'avocat, ne pouvait pas se voir refuser la visite. Mais les journalistes ont leurs propres moyens mystérieux pour obtenir ce qu'ils veulent. L' homme *du Monde* a réussi à l'atteindre. Cet entretien n'a pas été dans l'ensemble réussi, car elle ne savait pas qui il était, mais il a eu un résultat important : il a confirmé de première main nos déclarations quant à la gravité de son état.

Au milieu de mon anxiété à propos d'Ethel, mon propre procès s'est ouvert le 29 janvier dans le même tribunal de Brooklyn, à l'étage nu et enfumé, dans lequel elle avait comparu. Les juges John J. Freschi, italien, Moses Herrmann, juif, et George J. O'Keefe, irlandais, étaient assis sur le banc. Le juge Freschi, un homme plutôt jeune, présidait, et c'est en lui que nous plaçâmes nos espoirs. Nous n'attendions rien du vieux juge Herrmann, sinon que, parce qu'il était juif, il pouvait avoir l'esprit large. Quant au juge O'Keefe, nous ne nous faisions aucune illusion.

Pas moins d'une trentaine de mères de Brownsville avaient été assignées à comparaître par le parquet, mais une cinquantaine sont arrivées, certaines équipées de fruits, de pain, de tétines et de couches supplémentaires, d'autres affligées d'avoir dû payer un voyage en voiture, timides à l'idée d'être en détention. cour, affamé car aucune nourriture casher ne pouvait être obtenue à proximité . Néanmoins, tous me sourirent et hochèrent la tête de manière rassurante.

Autrefois, quelques femmes riches mais de tendance libérale étaient activement impliquées dans le mouvement, mais maintenant certaines, socialement influentes, en venaient à croire par principe que le contrôle des naissances ne devait pas être refusé aux masses. Le sujet était en train de cesser d'être qualifié de radical et de révolutionnaire pour devenir, il est vrai, humanitaire.

Dans cette pièce, aux côtés de ceux à aider, étaient assis de nouveaux assistants. Parmi elles se trouvait Mme Amos Pinchot, présidente du Comité des Cent Femmes, constitué pour apporter son soutien à la défense. Ses cheveux roux trahissaient un caractère prompt et facile à exciter pour la cause de la justice. Aristocratique d'allure, autocratique de par sa position, elle était du genre à commander et à se faire obéir, et était facilement une personnalité de premier plan dans le monde philanthropique chic de New York. Parmi ses précieux services figurait l'intégration des mères et des tantes des membres actifs actuels de la Ligue junior.

La limousine de Mme Lewis L. Delafield se tenait devant les portes à presque tous les procès et cela signifiait beaucoup pour les accusés d'avoir dans la salle d'audience l'épouse de l'un des membres les plus éminents du barreau de New York. Par son attitude et son apparence – cheveux blancs, visage fragile – on savait qu'elle ne pouvait toucher à rien qui n'allait pas et qu'elle avait le courage spirituel de rester fidèle à ses idées et à ses idéaux dans sa vie publique et privée. Elle a toujours ouvert sa maison, son cœur et ses bras à ceux qu'elle aimait.

Fania fut appelée la première. C'était une fille au visage pâle et délicat, et elle était trop inquiète pour supporter la tension. Elle ne devrait pas être punie pour sa coopération, et j'ai dit à JJ d'informer le tribunal qu'elle n'allait pas bien, même si je lui ai strictement interdit de dire quoi que ce soit sur ma santé. Son procès fut bref, se limitant à savoir si *What Every Girl Should Know* devait être qualifié d'indécent. Quelques jours plus tard, elle fut reconnue coupable et condamnée à une amende de cinquante dollars, décision qui fut finalement annulée en appel.

Cela m'a surpris que lors de mon procès, l'accusation ait été menée avec autant de véhémence, car le procureur n'avait pas grand-chose à prouver. Pour moi, il ne semblait y avoir aucune discussion ; la dernière chose à laquelle je pensais était de nier avoir donné des conseils en matière de contraception. Certes , j'avais violé la lettre de la loi, mais c'était à cela que je m'opposais.

Je suis devenu de plus en plus intrigué par le langage guindé, les circonlocutions, le respect du précédent. Ces batailles juridiques, menées dans un monde curieusement irréel, ont intensifié mon défi jusqu'au point de rupture. J'avais envie d'une discussion ouverte sur le mérite et en termes simples et honnêtes.

J'ai pensé que mon souhait pourrait être exaucé lorsque le juge Freschi, brandissant une cape cervicale que le procureur avait mise en preuve, a déclaré : « Qui peut prouver qu'il s'agit d'une violation ; la loi stipule que la contraception est autorisée pour la prévention des maladies. Ne peut-il pas être utilisé pour des raisons médicales ?

Cette question a fait naître de grands espoirs. La loi pourrait enfin être interprétée selon la définition que je désirais tant ; une mauvaise santé résultant d'une grossesse causée par le manque d'utilisation pourrait être interprétée comme une maladie.

Puis, une à une, les mères de Brownsville ont été appelées à la barre pour répondre au procureur. "Avez-vous déjà vu Mme Sanger auparavant?"

« Oui . Oui , je connais Mme Sanger.

"Où l'as-tu vue?"

« À la clénique . »

"Pourquoi es-tu allé là-bas?"

"Pour qu'elle arrête les bébés."

Le témoin m'a fait un doux signe de reconnaissance jusqu'à ce qu'on lui ordonne péremptoirement de s'adresser au tribunal.

"Avez-vous obtenu cette information?"

« Oui . Oui , merci, j'ai compris. C'était aussi de l'intestin.

« Assez », a aboyé le procureur de district avant d'en appeler un autre.

À maintes reprises, ils ont donné des réponses qui étaient comme des clous pour sceller ma perte, mais chacune pensait qu'elle m'aidait.

JJ a vu comment leur témoignage pouvait être tourné à notre avantage.

Il a demandé : « Combien de fausses couches avez-vous fait ? Combien de maladies dans votre famille ? Combien gagne votre mari ? Les réponses étaient sept, huit, neuf dollars par semaine.

Enfin , une femme plus malheureuse et plus pauvre que les autres fut convoquée. "Combien d'enfants avez-vous?"

"Huit et trois qui n'ont pas survécu."

« Que gagne votre mari ? »

"Dix dollars par semaine - même s'il travaille ."

Le juge Freschi s'est finalement exclamé : « Je n'en peux plus » et le tribunal a été ajourné ce week-end.

JJ jubilait, car il disait qu'il n'avait rien à faire ; le tribunal défendait sa cause.

J'étais moi-même un peu pris de conscience. Une réunion massive de sympathisants avait été organisée par le Comité des Cent ce soir-là à Carnegie Hall, et j'y suis allé directement depuis la salle d'audience. J'avais préparé un discours dans lequel je disais que nous étions persécutés et non poursuivis ; que les juges ne valaient pas mieux que des brûleurs de sorcières. C'est regrettable, mais des exemplaires ont déjà été distribués à la presse et le libellé ne peut être modifié.

Helen Todd, la présidente, une personnalité remarquable qui avait été formée par Jane Addams, avait donné aux mères de Brownsville des places d'honneur sur l' estrade pour permettre à tout le monde de voir pour quel genre de femmes nous nous battions. Elle a demandé vingt volontaires pour suivre l'exemple des suffragettes anglaises qui avaient fait en masse des grèves de la faim, mais aucune femme dont les noms étaient socialement inscrits dans l'esprit du public n'était disposée à se joindre ainsi à la protestation contre la loi ; seules les travailleuses se sont manifestées.

Trois jours plus tard, Jessie Ashley et moi avons pris le train pour Albany avec Mme Pinchot, qui était une amie proche du gouverneur Charles S. Whitman, pour lui demander de nommer une commission chargée d'enquêter sur le contrôle des naissances et de faire un rapport à la législature de l'État. Le gouverneur, juste et intelligent, représentant très distinctement une classe de politiciens libéraux, nous reçut cordialement.

Ethel et sa grève de la faim faisaient la une des journaux depuis dix jours ; dans le métro, aux coins des rues, partout où les gens se rassemblaient, on parlait d'elle. À Washington et à Albany, les membres du Congrès et les législateurs envoyaient des messages pour obtenir les derniers détails. Le gouverneur Whitman a naturellement posé des questions sur elle, et nous avons saisi l'occasion pour essayer de lui faire comprendre qu'il était scandaleux de la faire souffrir pour une si juste cause. Il a déclaré directement que son incarcération était une honte pour l'État. Il était totalement en désaccord avec les tribunaux et les juges et a proposé une grâce conditionnelle à ce qu'elle cesse de diffuser des informations sur le contrôle des naissances.

Mais je n'étais pas venu demander cette faveur.

«Ma sœur n'accepterait pas de grâce», répondis-je, au grand désarroi de Mme Pinchot. Cependant, j'ai accepté avec reconnaissance sa lettre au directeur de Blackwell's Island m'autorisant à la voir.

Le lendemain matin, je me suis présenté de nouveau devant le tribunal. Au cours de l'intervalle de trois jours, l'effet du témoignage des mères avait manifestement été effacé de l'esprit des juges, et ils étaient furieux de ma dénonciation à Carnegie Hall. Mais bien plus préjudiciable à mon espoir d'une nouvelle interprétation fut l'introduction par l'accusation d'un agent fédéral qui avait une fois confisqué un exemplaire de *Family Limitation* dans lequel se trouvait l'image de cette même cape cervicale ; il a lu à haute voix mes conseils aux femmes de l'utiliser comme moyen d'empêcher la conception. Même le juge le plus amical ne pourrait échapper au fait que j'avais prévu une définition beaucoup plus large que celle autorisée par la loi existante.

L'accusation a en outre fait valoir que la constitutionnalité de l'article 1142 ne pouvait être contestée, car l'exception pour les médecins dans l'article 1145 garantissait déjà la « liberté » aux citoyens. Et comme je n'étais pas médecin et que, par conséquent, je ne tombais pas sous le coup de l'exception, le tribunal devra de toute façon me déclarer coupable. C'est ce qu'ils ont fait.

La journée avait été si chargée que je n'ai pu bénéficier du permis du gouverneur Whitman pour visiter Ethel que le soir, lorsque M. et Mme Pinchot m'ont emmené dans leur voiture au Workhouse. Je me souviens à quel point il faisait froid ; le voyage en ferry semblait durer une éternité. Mais quand nous arrivâmes enfin, au nom de Pinchot, l'ami du gouverneur, les portes s'ouvrirent ; Les fonctionnaires sont devenus polis et courtois et nous ont salués en chemin.

Les Pinchot sont restés en bas pendant que j'étais envoyé dans la cellule d'Ethel, où elle était allongée sur son lit de fer, habillée pour être libérée. Son apparence m'a choqué et horrifié. Elle était devenue maigre et émaciée, ses yeux étaient enfoncés et sa langue enflée, de hautes taches rouges ressortaient sur ses joues. Elle ne pouvait pas me voir, même à travers l'étroite cellule, ne me connaissant que par ma voix. Le sien était étouffé alors qu'elle me murmurait de m'approcher, l'esprit confus. « Liberté », répétait-elle sans cesse, « je veux ma liberté ».

Sa vie était tout ce qui comptait pour moi désormais. J'ai dû manger une humble tarte et j'ai dit à la matrone que j'allais télégraphier au gouverneur Whitman qu'elle était trop malade pour accepter les conditions de la grâce pour elle-même, mais que je le promettrais en son nom. On m'a dit qu'il avait déjà signé le pardon, qu'il était en route pour New York et qu'il devait attendre en bas, s'il vous plaît.

Après environ une demi-heure, nous avons été informés que Mme Byrne descendait. J'ai emprunté le couloir pour la rencontrer. Elle était soutenue par deux préposés, la matrone la suivant avec des bandages. Sa tête roulait d'un côté à l'autre, et je pouvais voir à la pâleur de son visage, surtout à l'air pincé de son nez et de sa bouche, qu'elle perdait connaissance. J'ai protesté auprès de la matrone, mais des ordres avaient été donnés et étaient obéis ; Le commissaire Lewis voulait que les photos du journal la montrent en train de se lever.

En revenant en courant vers la pièce où étaient assis les Pinchot , je me suis exclamé : « Elle s'évanouit ! Alors Mme Pinchot frappa impérieusement dans ses mains et ordonna aux préposés de coucher immédiatement Ethel et d'apporter une civière. Une commande de sa part a fonctionné comme par magie. Elle enroula son propre manteau de fourrure autour de la silhouette pathétique et, dès qu'Ethel ressentit la douceur et la chaleur, elle sut qu'elle était en sécurité. Nous l'avons transportée jusqu'à mon appartement pour commencer la longue période de récupération. Ce n'est qu'après un an de convalescence qu'elle a pu reprendre une vie normale.

Étant le véritable instigateur, j'avais toutes les raisons de m'attendre à un mandat plus long qu'Ethel. Logiquement, sa grève de la faim avait atteint son objectif ; cette forme de stratégie était fermée. Mais personnellement , j'ai décidé que si je devais recevoir un an, je devrais faire de même. D'un autre côté, si on me donnait trois mois ou moins, je pourrais étudier et utiliser mon temps. JJ avait entendu de source fiable que si je devais changer mon plaidoyer de culpabilité, je pourrais avoir une peine avec sursis. Pour lui, la liberté seule signifiait la victoire, et il m'a exhorté à l'accepter si elle m'était offerte.

Telle était, a-t-il été développé, l'intention du tribunal lorsque, lundi, j'ai été rappelé pour prononcer ma sentence. Avoir Ethel en première page avait provoqué un soupir de soulagement d'envergure presque nationale. Mais toute cette publicité a eu son effet sur l'opinion publique et a sans doute influencé aussi dans une certaine mesure les juges. Comme ils ne pouvaient pas accepter de changer l'interprétation de la loi, ils avaient été obligés de me déclarer coupable, mais ils ne voulaient pas vraiment m'infliger une punition.

Ils étaient cependant extrêmement méfiants à l'égard de notre affirmation selon laquelle nous allions porter l'affaire plus haut. Jessie Ashley, Ida Rauh et Bolton Hall avaient toutes été condamnées à des amendes, étant entendu qu'elles proposaient de faire appel, mais elles ne l'ont pas fait. Les tribunaux commençaient à supposer qu'il s'agissait simplement d'un stratagème des défenseurs du contrôle des naissances, et non de bonne foi.

J'étais assis à écouter ce qui semblait être une discussion interminable entre JJ et le juge Freschi sur la question de savoir si l'appel allait être poursuivi de manière rapide et ordonnée, jusqu'à ce que je sois presque endormi. Soudain, mon attention a été attirée en entendant JJ déclarer que je « promets de ne pas violer la loi ».

Mon esprit a cliqué. Ce n'était pas dans mon programme de marchander la liberté. JJ, sachant pertinemment que je ne ferais pas une telle promesse, s'était planté devant moi pour que le tribunal ne puisse pas voir mon visage belliqueux. Il essayait de faire tampon et, en même temps, par peur de ce que je pourrais dire, d'éviter de me faire appeler à la barre. J'ai essayé de regarder autour de lui, mais il s'est déplacé d'un côté à l'autre, obscurcissant ma vue. Je tirais sur son manteau comme un enfant mal élevé, mais il n'y prêtait pas attention. Finalement un des juges intervint : « Votre client souhaite vous parler, conseiller. » Je ne pouvais plus être ignoré et j'ai été appelé. "Margaret Sanger, levez-vous."

L'histoire s'écrit rétrospectivement, mais il faut consulter les documents contemporains ; c'est pourquoi je me suis tourné vers les archives officielles pour connaître les faits. Après tout, une salle d'audience ressemble beaucoup à une autre, et l'attitude d'un juge n'est pas si différente de celle d'un autre. Je combattais une idéologie de masse, et les juges qui en étaient les porte-parole se confondirent en une seule voix, disant tous : « Soyez bons et on vous laisse tranquille ». Voici ce que j'ai entendu :

Vous étiez au tribunal au moment où votre avocat a déclaré qu'en attendant la procédure d'appel, ni vous ni ceux qui vous sont affiliés dans ce soi-disant mouvement ne violeront la loi ; c'est la promesse que votre conseil vous fait. Aujourd'hui, la Cour envisage une extrême clémence dans votre cas. Peut-être savez-vous ce que signifie une extrême clémence. Maintenant, faites-vous personnellement cette promesse ?

Le Défendeur : Dans l'attente de l'appel.

La Cour : Si Mme Sanger déclare publiquement et ouvertement qu'elle sera une citoyenne respectueuse des lois sans aucune qualification, cette Cour est prête à faire preuve du plus haut degré de clémence.

Le Défendeur : J'aimerais faire comprendre à Messieurs de la Cour que l'offre de clémence est très aimable et je l'apprécie beaucoup. Il ne s'agit pas pour moi d'un emprisonnement personnel ou d'un désavantage personnel. Je suis aujourd'hui et j'ai toujours été plus soucieux de changer la loi, peu importe ce que je dois subir pour y parvenir.

La Cour : Alors je suppose que vous êtes totalement indifférent à cette affaire.

Le Prévenu : Non, je ne suis pas indifférent. Je suis indifférent quant aux conséquences personnelles pour moi-même, mais je ne suis pas indifférent à la cause et à l'influence que l'on peut obtenir pour la cause.

La Cour : Puisque vous êtes de cet avis, dois-je en déduire que vous avez l'intention de continuer dans cette affaire, en violant la loi, quelles qu'en soient les conséquences ?

Le Défendeur : Je n'ai pas dit cela. J'ai dit que j'étais parfaitement disposé à ne pas violer l'article 1142, en attendant l'appel.

Le Juge Herrmann : L'appel n'a rien à voir là-dedans. Soit vous le faites, soit vous ne le faites pas.

La Cour : (à M. Goldstein) A quoi bon tourner autour du pot ? Vous m'avez communiqué dans mon cabinet l'état physique de votre client, et vous m'avez dit que cette femme respecterait la loi. Cette loi n'a pas été faite par nous. Nous sommes simplement là pour juger l'affaire. Nous n'avons aucun sentiment contre Mme Sanger. Nous n'avons rien à voir avec ses convictions, sauf dans la mesure où elle les met en pratique et viole la loi. Mais compte tenu de votre déclaration selon laquelle vous avez l'intention de poursuivre cet appel et d'en faire un cas test et compte tenu du fait que nous devons la considérer comme une première infraction, nous voulons sûrement tempérer la justice par la miséricorde et c'est tout ce que nous essaient de faire. Et nous lui demandons ouvertement et honnêtement : « Déclarez-vous publiquement que vous respecterez la loi et ne la violerez pas ? et puis nous obtenons une réponse avec une réserve. Or, à quoi peut s'attendre le prévenu à la barre ? Je ne sais pas si un prisonnier dans de telles circonstances a finalement droit à beaucoup de considération.

La Cour : (au défendeur) Nous ne voulons pas que vous fassiez des choses impossibles, Mme Sanger, seulement la chose raisonnable et c'est-à-dire vous conformer à cette loi tant qu'elle reste la loi. C'est la loi pour vous, c'est la loi pour moi, c'est la loi pour nous tous jusqu'à ce qu'elle soit changée ; et vous savez quels sont les moyens et les voies qui s'offrent à vous pour le faire changer, et ce sont des moyens légaux. Vous pouvez poursuivre ces méthodes en justice, et personne ne pourra vous reprocher. Si vous réussissez à changer la loi, tant mieux. Si vous échouez, vous devrez vous soumettre à la règle de la majorité.

LE DÉFENDEUR : C'est juste la chance, l'opportunité de le tester.

LA COUR : Très bien. Vous avez passé votre journée au tribunal ; vous avez défendu une cause, vous avez été traduit au barreau, vous vouliez être jugé ici, vous avez été jugé, vous n'êtes pas allé à la barre et n'avez commis aucun parjure, vous avez pris les faits et les avez acceptés comme étant vrais, et vous sont prêts à subir le jugement, même le pire. Cependant, nous sommes désormais prêts, compte tenu de toutes les circonstances de cette affaire, à être extrêmement indulgents envers vous si vous nous dites que vous respecterez cette loi et ne la violerez plus.

LE DÉFENDEUR : Je vous ai donné ma réponse.

LA COUR : Nous ne voulons aucune qualification. Nous ne sommes pas concernés par l'appel.

M. GOLDSTEIN : Juste une autre déclaration, Votre Honneur, une dernière déclaration de ma part. Votre Honneur a bien dit que vous ne vouliez rien de déraisonnable. Avec tout le respect que je dois à Votre Honneur, demander à une personne quel sera son état d'esprit face à tant d'exigences à l'avenir, c'est-à-dire si la commission n'a rien fait ou si le législateur n'a rien fait...

LA COUR : Tout ce qui nous préoccupe, c'est cette loi, et tant qu'elle restera la loi, cette femme promettra-t-elle ici et maintenant sans réserve de la respecter et de lui obéir ? Maintenant, c'est oui ou non. Quelle est votre réponse, Mme Sanger ? Est-ce oui ou non ?

LE DÉFENDEUR : Je ne peux pas respecter la loi telle qu'elle est aujourd'hui.

LA COUR : Margaret Sanger, il existe des preuves selon lesquelles vous avez créé et maintenu une clinique de contrôle des naissances où vous entreteniez pour la vente et l'exposition à diverses femmes des articles censés être destinés à prévenir la conception, et que vous y avez fait un effort déterminé pour diffuser les naissances. contrôler les informations et les conseils. Vous avez contesté la constitutionnalité de la loi à l'étude et la compétence de cette Cour. Lorsque cela est fait de manière ordonnée, personne ne peut trouver à redire. C'est votre droit en tant que citoyen... Le refus d'obéir à la loi devient un défi ouvert à la règle de la majorité. Tant que la loi est sous sa forme actuelle, la défiance suscite tout sauf une considération raisonnable. Le jugement de la Cour est que vous soyez confiné au Workhouse pour une période de trente jours.

Un seul cri : « Honte ! » fut suivi d'un coup de marteau sec et le silence tomba.

Chapitre dix-neuf

CETTE PRISON OÙ J'habite

Je me suis assis au premier rang pendant que la routine du tribunal se poursuivait. La salle bourdonnait de conversations. JJ était occupé avec les formalités ; les journalistes se penchaient pour me poser des questions. Par la porte voisine, j'ai vu plusieurs jeunes hommes attendant leur sentence, comme des acteurs dans les coulisses écoutant leurs signaux. L'un d'eux était appuyé contre le mur et fumait une cigarette. Au son de son nom , il releva la tête, signifiant qu'il avait entendu, et pourtant il continuait à fumer. Lorsqu'on l'appela une seconde fois, un préposé le poussa brutalement en avant. Je pouvais presque sentir le durcissement de son âme sous cette attitude brutale et ces manipulations physiques. Il poussa encore une bouffée ; puis il a délibérément laissé tomber le talon, a marché dessus et s'est avancé tranquillement pour recevoir sa sentence.

J'ai été conduit dans une antichambre où d'autres prisonniers étaient soumis à la procédure habituelle de prise d'empreintes digitales. J'ai refusé; il y avait dans mon esprit un lien évident entre l'aveu de culpabilité et la prise d'empreintes digitales ; tous deux, à leur manière, me plaçaient dans la catégorie des criminels. Mon caractère réfractaire a été signalé au tribunal. Mais les juges, mes pauvres amis, s'étaient épuisés à ne pas m'envoyer en prison et étaient exaspérés et mécontents ; une rébellion de plus était trop pour eux. « Ne nous dérange pas avec ça. Ce n'est pas notre travail. Emmène la."

Nous avons ensuite été conduits par l'arrière du bâtiment dans une cour ouverte où se trouvait la camionnette. Le jeune insouciant qui avait répondu à l'appel du tribunal avec tant d'insouciance faisait ses adieux à ses amis qui flânaient dehors.

"Combien de temps, Alf?" demanda l'un d'eux.

«Cinq ans», et il a ri en disant cela.

Deux autres garçons, les bras fraternellement jetés sur les épaules, crièrent : « Trois ! et "Quatre!" consécutivement. Étaient-ils normaux ? La liberté compte-t-elle si peu ? Les muscles de ma gorge se contractèrent tandis que j'imaginais l'amour maternel consacré autrefois à leur enfance, et maintenant le mépris inconsidéré de la liberté culminant dans cette chevauchée. Trente jours me paraissaient la fin du monde, mais ils se moquaient du temps passé dans la vie pendant des années, appelant cela leur « temps de sommeil ». Ils ne m'ont prêté aucune attention ; J'étais complètement hors de leur royaume.

Les femmes blotties à côté de moi étaient plus sérieuses. Une « fille d'un mois » hystérique et en larmes avait été obligée de laisser son petit fils de quatre ans assis sur la véranda, attendant son retour. Elle n'avait même pas été autorisée à retourner le voir et à s'occuper de lui pendant son absence.

Certaines expériences, bien qu'inattendues, sont néanmoins partiellement anticipées dans le subconscient. J'avais pleinement et fermement cru qu'un miracle se produirait pour m'empêcher d'aller en prison. Il n'y avait pas eu de miracle. Les portes se refermèrent brusquement, deux uniformes bleus se regardèrent fixement, l'automobile bondit en avant.

Le trajet jusqu'à la rue Raymond fut court. Nous avons été conduits dans une salle d'attente. Un serviteur aux lèvres fines et de grande taille poussa durement une jeune fille en pleurs à travers la porte.

"Préparez-vous là, vous!" elle m'a jeté par-dessus son épaule.

"Pour quoi?"

"Pour le docteur." Je restais assis. Elle répéta : « Vous m'entendez ? Entrez et passez votre examen !

J'ai ressenti cette attitude de toutes les fibres de mon être et j'ai répondu : « Je ne suis pas examiné. »

« Ho, tu ne l'es pas ? Vous êtes du genre combattant , n'est-ce pas ? Eh bien, nous allons bientôt vous soigner, jeune femme ! »

Elle a balancé sa silhouette lourde et massive vers la porte, me laissant perplexe, mais frémissant de détermination excitée. Je n'étais pas sûr de ce qui m'arriverait. Cependant, au bout de cinq minutes, elle revint avec une manière et un ton totalement différents. « Oh, vous êtes Mme Sanger. C'est bon. Viens par là s'il te plait."

Le lendemain matin , on m'a donné une tasse de café amer, trouble et tiède, puis on m'a placé dans la camionnette qui est partie pour le Workhouse. Là, tous mes biens m'ont été confisqués. Une longue attente. Les hommes étaient envoyés quelque part et les femmes ailleurs, je ne savais où. Je viens de m'asseoir. Après ce qui m'a semblé des heures , mes affaires ont été restituées et une femme en manteau et chapeau m'a dit de la suivre. Je l'ai fait. Un homme s'est ajouté à notre groupe et nous sommes montés tous les trois dans une autre camionnette. Nous avons été conduits sur une certaine distance sur l'île, puis mis dans un bateau et transportés jusqu'à New York. Je n'avais aucune idée de l'endroit où nous allions. J'ai demandé mais je n'ai pu obtenir aucune réponse.

Nous avons pris un tramway et après plusieurs transferts, j'ai aperçu une pancarte en forme de biscuit Loose-Wiles. Mais cela ne m'a pas aidé parce que je ne l'avais jamais vu auparavant ; la section ne m'était pas familière. En début d'après-midi, nous sommes arrivés au pénitencier du comté de Queens, à Long Island City. De toute évidence, les autorités de Workhouse en avaient assez de la famille Higgins et ne voulaient plus de responsabilités de cette nature.

Le directeur Joseph McCann, qui m'a rencontré, était un jeune Irlandais jovial issu des rangs de la police. "Avez-vous déjeuné?" Il a demandé. La raison de sa sollicitude est apparue lorsqu'il m'a demandé avec inquiétude si j'avais l'intention de faire une grève de la faim. En me souvenant de ma tasse de café du matin, j'ai répondu : « Non, sauf si votre nourriture est trop mauvaise. » Il présenta Mme Sullivan, la matrone maternelle.

J'ai répondu à la question habituelle : où je suis né, quel âge j'avais, etc., etc. Lorsque l'employé est venu à la question « Quelle religion ? » J'ai répondu : « L'humanité ». Il n'avait jamais entendu parler de cette forme de croyance et reformula la question. "Eh bien, dans quelle église vas-tu?"

"Aucun."

Il m'a regardé avec une vive surprise. Tous les détenus du pénitencier allaient à l'église ; quatre-vingt-dix-huit pour cent dans mon couloir avaient été élevés dans la religion catholique.

Les vêtements de prison qu'on m'a remis ressemblaient beaucoup à un uniforme d'infirmière et ne me dérangeaient pas. Mais quand j'ai été rappelé au bureau du directeur pour prendre mes empreintes digitales, j'ai dit catégoriquement que je ne me soumettrais pas. Il m'a renvoyé dans ma cellule.

Le sol était disposé un peu comme celui d'une salle d'hôpital, avec de petites alcôves de dix ou quinze cellules partant de la galerie. Le mien, le numéro 210, était petit mais propre. J'avais un lit, des toilettes et un lavabo. Il n'y avait pas de chaise ; Je me suis assis sur ma couchette.

Tous les prisonniers étaient au travail, à l'exception de Joséphine, une catholique allemande qui avait perdu son mari et ses trois enfants en peu de temps. Elle avait hâte de me raconter son histoire. Quelques jours après leur mort, elle s'était rendue sur leurs tombes et avait recouvert celles des enfants de couvertures pour les garder au chaud. Quelqu'un l'a vue, a décidé qu'elle était folle et l'a fait incarcérer. C'était un jour de printemps lorsqu'elle a été libérée sur parole. Elle était contente et heureuse. Une vielle jouait sa chanson préférée, *Just As the Sun Went Down* . Elle a payé à l'homme une pièce de cinq cents pour qu'il rejoue, puis une autre, et une autre, et encore une autre. Le policier au coin, l'entendant, l'a examinée et l'a de nouveau arrêtée. Au cours des dix jours suivants en prison , elle a nourri un grief contre cette injustice et, dès sa sortie, elle a bu plusieurs verres, s'est lancée à la poursuite du policier, lui a gratté le visage et lui a arraché les boutons.

Par la suite, Joséphine buvait dès qu'elle le pouvait, et chaque fois qu'elle buvait, elle se battait et, comme elle avait développé un complexe contre les policiers, elle se retrouva rapidement en prison ; elle y était allée environ soixante-dix fois.

J'ai trouvé Joséphine une personne gentille, au grand cœur et, bien qu'irrégulière, assez intelligente. Elle avait une langue et un caractère épouvantables, et avait sans aucun doute des périodes où elle était démente. La plupart des gens avaient peur d'elle.

Elle était censée jeter des malédictions sur ses ennemis, et elles se sont réalisées. Une fois, une personne qui l'avait maltraitée et avait été maudite en conséquence a rapidement contracté une pneumonie et est décédée. Une autre fois, la directrice d'une certaine prison l'avait gardée trois semaines dans une cellule sombre, avec du pain et de l'eau. Après le cinquième jour, quand le pain fut mis dans le trou, elle dit qu'il avait le goût d'un gâteau tellement il était sucré. Avec deux ou trois tasses d'eau par jour, elle devait apaiser sa soif, se laver le visage et se brosser les dents. Lorsqu'elle sortit de ce lieu stygien, elle pouvait à peine voir, mais elle parvint à distinguer suffisamment la matrone pour lui imposer la malédiction de Dieu. La nuit suivante, quelqu'un a oublié de fermer la porte de la cage d'ascenseur et la matrone a franchi la porte ouverte, est tombée au fond et a été tuée sur le coup. Désormais, Joséphine était laissée tranquille.

Malgré ma dépression, j'étais intensément intéressé par Joséphine ; elle m'a supplié de l'aider et j'ai dit que j'essaierais. Le reste de l'après-midi fut consacré à ce récit de malheur jusqu'à ce qu'à cinq heures je commence mon initiation à la routine des horaires et des repas de la prison. La salle à manger était remplie de longues tables et de bancs en bois. Personne n'avait de couteau ni de fourchette – seulement une cuillère à soupe, dont le bord était émoussé de manière à être inutilisable comme arme. Le dîner consistait en thé et mélasse, compote de pêches séchées et deux tranches de pain au goût étrange ; on disait qu'il contenait du salpêtre. Nous avons été enfermés une heure plus tard ; les lumières étaient éteintes à neuf heures. Les cloches ont commencé à sonner à six heures le lendemain matin et les cellules ont été ouvertes à sept heures. Pour le petit-déjeuner, nous avons mangé des flocons d'avoine avec du sel et du lait, encore deux tranches du même pain et du café sans sucre. Le dîner consistait en davantage de pain, d'une pomme de terre bouillie avec la moitié de la peau et d'un triste morceau de viande.

En raison de ma tuberculose active, le médecin de la prison m'a rapidement mis sous ce qu'on appelle un régime. Cela signifiait que je pouvais avoir des crackers, du lait et du thé dans ma cellule au lieu d'aller à table pour le dîner.

Probablement en raison de l'influence des innovations d'Osborne à Sing Sing , les hommes du pénitencier de Queens étaient mieux traités que les femmes. Leur nourriture était de meilleure qualité et ils pouvaient acheter du tabac et même des journaux. Les seules publications accessibles aux femmes étaient deux hebdomadaires catholiques et le *Christian Science Monitor* . Notre seule autre nouvelle venait des deux visiteurs autorisés par mois. Un grillage si fin était placé dans la salle de réception que les détenus pouvaient difficilement distinguer, comme à travers un voile, les traits de ceux à qui ils parlaient. C'était une épreuve qui n'était même pas imposée à Sing Sing .

Après le nettoyage matinal des cellules, nous avons fait une promenade de quinze minutes dans la cour avec nos capes à capuche sur la tête. Pendant cette marche froide, les femmes scrutaient avidement le sol à la recherche des mégots de cigarettes jetés par les hommes. Il était tragique de voir des êtres humains contraints à un niveau si bas qu'ils devaient creuser avec leurs doigts dans la terre gelée pour récupérer ces moignons mutilés. Chacune prenait son petit bout et le cachait.

Lorsque la surveillante est allée déjeuner, nous étions enfermés dans nos couloirs mais pas dans nos cellules. D'habitude, elle faisait une sieste ensuite, et les filles pouvaient généralement compter sur elle pour ne revenir qu'à trois ou peut-être quatre heures. Cela leur donnait l'occasion de faire sécher leurs lambeaux de tabac sous le radiateur, puis de les envelopper dans du papier toilette prêt à fumer. La nuit, quand nous étions tous enfermés , ils frappaient les baleines d'acier de leurs corsets contre le sol en pierre et enflammaient ainsi des morceaux de coton pour les éclairer. Je pouvais voir de minuscules points lumineux dans l'obscurité alors qu'ils soufflaient avidement.

D'une manière ou d'une autre, avec l'ingéniosité née de la nécessité, ces femmes ont également réussi à leur faire passer clandestinement de petites nouvelles occasionnelles. Le premier jour, une des filles s'est approchée de moi et m'a demandé à voix basse : « Traverse ton cœur et espère mourir, tu ne le diras pas. »

J'ai traversé mon cœur et j'espérais mourir.

Elle m'a glissé dans la main une courte coupure de presse sur mon procès. Apparemment, d'autres avaient suivi les événements, car quelques minutes plus tard, Lisa, une petite fille de couleur, a crié : « Tu manges, n'est-ce pas ?

Un troisième m'a demandé de leur expliquer ce qu'était « l'hygiène sexuelle ». En conséquence , j'ai demandé à Mme Sullivan la permission d'être autorisée à entrer dans leur couloir pendant son heure de dîner.

"Pourquoi?"

« Les filles veulent que je leur parle d'hygiène sexuelle. »

"Ah, gwan avec vous », a-t-elle ri. "Ils en savent déjà assez."

Certaines des filles les plus jolies étaient des toxicomanes. Il semblait monstrueux que l'État puisse prendre de telles libertés avec des vies humaines jusqu'à les déclarer coupables de criminels et les condamner à des peines pouvant aller jusqu'à trois ans pour quelque chose qui aurait dû être considéré comme une maladie.

D'autres femmes étaient des pickpockets, des détourneurs de fonds, des prostituées, des tenanciers de maisons closes, des « Tiffany » ou des voleuses de grande classe, complices des voleurs de coffres-forts, et quelques « voyageurs transatlantiques » qui participaient à de gros trafics depuis Paris ou Londres.

Le snobisme de classe des délinquants m'intéressait au-delà des mots. Personne ne se souciait de savoir comment ou où une autre avait été élevée, quel genre d'origine familiale ou d'éducation elle avait ; la nature de son délit était la clé de sa position sociale. Celui qui faisait les poches était méprisé par la fille qui se servait de colliers de perles ou de diamants ; le voleur à l'étalage n'a pas « vendu son corps ».

Les prisonniers glissaient parfois leurs bras dans les miens pendant que nous marchions dans la cour. L'un d'entre eux m'a pris à partie. «Je t'ai vu marcher avec Gracie. Vous ne devez pas vous associer avec elle.

"Pourquoi pas?"

« Savez-vous pourquoi elle est ici ? C'est une petite voleuse. Chaque fois qu'elle sort, elle prend le tramway et vole l'argent du portefeuille des pauvres qui vont payer leur loyer ou des femmes qui rentrent à la maison avec le salaire de leur mari.

"Et pourquoi es-tu ici?"

« Oh, je vole les riches ; Je ne prends que des personnes qui possèdent des bijoux et des comptes bancaires.

Je n'ai jamais fait le travail régulier de nettoyage, pas même ma propre cellule. Je n'étais pas non plus envoyé à l'atelier pour coudre ou faire fonctionner les machines avec les autres. Quand j'ai demandé pourquoi à Mme Sullivan, elle a répondu joyeusement : « Oh, tu es plus belle là-bas avec un stylo à la main.

Elle avait aménagé une table pour servir de bureau, et je restais là toute la journée avec mes papiers et mes livres, planifiant à l'avance et lisant d'innombrables lettres ; la teneur de tout cela ressemblait beaucoup à celle de Sarah Goldstein :

Les femmes ici à Brownsville ont vraiment besoin d'aide. Mme Sanger a été incarcérée au pénitencier parce qu'elle était amie avec nous, mais elle a dit que nous devions utiliser sa place pendant son absence. Si nous pouvons nous rencontrer ici, à la clinique, j'allumerai le feu dans le poêle et je demanderai aux femmes de venir samedi.

Nous, les femmes ici, voulons découvrir ce que le président, le maire, les juges et tout le monde essaient de faire. D'abord, ils ont mis Mme Sanger en prison pour avoir dit à nous, les femmes, comment ne plus avoir d'enfants, puis ils se sont occupés de faire mourir de faim ceux que nous avons. D'abord, ils prennent la viande et l'œuf, puis la pomme de terre, l'oignon et le lait, et maintenant les lentilles et le beurre, et les enfants vivent de pain et de thé provenant des feuilles de thé qui cuisent sur le dos du poêle.

Honnêtement envers Dieu, nous devrions convoquer une réunion et faire quelque chose à ce sujet.

Une partie de mon temps était également consacrée à aider certaines filles à lire ou à écrire les deux lettres que leur permettait le mois. Je ne pensais pas qu'un Américain né entre seize et dix-huit ans puisse être analphabète, mais il y en avait au moins dix.

J'étais au pénitencier depuis plusieurs jours lorsque j'ai remarqué une grande femme droite, aux cheveux blancs et au visage qui n'y appartenait visiblement pas ; Je ne l'avais jamais vue dans la cour ni à table. Bien qu'elle ait passé plus de neuf mois à partager la nourriture des autres prisonniers et à travailler à leurs côtés , elle n'était pas devenue l'une d'entre eux. En raison de son caractère distant, j'ai eu du mal à faire sa connaissance, mais finalement « la duchesse », comme on l'appelait, m'a raconté son histoire.

Après avoir été enseignante pendant quinze ans, elle avait épousé un ministre qui vivait de pension. Ils séjournaient dans des hôtels, dépensant toujours plus que leurs revenus, tandis qu'il tirait régulièrement sur l'argent de son assurance. Sa mort soudaine l'a laissée pratiquement sans le sou. En raison de son âge et du fait qu'elle n'avait pas enseigné depuis si longtemps, sa candidature à un poste d'enseignante a été refusée. Elle est restée à l'hôtel jusqu'à ce qu'elle ait tout épuisé et soit obligée de déménager. Par la suite, elle allait d'hôtel en hôtel, fuyant à chaque fois les regards et les factures colériques ; elle fut finalement arrêtée et condamnée à une peine de durée indéterminée allant d'un à trois ans.

Sa réflexion constante sur son passé ne la préparait pas à un avenir. Je lui ai suggéré de garder la main en instruisant les filles analphabètes, et j'ai demandé à JJ, mon seul visiteur, de demander à son ami William Spinney d'envoyer des manuels de base et des manuels de niveau inférieur de Henry Holt and Company où il travaillait ; cela a été fait gratuitement. La duchesse était très heureuse dès le jour où elle a recommencé à enseigner.

Désireux de savoir si les antécédents des filles n'étaient peut-être pas liés aux causes de leur emprisonnement, j'ai demandé au directeur McCann si je pouvais consulter les dossiers, notamment quant à la taille des familles dont elles étaient issues. Il a dit que c'était contraire aux règles, mais il était prêt à me donner ces faits séparément, m'assurant que j'allais être surpris et déçu. J'étais.

Quand j'ai demandé : « Combien de frères et sœurs Rosie a-t-elle ? la réponse a été : « Aucun ».

« Et Marie ?

"Elle avait un frère, mais il est mort."

Il ressort des inscriptions que toutes ces femmes étaient des enfants célibataires ou que, si un frère ou une sœur était né, il ne survivait plus. C'était difficile à croire, mais j'ai d'abord dû l'accepter.

Cependant, lorsque j'ai fait davantage connaissance avec les anciens, ils m'ont raconté une histoire tout à fait différente. Les registres n'étaient que la preuve de la règle non écrite entre eux de tenir leurs familles à l'écart.

La maîtresse d'une maison d'assignation faisait fréquenter à sa fille de dix-sept ans un pensionnat à la mode. Pour que l'enfant ne sache rien de son métier, elle écrivait des lettres, les envoyait vers l'Ouest, où elle était censée voyager, et les faisait rediriger vers l'école. De nombreuses autres prisonnières étaient également des mères, et les intrigues et les plans visant à cacher la douloureuse connaissance de l'endroit où elles se trouvaient méritaient la plus profonde admiration.

Les uns après les autres, ils ont admis qu'elle avait fait de fausses déclarations pour sauver ses proches de la disgrâce ou des ennuis constants de la police. Le résultat d'un sondage effectué auprès des trente et un personnes dans notre couloir a montré une moyenne de sept enfants par famille de fille.

J'étais toujours intéressé de savoir pourquoi les jolies étaient là. Frances, l'une des plus charmantes, avait un teint radieux, une bouche en bouton de rose et des yeux des plus innocents ; elle a même réussi à porter son tablier avec un chic gaulois. Il ne semblait pas possible qu'elle ait pu commettre un crime, mais elle s'est avérée être l'une de ces coquines qui avaient pour habitude de fréquenter des rassemblements où des personnes imprudentes offraient des opportunités aux pickpockets. Elle m'a raconté comment elle et deux autres filles s'étaient rendues un jour à une foire dans le nord de l'État. Après avoir fait une grande collecte de montres, de sacs à main et de tout ce sur quoi ils pouvaient mettre la main, ses deux compagnons dirent : « Nous en avons assez. Nous partons. »

Mais Frances avait repéré un portefeuille plutôt simple. Ce n'était pas assez facile. Malheureusement pour elle, le propriétaire a crié : « Quelqu'un m'a volé mon argent !

Un passant a souligné : « Elle l'a fait. Aujourd'hui, je me suis rendu dans trois endroits où des objets ont été perdus, et elle y était à chaque fois.

D'autres personnes se sont rassemblées. Frances s'est mise à pleurer. Parce que les amis de l'homme qui avait été volé et que lui-même insistait pour qu'elle soit arrêtée, la police a été appelée.

Frances a continué à pleurer jusqu'à ce que plusieurs jeunes agriculteurs vigoureux soient prêts à défier ses accusateurs. Comment pouvaient-ils dire de telles choses à propos d'une fille aussi douce ! Il semblait qu'un combat était imminent et elle espérait s'échapper pendant l'excitation. Mais la police est arrivée trop tôt et l'a emmenée au commissariat. Ils n'ont rien trouvé sur elle ; D'une manière ou d'une autre, elle s'était débarrassée du portefeuille.

Les nouveaux alliés de Frances étaient prêts à payer sa caution, mais il se trouve qu'un chef de la police d'une ville voisine, venu à la foire dans le but exprès d'identifier d'éventuels petits criminels, la reconnut parmi sa liasse de photographies de récidivistes. . Il a dit à ses partisans : « Les garçons, vous êtes fous. Cette fille est aussi tordue qu'un serpent. Voici sa photo !

« Eh bien, tu es fou toi-même ! Votre fille est blonde et celle-ci est brune.

Le chef a arraché les cheveux de Frances et sa perruque lui est arrachée. En me racontant cette grande plaisanterie sur elle-même , elle trembla de gaieté.

Mais ce n'était pas la fin de l'histoire. Le chef de la gare avait été influencé par son attrait et, comme le portefeuille n'avait pas été découvert sur elle, il a voulu la laisser partir. Il a fait un compromis. « Je vais te donner un billet pour Montréal. Soit vous allez en prison, soit vous le prenez et sortez.

Elle a accepté le billet, mais a quitté le train à proximité et a rejoint ses amis à une autre foire. Là, vêtue d'un costume différent, elle poursuit son métier. Même si, à voir son visage ingénu, j'avais du mal à y croire, opposer son esprit à la police était pour elle une sorte de jeu.

Gertrude avait été tout aussi intelligente. Elle était d'origine allemande, très stylée, circulant dans les bons milieux lorsqu'elle n'était pas en prison. Elle avait appris que les officiers du sous-marin *Deutschland* , qui venait de traverser l'océan, devaient se divertir lors d'une fête. Ayant obtenu une invitation, elle se consacra à un lieutenant qui, avait-elle découvert, avait sept cents dollars en poche. Lorsque la réunion s'est terminée, elle l'a ramené à son hôtel dans sa voiture, lui suggérant de s'arrêter dans une boîte de nuit en cours de route. Là, elle a mis une drogue dans son verre. Il lui fallut un peu de temps pour travailler, mais après qu'ils eurent recommencé, il s'endormit.

Elle a donné cinq dollars au portier pour qu'il l'emmène dans sa chambre, en lui disant qu'il avait un peu trop bu, puis elle est rentrée chez elle.

Le lendemain matin, à sept heures, alors que Gertrude et sa petite fille étaient encore au lit, la police fit une descente dans son appartement. Ils n'ont rien pu découvrir, sauf ce dont elle pouvait honnêtement expliquer. Ses effets furent bouleversés et on ne trouva toujours pas d'argent.

« Alors comment ont-ils pu vous envoyer en prison ? » J'ai demandé. « Vous ne l'avez pas pris, n'est-ce pas ?

" Bien sûr que je l'ai fait", affirma-t-elle en me regardant comme si j'étais stupide. "Ils ne pouvaient pas me le reprocher, c'est tout."

Même si Gertrude avait été plus intelligente que la police, elle, comme beaucoup d'autres, avait été condamnée sur la base de son passé et des circonstances suspectes actuelles.

Joséphine en est un autre exemple. Après avoir moi-même été libéré, je l'ai fait libérer sur parole sous son propre engagement et je lui ai assuré une place comme femme de chambre dans un hôtel. Le destin a fait en sorte que, dans la toute première pièce où elle est entrée pour son premier travail matinal, elle se soit trouvée confrontée au cadavre d'un homme décédé dans son lit pendant la nuit. Elle s'est précipitée dehors, s'est saoulée et est retournée directement en prison.

Le ressentiment ainsi engendré chez ces femmes en cage était comme une flamme forte et rougeoyante, d'une profondeur que j'avais à peine cru possible. Les frissons me parcouraient le dos lorsque j'entendais les détails de leur enfance non guidée et sans amour, ce qui expliquait en grande partie la curieuse manière dont leur esprit fonctionnait. Ils ne pensaient qu'à échapper à leurs crimes, à vaincre le système – même si leur présence ici était la preuve qu'il ne pouvait pas être vaincu. Trois des plus jeunes filles, trop âgées pour le Bedford Reformatory mais presque trop jeunes pour le pénitencier, m'ont définitivement choqué par leurs projets de commettre des actes répréhensibles sans être appréhendées. Ils m'ont interrogé sur mon cas. « Était-il vrai que le juge vous avait donné une chance de ne pas aller en prison si vous promettiez de ne pas enfreindre la loi ?

"Oui."

"Eh bien, pourquoi ne l'as-tu pas fait?"

"Je ne pouvais pas le promettre."

"Mais tu n'étais pas obligé de tenir ta promesse !"

L'amertume toujours présente venait non pas du fait d'avoir été pris sur le fait, mais du fait d'avoir été condamné sans avoir été, selon leur propre croyance, prouvée coupable. C'est l'attitude mentale lamentable plutôt que la condition physique réelle de leur emprisonnement qui m'a tellement consterné. Aucun d'eux n'avait l'intention d'aller tout droit. Ils détestaient la police qui recevait de bons salaires de l'État et qui s'attribuait le mérite de les mettre en prison ; pourtant, ils avaient toujours été plus intelligents. Cela semble incohérent, mais c'était leur particularité psychologique.

J'en ai parlé plus tard avec plusieurs juges pour qui c'était un point de vue assez nouveau. Entre autres cas, j'ai cité celui d'une tenue de bordel qui dirigeait sa maison comme un club et le faisait avec tant de soin qu'aucune preuve n'a pu être obtenue contre elle. Par conséquent, un détective avait mis de l'opium dans la plomberie et elle avait été condamnée pour stupéfiants, même si tout le monde savait que ce n'était pas son délit.

« Les prisonniers étaient coupables, n'est-ce pas ? dit l'un des juges. "Tu le sais, n'est-ce pas?"

« Oui, répondis-je, mais à mon avis, cela ne met pas fin à la responsabilité de l'État. Il me semble que vos détectives devraient être plus intelligents que les criminels qu'ils sont censés arrêter.

Les filles du pénitencier de Queens ignoraient qu'elles avaient le droit de porter contre la société une accusation bien plus grave que les méthodes policières maladroites et incompétentes. Depuis, je n'ai jamais visité un établissement pour mineurs délinquants sans penser à quel point les gens sont stupides de ne pas reconnaître que la plupart des adolescents sont soumis à la tentation à une occasion ou à une autre ; que n'importe qui, dans un fragment de temps émotionnel, lorsqu'il est jeune et lorsque les conséquences ne sont pas claires, peut faire quelque chose d'interdit. Le plus souvent, cela n'est qu'accessoire et ne justifie en aucun cas une vie de pénitence.

Le seul traitement brutal que j'ai reçu a eu lieu au cours des deux dernières heures. Comme mes empreintes digitales n'avaient pas été prises à mon arrivée, le directeur McCann a d'abord essayé de me convaincre de me conformer. Son argument selon lequel les empreintes digitales de tous les prisonniers doivent être conservées dans un dossier, et que ne pas les avoir était une chose rare, ne nous a mené nulle part. J'ai refusé de me soumettre, même si cela a retardé ma libération. Il m'a ensuite confié à deux gardiens. L'un me tenait, l'autre se débattait avec mes bras, essayant de forcer mes doigts sur le tampon encreur. Je ne sais d'où je puisais ma force physique, mais j'ai réussi à empêcher mes mains de la toucher. Mes bras étaient meurtris et j'étais faible et épuisé lorsqu'un officier du quartier général, où JJ protestait contre le retard, m'a téléphoné pour donner l'ordre de me renvoyer sans la cérémonie habituelle.

Le 6 mars 1917 se levait un matin amer et cuisant. J'ai franchi les portes métalliques et l'air picotant m'a frappé au visage. Aucune autre expérience dans ma vie n'a été comme ça. Rassemblés devant, mes vieux amis qui s'étaient figés pendant les deux heures d'attente pour célébrer la « fête du coming out de Margaret ». Ils ont élevé la voix dans la *Marseillaise* . Derrière eux, aux fenêtres supérieures, se trouvaient mes nouvelles amies, les femmes avec qui j'avais passé le mois, et elles chantaient aussi. Quelque chose m'a étouffé. Quelque chose m'étouffe encore chaque fois que j'entends cette musique triomphante et ces mots retentissants : « Vous, fils de la liberté, réveillez-vous dans la gloire ! »

J'ai plongé dans les escaliers et dans la voiture qui m'attendait, et nous sommes sortis de la cour en direction de mon appartement. A l'entrée se trouvaient Vito, le charbonnier, et sa femme, rayonnants et désignant fièrement le feu flamboyant qu'ils avaient allumé dans l'âtre pour m'accueillir chez eux.

Chapitre vingt

UN CŒUR VASTE SUR UNE COLLINE RAISÉE

« Lorsqu'une chose cesse d'être un sujet de controverse, elle cesse d'être un sujet d'intérêt. »

WILLIAM HAZLITT

Les clameurs bruyantes du monde ne pouvaient pas m'atteindre à travers les épais murs de pierre ; la prison avait été un moment tranquille de réflexion, de rassemblement des expériences passées et de préparation de l'avenir. La tumultueuse saison d'agitation – tribunaux et prisons, cris et pied de nez – devrait maintenant prendre fin. Jusqu'à présent, il y avait eu beaucoup de notoriété et peu de compréhension. Les trois étapes suivantes devaient être les suivantes : premièrement, l'éducation ; ensuite, l'organisation ; et enfin la législation. Tous étaient clairement différenciés, même s'ils se chevauchaient nécessairement dans une certaine mesure.

J'ai basé mon programme sur l'existence dans le pays d'un sentiment fort qui, s'il était coordonné , pourrait devenir suffisamment puissant pour changer les lois. Les chevaux qui courent sauvagement autour d'un pâturage ont autant de force que lorsqu'ils sont attelés à une charrue, mais ce n'est que dans ce dernier cas que la force peut être mesurée et utilisée à un but utile. Le public devait être éduqué avant de pouvoir être organisé et avant que les lois puissent être modifiées grâce à cette organisation. Je me suis mis à la tâche. Cela devait être long, car la presse ne voulait pas d'articles exposant les faits sur le contrôle des naissances ; ils voulaient des nouvelles, et pour eux, les nouvelles consistaient toujours en bagarres, police, arrestations, controverses.

L'un des premiers essais en matière d'éducation était un film dramatique dramatisant la vie sombre et lamentable de l'East Side. Blossom et moi pensions que cela aurait de la valeur, et je continue d'être du même avis. Il n'avait pas approuvé la clinique et avait refusé d'y participer, mais il était impatient de se joindre à moi pour tirer profit de la publicité qui avait suivi. Ensemble, nous avons écrit une sorte de scénario, concluant par le procès. Même si j'avais depuis longtemps perdu confiance en mes capacités d'actrice, j'ai joué le rôle de l'infirmière et un associé de Blossom a financé sa production. Mais avant qu'il puisse apparaître, le commissaire aux licences, George H. Bell, a ordonné sa suppression.

Pour prouver que le film reflétait les conditions qui appelaient au contrôle des naissances, nous avons donné une projection privée dans un théâtre, invitant environ deux cents personnes concernées par la protection sociale. Tous ont convenu que le public devrait le voir et ont signé une lettre à cet effet. Le juge Nathan Bijur a émis une injonction contre toute interférence avec sa présentation. Mais les cinémas, craignant que le souffle de la censure ne tarisse leurs profits, furent trop timides pour en profiter.

D'une importance infiniment plus grande et plus durable que cette entreprise fut la *Revue du contrôle des naissances* , qui, de 1917 à 1921, fut le fer de lance dans le domaine de l'éducation. Cela pourrait introduire un ton plus calme et plus scientifique, et aussi me permettre de rester en contact partout avec des personnes dont l'intérêt avait déjà été suscité. L'émotion ne suffisait pas ; les idées ne suffisaient pas ; les faits étaient ce dont nous avions besoin pour que les leaders d'opinion qui s'expriment clairement et soient disposés à s'exprimer puissent disposer de données faisant autorité pour les étayer.

Le premier numéro de la *Revue* , préparé d'avance, était paru en février 1917, alors que j'étais au pénitencier. Ce n'était pas un très bon magazine à l'époque ; il avait peu de contributeurs et aucune politique éditoriale. N'importe qui — sculpteur, spiritualiste, caricaturiste, poète, free-lance — pouvait s'exprimer ici ; les pages étaient ouvertes à tous. D'une certaine manière, cela rappelait l'époque de la *Femme rebelle* , où tout le monde donnait un coup de main — toujours avec cette différence vitale que nous nous en tenions strictement à l'éducation plutôt qu'à l'agitation. J'avais acquis quelques connaissances éditoriales grâce à mes précédents efforts dans les magazines et j'obtenais maintenant une touche plus professionnelle de la part des hommes et des femmes de journaux qui sont progressivement arrivés, parmi lesquels William E. Williams, ancien du Kansas City *Star* , Walter A. Roberts, qui publia plus tard les quelques numéros de l' *American Parade* , et Rob Parker, rédacteur et maquilleur. Parmi les associés se trouvaient Jessie Ashley, Mary Knoblauch et Agnes Smedley.

Cette femme extraordinairement timide et mystérieuse, Agnes Smedley, était née dans un wagon couvert de parents squatteurs et, bien qu'elle soit devenue enseignante dans les écoles publiques de Californie, ses premières habitudes de pensée lui sont restées ; elle était toujours pour le chien outsider . Le gouvernement britannique l'avait soupçonnée d'être impliquée dans les activités séditieuses d'un groupe d'étudiants hindous et avait persuadé les autorités fédérales d'ouvrir une enquête. Tout ce qu'ils avaient pu trouver pour l'inculper, c'était quelques exemplaires de *Family Limitation* . Cela l'a amenée dans notre province, et lorsqu'elle a été traduite en justice à New York, John Haynes Holmes a obtenu sa caution de dix mille dollars. Après son acquittement, elle a travaillé avec nous à plusieurs reprises jusqu'à son départ pour l'Allemagne d'après-guerre.

À cette occasion et à d'autres occasions, John Haynes Holmes, un orateur sans égal, nous a apporté la force convaincante de ses arguments et de son esprit. À la forme de sa tête et à l'honnêteté de ses yeux, on pouvait reconnaître l'idéaliste pratique chez ce ministre unitarien. Il n'a jamais abordé les problèmes. Pendant la guerre, il a déclaré que si un drapeau devait être accroché aux fenêtres de son église, alors ceux de toutes les nations devraient flotter ; aucun peuple n'était son ennemi.

Deux numéros de la *Revue* étaient parus lorsque les États-Unis sont entrés en guerre et Blossom et moi nous sommes brouillés. C'était un ardent francophile et, comme la plupart des membres masculins de l'intelligentsia, il s'est rangé du côté des Alliés. J'ai écrit un éditorial pacifiste ; il a refusé de le diriger et a démissionné.

Pour Blossom, comme pour tant d'autres, le pacifisme était automatiquement qualifié de pro-germanisme, sur la base de la vieille théorie selon laquelle « celui qui n'est pas pour moi est contre moi ». J'avais déjà vu en Europe ce que la propagande pouvait faire pour développer un esprit de guerre, et je priais chaque matin à mon réveil pour pouvoir garder la tête claire et froide. J'avais entendu les plaintes de mères françaises, mais j'avais aussi parlé avec des mères allemandes. Dans le cœur de personne, il n'y avait eu ni haine ni désir que leurs fils tuent d'autres fils.

Je savais ce que je pensais de la guerre ; c'était tellement scandaleux que je ne voulais pas y être mêlé. Je continue de croire que ce n'était pas seulement une chose terrible en soi – un massacre et un gaspillage de vies humaines – mais, plus désastreux encore, cela a exterminé ceux qui devraient maintenant diriger nos destinées nationales selon la libéralité de pensée d'avant-guerre dans laquelle ils avaient été élevés. Nous avons commencé à cette époque à marcher à reculons plutôt qu'à avancer, et nous avons depuis reculé régulièrement. La peur d'exprimer ses opinions, qui a alors commencé à s'infiltrer, a progressivement contribué à imposer la censure et à accroître l'intolérance.

Je n'étais ni pro-Allié ni pro-Allemand mais, faisant preuve de bon sens, j'étais bouleversé de voir les réalisations allemandes réduites en lambeaux. En Allemagne, les renseignements étaient concentrés sur tous les fronts ; elle a le taux d'analphabétisme le plus faible de tous les pays et a investi massivement dans l'éducation de masse dont le reste du monde bénéficie à peu de frais. Elle avait offert la meilleure formation aux étudiants diplômés en médecine ; les voyages à l'étranger avaient été accélérés par les linguistes allemands ; le commerce avait pu entretenir des contacts internationaux grâce à des interprètes allemands ; toute industrie étrangère qui avait besoin de conseils techniques employait généralement un scientifique, un ingénieur ou un chimiste allemand qui savait comment faire son travail et le faisait bien.

L'Allemagne ne pouvait pas poursuivre cette politique sans vouloir obtenir des résultats tangibles.

J'étais convaincu que la cause première de cette guerre résidait dans la terrible pression démographique en Allemagne. Certes, son taux de natalité avait récemment commencé à baisser, mais son taux de mortalité, en particulier celui de la mortalité infantile, avait également été considérablement réduit grâce à la science médicale appliquée. Le gouvernement allemand devait faire quelque chose pour augmenter sa population. Derrière son militarisme effréné, sous sa demande de colonies se trouvait cette force économique motrice. Elle n'en pouvait plus et dut briser ses limites.

La défection de Blossom a été l'une des choses déchirantes qui peuvent se glisser dans n'importe quelle entreprise, même la plus idéaliste. J'ai vu tant de jeunes croisés venir au galop pour me montrer le chemin, se joindre au cortège et sonner du cor pour « La Cause », haletant d'enthousiasme pour réformer le monde, désireux de m'apprendre à mettre le mouvement sur une voie « sociale » ou « sociale ». base « solide, pratique et économique ». Ils allaient recevoir d'importantes contributions pour que l'argent rentre sans cesse dans nos coffres. Mais s'ils manquaient de patience et d'indulgence, ou s'ils étaient là pour leur développement personnel, ils se décourageaient dès la première apparition d'obstacles épineux et désagréables, se retirant ou désertant plutôt que de se battre.

Dans le mouvement pour le contrôle des naissances, les partisans du contrôle des naissances se succèdent. Lorsqu'ils sont restés , ils ont trouvé du travail, du travail, du travail, et peu de reconnaissance, de récompense ou de gratitude. Ceux qui désiraient honneur ou récompense, ou qui mesuraient leur intérêt à cette aune, ne sont plus là. Il n'y a de place pour rien d'autre que l'amour illimité du don. Blossom a été pour moi la première illustration du fait que ceux à qui l'autorité est confiée sont susceptibles de se développer et d'exploser à moins qu'ils ne se consacrent de manière altruiste.

Maintenant, je crois que les trois principaux tests de caractère sont le pouvoir soudain, la richesse soudaine et la publicité soudaine. Rares sont ceux qui peuvent supporter cette dernière solution ; rien ne va à la tête avec plus de violence. Voyant cela tout autour de moi, je ne me suis abonné à un bureau de coupures de presse que lorsque cela semblait nécessaire à des fins historiques. Je ne lisais même pas les journaux lorsque la publicité non recherchée était formidable, me rappelant que cela ne pouvait être qu'une merveille de neuf jours. De plus, les informations étaient souvent distrayantes parce que les faits étaient constamment brodés simplement pour faire une bonne histoire, pour décrire une situation conformément à la politique du journal, ou parce qu'ils reflétaient les inhibitions des journalistes. Des heures auraient pu être entièrement consacrées aux dénégations et aux contradictions.

Au milieu d'une urgence telle qu'une descente de police ou l'arrêt d'une réunion, mes propres émotions gardaient généralement une teneur égale ; ils ne montaient pas et ne descendaient pas comme une température. Une infirmière ne peut pas se permettre de perdre la tête, et le contrôle que j'ai acquis au cours de cette formation m'a aidé, tout comme la philosophie de mon père : « Puisque tout change, cela aussi passera ».

Par conséquent, durant cette période fébrile, ni les louanges ni les reproches du public ne m'ont beaucoup affecté, même si le type de critique venant de mes amis était différent. Juste parce qu'ils étaient amis et que je voulais qu'ils comprennent, j'étais malheureux s'ils ne le faisaient pas. Mais comme les personnes qu'on aime peuvent avoir une grande influence et que les amitiés prennent du temps, je me suis abstenu d'en nouer beaucoup de nouvelles. Néanmoins, ceux que j'avais alors sont aussi bons aujourd'hui ; lorsque nous nous rencontrons , nous reprenons les fils là où nous les avons laissés.

La guerre a temporairement stoppé la progression du mouvement de contrôle des naissances. Les groupes qui étaient auparavant actifs trouvèrent désormais de nouveaux intérêts. Les radicaux furent secoués et leurs propres rangs déchirés en deux par l'opposition à la conscription. La grippe a balayé le monde et, sur son passage, a emporté nombre de nos anciens compagnons. La commission promise par le gouverneur Whitman a explosé. Un clairon retentit lorsque j'appris que la section sur les maladies vénériennes dans *What Every Girl Should Know* , qui avait été autrefois interdite dans le New York *Call* et pour laquelle Fania avait été condamnée à une amende, était maintenant, officiellement mais sans crédit, réimprimée et distribuée parmi les gens. les soldats entrant dans les cantonnements et à l'étranger. À la maison, tout le monde avait l'impression qu'il n'y avait pas grand-chose à faire à part attendre que les gens reprennent leurs esprits ; l' *Examen* était la seule mesure en avant que je pouvais prendre à l'époque.

À la fin de 1917, une nouvelle recrue fut enrôlée. Personne n'a jamais connu le vrai nom de Kitty Marion. Elle était née en Westphalie, en Allemagne, et quand elle avait quinze ans, son père l'avait fouettée une fois de trop et elle s'était enfuie en Angleterre, où elle avait finalement fait un tour dans un music-hall.

Les bidonvilles de Londres avaient éveillé la conscience sociale de Kitty, et elle avait abandonné sa propre carrière pour s'engager avec Mme Pankhurst dans la croisade pour le suffrage, devenant ainsi l'une de ses partisans les plus déterminés. Lorsqu'elle a été mise en prison, elle a mis le feu à sa cellule, a fait un trou dans son matelas, a brisé la fenêtre et, après avoir été libérée, a jeté des briques au bureau de poste de Newcastle. Elle est allée sept fois en prison, endurant quatre grèves de la faim et deux cent trente-deux tétées obligatoires, mordant la main qui la nourrissait de force. Comme il n'était pas de bon goût pour le gouvernement de voir une suffragette mourir en prison, Kitty, en vertu de la loi dite du chat et de la souris, fut une fois relâchée dans une maison de retraite jusqu'à ce qu'elle ait assez de force pour retourner en détention. Des amis lui ont rendu visite, ont échangé des vêtements avec elle et elle s'est enfuie. Une autre fois, l'évêque de Londres la supplia personnellement d'abandonner sa lutte. Au début de la guerre, les forces de Pankhurst l'ont emmenée en Amérique plutôt que de lui faire courir le risque presque certain d'être déportée ou internement.

Vendre *Les Suffragettes* dans les rues de Londres faisait partie de l'initiation que devaient subir les duchesses, les comtesses et autres nobles auxiliaires de la cause de Pankhurst. Kitty s'était tenue à leurs côtés. Puisque nous avions un vétéran si expérimenté prêt à servir , nous avons commencé à proposer la *Revue* sur les trottoirs de New York. Nos partisans les plus sobres s'y sont opposés parce qu'ils jugeaient cela indigne. Mais des hommes et des femmes d'ici, d'ailleurs et de partout transitaient par les centres commerciaux de New York, et c'était un véritable moyen de les atteindre.

Nous avons tous pris la main, mais Kitty était la seule à avoir résisté à l'épreuve des années. Forte, corpulente, aux cheveux blonds, ses yeux bleus brillants et perçants malgré sa cinquantaine avancée, elle est devenue un spectacle familier. Matin, après-midi et jusqu'à minuit – les jours ouvrables, les dimanches et les jours fériés – à travers les tempêtes de l'hiver et de l'été, elle a essayé chaque coin de rue, de Macy's au Grand Central Terminal. Mais son stand préféré était la Septième Avenue et la Quarante-deuxième Rue, juste à côté de Times Square. Selon ses propres mots, elle appréciait « le film le plus fascinant, le plus comique, le plus tragique, le plus vivant et le plus respirant du monde ».

Beaucoup de gens pensent encore que je dois être Kitty Marion. Partout, on me dit : « Je t'ai vu il y a vingt ans devant le Metropolitan Opera House. Tu as changé pour que je ne te connaisse pas.

La vente de rue était une torture pour moi, mais je le faisais parfois par autodiscipline et parce que ce n'était qu'ainsi que je pouvais avoir une connaissance complète de ce que je demandais aux autres de faire. De plus, j'ai appris à réaliser quelles irritations possibles Kitty devait rencontrer. Malgré les insultes des ignorants, les censures des bigots, elle restait de bonne humeur. Ils lui ont dit : « Tu devrais avoir honte de toi, tu devrais être arrêtée, fusillée, mise en prison, pendue ! » ou : « C'est honteux, dégoûtant, scandaleux, crapuleux, criminel et peu distingué ! » Quand quelqu'un demandait : « N'avez-vous jamais entendu la parole de Dieu : « Soyez féconds, multipliez-vous et remplissez la terre » ? Kitty répondit : « Ils l'ont déjà fait » et, connaissant ses Apocryphes ainsi que sa Bible, rétorqua en nature : « N'est-il pas dit dans l'Ecclésiastique : 16 ; 1, « Ne désirez pas une multitude d'enfants inutiles » ?

Pendant la guerre, il était étonnant de constater combien d'hommes, en uniforme ou non, confondaient le contrôle des naissances avec le contrôle britannique. « Nous ne voulons pas de contrôle britannique ici ! » s'exclamèrent-ils. Kitty les corrigeait en disant « Contrôle des naissances » et quelqu'un criait : « Oh, c'est pire !

Qui a acheté la *Revue* ? Cette question était invariablement posée, et la réponse était : les radicaux, les curieux, les jeunes filles sur le point de se marier, les mères, les pères, les travailleurs sociaux, les ministres, les médecins, les réformateurs, les révolutionnaires, les étrangers. Une analyse psychologique des réactions des passants à la vue des mots « contrôle des naissances » aurait été intéressante. Je n'ai jamais pu croire au pouvoir que ces simples mots avaient de bouleverser tant de gens. Leurs propres complexes quant à ce que le sexe signifiait pour eux semblaient les gouverner. Beaucoup ont été déçus par sa stabilité ; les uns étaient très indignés, les autres très amusés, considérant cela comme une plaisanterie ; certains achetés avec des visages figés de soldats passant par-dessus ; certains regardaient et regardaient, puis continuaient leur route. D'autres passaient par là pour revenir avec l'argent prêt, fourraient précipitamment le magazine dans leurs poches et s'éloignaient en essayant de paraître indifférents. La majorité a acheté avec le plus grand sérieux dans l'espoir que cela puisse résoudre leurs problèmes personnels.

« Prison » était la réaction instantanée de chaque nouveau policier sur le terrain. Kitty, qui savait qu'elle n'avait pas besoin de permis, lui contesterait ce point pendant qu'une foule se rassemblait. Mais peu de ceux qui l'ont arrêté connaissaient la loi au nom de laquelle ils l'ont emmenée au commissariat. À maintes reprises, mon sommeil nocturne était interrompu pour aller la renflouer. JJ a toujours réussi à faire rejeter l'affaire, mais seulement après qu'elle ait été argumentée et prouvée en notre faveur.

Un jour, Charles Bamberger, l' *agent provocateur* de la Société pour la Suppression du Vice qui avait provoqué l'arrestation de Bill Sanger, employa à peu près la même ruse sur Kitty. Sa société était censée promouvoir la pureté, ce qui était pour ses membres synonyme de bien. Mais pour ce faire, ils ont incité les gens à enfreindre la loi en faisant appel à leurs plus profondes sympathies humaines, une forme de supercherie qui ne doit être tolérée par aucun code moral.

Bamberger, lors de visites répétées à Kitty dans notre bureau, a décrit de manière poignante l'état de sa malheureuse épouse dont la santé dépendait absolument de l'obtention d'informations sur la contraception. Les sens d'Anna, comme ceux de Fania Mindell, étaient infaillibles pour reconnaître de tels leurres ; Je ne me suis jamais opposé à cela. Mais c'est en vain qu'elle prévient Kitty, qui lui donne l'information. Il la fit arrêter et elle ne fut pas autorisée à dire au tribunal par quel moyen il avait obtenu son témoignage ; elle a dû purger une peine. La condamnation de Kitty n'a pas eu une publicité adéquate, mais son tempérament de guerre était si violent que, compte tenu de sa naissance allemande, même les journaux bien intentionnés l'ont pratiquement ignoré.

En plus de vendre la *Revue* , nous avons tenté une autre expérience de propagande de rue. Au cours des chaudes soirées d'été, Kitty, Helen Todd et moi, souvent accompagnés de George Swazey , un sympathique Anglais, nous sommes rendus dans le quartier de St. Nicholas Avenue, au-dessus de la 125e rue, où vivaient de nombreuses familles de cols blancs . Nous achetions une caisse à savon chez l'épicerie fine la plus proche et Hélène, qui avait un pittoresque maigre et basané qui attirait l'attention, la montait ; Swazey , debout derrière, brandissait un drapeau américain. Même si personne n'est en vue à l'exception de notre petit groupe avec ses liasses de littérature et de Kitty avec ses *critiques* , Helen commença de sa belle voix : « Mesdames et messieurs », en s'inclinant devant les arbres, « nous vous souhaitons la bienvenue ici ce soir. Quand personne n'apparut, elle recommença. « Mesdames et Messieurs », et cette fois-ci, une ou deux poussettes s'attardaient généralement. Immédiatement, nous avons levé nos banderoles en carton avec « contrôle des naissances » imprimé en lettres noires. Elle était partie en pleine effervescence et, en quelques minutes, nous avions notre public.

Au cours de nos différents procès, des personnes avaient envoyé des chèques et fait des dons sur le compte spécial du Fonds de Défense, et nous envoyions à tous ceux qui donnaient de l'argent, peu importe le montant ou le montant, un rapport polycopié de tous les contributeurs. Nous avions également accepté près de deux mille abonnements payés d'avance, et avions donc pris l'obligation de poursuivre la *Revue* pendant douze mois.

Un matin de mai, alors que j'ai mis ma clé dans la porte du bureau et que je l'ai ouverte, Anna Lifshiz et moi nous sommes levés et nous sommes regardés. Seul le téléphone posé désespérément au sommet d'une boîte d'emballage soulageait la pièce nue et vide : les dossiers, les meubles, les bons, les chèques et les dossiers professionnels avaient disparu. Nous devions encore fournir neuf numéros supplémentaires aux abonnés, mais nous n'avions aucun matériel et pas un centime sur le compte bancaire de la *Revue*
.

C'était un défi. Nous nous sommes précipités vers la Troisième Avenue et, pour vingt dollars, avons remeublé le bureau. La perte des cartes de cotisants est cependant irréparable. Je n'ai jamais pu, malgré tous mes efforts, récupérer ni ces fonds, ni les fonds manquants.

Les difficultés liées au financement de la *Revue* étaient si grandes qu'après juin, aucun numéro ne parut jusqu'en décembre : l'imprimeur nous faisait confiance autant qu'il le pouvait, de mois en mois. Souvent, le compte bancaire n'avait plus que les cent derniers dollars, juste assez pour le maintenir ouvert. Pourtant, il pourrait être nécessaire d'envoyer des lettres ; l'appel pourrait être urgent. J'hésitais à dépenser ce dernier montant, mais je croyais que la foi pouvait tout réaliser. Invariablement, lorsque j'opérais selon ce principe et faisais ce que j'étais poussé à faire, l'argent affluait peut-être dix fois plus. Nous avons toujours fait table rase à la fin de l'année.

C'était l'une des périodes d'enracinement et d'attente que l'organisme grandisse, de quiétude avant un nouveau départ et une accélération. J'ai continué, conscient qu'à chaque acte, je progressais conformément à une loi universelle de l'évolution : évolution morale mais évolution quand même.

Cette croyance semblait parfois forcer les portes à se verrouiller. Cela m'a permis de dicter des centaines de lettres, d'interroger des dizaines de personnes, de débattre ou de donner des conférences, le tout en vingt-quatre heures. Jour après jour, j'assistais à des réunions de salon, soir après soir, à des forums ouverts, et je rentrais chez moi trop fatigué pour manger, trop excité pour dormir. Souvent, à sept heures du matin, le téléphone se mettait à sonner ; quelqu'un voulait m'attraper avant que je quitte la maison.

Dans le but de disposer d'une base plus solide et plus substantielle sur laquelle faire fonctionner la *Revue* , la New York Women's Publishing Company a été constituée en mai 1918 ; les actions ont été vendues à dix dollars chacune. Les femmes qui apportèrent un soutien financier et moral étaient les épouses d'hommes d'affaires qui leur conseillaient comment diriger correctement cette organisation. Chaque mois, Mary Knoblauch ouvrait son charmant appartement pour les réunions régulières que toute entreprise était tenue de tenir.

Dans mon esprit, le mouvement ne peut jamais être dissocié de Frances Ackermann, qui, à la suggestion de Mabel Spinney de Greenwich House, nous est venue en tant que trésorière. Elle était exceptionnellement capable et fut bientôt l'un de nos remparts, restant avec nous onze ans. Sa famille était plongée dans l'orthodoxie – l'Église, Wall Street et le statu quo en politique – mais les intérêts de Frances étaient beaucoup plus larges et elle ne se contentait pas de mener le type de vie habituel ordonné par sa situation sociale et financière.

Grande, très mince, portant ses vêtements avec air, Frances était l'une des personnes les plus raffinées que j'aie jamais connues. Pour elle, le fair-play équivalait à une religion ; elle était si sensible qu'elle restait éveillée la nuit après avoir simplement lu une injustice faite à quelqu'un. À des centaines d'objecteurs de conscience incarcérés pendant la guerre en raison d'activités pacifistes ou de grèves, elle a envoyé de l'argent pour des cigarettes, des magazines et de la papeterie – toujours de manière anonyme – pour aider leurs familles et leur suggérer des plans pour leur propre avenir. Sa mort n'a pas été seulement un coup dur pour nous, mais aussi un coup dur pour toute entreprise visant à la compréhension. De nombreux condamnés à perpétuité qui dépendaient d'elle pour un luxe égayé doivent maintenant se demander ce qu'elle est devenue.

En 1920, Anne Kennedy est venue contribuer à accroître la diffusion de la *Revue* et à obtenir une aide financière supplémentaire pour celle-ci. Elle était californienne avec une vaste expérience en club et avait deux enfants. Blonde, la trentaine, joyeuse et bonne mixeuse, elle avait l'air très maternelle avec ses doux cheveux gris et son doux visage ; tu sentais que tu pouvais poser ta tête sur son sein et lui raconter l'histoire de ta vie.

L'incorporation avait annoncé une nouvelle tendance dans laquelle nous pourrions avoir une politique reconnue. Lorsque la *Revue* avait été lancée , j'avais dû supplier les auteurs d'écrire. La liberté d'expression était leur thème favori, et leurs articles étaient de qualité inférieure, mais c'étaient les seules choses sur lesquelles je pouvais m'appuyer. J'avais l'habitude de demander aux contributeurs potentiels : « Ne pensez-vous pas que ces pauvres mères ne devraient plus avoir d'enfants ?

"Bien sûr, mais où y a-t-il un article là-dedans ?"

Ensuite, j'ai dû suggérer des idées, leur montrer comment les relier à des aspects sociologiques plus larges, jusqu'à ce qu'ils commencent à lancer dans l'arène des compositions juridiques, médicales et eugéniques. Les documents sur la liberté d'expression ont continué à arriver, mais nous n'avons plus eu besoin de les imprimer.

Par ailleurs, nous bénéficions désormais de privilèges de courrier de seconde classe. Peu de temps après, je parlais par hasard avec un cousin qui travaillait à la Poste, un très jeune garçon d'une vingtaine d'années, qui ne cessait de m'assaillir de questions sur la *Revue* . Je ne comprenais pas son intérêt sans précédent et je lui ai demandé : « Pourquoi es-tu si curieux ?

« Eh bien, je suis le lecteur officiel. Cela m'évitera d'avoir à parcourir chaque problème si vous me dites à l'avance quelle sera votre politique.

« Prenez-vous les décisions ? »

"C'est mon travail. Si certains semblent répréhensibles, je les envoie à Washington.

J'ai été horrifié de trouver cet adolescent dans une position qui lui permettait de porter un jugement sur des sujets aussi graves, mais j'ai pu le rassurer ; la solution que nous avions adoptée n'interférerait en rien avec le maintien de nos privilèges de courrier de seconde classe.

De nombreux acheteurs de la *Revue* ont été déçus car elle ne contenait aucune information pratique. «J'ai votre magazine. Tout cela est vrai, mais ce que je veux savoir, c'est comment ne pas avoir un autre bébé l'année prochaine. Des milliers de lettres ont été envoyées expliquant que la *Revue* ne pouvait pas imprimer d'informations sur le contrôle des naissances. Néanmoins, certains appels, en particulier ceux émanant de femmes qui vivaient dans des fermes isolées et isolées, étaient si déchirants que j'ai simplement dû leur fournir des exemplaires de *Family Limitation*, tout en les incitant à consulter leur médecin.

De temps en temps, je recevais un message téléphonique pour me rendre à la Poste à une heure convenue. Je l'ai fait, perplexe et incertain. L'entretien devait-il porter sur la *révision*, *les limitations familiales* ou quoi ?

Le fonctionnaire du service juridique que je voyais toujours, paternel mais pas vieux, avait l'habitude de dire : « Maintenant, Mme Sanger, vous violez toujours la loi en envoyant votre brochure par la poste. Si vous continuez ainsi, ils vous mettront à nouveau en prison.

J'ai objecté : « Le gouvernement et moi en avons discuté il y a des années. L'affaire fédérale a été rejetée.

« Cela ne pourra jamais être réglé tant que nous aurons ces protestations. »

Pour prouver que la Poste n'avait pas la vie si facile, il ouvrit un tiroir et à l'intérieur se trouvait une petite pile de brochures et de lettres de fanatiques religieux, de moralistes autoproclamés d'une sorte ou d'une autre, de femmes comme d'hommes, qui avaient reçu leurs copies et se sont ensuite plaints. Il m'a montré des enveloppes adressées au gouverneur de New York, au président des États-Unis. J'ai étudié l'écriture manuscrite pour voir si je pouvais la reconnaître comme identique à celle qui m'était parvenue. Peut-être que le cachet de la poste était Wichita, Kansas ; il ne pouvait pas y en avoir beaucoup dans une ville de cette taille, et je me souvins bientôt de la demande. C'était bouleversant de voir ce tiroir. J'avais sincèrement essayé d'aider des mères désespérées et j'avais été trahie.

«Voici cette preuve contre vous, Mme Sanger. Qu'allez-vous faire à ce sujet?"

"Rien. Tant que ces femmes me demanderont de les aider, je le ferai.

J'avais l'intention de continuer jusqu'à la limite de mes ressources, que j'aie ou non l'aide de ceux sur qui j'avais initialement compté. Afin que les clubs de femmes en ressentent le besoin comme moi, j'avais souvent fait des kilomètres à mes frais pour présenter un sujet qui m'avait demandé des années de préparation et j'avais ensuite dû l'exprimer au milieu du fracas des plats ou de l'agitation. de cuillères dans les cafés d'après-dîner. Les membres semblaient avoir en tête des petits pains chauds ou s'étaient agités pour accéder aux tables de bridge. Parfois, quelques-uns, qui en étaient venus à toucher à la sentimentalité, avaient éprouvé une réponse émotionnelle agréable : « Oh, les pauvres choses », mais cela s'était arrêté là.

L'apathie persistante de ces organisations m'a profondément déçu ; le désir de construire une structure semblait les dominer tous. J'avais perdu confiance en leur sincérité, le respect de leur courage et, à ce moment-là, je n'avais aucune raison d'attendre leur aide. Les reprocher, les accuser ou les censurer de ne pas avoir fait ce que j'espérais était inutile, mais j'ai résolu que je ne leur parlerais plus jamais, et, quand il semblait nécessaire qu'on les interpelle, j'envoyais d'autres le faire.

Ma nervosité avant les cours continuait à s'apparenter à une maladie. Au fil des années, l'idée même d'un discours imminent a été comme un cauchemar. J'ai promis avec enthousiasme d'aller ici ou là, puis j'ai essayé de l'oublier. Le matin où il devait être livré, je me suis réveillé avec un sentiment de panique qui se transformait en une sorte de terreur si je m'y attardais. C'était fatal de manger avant une réunion.

Certaines personnes peuvent faire rire un public tout en transmettant un message. Mais je ne peux pas. Mes auditeurs ont rarement quelque chose de joyeux de ma part. Les conseillers disent souvent : « Allégez votre sujet ». J'ai toujours été mécontent de cela; Je suis la protagoniste des femmes qui n'ont pas de quoi rire.

Heywood Broun a fait remarquer un jour que je n'avais aucun sens de l'humour. J'ai été surpris par lui, mais je pouvais comprendre sa déclaration d'une certaine manière ; il n'avait assisté qu'à quelques réunions en tant que président et j'avais été sérieux jusqu'à l'actualité, présentant délibérément des faits laborieux et des statistiques dramatiques. Je saisissais l'occasion d'atteindre son public car, chaque fois qu'il était profondément ému par quelque chose, il écrivait dans sa chronique une histoire qui, en raison de son ironie efficace et de sa prose douce, impressionnait les autres dans la même mesure.

Je me suis beaucoup amusé, même si cela n'a pu pénétrer que dans le cercle intime des amis. Un jour, après avoir donné ce que je pensais être un discours très actuel et plein d'entrain au Waldorf-Astoria, une chère vieille dame, au moins dans les quatre-vingts ans, s'est dirigée vers moi en chancelant à l'aide d'une canne et, d'une voix tremblante, a chevroté : « J'ai voyagé à travers le pays pour vous entendre parler, Miss Sangster. Ma mère me lisait vos poèmes quand j'étais petite, et je pense que c'est un grand jour pour moi de pouvoir vous serrer la main. Elle m'avait confondu avec la poétesse Margaret E.

Sangster, qui, au milieu du XIXe siècle, contribuait régulièrement à des revues religieuses.

Inévitablement, j'ai été constamment déchiré entre ma contrainte de faire ce travail et le sentiment obsédant que je volais à mes enfants le temps auquel ils avaient droit. En 1913, j'avais la vague idée de pouvoir passer tous mes étés avec eux à Provincetown. Cet espoir visionnaire avait été immédiatement dissipé parce que trop de peintres commençaient à le découvrir et que l'endroit était jonché de chevalets et de blouses. Les pièces de théâtre de Gene O'Neill étaient jouées sur le quai en face de la maison de Mary Heaton Vorse , et elles attiraient beaucoup plus de monde. Je voulais m'éloigner encore plus, tout comme Jack Reed, qui y avait également trouvé refuge. Un agent immobilier l'a emmené à Truro, une ville voisine où les New-Yorkais n'avaient pas encore foulé les pieds, et j'ai été invité à l'accompagner. Nous vîmes une petite maison sur une petite colline, une des plus anciennes du village. En contrebas, la rivière Pamet s'enroulait comme un ruban d'argent jusqu'à l'océan. Un vieux capitaine de marine avait équarri, lissé et ajusté les bois, les avait amenés des Carolines sur un voilier et les avait solidement attachés ensemble avec des chevilles de bois. La cuisine était claire et chaleureuse, et on aurait dit que de nombreux biscuits et tartes y avaient été cuits.

Jack a acheté le chalet, mais il n'a jamais pu y vivre. En tant que correspondant du *Metropolitan Magazine,* il passait de la grève du Colorado Fuel and Iron à la guerre européenne et revenait à New York. En 1917, sachant que moi aussi je l'avais regardé avec des yeux impatients, il m'a demandé si j'aimerais l'acheter ; il partait le lendemain pour la Russie et devait avoir de l'argent liquide. Par un heureux hasard, je venais de recevoir un chèque de mille dollars en paiement de quelques conférences à Chicago. Nous avons échangé chèque et acte. Il partit le lendemain pour la terre promise où Bill Haywood, son ami, était déjà allé et d'où ni l'un ni l'autre ne devait revenir.

Big Bill, qui avait toujours prôné la résistance à la conscription, avait été arrêté et libéré sous caution fournie par Jessie Ashley. Elle y avait renoncé volontiers pour qu'il puisse quitter le pays en toute sécurité. J'avais eu une longue conversation avec lui avant qu'il ne se décide définitivement à partir. La conversation m'a rappelé l'image des fois où lui et moi avions arpenté les sables de Cape Cod et il m'avait donné de si bons conseils pour ne pas compromettre le bonheur des enfants.

Ceux qui s'étaient opposés à Bill pour son conseil « les mains dans la poche » lors de la grève de Paterson étaient les mêmes qui s'opposaient à ce qu'il renonce à sa caution. Depuis le jour où nous avions visité ensemble les réunions de la CGT à Paris, Bill en était venu à voir les vertus de l'opportunisme ; que, plutôt que de croupir en prison où il ne pourrait accomplir aucun but utile, un révolutionnaire devrait, s'il le pouvait, s'exiler. "Celui qui se bat et s'enfuit vivra pour se battre un autre jour." Selon l'idée américaine, c'était de la lâcheté : il fallait rester et être un martyr. Mais pour Bill, il s'agissait simplement d'une vision à courte vue. Il avait conclu que l'ouvrier moyen, lorsqu'il participait à des émeutes et à des combats au corps à corps, était battu avant d'avoir commencé. Il se rendit compte que les travailleurs avaient été divisés par la guerre ; ils ne s'étaient pas unis et s'opposaient à la conscription avec la moindre fermeté. On ne pouvait pas encore compter sur eux comme force, mais il espérait un jour revenir et les réorganiser.

Truro a offert aux enfants trois mois d'insouciance chaque été dans ce qui me semble encore l'un des plus beaux endroits du monde. Pendant plusieurs années, je me suis accroché à ce rêve d'être constamment avec eux, mais ce n'était qu'un rêve. J'avais l'habitude de descendre ouvrir la maison et peut-être d'y passer une semaine environ avant d'être obligé de rentrer en toute hâte, mais mon père et ma sœur Nan étaient de bons parents adoptifs. Cette maison devait finalement brûler, tout comme celle d'Hastings ; le destin semblait décréter que je ne serais pas tenté de retomber dans une vie domestique paisible.

Je n'ai pas non plus eu toutes ces années espérées à regarder les garçons grandir d'une étape à l'autre. J'avais dû analyser la situation, soit les garder à la maison sous la surveillance de domestiques peut-être incompétents, et ne plus avoir que le plaisir de les voir en sécurité au lit, soit sacrifier mes sentiments maternels et les mettre au lit. dans des écoles de campagne dirigées par des maîtres compétents où ils pourraient mener une vie saine et régulière. Ayant pris cette dernière décision, je les ai envoyés assez jeunes et je ne pouvais plus leur rendre visite que les week-ends ou dans les rares occasions où je parlais dans les environs. Si le désir de les voir devenait incontrôlable, je prenais le premier train et recevais le choc de les trouver tout à fait satisfaits de la compagnie qu'ils s'étaient créée ; Après que l'excitation initiale de la salutation fut passée, ils coururent de nouveau à leurs jeux.

Parfois, le mal du pays leur semblait trop lourd à supporter ; C'était particulièrement vrai dans le studio de la Quatorzième Rue. Quand j'arrivais tard dans la nuit, le feu était éteint dans la cheminée, le livre ouvert sur la table, le gant tombé par terre, l'oreiller froissé sur le canapé - tout de même - comme je les avais laissés un jour, un semaine ou un mois avant. Ce premier frisson de solitude était toujours épouvantable. Je voulais, comme un enfant, être comme les autres ; Je voulais pouvoir m'immerger avec gratitude dans la chaleur et l'éclat d'un accueil familial aimant.

L'hiver 1917-1918 fut particulièrement dur ; la neige tombait haut et durait longtemps, et il fallait des encouragements forcés pour garder le moral. Le Dr Mary Halton m'a assuré qu'avec des soucis financiers incessants, un repos insuffisant, des voyages incessants et une alimentation inadéquate, je ne pourrais pas survivre longtemps. C'est pourquoi, lorsqu'un éditeur m'a demandé un livre sur les problèmes du travail, j'ai retiré Grant, dix ans, de l'école et je suis parti pour la Californie, prenant une petite place à Coronado où je me suis assis pendant trois mois pour écrire et pour faire connaissance avec mon fils.

J'ai adoré le soleil. C'était un plaisir d'être dehors, d'avoir la paix et la tranquillité et le loisir d'organiser mes pensées et de les mettre sur papier. Je n'avais aucune inclination pour un livre de travail, mais j'aimais vraiment laisser libre cours à mes sentiments refoulés sur *Woman and the New Race* . C'était bien de classer les raisons et de les mettre en ordre. Mes opinions ont émergé et ce fut une excellente libération.

Je me suis rappelé vivement de la prison un jour où Grant rentrait de l'école qu'il fréquentait, les deux yeux plutôt sales. Je lui ai demandé pourquoi il s'était battu.

"Je ne veux pas te le dire."

"J'aimerais savoir."

"Eh bien, ce garçon a dit à tous les gars que ma mère avait été en prison."

"Qu'est-ce que tu as fait?"

«Je l'ai frappé et il m'a répondu. Il a dit : « Votre mère est une prisonnière », et j'ai répondu : « Elle ne l'est pas ». Puis un autre homme a dit : « Ma mère dit que ta mère aussi est allée en prison. »

Grant avait répondu : « Ce n'était pas ma mère, c'était une autre Margaret Sanger. »

« Comment peux-tu dire ça, Grant ? Vous savez que ce n'était pas vrai.

"Mère," répondit-il profondément, "tu ne pourras jamais faire comprendre à ces gars-là."

<h1 style="text-align:center">Chapitre vingt et un</h1>

<h1 style="text-align:center">AINSI A REVISITER</h1>

L'événement de ma visite à Londres en 1920 fut le début de mon amitié avec HG Wells. Il n'y avait aucune distance ni froideur dans son approche, aucune barrière à briser comme chez la plupart des Anglais ; ses yeux pétillants étaient comme ceux d'un garçon espiègle. J'étais heureux de constater qu'il n'avait ni barbe ni cheveux blancs, car il me semblait que j'avais entendu parler de lui depuis que je commençais à réfléchir.

Wells avait parcouru tous les domaines de la connaissance, avait osé envahir le domaine sacro-saint de l'historien, de l'économiste et du scientifique et, bien qu'étant un profane dans ces domaines, avait utilisé ses dons extraordinaires pour interpréter le passé et le présent et même prophétiser l'avenir. ; roman après roman , il avait choqué l'Angleterre en défendant le droit des femmes à une vie plus libre.

Aux États-Unis, nous commencions tout juste à être affectés par les concepts sociologiques ; seuls Henry George et Edward Bellamy avaient auparavant ouvert ce nouveau monde de l'imagination. Wells donnait maintenant une nouvelle image de ce qui pourrait être si l'homme disposait d'un système de société idéal et réalisable. À la colonie Columbia, il avait été cité à plusieurs reprises. Lors de ma tournée de conférences en 1916, son nom était sur toutes les lèvres et il avait signé la lettre adressée au président Wilson pour protester contre l'acte d'accusation fédéral. Je pensais qu'il avait influencé l'intelligentsia américaine plus que n'importe quel autre homme.

Pour de bonnes raisons, d'innombrables amis fidèles s'étaient attachés à Wells, et il incluait dans sa personnalité variée, complexe et imprévisible une capacité d'aimer loyalement les individus et l'humanité.

Les gens qui n'avaient jamais rencontré Wells ont toujours pensé qu'ils le connaissaient le mieux, en particulier les Londoniens. Je m'arrêtais avec trois jeunes sœurs à Hampstead Gardens, et une grande fureur s'est élevée dès que l'on a su dans la maison que Mme Wells m'avait envoyé une invitation pour ce qui devait être mon premier week-end à Easton Glebe dans l'Essex. Que devais-je porter ? Allais-je prendre le filet bleu ou la mousseline fleurie ? Ils furent très déçus lorsque je ne portais qu'un petit sac dans lequel il n'y avait pas de place pour des robes de soirée moelleuses.

Wells lui-même attendait sur le quai de la gare de Dunmow, et nous sommes allés dans sa petite voiture, appelée la Pumpkin, jusqu'à Easton Glebe, une partie du domaine de Warwick sur lequel il détenait un bail viager. L'ancien presbytère était construit en vieilles pierres couvertes de lierre ; de belles pelouses étaient réparties tout autour. Le thé tôt le matin était servi dans votre chambre, les chaussures éteintes le soir étaient correctement cirées, l'eau chaude était abondante pour votre bain et des pichets supplémentaires étaient apportés avec des serviettes soigneusement enroulées pour rester dans la vapeur.

Au cours des deux jours suivants , je réalisai plus que jamais à quel point HG était sensible à la moindre intonation. Être avec lui signifiait qu'il fallait être sur ses gardes à chaque seconde pour ne pas manquer quelque chose de lui. Il pouvait être amusant, plein d'esprit, sarcastique, brillant, coquette et pourtant profond à la fois, le tout dans sa petite et fine voix, parlant haut dans le palais, comme le font beaucoup d' Anglais , au lieu de rester dans la gorge comme nous le faisons. faire.

Je suis rentré lundi soir vers minuit dans ma chambre à Hampstead, après avoir passé la journée en ville à voir du monde. Mais à peine avais-je fermé la porte que des pas crépitèrent dans le couloir et une main douce tapota. Entrèrent les trois dames, les cheveux tressés, chaudement et modestement enveloppées dans de volumineuses nuisettes en coton blanc, à manches longues et serrées autour du cou. Ils étaient restés bien éveillés pour tout savoir de mon week-end. Je leur ai raconté tout ce dont je me souvenais sur le lieu et sur les invités stimulants, dont un en particulier avec qui j'avais eu une discussion intéressante. Quand j'eus fini, l'aîné se pencha en avant et murmura avec hésitation mais fort : « Est-ce qu'il a essayé de t'embrasser ?

"Quoi? OMS?" Ai-je demandé, en pensant à l'homme que je venais de féliciter.

« Pourquoi… pourquoi… tu ne sais pas ? »

« Tu sais quoi ?

Elle eut l'air un peu gênée par cela, et une autre voix expliqua en s'excusant : « Ma sœur veut dire que Wells a une influence magnétique sur les femmes !

« Était-il fascinant ? les plus jeunes se mirent au catéchisme avec enthousiasme.

Pendant deux bonnes heures, j'ai été bombardé de questions ; HG était le Don Juan du célibat en Angleterre. Qu'il y ait une Mme Wells à laquelle M. Wells tenait profondément ne leur importait pas du tout.

J'aimerais pouvoir rendre justice à Jane, comme on appelait affectueusement Catherine Wells. Cette mère dévouée, parfaite compagne, était une compagne complète, gérant les finances de HG, lisant les épreuves de ses livres, veillant à ce que toutes les éditions soient à jour, ne laissant aucun éditeur en retard dans ses royalties. Elle ne prétendait pas être féministe ; elle était là pour le protéger, remplissant les devoirs d'une épouse anglaise envers son mari et apparaissant avec lui afin qu'ils puissent faire front uni face au monde. La relation entre eux était sur un bon plan.

Même si HG m'avait dit un jour « le soleil se coucherait si quelque chose arrivait à Jane », j'avais l'impression qu'il ne l'avait jamais mise de manière adéquate dans ses livres en tant que femme formidable qu'elle était réellement ; il était trop proche d'elle. Après sa mort, son introduction touchante au *Livre de Catherine Wells* a prouvé qu'il avait réalisé ce qu'elle avait été dans sa vie.

Jane maternait toujours les gens et veillait à leur confort. Plus tard, alors que je me trouvais à Easton Glebe, elle était bouleversée et anxieuse parce que je tenais pour acquis que je devais avoir un sac de glace sur le cou tous les soirs parce que mes glandes tuberculeuses me dérangeaient. Elle a insisté et insisté pour que quelque chose soit fait, jusqu'à ce que finalement mes amygdales soient retirées, la véritable source de mes problèmes. Je devais ce formidable soulagement à l'intérêt de Jane, qui ne me laissait pas continuer à être malade.

L'esprit gai et le don du mimétisme ne se limitaient pas au seul HG. Lors d'une de mes visites , on m'a montré une nouvelle salle de bains et nous avons contemplé solennellement la minuscule baignoire, presque microscopique. Jane était légère et petite, et j'étais sûr que c'était fait pour elle et non pour la silhouette ronde de HG. Elle affirmait cependant qu'il avait été installé pour sa commodité et faisait de drôles de bruits d'aspiration comme si un puits grand et profond était pompé à sec. J'étais hilarant, mais lui, faisant semblant d'être irrité, tout en riant aussi, lui a grogné : « Qu'est-ce que tu essaies de faire ? Faire de mon bain une blague internationale ?

Les petites choses que disait HG, dont beaucoup se moquaient de lui-même, étaient toujours amusantes. Plus encore, les dessins avec lesquels il décorait ses lettres. S'il ne voulait pas aller quelque part, il pourrait peut-être illustrer sa réticence en s'imaginant être entraîné dehors, ou, s'il désirait l'absence plutôt que la présence d'une personne à une réunion, il le représenterait expulsé sans ménagement. Ces caricatures ingénieuses permettaient bien des subtilités que lui-même ne voudrait pas mettre en mots sous sa propre signature.

Jane était inégalée en matière de charades et ne se souciait pas de voir la maison sens dessus dessous lors de la recherche de propriétés. Mais la famille Wells n'était pas obligée de dépendre de passe-temps orthodoxes ; ils inventaient souvent les leurs. HG avait inventé un jeu de balle qui se jouait le dimanche matin dans une grange transformée en une sorte de terrain couvert. Contrairement au tennis, beaucoup pouvaient y participer en même temps et le sport était si épuisant qu'à la fin , ils étaient généralement en sueur. Je n'ai pas joué; les autres novices semblaient se débrouiller assez mal sans moi. Si vous ne vous sentez pas prêt à faire quelque chose d'aussi fatiguant, vous pouvez faire une courte promenade dans le charmant jardin que Jane avait si amoureusement aménagé, ou une longue promenade à travers les bois, au bord des lacs ou au bord des ruisseaux du domaine Warwick, de dont HG avait un usage gratuit. Chaque saison avait ses différents aspects de la beauté.

Les dimanches après-midi et soirées étaient particulièrement joyeux. L'atmosphère à Easton Glebe ne ressemblait à rien d'autre, quelque chose qui n'existe pas ici, où les aînés ont leur pont et leur conversation et les jeunes vont danser ou aller au cinéma. Là, tous les âges se mélangent dans la joie, dans le rire. Les deux fils, Frank et « Gyp », qui étaient alors à Cambridge, pouvaient amener de dix à quinze amis à la maison pour prendre le thé, une grande réception que Jane présidait si gracieusement. Les bonnes sortaient après avoir mis la table pour le dîner et préparé les charcuteries sur le buffet, et la fête se passait alors toute seule, chacun servant tout le monde. Les garçons étaient pleins de diablerie et c'était très bruyant.

Je me demandais souvent comment étaient prévues les arrivées inattendues, mais Jane était une hôtesse remarquable ; Je l'ai connue pour déjeuner à Easton Glebe et donner un brillant dîner à Londres le soir même. Chaque invité était prévu, personne n'était jamais blotti contre un autre, des jeux appropriés étaient produits ou des amis invités qui pourraient être intéressants ou utiles. Lorsqu'ils furent prêts à partir, tous furent mis dans les trains les plus pratiques et rentrèrent en ville avec le moins de problèmes possible.

À partir de 1920, je ne suis jamais allé en Angleterre sans passer une partie de mon temps avec HG, et bon nombre des personnes les plus attirantes que j'ai rencontrées se trouvaient à Easton Glebe. Je suis toujours reparti enrichi de ces contacts et des échanges que nous avons eus ensemble. La conversation était une combinaison de sujets d'actualité, de science, de philosophie et d'histoire. Les Anglais n'avaient peut-être pas la même désinvolture ni la même quantité d'informations dispersées que l'Américain moyen, qui qualifiait généralement ses déclarations par « J'ai lu ça… » ou « Je connais quelqu'un qui… », mais ils parlaient avec humour. leur propre expérience. De plus, ils pouvaient lancer la boule de répartie d'avant en arrière objectivement sans s'irriter ou laisser s'infiltrer dans leur voix cette note personnelle qui impliquait qu'ils avaient maintenant tout réglé.

À Easton Glebe, chacun a eu son tour sous les projecteurs ; ce n'était jamais un monologue, comme aurait pu le faire un homme dans la situation de HG. Aucun sujet ne pouvait être évoqué sans qu'il n'ait son histoire complète et une opinion définitive sur celui-ci, y compris le néo-malthusianisme dans toutes ses implications.

Ces week-ends étaient source d'inspiration et de loisirs. Le devoir sérieux qui m'appelait en Angleterre était celui de donner des conférences. La Ligue néo-malthusienne disposait alors de peu d'intervenants pour s'adresser au public féminin et souhaitait que je teste la réponse à leur propagande.

L'opinion publique anglaise sur le contrôle des naissances avait considérablement changé depuis mon arrivée là-bas en 1915, en grande partie parce que le livre de Marie Stopes avait eu une très large diffusion pendant la période d'après-guerre ; sa voix avait fait exprimer les sentiments de millions de chômeurs. Si les gens savaient désormais ce que signifiait le contrôle des naissances, c'était aussi dû en partie à Harold Cox, l'un des meilleurs orateurs de sa génération, qui avait été le premier à souligner que sa condamnation par les médecins et le clergé anglican ne devrait pas avoir de poids, car le les taux de natalité parmi eux étaient inférieurs à ceux de presque toutes les autres classes. Les exceptions notables qui s'étaient prononcées favorablement étaient Sir James Barr, ancien président de la British Medical Association, le Dr C. Killick Millard, responsable de la santé de Leicester dans le Nord, le doyen Inge de St. Paul's et l'évêque de Birmingham, qui a été président de la Commission nationale anglaise du taux de natalité ; L'Angleterre avait l'habitude de clarifier des sujets nouveaux et controversés par de tels organismes, en convoquant des experts pour témoigner.

Le Dr Alice Vickery m'a arrangé pour donner une série de conférences, la plupart devant des épouses d'ouvriers de la classe moyenne inférieure qui appartenaient à la Women's Co-operative Guild. Dans différents quartiers de Londres , ils se réunissaient, payant leur petite somme, peut-être six pence par mois, pour écouter des orateurs, puis servir du thé et converser amicalement entre eux. Bien que leur incertitude économique les ait résignés à avoir dix ou douze enfants, le fait que la Guilde venait de publier un livre décrivant certains des cas tragiques de ses propres membres et les décès dus à une grossesse excessive a contribué à ouvrir la voie.

De tous les bidonvilles que j'ai visités en tramway, en bus, via le métro, le plus réputé à l'époque était celui des chantiers navals de Rotherhithe. J'y ai organisé une petite clinique de démonstration – en un sens, la première du genre en Angleterre. Les femmes enthousiastes qui venaient, étonnamment ignorantes de toute beauté possible dans le mariage, enviaient quelques membres de la communauté qui, bien que les pères ne recevaient pas de salaires plus élevés que leurs propres maris, n'avaient eu que deux ou trois enfants et pouvaient donc se permettre de subvenir à leurs besoins. envoyez-les à l'école de métiers. Eux-mêmes étaient, sinon en recul, du moins à peine en train de tenir bon, mais ces quelques familles étaient définitivement en train de gravir l'échelle sociale. Et tout cela s'est produit parce que le Dr Vickery et Anne Martin, une de ses amies qui avait travaillé là-bas pendant deux décennies comme assistante sociale, lui avaient donné des informations sur la contraception environ dix ans plus tôt.

Bien que le Dr Vickery ait soulevé à de nombreuses reprises la question du contrôle des naissances avant des rassemblements consacrés à d'autres sujets, il m'appartenait d'en discuter d'abord en tant que question de santé publique. On m'a dit que je pourrais avoir trois minutes pour prendre la parole lors d'une conférence nationale sur la santé maternelle et infantile qui se tiendrait à Brighton. Compte tenu des quatre heures nécessaires au transport, cela peut sembler court, mais j'étais heureux d'en avoir autant. Alors j'y suis allé.

Dans l'espoir de toucher des étudiants universitaires , je me suis rendu à Cambridge. Au milieu des flèches altérées, des salles couvertes de lierre et de la dignité légendaire de la Trinité et des Rois, Noel Porter et son épouse, Bevan, avaient transformé un ancien pub, The Half Moon, en maison, tout en ayant réussi à conserver son ambiance originale d'hospitalité conviviale. La salle des robinets avait autrefois ouvert directement sur Little St. Mary's Lane ; maintenant, le bar avait été enlevé, mais l'ancienne enseigne oscillait toujours d'avant en arrière et les plafonds enfumés et les lambris moisis étaient les mêmes que lorsque les générations précédentes s'y étaient rassemblées autour de chopes de bière.

En face se trouvait un petit cimetière démodé, plus utilisé, et je suis sorti là-bas et j'ai laissé le soleil battre contre mon dos douloureux. C'était amusant de devoir recourir à un cimetière pour plus d'intimité, mais la maison était constamment remplie d'étudiants sans chapeau qui allaient et venaient dans l'immense salle du rez-de-chaussée qui servait de rendez-vous à tous. L'après-midi, ces jeunes au seuil de l'âge adulte venaient discuter des questions qui les embarrassaient ; le soir, ils avaient de petites réunions, à l'une desquelles je parlais.

Guy Aldred , qui était en Écosse, avait planifié mon emploi du temps là-bas, et j'ai vécu trois semaines d'été écossais : des jacinthes si épaisses par endroits que le sol était azur, de longs crépuscules où la bruyère lavande faisait pâlir les collines.

Lorsque j'étais à Glasgow auparavant, je n'avais rencontré que des fonctionnaires, mais cette fois-ci , j'ai rencontré les gens chez eux et je les ai trouvés tout à fait à l'opposé du stéréotype avare et avare de la classe moyenne. Ils étaient hospitaliers, généreux, mentalement alertes, tout aussi spirituels que les Irlandais et à peu près de la même manière, ce qui m'a plutôt surpris.

Dimanche 4 juillet, nous avons eu une réunion à midi sur le Glasgow Green. Près de deux mille ouvriers des chantiers navals, en casquette et en velours côtelé amples, se tenaient côte à côte, écoutant dans un silence total et mort, sans tousser ni murmurer. Ce soir-là, j'ai pris la parole dans une salle sous les auspices socialistes, présidée par Guy Aldred . Un ancien a déclaré qu'il était membre du parti depuis onze ans et qu'il assistait régulièrement aux conférences du dimanche soir, mais qu'il n'avait jamais réussi à convaincre sa femme de venir ; ce soir, il ne pouvait pas la garder à la maison. "Regarder!" s'écria-t-il avec étonnement. « Les femmes ont chassé les hommes de cette salle. Je n'ai jamais vu autant d'épouses de camarades auparavant.

Les hommes étaient là, en partie par curiosité d'entendre l'Américain et en partie par intérêt pour le sujet, prêts à livrer l'antique bataille de Marx contre Malthus. Les efforts des néo-malthusiens anglais pour introduire le contrôle des naissances dans les masses avaient été entravés non seulement par l'opposition des classes supérieures, mais plus particulièrement par l'hostilité persistante des socialistes orthodoxes.

Marx, traitant des problèmes après leur apparition, avait enseigné que toute réforme susceptible d'atténuer le seuil de la pauvreté était mauvaise pour le socialisme car elle rendait les travailleurs moins insatisfaits. Il s'ensuivait que si un homme devait se battre pour subvenir à la faim et aux besoins de dix ou douze enfants, il devenait un meilleur révolutionnaire. « Qu'ils en aient autant qu'ils peuvent », criait-on. D'un autre côté, si le contrôle des naissances était pratiqué par les classes populaires, le salarié qui pourrait subvenir aux besoins de deux enfants et savait ne pas en avoir davantage serait content et ne lutterait pas contre des conditions d'insécurité économique. Il risquait donc d'oublier « la Révolution ».

Sachant que les Écossais prenaient note mentalement des sujets sur lesquels débattre, j'avais essayé de bien me préparer et j'avais produit l'argument sans réponse à cette théorie. « Alors pourquoi exigez-vous des salaires plus élevés, lui ai-je demandé, alors que ce que vous voulez en réalité, c'est la privation ? Si la misère est votre arme , vous ne devriez pas insister sur une journée de huit heures mais sur une journée de douze ou quatorze heures. Vous devriez accumuler vos griefs et les accumuler plus haut. Cependant, malgré tous vos efforts, je crois que votre révolution de la faim, comme elle l'a toujours fait, capitulera devant n'importe quelle force ou gouvernement qui remplira vos estomacs.

Les socialistes, comme les anarchistes et les syndicalistes, étaient habitués à contester le malthusianisme sur des bases économiques, mais, contrairement aux autres, ils avaient pour programme la liberté de la femme. J'ai souligné qu'elle pouvait avoir le genre de liberté qu'ils souhaitaient pour elle ici et maintenant grâce au contrôle des naissances.

Quand j'ai terminé, Guy Aldred a demandé : « Maintenant, y a-t-il des questions ? Après quelques questions quelque peu hors de propos, le silence tomba ; confrontés à leur propre philosophie, ils pouvaient le constater. Un homme se leva finalement : « Nous aimerions entendre ce que le président pense de tout cela. Croit-il que le contrôle des naissances fera ce que prétend la porte-parole ? » Apparemment, ils attendaient leur signal. Mais Guy Aldred n'était pas à laisser tomber. Après lui avoir donné l'occasion de s'exprimer, ils se sont précipités et ont dit ce qu'ils avaient à dire. Même certaines femmes qui n'avaient jamais été debout auparavant se sont levées pour raconter des histoires personnelles dramatiques et vivantes.

Le lendemain, j'étais en route pour une ville non loin de Dunfermline, lieu de naissance d'Andrew Carnegie. Je suis arrivé vers quatre heures dans une tempête battante, sans parapluie ni imperméable. Aucun taxi n'avait jamais franchi la gare ferroviaire, et nous avons péniblement marché sous la pluie jusqu'au chalet de l'un des « amis du travail les plus avancés ». J'étais trempé jusqu'aux genoux. Un appel urgent a été envoyé aux voisins pour obtenir des vêtements secs, mais parmi cette population de cinq mille personnes, pas une seule femme n'avait de jupe supplémentaire à prêter, et ce n'est qu'après de longues recherches qu'une nouvelle paire de chaussures du dimanche est arrivée.

Comme il n'y avait pas d'auberge à des kilomètres à la ronde, j'ai dormi cette nuit-là avec mon hôtesse dans le seul lit que contenait la maison ; le mari s'étendit sur deux chaises dans la cuisine. Puisque Sylvia Pankhurst avait été hébergée de la même manière quelques mois auparavant, je savais que je bénéficiais du meilleur que le village m'offrait.

Les habitants avaient été envoyés des villes industrielles du Lancashire pendant la guerre pour travailler sur des munitions spéciales, et c'est ici qu'ils étaient restés et avaient élu domicile. Presque tous avaient été apprentis aux moulins à l'âge de huit ou neuf ans. Les filles, parce qu'elles étaient destinées au mariage et n'avaient donc pas besoin d'éducation, avaient travaillé dix à douze heures par jour tout au long de leur adolescence et même après leur mariage jusqu'au moment où la grossesse était bien avancée. De ce fait, les jeunes mères, qui n'avaient jamais eu, de l'enfance à la maturité, l'occasion de se reposer et de se débarrasser de la fatigue, avaient apparemment transmis leur lassitude à leurs enfants ; les premiers-nés étaient somnolents, inertes et toujours fatigués. Un médecin m'a dit qu'il était courant que des garçons et des filles de cinq, six et sept ans s'endorment sur leur pupitre d'école et doivent être réveillés.

Quand j'étais arrivé en Angleterre, j'étais allé voir Havelock dans le vieux village pittoresque de Cornwall où il vivait seul depuis la mort d'Edith. Des sentiers sinueux, très fréquentés et bordés de chaque côté par des arbustes et de la verveine, menaient de sa maison à la mer à des centaines de pieds en contrebas. Les vagues se fracassaient continuellement contre les rochers et les rochers, et des milliers de mouettes criaient ou naviguaient majestueusement presque devant mes yeux.

Nous avions alors évoqué l'idée d'aller en Irlande où je pourrais faire une incursion dans ma propre généalogie. À un moment donné, les ancêtres de ma mère étaient les mêmes que ceux d'Edward Fitzgerald et je pensais pouvoir retrouver certains des endroits d'où ils étaient issus. Je n'avais aucune information exacte, juste une tradition de l'enfance. Maintenant, après mon cours épuisant, j'avais besoin de brèves vacances, et Havelock voulait aussi des vacances ; alors nous avons uni nos forces.

Mon objectif premier était contrecarré car après un demi-siècle, personne dans aucun des petits villages ne semblait savoir quoi que ce soit de précis. À Glengariff, ils ont dit : « Bien sûr, et je pensais que c'était à Killarney que votre grand-père était né. » Mais à Killarney, on m'a dit : « Oh, c'est de Cork que ta famille est originaire. Ma grand-mère les connaissait très bien.

Plus difficile à surmonter que le vague discours de ces braves gens fut la rébellion du Sinn Fein, au cœur de laquelle nous nous trouvâmes. La nuit précédant notre arrivée à Cork, il y avait eu un raid et les dirigeants se cachaient. Partout où nous allions, nous pouvions sentir un courant sous-jacent subtil et subreptice – dans les hôtels, dans les restaurants, parmi de petits groupes chuchotants qui se dispersaient à l'approche d'un étranger.

L'Irlande avait une nature d'une grande beauté et j'étais désolé de voir apparaître les débuts d'un industrialisme moderne et laid, notamment à Cork avec l'usine Ford. Les kilts couleur moutarde des hommes m'étonnaient ; Je n'avais jamais su que les Irlandais les portaient, mais ils essayaient de ramener leur robe ancestrale ainsi que la langue gaélique. Leur gentillesse, leur intérêt et la tristesse dans leurs voix m'ont toujours profondément ému. Cependant, ils n'étaient jamais trop tristes pour tourner rapidement une phrase. Un matin, le tramway dans lequel nous roulions s'est arrêté brusquement. Personne ne savait pourquoi ; tout le monde se plaignait. Puis, d'une rue latérale, sont arrivées une poignée de Black and Tans, baïonnette au poing. J'ai demandé à l'Irlandais assis à côté de moi : « Qu'est-ce que cela signifie ?

"Tu devrais le savoir," répondit-il. "Ce sont les Quatorze Pintes de Wilson."

Havelock était un compagnon charmant, pas bavard, mais passionnément intéressé par tout et prenant toujours de nombreuses notes par écrit. Nous avons loué une voiture de promenade à deux roues dans laquelle nous nous sommes assis dos à dos et avons ainsi roulé de Glengariff à Killarney. Parfois, le soleil brillait pendant une demi-heure, mais cette année-là, le temps était humide : les pommes de terre et le foin pourrissaient sur le sol parce que le soleil ne brillait pas assez longtemps pour les sécher.

Nous sommes arrivés à l'auberge, trempés et trempés. Havelock, avec sa peur typiquement anglaise du rhume, s'est couché, mais je suis resté éveillé à discuter avec une jeune femme et trois prêtres itinérants également jeunes – tous des Sinn Feiners . Nous avons bavardé de manière décousue jusqu'à ce que je mentionne que j'avais une lettre à la veuve du héros, Skeffington, qui avait été tué dans les troubles.

La société, supposant que je ne faisais qu'un avec leur cause, est immédiatement devenue très amicale. La jeune fille a commencé à parler d'études supérieures pour son sexe. Je lui ai demandé comment elle pourrait continuer après son mariage et l'inévitable succession de descendants. Les prêtres, à ma grande surprise, se joignirent à mes idées en déplorant les familles trop nombreuses ; certains des fils et des filles les plus âgés ont dû émigrer, et même ceux qui sont restés n'ont pas pu s'occuper convenablement de leurs parents. Il vaudrait mieux pour l'Église catholique ainsi que pour le monde qu'elle puisse aider les gens à n'avoir que peu d'enfants et à les élever décemment. J'avais bon espoir parce qu'ils parlaient du contrôle des naissances comme d'une solution à certains de leurs propres problèmes ; ils disaient exactement ce que je voulais le plus qu'ils disent.

Nous avons passé plusieurs jours heureux à Killarney, à explorer à pied, à cheval et en bateau. Les hommes qui conduisaient la charrette ou nous promenaient à travers les lacs connaissaient toujours les vieux mythes des montagnes et nous racontaient des histoires de lutins et d'autres « petites gens ». Vous avez entendu le mot « diable » plus que tout autre. Ici le diable , nous dit-on, avait laissé son pas, là il s'était enfui. La forme de chaque montagne, la torsion de chaque ruisseau avaient leur histoire.

Partout où nous allions, des femmes, minces et âgées, portant de minuscules châles sur les épaules et des robes à imprimé calicot, sortaient assez des collines, tête nue, pieds nus, le teint comme des roses et les yeux aussi bleus que le ciel. Pourtant, leurs visages étaient affamés et usés. En vieillissant, ils pouvaient courir et couraient plus vite que nos poneys. Lorsque nous les avons stimulés, ils sont arrivés immédiatement, flatteurs, cajolants, prononçant des prières et des « Que Dieu vous bénisse », appelant tous les saints à vous préserver si vous achetiez une goutte de « Mountain Dew », qui était si bonne pour votre santé. Si vous achetiez ce whisky irlandais à l'un d'entre eux, un autre prenait sa place et, sans se décourager, reprenait le flot des discussions commerciales.

Un de nos derniers jours, alors que les spectres du lac obscurcissaient les collines émeraude, nous avons marché jusqu'à Killarney House en briques rouges, où, comme le disait Havelock, la nature ajoutait sa propre beauté sauvage à la beauté créée par l'homme.

L'Irlande entière semblait enveloppée de brume et de tristesse et, aussi belle qu'elle ait été, je ne voulais jamais y retourner.

Chapitre vingt-deux

ENtendez-vous les enfants pleurer ?

Après l'interlude irlandais, j'étais prêt à partir en Allemagne pour réaliser l'objectif le plus important de mon voyage à l'étranger. Il est devenu évident que le progrès dépend de la découverte d'un moyen de contraception bon marché, inoffensif et facile à appliquer. En 1914, Havelock avait vu dans certaines des dernières revues médicales allemandes une publicité pour un contraceptif chimique. Il m'en avait parlé et, depuis lors, j'avais hâte de le retrouver. Dans l'Allemagne d'avant-guerre, chaque produit annoncé devait être à la hauteur des affirmations qui en étaient faites ; le public ne doit pas être induit en erreur. J'étais donc convaincu que si l'avis avait déclaré que c'était pour empêcher la conception, cette affirmation était vraie. Aucune nouvelle n'en était parvenue depuis la guerre, et je voulais savoir si on en fabriquait encore. Peut-être que cette formule serait la solution à notre problème.

J'avais également une raison secondaire pour me rendre en Allemagne : enquêter sur la baisse du taux de natalité. On a dit que la moitié des femmes mariées étaient devenues stériles pendant le blocus, faute de nourriture adéquate. J'étais toujours à la recherche de preuves pour étayer et renforcer nos arguments et, par conséquent, je voulais découvrir ce que l'on avait appris sur la relation entre les vitamines et la fertilité.

Il faisait froid et sombre à Berlin lorsque Rose Witcop et moi, vers onze heures du soir, sommes arrivés à Neuköln , un quartier prolétarien spécial de la ville. Le train était en retard, situation inhabituelle dans une Allemagne efficace, mais c'était la période de sa plus grande désorganisation. Le télégramme qui avait été envoyé à la sœur et au beau-frère de Rose, Milly et Rudolph Rocker, n'avait apparemment pas été remis ; personne ne nous a rencontré. Il n'y avait ni taxis, ni voitures, ni lampes, ni lumières aux fenêtres pour atténuer l'obscurité totale. Un porteur endormi et mécontent nous a fait traverser la rue jusqu'à un hôtel insignifiant. Il frappa à la porte ; une tête est sortie d'une fenêtre au-dessus. "Deux dames veulent passer la nuit." La propriétaire a dit qu'elle ne pouvait rien nous donner à manger, mais que nous pouvions avoir une chambre. Nous avons accepté avec plaisir, avons grimpé sur une échelle jusqu'au même lit, rempli de matelas à plumes au-dessus et au-dessous de nous, et nous sommes installés dans un sommeil réconfortant après un long et fatigant voyage.

Le matin, rafraîchis, nous avons pris le tram jusqu'au petit appartement des Rockers. Rudolph était un syndicaliste, ami de Portet , et avait été interné dans un camp de concentration près de Londres pendant la guerre. Milly et Rudolph avaient souffert de grandes privations après leur retour. Mais, même si la nourriture était très rare, ils étaient plus que prodigues et gentils en la partageant avec nous.

L'Allemagne n'était pas encore un endroit pour les visiteurs occasionnels en 1920. Elle semblait morte, écrasée, brisée. La circulation routière, même dans une métropole de la taille de Berlin, était faible. J'ai particulièrement remarqué le silence sinistre partout ; les gens avaient oublié comment sourire. Ils étaient reconnaissants pour la Révolution, mais elle n'avait pas apporté beaucoup de soulagement et l'hiver à venir était redouté. Au lieu d'exposer de la nourriture ou des vêtements, les vitrines des magasins, rue après rue, étaient décorées uniquement de banderoles en papier coloré.

Tout le monde était avide de légumes frais ; l'argent ne signifiait rien, la nourriture tout. J'ai vu de vieilles paysannes qui revenaient de la campagne avec des sacs de pommes de terre sur le dos. Quinze minutes après les avoir vidés sur des chariots, ils étaient épuisés. Les seuls fruits disponibles étaient des prunes, et c'est ainsi que je me souviens que c'était la fin de l'été à Berlin ; il est curieux de voir comment de tels souvenirs surgissent.

D'ordinaire, je pouvais me passer de manger si j'avais beaucoup d'eau, mais à Berlin, je me suis retrouvé à hanter les épiceries comme un animal affamé, examinant avarement chaque nouvel article. En règle générale, je ne supporte pas le lait en conserve et je ne le donnerai pas aux bébés, mais ici, lorsque j'ai vu une boîte de lait évaporé américain, je me suis retrouvé à la regarder avec des yeux brillants. J'étais dégoûté de moi-même. Rien ne satisfaisait mon appétit sauf les œufs, et ceux-ci, ainsi que le lait, ne pouvaient être achetés que sur ordonnance d'un médecin. La viande était réduite à une demi-livre par semaine et par personne, mais je n'avais pas de carte de rationnement. Une voisine des Rockers m'a procuré du pain et m'a donné ses pommes de terre, alors qu'elle et ses trois charmantes filles n'avaient que du riz comme substitut. J'étais en larmes devant sa générosité.

Depuis des mois, de nombreuses familles ne vivaient que de navets. Ils mangeaient de la soupe de navets, des navets crus, des navets en purée, de la salade de navets, du café de navets, jusqu'à ce que tout leur organisme se révolte physiquement contre la vue des navets. Le contact avec d'autres personnes dans les tramways, les halls, les églises et même les rues était nauséabond ; en quelques minutes, les vapeurs de navet qui s'échappaient de leurs corps étaient si désagréables qu'ils devenaient presque insupportables pour eux-mêmes.

Je suis entré dans une maison de deux pièces, propre mais pleine à craquer de dix enfants, dont cinq nés depuis la guerre, la famine horriblement imprimée sur leurs visages. L'aîné avait douze ans – encore trop jeune pour travailler. Le père, serrurier, n'avait pas de travail. Tous vivaient avec cent marks reçus chaque semaine de l'assurance-chômage du gouvernement. Nous étions maintenant samedi et il ne restait plus une miette ni un morceau pour tenir jusqu'au prochain paiement, lundi. Ils n'avaient pris ni petit-déjeuner, ni dîner, et le père était allé dans les bois à la recherche de champignons pour les maintenir en vie.

Même les hommes qui avaient un emploi ne travaillaient que trois jours par semaine, gagnant en moyenne cent cinquante marks pour une famille, et cinquante marks pour un dollar américain. Il fallait leur donner la meilleure nourriture parce qu'ils gagnaient leur vie. Les femmes étaient les véritables victimes ; ils devaient se passer de ce qu'ils pouvaient rassembler ou subsister de ce qu'ils pouvaient rassembler. Ils allaitaient leurs bébés au-delà de deux ans pour leur fournir du lait, et tout leur temps était consacré à une recherche constante de nourriture pour les plus âgés.

J'ai entendu d'innombrables histoires de mères qui avaient été torturées en voyant leurs enfants mourir lentement de faim – visages pincés devenant plus pâles, yeux plus apathiques, têtes baissées de jour en jour jusqu'à ce qu'enfin elles ne demandent même plus à manger. Vous avez vu une petite chose qui jouait dans la rue courir soudainement vers un arbre ou une clôture et s'y appuyer pendant qu'il toussait et avait une hémorragie. D'autres comme lui mouraient de tuberculose, faute d'œufs, de beurre et de lait : tant de vaches avaient été envoyées en France. Pourtant, ils sont venus vers moi et m'ont proposé de vendre leurs médicaments, pensant qu'en tant qu'étranger, j'avais de l'argent pour les acheter ; eux-mêmes n'en avaient pas pour ce luxe.

Le guerrier à l'ancienne mode qui est entré avec l'épée et a tué ses victimes sur le coup a eu mon respect après avoir été témoin des « conditions de paix » de l'Allemagne.

Les stations alimentaires Quaker n'acceptaient que les enfants malades et les mères enceintes de plus de sept mois ou qui allaitaient des bébés de moins de quatre mois. Le spectacle d'une de ces femmes amenant deux ou trois de ses petits, pas assez malades pour être régulièrement nourris, pour partager sa propre soupe était trop triste et trop accablant à supporter. Les responsables de la distribution voulaient que chaque mère mange elle-même pour le bien de son enfant à naître ou de son nourrisson, et étaient déjà bondés, nourrissant trois ou quatre cents personnes à la fois avec du cacao et des petits pains à base de farine blanche. Mais ils ne pouvaient se résoudre à exclure les petits épouvantails aux grands yeux étoilés, aux pattes en forme de pipeau et aux mains dont la chair était tombée jusqu'à devenir des griffes. Lors d'une de mes visites, la « sœur » les a fait se lever et leur a ensuite demandé : « Où étiez-vous ?

« En Amérique », ont-ils répété en chœur.

"Qu'as-tu à dire?"

« Nous aimons l'Amérique. Nous remercions l'Amérique.

Je n'ai pas compris tout de suite, mais on m'a expliqué qu'ils avaient appelé la station *Amerika* en signe de gratitude.

Pour expliquer le triste état dans lequel ils se trouvaient, les Allemands cherchaient à rejeter la faute soit sur leur propre pays, soit sur une puissance étrangère. Tous semblaient être d'avis que si les États-Unis n'étaient pas entrés en guerre, aucun n'aurait été vainqueur ni vaincu ; cela, disaient-ils, aurait signifié une paix durable. Pourtant, ils éprouvaient peu d'animosité à notre égard. Ce qui existait avait été en grande partie anéanti grâce à l'aide de la Commission Hoover. En outre, ils espéraient toujours que nous pourrions contribuer à desserrer les chaînes du Traité qui les maintenaient impuissants et liés. Quand je leur ai demandé pourquoi ils avaient accepté à Versailles les conditions humiliantes dont ils se plaignaient si amèrement, ils ont répondu qu'on leur avait dit que s'ils ne l'avaient pas fait, de vastes territoires prétendument minés auraient explosé et d'énormes populations auraient été détruites. ont été anéantis.

Le parti militaire accusait les socialistes de les avoir poignardés dans le dos et d'avoir provoqué la défaite grâce à la direction de pacifistes tels que Karl Liebknecht et Rosa Luxemburg, qui l'avaient payé de leur vie ; les socialistes et les ouvriers regrettaient de ne pas s'être unis à la Russie et, combinant leurs propres connaissances scientifiques et techniques avec ses matières premières, avoir conquis le monde et façonné ainsi toute la civilisation selon leurs idéaux.

Les deux classes croyaient sincèrement que la France voulait les détruire complètement. J'ai compris un peu la raison de leur sentiment un jour où un tramway s'arrêta pour laisser descendre des passagers et où une automobile française remplie d'officiers français, au lieu de s'arrêter à la distance prescrite, la traversa de part en part, renversant deux personnes et sans même jamais s'arrêter. s'arrêtant pour voir quels ravages cela avait créés. Les spectateurs regardaient les corps qui attendaient l'ambulance. Ils n'osaient pas serrer les poings, mais chacun pouvait deviner, au ton de leur voix, à leurs expressions de passion et de colère, combien leur ressentiment était amer.

Les femmes ont brisé toutes les réserves de mon émotion. Elles avaient été autrefois les plus avancées d'Europe, politiquement, économiquement et socialement, et, bien qu'elles aient dû travailler plus dur dans les gymnases que les hommes parce qu'on leur demandait de meilleures notes, elles étaient vraiment sur un pied d'égalité. . Mais voici qu'une régression effroyable s'était produite. Les femmes qui travaillaient avaient été contraintes de vivre à côté des animaux inférieurs ; ils étaient devenus des corvées dans les champs à la place des chevaux de trait. J'en ai vu une qui ne devait pas avoir plus de vingt-cinq ans, portant un énorme panier de légumes attaché sur son dos, dont le poids la jetait en avant, de sorte que je m'attendais d'une minute à l'autre à la voir se mettre à quatre pattes.

Une affiche impressionnante et tragique de Käthe Kollwitz était exposée à différents coins. Il montrait une femme avec la tête renversée, les yeux fermés, les bras croisés sur la poitrine et était simplement légendé « En attendant ». Les figures humaines que vous voyiez dans les rues avaient des yeux séchés par la souffrance et approfondis par la faim. Ils n'avaient ni foi, ni espoir, ni philosophie ; ils étaient résignés à l'amour ou à la haine, à la paix ou à la guerre, à une mort vivante ou à une fin soudaine.

Partout en Europe, les gouvernements réclamaient à grands cris une population plus nombreuse ; La France offre des primes aux familles nombreuses. « Nos bébés meurent ; donnez-nous plus de bébés. Parmi les groupes ouvriers européens, seuls les syndicalistes de France avaient reconnu qu'une population excessive était préjudiciable aux classes ouvrières.

Le manque en Allemagne de deux millions de vies sacrifiées pendant la guerre avait été compensé par les milliers de retours d'Alsace-Lorraine, de l'ancienne province de Posen et par les déportés d'Angleterre, de France et d'Italie. Il n'y avait pas assez de positions pour tout le monde. Pourtant, les nationalistes, qui avaient tenté de couvrir la pilule amère des ambitions impérialistes d'une couche de patriotisme, estimaient toujours le monde en termes de grandeur numérique et les femmes comme de simples machines dans la compétition initiale de la production humaine. Même les socialistes allemands, suivant les traces de Marx, se sont vigoureusement opposés au malthusianisme, à tout moment et à contretemps.

Un congrès néo-malthusien s'était tenu à Dresde en 1912, mais le mouvement alors organisé par Maria Stritt avait pratiquement disparu et sa place avait été remplacée par une revendication plus populaire en faveur du droit à l'avortement. Pour une seule année, les statistiques de Berlin indiquaient que sur quarante-quatre mille grossesses connues, vingt-trois mille étaient interrompues par ce moyen, bien que techniquement illégal. Les femmes faisaient maintenant campagne pour un projet de loi devant le Reichstag autorisant les opérations chirurgicales à être effectuées légalement dans les hôpitaux, où les décès pourraient être réduits grâce à des soins sanitaires appropriés. Aucun de ceux avec qui j'ai parlé ne croyait à l'avortement en tant que pratique ; c'était le principe qu'ils défendaient. Ils étaient résolus à ne plus avoir de bébés pour la chair à canon, jusqu'à ce qu'ils puissent les élever correctement.

La plupart des médecins que j'ai interrogés m'ont dit que ce dont l'Allemagne avait besoin, c'était d'enfants et d'un grand nombre d'entre eux. J'ai demandé à l'un d'entre eux si le corps médical, dans son ensemble, faisait quelque chose pour empêcher l'entrée dans le monde de ces enfants dont le dos était si faible qu'ils ne pouvaient jamais se tenir droit, dont les os étaient trop mous pour supporter le poids de leur corps. Il répondit brusquement : « En avortant les mères, nous faisons de notre mieux pour faire face aux conditions telles que nous les rencontrons. Ce n'est pas notre travail de les changer.

J'ai harcelé tout le monde pour savoir où se trouvait la formule contraceptive que je cherchais et on m'a finalement donné le nom d'un gynécologue qui devrait savoir, si quelqu'un le savait, où la trouver. J'ai pris rendez-vous et il m'a accueilli de la manière la plus cordiale. Lorsque je l'ai interrogé sur la stérilité signalée des femmes allemandes, il a souscrit à l'argument selon lequel, la situation étant ce qu'elle était dans le pays, la population devrait être contrôlée pendant les cinq prochaines années. «Voici vraiment un ami», me dis-je.

J'ai ensuite abordé gentiment le sujet de l'avortement. « Cela ne semble-t-il pas un substitut ridicule aux contraceptifs ? »

Le docteur se leva, la poitrine bombée ; il boutonna son manteau, s'inclina formellement et demanda : « D'où as-tu dit que tu venais ?

"La ville de New York."

"Etes-vous sûr de ne pas venir de France ou de Belgique ?"

"Certainement pas."

« Personne qui a à cœur le bien-être de l'Allemagne ne pourrait me parler comme vous l'avez fait ce matin. Seuls des ennemis pourraient venir ici pour donner de telles informations à nos femmes.

J'aurais aimé qu'il s'assoie ; il m'a rendu nerveux. Mais j'ai continué. « Pourquoi est-ce un tel acte d'inimitié que de prôner les contraceptifs plutôt que l'avortement ? Les avortements, comme vous le savez vous-même, peuvent être très dangereux, alors que les contraceptifs fiables sont inoffensifs. Pourquoi vous opposez-vous à eux ?

À ma grande horreur, il a répondu : « Nous ne céderons jamais le contrôle de nos effectifs aux femmes elles-mêmes. Quoi, les laisser contrôler l'avenir de la race humaine ? Avec les avortements, c'est entre nos mains ; nous prenons les décisions, et elles doivent nous parvenir.

Ce n'était pas le ton de ce médecin seul mais aussi celui de la plupart de ses confrères.

Pensant que le Dr Magnus Hirschfeld connaissait peut-être l'existence de la formule, Havelock m'avait remis une lettre que je lui présentais à l'Institut de psychologie sexuelle, où les anomalies étaient étudiées et traitées. Cette demeure des plus extraordinaires, offerte par un prince de Bavière lui-même guéri de l'inversion par le docteur Hirschfeld, était somptueusement meublée. Sur les murs de l'escalier se trouvaient des photos d'homosexuels – des hommes habillés en femmes avec d'énormes chapeaux, des boucles d'oreilles et un maquillage féminin ; aussi des femmes dans des vêtements et des hauts pour hommes. Plus haut, sur les marches, se trouvaient des photographies des mêmes individus après leur retour à la normale, certains d'entre eux grâce à l'adaptation des expériences de Voronoff sur la transplantation de glandes sexuelles. Ce n'était pas un endroit que j'aimais particulièrement, même si j'étais curieux de voir comment était abordé un problème qui avait surgi partout dans la confusion de l'après-guerre.

Le Dr Hirschfeld a été gentil et m'a donné l'adresse d'une entreprise à Dresde qui, selon lui, pourrait fabriquer la formule, alors je suis parti dans cette ville. Ce fut mémorable pour ma rencontre avec Maria Stritt , une petite vieille dame chérie, aussi pittoresque à sa manière que le Dr Vickery à la sienne. Cette petite aristocrate, comme l'une des poupées qui faisaient la renommée de sa ville, avait un bel esprit vigoureux et parlait anglais avec soin et avec un meilleur choix de mots que la plupart des Américains. Encore une fois , j'ai fait le tour des médecins et encore une fois, je n'ai trouvé aucun concerné par le contrôle des naissances ; Je me suis rendu à l'adresse où devait se trouver la formule, pour ensuite être dirigé vers Munich.

Munich, pour moi la plus belle ville d'Allemagne, me semblait la plus prospère de toutes celles que j'avais visitées. J'ai immédiatement remarqué une différence ; les rues étaient plus propres, les gens moins affamés. Il y avait plus de nourriture, plus de vêtements dans les magasins et une activité bien plus grande. Cela avait toujours été dans mon esprit synonyme de musique et *de Liebfraumilch* , et j'étais ravi d'être invité à dîner dans un hôtel dont on me disait qu'il était le plus chic et le plus gay de la ville. « Oh, nous vous envions. Vous aurez de la danse, vous aurez du vin, vous aurez tout. Mais il s'est avéré que c'était une boîte de nuit dans le style new-yorkais le plus flagrant, une table se donnant des coups de coude, les gens – des Allemands, pas des touristes – dansant sur le jazz de l'année dernière, tout le lieu criant aux nouveaux riches . Cela aussi faisait partie de la vie d'après-guerre.

La Gemütlichkeit bavaroise ne pouvait pas être complètement abattue. Le samedi, les tramways étaient littéralement remplis d'hommes et de femmes, jeunes et vieux, qui avaient enfilé leurs vêtements d'escalade, enfilé leur sac à dos et se précipitaient ici vers les stations balnéaires voisines ou sur les collines. Avec eux allaient leurs guitares ou leurs accordéons, et quand le chant commençait, tout le monde connaissait tous les mots – pas de tum-de-tum-de-tum. S'ils n'avaient pas leurs propres instruments, il y avait sûrement un musicien errant à jouer, et les étages de chaque hôtellerie ou *Biergarten en plein air* étaient littéralement remplis de personnages tournoyants et valsants. Tout le monde semblait capable de participer aux danses folkloriques, même si elles me paraissaient compliquées : beaucoup de pas, beaucoup de précision et beaucoup de dignité.

Cependant, la faim et la pauvreté étaient abondantes dans la ville. Les hôpitaux manquaient des articles les plus simples et les plus ordinaires : pas de savon, pas d'huile de foie de morue, pas de draps en caoutchouc, pas assez de linge propre. Même les bébés devaient rester allongés toute la journée dans des couches mouillées, et par conséquent les pauvres petits abandonnés formaient un groupe triste et misérable. Une autre chose tragique qui m'a donné des cauchemars pendant des semaines a été de voir la bouche des enfants couverte de plaies récurrentes, car la seule viande et le lait disponibles provenaient de bovins atteints de la fièvre aphteuse.

Ici à Munich, la « grève des naissances » a été la plus violente. L'ancien médecin-chef des communistes m'a dit que les femmes bavaroises étaient déterminées à ne plus avoir d'enfants ; lui-même avait donné des informations à des milliers de personnes et avait l'intention d'ouvrir des cliniques dans tout l'État si la République communiste restait au pouvoir.

Au printemps précédent seulement, le drapeau rouge communiste flottait depuis trois semaines sur les toits des maisons de Munich. J'ai rencontré des représentants des deux côtés de la scène politique. Les conservateurs des classes moyennes et supérieures affirmaient que les révolutionnaires n'étaient pas capables de gérer les affaires, étant de bons agitateurs mais pas de bons organisateurs – capables de commencer les choses mais ne sachant pas comment les terminer. Ils n'avaient pas abandonné leurs armes ; l'argent avait été mis de côté et les costumes et bottes des paysans étaient prêts à s'enfuir, car l' amertume existante faisait que la lutte n'était probablement pas encore réglée. Les dirigeants communistes, de leur côté, affirmaient qu'ils avaient laissé leurs ennemis fuir, puis qu'ils avaient été trompés et trompés, et qu'ils savaient enfin qu'ils ne pouvaient s'attendre à aucun quartier. Leurs idéaux, leur foi en l'humanité, leur considération leur avaient coûté la vie et la liberté, et ils n'oublieraient pas cette précieuse leçon.

Lors d'une réunion du Parti communiste , j'ai été présenté à Mme Erich Mühsam qui, avec son mari et leur ami Landau, était allée au front et avait distribué des tracts pour rappeler les garçons à la maison. Landau, une âme douce qui croyait tellement en la bonté de l'homme qu'il avait supplié les soldats d'être frères et de ne pas ôter la vie, avait été frappé à coups de pied et matraqué à mort par la Garde blanche, qui avait ensuite marché jusqu'à l' appartement de Mühsam et , ne trouvant personne sur place, l'avait détruit à coups de mitrailleuse. Heureusement pour les Mühsam, ils étaient déjà en prison.

Alors que la Révolution était censée être terminée, Erich Mühsam était toujours emprisonné. Dans tous les pays, lors de tels bouleversements, des milliers de personnes sont jetées en prison et, à moins qu'un autre bouleversement ne survienne pour les en faire sortir, ils y restent ; de nombreux pacifistes aux États-Unis n'ont été libérés que longtemps après l'armistice.

En 1928, j'ai vu Erich Mühsam – un poète en tout point, un organisme artistique et délicat, presque impuissant. En 1935, sous le régime nazi, il fut renvoyé dans un camp de concentration – une gueule de bois inscrite sur la liste noire.

Le récit de ses codétenus ressemblait à ceci : Un après-midi, on lui avait dit de « se présenter au quartier général et d'apporter une corde ».

« Où puis-je trouver une corde ?

"Je ne sais pas. L'obtenir!"

« Ils vont vous tuer », l'a-t-on prévenu alors qu'il partait, toujours sans corde.

"Oh, c'est juste une de leurs blagues, une forme de torture."

"Vous pouvez avoir raison; vous avez à peine élevé la voix.

Mais ce soir-là, ses camarades le découvrirent pendu par le cou à une poutre. Ils ont déclaré qu'il n'aurait jamais pu grimper lui-même et qu'en outre, il avait été battu à mort avant d'y être pendu.

Pourtant, officiellement, il s'était suicidé.

J'ai rencontré en Allemagne probablement une centaine de conservateurs convaincus et un seul Mühsam , et pourtant c'est lui qui s'est fait remarquer de façon spectaculaire.

Mes propres intérêts m'occupaient suffisamment. J'ai finalement découvert que la formule que je cherchais était fabriquée à Friedrichshaven , au bord du lac de Constance. J'entamai une correspondance avec le pharmacien, lui demandant de venir à Munich, et lui joignant des cachets pour m'assurer de sa réponse. Il n'a pas pu faire le voyage mais m'a invité à Friedrichshaven .

Tous les passagers qui descendaient de la gare semblaient avoir quelqu'un pour les accueillir, sauf moi. J'ai remarqué un homme de petite taille avec ce qui semblait être une frange sous son chapeau, devant et derrière, debout sur la plate-forme et tenant un bouquet serré de fleurs sauvages enveloppé dans un journal, un bouquet assorti dans la boutonnière de son manteau, mais aussi loin que possible. comme je pouvais le voir, il ne servait à rien là-bas. Je me rendis dans un hôtel et très peu de temps après, le petit homme lui-même arriva, m'ayant identifié comme étant la dame américaine qu'il était venu saluer. Son bouquet pittoresque était mon accueil à Friedrichshaven .

Le chimiste, avec son père et ses frères, dirigeait une usine sans prétention qui fabriquait, entre autres produits, le contraceptif sous forme de gelée. Il avait été publié avant la guerre, puis abandonné, et maintenant il reprenait et commençait à trouver un marché en Allemagne. Il craignait de me laisser approcher de son établissement, soupçonnant que l'Amérique pourrait lui voler sa formule. Mais il m'en a montré une photo et m'a donné quelques tubes à échantillons, me disant que je pourrais en obtenir d'autres auprès de sa sœur, qui allait lui servir d'agent à New York. Ainsi fut inaugurée une nouvelle phase du mouvement : l'utilisation d'un contraceptif chimique.

J'avais des lettres d'introduction à plusieurs personnes en Russie et j'avais espéré pouvoir y aller, mais j'avais commencé à distribuer mes robes supplémentaires, mes sous-vêtements, mes bas, mes chaussures à Berlin ; mes amis avaient si peu et étaient si généreux que je ne pouvais pas le supporter, et maintenant, face à un hiver rigoureux qui approchait, sans garde-robe et sans perspective d'obtenir une nourriture ou même une nourriture suffisante, je dus abandonner le plan russe.

J'avais parlé clinique, clinique, clinique pendant que j'étais en Angleterre. Ayant moi-même été convaincu, je voulais que les néo-malthusiens croient aussi que c'était une meilleure voie que le conseil par la littérature. Quelques-uns d'entre eux se rassemblaient pour me rencontrer aux Pays-Bas, et c'est là que je me dirigeai vers moi. Dès que le train du nord a franchi la frontière, de la crème et de délicieux fruits ont été apportés ; le contraste entre un côté et l'autre était trop manifestement brutal et horrible. Cela me rendait presque malade de voir autant de délices dans les vitrines des magasins néerlandais alors que les enfants allemands mouraient de faim.

Avec les Drysdale , vint à Amsterdam le Dr Norman Haire , né en Australie, gynécologue installé à Londres, qui sentit l'intérêt du public pour le contrôle des naissances, s'informa en profondeur sur le sujet, écrivit beaucoup à ce sujet et devint un acteur important dans le domaine du contrôle des naissances. mouvement, prônant la contraception depuis son bureau de Harley Street.

Alors que le Dr Haire et moi visitions les cliniques, nous avons découvert que les innombrables magasins où les contraceptifs étaient vendus avaient des cabines d'essayage à l'arrière dirigées par des sages-femmes. Ils n'ont pas maintenu les anciennes normes Rutgers. J'ai été déçu de constater la détérioration qui s'était produite depuis 1915. Pendant la période de réorganisation de l'Europe , la tendance, sous l'influence russe, était que les jeunes travailleurs soient aux commandes, et ils visaient à éliminer le Dr Rutgers et les Néerlandais. Les néo-malthusiens et les cliniques, dédiées aux ouvriers, ont une base strictement utilitaire. Ici comme ailleurs, ils pouvaient s'agiter et se déchirer, mais manquaient de capacités exécutives. Le nouveau conseil d'administration, composé principalement de profanes, n'a pas réalisé que de telles connaissances techniques et une telle expérience étaient nécessaires, car seul un médecin comme le Dr Rutgers en possédait. C'était un homme triste et malheureux, profondément découragé face aux obstacles contre lesquels il devait lutter.

Néanmoins, mes amis anglais étaient convertis à l'idée des cliniques, et Bessie Drysdale et le Dr Haire prévoyaient d'en ouvrir une prochainement à Londres.

Chapitre vingt-trois

AVEC LE TEMPS, NOUS POUVONS SEULEMENT COMMENCER

« Assez, c'est la parole d'un grand Bashaw ;

Vous n'avez pas besoin de vous soucier de la loi.

Il m'a dit qu'ils ne devaient pas parler du tout,

Vous n'avez pas besoin d'un mandat pour dégager une salle.

Il m'a dit de leur dire de remuer leurs moignons ;

Quand « Clubs ! » c'est l'ordre, puis les trèfles sont les atouts.

Que serait-ce d'autre quand je ne suis qu'un flic

Et il est révérend archevêque ? »

ARTHUR GUITERMAN

En confirmant ma condamnation en 1918, le juge Frederick E. Crane de la division d'appel de la Cour suprême de New York avait pour la première fois interprété l'article de la loi de l'État qui permettait à un médecin agréé de donner des conseils en matière de contraception pour « la guérison ou la prévention ». de maladie » ; et, en outre, il avait tiré du *dictionnaire Webster* la définition large de la maladie comme étant toute altération de l'état corporel qui causait ou menaçait de la douleur et de la maladie, étendant ainsi le sens du mot bien au-delà de la portée originale de la syphilis et de la gonorrhée. Mais, jamais satisfaite, j'ai souhaité que les femmes aient recours au contrôle des naissances pour des raisons économiques et sociales.

C'est pourquoi, en janvier 1921, Anne Kennedy et moi sommes allés à Albany pour trouver un sponsor pour un projet de loi visant à modifier la loi de New York. Il ne s'agissait pas seulement de le modifier, mais aussi d'un moyen d'éduquer le public, d'expliquer notre cause par le biais d'une loi. Des mois de préparation ont été nécessaires, des heures passées à parcourir les sols des bâtiments de l'État à Albany, à interroger les personnes les unes après les autres, à obtenir des promesses d'aide, à briser l'hostilité.

Quand les gens disaient que les femmes qui ne voulaient pas d'enfants étaient égoïstes et préféraient les chiens de compagnie, j'ai répondu : « Très bien. Alors il vaut mieux que les enfants ne naissent pas. Ce type de femme devrait disparaître biologiquement, tout comme les différentes espèces qui étaient prises dans la boue et la vase et ne pouvaient pas se reproduire. C'est un principe qui s'applique également aux êtres humains : ils doivent travailler sur leur environnement pour survivre.

Dès que l'on parvenait à faire oublier aux gens ce que le contrôle des naissances n'était pas, ils disaient presque invariablement : « Eh bien, oui, certainement, cela semble raisonnable. » De nombreux législateurs eux-mêmes pensaient que cette mesure pourrait être très bénéfique, mais le parti a porté un coup trop profond.

Le contrôle des naissances a été décrit par Heywood Broun comme de la dynamite du point de vue du politicien. S'il le soutenait, il risquait de perdre des voix ; s'il s'y oppose, il risque de perdre des voix. « Il n'y a rien qu'un homme politique déteste plus que de perdre des voix. Il préférerait de loin que le sujet ne soit jamais abordé.

Un membre de l'Assemblée de Brooklyn a d'abord accepté de présenter notre projet de loi, puis a écrit : « Je regrette beaucoup, mais après avoir consulté certains des dirigeants de l'Assemblée, il m'a été fortement conseillé de ne pas proposer votre projet de loi. On me dit que cela me causerait une blessure que je ne pourrais pas surmonter avant un certain temps. Un autre a refusé en invoquant la « légèreté de ses associés ». Mais quelques années plus tard, nous avons trouvé un jeune et courageux législateur qui a présenté un projet de loi et obtenu des audiences. Même s'il a été vaincu, l'atmosphère s'est clarifiée.

Mme Hepburn, qui avait participé très tôt au mouvement pour le droit de vote et avait été l'un des sponsors de la tournée de Mme Pankhurst aux États-Unis, vivait maintenant à Hartford, dans le Connecticut. Bien que mère de six enfants, dont l'actrice Katherine, elle a conservé son visage et sa silhouette juvéniles, étant presque comme une sœur pour ses enfants, une camarade de jeu et une compagne pour eux au tennis, au golf et à la natation. Les jeunes hommes l'invitaient à dîner avec le même plaisir qu'ils invitaient ses filles.

Elle était étroitement associée à Mme George H. Day, Sr., grand-mère en 1921. Elle venait toujours de Hartford pour chaque réunion du conseil d'administration de la Ligue et, à son tour, sa maison était un lieu de refuge pour les pauvres et les épuisés. amis des causes. Ils pouvaient s'y rendre et être soignés par une équipe de serviteurs et revenir reposés et rajeunis.

Avec le soutien de deux militants aussi chevronnés, nous avons mené nos activités législatives dans le Connecticut, le seul État où « utiliser un contraceptif » était un crime — comme s'il était possible d'avoir un policier dans chaque foyer ! Six ans à peine s'étaient écoulés depuis le début du mouvement ; par conséquent, le fait que nous puissions maintenant être entendus était en soi un triomphe. Néanmoins, nous n'avions pas une tâche facile à accomplir ; il a fallu éliminer tant de formalités administratives. Mais ici, à Hartford, nous avons réussi à trouver un introducteur capable de résister au ridicule. Ensuite, il a fallu l'éduquer, le nourrir de faits – médicaux, sociaux, historiques – pour qu'il puisse défendre son projet de loi.

Un jeune prêtre s'est présenté comme notre principal opposant, fondant ses objections sur les lois de la nature, qui, selon lui, étaient enfreintes par le contrôle des naissances. Heureusement, le comité avait le sens de l'humour. Dans ma réfutation de dix minutes, j'ai pu répondre à l'argument « contre nature » comme Francis Place l'avait fait cent ans plus tôt. J'ai retourné les propres paroles du prêtre contre lui-même en lui demandant pourquoi il devait contrecarrer le décret de la nature sur la déficience visuelle en portant des lunettes, et pourquoi, par-dessus tout, était-il célibataire, scandalisant ainsi l'exigence première de la nature envers l'espèce humaine : propager son espèce. Les rires ont pratiquement mis fin à la thèse « contre nature » pendant un certain temps.

Dans le New Jersey, une autre tentative a été faite. La loi permettait aux médecins de donner des informations pour « une juste cause », mais ils craignaient d'inclure des affections mineures dans cette interprétation. Le projet de loi présenté à Trenton a fait l'objet d'une audience, mais il n'a pas non plus été adopté.

Tout cela était angoissant mais faisait partie de l'expérience que nous avons acquise. Et de plus, chaque fois que nous avions des auditions, le travail local avançait beaucoup plus rapidement. Rien n'a été perdu, même si les labours et les semailles ont coûté cher. Les défaites apparentes étaient des victoires à long terme.

En parcourant les coupures de presse et les publications actuelles, il m'a alors semblé que des gens du monde entier discutaient du contrôle des naissances. Le baron anglais Dawson de Penn avait été médecin de la cour d'Édouard VII et avait conservé ce même poste sous le règne de George V. Mais il avait aussi des intérêts plus larges. L'un des grands événements de l'histoire du mouvement fut son discours au congrès de l'Église à Birmingham en réponse à la doctrine promulguée par les évêques de Lambeth selon laquelle l'union sexuelle ne devrait avoir lieu que dans le but de la procréation :

Imaginez qu'un jeune couple marié et amoureux l'un de l'autre doive occuper la même chambre et s'abstenir pendant deux ans. La chose est absurde. Autant mettre de l'eau à côté d'un homme qui a soif et lui dire de ne pas en boire. Romance et retenue délibérée ne me semblent pas très bien rimer ensemble. Un brin de folie pour commencer ne fait pas de mal. Dieu sait que la vie le calme assez tôt.

Son discours fit une immense sensation dans toute l'Angleterre. Les gros titres et les banderoles annonçaient : « Le médecin du roi demande à l'Église d'approuver le contrôle des naissances. » La déduction était que Sa Majesté l'approuvait, et les Britanniques impassibles étaient tous stupéfaits à l'idée que le palais de Buckingham parlait maintenant du sujet ; on a laissé entendre que la reine Mary n'était pas trop contente.

De ce côté-ci de l'Atlantique, le général de division John J. O'Ryan , qui avait commandé la 27e division de la Garde nationale, donna une conférence sur la surpopulation comme cause de guerre. Frank Vanderlip , ancien secrétaire adjoint au Trésor et plus tard président de la National City Bank, venait de rentrer du Japon, proclamant qu'il fallait contrôler la population car certains pays ne pouvaient plus se nourrir. Il y avait là un militaire d'un côté et un financier de l'autre, sans préparation, sans contrainte, ni même sans invitation, parlant de leurs expériences indépendantes. C'étaient des voix dans la nature, des oasis dans le désert et certainement des monuments historiques encourageants.

Parmi les experts inquiets, le sentiment grandissait que la pression démographique au Japon créerait bientôt une explosion inévitable. En effet, l'un des arguments les plus connus aux États-Unis contre le contrôle des naissances était la « menace du péril jaune », qui désigne spécifiquement le Japon. Quelle folie de réduire notre taux de natalité alors que les Orientaux se multipliaient à une vitesse si effroyable qu'on pourrait bientôt s'attendre à la chute de la civilisation occidentale ! L'Inde et la Chine étaient indistinctement peuplées, mais leurs peuples étaient faibles, inertes et malades ; alors que les Japonais étaient élevés selon les traditions sanitaires allemandes, étaient alphabétisés à quatre-vingt-dix-sept pour cent et étaient techniquement équipés pour le combat.

Naturellement, j'étais désireux d'en apprendre le plus possible sur cette situation et j'étais heureux d'avoir l'occasion de rencontrer les amis nippons de Gertrude Boyle, qui avait épousé un gentleman japonais. Ils apparaissaient toujours par paires ou en groupes de trois, quatre, cinq à la fois, discutant activement entre eux pendant que j'échangeais des opinions avec l'un d'entre eux. Ils m'ont été d'une grande aide en me fournissant des faits inédits ; le parti plus âgé, conservateur, nationaliste et militariste, préconisait un plus grand nombre, mais les jeunes intellectuels libéraux, dont beaucoup avaient fréquenté des universités occidentales, voyaient déjà les nuages s'abaisser à l'horizon et espéraient que la tempête pourrait être évitée grâce à une croissance démographique contrôlée. Atro , journaliste d'un journal japonais de New York, avait fourni à ce dernier groupe, qui à Tokyo s'appelait Kaizo , ce qui signifie reconstruction, des coupures de presse sur le contrôle des naissances, et plusieurs de mes articles avaient été publiés dans leur publication.

Le point de vue des femmes m'a été décrit de manière graphique par la baronne Shidzué Ishimoto, fille du chef du grand clan Hirota et épouse du baron Keikichi Ishimoto, un jeune noble qui avait mis en pratique ses idéaux de service. Cette charmante, jeune et gracieuse matrone, grande pour sa race et tout aussi belle selon nos standards, très élégante dans son costume de rue américain, était venue en 1919 de son propre pays où le suffrage des femmes était encore évoqué avec admiration. Elle avait étudié notre langue dans une école de commerce du YWCA et, en trois mois, avait accompli l'exploit extraordinaire de la maîtriser suffisamment pour parler, écrire et même prendre une dictée en anglais.

Nous sommes rapidement devenus amis et elle a immédiatement entrevu les possibilités du contrôle des naissances pour sortir les femmes japonaises de leur longue répression dans le système familial. Elle dit qu'elle avait l'intention de former une ligue dès son arrivée à Tokyo, et ce, en 1921.

Au cours de cette année, des cliniques furent également ouvertes en Angleterre. Celle de Marie Stopes s'avère populaire, même si l'enseignement, dispensé par une sage-femme, est réservé aux mères ayant déjà eu au moins un enfant. Peu de temps après, le Dr Haire et Bessie Drysdale, avec Harold Cox comme président d'un groupe de laïcs pour financer le travail, créèrent le Walworth Center, qui possédait une grande minutie gynécologique et donna l'exemple que suivirent plus tard les cliniques en Angleterre.

Il était grand temps de créer également des cliniques aux États-Unis. Après la décision Crane, j'avais prévu que les hôpitaux donneraient des conseils en matière de contraception. Mais en 1919, sous la direction du Dr Mary Halton, deux femmes, la première atteinte de tuberculose, l'autre atteinte de syphilis, avaient été emmenées d'un établissement à un autre sur l'île de Manhattan. Tous avaient refusé cette information, même si la plupart étaient d'accord sur le fait que les patientes, si elles étaient enceintes, pouvaient être avortées. Les officiers responsables avaient déclaré qu'ils étaient obligés de protéger leurs chartes, et les médecins du personnel leurs licences et leur réputation.

Tout ce qui dépend de la médecine organisée est difficile à surmonter ; même si des médecins individuels peuvent se séparer, à long terme, la plupart des progrès médicaux se font par une action de groupe.

Les hôpitaux étant à la traîne en la matière, j'ai décidé d'ouvrir ma deuxième clinique. Il s'agissait en fait d'un laboratoire travaillant sur des êtres humains plutôt que sur des souris, en tenant compte de l'environnement, de la personnalité et du passé. J'allais suggérer aux femmes qu'au XXe siècle elles se consacrent à la science comme elles avaient autrefois consacré leur vie à la religion.

En plus des salles habituelles , j'avais prévu d'avoir une crèche où les enfants pourraient s'amuser et être heureux pendant que les mères s'instruisaient. Un personnel bien choisi pourrait nous permettre d'avoir des séances hebdomadaires sur les soins prénatals et l'adaptation conjugale. Les gynécologues devaient orienter les patientes vers les hôpitaux si la grossesse mettait leur vie en danger ; un spécialiste devait conseiller les femmes pour vaincre la stérilité ; un consultant devait s'occuper de l'eugénisme ; et enfin, comme l'anxiété et la peur de la grossesse sont souvent les causes psychologiques d'une mauvaise santé, il fallait ajouter un psychiatre. Je voulais en outre qu'il soit un noyau de recherche sur les méthodes scientifiques de contraception ; À ce moment-là, il était impossible de se procurer des fournitures fabriquées dans le pays et dont l'efficacité avait été testée.

Faute d'un soutien médical organisé, j'ai essayé de voir ce qui pouvait être fait avec les individus, en écrivant à différents médecins pour leur demander s'ils étaient prêts à parrainer une telle entreprise. Plusieurs m'ont demandé quelles méthodes je recommandais, mais le Dr Emmett Holt, alors pédiatre remarquable de New York, dont le livre, *The Care and Feeding of Children* , était la bible de milliers de mères, m'a invité à venir dans son cabinet ; avant de faire une quelconque approbation, il voulait en savoir plus.

J'ai emballé toutes mes fournitures européennes et les ai montrées et expliquées au Dr Holt, qui avait également fait appel à un obstétricien et un neurologue, le Dr Frederick Peterson, pour la discussion. L'attitude habituelle du pédiatre était la suivante : « Notre vie dépend des bébés. Pourquoi devrions-nous préconiser de limiter l'offre ? Plus on est de fous, plus on rit. Si vous réduisez, vous nous privez de notre entretien. Mais le Dr Holt a déclaré : « Un contraceptif totalement fiable serait une aubaine pour nous. Si la famille n'a pas les moyens de payer une infirmière, nous devons compter sur la santé et la force de la mère pour garder son bébé en vie. Si la grossesse peut être retardée de quelques années, non seulement le bébé qui est né, mais aussi le bébé qui vient après, ont beaucoup plus de chances de survivre.

Le Dr Holt nous a prêté son nom, l'un des premiers médecins importants à le faire, donnant ainsi l'exemple que d'autres ont finalement suivi. Cinq ou six médecins, hommes et femmes, ont accepté de soutenir la clinique.

Mais il me fallait plus qu'une approbation verbale. À moins que la clinique ne soit dirigée par un médecin titulaire d'une licence d'exercice à New York, elle ne serait pas là pour rester. Au début de l'automne, j'ai réuni un groupe intéressé pour discuter de la possibilité d'un emplacement dans l'East Side, près de Stuyvesant Square, et le Dr Lydia Allen de Vilbiss , que j'avais rencontrée à la conférence des travailleurs sociaux d'Indianapolis, allait former son propre groupe. comité médical derrière elle et le construire. Sur la base de sa promesse, j'ai signé un bail d'un an pour un petit appartement au 317 East Tenth Street, d'où un dentiste venait de déménager, idéalement situé au rez-de-chaussée dans un quartier densément peuplé.

Les activités législatives et la planification d'une clinique avaient retenu une grande partie de mon attention au cours de l'année, mais le thème central était la détermination à tenir la première conférence nationale sur le contrôle des naissances, du 11 au 13 novembre 1921, à l'hôtel Plaza de New York. J'ai délibérément programmé cette séance pour qu'elle coïncide avec une réunion de l'American Public Health Association, dans l'espoir que si seulement nous parvenions à convaincre ces responsables de la nécessité du contrôle des naissances, ils l'utiliseraient dans leur propre travail.

En plus de l'aspect santé, nous avons prévu de soigner la population et également d'organiser une réunion de médecins sur les méthodes et techniques. Mais la « jeunesse enflammée » s'amusait, et la grande clameur du moment se tournait vers la question morale. Les opposants ont constamment déclaré que l'immoralité parmi les jeunes devait être le fruit inévitable de nos efforts. Cela, je ne le croyais pas. Je savais que ni la moralité ni l'immoralité n'étaient un facteur extérieur au comportement humain ; essentiellement, ces qualités ont grandi et émergé de l'intérieur. Si la jeunesse de l'après-guerre s'éloignait des codes sanctionnés, ce n'était pas plus la faute de ses connaissances en matière de contrôle des naissances que la faute de l'automobile, qui rendait le transport vers les lumières de la ville rapide et facile. L'immoralité qui en résulte ne devrait pas être mise à la porte de MM. Ford ou Chrysler.

Afin d'avoir une audience libre et équitable, nous avons proposé une grande réunion ouverte pour clôturer la Conférence, et avons invité le ministère et le clergé de toutes les confessions, y compris l'archevêque Patrick J. Hayes, qui était le porte-parole de l'Église catholique de New York.

Le mouvement était plus ancien en Angleterre et y avait déjà établi sa dignité. Par conséquent, la présence à la Conférence d'un Anglais aussi remarquable qu'Harold Cox était certaine d'avoir du poids. Pour le persuader de faire le voyage en mer, j'ai navigué vers l'Europe. Quand je suis arrivé à Londres , je l'ai trouvé malade et ses médecins lui ont d'abord refusé l'autorisation de voyager. Dans ces circonstances, c'était très bien de sa part de promettre de venir. JOP Bland a également déclaré qu'il se rendrait sur la Conférence, ne serait-ce que pour lui donner sa bénédiction. C'était un Irlandais du Nord aux cheveux noirs, plein d'esprit et amusant, qui avait beaucoup vécu en Orient et était devenu une autorité en matière d'Extrême-Orient, un internationaliste dans toutes ses pensées. Il faisait partie de ceux qui aidaient toujours à lever la main droite.

Mon but en Angleterre ayant été atteint, je me rendis en Suisse avec un but précis ; J'avais pris l'habitude, lorsque j'étais infirmière, lorsque j'attendais la nuit pour donner des médicaments ou un traitement à un patient, d'occuper mon temps à écrire les expériences et les pensées qui me venaient. La même habitude a continué. Après les cours, alors que j'étais encore brûlant d'excitation, j'ai souvent soulagé la tension en écrivant les réponses aux questions que je craignais de ne pas avoir suffisamment couvertes. Avant de m'en rendre compte, j'avais rassemblé du matériel pour un livre, et même quelques chapitres en brouillon. Il fallait les rassembler et les peaufiner et je suis allé me coucher à Montreux pendant un mois pour ce faire. J'avais considéré *la Femme et la Nouvelle Race* comme mon livre de cœur ; ceci, *Le pivot de la civilisation* , devait être mon livre principal. Je l'ai ramené avec moi aux États-Unis et Wells, qui faisait un reportage sur la Conférence sur le désarmement de Washington pour le New York *World* , a rédigé une introduction.

Pour que notre Conférence soit un succès, elle devait se dérouler sous les auspices d'une organisation. J'en avais toujours eu peur. Je connaissais leurs faiblesses et l'effet étouffant qu'elles pouvaient avoir. Ils semblaient lourds et pesants, rigides, sans vie et sans âme, souvent pris dans leur propre mécanisme pour devenir du bois mort, allant ainsi à l'encontre des objectifs mêmes pour lesquels ils avaient été initialement créés. Même les femmes qui étaient capables et intelligentes de systématiser de tels corps me terrifiaient avec leur esprit répétitif, leur tactique du poids et mesure ; ils semblaient si sûrs, si positifs que j'avais l'impression d'être sur le chemin d'un tracteur géant qui détruisait sans pitié sur son passage.

Malgré cette crainte , j'avais réfléchi à la nécessité d'une organisation pour régler les détails. Même s'il pouvait être limitant et inhibant pour l' individu, il présentait d'autres avantages de force et de solidité qui lui permettraient de fonctionner lorsque l'individu serait parti. J'ai donc envoyé un questionnaire aux dirigeants des milieux sociaux et professionnels, leur demandant si le moment n'était pas venu de créer une telle association nationale ; les réponses ont confirmé à la quasi-unanimité cette décision.

La veille de l'ouverture de la Conférence, quelques amis se sont réunis pour lancer la Ligue américaine de contrôle des naissances. Ses objectifs étaient de construire l'opinion publique afin que les femmes exigent des instructions des médecins, de rassembler les découvertes des scientifiques, de supprimer les lois fédérales gênantes, d'envoyer des travailleurs de terrain dans les États où les lois n'empêchent pas les cliniques, de coopérer avec organismes similaires dans l'étude des problèmes de population, d'approvisionnement alimentaire et de paix mondiale. Après le dîner, donné au domicile de Mme George F. Rublee , nous avons discuté des plans spécifiques pour l'année et avons mis en branle les mécanismes nécessaires à l'incorporation de la Ligue.

Juliet Barrett Rublee avait été l'une des pionnières, membre du premier Comité des Cent, et tout au long des années, elle n'a jamais hésité à mes côtés. Aucun idéaliste plus inspiré n'a jamais été initié à un mouvement. L'imagination de cette pittoresque et romantique épouse d'un avocat conservateur avait été tellement enflammée qu'elle y consacrait tout son dévouement, sa loyauté et son esprit partisan. D'autres avaient rallié leurs amis personnels autour de l'idée, mais l'influence de Juliette a attiré les associés de son mari : les Cravath , les Morrow, les Lamont , les Dodge et les Blisses.

Les soirées de Juliette étaient toujours gaies et intéressantes, avec une atmosphère que personne d'autre ne pouvait créer. Sa petite salle à manger attrayante était aussi colorée qu'elle-même – la seule femme que j'ai jamais connue qui osait porter du vert vif, du rouge, du jaune, tous ensemble. Pour les déjeuners, les thés et les dîners au nom de la cause, elle a pratiquement retourné sa maison de Turtle Bay Gardens.

Un bon nombre de personnes ont assisté à l'ouverture de notre Conférence, qui, à juste titre, a coïncidé avec celle de la grande conférence sur le désarmement à Washington. La réunion médicale, où l'on discutait de la technique contraceptive, était si bondée que les retardataires ne pouvaient pas s'y faufiler. Les médecins qui trouvèrent place, chacun apparemment surpris d'y voir ses confrères, s'attendaient à ce que nous ayons des méthodes cent pour cent saines ; ils ont semblé déçus parce que nous n'avions pas de magie dans nos manches et leur ont dit franchement que non. Le mieux que nous puissions faire était de montrer quels dispositifs étaient utilisés, y compris ceux des Pays-Bas et la préparation que j'avais trouvée à Friedrichshaven , en avertissant que leur efficacité n'avait pas été testée.

Après deux jours complets, il ne restait plus que la réunion de masse du dimanche soir sur le thème « Le contrôle des naissances, est-ce moral ? » Pour cela, nous avions choisi l'hôtel de ville de la 43e rue Ouest, un nouveau club conçu comme un forum pour l'éducation des adultes ; l'auditorium était souvent utilisé pour discuter de questions d'intérêt civique. Harold Cox devait prononcer le premier discours et je devais le suivre.

Toujours, lorsque je dois parler, j'essaie de visualiser la salle et le public afin de me frayer un chemin dans le sujet. Lorsque je n'y parviens pas, je me retrouve invariablement face à des portes bloquées. Tout au long de la journée de dimanche, j'ai essayé de me « brancher » sur l'événement qui approchait, mais je n'y suis pas parvenu. Je me souvenais sans cesse d'un rêve que j'avais fait la nuit précédente dans lequel je portais un petit bébé dans mes bras en haut d'une colline très raide et j'arrivais assez brusquement à une pente qui devenait un flanc de montagne de roche et de schiste glissant ; Je n'avais rien à saisir pour m'empêcher de glisser. Le bébé pleurait continuellement et je voulais le réconforter, mais je n'osais pas utiliser ma main droite car elle était tenue comme une tige d'équilibre qui nous empêchait tous les deux de tomber. Ce misérable rêve m'a rendu somnolent toute la journée. Mon cerveau semblait engourdi. Je ne pouvais tout simplement pas penser à ce que j'allais dire.

Anne Kennedy s'était rendue à l'hôtel de ville vers sept heures. Harold Cox et moi avions dîné chez Juliet mais je ne pouvais pas manger ; Ni la nourriture ni la conversation ne m'intéressaient. J'avais encore un vide absolu devant moi. Juliette me félicitait de ce que bientôt, une fois la Conférence terminée, je pourrais me reposer. D'ordinaire, quand j'approche de la fin d'un travail particulier , je commence à me sentir libéré, mais cette fois je n'ai pas pu la rassurer ; J'étais nerveux, anxieux et inquiet.

Notre taxi s'engagea dans la 43ème rue Ouest et se faufila prudemment à travers une foule grouillante. "Cieux!" J'ai dit . "C'est *un* débordement avec vengeance."

Nous descendîmes de cheval et nous frayâmes un chemin jusqu'aux portes de l'Hôtel de Ville. Ils étaient fermés et deux policiers nous ont barré le passage lorsque M. Cox et moi avons tenté d'entrer. "Ce monsieur est l'un des orateurs et j'en suis un autre", dis-je. "Pourquoi ne pouvons-nous pas entrer?"

«Il n'y a pas il n'y aura pas de réunion. C'est tout ce que je peux dire."

Je n'avais pas la moindre idée de ce qui se passait. Un journaliste qui se trouvait à proximité a suggéré : « Pourquoi ne pas appeler le commissaire de police Enright et voir quel est le problème ?

Juliet et moi nous sommes précipités de l'autre côté de la rue vers une cabine et elle a téléphoné au quartier général de la police. Personne ne pouvait dire où se trouvait le commissaire. À leur connaissance, aucun ordre interdisant la réunion n'avait été émis.

Ensuite, j'ai appelé le maire Hylan . Pendant que j'attendais la correspondance, j'ai gardé les yeux fixés sur l'entrée de la mairie et j'ai vu que les policiers ouvraient prudemment les portes pour laisser sortir des gouttes de monde. S'ils pouvaient sortir , je pourrais entrer, alors j'ai abandonné le téléphone et je me suis frayé un chemin à travers la foule jusqu'à atteindre les portes, me glissant sous les bras des policiers avant qu'ils ne puissent m'arrêter. De dignes agents de santé venus de tout le pays, des avocats et des juges accompagnés de leurs familles et de leurs invités se tenaient là, maugréant, vagues, réticents à partir, se demandant quoi faire.

J'ai assez rapidement remonté l'allée mais je me suis arrêté devant la rampe ; ils étaient à la hauteur de ma tête et un autre uniforme bleu obstruait les marches menant à la scène. Soudain, Lothrop Stoddard, l'auteur, grand et fort, m'a saisi et m'a littéralement jeté sur la plate-forme. Un messager saisissait sans but des fleurs qui devaient être présentées après mon discours. Stoddard les a saisis vivement, me les a tendus et a crié : « Voici Mme Sanger !

"Ne pars pas!" J'ai appelé le public. "Nous allons tenir la réunion."

Une grande bousculade commença pour regagner les sièges. La salle était en ébullition ; les portes d'entrée avaient été bousculées et ceux qui se trouvaient dans la rue se pressaient pour constater que leur place avait disparu. Les loges et les galeries furent bientôt remplies, la scène était bondée, des centaines de personnes se pressaient à l'arrière. J'ai crié : « Sortez des allées ! » Je savais que la réunion pouvait être légalement fermée si elle était bloquée, et je ne voulais pas que la réglementation incendie soit utilisée comme prétexte.

Je n'avais toujours aucune idée de ce qui s'était passé plus tôt lorsque j'ai commencé ma conférence, mais je n'avais prononcé que dix ou douze mots lorsque deux policiers sont apparus à côté de moi et m'ont dit : « Vous ne pouvez pas parler ici. Un tonnerre d'applaudissements éclata comme s'il s'agissait du seul soulagement pour les esprits colériques, indignés et rebelles.

"Pourquoi je ne peux pas?"

J'ai recommencé mais ma voix n'était pas entendue. J'ai alors suggéré à Harold Cox : « Peut-être qu'ils vous laisseront parler. Essayez-le. Ce gentleman aux cheveux blancs et aux joues roses se dirigea vers le bord de la plate-forme avec une dignité de conduite aussi éloignée de l'immoralité qu'on pouvait l'imaginer. « Mesdames et messieurs », commença-t-il, « je viens d'outre-Atlantique… » mais c'était tout ce qu'il parvint avant d'être reconduit à son siège par un policier.

Alors Mary Winsor, une ardente suffragette, surgit, mais ils l'arrêtèrent aussi. Dès que l'un d'eux était abattu, un autre sautait sur ses pieds. Je ne connaissais pas les noms de certains volontaires, qui n'ont même pas eu le droit de terminer leur « Mesdames et Messieurs ».

Pendant ce temps, Anne Kennedy me racontait du mieux qu'elle pouvait ce qui s'était passé avant mon arrivée. Alors que la maison était à moitié remplie, un homme s'est approché de l'estrade et a demandé : « Qui commande ?

«Je le suis», avait répondu Anne.

"Cette réunion doit être close."

"Pourquoi?"

« Un sujet indécent et immoral doit être discuté. Cela ne peut pas être tenu.

« De quelle autorité ? Êtes-vous de la police ?

"Non, je suis Monseigneur Dineen, le secrétaire de l'archevêque Hayes."

« De quel droit s'en mêle-t-il ?

"Il a le droit." Ici, il s'est tourné vers un policier. "Capitaine, parlez."

"Qui es-tu?" avait demandé Anne.

« Je suis le capitaine Donohue de ce district. La réunion doit être interrompue.

Anne, capable et calme, avait répondu : « Très bien, nous allons écrire cela et je le lirai au public. «Moi, le capitaine Thomas Donohue, du vingt-sixième arrondissement, sur ordre de Monseigneur Joseph P. Dineen, secrétaire de l'archevêque Patrick J. Hayes, j'ai ordonné la clôture de cette réunion.»

Les auditeurs étaient restés pétrifiés pendant qu'elle leur lisait cet étrange aveu. Pas de sifflements ni de huées donc. Ils venaient de s'asseoir. C'était une chose de voir la salle fermée par un capitaine de police erroné ou malavisé ; une chose très différente que de le confier à un haut dignitaire de la hiérarchie catholique romaine.

Monseigneur Dineen était maintenant posté au fond de la salle et Anne me l'a montré, de taille moyenne, en tenue simple, dirigeant calmement la police par un signe de tête désinvolte ou un murmure à un homme qui faisait office de passeur entre lui et le capitaine sur la plate-forme.

La confusion et le tumulte ont continué pendant au moins une heure. Les journalistes griffonnaient des histoires ; ceux qui ne pouvaient pas entrer créaient du tumulte au dehors ; les réserves avaient été convoquées. C'était le chaos. Miss Winsor essaya de parler deux ou trois fois ; Moi, au moins dix. Mais je savais que je devais continuer jusqu'à mon arrestation pour que la liberté d'expression devienne un enjeu. Se laisser renvoyer chez soi sur ordre de la police, c'était accepter le point de vue de la police sur ce qui était moral. En outre, vous étiez tenu, par le principe de la chose, de la porter devant le tribunal pour une décision judiciaire ; si la chaire et la presse vous ont été refusées, vous devez les porter au quai.

Le capitaine Donohue ne cessait de me répéter : « S'il vous plaît, quittez cette scène avant de semer le désordre. » La police commença alors à pousser le public vers une demi-douzaine de sorties, et finalement Miss Winsor et moi fûmes arrêtés ; Robert McC . Marsh, le gendre de Mme Delafield, a proposé de nous servir de conseil.

Juliette a dit à un policier : « Pourquoi ne m'arrêtez-vous pas aussi ?

"Eh bien, tu peux venir si tu veux", a-t-il accepté. Nous avons donc marché ensemble jusqu'à Broadway jusqu'à la gare de la 47e rue Ouest, entourés de policiers. La foule, toujours en train de se moquer des réservistes qui essayaient vainement de dégager le passage, s'est alignée et a marché derrière nous. Un wagon de patrouille nous a ensuite emmenés au tribunal de nuit où nous avons été traduits en justice devant le magistrat McQuade. Quelqu'un avait téléphoné à JJ et il est revenu plus tard, mais M. Marsh s'était déjà occupé des formalités nécessaires. Nous avons été libérés sous notre propre engagement, pour comparaître au tribunal le lendemain matin.

Il était déjà minuit passé, mais nous retournâmes tous à l'appartement de Juliette. Harold Cox a été choqué non seulement par la brutalité de la police, mais aussi par l'inertie du public, qui n'avait fait que faire du bruit. « Si cela s'était passé à Londres, ils n'auraient jamais pu arrêter la réunion ! Nous aurions défendu nos droits, utilisé chaque chaise, chaque porte et fenêtre pour barricader l'endroit, même si nous aurions pu être battus à la fin.

Anne Kennedy avait amené les journalistes et ils nous attendaient. Ils voulaient raconter une histoire de bêtise policière et n'en restèrent pas là, incapables de la croire lorsqu'elle leur disait que c'était l' archevêque qui était responsable. Un journaliste *du Times* a appelé la « Power House », comme on appelait familièrement la cathédrale Saint-Patrick, a contacté Dineen lui-même et a demandé une vérification. « Oui, dit Monseigneur, nous avons clos la réunion. »

C'est là que nous avons décidé d'en organiser un deuxième le plus tôt possible au même endroit.

Il était déjà cinq heures quand je tombai enfin dans mon lit. Je me suis endormi, mais ce n'était que pour me retrouver portant toujours ce même bébé sur la montagne escarpée et glissante, me balançant avec la main levée. Le ciel était sombre, le chemin non balisé. Avec lassitude, je suis tombé dessus.

Chapitre vingt-quatre

Les lois étaient comme des toiles d'araignées

" *Et j'ai entendu de grands arguments,*

À propos de cela et à propos de ; mais toujours

Je suis sorti par la même porte où je suis allé. »

EDWARD FITZGERALD

Immédiatement à neuf heures du matin après la misérable affaire de la mairie, Miss Winsor et moi avons comparu devant le magistrat Joseph E. Corrigan et l'affaire a été classée en cinq minutes. Ni Monseigneur Dineen ni le Capitaine Donohue n'étaient présents au tribunal. C'était là une chose ridicule : l'Église catholique détenait un tel pouvoir entre ses mains qu'elle pouvait donner des ordres à la police, dissoudre un rassemblement important d'hommes et de femmes adultes et intelligents et les renvoyer chez eux comme s'ils étaient de vilains enfants – et alors ne pas se sentent appelés à rendre des comptes.

Les journaux exprimèrent la plus grande indignation. Même les plus conservateurs se sont retrouvés dans la situation difficile de défendre les partisans du contrôle des naissances ou d'approuver une violation du principe de liberté d'expression, qui « doit toujours trouver des défenseurs si l'on veut que la démocratie survive ». Il fallait s'attendre à ce que le *monde* s'élève, mais le *Times* titra que l'archevêque Hayes avait clôturé la réunion, et la *Tribune* fut stimulée par l'indignation de Mme Ogden Reid, qui était présente à la réunion municipale. Salle.

Apparemment, l'Église ne s'attendait pas à donner la moindre explication. Puis, face à une batterie de journalistes, Monseigneur Dineen a fait une déclaration :

L' archevêque avait reçu une invitation de Mme Margaret Sanger à assister à la réunion et j'y suis allé en tant que son représentant. L' Archevêque est enchanté et satisfait de l'action de la police, tout comme moi, parce que... Je pense que chacun admettra qu'une réunion de ce genre n'est pas un lieu pour des enfants en pleine croissance... La présence de ces quatre enfants à C'était au moins une raison pour l'intervention de la police.

Il n'avait pas amélioré sa position. Les moqueries ont redoublé lorsqu'on a appris que les quatre « enfants » étaient des étudiants de la classe de sociologie du professeur Raymond Moley à l'Université de Columbia ; Monseigneur Dineen n'avait pas vu au-delà de leurs cheveux coupés.

Seule une petite partie du public était au courant de notre modeste petite conférence ; encore moins étaient au courant de la réunion proposée à l'hôtel de ville. Maintenant, la publicité était énorme. De nombreux catholiques eux-mêmes ont condamné les tactiques de l'Église, et l'archevêque Hayes a dû se défendre :

En tant que citoyen et homme d'Église, profondément préoccupé par le bien-être moral de notre ville, j'estime qu'il est de mon devoir public de protester... dans l'intérêt de milliers de... mères en détresse, alarmées par l'audace du partisans du contrôle des naissances en amenant dans une réunion ouverte, libre et sans restriction une discussion sur un sujet que la simple prudence et la décence, sinon l'esprit de la loi, devraient garder dans les murs d'une clinique... La loi a été promulguée sous le pouvoir policier du Parlement au profit de la moralité et de la santé de la communauté... La loi de Dieu et de l'homme, la science, la politique publique, l'expérience humaine, condamnent toutes le contrôle des naissances tel que prêché par quelques individus irresponsables. .

Chez certains peuples, le septième enfant est traditionnellement considéré comme le plus favorisé par la nature. Benjamin Franklin était le quinzième enfant, John Wesley le dix-huitième, Ignatius Loyola le huitième, Catherine de Sienne, l'une des plus grandes intellectuelles de tous les temps, la vingt-quatrième. Il a été suggéré que l'une des raisons du manque de génie de nos jours est que nous ne parvenons pas à répondre aux besoins des familles.

Cette déclaration est apparue de manière synchrone avec notre deuxième réunion. L'hôtel de ville était réservé depuis plusieurs semaines ; par conséquent, nous avions engagé le grand Park Theatre de Columbus Circle. Il était plein à craquer quinze minutes après l'ouverture d'une seule porte. Le Dr Karl Reiland de l'église St. George était une nouvelle recrue sur la plateforme ; autrement, notre programme était le même qu'auparavant, et une discussion équilibrée et posée s'est déroulée sans acrimonie ni excitation. Mais à l'extérieur, deux mille personnes réclamaient à grands cris d'entrer, escaladant même les escaliers de secours. Des orateurs haranguaient depuis des tribunes, des hommes se frappaient à coups de poing, des pères paulistes vendaient des tracts contre le contrôle des naissances.

Dans ma lettre ouverte de réponse à Mgr Hayes, j'ai dit :

Je suis d'accord avec l' archevêque qu'une clinique est l'endroit approprié pour donner des informations sur le contrôle des naissances... Je tiens cependant à souligner le fait qu'il y a deux aspects au sujet à l'étude : les informations pratiques, distinctes des informations pratiques. discussion théorique. Cette dernière peut, à juste titre, être discutée sur la scène publique et dans la presse, comme l' archevêque lui-même a profité de l'occasion pour le faire.

Et puis, citant l'Écriture :

Si l'archevêque se souvient de son histoire biblique, il constatera que certains des personnages les plus remarquables étaient les premiers enfants, et souvent aussi les enfants uniques. Par exemple, Isaac était un enfant unique, né après de longues années de préparation. Les seuls enfants d'Isaac étaient des jumeaux : Jacob, le père de tout Israël, et Ésaü. Samuel, qui jugea Israël pendant quarante ans, était fils unique. Jean-Baptiste était enfant unique et ses parents étaient bien avancés en âge lorsqu'il est né.

L'archevêque Hayes a prononcé son dernier pronunciamento dans sa pastorale de Noël :

Les enfants descendent du ciel parce que Dieu le veut. Lui seul a le droit de retarder leur venue, tandis qu'Il bénit à volonté certaines maisons avec beaucoup, d'autres avec peu ou pas du tout. Même si certains petits anges dans la chair, à cause d'une difformité morale, mentale ou physique, Les parents peuvent apparaître aux yeux humains hideux, difformes, une tache sur la société civilisée, nous ne devons pas perdre de vue cette pensée chrétienne selon laquelle sous et à l'intérieur d'une telle malformation visible vit une âme immortelle qui doit être sauvée et glorifiée pour toute l'éternité parmi les bienheureux du Ciel. .

Abominable est le péché commis contre l'acte créateur de Dieu qui, par le contrat de mariage, invite l'homme et la femme à coopérer avec lui à la propagation de la famille humaine. Prendre la vie après sa création est un crime horrible ; mais empêcher la vie humaine que le Créateur est sur le point de donner naissance est satanique. Dans le premier cas, le corps est tué, tandis que l'âme continue de vivre ; dans ce dernier, non seulement un corps, mais une âme immortelle se voit refuser l'existence dans le temps et dans l'éternité. Il est resté jusqu'à nos jours de voir préconiser sans vergogne la légalisation d'une chose aussi diabolique.

Une doctrine monstrueuse et odieuse à tout instinct civilisé, selon laquelle des enfants, difformes, déformés, hideux à l'œil, mentalement ou constitutionnellement incapables de vivre, devraient continuer à naître dans l'espoir que le Ciel puisse être rempli !

L'opinion générale était que la controverse nous donnait une publicité gratuite, et elle l'a fait, colonne après colonne, mais à mon avis, elle était de type négatif. Les vérités falsifiées et les motivations contestées ont dû être débattues, corrigées et argumentées, ce qui a pris du temps pour un travail constructif. La presse voulait entretenir l'enthousiasme et fabriquer des nouvelles, mais pas moi. En fait, le brouhaha était généralement fait pour moi ; les maladresses de l'opposition ont souvent sauvé ma voix.

La correspondance par voie de presse a été abandonnée, mais entre-temps l'American Civil Liberties Union, sous l'impulsion d'Albert de Silver, auprès duquel nous avions auparavant demandé conseil et qui nous avait aidé à collecter des fonds, m'avait exhorté à intenter une action pour arrestation abusive. Je savais que ce serait une tâche infructueuse, mais j'ai consenti à la demande d'enquête. On disait que le commissaire Enright était hors de la ville, mais l'inspecteur en chef Lahey, agissant à sa place, devait déterminer si des accusations devaient être portées contre le capitaine Donohue pour avoir empêché la réunion.

Le 2 décembre, dans une petite salle fermée à la presse, M. Lahey s'est assis au bout d'une longue table. A sa droite se trouvait une chaise à laquelle j'étais appelé. À sa gauche, en face de moi, se trouvait un homme costaud avec une grosse tête de bouledogue, vêtu d'un manteau d'alpaga noir. Il fixa ses yeux droit sur les miens comme s'il avait l'intention de m'hypnotiser et d'influencer par la terreur ce que je devais dire. Ses traits étaient si figés, son expression si immobile que je sentais de l'animosité. J'ai refusé de lui rendre son regard, mais j'ai plutôt fait face à l'inspecteur.

L'interrogatoire, provoqué par ce sinistre individu, qui se penchait de temps en temps pour murmurer à l'oreille de M. Lahey, contenait une méchanceté amère. Néanmoins, j'ai répondu à chaque question aussi complètement et honnêtement que possible. Je n'avais rien à cacher et je croyais toujours que mon interlocuteur ne pourrait prendre aucune décision s'il n'entendait pas la vérité dans son intégralité. J'étais tout à fait d'accord pour le dire.

Mais jamais, au cours des audiences, ni les examinateurs ni la police n'ont pu être tenus au point. Ils ne cherchaient pas véritablement à savoir qui avait donné les ordres et pourquoi, mais tentaient de justifier les procédures illégales ; et ils se laissaient toujours aller à des propos vagues et sans rapport avec le sujet, comme essayer d'embarrasser des témoins dignes et âgés en leur demandant : « Que faites-vous avec le contrôle des naissances ?

L'enquête s'est principalement concentrée sur le raid dans la clinique de Brownsville. J'ai nié catégoriquement que certains contraceptifs destinés uniquement aux hommes aient jamais existé ; ils étaient d'un type que je ne recommandais pas et avaient été amenés par la police elle-même.

"Voulez-vous dire, Mme Sanger," poursuivit M. Lahey, "que cette déclaration du policier telle qu'elle est consignée dans les archives était fausse?"

"Je fais."

M. Lahey a levé le doigt officiel vers un préposé. La porte de l'antichambre s'est ouverte et Mme Whitehurst, qui avait dirigé le raid, s'est retrouvée face à nous de façon dramatique.

« Dites-vous que si elle, lui fit-il signe, a fait la déclaration mentionnée dans le casier judiciaire, elle a menti ? »

"Elle l'a fait", affirmai-je. C'était la première fois de ma vie que je traitais quelqu'un de menteur. J'avais l'impression d'être descendu dans les classes inférieures de la décence commune, mais la police est habituée à de tels propos et j'ai dû faire face aux circonstances.

Mme Whitehurst a été immédiatement renvoyée. Moi aussi, je fus congédié et Juliette prit ma place. Elle avait appris de son mari et d'autres avocats comment les témoins pouvaient se protéger, et rejetait volontiers ses réponses, répétant de temps en temps : « Je ne sais pas » et, fréquemment, « Je ne m'en souviens pas ». Le monsieur en blouse noire qui avait espéré la faire trébucher mais n'aboutissait à rien, s'est exaspéré et a dit brutalement à M. Lahey : « Oh, arrêtez ça ! Demandez-lui si elle a lu la loi.

Juliet a admis qu'elle avait lu l'article 1142, mais, interrogée davantage, a répondu qu'elle ne se souvenait pas quand, elle ne l'avait pas lu en ma présence, elle aurait pu ou non en avoir parlé avec moi.

M. Lahey se leva et quitta la pièce. Alors l'Inconnu a crié à un jeune Irlandais qui était occupé à prendre des notes : « Arrêtez cette femme ! »

Nous n'aurions pas pu être plus étonnés si un coup de foudre avait frappé les lieux. Pendant quelques secondes, qui parurent plus longues, tout le monde fut paralysé. Finalement, M. Marsh a demandé : « Pour quels motifs Mme Rublee a-t-elle été arrêtée ?

"Elle a violé l'article 1142."

"Elle a dit qu'elle avait lu la loi. Est-ce un crime ?"

Pas de réponse.

M. Marsh a alors demandé : « Sous l'autorité de qui Mme Rublee a-t- elle été arrêtée ?

Un silence de mort. Aucune réponse pendant que l'Inconnu et le sténographe marmonnaient ensemble. Finalement, lorsque M. Marsh a répété la question, ce dernier a répondu : « Oui. Je l'arrête de ma propre autorité. Patrouilleur Thomas J. Murphy.

M. Marsh a dit à l'Inconnu : « Il est de coutume que les frères de loi se donnent leur nom. Le mien est Robert Marsh, avocat en exercice. Puis-je ne pas savoir à qui je parle ?

"Je ne suis qu'un spectateur."

"Eh bien, M. Bystander, ne demanderez-vous pas au policier d'être plus explicite dans sa déclaration des faits?"

"Écoutez, Marsh, je vous dis que le policier arrête ce témoin de sa propre initiative."

Lui aussi quitta la pièce.

Juliet, M. Marsh et moi sommes montés dans sa voiture et le jeune sténographe-patrouilleur Murphy, visiblement mal à l'aise, s'est assis à côté du chauffeur. Au tribunal d'Elizabeth Street, le magistrat Peter A. Hatting nous a souri joyeusement derrière son bureau : « Eh bien, où est le prisonnier ?

Murphy fit un faible geste en direction de Juliet et dit dans un murmure que nous pouvions entendre : « C'est une affaire de contrôle des naissances. »

"Oh je vois. Eh bien, que vendait-elle ? Où sont les articles ?

Murphy n'a pu en produire aucun.

"Eh bien, où sont les preuves ?"

Murphy eut l'air encore plus embarrassé, marmonnant qu'il n'en avait pas.

"Eh bien, le tribunal est ajourné de toute façon, et nous devrons attendre jusqu'à cet après-midi."

Je tournais le dos à Murphy, très en colère contre lui, mais Juliet lui a demandé de déjeuner avec nous. « Il ne voulait pas m'arrêter, n'est-ce pas, M. Murphy ? Et M. Murphy secoua résolument la tête.

Pendant que nous mangions, il expliqua que notre inconnu était l'avocat adjoint de la société, Martin W. Dolphin, ayant des bureaux au sein du département de police, qu'il était lui-même le secrétaire particulier de M. Dolphin, qu'il avait été amené à l'enquête simplement pour prendre une dictée, qu'il n'était dans la police que depuis dix mois, qu'il n'avait jamais arrêté personne auparavant et que lorsque M. Dolphin avait demandé d'arrêter Mme Rublee , il avait protesté : « Eh bien, je ne peux pas l'arrêter. Je ne l'ai pas vue faire quoi que ce soit pour lequel elle soit arrêtée ! »

« Je suis terriblement désolé, poursuivit-il en s'adressant à Juliette, mais j'ai dû obéir aux ordres. Si je ne le faisais pas, je serais dans un terrible désastre. Bon sang, pourquoi n'ont-ils pas demandé à quelques-uns des vieux gars de le faire ?

Lorsque nous sommes retournés au tribunal, le procureur adjoint Wilson a déclaré au magistrat Hatting : « Votre Honneur, je n'ai aucune preuve dans cette affaire. La police n'a rien fourni au bureau du procureur. Si je n'ai pas suffisamment de preuves avant trois heures trente, je rejetterai l'affaire.

Puis nous avons attendu. Finalement, le « procès-verbal et la déclaration » attendus sont arrivés. Murphy jura qu'ils étaient vrais, au grand dégoût de

Juliet. Sa foi dans la nature humaine avait été trahie ; elle ne voyait pas pourquoi il préférait conserver son emploi plutôt que son estime de soi. Le magistrat Hatting semblait soucieux de mettre tout le monde à l'aise – Juliette, les catholiques, la police et le public – et de donner l'impression que personne n'était vraiment à blâmer.

Depuis que l'épouse d'un éminent avocat était impliquée, les hauts placés de New York avaient l'obligation de protéger les leurs. La publicité avait été excellente auparavant ; maintenant, il était multiplié par dix. Une lettre a été adressée au maire Hylan :

L'action du département de police (...) constitue une violation si délibérée du droit à la liberté d'expression qu'elle inquiète gravement les citoyens de New York, qui ont le droit de savoir pourquoi de tels attentats ont eu lieu, quels sont les motifs et les influences. derrière eux, et s'il existe une conspiration au sein du département de police pour refuser le droit à la liberté d'expression et l'égale protection de la loi aux citoyens de New York. C'est évidemment un sujet de préoccupation des plus graves.

Nous demandons donc qu'une enquête immédiate et complète soit suivie, si les preuves le justifient, de mesures disciplinaires à l'encontre des fonctionnaires reconnus coupables, de manière à décourager des infractions similaires à l'avenir.

Cette demande a été signée par Henry Morgenthau, Sr., Herbert L. Satterlee, Paul D. Cravath , Lewis L. Delafield, Charles C. Burlingham , Samuel H. Ordway, Pierre Jay, Paul M. Warburg, Charles Strauss, Montgomery Hare.

En conséquence, le maire Hylan a délégué David F. Hirshfield , commissaire aux comptes, pour superviser une enquête sur l'enquête précédente. La première séance a été détournée vers une discussion sur les mérites du contrôle des naissances. Le commissaire a été facétieux et, lorsque M. Marsh l'a poursuivi pour avoir interrompu les témoins et s'être éloigné du sujet, il a finalement déclaré qu'il avait été insulté et a refusé de continuer tant que M. Marsh nous représentait.

Lors des trois audiences suivantes, Emory R. Buckner a pris en charge nos intérêts. Dolphin, bien qu'invoqué, ne s'est présenté à aucun d'entre eux. Le capitaine Donohue a témoigné que le lieutenant Joseph Courtney avait reçu l'information par téléphone et la lui avait transmise. A sa connaissance, c'était l'opérateur téléphonique qui avait donné l'ordre de clôturer la réunion. Mais il l'aurait fait, dit-il, de toute façon.

« Quelle loi Mme Sanger a-t-elle violée ? » a demandé M. Buckner.

« Elle était désordonnée. Je lui ai demandé à plusieurs reprises de quitter la plateforme et elle m'a défié et m'a dit qu'elle ne le ferait pas. Elle a provoqué une véritable agitation et les gens criaient et criaient, une agitation générale.

« Vous pensez que c'était un crime pour elle de commencer à parler après qu'un capitaine de police lui ait dit de ne pas le faire ? »

"Oui."

"Mlle Winsor a-t-elle également été arrêtée parce qu'elle avait tenté de parler après qu'on lui ait dit de se taire ?"

"Elle a dit qu'elle connaissait une femme qui avait neuf enfants et le public a commencé à crier et à essayer de faire sortir les policiers de la scène."

Même le commissaire commençait à s'irriter des bêtises de Donohue. Il a dit à M. Buckner : « Vous n'êtes pas obligé de faire comparaître des témoins pour démontrer les renseignements et le manque de vision ou de prévoyance du capitaine . Je pense que vous et moi serons d'accord sur ce point. Et puis il se tourna vers Donohue. « Maintenant, Capitaine, pourriez-vous me dire la raison pour laquelle vous avez agi dans la salle comme vous l'avez fait pour empêcher cette réunion ? Vous voyez, je ne sais pas si vous me comprenez ou non. Vous, policiers, vous ne comprenez généralement pas le langage ordinaire. Je veux savoir ce que vous aviez en tête ; pourquoi as-tu agi ainsi, c'est tout.

"Parce que j'avais reçu l'ordre de le faire." Mais il ne voulait pas admettre qu'ils venaient de plus loin que le lieutenant de bureau.

L'agent Murphy a ensuite été mis à la barre et le commissaire lui a donné l'occasion d'expliquer ce qui l'avait poussé à procéder à l'arrestation. «Je pensais de cette façon. Si ce serait un crime d'organiser une telle réunion ou de tenir une telle réunion dans la ville de New York conformément à la loi pénale, si Mme Rublee était l'assistante de Mme Sanger ou de quelqu'un d'autre dans la conduite d'une telle réunion, et qu'il Si des circulaires concernant la prévention de la conception ont été distribuées, Mme Rublee était tout aussi responsable de la distribution de ces circulaires que n'importe qui d'autre.

"Les circulaires indiquaient qu'il y aurait une réunion publique de masse à l'hôtel de ville sur le contrôle des naissances", a déclaré M. Buckner sans tarder. "Est-ce un crime?"

Le commissaire l'interrompit. "M. Buckner, vous ne vous attendez pas à ce que ce jeune homme s'intéresse à cela. Il est trop jeune pour connaître le contrôle des naissances. Les vieux, les chauves, sont les seuls à s'y intéresser.

Et tard dans l'après-midi, il a déclaré : « Je suis trop occupé et j'ai trop de travail, donc nous n'aurons pas de résumé. »

Lors de la séance finale, le lieutenant Courtney a décliné toute responsabilité, affirmant que le seul ordre donné au capitaine Donohue était d'emmener un certain nombre de policiers à la réunion et de veiller à ce que la loi ne soit pas violée ; par la suite, le capitaine avait agi sous sa propre responsabilité.

En ce qui me concerne, la scène finale de la farce s'est déroulée devant le juge âgé et ferme John W. Goff, l'un des arbitres officiels de la Cour suprême qui devait entendre les accusations devant l'Association du Barreau de New York quant à savoir si Dolphin devrait être radié du barreau. Il fut de nouveau convoqué en vain jusqu'à ce que le juge Goff dise avec colère : « À moins qu'il ne vienne dans l'heure, je le citerai à comparaître. » Et enfin, toujours dans son manteau d'alpaga, il apparut. J'étais à la barre presque tout un après-midi pendant lequel l'avocat représentant Dolphin m'attaquait personnellement au lieu de s'enquérir de l'arrestation de Juliet.

« Connaissez-vous Carlo Tresca ?

"Oui."

« Connaissez-vous Alexander Berkman ?

"Oui."

Je pouvais maintenant voir ce qui allait arriver ; les radicaux étaient toujours considérés comme des fouets et, au lieu d'accusations spécifiques, toute connaissance avec eux était présentée comme incriminante.

"Connaissez-vous Emma Goldman?" Ici, la voix de l'avocat s'est élevée avec indignation, et il a regardé le juge Goff comme pour dire : « Voilà.

"Oui", répétai-je, "mais je connais aussi Mme Andrew Carnegie et M. John D. Rockefeller, Jr. Mes relations sociales se font avec des personnes aux idées et opinions différentes."

La tentative suivante était une sorte de troisième degré subtil, visant à me confondre et à laisser entendre que j'étais un témoin inexact. « À quelle heure précise êtes-vous entré dans la pièce où Mme Rublee a été arrêtée ? Quelle était sa taille ? Quelle longueur, quelle largeur, quelle hauteur, combien de fenêtres y avait-il ? Qui a été appelé en premier ? Où étais-tu assis ? À quelle distance se trouvait l'inspecteur Lahey de votre chaise ? Étiez-vous deuxième, troisième ou quatrième du côté droit ou du côté gauche ? Quelle était la largeur de la table, quelle était sa longueur ? Où était située la porte par rapport à la table ?

D'habitude , je n'aurais pas pu me souvenir d'un détail aussi insignifiant et inutile. Mais cet après-midi-là, j'ai eu une seconde vue. Je pouvais visualiser la pièce ; mon esprit semblait y être projeté de manière à ce que chaque détail ressorte avec la plus grande clarté. Ce fut pour moi une excellente leçon ; par la suite, j'ai observé avec beaucoup plus d'attention.

Après des heures de contre-interrogatoire, j'étais physiquement épuisé, comme si j'avais été projeté d'avant en arrière, battu et frappé de la plante des pieds jusqu'au sommet de la tête. J'ai presque regardé mes bras pour voir s'ils étaient noirs et bleus, ils me faisaient tellement mal.

Tout cela était inutile. La police n'a pas été réprimandée, Donohue a été promu lorsque les choses se sont calmées et Dolphin, bien que le juge Goff ait recommandé des poursuites et que la Cour d'appel ait déclaré que sa conduite était « arbitraire et illégale », n'a pas été radié du barreau parce qu'il n'avait pas agi de manière officielle. capacité lorsqu'il avait ordonné l'arrestation. Malgré les désagréments, l'humiliation des salles fermées, les alliances rompues, rien ne s'est exactement passé.

Chapitre vingt-cinq

DES ÉTOILES ALIENNES LÈVENT

Durant l' été 1921, j'avais signé un contrat avec le groupe Kaizo , qui avait organisé au Japon une série de conférences données par quatre conférenciers : Albert Einstein devait expliquer la relativité, Bertrand Russell les conséquences de la paix de Versailles, HG Wells sa version de la relativité. accord international, et je devais discuter du contrôle de la population, en donnant en mars et avril huit à dix conférences de cinq heures chacune. Je pensais innocemment que la clause de cinq heures n'était qu'une simple erreur de la part du traducteur, mais j'avais confiance dans le bon sens de la nature humaine et je m'attendais à ce que l'erreur soit corrigée à mon arrivée.

Janvier et février furent des mois d'activité fébrile. J'ai parlé ville après ville – Boston, Baltimore, Philadelphie et ailleurs – en me précipitant vers New York pour assister aux audiences de l'hôtel de ville et aux déjeuners et dîners d'adieu. La prolongation de l'épisode de l'Hôtel de Ville était totalement imprévue. Si les réservations n'avaient pas déjà été faites nécessitant mon départ en février, j'aurais dû reporter le voyage. Mais je l'avais promis, et les dates de cours étaient des obligations contraignantes.

Stuart était à l'Institut Peddie où était allé mon frère Bob, capitaine de son équipe de football, se préparant pour l'université et passant un moment bien rempli et riche. Grant était là aussi mais il avait à peine treize ans ; Je ne pouvais pas supporter de mettre le vaste Pacifique entre nous. Le directeur m'a prévenu qu'il commençait seulement à s'adapter à l'école et à ses études et qu'il prendrait au moins un an de retard si je l'emmenais avec moi. J'ai accepté de reconsidérer ma décision, mais j'ai bien peur d'avoir pris ma décision à l'avance. Avec peu de cérémonie et à peine assez de chemises propres, je l'ai emmitouflé, laissant derrière moi les turbulences de New York.

Puisque Grant devait voyager avec mon passeport, j'ai dû le faire renouveler et j'ai télégraphié à Washington pour qu'il soit envoyé sur la côte ouest où les détails d'un visa pourraient également être réglés. A San Francisco, il attendait. Avec le petit livre et Grant en remorque, je me suis présenté au consul japonais. Au lieu de le tamponner comme une simple formalité habituelle, il l'examina attentivement puis, s'excusant abondamment, regretta beaucoup que le gouvernement impérial japonais ne puisse me donner de visa.

Voilà un état des choses. Je lui ai demandé s'il pouvait en connaître les raisons précises. Était-ce parce que je ne pouvais pas y aller en tant que personne, ou mon sujet était-il tabou ? Le lendemain, après un télégramme à Tokyo et de nombreuses salutations polies, il m'a informé que c'était les deux. Avec plus ou moins d'amusement et d'indignation, les journaux publièrent le fait que les Japonais étaient en train de renverser la situation face aux États-Unis ; par notre loi d'exclusion, nous avions laissé entendre qu'ils étaient des citoyens indésirables, et maintenant c'était un Américain qui leur était indésirable.

La compagnie maritime ne me vendrait pas de billets pour le *Taiyo Maru* sans visa. Deux jours avant son départ, un Japonais qui s'était rendu aux États-Unis pour la Conférence de Washington lui avait remis une lettre d'introduction. Il déplore l'action de son gouvernement et souhaite lui apporter son aide. « Le *Taiyo Maru* se rend à Shanghai. Pourquoi n'obtenez-vous pas un visa chinois ?

J'ai toujours choisi d'aller de l'avant et il y avait toujours une chance qu'une voie s'ouvre. Cent cinquante Japonais ayant assisté à la conférence, délégués, professeurs, médecins, membres du corps diplomatique, secrétaires, revenaient par ce même navire. Une fois à bord, je pouvais les rencontrer de manière simple et informelle, et j'étais sûr de pouvoir les convaincre que je n'étais pas dangereux. Le consul chinois nous accorde un visa sans poser de questions, nos billets sont délivrés, nous naviguons sur le *Taiyo Maru* .

Je n'avais jamais voyagé sur un paquebot japonais. La ségrégation entre Blancs et Orientaux m'a horrifié. C'étaient là les aristocrates d'un peuple par nature intelligent, bien élevé, bien vêtu, enclin à l'amitié, prenant Grant sous leur aile et nous apprenant à tous deux, au milieu de grands rires, à manger avec des baguettes. Ils avaient fait de vaillants efforts pour s'adapter à l'occidentalisme ; ils avaient modifié leur tenue vestimentaire et leur façon de manger – substituant des manteaux, des cols, des chaussures à des kimonos amples et des pantoufles en feutre doux, des fourchettes et des couteaux à des baguettes ; ils s'asseyaient sur des chaises au lieu de s'agenouiller confortablement sur le sol. Pourtant, mes compatriotes se tenaient à l'écart. Jamais je n'ai vu les deux groupes en conversation ; ils ne participaient qu'au sport.

La nuit, les membres de l'équipage luttaient au clair de lune, et je regardais leur pont, m'émerveillant des poignées, des prises, de la robustesse des jambes, de la force du dos et des bras, de la rapidité de l'action, des cris primitifs et gutturaux des armes. les arbitres. D'autres membres de l'équipage trépignaient du pied et, pour porter chance, jetaient des pincées de sel à leurs champions respectifs.

Deux jours plus tard, les Japonais m'ont demandé de leur parler. J'obéis volontiers et la salle à manger fut fermée à cet effet. L'amiral Baron Kato, qui deviendra plus tard Premier ministre et qui dirigeait la délégation, m'a ensuite parlé. Il avait la culture, la courtoisie, la retenue et la suavité d'un vrai gentleman, plutôt que l' attitude du seigneur de guerre que son titre semblait impliquer.

Tout aussi génial était Masanao Hanihara , alors vice-ministre des Affaires étrangères et destiné à devenir ambassadeur aux États-Unis. Il connaissait les mœurs et les manières américaines, ou les manières, si vous préférez les appeler ainsi ; il était compréhensif et peut-être l'un des Japonais les plus courants que j'ai rencontrés grâce à la facilité de son anglais. Il m'a dit que son peuple n'accepterait probablement pas l' idée du contrôle des naissances en tant que philosophie sociale, même s'il était obligé d'accepter les aspects économiques et que tous les jeunes seraient intéressés en tant qu'individus.

Ce n'est que plus tard que j'appris combien mon contact avec ces deux messieurs avait été heureux. Ils avaient séparément télégraphié à leur gouvernement pour demander que je sois autorisé à donner des conférences au Japon.

À Honolulu, j'ai eu un court après-midi pour me rassembler autant. Avec des colliers autour du cou, j'ai été emmené déjeuner dans une maison magique à Waikiki, puis à une grande réunion. Ce qui m'a le plus surpris et satisfait, c'est l'absence totale de préjugés raciaux. J'ai regardé des visages, principalement américains, mais avec une pincée libérale de Chinois et de Japonais dans leurs costumes indigènes et d'Hawaïens dans les couleurs vives de Mother Hubbards . Honolulu était le seul endroit que j'avais trouvé où l'internationalisme existait, classe par classe.

Deux correspondants japonais ont suivi ma trace en zigzag, cahiers à la main, crayons travaillant furieusement. Ils ont même inséré des questions alors que j'étais entraîné vers le bateau où, essoufflés et presque hébétés, nous avons été à nouveau décorés de guirlandes. Ils avaient un scoop et allaient transmettre leurs impressions favorables à leurs journaux japonais.

Leurs efforts avaient certainement produit une réaction favorable à bord du navire. Des individus et des délégations japonaises venaient dans ma cabine à toute heure – matin, après-midi ou soir – « pour être informés ». Même s'ils ne frappaient pas, cela n'était pas considéré comme une atteinte à l'intimité, à condition qu'ils s'inclinent profondément en entrant ; en entrant et en sortant, ils s'inclinaient et s'inclinaient encore et encore. Ils semblaient en savoir plus sur mes affaires et mes enfants que moi-même, mentionnant des choses que j'avais complètement oubliées, me rappelant même mes pensées inexprimées d'autrefois.

L'expérience passée m'avait appris que lorsqu'un écran despotique et arbitraire était interposé entre le contrôle des naissances et le peuple, le désir de connaissance était incommensurablement accru. Cela était particulièrement vrai au Japon, où la récente renaissance avait éveillé l'esprit du public. À l'annonce de mon refus d'atterrir, les autorités ont été soumises à de franches critiques.

Un petit garçon au visage rond m'appelait chaque matin, murmurant quelque chose d'une voix si douce et mélodieuse qu'elle me rendormait presque. Avec le café, qui avait tendance à me réveiller, il annonça : « Madame Sanger, entrez peut-être. Oui, le gouvernement japonais l'a laissée entrer. Dans dix minutes , il reviendrait avec le renversement de cette nouvelle. Il connaissait le contenu des radiogrammes qui faisaient crépiter les antennes avant même qu'ils ne me soient livrés. L'un d'eux disait : « Des milliers de disciples vous souhaitent la bienvenue. » Un autre : « Possibilité d'atterrir à Yokohama ; discours impossible. » Grâce au quotidien du navire, j'appris d'abord que je pouvais donner des conférences, mais pas publiquement ; et puis, un jour plus tard, après une dérision continue de la part de la presse – d'accord, je pourrais parler publiquement si je le souhaitais, mais sans aucune condition sur le contrôle des naissances. Le dernier mot que j'ai reçu a été que je pouvais atterrir mais ne parler qu'en privé. Des Ishimotos est venu le message : « Prévoyez que vous resterez avec nous. »

Le 10 mars, il faisait tellement ruisselant et brumeux que lorsque nous avons atteint la baie de Tokyo , je ne pouvais pas voir le Japon. L'arrivée du *Taiyo Maru,* transportant autant de passagers distingués que les délégués à la conférence, ne pouvait que susciter une activité inhabituelle. Une véritable flottille est venue à la rencontre du navire : vedettes de la police et des agents de santé, transporteurs de courrier et d'expédition de presse. Deux fonctionnaires sont montés à bord pour m'interroger et nous nous sommes retirés tous les trois dans ma cabine, où nos bagages avaient été, espérons-le, faits. J'ai montré mon passeport, expliqué le but de ma visite, expliqué comment j'avais connu les Ishimotos et M. Yamanoto du groupe Kaizo . L'inspecteur et l'interprète souriaient aimablement en posant leurs questions, se terminant par la question polie : « Qui paie vos dépenses ? L'implication était que je pourrais être un agent secret envoyé par le gouvernement des États-Unis pour réduire la population du Japon et préparer le terrain à une invasion américaine. C'était particulièrement amusant, puisque je faisais partie des personnes totalement désapprouvées par mon gouvernement .

À la fin du long catéchisme, il a été convenu que l'interdiction serait levée si, pour ma part, j'acceptais de ne pas donner de conférences publiques sur le contrôle des naissances, et à condition que le consul général américain Skidmore demande formellement l'autorisation d'atterrir. Je lui avais envoyé un message sans fil du *Taiyo Maru* lui disant que j'aimerais visiter le pays, sinon en tant que conférencier, du moins en tant que simple citoyen, et lui demandant d'user de son influence. Bien que je n'aie pas eu de réponse, je lui ai immédiatement envoyé un télégramme, et Grant et moi nous sommes assis sur les bagages pour attendre les développements.

A peine les deux fonctionnaires furent-ils partis que la petite cabine fut pleine à craquer de messieurs de la presse. Nous avons commencé et cligné des yeux à chaque explosion rapide de lampe de poche. La pièce fumait littéralement à cause de la poudre âcre, et il ne restait plus un pouce de place debout. Soixante-dix essayaient tous d'entrer en même temps ; tout ce que je disais devait être relayé et traduit à ceux qui n'avaient pas réussi et qui affluaient dans le couloir.

Pendant ce temps, nous avions accosté à Yokohama et, lorsque les journalistes furent finalement éliminés, mes amis, qui avaient patiemment enduré la pluie, me saluèrent : M. Yamanoto , M. Wilson de l'ambassade britannique, la baronne Ishimoto et « le missionnaire qui vivait à côté ». Après m'avoir accueilli, ils repartirent, ce dernier emportant avec lui ma serviette chargée de mes papiers et brochures les plus intimes, que je ne souhaitais pas saisir à la douane.

On entendit maintenant le bruit des sabots le long du passage, et dans l'embrasure de la porte étaient encadrés de légères silhouettes ressemblant à des poupées, des visages blancs pâles, des lèvres cramoisies, des cheveux noirs brillants magnifiquement coiffés, des obis ressemblant à des papillons. Les épreuves du jour disparaissaient devant leurs petits arcs flottants. Voici un conte de fées japonais devenu réalité.

Dans un anglais précis, le chef présenta les autres ; celui-ci représentait les fabricants de soie, celui-là les tisserands ; chacun des vingt-cinq comparaissait pour une organisation ouvrière. Elle lui expliqua qu'ils étaient là toute la journée, mais ce n'était rien : ils étaient si fiers d'être les premiers à accueillir le héraut de la liberté des femmes. La révolution industrielle qui les avait mis au travail était encore si jeune qu'ils se retrouvaient pratiquement en esclavage. Pourtant, dit-elle, ils étaient tellement habitués à la servilité qu'il leur faudrait beaucoup de temps avant d'apprendre à se rebeller contre leurs torts. Le suffrage était lent : les femmes japonaises avaient du mal à en voir les avantages. Ils ne pouvaient pas être touchés par des offres d'indépendance économique ; C'était un idéal plus élevé que de laisser les maris prendre soin de leurs femmes plutôt que de les laisser se battre pour elles-mêmes. Elle était certaine qu'il n'y avait aucune source d'inspiration de ce côté-là.

Puis, les yeux pétillants, elle a ajouté : "Mais lorsque le message de contrôle des naissances nous est parvenu d'Honolulu, comme l'éclair, nous avons compris sa signification, et maintenant nous sommes tous réveillés."

On nous a servi du thé et j'ai continué à attendre une réponse de M. Skidmore, mais aucune n'est jamais venue. Finalement, à sept heures trente, grâce à l'intercession du Britannique M. Wilson, le gouvernement impérial m'ouvrit enfin ses portes sans le parrainage de mon propre gouvernement.

J'ai quand même dû passer la douane. Des papiers et des livres, dont quarante exemplaires de *Family Limitation* , ont été confisqués. Par la suite, j'avais l'habitude de laisser des espaces dans mon agenda au lieu d'écrire des noms, car je ne savais jamais qui allait les voir.

Les douaniers examinèrent ensuite minutieusement mes vêtements, mes accessoires, jusqu'à mes colliers et mes ornements, les brandissant, se moquant d'eux, s'appelant les uns les autres pour venir voir, afin de se renseigner autant sur la composition et le dessin que pour déterminer s'ils étaient ou non. taxable. Les données qu'ils glanaient ainsi auprès des voyageurs entrants étaient rangées comme des écureuils – et des répliques fabriquées à bas prix apparurent bientôt sur les comptoirs de Woolworth, estampillées à l'encre violette « Made in Japan ».

Quand j'en suis ressorti, fatigué et mouillé, de plus en plus de foules se pressaient pour chercher des autographes. Partout au Japon, les gens voulaient votre signature. Un homme, qui parlait un peu anglais, a déclaré qu'il représentait le syndicat des Ricksha-men et s'est excusé pour les ennuis auxquels j'avais été confronté. « Parfois, le gouvernement japonais est un peu autocratique. » D'ailleurs tout le monde s'est excusé auprès du gouvernement.

Après les torrents de pluie, des bûches flambant dans les cheminées nous réchauffaient dans la charmante maison des Ishimoto à Tokyo. Grant et moi étions tous les deux dans une grande pièce, presque dépourvue de meubles, d'une simplicité exquise. Les fragiles murs de soie peinte donnaient une impression de légèreté.

À côté de nous se trouvait l'immense salle de bains, au sol et aux murs inférieurs en cuivre bruni et brillant. Au centre, posée sur des pieds, se trouvait une grande baignoire en bois avec un dessus qui se fermait et un trou pour le cou. Cinq ou six bassines étaient disposées dans la pièce et, à côté de chacune, une brosse et du savon. Vous étiez censé frotter et frotter puis rincer en jetant des casseroles d'eau sur vous. Finalement, vous êtes entré dans le bain à vapeur pour vous détendre. Ce n'était pas l'étiquette de laisser une trace de savon dans le bain ni aucune trace de son utilisation, car tous les membres de la famille trempaient dans cette eau avant la fin de la nuit – invités, hôtes et domestiques en ordre.

Je me laissai tomber avec reconnaissance sur l'un des matelas empruntés pour notre confort et posés à même le sol ; le reste de la maison dormait sur des nattes avec des blocs de bois à la place des oreillers, une coutume qui permettait aux dames de garder leur coiffure intacte pendant une semaine à la fois. A travers les frêles cloisons, on entendait les domestiques rire et bavarder jusque tard dans la nuit, hommes et femmes ensemble, continuant leur bain comme s'il s'agissait d'une fonction de manger.

Nos journées étaient extrêmement chargées, commençant tôt par la sonnerie du téléphone vétuste accroché au mur. Les gens arrivaient silencieusement dans des rickshas et repartaient après avoir discuté avec le baron et la baronne.

Le Japon ancien avait étendu l'esthétique au domaine de l'existence ordinaire et avait sans aucun doute produit quelque chose de beau. Les gestes de cérémonie n'avaient peut-être pas de signification, mais ils rendaient délicieuse l'organisation de n'importe quelle affaire. Les Japonais se saluaient toujours en s'inclinant jusqu'à la taille, les mains glissant jusqu'aux genoux. La différence entre l'un et l'autre était si subtile qu'un étranger pouvait à peine la distinguer, mais elle était quand même là. Une marque particulière de respect était le triple salut, gradué selon le rang social : une inclinaison, une légère pause, une inclinaison plus profonde, encore une pause, puis plus bas jusqu'à ce que le dos soit presque horizontal.

Grant, qui était très affectueux, avait l'habitude de m'embrasser lors de nos rencontres, que ce soit au restaurant, à l'hôtel, dans la rue ou ailleurs. Mais il a dû renoncer à ce salut au Japon lorsque l'on a constaté que le baiser était un choc pour la sensibilité japonaise et était même considéré comme immoral. Au lieu de cela, il adopta les manières japonaises et devint merveilleusement courtois. Presque chaque fois qu'il me parlait, il faisait les trois saluts, et inconsciemment, je me suis vite retrouvé à les rendre avec la même formalité.

La politesse dans le comportement, impersonnel et rituel, était plus visible dans les relations où nous nous attendions naturellement à ce que la réserve habituelle et conventionnelle soit mise de côté. Lorsque la mère et la sœur de la baronne Ishimoto venaient déjeuner, elle enfilait un kimono spécial, disposait des vases et des paravents spéciaux, les saluait avec les salutations, les paroles et les gestes prescrits. Même moi, j'ai remarqué que les civilités accordées aux deux n'étaient pas les mêmes. L'effet était que la mère occupait la place d'honneur comme si elle recevait.

Des hommes venaient également chez les Ishimoto pour planifier les diverses réunions et divertissements. Un membre de la Chambre des Lords a téléphoné pour dire qu'il était un « disciple ». La presse a sollicité des interviews. Au début de ma carrière, j'avais réalisé l'importance de donner des concepts clairs, concis et vrais sur le contrôle des naissances à ceux qui souhaitaient me citer. Cette politique simple a particulièrement bien servi mon objectif en Orient, où les expressions techniques en anglais étaient désespérément confuses. Quoi qu'il en soit, notre langue était particulièrement difficile pour les Japonais, et leur phraséologie était parfois convulsivement drôle. Une lettre d'un fonctionnaire licencié adressée au chef de son département faisait le tour des Occidentaux à l'Est :

Gentil Monsieur, en ouvrant cette épître, vous verrez l'œuvre d'une personne déjobée , et d'un gentleman très marié et très enfantin , qui a été violemment déjobé en un clin d'œil par vous -même . Pour l'amour du ciel, monsieur, considérez cette catastrophe comme vous tombant sur la tête, et rappelez-vous que vous êtes rentré chez vous au bout de la lune, chez votre femme sauvage et seize enfants voraces, avec votre poche remplie de sous inexistants et que vous avez pitié de mon horrible état. En étant déjobé et en avançant le cœur et les intestins remplis de misère dans cette tanière de malheur, j'ai moi-même envisagé avidement un homicide coupable, mais Celui qui a protégé Daniel (poète) en sécurité à travers la fosse aux lions protégera son serviteur dans cette demeure du mal. Quant à la raison invoquée par vous-même, écuyer, pour justifier mon déplacement, l'incrimination était la paresse.

NON MONSIEUR. Il était impossible que moi-même, qui ai jeté seize enfants en bas âge dans cette vallée de larmes, puisse avoir un atome paresseux dans sa forme mortelle, et un départ soudain de onze livres m'a laissé au bord de l'abîme de la misère et du désespoir.

J'espère que cette vision d'horreur enrichira vos rêves cette nuit et que le bon Ange rencontrera et pulvérisera votre cœur de meule du bas afin que vous vous réveilliez et avec un tel empressement compatible avec votre sécurité personnelle, et que vous vous empressiez de rejober votre serviteur.

Qu'il en soit ainsi , Amen,

Désespérément vôtre ,

Akono Subusu

Et au bas de la lettre le préfet avait noté :

Doux Lecteur, ne sanglote pas...

Akono Subusu a été reclassé .

J'ai moi-même reçu une lettre d'un monsieur qui écrivait : « Comme j'ai inévitablement besoin d'exécuter votre « isme » et j'espère connaître votre méthode efficace.

Si cela avait été permis, j'aurais dû donner des informations pratiques. Comme ce n'était pas le cas, je pensais que si je pouvais faire comprendre aux autorités que je n'allais pas enfreindre cette règle dans mes cours, elles ne pourraient rien leur reprocher.

En conséquence, le matin de notre deuxième jour à Tokyo, un rendez-vous fut pris avec le gouverneur de la police. Malgré l'heure matinale, le petit fonctionnaire dur, dont les cheveux coupés ras révélaient toutes les bosses et les évolutions, nous servit du thé. Les Japonais vous tendaient toujours du thé pendant que nous passions des cigarettes – par embarras, pour se détendre ou simplement pour occuper des moments de détente. Sans tenir compte du sujet vital, nous avons discuté de sujets d'actualité par l'intermédiaire d'un interprète. Même si tous les gens étaient extrêmement sérieux, ils étaient remarquablement friands de jeux de mots. On m'a dit joyeusement que mon nom avait créé beaucoup de confusion en raison de sa similitude avec *sangai san* , qui signifiait « destructeur pour la production ».

Le contrôle des naissances a ainsi été délicatement introduit. Pour la première fois, j'ai entendu parler de la loi sur la pensée dangereuse, qui avait été parrainée au Parlement par un groupe appelé les « Contrôleurs de la pensée », dont le but était d'exclure du pays toutes les idées non conformes à l'ancienne tradition japonaise. Le gouverneur de la police a supposé qu'il savait exactement de quoi j'avais prévu de parler, et je ne pouvais pas l'éloigner de la conviction que je voulais présenter une pensée dangereuse.

Je n'allais cependant pas laisser tomber l'affaire. Je suis allé plus haut au bureau des affaires intérieures. Un monsieur courtois m'informa que le Ministre m'envoyait ses salutations et espérait avoir le plaisir de me revoir une autre fois. Il n'y avait pas de thé. J'ai été poliment tiré ma révérence.

Mon arrêt suivant fut au bureau de Kaizo , où l'ensemble du personnel fut convoqué en consultation. Ils étaient suffisamment hérissés et robustes pour être pris pour des Russes ; seuls leurs kimonos les identifiaient comme Japonais. Tout le monde a décidé que nous devrions nous rendre en personne à la Diète Impériale. Là, sur présentation de nos cartes, des coursiers se sont mis à courir partout pour retrouver le chef. En quelques instants, la porte de la pièce dans laquelle nous avions été introduits s'ouvrit et entra le même homme avec qui j'avais conversé au ministère de l'Intérieur ce matin-là. Profondément embarrassé, j'expliquai que c'était la manière de procéder des Américains impatients, déterminés à précipiter les choses. Il a été très gentil et m'a dit qu'il avait été sur le point de m'autoriser à parler publiquement à condition que je ne parle pas de contrôle des naissances. Lorsque j'ai esquissé les grandes lignes d'une éventuelle conférence sur la population , nous avons ri et avons convenu que l'Empire du Japon n'allait pas, par conséquent, tomber.

Presque dès le moment de l'atterrissage, j'avais été profondément conscient que j'étais dans l'un des pays les plus densément peuplés du monde. L'automobile des Ishimoto klaxonnait, klaxonnait à chaque tour de roue pour se faufiler entre les rickshas, les piétons et les enfants dans les rues étroites et non pavées.

En cas de danger routier, la première préoccupation était toujours le bébé. Je n'en ai jamais vu un seul giflé, frappé, grondé ou puni. Je n'ai jamais entendu un seul cri ; ils semblaient tous heureux et souriants, même si je dois admettre que certains d'entre eux avaient besoin de se faire essuyer le petit nez. Je ne pouvais pas croire qu'un pays puisse accueillir autant de bébés. Les pères les portaient dans leurs bras ; les mères les portaient dans une sorte de châle ; les enfants portaient des bébés ; même les bébés portaient des bébés plus petits. J'ai vu un pays de maisons à un étage mais d'enfants à deux étages. Des garçons avec des bébés sur le dos jouaient au baseball, couraient vers les bases, la tête des bébés vacillait à tel point qu'on pensait que leur cou allait sûrement être brisé.

L'élan suscité par le taux de natalité élevé s'est fait sentir dans tous les domaines. Les pairs, les hommes d'affaires et les professionnels avaient tous des familles nombreuses. L'un d'eux m'a dit qu'il voulait vingt enfants. Quand je lui ai demandé combien il en avait déjà, il a répondu « deux » et il a été offensé lorsque j'ai suggéré que peut-être sa femme, au lieu de lui-même, en avait eu.

La densité de population dans les zones labourables du Japon était en moyenne de deux mille êtres humains par kilomètre carré, et elle augmentait au rythme de près d'un million par an. Bien qu'ils aient construit des rizières en terrasses sur leurs collines au prix d' un travail considérable , ils ne pouvaient pas se nourrir. De plus, faute de minerai, de pétrole et d'approvisionnement suffisant en charbon, ils ne purent développer leurs industries au point de pouvoir échanger leurs produits contre suffisamment de nourriture.

Le gouvernement aurait dû lui-même diffuser des informations sur les contraceptifs, mais la faction militaire n'était pas favorable à lui et affirmait que le Japon ne pourrait jamais être respecté aux yeux du monde tant qu'il ne posséderait pas une force suffisamment puissante pour redresser le plus fort. Il était déjà trop tard pour que le contrôle des naissances compense le risque inévitable de débordement des frontières ; la pression démographique allait forcément provoquer une explosion malgré la soupape de sécurité de la Corée. La durée pendant laquelle cela pourrait être retardé était une pure conjecture.

Chapitre vingt-six

L'Orient fleurit

Après avoir découvert ma position vis-à-vis du gouvernement, les amis silencieux qui allaient et venaient si fréquemment de la maison Ishimoto élaborèrent des plans pour diverses réunions. Dans chacun d'eux, on s'adressait à une classe particulière qui ne se mêlait pas aux autres : commerciale, éducative, médicale, parlementaire.

Le groupe Kaizo était extrêmement déçu que je ne puisse pas donner les conférences que j'avais préparées et pour lesquelles ils m'avaient invité au Japon. En guise de compromis, nous avons convenu que je devrais concentrer mon discours sur la guerre et la population sur l'Allemagne et les Alliés. Cela allait être difficile, car je n'étais pas satisfait des faits et des chiffres européens dont je disposais.

Ma première réunion a eu lieu au YMCA de Tokyo. Peu avant 13 heures, j'ai été escorté en grande cérémonie dans une pièce derrière l'auditorium, où se dégageait la fumée âcre d'un poêle à charbon. Ensuite, j'ai été présenté à un rassemblement d'environ cinq cents hommes à l'apparence prospère, des femmes bien habillées, des étudiants, un certain nombre d'étrangers, un ou deux prêtres bouddhistes et une poignée de policiers libéraux pour s'assurer que mon auditoire ne pensait pas. pensées dangereuses à la suite de mon discours.

La plupart des auditeurs comprenaient apparemment un peu l'anglais, car pendant que je parlais , ils se penchaient attentivement en avant, riant aux endroits appropriés, mais lorsque je m'arrêtais pour la traduction, ils se détendaient, bruissaient des papiers et se chuchotaient.

J'avais découvert que la clause de cinq heures dans mon contrat n'était ni une erreur ni une plaisanterie. Rester debout de 13h à 18h était une tension épouvantable. Le cours avec interprétations a duré trois heures, même si j'aurais pu le faire en une seule, et les questions en ont pris deux de plus. Beaucoup d'entre eux portaient sur des sujets totalement étrangers aux miens. « Que pensez-vous des missionnaires ? Que pensez-vous du christianisme ? Êtes-vous vous-même chrétien ? Cette dernière question était naïvement posée et, parfaitement conscient de l'importance de ce que signifiait réellement être chrétien, j'ai répondu : « J'ai bien peur de ne pas être un très bon chrétien. »

Mon interlocuteur a bombé la poitrine et a dit avec assurance : « Je le suis. »

Il me semblait me rappeler mon adolescence où j'avais exigé la dernière once de droiture de chaque heure de respiration. Beaucoup de convertis japonais avaient cet esprit. Ils essayaient de changer leurs idées ancestrales sur la morale et, au contraire, d'adopter en bloc le code chrétien sans avoir eu le temps de l'assimiler.

L'expérience la plus douloureuse que j'ai vécue au Japon a été de m'adresser à l'association médicale de Tokyo. L'interprète bénévole était un jeune médecin qui avait effectué une tournée de trois semaines en Amérique et sa maîtrise de l'anglais était par conséquent faible. D'après l'attitude du public , je pouvais dire à chaque fois qu'il ne transmettait pas ce que je voulais dire, même si je ne savais pas toujours ce qui n'allait pas spécifiquement. La baronne, incapable de supporter sa traduction erronée de « prévention de la conception » par avortement, dont elle savait qu'elle me chagrinerait intensément, s'est finalement levée et a tenté de corriger l'impression erronée qu'il donnait. Mais la réunion était terminée avant qu'elle puisse le préciser.

Rien n'a été dit sur la rémunération. Je n'en attendais aucun. Mais le lendemain, une armée de dix rickshas est apparue. Les officiers de la société, chargés de paquets et de ballots, se présentèrent. Un à un, ils m'ont offert des boîtes dans lesquelles j'ai trouvé un kimono élaboré, un dessus de table brodé, un sac à main, un éventail, un pot cloisonné et, en conclusion, le président m'a offert le plus petit paquet de tous, enveloppé dans du tissu et attaché avec un ruban de papier sur lequel se trouvaient les personnages me souhaitant santé, bonheur et longévité. En l'ouvrant, j'ai trouvé de nouvelles factures en paiement. Ce geste délicat était typiquement japonais.

Lors d'autres réunions, nous nous asseyions généralement sur des nattes propres et fraîches ; la pièce était peut-être froide, mais il y avait un petit brûleur à charbon à côté de vous et de temps en temps vous vous réchauffiez les mains dessus. J'ai aimé le service et la nourriture que les femmes de chambre apportaient silencieusement en même temps sur un plateau couvert et fumant. Après *le saké* dans de petites tasses en porcelaine, le groupe était prêt à converser, et c'était confortable et intéressant. Souvent, nous ne partions qu'à minuit car, même si la discussion se déroulait en anglais, chaque remarque était traduite à l'intention de ceux qui ne comprenaient pas. La baronne m'accompagnait toujours, et c'était pour eux une révélation d'avoir parmi elles une de leurs compatriotes.

J'avais beaucoup entendu parler des anciens hommes d'État, mais personne au Peers' Club, où j'ai prononcé un discours l'après-midi, ne semblait même être âgé. Ils étaient curieux de savoir pourquoi les femmes divorçaient, si elles voulaient plus d'un mari, si elles pouvaient réellement s'occuper de plus d'un homme, quelle était la nature de leur amour pour les enfants, combien de temps cela pouvait durer. Ils ressemblaient aux Européens dans la franchise avec laquelle ils envisageaient les rapports entre les sexes. Pourtant, ils ne se satisfaisaient pas de la tradition japonaise acceptée : d'un côté des geishas qui jouaient, les coquettaient et les amusaient, et de l'autre des épouses dont la place était encore définitivement au foyer. Ils ont demandé : « N'est-il pas vrai que la femme américaine peut être tout pour son mari : sa compagne, la mère de ses enfants, la maîtresse, la chef d'entreprise et l'amie ?

J'étais d'accord avec eux sur le fait que c'était l'idéal, mais j'ai dû admettre que toutes les épouses américaines ne correspondaient pas à ce tableau.

Beaucoup de Japonais avaient eux-mêmes oublié qu'à l'époque héroïque et épique, les femmes jouissaient de la liberté et de l'égalité avec les hommes. Ce n'est qu'avec l'avènement des puissants seigneurs militaires au huitième siècle que cette discrimination la plus rigide, la plus persistante et la plus inébranlable est apparue.

L' *Ona Daigaku* , le code moral féodal, conseillait :

Une femme doit se lever tôt le matin et se coucher tard le soir. Elle ne doit jamais faire de sieste pendant la journée. Elle sera industrieuse dans la couture, le tissage, la filature et la broderie. Elle ne prendra pas beaucoup de thé ni de vin. Elle ne doit pas visiter les lieux de divertissement, tels que les théâtres ou les comédies musicales. Elle ne doit jamais se mettre en colère, elle doit tout supporter et toujours être prudente et timide.

La dame japonaise de la classe supérieure qui en résulte, exquise et décorative, est une œuvre d'art vivante spécialement créée par l'imagination d'innombrables générations d'hommes. Ma conception originale de toutes les femmes japonaises avait été façonnée à partir d'erreurs romantiques – en partie par les trois petites servantes de l'école qui minaudaient dans le *Mikado* , et dans une large mesure par le théâtralisme criard de *Madame Butterfly* . L'exotisme débridé de Pierre Loti et de Lafcadio Hearn avait renforcé mes illusions, tout comme les estampes en couleurs qui avaient suscité tant d'enthousiasme vers la fin du siècle.

Mais j'ai vite découvert que la féerie des fleurs de cerisier était en train d'être détruite par l'avènement des machines. À Yokohama et à Kobe , vous avez entendu les sifflets des usines et vu de hautes cheminées, de nouveaux chantiers navals et de grandes grues en acier. La Révolution industrielle, accomplie progressivement dans nos pays occidentaux, avait envahi l'Empire insulaire avec un impact et un choc dont les répercussions étaient encore évidentes. Il n'avait pas apporté la liberté aux femmes dont le statut inférieur était admirablement adapté aux objectifs de l'industrie manufacturière, avec sa demande toujours croissante de main-d'œuvre bon marché et non qualifiée.

Près de la moitié de la population féminine, soit quelque treize millions , exerçait une activité lucrative, même si peu d'entre elles étaient économiquement indépendantes. Dans les quartiers des usines, les mères réprimandaient leurs petites filles en les menaçant : « Je vais te vendre aux tisserands ». Ces *kaiko* , ou « ceux achetés », servaient généralement comme apprentis pendant trois à cinq ans. L'industrialisme japonais moderne a su tirer parti d'une ancienne habitude de pensée orientale qui accordait peu de valeur aux petites filles.

J'ai passé une demi-journée en tant qu'invité à l' usine de Kanegafuchi , la plus grande filature de coton de l'Empire et l'institution industrielle idéale qui devait être un modèle pour les autres, se comparant favorablement à l'une de nos meilleures. Mais Kanegafuchi était l'exception. En moyenne, les employés des autres usines travaillaient douze heures par jour, jour et nuit, au milieu du vrombissement assourdissant des moteurs électriques incessants. De la poussière et de fines particules de tissu tombaient dessus comme de minuscules flocons de neige. Leur croissance était ralentie et leur résistance aux infections et aux maladies malignes s'était effondrée. Dans une filature de soie à Nagoya, les conditions n'étaient que légèrement meilleures. J'ai trouvé plus de sept cents filles, certaines âgées de dix ans à peine, enroulant rapidement les fils fins des cocons et les attrapant sur les fuseaux. C'étaient des petites choses pathétiques, douces, sans abri, emprisonnées dans des pièces dont toutes les fenêtres étaient fermées pour les garder humides et chaudes. Un quart de leur salaire mensuel de sept dollars devait être consacré à la pension.

Ce n'est que grâce à la bienveillance et à la charité, en un sens, des classes supérieures que les domestiques furent sauvés des institutions. Lorsque la baronne, par exemple, s'était mariée, certains d'entre eux - cuisiniers, servantes et infirmières - étaient restés avec ses parents, certains étaient allés chez une autre sœur, certains étaient venus chez elle et étaient chargés de former les nouvelles. Avec elle, ils avaient un foyer pour la vie. Ce système expliquait au moins en partie le fait qu'il n'y avait ni mendiants ni mendiants au Japon.

Essentiellement conservatrice, essentiellement le produit d'un passé étrange et à peine compris, la femme japonaise ne possédait pas, à mon avis, dans sa psychologie typique, de forts penchants vers la rébellion. Cela était vrai même parmi les nombreuses femmes écrivains dans les journaux et les magazines. Ceux qui m'ont interviewé étaient intelligents, mais j'étais constamment étonné par leur vision ancienne et domestiquée.

Je ne pensais pas que la femme japonaise abandonnerait son beau costume ou sacrifierait son sens esthétique sur l'autel du progrès et du matérialisme occidentaux. Le kimono était sa chrysalide. Extérieurement, il s'agissait souvent d'objets épais et utilisables, brun terne ou noir, traversés de fils violets ou bleus. Pourtant, en dessous se trouvaient des soies aux teintes les plus vives et les plus flamboyantes, formalisées pour chaque occasion particulière. On n'en a aperçu qu'un bref aperçu pendant qu'elle marchait. Ils symbolisaient sa position actuelle dans la société.

De la servante la plus modeste au meilleur aristocrate, certains traits indélébiles se sont immédiatement imposés. Tout d'abord, il y avait la voix basse, douce et palpitante, comme l'art et la musique combinés. Ils étaient trop modestement timides pour parler à voix haute ; on pouvait à peine les entendre dans une petite pièce. Peut-être qu'une des raisons pour lesquelles les hommes ne prenaient pas leurs opinions au sérieux était qu'ils ne parlaient pas. J'ai entendu parler de la Femme Nouvelle de tous côtés, mais je ne l'ai jamais vue. Seuls ceux qui étaient devenus chrétiens montraient des signes de pensée indépendante. Être chrétien semblait impliquer être un rebelle ou un radical quelconque. Ils me l'ont raconté avec une grande et secrète fierté.

C'était le seul endroit où j'avais trouvé des hommes plutôt que des femmes sensibles aux possibilités du contrôle des naissances. Les premiers voulaient apprendre et ainsi devenir meilleurs. Ils étaient de plus en plus en contact avec les idées du monde occidental et s'élargissaient grâce aux voyages. J'étais convaincue qu'un environnement changeant allait étendre le point de vue masculin et, si le contrôle des naissances pouvait s'avérer bénéfique pour elles, elles le pratiqueraient. À cette époque , je n'étais pas d'accord sur le fait que l'Est et l'Ouest ne pourraient jamais se rencontrer.

Le Japon était sans aucun doute un pays d'hommes. Partout où nous allions, Grant était la pièce A. C'était un jeune grand, brun, plutôt maladroit, aux manières adolescentes mais toujours joyeux. Dans les maisons privées, les majordomes et les femmes de chambre lui prêtaient beaucoup d'attention, et dans les hôtels, dès que nous entrions dans la salle à manger, tout le monde, parce qu'il était un enfant mâle, se précipitait pour anticiper ses désirs, pour veiller à ce qu'il soit mis à l'aise. J'ai traîné derrière. Lors de notre première apparition dans l'un d'entre eux, les petites filles qui suivaient une formation de serveuse et qui étaient chargées de saluer les invités étaient visiblement confuses. Lorsque nous étions assis à table, le propriétaire s'est excusé : « Vous devez les excuser car ils sont si jeunes et ils pensent trop à ce jeune monsieur.

Le Yoshiwara , où m'ont escorté quelques missionnaires, faisait certainement partie intégrante du monde de cet homme. Nous avons d'abord visité le quartier sans permis, serpentant dans nos rickshas parmi les rues aux allures de ruelles bordées de petites maisons. Les yeux sombres des filles sortaient à travers les fentes des murs grillagés. Des ouvriers se tenaient dans les rues boueuses, bavardaient, scrutaient les prix affichés devant comme les menus des restaurants : tant par heure, tant par nuit. Une porte s'ouvrit pour laisser entrer un visiteur. La lumière de l'étage inférieur disparut et bientôt une autre scintilla à l'étage ; ou bien une lumière s'éteignait en haut et réapparaissait en bas, la porte s'ouvrait à nouveau et une silhouette surgissait. Des centaines de lumières derrière les fenêtres en papier semblaient s'allumer et s'éteindre constamment, de bas en haut, de haut en bas. La sordidité, les innombrables yeux brillants me faisaient frissonner involontairement.

Après avoir traversé un pont vers le quartier des permis, la scène a immédiatement changé. La large artère, avec une rangée d'arbres au centre ornée de globes électriques comme un passage intermédiaire, était propre et accueillante. Les maisons amplement construites avaient un air d'espace et de luxe, leurs lanternes émettaient une lueur douce et séduisante, et les jardins soigneusement cultivés produisaient une profusion de fleurs dans les cours. Cette partie du Yoshiwara paraissait un endroit charmant. Son attirance pour les filles était évidente ; ils préféreraient gagner leur vie de cette façon plutôt que dans les usines lugubres. Il n'était pas non plus étrange qu'elles trouvent ici plus de romance avec de nombreux hommes que de travailler pour un seul toute leur vie comme les « incompétentes » qu'elles sont devenues après le mariage sous la domination de leurs belles-mères.

Par des portails aussi larges que des allées, les clients, bien mieux habillés que ceux du quartier sans permis, se promenaient pour voir les photographies des détenus, affichées comme celles dans le hall d'un théâtre de Broadway. Dans certaines images, il n'y avait que l'annonce : « —— vient d'arriver, directement de ——. Pas le temps de prendre une photo. Les clients faisaient beaucoup de « lèche-vitrines ». Les nouveaux arrivants du pays pouvaient recevoir huit ou neuf visiteurs par soirée, un plus âgé mais deux ou trois. Beaucoup de filles venaient de bonnes familles, souvent pour sortir leurs pères ou leurs frères des dettes. Ils renvoyaient leurs gains et, dès qu'ils avaient accumulé suffisamment d'argent, rentraient souvent chez eux, se mariaient et devenaient des membres réputés de la société.

Mais malgré le glamour artificiel de Yoshiwara , la foule d'hommes grouillant comme des insectes, réagissant automatiquement aux stimuli de l'instinct, était inexprimablement déprimante.

Nous sommes rentrés chez nous à minuit à travers la ville endormie, mystérieuse et calme, pas du tout comme une ville - pas de panneaux lumineux ni d'éclairage, mais plutôt comme une jolie pièce au plafond bas, ornée de vieux chênes teintés brun, et seulement ici et il y a une lueur.

Rien d'autre dans mes voyages ne pourrait être comparé à ce mois à Tokyo. La langue était étrange et inconnue. Les cloches dans les puits des rickshas, sonnant pour que les piétons s'écartent, ajoutaient une note bizarre. Le son étrange et claquant de la geta en bois était différent, bien que rappelant quelque peu le clop, clop, des sabots en bois du Lancashire, qui étaient également enlevés à la porte et échangés contre des pantoufles. Toutes les odeurs et les paysages étaient tout à fait nouveaux, même les panneaux des magasins étaient illisibles. En Europe, on pouvait généralement deviner à partir d'une racine de mot quel type de marchandise était à vendre. Mais ce n'est pas le cas au Japon. Un jour, je m'arrêtai, totalement perplexe, pour savoir où se trouvait un magasin dont l'adresse m'avait été notée. J'ai montré mon bout de papier mais personne ne pouvait m'aider. J'ai continué. Trois minutes plus tard, le crépitement de pas précipités derrière moi me fit me retourner. Voici l'un des employés. Il avait pris la peine de rechercher l'adresse que j'avais demandée et était venu me servir de guide pour s'assurer de mon arrivée.

Dans tout le Japon, la coutume de vous saluer et de vous accompagner était touchante et vous donnait un charmant souvenir d'un monde où les amitiés valaient du temps et de la considération. Lorsqu'un médecin de Tokyo apprit que je quittais Yokohama à dix-huit kilomètres de là à huit heures du matin, il se présenta à sept heures pour m'apporter une boîte de mouchoirs en soie de choix. Il a dû se lever à cinq heures pour le faire.

Depuis la fenêtre du train pour Kyoto, les visages des vieillards qui marchaient péniblement sur la route ressemblaient curieusement à leurs dessins. Partout se trouvaient de petites maisons de village et, comme je pouvais voir d'avant en arrière, je me demandais où mangeaient et dormaient les paysans et leur nombreuse progéniture.

L'ancienne capitale était fascinante. Les commerçants semblaient accorder plus d'estime à leurs visiteurs qu'aux marchandises qu'ils avaient à vendre, même si le bleu de Kyoto et, plus particulièrement, le rouge de Kyoto ne ressemblaient à aucune autre couleur. Si jamais vous voyez ce dernier, achetez-le si vous le pouvez, chérissez-le parmi vos trésors, gardez-le pour vos enfants, car c'est le plus beau de tous les rouges.

C'était maintenant avril, la fête du printemps et des geishas, ces animateurs, chanteurs, joueurs jalousement gardés et chaperonnés. Tout le monde attendait la floraison des cerisiers et, avec le reste de Kyoto, je suis allé voir l'énorme cerisier saule étalé, alors en fleur d'un blanc éclatant. Il avait plusieurs centaines d'années, ses membres qui poussaient et tombaient vers le sol étaient soigneusement soutenus et autour de lui se trouvait un jardin paysager superbement entretenu. Les propriétaires d'hôtels à proximité de ces arbres ont érigé des salons de thé sans prétention, à caractère temporaire, où des centaines de personnes veillaient. On ne pouvait s'empêcher d'avoir du respect pour un peuple que l'amour d'un arbre l'amenait à des kilomètres à la ronde et qui l'attendait jour et nuit pendant toute la durée de sa brève floraison. Ils lui prêtèrent déférence comme ils le faisaient à un grand artiste dont ils savaient qu'il pouvait vivre aussi longtemps.

Les Japonais ont conçu leurs jardins en pensant à l'humeur de chacun. Certains étaient remplis de musique, d'eau, d'oiseaux, d'activité, et là, on pouvait aller se faire encourager quand on était sombre et découragé. Dès que je suis entré dans l'enceinte du Temple d'Or, son influence s'est abattue sur moi. Tout était prévu pour la réflexion et la concentration. Aucune couleur, aucun bruit, aucun ruissellement d'eau, aucun chant d'oiseau ne détournait l'attention. On ne pouvait même se promener qu'à certaines heures, car le mouvement perturbait la méditation.

L'hospitalité japonaise a atteint son apogée à Kyoto, et la journée de divertissement suprême a été offerte par un médecin généreux et attentionné. En m'invitant à déjeuner, il m'a dit qu'il m'appellerait avec sa voiture à dix heures du matin. Cela semblait un peu tôt, mais il semblait qu'il voulait que je visite d'abord le Musée d'Art. Ici, il n'était pas possible d'errer à travers des kilomètres de pièces au point de fatiguer l'œil et de ne recueillir aucune impression durable. Au lieu de cela, on ne m'a montré que le spécimen le plus précieux de peintures, de porcelaines et de paravents rares. Ensuite, j'ai été conduit à la bibliothèque pour voir une collection de manuscrits précieux, puis je suis revenu à travers la ville pour admirer quelques vues particulièrement célèbres et enfin à midi chez le médecin. Sa femme et ses deux filles m'ont accueilli et j'ai été présenté aux invités. De petits plateaux aux pieds courts ont été placés devant nos coussins de sol et nous avons tous ramassé nos baguettes. J'enviais Grant sa dextérité.

Une fois les plateaux retirés, nous avons discuté jusqu'à ce que les hommes d'affaires doivent regagner leurs bureaux. Mais un nouveau groupe d'invités prit place, et avec eux apparut un peintre. Un chevalet a été installé et chacun de nous a tracé à son tour un seul trait de pinceau sur le papier de riz — certains droits, certains incurvés, certains verticaux, certains horizontaux, s'entrecroisant dans toutes les directions. Puis l'artiste a pris son pinceau et, au milieu d'exclamations d'émerveillement et d'appréciation, en quelques coups experts, il a transformé le mélange en un motif floral, un lac ou une montagne.

Une heure ou deux de ce plaisir et le chevalet fut emporté, le peintre disparut avec ses couleurs et un sculpteur fut remplacé. On nous fournit alors des morceaux d'argile que nous commençons à modeler, le sculpteur passant de l'un à l'autre pour nous prêter main-forte. Si vous étiez intelligent, comme l'étaient plusieurs Japonais, vous obteniez des œuvres d'art. J'ai créé une cruche simple avec une poignée et un rebord, j'ai appris à dessiner un motif dessus et à le peindre. Le lendemain, il m'a été livré, cuit et glacé.

Plus tard, nous avons été escortés jusqu'au jardin où nous nous sommes rassemblés sous une maison de thé ouverte perchée sur un rocher. Là, la plus jeune fille entretenait un petit feu et préparait un thé de cérémonie – pas une simple infusion, mais des feuilles d'une sorte spéciale, battues jusqu'à ce que la boisson soit d'un vert vif. Après avoir goûté ce délice, nous nous promenions, admirant les ruisseaux, les pins nains, les arbustes, les iris en fleurs.

Nous sommes retournés à la maison et avons constaté, comme dans une pièce de théâtre, que le décor avait entièrement changé. Différents paravents étaient dressés, des fleurs fraîches dans les vases, les femmes de la maison vêtues de costumes plus élaborés et de nouveaux visiteurs attendant. Grant et moi seuls semblions rester statiques.

Maintenant, sur le sol immaculé, apparurent de petits poêles à charbon. Le repas du soir était servi par la mère et les filles comme un honneur marqué pour leurs invités. Cette fois, on m'a apporté une cuillère et une fourchette ; apparemment , je n'avais pas été très habile au déjeuner avec mes baguettes. Après le dîner, il y eut encore plus de monde et encore plus de conversations. Je parlais régulièrement depuis le petit matin, le sujet étant choisi en fonction du type de réunion. Le soir, c'était de la population, et plus grave. Parfois, je m'oubliais et je prononçais des phrases anglaises compliquées, puis, réalisant qu'elles avaient raté le tir, je devais revenir en arrière et choisir des mots clés plus faciles à comprendre.

Cela a continué jusqu'à minuit ou plus tard. Finalement , nous avons dû nous excuser et demander à être ramenés à la maison, car nous partions pour Kobe le lendemain matin.

Le médecin et sa femme, accompagnés de quelques-uns de leurs amis, étaient de bonne heure à notre hôtel, tous avec des cartons et bon voyage. Ce renversement de la coutume occidentale consistant à offrir des cadeaux à son hôte ou à son hôtesse était une manière enchanteresse de gérer les commodités de la vie. Ils ne voulaient aucune récompense pour leur hospitalité. J'étais arrivé au Japon avec une petite malle et je suis reparti avec cinq, chargées de cadeaux.

Chapitre vingt-sept

ANCIENNES DE LA TERRE

Des lieux nouveaux et différents, des pays, des peuples et des visages étranges m'ont toujours attiré. Je n'ai pas eu besoin d'être à Londres pour la Cinquième Conférence internationale avant juillet. Lorsque j'ai obtenu mon visa chinois , je me suis dit qu'il valait peut-être mieux faire le tour du monde que revenir sur mes pas.

Par une journée brumeuse, le soleil n'étant pas assez brillant pour éclaircir complètement le ciel, nous avons navigué depuis Kobe à travers la glorieuse mer intérieure, enfilant ses innombrables îlots, comme les Mille-Îles du Saint-Laurent, mais en plus délicats. Le bateau était petit et démodé. Quelques Anglais avaient des chaises, mais Grant et moi errions entre des caisses de canards, de poulets et de bétail, et des centaines de Japonais accroupis sur le pont. Lorsque nous avons émergé dans la mer Jaune, il y avait beaucoup de brouillard et Grant avait mal aux orteils. J'ai fait preuve d'un visage courageux et j'ai mangé, mais avec de longues dents, comme le dit le vieux dicton.

Nous débarquâmes un soir à Fusan. Les Coréens se tenaient debout dans leurs robes blanches qui leur tombaient jusqu'aux chevilles, silhouettes pâles se détachant sur la nuit dans la lumière tamisée de leurs mystérieuses lanternes en papier. Le lendemain matin, alors que je jetais un coup d'œil sur la campagne en route vers Séoul, je me suis aperçu d'un désert oriental, étrange mais apparemment familier. Je me sentais chez moi à l'intérieur de ses portes. Des coolies en robe blanche fumant de longues pipes fines avec de minuscules bols conduisaient des bœufs et travaillaient dans les champs. Ils avaient des visages d'Indiens d'Amérique du Nord, des cheveux non coupés et en lambeaux, une peau rougeâtre et de curieuses structures en bois attachées à leur dos pour transporter des fardeaux de toutes sortes : terre, charbon, roches.

Les rues de Séoul étaient larges et faiblement éclairées. Les grands hommes coréens étaient uniques, une combinaison de prêtre, de patriarche et de grand, si formels et élégants avec leurs barbes pointues un peu plus grandes que celles de Van Dyke. Ils étaient totalement indifférents aux autres, parvenant à conserver un air fier et distant malgré leurs chapeaux idiots et idiots, à petite couronne et à larges bords, d'où pendaient des rangs de perles d'ambre, précieux héritages familiaux.

Je me suis encore interrogé sur les costumes blancs universels. Partout, sur les bords des rivières, les femmes pileaient éternellement le linge ; on sentait presque les fils se séparer sous les coups terribles du lavage avec des pierres et du repassage avec des bâtons.

Le Coréen a été méprisé par les Japonais, qui ont déclaré que son gouvernement avait construit des écoles, des routes, des voies ferrées et apporté de la propreté. Il est vrai que les maisons des Coréens n'étaient pas si bien entretenues et leurs habitudes moins hygiéniques, mais ils constituaient une race à part et ils n'acceptaient le récurage, le récurage et le balayage que sous pression. La haine et la rébellion étaient le résultat du refus de leur langue et de leurs coutumes. Ils prétendaient avoir été taxés pour payer un tel luxe, et nourrissaient un antagonisme et une résistance obstinée contre tout ce qui était japonais. Ils ont affirmé en outre qu'ils n'avaient aucune liberté personnelle et qu'ils étaient même tenus d'être en possession d'un passeport pour se déplacer dans leur propre pays.

Les Coréens étaient également mécontents de l'accélération de la production dans les usines de soie grâce à l'exploitation des petites filles. Je les voyais là, les épaules courbées, accroupis sur leur ouvrage, les cheveux tressés dans le dos ; ils étaient presque comme des bébés. Leur travail consistait à plonger leurs doigts tendres et délicats dans l'eau bouillante pour en extraire les cocons de soie – les mains des personnes âgées n'étaient pas assez sensibles. Mais les Japonais ont déclaré qu'ils ne ressentaient pas la douleur.

Même si j'ai assisté à un grand déjeuner de travail auquel participaient des missionnaires et des responsables étrangers, la Corée n'était qu'un tremplin vers la Chine. Le Royaume Céleste avait une odeur propre indéfinissable, particulière et inimitable, qui augmentait et diminuait, variant avec chaque ville et chaque quartier d'une ville. Il peut s'agir d'un composé de sauces, d'oignons, d'ail, d'encens, d'opium et de charbon de bois, mais qui a jamais réussi à mettre des mots sur une odeur ? Il a marché sur vous, d'abord faiblement et indistinctement comme une armée lointaine, puis s'est rapproché sans relâche, s'associant à des souvenirs, vous faisant haleter de protestation ou de plaisir.

À Pékin, j'avais envie de me changer tout le temps et d'enfiler des vêtements neufs. J'étais hantée par la poussière – de la poussière dans mon corps, dans mes oreilles, dans mon nez, dans ma gorge, entre mes dents. Certaines rues étaient pavées, mais la poussière était suffocante. Après chaque sortie touristique, je me baignais, me baignais et me baignais dans un effort désespéré pour me débarrasser de cette poussière diabolique.

Nous avons passé sept jours à visiter des palais, des quartiers indigènes, la vie nocturne, des filles chantantes, des hôpitaux, des usines, des filatures de soie. Nous avons entendu les chants mécaniques et les battements de tambours des prêtres bouddhistes, pour la plupart de jeunes garçons vêtus de robes jaunes sales ; je regardais avec étonnement les cortèges funéraires : grands chars, dieux fantastiques, nourriture, fleurs, possessions ; visité d'anciens jardins et musées chinois. J'ai acheté du jade et du lapis-lazuli et j'ai été bien trompé.

Des mendiants, pour la plupart infirmes et munis de béquilles, clopinaient dans les caniveaux ou étaient assis dans les coins, décharnés et crasseux. Les enfants faisaient des sauts de main, faisant n'importe quoi pour attirer votre attention ; ils se rapprochaient de vous et vous aviez le sentiment qu'ils étaient nés avec les paumes vers le haut.

Vous ne pouviez pas mettre les pieds dehors sans être assiégés par des garçons rickshas vêtus uniquement de pantalons et de vestes en coton, toujours courts aux chevilles et aux poignets. Dès que vous êtes entrés, ils ont ramassé les arbres de leurs petits véhicules et ont commencé le voyage en dogtrot. Je ne pouvais pas m'habituer à la course rapide de ces créatures à moitié nues, si faibles, si sous-alimentées, tellement moins capables que le reste d'entre nous. Cela avait été déjà assez pénible au Japon, mais là-bas, on sentait que les patins étaient solides ; en Chine, ils souffraient généralement de varices, de maladies cardiaques et, pour toujours, de faim. Souvent, tandis que le vent écartait certains haillons, je voyais des marques de pustules et je me demandais à quel point nous étions proches des multiples maladies de l'Orient.

Je me déplaçais beaucoup et cela m'inquiétait d'être tiré par un être humain aussi émacié. Un matin, notre garçon habituel avait disparu. Un autre le remplaça, joyeux et souriant. Trois jours plus tard, le premier revint. Il avait été malade, dit-il ; il avait eu la variole. Les croûtes ne s'étaient pas encore décollées.

J'ai parlé au portier de l'hôtel, qui gérait les rickshas. "Ce garçon n'est pas assez bien pour travailler."

« Oh, oui, il y est habitué. Il se sent un peu mal, mais il va bien.

Néanmoins, je l'ai renvoyé chez lui pour se reposer. Rien , à part la famine, la peste et la peste, ne semblait donner aux Chinois le moindre répit. On disait qu'un coolie ricksha moyen ne durait que quatre ou cinq ans et qu'il survivait simplement le reste de sa vie. J'étais plongé dans un étrange découragement et je remettais en question « la plus ancienne civilisation du monde » qui, après tant de milliers d'années, permettait encore cette barbarie.

Grant montait à dos d'âne lorsque nous sommes allés aux tombeaux Ming, tout comme le guide. J'ai été transporté sur une chaise sur des kilomètres et des kilomètres à travers une plaine aride et poussiéreuse. Deux coolies tenaient les longues perches de bambou sur leurs épaules et un troisième courait à côté en attendant de prendre son tour. Je me sentais tellement désolé pour eux que je voulais sortir et marcher. J'aurais aimé pouvoir me porter. Tout le long du chemin, ces pauvres créatures affamées faisaient des bruits d'animaux : « Aah-huh, aah-huh », nasillards, interminables, variant légèrement le ton ; même leurs paroles me ressemblaient à des grognements.

La Chine n'avait pas encore dépassé l'âge du conte, comme on le voyait au théâtre, où quelqu'un récitait la nouvelle depuis la scène ; pour un flic, n'importe qui pouvait entendre ce qui se passait dans le monde. Les anciennes formes classiques de la langue chinoise étaient intelligibles aux seuls érudits, et le Dr Hu-Shih avait joué un rôle déterminant dans la conception d'une langue vernaculaire littéraire que le peuple pouvait utiliser. Ce philosophe qui, à l'âge de trois ans, connaissait huit cents personnages, en 1922, alors qu'il n'avait qu'une vingtaine d'années, était déjà réputé pour être l'initiateur de la Renaissance chinoise. Il m'a demandé si je pouvais parler aux étudiants de l'Université nationale de Pékin et, bien qu'il devait agir comme président, il s'est également porté volontaire pour interpréter, ce que j'ai considéré comme un honneur presque inouï. Sa vision, coïncidant avec la mienne, reconnaissait ce que le contrôle des naissances pouvait signifier pour la civilisation.

Le Dr Tsai Yuen-Pei, chancelier de l'université et leader du mouvement antichrétien, avait rassemblé dans son groupe les étudiants les plus brillants de la Jeune Chine, tous bouillonnant d'intérêt pour les idées occidentales qui balayaient le monde. globe. Il y avait de grands bouleversements dans leur vie et une révolte contre la rigide tradition chinoise.

En raison des difficultés de traduction que j'avais rencontrées au Japon, j'avais décidé que je ne pouvais pas me permettre de parler en Chine à moins d'aborder le sujet avec mon interprète et de savoir qu'il comprenait l'esprit ainsi que les mots. C'est pourquoi j'ai montré à l'avance au Dr Hu-Shih mon matériel de cours. Il a suggéré : « Ces étudiants voudront tout savoir sur la contraception telle qu'elle est pratiquée. »

"Mais je n'ai jamais donné ça, sauf lors de réunions médicales."

« La Chine est différente de l'Occident. Ici, vous pouvez discuter de la contraception comme un fait éducatif ainsi que comme une mesure sociale. Vous serez écouté avec respect, on se moquera de vous si vous ne le faites pas et il vous sera sûrement demandé des informations précises. Je pense que tu devrais te préparer à cela.

Il n'était pas simple de s'écarter des principes et des théories et d'aborder des méthodes qui nécessitaient des diagrammes et des connaissances techniques pour assurer la compréhension, et j'étais hésitant à suivre ses conseils. Mais ces jeunes, réactifs et alertes, reçurent mon premier cours pratique avec une sérieuse attention. Le Dr Hu-Shih a traduit avec précision et rapidité, introduisant des histoires amusantes et améliorant, j'imagine, mes propres mots.

Ensuite, lui et moi avons été escortés à travers le campus jusqu'au domicile du Dr Tsai. J'ai toujours été intéressé par les aliments étrangers. J'aime les essayer et j'ai ramené à la maison des dizaines de recettes hawaïennes , chinoises, indiennes et japonaises qui peuvent être préparées à la maison. Ce dîner était une expérience des mille et une nuits. Cela commençait à sept heures et durait jusqu'à une heure du matin : soupe au nid d'oiseau et aux œufs de caille, garoupa frit , langues de canard et champignons des neiges, faisan rôti, riz et congee, noix de lotus et pâtisserie, ailerons de requin et diverses sortes de plats. vin.

Il devait y avoir plus de trente invités pour la soirée, parmi lesquels une Américaine, Mme Grover Clark, dont le mari était professeur à l'université. Certains étudiants étaient venus la voir entre le cours et l'heure du dîner et lui avaient remis les notes transcrites qu'ils avaient sténographiées. Les corrigerait-elle ? Ils voulaient que l'information soit publiée. Lorsqu'ils vinrent les chercher chez le chancelier pour qu'ils les remettent à la presse, je vis d'un coup d'œil que ce n'était pas du tout ce que je souhaitais laisser derrière moi ; mes paroles ne semblent jamais adéquates ou complètes sur papier. Par conséquent, j'ai envoyé un garçon à l'hôtel pour obtenir une copie de l'ancienne loi de réserve, *Family Limitation* . Les étudiants se mirent immédiatement au travail pour le traduire. Mme Clark proposa de payer les frais et le lendemain après-midi, cinq mille exemplaires étaient prêts à être distribués.

Ce petit incident était significatif pour la Jeune Chine ; pour eux, une idée ne servait à rien, ne serait-ce que dans la tête. Leur devise était de la concrétiser.

Un autre symptôme de la nouvelle Chine était l'abandon des pieds bandés, même si l'on voyait encore des femmes d'un âge avancé s'appuyer les unes sur les autres pour se soutenir tandis qu'elles chancelaient. Les Amah transportaient des nourrissons alors qu'eux-mêmes semblaient à peine capables de se tenir debout. Cependant, j'étais heureux de voir que seuls quelques petits enfants avaient ces pieds de lys. Les pères se rendaient compte que leurs filles ne pourraient pas gagner leur vie si elles étaient ainsi déformées. Au Peking Union Medical College, combinant l'équipement moderne de l'Occident avec le talent artistique et les traditions de l'Orient, aucune fille n'était acceptée pour une formation à moins que ses pieds ne soient normaux.

Un jour, le Dr Hu-Shih m'a invité à déjeuner dans un vieux restaurant mandchou où ses amis avaient l'habitude de se réunir et de réfléchir. Beaucoup étaient des hommes d'affaires ou des professionnels, mais tous, avec leurs petites barbes et leurs visages intellectuels, avaient l'apparence de professeurs. C'était une combinaison inhabituelle de Wall Street et de l'université. Dans notre salle à manger privée se trouvaient sept Chinois anglophones avec des familles de quatre à neuf enfants. Chacun a déclaré que les derniers n'étaient pas recherchés ; néanmoins ils étaient venus.

La conversation a pris une tournure scientifique. Puisque l'homme, grâce à la reproduction, a provoqué de tels changements dans les règnes animal et végétal, pourquoi n'a-t-il pas pu produire une classe d'êtres humains incapables de procréer ? Y avait-il une raison pour laquelle les facteurs biologiques particuliers qui rendaient la mule stérile ne pouvaient pas être appliqués davantage ? Ils ont discuté de la possibilité intéressante de créer un genre neutre, comme les ouvriers d'une ruche ou d'une fourmilière.

Les implications de ce colloque constituèrent un point culminant fascinant de notre séjour à Pékin. Notre train était le dernier vers le sud depuis plusieurs jours. Les soldats encombraient le paysage – pas alertes ni même d'apparence militaire, mais des hommes ou des garçons enfilés en uniforme et indiquant comment agir. Les Tuchun cherchaient tous à « unir » la Chine, chacun à sa manière. Nous avons lu dans les journaux que les nuages de guerre planaient sur le pays, mais personne ne semblait enthousiasmé. Nous n'étions pas inquiets ; être étrangers, nous assurait-on, signifiait protection.

La vallée du Yangtze Kiang était verte et luxuriante ; chaque pouce de terrain était utilisé. Même l'espace qui aurait dû être utilisé pour les routes a été consacré à la production alimentaire, et des milliers de personnes sont nées, ont vécu et sont mortes dans des bateaux sur le fleuve. Certains buffles d'eau pataugeaient dans la boue des rizières, certains chevaux travaillaient sur les tapis roulants aquatiques, mais le travail humain prédominait. La surpopulation et la misère allaient de pair. Dans ce pays que Marco Polo décrivait autrefois comme « un havre agréable de soieries, d'épices et de belles manières », tous les hypothétiques épouvantails malthusiens s'étaient réalisés.

Les étrangers vivant dans les colonies internationales et françaises de Shanghai jouissaient à peu près de la même vie que chez eux. Leurs hôtels étaient les mêmes, ils rencontraient le même genre de personnes, portaient les mêmes vêtements, prenaient les mêmes repas ; en fait, il était difficile de se procurer de la nourriture chinoise à moins de savoir exactement où aller. Ils venaient en masse, rassemblés en troupeaux, la plupart s'ennuyaient à mourir. On voyait qu'ils s'étaient approprié le meilleur de tout : les maisons avec jardins et murs, les rickshas propres, les garçons bien nourris, la prospérité. Les Chinois, dans leur propre pays, vivaient de ce qui restait, c'est-à-dire pratiquement rien. Ils se blottissaient avec mélancolie en marge – horribles, abjects, sales.

Cela m'a étonné de voir que les Américains, les Français et les Anglais pouvaient être si proches et pourtant fermer les yeux sur les conditions misérables et dégradantes d'une misère dévastatrice dans les quartiers indigènes. Un jour, alors qu'un missionnaire me guidait à travers la ville chinoise, nous avons remarqué une foule, y compris des enfants, rassemblés par curiosité autour d'une lépreuse. Elle était au sol, soupirant et respirant fortement. Personne ne lui a proposé de l'aider. «Peut-être qu'elle est en train de mourir», dit mon compagnon. À ce moment-là, la femme poussa un gémissement effrayant et sortit un bébé de sous ses haillons. Elle savait quoi faire, manipulait ses cuisses et son abdomen, obtenait le placenta, mordait le cordon avec ses dents, mettait le bébé de côté, se retournait et se reposait. Aucune trace d'émotion ne transparaissait sur les visages des observateurs.

Dans leurs pays respectifs, les Européens auraient fait un effort pour améliorer ces conditions. Mais ici, ils semblaient avoir perdu beaucoup de leurs anciennes normes, qualités de caractère et de conscience. On disait que la Chine, psychologiquement parlant, engloutissait la morale de tous ceux qui venaient y résider.

Une jeune secrétaire américaine m'a raconté les joies de vivre dans cette partie de l'Orient. Elle a déclaré que son salaire était bien inférieur à celui qu'elle aurait reçu aux États-Unis, mais que son confort, en revanche, dépassait de loin ce qu'elle aurait pu avoir à Boston avec le double de son salaire actuel. Parmi eux, elle a mentionné son garçon ricksha, qui ne lui coûtait que cinq dollars par mois, avec lesquels il devait subvenir à ses besoins et à ceux de sa grande famille. Depuis trois ans qu'il travaillait pour elle, elle n'avait jamais augmenté son salaire, et elle ne s'y attendait pas non plus. Il n'osait faire aucune demande, car en Chine, il était presque impossible de trouver un emploi par soi-même. Lorsqu'un domestique était licencié, il était pratiquement confronté à la famine. J'ai vraiment eu une mauvaise impression des gens qui voulaient vivre en Chine à cause du bas prix de son luxe.

Le Grand Hôtel était élégamment aménagé, mais les garçons qui servaient dans les chambres ne semblaient pas amicaux dans leur cœur envers les étrangers. L'hostilité s'infiltrait dans tout le pays. Au plus profond de l'esprit chinois réside le souvenir de nombreuses invasions, de la rébellion des Boxers et de l'intrusion des hommes d'affaires et, en particulier, des missionnaires.

A Shanghai, les missionnaires américains dominaient l'éducation chinoise, telle qu'elle était. J'ai été surpris de constater que les familles de huit ou dix enfants étaient la règle plutôt que l'exception parmi elles. Leurs salaires augmentaient à chaque nouveau-né, et c'est peut-être la raison. Néanmoins, nombreux étaient ceux qui voulaient des informations sur le contrôle des naissances. Lorsqu'ils ont appris ma présence , ils ont téléphoné, envoyé des cartes, sont venus me voir. Mais, apparemment craignant les critiques, ils m'emmenaient si possible dans une pièce isolée ou, si nous devions nous rencontrer dans un lieu public, me reculaient dans un coin et se plaçaient devant pour cacher le fait qu'ils parlaient avec moi ; ils faisaient comme s'ils relevaient le col de leur manteau pour ne pas être reconnus.

La seule méthode de limitation familiale connue des Chinois pauvres était l'infanticide des petites filles par étouffement ou noyade. Les missionnaires coopèrent avec le gouvernement, qui a promulgué une loi interdisant cette pratique. Ils allaient de maison en maison pour voir si une femme était enceinte. Si tel était évidemment le cas, son nom était noté dans un cahier pour un appel peu de temps après la date prévue de la naissance. En même temps, le père et la mère furent informés de la lourde peine qu'ils encourraient s'ils ne produisaient pas le bébé lui-même ou un certificat médical attestant d'un décès dû à des causes naturelles. Après deux ans de travail, quatre-vingt-quinze pour cent des femmes enceintes ont montré à leur bébé ou de bonnes raisons de ne pas le faire.

Mais les Chinois disposaient d'une marge de subsistance si faible que, si la loi leur interdisait de disposer d'un enfant, un autre était privé de nourriture. Parfois, il fallait vendre deux petites filles pour garder un garçon en vie ; en cas de nécessité extrême, il pourrait même devoir être confié à un homme sans fils qui voulait assurer le culte des ancêtres. Comme les filles les plus âgées pouvaient commencer à aider dans les champs ou devenir servantes dans la maison d'un riche propriétaire terrien, ce sont généralement les filles de trois ou quatre ans qui étaient confiées aux bordels. Ils y sont restés jusqu'à ce qu'ils soient suffisamment mûrs pour pouvoir rédiger leur contrat. S'ils essayaient sans succès de retrouver la liberté, les propriétaires les battaient sans pitié, parfois même en leur brisant les jambes, les empêchant de marcher, et encore moins de s'enfuir à nouveau.

Lorsque l'infanticide a été stoppé, l'augmentation correspondante du nombre de filles chantantes gagnant leur vie grâce à la prostitution était presque immédiatement évidente. On estimait que Shanghai en comptait cent mille. Beaucoup étaient des Eurasiens, résultat d'unions avec des hommes blancs qui étaient à Shanghai avec de petits salaires en tant que représentants d'entreprises étrangères. J'ai aperçu certaines des femmes chinoises achetées comme femmes de ménage et maîtresses qui disaient également au revoir dans le train à leurs maîtres américains ou anglais rappelés chez eux.

Désireux de voir le pire de la ville, je me rendis au quartier des prostituées en compagnie de M. Blackstone, un missionnaire de la Porte de l'Espérance, une maison de refuge pour les jeunes filles en fuite. A Shanghai, comme à Tokyo, on retrouve dans la section japonaise des lumières douces, tamisées et un courant musical sous-jacent dans l'air. Les détenus étaient adultes, gais et chaleureux, les intérieurs étaient impeccables et sobres dans leur décoration, les rues grouillaient de marins qui préféraient apparemment ce quartier au quartier chinois, sombre et lugubre, à proximité .

Çà et là, à travers les portes ouvertes, on apercevait les prostituées chinoises, lourdement fardées, vêtues de couleurs vives, alignées comme des affiches sur la mesquinerie du fond, leurs corps frêles et légers au service de tous ceux qui venaient. Chacune prenait place à son tour sur un tabouret à l'extérieur, utilisant ses quelques mots d'anglais pour attirer le commerce des marins. Je pensais que je ne me remettrais jamais du choc de voir des hommes américains passer leurs soirées dans de tels endroits avec ce qui était manifestement des enfants.

Dans une maison, nous avons trouvé une demi-douzaine de filles paraissant beaucoup plus jeunes que leurs quinze théoriques, assises sur des bancs durs autour d'une pièce ne mesurant pas plus de six pieds sur neuf. Une petite tenant une lampe haute pour que nous ne trébuchions pas et ne tombions pas, nous escorta jusqu'à sa cabine, qui n'avait comme meuble qu'un lit. Une chaise m'a été apportée.

M. Blackstone a commencé à lui parler dans son propre dialecte. Pourquoi était-elle venue ?

"Trop de bébé à la maison, pas de nourriture." Elle a dit qu'elle avait seize ans et qu'elle était là depuis qu'elle avait douze ans.

"Pourquoi elle ne peut pas avoir un jour sur dix", ai-je expliqué.

L'enfant était visiblement effrayée, consternée par sa propre bavardage. Nous pourrions être du gouvernement. Cependant, lorsque nous eûmes enfin gagné sa confiance, elle répondit avec empressement à ce contact sympathique inhabituel, parlant librement d'elle-même, du temps qu'il lui fallait pour se payer, de la précarité et de la fatigue physique de son métier ; certains jours, elle n'avait aucun visiteur, mais lorsqu'un navire en arrivait, il pouvait y en avoir jusqu'à dix ou douze par nuit. Elle semblait aussi vieille que les âges dans ses connaissances ; «Je ne veux pas bébé», nous a-t-elle dit. Pourtant, sa pauvre petite silhouette avait l'immaturité d'un fruit cueilli vert et laissé se ratatiner.

Nous lui avons donné de l'argent et sommes partis malgré son invitation urgente et aimable à rester.

Toutes les filles qui chantaient n'étaient pas nécessairement des prostituées ; la plupart des hôtels les ont embauchés pour divertir les clients. Seules leurs lèvres étaient maquillées, leurs visages restant pâles. Elles portaient des fleurs dans les cheveux et, même si leur voix n'était pas aussi douce que celle des geishas, elles avaient une plus grande indépendance. Certes , leurs chants étranges et stridents accompagnés du tintement d'un luth n'attiraient pas les oreilles occidentales.

Les échos de ma visite au Japon s'étaient répandus dans toute la colonie japonaise, qui souhaitait me réserver un accueil extra-cordial, faisant de son mieux pour compenser ce qu'ils pensaient avoir été une expérience désagréable dans leur pays. Je n'avais pas réalisé le pouvoir de l'ancienne féodalité sur la femme japonaise jusqu'à ce que je la rencontre loin de chez elle, où elle s'est épanouie pour devenir un être humain intelligent et franc. J'ai remarqué qu'elle s'exprimait beaucoup plus franchement en présence d'hommes, mais sous la conversation je sentais souvent une propagande qui avait entraîné de profonds préjugés ; d'après les histoires horribles que l'on entendait sur la sauvagerie des Chinois, on avait l'impression que tous étaient des cannibales.

Comme mon projet d'inclure la Chine dans mon itinéraire avait été fait si tard, j'avais peu de lettres d'introduction là-bas. Par conséquent, à mon grand regret, je n'ai pas vu beaucoup de femmes chinoises. Je ne m'attendais pas à parler beaucoup et j'avais eu très peu de presse à Pékin. Le Dr Hu-Shih, cependant, m'avait fait rencontrer une quinzaine de journalistes à Shanghai. Nous avons siroté notre thé, grignoté nos gâteaux, puis ils ont commencé à poser des questions, notant les réponses avec le plus grand soin. Ils voulaient exposer les avantages et les inconvénients du contrôle des naissances dans leur propre langue, mais n'ont malheureusement pas pu atteindre les masses analphabètes. Ils m'ont demandé de parler à la Family Reformation Association, une organisation placée sous les auspices des missionnaires. Les règles étaient : interdiction de fumer, de boire, de jouer. Ses membres sont donc restés restreints.

La jeune femme qui interprétait paragraphe par paragraphe venait de rentrer d'Amérique, mais n'a pas prouvé l'expert que son voyage lui avait indiqué. Le président m'a dit que je devais donner à la fois la théorie et la pratique, mais lorsque j'en suis arrivé à cette dernière, mon courage de traducteur a pris son envol. Elle a murmuré : « Je vais demander à un médecin de dire ça. » J'ai abandonné et je suis passé à quelque chose de plus simple. Mon public, cependant, savait sans son aide ce que j'essayais de transmettre, et a été très distrait par sa situation difficile.

De tous les pays, la Chine avait besoin de savoir comment contrôler son nombre ; la fertilité incessante de ses millions se répandit comme une peste. Les étrangers bienveillants qui s'y étaient rendus avec leurs propres codes moraux pour sauver ses bébés de l'infanticide et son peuple de la peste, avaient en fait aggravé son problème. Contribuer aux fonds de famine et soutenir les missions, c'était comme essayer de balayer la mer avec un balai.

La Chine représentait l'acte final d'une tragédie internationale de surpopulation, semblant prouver que l'éminence d'un pays ne pouvait pas plus être mesurée par des chiffres que par son expansion industrielle, ses grandes armées permanentes ou ses marines invincibles. Si ses fils et ses filles ont laissé aux générations futures un témoignage de poésie, d'art et de philosophie immortels, alors c'était une grande nation et elle avait atteint la seule immortalité qui valait la peine d'être recherchée. Mais la Chine, autrefois source de sagesse, avait été réduite en poussière par un élevage surabondant.

Telle était ma conclusion lorsque nous étions enfin de retour à l'ère moderne sur le navire américain *Silver State* à destination de Hong Kong ; nous avions du confort, de l'eau chaude, des bains, nous entendions la douceur des petits carillons lorsque le steward parcourait les couloirs annonçant les repas. C'est presque avec un sentiment de respect que j'ai demandé un service. Après avoir passé quelque temps en Orient, vous étiez un peu gêné d'avoir un Américain qui vous attendait. Bientôt, cependant, les plombiers, les charpentiers, les peintres qui entretenaient l'assiette des navires, les marins qui nettoyaient les ponts la nuit, me donnèrent le sentiment que, dans les pays occidentaux, nous avions fait un grand pas vers la dignité du travail manuel.

Chapitre vingt-huit

LE MONDE EST À BEAUCOUP LE MÊME PARTOUT

Une méthode de promotion des ventes préférée des astrologues consiste à envoyer des lectures partielles aux personnes dont les noms apparaissent dans les journaux, dans l'espoir de piquer leur curiosité au point d'exiger des détails plus complets sur leur vie et leur conduite futures. De temps en temps , je les recevais sans y prêter attention. Mais juste avant mon départ de Californie, un ami du contrôle des naissances m'en avait envoyé un sur la base d'arrestations et de prison. Cette prévision me disait que j'aurais beaucoup de difficulté à commencer et que, un certain jour du mois de mai, les mêmes signes prévaudraient sur ma maison qu'à l'assemblée municipale - que je devrais donc me préparer à l'intervention de la police.

Alors que je faisais mes bagages à Shanghai, je fouillais dans ma mallette et j'ai remarqué que la date était celle à laquelle le *Silver State* serait encore en mer ; elle n'était attendue à Hong Kong que le lendemain. J'ai ri intérieurement et j'ai dit : « C'est ici que je prouve le contraire. » Mais il s'est avéré que le navire était en avance sur son horaire et est arrivé à Hong Kong douze heures plus tôt.

Nous remontions le long bief en direction des quais de Kowloon lorsque, à ma grande surprise, l'agent d'immigration qui était monté à bord m'a remis un avis m'ordonnant de rendre visite au chef de la police.

« Est-ce une invitation spéciale pour moi, ou est-ce que tout le monde est inclus ? »

"Seulement pour vous, Madame", fut la réponse souriante.

Le port était rempli de jonques et de bateaux de pêche. Les enfants dans les sampans tendaient des filets pour attraper tout ce qui pourrait passer par-dessus, récupérant chaque morceau de déchet dans l'eau. Les navires adjacents étaient charbonnés par des femmes coolies, par centaines, le visage tendu et le corps filandreux comme s'il était entièrement constitué de tendons. Ils portaient leurs deux paniers sur des perches de bambou sur leurs épaules et grimpaient comme des fourmis, pieds nus, sur les barges, sans chanter comme les hommes coolies du Nord, mais en faisant beaucoup de *wallah-wallah,* en bavardant et en criant.

Après avoir installé Grant dans un hôtel , j'ai pris une chaise au coin de la rue, car le quartier général de la police se trouvait à mi-chemin du Peak et les rickshas ne pouvaient pas franchir la montée raide. Le chef n'était pas là. J'ai demandé si quelque chose n'allait pas avec mon passeport. Comme mon visa britannique était parfaitement correct, ils ont dit qu'il devait y avoir une erreur ; ils n'avaient aucune information sur une éventuelle convocation. J'ai laissé ma carte.

Le lendemain, le chef est venu à mon hôtel mais nous nous sommes manqués car j'étais dehors avec Grant pour commander son premier pantalon long. À mon retour, j'ai trouvé une carte de visite et une autre demande de venir au siège dans l'après-midi. Encore une fois , j'obéis et encore une fois je ne trouvai ni chef ni message pour moi. J'ai laissé une autre carte et les fonctionnaires que j'avais vus auparavant ont réitéré en riant qu'ils n'étaient toujours au courant d'aucune plainte.

«Eh bien, j'y vais demain matin. Si le chef veut quelque chose, il devra venir à l'hôtel. Il ne l'a jamais fait.

Nous repartons, cette fois sur un paquebot britannique. La mer était calme, l'air frais. C'était le voyage océanique idéal dont j'avais toujours rêvé. J'étais détendu et énervé mais c'était bien de l'être. Je n'avais rien d'autre à faire de la journée que de m'asseoir sur le pont, dans la brise glorieuse, et d'observer les enfants qui s'ébattaient, dont une cinquantaine étaient à bord. Beaucoup étaient nés en Orient et accompagnaient le « pater » qui rentrait chez lui en permission. Un petit garçon pouvait arriver en courant, poursuivi par un autre, tous deux suivis par des amah chinois anxieux, minces, bruns, aux cheveux lisses, portant des pantalons noirs brillants et des manteaux boutonnés sur le côté. Ils semblaient constamment en détresse face aux pitreries de leurs charges énergétiques.

Lorsque nous jetâmes l'ancre à Singapour, l'agitation et l'excitation se manifestèrent de nouveau parmi les inspecteurs à la vue de mon passeport. On m'a poliment demandé de rester là pendant qu'ils se consultaient, puis j'ai été conduit hors du navire jusqu'à un bureau à l'étage où j'ai été interrogé par un agréable jeune Anglais sur mes intentions d'aller en Inde.

"Mais je n'ai pas l'intention de m'arrêter en Inde."

« Des conférences de votre part sont annoncées à Bombay et à Calcutta. »

«C'est la première fois que j'en entends parler», lui ai-je assuré. « Mais si je devais y aller, y aurait-il des objections ? »

"Cela dépend du sujet de vos cours."

"Je ne m'intéresse qu'à un seul sujet."

Il appuya sur un bouton. Miraculeusement, presque comme une scène de pièce de théâtre mystérieuse, et comme si tout avait été répété à l'avance, un employé entra et déposa sur le bureau un grand papier soigneusement dactylographié.

« Suis-je sur la liste noire ?

« Pas exactement, mais tu as dit que tu n'étais intéressé que par un seul sujet. Alors qu'en est-il de ça ? Il m'a en fait lu dans ce document les détails d'une petite réception que j'avais donnée cinq ans auparavant dans mon propre appartement à New York à Agnes Smedley après sa libération sous caution.

Pendant un instant, je restai bouche bée d'étonnement. Puis j'ai éjaculé : « Pourquoi ne devrais-je pas m'intéresser alors qu'elle a été arrêtée pour une cause qui est la mienne ? En outre, vous devez vous rappeler que l'accusation a été rejetée par la suite.

"Alors que diriez-vous de siéger au Comité pour la défense des Debs et pour la défense des prisonniers politiques ?" Il a mentionné d'autres rassemblements auxquels j'avais assisté à l'époque des réunions de salon, comme lorsque Mary Knoblauch avait demandé à Jim Larkin de parler du Home Rule irlandais ou que Lajpat Rai, le sociologue indien, avait exprimé des tendances anti-britanniques. Partout où mon nom figurait sur le papier à lettres d'un comité, il l'avait dans son dossier. Ma vie publique s'y déroulait, montrant à quel point l'espionnage britannique était prudent.

J'ai sorti de mon arsenal certains de mes arguments les plus fiables, et le responsable a finalement convenu que si des millions d'Indiens voulaient un contrôle des naissances , il était tout à fait favorable à mon départ et visa mon passeport. Cependant, comme je n'avais pas l'intention de l'inclure dans mon voyage, la discussion était purement académique.

Même si Singapour, à notre arrivée, semblait regrouper tant de nationalités qu'on aurait dit que l'Europe, l'Amérique et l'Orient étaient mêlés, les Malais, dont c'était autrefois la terre, semblaient être en minorité et leur dialecte peu utilisé. Je ne pouvais pas échapper à cet horoscope fatal, car lorsque leur langage m'était décrit comme facile et simple, l'exemple donné était *mata* . En soi, cela signifiait œil. Mais, *maman mata* , en plus d'être au pluriel, signifiait aussi les policiers, qui étaient les yeux du gouvernement, et *mata mata glap* signifiait des yeux secrets, donc des détectives.

La façon dont les Européens se faisaient comprendre à Singapour était pour moi une merveille. Les garçons chinois ricksha ne comprenaient apparemment aucune langue et ne savaient pas où se trouvait un endroit. Vous êtes monté dans un pousse-pousse et avez indiqué l'endroit où vous pensiez que se trouvait votre hôtel, en priant pour que votre doigt soit tendu dans la bonne direction. Si vous ne l'avez pas pointé, il a couru dans n'importe quelle direction de la boussole. Pourtant, au premier virage, il avait tendance à s'engager dans une rue plus ombragée . Au bout d'un moment, comme il semblait n'arriver nulle part, vous lui avez parlé brusquement et il s'est arrêté devant un agent de la circulation qui lui a indiqué où aller. Toujours en pointant du doigt et en disant « hôtel » à voix haute, vous avez finalement été amené devant la porte par un coolie très content , souriant jusqu'aux oreilles devant sa propre intelligence. Les pauvres gens étaient si joyeux et si disposés qu'on ne pouvait s'empêcher de sourire aussi.

Le temps est resté doux à Penang, à Ceylan et à Aden. Je redoutais la chaleur de la mer Rouge, mais le passage était étonnamment frais ; le vent face était vraiment agréable.

Au Caire, où nous avons fait une pause plus longue, Grant a attrapé la dysenterie et sa température a grimpé à cent quatre degrés. Un médecin tchécoslovaque a passé trois nuits avec lui mais n'a pas pu faire baisser la fièvre. Chaque matin, lorsque je me levais tôt pour faire office d'infirmière, je tombais sur six indigènes, parmi lesquels notre propre guide Ali, agenouillés sur des tapis de prière devant sa porte. Toutes les diseuses de bonne aventure avaient annoncé qu'un décès était imminent à l'hôtel Shepheard et supposaient qu'il en serait la victime. Le quatrième jour, après que le médecin soit allé à son cabinet, j'ai commandé un plat rempli de glace et j'ai épongé Grant avec de l'eau glacée. Deux heures plus tard, sa température était normale et il commençait à montrer des signes de guérison. Je n'ai jamais révélé ce bain froid au médecin.

Ali était un bel Arabe au visage sombre, avec de grands yeux lumineux et des traits fins qui faisaient paraître les Américains grossiers et faibles en comparaison. Vêtu de sa longue robe noire jusqu'au sol et surmontée d'un fez rouge, il arrivait à ses fonctions avec de grosses brassées de fleurs que sa mère lui offrait. Nous avons eu de longues conversations. "As tu été marié?" J'ai demandé.

"Oui, cinq fois."

"Aucun d'entre eux n'était-il heureux?"

Il commença à énumérer. Le premier était jeune et inexpérimenté ; elle n'avait pas été correctement élevée et ne connaissait pas sa position d'épouse. Même si elle lui avait coûté une centaine de dollars, il l'avait envoyée chez ses parents parce qu'elle était trop indépendante. Le numéro deux n'avait pas été propre et était trop vieux pour que sa mère puisse s'entraîner ; il avait pris des dispositions à l'amiable avec son père pour son retour et n'avait perdu aucun argent dans cette transaction. Le numéro trois avait été malade et avait coûté beaucoup d'argent ; elle aussi était revenue. Le numéro quatre ne l'avait pas aimé ; il était rapidement devenu évident que son cœur était avec un autre homme et l'accord avait été rompu par consentement mutuel. Le numéro cinq, le dernier, qu'il avait renvoyé chez lui parce qu'elle ne voulait pas servir sa mère.

"Pourquoi devrait-elle le faire?"

« Madame, ma mère m'a porté dans son ventre pendant neuf mois. Dois-je avoir une femme qui ne travaillerait plus pour elle après ça ?

Il cherchait maintenant son sixième.

Ali a hanté nos pas et, afin de percevoir sa commission de cinq pour cent sur tous nos achats, a noté chaque endroit où nous allions. Les commerçants faisaient des appels de leurs clients une affaire sociale. Vous êtes allé dans une parfumerie du Bazar. Le propriétaire a répondu «Oui», s'est assis et vous a tendu une cigarette aromatique à bout doré. Il l'a allumé pour vous, a sorti une pile de lettres d'un sac et les a ouvertes pour votre inspection. Il s'agissait de témoignages selon lesquels un certain monsieur avait envoyé des cigarettes similaires à Hartford, dans le Connecticut, ou à Pelham, dans l'État de New York. Bien sûr, vous en avez acheté. Puis on vous a apporté une tasse de thé persan, et vous en vouliez un peu. Enfin , vous vous souvenez que vous étiez venu chercher de l'essence de roses. À ce moment -là , il avait senti votre « aura » et savait ce que vous pouviez payer. Il était prêt à mentionner humblement le prix.

Notre tournée a été une expérience merveilleuse pour Grant. Il avait étudié les Baedeker, planifié nos voyages lorsque nous arrivions dans une nouvelle ville ou un nouveau pays, étudié leur histoire et, bien qu'il n'ait que treize ans, il avait montré une attitude très éveillée et intelligente envers tout ce que nous avions vu.

On lui avait lancé toutes sortes d'objets : plumes d'autruche, éventails, paniers, saphirs, scarabées. Il était rassasié de spectacles et d'histoires étranges : le Temple de la Dent du Bouddha à Kandy, les caravanes de bœufs, le club anglais du petit Port Swettenham en Malaisie, les énormes porteurs égyptiens qui ramassaient les malles comme s'il s'agissait de sacs à main, les femmes voilées et les femmes voilées. dévoilés, les mosquées, l'église copte où Joseph et Marie étaient censés avoir caché Jésus à Hérode, les dattiers le long de la route de Memphis, le temple souterrain du Taureau, les vestiges d'un vieux monde fier à Alexandrie où Cléopâtre avait autrefois tenu cour, le ferry-radeau primitif sur lequel nous avions traversé le Nil pour voir l'endroit où Moïse avait été trouvé dans les taureaux, la promenade merveilleuse, étrange et belle, à travers le Sahara pour voir les pyramides et le Sphinx. En route vers la Suisse , il avait voyagé en gondole le long des canaux de Venise et traversé les galeries d'art de Milan.

Après quelques semaines à Montreux, Grant était complètement rétabli, mais il avait maintenant le mal du pays pour la première fois depuis que nous avions quitté New York, huit mois auparavant. Tout ce qu'il voulait, c'était voir Tilden jouer les matchs de tennis à Wimbledon, puis rentrer chez lui. Parce que je ne pensais pas qu'il devrait manquer l'accueil que HG lui donnait, je lui ai fait traverser la Manche par avion jusqu'à Londres, puis, reconnaissant son désir d'être parmi son âge et sa race, je l'ai embarqué pour le voyage inaugural du *Majestueux* pour un camp dans les Poconos. À son retour à Peddie, il avait terminé sa classe, son esprit était grandement enrichi et il était capable d'aborder ses études de manière plus mature. Je n'ai jamais regretté de l'avoir emmené avec moi.

Je suis moi-même resté à Londres pour la cinquième conférence internationale néo-malthusienne et sur le contrôle des naissances, qui se tiendra du 11 au 14 juillet. L'inclusion des mots contrôle des naissances était une concession définitive de la part des néo-malthusiens au nouveau courant de pensée. C'était un plaisir de se retrouver dans des conditions où régnait la tolérance et où l'atmosphère n'était pas gâchée par les restrictions légales. La franchise scientifique du débat a été rapportée dans les journaux avec sincérité et sobriété.

John Maynard Keynes, devenu célèbre presque du jour au lendemain grâce à son livre *Les conséquences de la paix* , a présidé l'une des réunions de l'après-midi. Plus tard, j'ai déjeuné avec lui. Il était grand et bien bâti, avec des yeux bleus clairs et froids, une tête, un front et un visage bien galbés, une allure brillante et une intelligence brillante. J'ai été impressionné par le fait qu'il ne souriait pas. Parce qu'il accordait tant d'attention à chacune de vos questions, il paraissait constamment perplexe, mais dès qu'il commençait à parler , vous saviez qu'il avait déjà mis de côté la question comme étant résolue et qu'il avait avancé d'avance. Vous étiez probablement plus perplexe face à sa question suivante que lui face à la vôtre.

revoie Keynes, il avait épousé Lydia Lopokouva, du Ballet russe. Il était devenu une personne entièrement différente – son air sérieux et son visage avaient été changés en un bonheur joyeux et joyeux. Sa connaissance des problèmes d'argent, de population et d'économie était d'une nature bien au-dessus de la portée d'une intelligence ordinaire, mais dans sa conversation avec sa femme, il laissait toujours entendre qu'elle connaissait le sujet aussi bien que lui et répondait à ses questions comme si leurs esprits étaient ensemble. Il était le seul Anglais, peut-être le seul homme, que j'aie jamais connu capable de faire cela.

Contrairement à Lydia Lopokouva , la plupart des femmes ont mené un combat acharné pour tenter de prouver qu'elles étaient égales aux hommes ; ce conflit conjugal était indissociable de la vie moderne. Je pouvais le ressentir fréquemment lorsque j'entrais en contact avec un couple marié – de sa part les années de rébellion, et de sa part d'essayer de la rabaisser comme une faible.

Le sentiment a vanté le jeune amour qui promet de durer pour l'éternité. Mais l'amour est une croissance mêlée à une succession d'expériences ; il est aussi insensé de promettre d'aimer pour toujours que de promettre de vivre pour toujours.

Chaque femme craint que le mariage ne réponde pas à ses attentes et à ses rêves les plus élevés. Si dans le cœur d'une jeune fille qui entre pour la première fois dans cette alliance, il y a des doutes, même au moindre degré, ils sont doublés et triplés en intensité lorsqu'elle médite un second mariage.

J. Noah H. Slee , que je connaissais depuis un certain temps, était ce que les journaux appelaient « un pilier solide de la finance ». Il est né en Afrique du Sud mais a fait fortune aux États-Unis. Dans nos mœurs et dans nos extérieurs, nous étions aussi éloignés que les pôles ; il était un conservateur en politique et un homme d'Église, alors que j'ai voté pour Norman Thomas et, au lieu d'assister aux offices orthodoxes, j'ai préféré aller à l'opéra.

Homme démodé, JN aspirait à protéger tout type de femme qui s'accrocherait. Des complications se sont donc présentées à nous. J'étais libre depuis près de dix ans et, depuis aussi longtemps, je menais une campagne pour libérer d'autres femmes. J'ai été surpris à l'idée de joindre ma vie à celle d'une personne qui s'opposait à ce que sa femme rentre seule à la maison en taxi la nuit, ou qui supposait qu'elle ne pouvait pas acheter ses propres billets de train ou enregistrer ses bagages. Néanmoins, malgré ses faiblesses, il était généreux en souhaitant que je continue mon travail inachevé, et ne se laissait pas décourager par mon avertissement selon lequel il devrait toujours m'embrasser au revoir dans les dépôts ou me faire ses adieux lorsque la passerelle montait.

Je devais aussi considérer que j'avais deux garçons à éduquer et que les enfants étaient bien plus pour une femme que pour un homme. Pourtant, je savais qu'il serait gentil et compréhensif avec eux. De plus, il avait foi à la fois dans les individus et dans l'humanité ; son apparence naïve de dureté n'était en réalité pas confirmée par les faits. Il tenait ses promesses et détestait les dettes ; nous attachons la même importance à l'esprit d'intégrité.

Des centaines de personnes qui me connaissaient à peine ont été ravies lorsque la nouvelle de notre mariage a finalement été rendue publique. En une semaine, des lettres commencèrent à arriver de partout aux États-Unis et au Canada. Un homme m'a écrit qu'il m'avait aidé à organiser une réunion à San Francisco et qu'il avait maintenant besoin d'une presse à imprimer : lui enverrais-je la modique somme de trois mille dollars ? Un autre m'a rappelé que j'avais dîné chez lui alors que je donnais une conférence dans sa ville, et maintenant qu'il avait peint suffisamment de tableaux pour organiser une exposition, est-ce que je la financerais ? Des dizaines de ministres, de vieillards, de vieilles dames, d'écrivains, de sculpteurs voulaient que je les installe dans des affaires, des concerts, des librairies, se rappelant le temps où ils m'avaient emmené en voiture à des réunions, ou que j'avais dormi dans leurs lits. Des parents m'ont demandé d'envoyer leurs enfants à l'école, en Europe, dans des sanatoriums, Dieu sait quoi. Je n'aurais jamais cru que les gens pouvaient avoir autant besoin. J'avais envie, avec tout le désir en moi, de faire un chèque pour chaque manque, d'agiter une baguette magique et de dire : « Ainsi soit-il ».

Mais tout ce que je pouvais faire, c'était répondre que je n'avais pas plus de richesse qu'avant : celle de mon mari était la sienne. Et j'avais toujours besoin d'autant de contributions au contrôle des naissances que jamais.

Je n'avais pas voulu avoir l'inquiétude ou la difficulté de gérer de l'argent, et je n'en veux pas non plus aujourd'hui. Les choses que j'appréciais alors, je les apprécie maintenant, non pas pour ce qu'elles coûtent, mais pour ce qu'elles sont. Pour moi, les dollars et les centimes ne sont que des messagers pour exécuter mes ordres, et rien de plus. Les utiliser correctement et obtenir des résultats est de ma responsabilité.

Quand j'ai demandé à JN : « Pourquoi verrouillez-vous les choses ? » il a répondu: "Je le fais toujours, n'est-ce pas?"

"Jamais. Je n'ai rien qui vaille la peine d'être enfermé.

C'est ce que je ressens toujours.

Cela semblait si définitif quand j'ai à nouveau fondé un foyer, mais il y avait eu une solitude croissante dans ma vie – ne pas voir les enfants sauf pendant les vacances, n'avoir jamais de temps à passer avec d'anciens amis ou de s'en faire de nouveaux, et avec des opportunités si riches en permanence. s'offrir. Cependant, je savais très bien quel genre de maison je voulais : une maison simple, quelque chose comme celle de Shelley dans le Sussex.

En 1923, avec des pierres ramassées dans les champs, nous avons construit une maison près de Fishkill, dans l'État de New York, nichée dans les collines du comté de Dutchess , au bord d'un petit lac. Nous y avons essayé des cygnes, mais ils n'ont pas fonctionné ; même s'ils avaient l'air pittoresques, ils étaient trop en désordre. Nous avons donc changé pour des canards et rempli l'eau de bar. J'ai planifié un jardin bleu qui grandissait de haut en bas, s'étendait autour de la maison et se modifiait au fil des saisons. Pepper, un chiot cocker de deux mois, est arrivé la première année et a rebondi et sauté autour de nous pendant que nous marchions dans les bois ou montions à cheval sur les collines.

Willow Lake n'était qu'à soixante milles de New York. Je pouvais préparer les menus pour une semaine à l'avance, laisser des indications pour le jardinage, être à mon bureau assez tôt et revenir dîner le soir. Plus tard, pour le travail, nous avons construit un studio au milieu de la cime des arbres, au bord d'une falaise d'où je pouvais voir au loin la majestueuse vallée de l'Hudson.

La domesticité, que j'avais autrefois tant méprisée, avait quand même ses charmes.

Chapitre vingt-neuf

PENDANT QUE LES MÉDECINS CONSULTENT

Après mon retour du monde entier, j'ai découvert que rien n'avait été fait pour la clinique de la Dixième Rue, dont je m'attendais à ce qu'elle soit opérationnelle. Aucun membre de l'Académie de médecine ne s'était manifesté pour soutenir le Dr de Vilbiss et j'avais payé le loyer des douze derniers mois en attendant vainement.

Maintenant, j'ai abandonné et j'ai décidé de recommencer. Plus j'avais étudié, plus j'avais clairement reconnu qu'il n'était pas possible de conseiller un contraceptif standard pour toutes les femmes, pas plus qu'il n'était possible de prescrire une paire de lunettes pour toutes les conditions de vue. Ce n'est qu'après un examen et un contrôle minutieux que vous pourrez déterminer la méthode la plus appropriée. Aucune statistique détaillée n'avait jamais été tenue sauf à Brownsville, et ces histoires de cas ne m'avaient jamais été restituées par la police. Je voulais rassembler au moins un millier de documents de ce type pour une étude scientifique avant qu'une quelconque opposition ne puisse interférer avec le plan.

De nombreuses femmes venaient encore me voir personnellement pour obtenir des informations au 104 de la Cinquième Avenue. La meilleure chose à faire était d'avoir une femme médecin sur place pour s'occuper d'eux – une manière discrète de commencer. Il était difficile de localiser un pied libre et libre ; Je ne pouvais pas hésiter ou m'enfuir au premier signe de problème. En me renseignant, j'ai entendu parler du Dr Dorothy Bocker , qui détenait une licence de la ville de New York bien qu'elle travaille actuellement au service de santé publique de Géorgie. Cette jeune femme célibataire, cordiale et enthousiaste ne connaissait pratiquement rien aux techniques de contraception, mais était prête à apprendre. La difficulté était qu'elle voulait cinq mille dollars par an.

Au début, cela semblait un obstacle presque insurmontable. C'était exactement la personne que je recherchais, mais il me semblait au-dessus de mes forces de réunir une somme aussi importante. J'étais chargé du poids financier de la *Revue* et de la Ligue. Cette organisation avait été admise en tant que société associative et ne pouvait donc pas obtenir une licence pour diriger une clinique, ce qui à New York était synonyme de dispensaire. Aucune clinique ne pourrait donc être incluse dans son budget ; cela resterait un département de la Société par courtoisie seulement, étant en fait mon entreprise privée. Où pourrais-je trouver quelqu'un pour donner une somme aussi énorme ?

Puis je me suis souvenu de Clinton Chance, un jeune fabricant de Birmingham, qui avait extrêmement prospère avant et pendant la guerre. Lui et sa femme, Janet, étaient devenus de bons amis à moi lors de ma visite en Angleterre en 1920. Ayant ressenti le besoin d'un débouché plus solide et plus fondamental pour ses richesses que celui fourni par la charité, il en était venu à comprendre que les informations sur le contrôle des naissances étaient bien meilleures pour ses employés qu'une allocation à la naissance de chaque nouveau bébé. Il n'était en aucun cas un philanthrope professionnel, mais voulait seulement les aider à devenir autonomes.

Clinton m'avait un jour proposé de l'argent pour lancer le mouvement de contrôle des naissances en Angleterre, mais j'avais alors refusé parce que l'Angleterre avait suffisamment de collègues qui géraient bien la situation et, en outre, ma place était aux États-Unis. Il m'avait alors dit : « Je ne vous donnerai pas de contribution pour les dépenses courantes régulières, mais si jamais vous voyez la nécessité d'un nouveau projet qui fera avancer le bien général, faites appel à moi. »

Maintenant, j'ai longuement télégraphié à Clinton, lui expliquant mon besoin. Il répondit immédiatement : « Oui, allez-y » et arriva bientôt un millier de livres anonymes pour couvrir le salaire du Dr Bocker pour la première année. J'ai conclu un contrat pour deux. Elle devait venir en janvier 1923 et nous devions assumer ensemble les risques et les responsabilités.

Même choisir un nom pour l'entreprise n'a pas été facile. Je faisais régulièrement la promotion du terme « clinique » en Amérique depuis si longtemps qu'il était devenu familier et, de plus, pour les pauvres, cela signifiait que peu ou pas de paiement était exigé. Mais l'utilisation du mot lui-même était légalement impossible, et je n'étais pas sûr qu'il n'en soit pas de même pour « centre » ou « bureau ». Je voulais qu'il implique au moins ce que signifiait la clinique telle que je l'avais annoncé, et qu'il inclue également l'idée de recherche.

Enfin, l'une des portes des deux pièces attenantes aux bureaux de la Ligue, facilement accessibles à moi et aux femmes venues demander conseil, portait l'inscription Recherche Clinique.

C'était encore une clinique dans mon esprit, même si, franchement, il s'agissait d'une expérience, car je n'étais même pas sûre que les femmes accepteraient les méthodes que nous avions à leur proposer. Nous avons immédiatement commencé à tenir les registres. Le Dr Bocker a noté l'historique du cas sur une grande carte, en la numérotant pour qu'elle corresponde à une plus petite contenant le nom et l'adresse du patient. Chaque candidate qu'elle soupçonnait de souffrir de problèmes cardiaques, de tuberculose, de troubles rénaux ou de toute maladie rendant la grossesse dangereuse, elle l'informait de la contraception et conseillait immédiatement des soins médicaux.

Dans notre premier rapport annuel, qui a beaucoup retenu l'attention, tous nos cas ont été analysés. Nous avons dit : « En voici la preuve : neuf cents femmes avec des statistiques précises concernant leur âge, leur condition physique et mentale et leur situation économique. »

Au fil du temps , je suis devenu de moins en moins satisfait du système du Dr Bocker . Elle n'avait aucun suivi des patients et je souhaitais que la clinique soit comme une entreprise dans la rigueur de sa routine. J'ai refusé d'approuver les méthodes comme étant fiables à cent pour cent jusqu'à ce qu'il y ait eu non pas un mais trois contrôles sur chaque femme qui s'était rendue à la clinique. Au début, elle devait revenir deux ou trois jours après sa première visite ; elle faisait habituellement ça. Mais si elle ne revient pas dans les trois mois, il faudra alors envoyer une assistante sociale de notre propre service pour la consulter. Enfin, elle devait être examinée une fois par an. Le Dr Bocker n'était pas d'accord avec moi sur le fait que c'était la seule façon de fonder le travail sur une base scientifique solide et nous avons convenu de nous séparer en décembre de la deuxième année.

Le Dr Hannah M. Stone, une jeune femme remarquable de l'hôpital Lying-In, s'est portée volontaire pour remplacer le Dr Bocker sans salaire. Son regard était clair et droit, ses cheveux noirs, sa bouche douce et douce. Elle avait une réaction sympathique envers les mères en détresse et une attitude large face aux nombreux problèmes de la vie. Lorsque l'hôpital de couchage a découvert plus tard qu'elle s'était connectée à notre clinique, cela lui a donné le choix entre rester avec nous ou démissionner du personnel. Elle a démissionné. Sa position courageuse témoignait d'une amitié fidèle et d'un altruisme désintéressé essentiel au bon fonctionnement de la clinique. Ces qualités l'ont gardée parmi nous tout ce temps, l'une des travailleuses les plus aimées et les plus fidèles que l'on puisse espérer.

La clinique pouvait desservir New York, mais sa valeur pratique à l'extérieur était limitée, et je cherchais toujours un moyen d'y remédier. Nous avons fait un premier pas dans l'Illinois, où aucune loi n'existait contre les cliniques. J'avais organisé une conférence à Chicago, à l'hôtel Drake, en octobre 1923, la première d'une série régionale. Mme Benjamin Carpenter et le Dr Rachelle Yarros , qui avaient été avec Jane Addams à Hull House, ont dû obtenir une décision de justice avant que le Dr Herman Bundesen , commissaire à la santé, ne délivre une licence pour la deuxième clinique aux États-Unis.

Entre 1921 et 1926, j'ai reçu plus d'un million de lettres de mères me demandant des informations. À partir de 1923, une équipe de trois à sept personnes était constamment occupée à les ouvrir et à y répondre. Malgré les limites des écrivains et leur manque d'éducation, elles se révèlent étrangement conscientes des responsabilités de la fonction maternelle.

La procréation est dangereuse, même si elle bénéficie des avantages d'une hygiène moderne et des soins parentaux. Les classes moyennes supérieures supposeront probablement que tous les accouchements font l'objet de la même attention compte tenu de la naissance de leurs propres bébés. Ils ne comprennent pas qu'il est encore possible, aux Etats-Unis, qu'une femme puisse traire six vaches à cinq heures du matin et mettre au monde un bébé à neuf heures. Les terribles difficultés de la mère de ferme ne sont en rien atténuées par la maternité. Si elle et son bébé survivent, c'est seulement pour affronter de nouvelles difficultés, et avec des complications supplémentaires.

Au milieu d'une ère de science et de richesses fabuleuses cherchant l'illumination pour faire progresser notre civilisation, avec des millionnaires jetant leur fortune dans les bibliothèques, les hôpitaux et les laboratoires pour découvrir les secrets et les causes de la vie, ici, aux portes de chacun, se trouvait cette tragédie, état à peine reconnu.

C'était une tâche facile et même agréable de réduire les problèmes humains à des chiffres numériques en noir et blanc sur des tableaux et des graphiques, mais infiniment plus difficile de suggérer des solutions concrètes. Le raisonnement des théologiens érudits et des statisticiens infatigables semblait académique et anémiquement intellectuel s'il était confronté à la réalité de la souffrance. Lorsqu'ils m'ont confronté à des disputes, ce faible et lointain chœur de douleur a commencé à résonner à nouveau dans mes oreilles.

Les femmes sensibles de notre personnel de bureau perdaient constamment leur santé à cause de la dépression nerveuse provoquée par le fait que nous avions si peu de connaissances à leur transmettre. Celui qui est allé à Chicago pour aider à réhabiliter les soldats m'a écrit : « Je me sens beaucoup mieux. Ces hommes qui ont perdu une jambe ou un bras arrivent, apparemment disqualifiés à jamais, mais quelque chose est fait pour eux, et c'est un travail heureux, pas désespéré comme le vôtre.

Pour prouver que l'histoire pouvait être racontée par les mères elles-mêmes, dix mille lettres, avec l'aide de Mary Boyd, furent sélectionnées et celles-ci furent réduites à cinq cents. Finalement, ce document historique est apparu sous forme de livre sous le titre *Motherhood in Servitude* .

Chaque fois que je suis découragé , je consulte ces lettres comme une source qui me redonne courage. Ils me font comprendre avec une intensité croissante que celui qui allume une étincelle d'espoir dans le sein d'autrui ne peut se soustraire au devoir de la maintenir vivante.

Woman and the New Race , qui s'est vendu au début pour deux dollars, a été distribué à deux cent cinquante mille exemplaires, et cela m'a fait mal au cœur de savoir que des femmes pauvres qui avaient du mal à se le permettre achetaient le livre et n'y trouvaient pas ce qu'elles voulaient. ils cherchaient. Au mieux de mes possibilités, j'ai essayé de fournir des informations générales, mais le seul moyen d'apporter une véritable aide était de persuader les médecins de les donner de manière professionnelle.

Par un heureux hasard, j'ai rencontré le Dr James F. Cooper, grand, blond, distingué, une belle combinaison de missionnaire et de médecin, qui ne négligeait rien lorsqu'un patient venait à lui, mais lui consacrait toute son attention - tout en elle. la vie était importante pour lui. Il était récemment revenu de Fuchow , en Chine, et s'établissait à Boston en tant que gynécologue. Comme il était profondément convaincu de la nécessité vitale du contrôle des naissances et qu'il pouvait parler techniquement avec sa profession et interpréter également avec le profane, mon mari a promis son salaire et ses dépenses pour deux ans, et je l'ai convaincu de s'associer à nous en tant que directeur médical. d'aller de l'avant et d'essayer de convaincre les médecins de tout le pays que les conseils en matière de contraception sauveraient une grande partie de leurs patientes.

En janvier 1925, le Dr Cooper entreprit une tournée qui parcourut presque tous les États de l'Union. Au cours de ces deux années , il donna plus de sept cents conférences. Parfois, il était soupçonné d'avoir des arrière-pensées, d'avoir tenté de faire de la publicité pour les produits qu'il recommandait, mais cela ne l'a pas dissuadé de sa persévérance. Là où il a constaté le laxisme des organisations médicales, il s'est adressé aux associations non professionnelles, qui ont fait pression sur leurs propres médecins et ont exigé des informations. À la suite de ce voyage, les médecins commencèrent réellement à prendre conscience du problème de la contraception et, une fois le voyage terminé, nous avions les noms d'environ vingt mille personnes, du Maine à la Californie, qui avaient consenti à instruire les patientes qui leur étaient adressées.

C'est alors qu'a commencé le processus énorme et difficile de décentralisation, de sorte que le bureau de New York n'a plus besoin d'être un centre d'échange d'informations. Chaque demande qui échappait à l'influence de Cooper nécessitait une correspondance volumineuse. Une lettre, accompagnée d'une enveloppe timbrée avec adresse de retour, a été envoyée à la femme, lui demandant de nous fournir le nom de son médecin. Nous lui avons alors écrit pour lui demander s'il lui donnerait des informations et lui avons proposé de lui envoyer des fournitures si elle n'en avait pas les moyens. S'il disait oui, nous le lui avisions ; s'il disait non, nous donnions à un autre médecin voisin l'occasion de coopérer.

Nous avons été immédiatement confrontés à une situation dans laquelle même les médecins volontaires n'avaient pas grand-chose à recommander.

Des milliers de femmes ont rapporté que des méthodes tellement inefficaces leur avaient été proposées qu'elles ont refusé de les payer. Nous-mêmes, nous n'avions pas grand-chose, ce qui nous mettait dans une position de faiblesse ; l'acceptation de la théorie était en avance sur les moyens de la mettre en pratique.

La gelée que j'avais trouvée à Friedrichshaven s'était révélée trop chère, car elle était faite à base de chinosol et de mousse d'Irlande, et le prix de la première était prohibitif pour la préparer pour les femmes pauvres. Le Dr Stone et le Dr Cooper ont donc conçu une formule de gelée à base d'acide lactique et de glycérine , qui était à la hauteur de nos moyens. La plupart de leurs cas, cependant, étaient suffisamment graves pour qu'ils ne se sentent pas justifiés de l'utiliser seul à titre expérimental. Ils prirent donc la précaution d'avoir une double garantie en combinant le contraceptif chimique avec le contraceptif mécanique – gelée avec pessaire – qui se révéla efficace à quatre-vingt-dix-huit pour cent.

À cette époque , nous ne pouvions pas importer directement de diaphragmes. Bien que j'aie donné mission à divers amis se rendant en Allemagne et en Angleterre de les faire venir, cela n'a pas pu être fait en quantité suffisante. De plus, comme les fournitures de contrebande ne pouvaient pas continuer indéfiniment , j'ai dû découvrir comment elles pouvaient être fabriquées légalement ici.

Deux jeunes hommes sont venus aider de la manière la plus nécessaire. Herbert Simonds, qui avait fait de la publicité, commença à étudier la possibilité qu'une entreprise de caoutchouc reconnue puisse s'approvisionner en nous. Alors que tout le monde avait peur, lui et Guy Moyston , qui avait fait de la publicité pour nous, ont conclu qu'ils formeraient la société Holland- Rantos , vendant uniquement aux médecins ou sur ordonnance. Ils ont consacré leur temps et des milliers de dollars personnellement à la recherche, pour finalement mettre au point une qualité de caoutchouc capable de résister aux variations climatiques des États-Unis : maisons chaudes et hivers froids, humidité de la Floride et sécheresse de l'Ouest.

Entre-temps, Julius Schmid, un ancien fabricant établi, importait quelques diaphragmes de sa propre entreprise en Allemagne, mais seulement en quantité modeste, car il ne voulait pas enfreindre la loi Comstock. Dès qu'il a vu un marché potentiel dans la profession médicale , il a fait venir de sa patrie plusieurs familles qui y fabriquaient des moules, leur a donné un logement et a créé un petit centre, qu'il a agrandi progressivement jusqu'à ce qu'il vende finalement plus de fournitures contraceptives que n'importe quelle entreprise dans le monde.

Mais tout cela était dans le futur.

Peu de temps après que nous ayons développé une organisation au sein de laquelle les économistes, les biologistes et d'autres scientifiques pouvaient s'exprimer, ils sont entrés dans le mouvement. Le Dr S. Adolphus Knopf, spécialiste de la tuberculose, qui avait été l'un des premiers à m'accueillir à ma sortie de prison, ne manquait jamais une occasion de rédiger des articles dans des revues médicales et d'écrire des lettres. Les livres du professeur Edward Alsworth Ross ont continué à vulgariser les aspects sociologiques et économiques. Le professeur EM East de l' Institut Bussy de l'Université Harvard a publié une étude sur la population intitulée *L'humanité à la croisée des chemins* , qui a été largement diffusée. Son ancien élève, le Dr Raymond Pearl de Johns Hopkins, effectuait le même travail en montrant exactement quelle quantité de nourriture un certain nombre d'acres pouvait produire à quel prix. Les universités ont généralement commencé à manifester leur intérêt ; les étudiants ont écrit pour demander des données scientifiques et historiques sur lesquelles fonder leurs thèses.

Les jeunes des collèges, en partie parce que leurs idées n'étaient pas encore biaisées, offraient un champ en friche pour ma campagne personnelle en faveur de l'éducation par les cours magistraux. J'ai particulièrement apprécié leur rapidité et leur vigilance ainsi que leurs intermèdes de soulagement comique. Nulle part cette combinaison n'a été plus évidente que lors d'une récente visite à l'Université Colgate. Quatre garçons m'ont rencontré à la gare et, d'une manière ou d'une autre, nous nous sommes tous entassés dans une automobile qui m'a rapidement déposé chez l'un des professeurs pour prendre le thé et rencontrer les professeurs. «C'est une soirée de fête à la maison», m'a-t-il dit. « Les filles sont là, et la plupart des garçons ne se coucheront qu'au lever du jour. Nous devrons les chasser pour vous entendre à la chapelle demain. Il a ajouté qu'au cours de ses douze années à l'Université, aucune femme n'avait pris la parole sur cette tribune.

« Ant-ils des préjugés à l'égard des femmes qui parlent ? »

"Oh non non. Il n'y a tout simplement aucun sujet qu'une femme puisse mieux traiter qu'un homme.

Bien! Je me suis dit que si les garçons étaient tous allés à des fêtes et que je suis la première femme à prendre la parole, voici un défi ! Pas de sociologie ni de chiffres démographiques ennuyeux de ma part.

Le lendemain matin, déterminé à leur faire remarquer, j'ai fouillé mon sac pour trouver ma robe la plus élégante, j'ai ajusté mon rouge à lèvres et j'ai soigneusement incliné mon chapeau. Néanmoins, j'étais un peu mal à l'aise. Mon anxiété ne s'est pas apaisée lorsque Norman Himes, professeur de sociologie, a déclaré : « Maintenant, Mme Sanger, nous ne pourrons probablement pas vous entendre dans cette salle. L'acoustique est très mauvaise. Ils m'entendent à peine et j'ai une grande voix.

C'était encore moins encourageant. Je sentais que j'étais probablement la dernière ainsi que la première femme chez Colgate. Cependant, j'ai répondu courageusement : « Je peux parler et nous pouvons leur faire signe s'ils ne m'entendent pas. Quoi qu'il en soit, il n'y en aura probablement pas beaucoup ; pourquoi ne peuvent-ils pas être placés devant ? »

"Oui, c'est ce que nous ferions mieux de faire."

Nous sommes entrés et avons trouvé la chapelle bondée. Certains étudiants se tenaient devant la porte, d'autres contre les murs.

Le professeur Himes m'a présenté à pleins poumons. "Plus fort! Plus fort!" Les garçons agitèrent la main. Plus il essayait de se faire entendre, plus ils devenaient agités. Cependant, lorsque je me levais, ils devaient m'écouter s'ils voulaient m'entendre. Il n'y a eu aucun signe, aucun appel. Ils éclataient de rire et applaudissaient à tout ce que je disais. Cela semblait bien, mais je soupçonnais que je n'aurais pas pu faire une impression si profonde qu'elle mériterait autant d'applaudissements.

Quelqu'un a ensuite commenté au professeur Himes : « Nous n'avons jamais vu les garçons aussi reconnaissants. »

"Oh", remarqua-t-il, "ils pensaient que s'ils pouvaient faire parler Mme Sanger assez longtemps, ils n'auraient pas à se rendre à leurs examens."

Depuis que j'ai commencé à donner des conférences en 1916, je suis apparue dans de nombreux endroits : salles, églises, clubs de femmes, foyers, théâtres. J'ai eu affaire à de nombreux types de publics : des travailleurs du coton, des hommes d'Église, des libéraux, des socialistes, des scientifiques, des membres de clubs et des femmes à la mode et à l'esprit philanthropique.

Une fois à Détroit, Mme William McGraw, Sr. avait organisé une réunion publique et un déjeuner à l'hôtel Statler. À mon arrivée , je me suis trouvé dans une situation qui aurait pu embarrasser une hôtesse moins vaillante. Elle avait invité une douzaine de femmes parmi les plus éminentes de la ville à s'asseoir à la table des orateurs. Mme A. avait demandé : « Est-ce que Mme B. va s'asseoir là aussi ? Mme B. avait demandé : « Est-ce que Mme C. sera à côté de moi ? Chacun voulait un soutien social. Mme McGraw avait carrément refusé de leur dire ; par conséquent, aucun n'avait accepté. Bien que cinq cents personnes soient venues, seules deux places étaient réservées à la grande table du banquet sur l'estrade. Mme McGraw et moi avons mangé dans une splendeur solitaire avec pour seule compagnie les décorations florales.

P'artout dans le monde, à Penang et Skagway, à El Paso et Helsingfors , j'ai constaté que la psychologie des femmes en matière de procréation est essentiellement la même, quels que soient leur classe sociale, leur religion ou leur statut économique. Pour moi, tout groupe excité était un bon groupe, et j'ai donc accepté une invitation à parler à la branche féminine du Ku Klux Klan à Silver Lake, New Jersey, l'une des expériences les plus étranges que j'ai vécues en tant que chargée de cours.

Ma lettre d'instructions m'indiquait quel train prendre, marcher depuis la gare deux pâtés de maisons tout droit, puis deux pâtés de maisons à gauche. Je voyais une berline garée devant un restaurant. Si je le souhaitais, je pourrais avoir dix minutes pour prendre une tasse de café ou manger un morceau, car aucun dîner ne serait servi plus tard.

J'ai obéi implicitement aux ordres, j'ai parcouru les pâtés de maisons, j'ai vu la voiture, j'ai trouvé le restaurant, je suis entré et j'ai commandé du cacao, je suis resté dix minutes qui m'étaient imparties, puis je me suis approché de la voiture avec hésitation et j'ai parlé au chauffeur. Je n'ai reçu aucune réponse. Elle était peut-être totalement sourde à mon avis. Rassemblant mon courage, je montai et m'installai. Sans un tour de tête, un sourire ou un mot pour me faire savoir que j'avais raison, elle a fait preuve d'initiative. Pendant quinze minutes, nous avons sillonné les rues. Il devait être vers six heures de l'après-midi. Nous avons emprunté cette voie solitaire et celle à travers les bois, et une heure plus tard, nous nous sommes arrêtés dans un espace vide près d'un plan d'eau à côté d'un grand bâtiment de grange non peint .

Mon chauffeur est sorti, a parlé avec plusieurs autres femmes, puis m'a dit sévèrement : « Attendez ici. Nous viendrons pour vous. Elle a disparu. D'autres voitures circulaient sur la route poussiéreuse jusqu'au parking. Parfois, les hommes laissaient tomber leurs épouses qui entraient précipitamment et silencieusement. Cela a continué mystiquement jusqu'à ce que la nuit tombe et que je sois seul dans le noir. Quelques lueurs passaient à travers les fentes des rideaux des fenêtres. Même si c'était en mai, j'avais de plus en plus froid.

Au bout de trois heures, j'ai enfin été convoqué et je suis entré dans un couloir lumineux rempli de draps. Alors que quelqu'un sortait du hall , j'aperçus à travers la porte des silhouettes pâles qui défilaient avec des banderoles et des croix illuminées. J'ai attendu encore vingt minutes. Il faisait plus chaud et cela ne me dérangeait pas tellement. Finalement, les lumières se sont allumées, le public s'est assis et j'ai été escorté jusqu'à l'estrade, j'ai été présenté et j'ai commencé à parler.

Jamais auparavant je n'avais regardé une mer de visages comme ceux-là. J'étais sûre que si je prononçais un mot, comme avortement, en dehors du vocabulaire habituel de ces femmes, elles sombreraient dans l'hystérie. Mon discours ce soir- là devait donc être rédigé dans les termes les plus élémentaires, comme si j'essayais de faire comprendre aux enfants.

En fin de compte, grâce à des illustrations simples, je pensais avoir atteint mon objectif. Une douzaine d'invitations à parler à des groupes similaires ont été lancées. La conversation s'est poursuivie indéfiniment et lorsque nous avons finalement terminé, il était trop tard pour retourner à New York. En vertu d'une loi de couvre-feu, tout fermait à Silver Lake à neuf heures. Je ne pouvais même pas envoyer un télégramme pour faire savoir à ma famille si j'avais été jeté à la rivière ou si j'étais détenu au secret. Il était presque une heure avant que j'atteigne Trenton et je passai la nuit dans un hôtel.

À Brattleboro, dans le Vermont, mon public était composé d'une autre partie de l'Amérique : des femmes au foyer honnêtes, fortes et compétentes qui préparaient leurs tartes, leurs beignets et leurs conserves avant leur arrivée. Quand j'eus fini, il n'y eut pas un murmure d'éloges de la part des trois cents. Le pasteur de l'église où se tenait la réunion m'avait demandé de me tenir à ses côtés pour lui dire comment allez-vous quand ils sortiraient. Ils passaient, les yeux droit devant eux.

Mais ensuite, au téléphone, chacun demandait ce que l'autre pensait. Les cas que j'avais cités étaient typiques de leur propre communauté. « Fait-elle référence à celui-ci ou à celui-là ? » » ont-ils demandé.

Je suis revenue deux jours plus tard pour déjeuner avec un médecin et quatre ou cinq travailleurs sociaux, et j'ai été surprise d'entendre : « Les femmes veulent ouvrir une clinique ».

"Mais il n'y avait aucun enthousiasme lorsque je l'ai proposé l'autre matin."

« Les gens d'ici ne s'expriment pas beaucoup ouvertement. Ils furent amenés au calme. Mais ils ouvrent quand même une clinique à Brattleboro.

Chapitre trente

C'EST MAINTENANT LE TEMPS DE CONVERSER

A côté de la clinique et de l'éducation, un autre projet me trottait depuis quelque temps en tête. L'internationalisme était dans l'air, et je voulais que cette perspective soit introduite dans le mouvement aux États-Unis. À cette fin, j'ai planifié la sixième Conférence internationale sur le malthusisme et le contrôle des naissances, qui se tiendrait à New York en mars 1925.

Au cours de l'été 1924, j'ai convoqué une réunion du Comité de la Conférence de la Ligue. Autrement dit, en plus des membres réguliers du Conseil d'administration, d'autres sympathisants ont été invités à y assister. Dès que la question a été soulevée , ils ont déclaré : « Vous devez toujours demander de l'argent pour faire fonctionner la *Revue*. Comment pouvez-vous payer les billets des délégués et leur offrir l'hospitalité ? Savez-vous combien cela coûtera ?

Comme je souhaitais que la Conférence soit suffisamment importante pour laisser sa marque, j'ai répondu promptement : « Pas moins de vingt-cinq mille dollars. »

« Avez-vous pensé à la façon dont vous allez le financer ?

" Certainement je l'ai fait." J'étais certain que l'intérêt de nombre de nos contributeurs dépassait le cadre du magazine et qu'ils verraient que nous avions désormais un champ d'activité plus large. Ils avaient déjà donné et donneraient encore. Je savais que l'argent rentrerait.

Cinq des femmes extérieures présentes auraient pu soutenir la Conférence, mais elles ont objecté que des fonds étaient nécessaires pour d'autres travaux. Un à un, ils partirent précipitamment ; les inévitables rendez-vous les attendaient. Leur conseil au Conseil était qu'il n'y avait pas de conférence – et les membres riches du Conseil étaient d'accord.

Néanmoins, je suis allé de l'avant avec les détails de la recherche de bailleurs de fonds. Même le papier à en-tête de notre papier à lettres était important. Vous pourriez en apprendre beaucoup sur une organisation (qualité, normes, ton) à partir des noms, souvent plus informatifs que le corps de la lettre. Mon intention était d'amener les gens à défendre publiquement ce qu'ils croyaient en privé, et au moins notre liste de sponsors était assez impressionnante : un éventail brillant et distingué.

Le succès de toute conférence était déterminé dans une large mesure par le calibre des hommes qui y participaient. Les résultats dépendaient d'abord du concept qui l'animait, et ensuite, comme cela avait été prouvé auparavant, de la présence d'une figure éminente pour orner l'assemblage. Je décidai de voir si je pouvais convaincre Lord Dawson d'être notre principal orateur et, espérant que la persuasion personnelle pourrait être plus efficace que celle écrite, je m'embarquai pour l'Angleterre en septembre.

Havelock est venu de Margate pour me saluer, comme d'habitude loin du tumulte du monde, loin du conflit d'idées qui comptait tant pour moi. Pourtant, reparler avec lui, c'était revenir à la mêlée avec une inspiration renouvelée. J'ai réussi à me rassembler lors d'un voyage en voiture à Oxford, d'un déjeuner au Mitre , d'une promenade à travers Brazenose et King's et d'un retour en voiture à travers le Buckinghamshire, où les hêtres devenaient bronze et roux. J'ai ressenti un pincement au cœur à l'idée que si peu de ma vie ait pu être vécue en Angleterre.

Malheureusement, pour mes besoins, Lord Dawson était en train de tirer dans le Nord. Avec une certaine témérité, j'ai évoqué la possibilité de Lord Buckmaster, l'ancien Stanley Owen, chancelier de l'Échiquier dans la coalition Asquith de 1915, devenu l'un des orateurs les plus accomplis de la Chambre des Lords. Il venait de rentrer d'Ecosse et m'a téléphoné pour me proposer d'échanger nos points de vue. Il était sur le point de présenter une résolution visant à supprimer, sous les auspices du ministère de la Santé, les restrictions sur l'enseignement du contrôle des naissances pour les femmes mariées qui fréquentaient les centres de protection sociale. Il recueillait des informations pratiques auprès de personnes ayant une expérience pratique et souhaitait savoir en quoi les méthodes utilisées aux États-Unis différaient de celles utilisées en Angleterre et, notamment, en ce qui concerne la vérification de leur innocuité.

Lorsqu'il est venu à mon hôtel un après-midi, je n'ai pas pris le temps de parler de la Conférence, car HG, connaissant la valeur des bonnes présentations, avait organisé pour le soir même un de ses dîners les plus brillants, ou plutôt il l'avait proposé à Jane. l'avait arrangé. Le fait que HG divertisse au nom d'une cause y appose le sceau d'approbation. Jane avait invité des sommités littéraires et leurs épouses : George Bernard Shaw, Arnold Bennett, Sir Arbuthnot Lane, le professeur EW MacBride de l'Eugenics Education Society, Walter Salter de la Société des Nations et Lord Buckmaster.

D'après mon expérience, les personnages se donnaient peu d'eux-mêmes lors des occasions formelles. Tant de gens s'attendaient à ce que ces lions rugissent courageusement, oubliant qu'ils préféraient réserver leurs saillies étincelantes pour les pages de leurs livres. D'ailleurs, lorsque les Anglais se réunissaient pour une soirée , ils aimaient que celle-ci soit légère et amusante. J'avais beaucoup reçu des livres de Shaw, qui avait fait progresser la civilisation en faisant tomber les barrières de toutes sortes, maintenant presque rien de lui personnellement, bien qu'il soit très divertissant, avec des plaisanteries amusantes sur la vie, l'Amérique et le contrôle des naissances.

J'avais intentionnellement été assis à côté de Lord Buckmaster, et après que le repas ait duré environ une demi-heure, HG s'est penché et m'a chuchoté : « L'avez-vous ?

"Je n'ai pas encore commencé."

« Vous n'êtes pas un vrai Américain. Vous devriez travailler plus vite. Vous manquez quelque chose. Sur quoi il concentra son attention sur Lord Buckmaster qui, en réponse à sa question directe, regretta que la date soit en conflit avec l'ouverture du Parlement.

Avant que je puisse m'en rendre compte, le moment est venu où je devais naviguer depuis Southampton. Lord Dawson venait de rentrer et pouvait me voir à trois heures de l'après-midi. À l'heure exacte, sa secrétaire m'a fait entrer dans sa bibliothèque de Wimpole Street. Un feu brûlait joyeusement dans la cheminée, un monsieur, traditionnellement grand et beau, était assis tranquillement sur le canapé comme si mon train de bateaux ne quittait pas la gare de Waterloo à quatre heures trente, et il restait des journées interminables pour parler de ce sujet intéressant. du contrôle des naissances. C'était un grand seigneur comme on en rencontre rarement au cours de ses voyages, doté d'un esprit capable de comprendre et d'aborder n'importe quelle discussion avec connaissance, faits et compréhension. L'approche, l'environnement, sa courtoisie, le charme de ses manières et son sang-froid en faisaient un grand aristocrate anglais. Il m'a interrogé sur l'attitude du corps médical aux États-Unis, désireux de savoir qui s'y était identifié. J'ai récité mes efforts passés pour obtenir le soutien des médecins les plus éminents. Les minutes s'écoulaient sans relâche ; J'ai dû partir et j'ai à peine rattrapé mon train. Pour l'avoir si longtemps admiré de loin, j'ai été heureux d'avoir eu ce bref contact, même s'il n'a pas pu assister à la Conférence.

J'étais de retour à New York fin octobre, et bientôt je reçus une lettre de Shaw m'encourageant avec son point de vue :

Le contrôle des naissances devrait être préconisé pour le plaisir en soi, sur la base générale que la différence entre une activité volontaire, irrationnelle et incontrôlée est la différence entre une amibe et un homme ; et si nous croyons vraiment que plus la créature est évoluée, mieux c'est , autant agir en conséquence. Comme l'amibe ne comprend pas le contrôle des naissances, elle ne peut en abuser, et donc son état peut être d'autant plus gracieux ; mais il est vrai aussi que, comme l'amibe ne sait pas écrire, elle ne peut pas commettre de faux : cependant nous apprenons à tout le monde à écrire sans hésiter, sachant que si nous refusons d'enseigner quelque chose dont on pourrait abuser , nous ne devrions jamais rien enseigner du tout.

Une correspondance interminable commença immédiatement avec les adhérents et, dans de nombreux pays lointains, avec d'éventuels délégués. J'envoyais des télégrammes aux premiers et, dès que l'argent arrivait, je les envoyais aux seconds pour leur passage, même si je n'avais pas encore de quoi les ramener chez eux. Il a alors fallu prévoir des langues et des interprètes ; en Europe, c'était déjà assez difficile, mais ici, c'était plus que déroutant. Le pire de tout était la barrière éternelle de nos lois. Les sujets qui pouvaient être librement discutés à Londres étaient interdits aux États-Unis, et nous ne pouvions pas nous permettre de voir la dignité de l'occasion gâchée par un autre épisode du Town Hall. J'ai dû dire aux délégués sur quoi devaient porter leurs documents et, lorsqu'il a fallu supprimer la référence aux contraceptifs, j'ai dû m'excuser et expliquer pourquoi.

J'ai rapidement découvert que les visiteurs de dix-sept pays pouvaient créer plus de problèmes que ne le prouvaient les statistiques et les théories. Le comité envoyé pour rencontrer le Dr GO Lapouge , un eugéniste français , après avoir vainement fouillé les cabines du bateau, retourna au quai d'où tous s'étaient enfuis, à l'exception d'un homme discret et désolé, assis sur ses bagages, lisant, attendant patiemment. que quelqu'un vienne le chercher – si insignifiant que personne ne l'aurait soupçonné d'être un scientifique renommé. Le lendemain matin, l'hôtel McAlpin, où devait se tenir le congrès, m'a appelé pour me signaler que le Dr Lapouge avait été gravement brûlé et qu'un interprète était nécessaire. Le Dr Drysdale s'est dépêché de trouver le pauvre petit homme de soixante-dix ans souffrant d'atroces souffrances mais poursuivant une thèse très amusante sur les dangers de la plomberie américaine tant médiatisée. Sans comprendre comment régler la douche, il s'était tenu en dessous et avait ouvert l'eau chaude. La peau se décollait assez bien de sa poitrine. Néanmoins, bandé et huilé, il assistait sans se décourager à toutes les séances.

La soirée d'ouverture, nous avons eu un « dîner des pionniers » présidé par Heywood Broun. La Danoise Fru Thit Jensen, blonde, vive, racontera les difficultés qu'elle a eues à susciter l'intérêt pour son propre pays. Elle a prononcé son discours en anglais avec assez de courage, mais il était immédiatement évident que quelqu'un qui connaissait un peu l'argot américain l'avait aidée. Elle décrivait une réunion de médecins au Danemark et les premiers mots que nous avons entendus ont été : « Quand j'ai salué ces idiots comme je le suis à vous… » Nous avons tous éclaté de rire parce qu'ils semblaient s'appliquer aux invités présents. Son visage restait semblable à celui d'un sphinx dans son immobilité déterminée ; elle s'est arrêtée pour que nous nous calmions, puis a continué. Presque aussitôt, la digne assemblée reprit son éclat. À peine remis d'une convulsion hurlante, qu'elle vous fit une autre remarque tout aussi ridicule. Après chaque explosion, elle faisait une pause avec résignation avant de poursuivre son discours soigneusement préparé. L'hilarité est finalement devenue incontrôlable, donc que la fin soit drôle ou non, personne ne le savait ou ne s'en souciait.

A chaque réunion, le Dr Ferdinand Goldstein, malentendant de Berlin, était assis au premier rang. La mention d'une phase quelconque de la population, sur laquelle il était expert, le remettait promptement sur pied. Debout directement devant l'orateur, il a bouché son oreille pour ne pas manquer un seul mot. La seule note discordante s'est produite le dernier jour lorsque le comité a refusé d'inclure dans son programme tout soutien à l'avortement. Non seulement il a quitté la Conférence, mais il est retourné en Allemagne sans dire au revoir à personne.

Les délégués autrichiens étaient Johann Ferch et son épouse Betty. Cet imprimeur viennois s'était intéressé au contrôle des naissances en mettant en place du matériel sur sa linotype. Il s'était informé des méthodes et, en peu de temps, il ouvrit plusieurs cliniques à Vienne. Un matin, lorsque je les trouvai au petit-déjeuner dans la salle à manger, de grosses larmes coulaient sur le visage de Mme Ferch . Je lui ai demandé quel était le problème et elle m'a dit qu'elle pleurait parce que la cafetière sur la table, un simple morceau de nourriture, coûtait trente-cinq cents, et elle a réalisé ce que cette somme d'argent permettrait d'acheter à la maison ; pour le prix d'un repas à New York, leurs proches affamés pourraient vivre une journée entière dans le luxe. Ni l'un ni l'autre ne se sentaient en droit de se livrer à une telle extravagance.

Le Dr Aletta Jacobs m'a accompagné après l'une des séances. Elle a dit que le fait qu'elle avait refusé de me voir en 1915 lui était resté à l'esprit depuis et qu'elle souhaitait clarifier cette affaire maintenant ; elle s'était toujours opposée à la participation de laïcs au mouvement et, pour cette raison, à la méthode Rutgers consistant à former des infirmières auxiliaires et à leur permettre d'aller sur le terrain après seulement deux mois d'instruction. Elle m'avait mis dans la même catégorie que ceux de son propre pays qui voulaient créer des cliniques à des fins commerciales. Cet après-midi-là, elle a visité notre clinique et a passé en revue les méthodes avec le Dr Cooper et le Dr Stone. Voici, dit-elle, les yeux allumés, le système qu'elle avait imaginé aux Pays-Bas mais qu'elle n'avait jamais réussi à réaliser.

Les eugénistes ont eu l'occasion de prendre la parole à la Conférence. L'eugénisme, qui avait débuté bien avant mon époque, avait autrefois été défini comme incluant l'amour libre et la prévention de la conception. Moses Harman de Chicago, l'un de ses principaux partisans, avait dirigé un magazine et avait été emprisonné sous le régime Comstock. Récemment, il a réapparu sous la forme de sélection sélective, et des biologistes et des généticiens tels que Clarence C. Little, président de l'Université du Maine, et CB Davenport, directeur de la Cold Spring Harbor Station for Experimental Evolution, ont popularisé leurs découvertes. sous cette rubrique. Le protoplasme était alors la substance censée porter des traits héréditaires – les gènes et les chromosomes furent une découverte ultérieure. Le professeur Davenport avait l'habitude de lever les yeux avec révérence et, les mains levées comme pour une supplication, frémit d'émotion en respirant : « Protoplasme. Nous voulons plus de protoplasme.

J'ai accepté une branche de cette philosophie, mais l'eugénisme sans contrôle des naissances m'a semblé une maison construite sur le sable. Elle ne pouvait pas résister aux vents furieux de la pression économique qui avaient secoué dans une impuissance partielle ou totale une immense partie de la race humaine. Les eugénistes voulaient déplacer l'accent sur le contrôle des naissances plutôt que de réduire le nombre d'enfants pour les pauvres au profit d'un plus grand nombre d'enfants pour les riches. Nous sommes revenus sur cela et avons cherché d'abord à stopper la multiplication des inaptes. Cela semblait être l'étape la plus importante et la plus grande vers l'amélioration de la race.

Une table ronde spéciale pour les eugénistes a eu lieu, au cours de laquelle nous avons profité de l'occasion pour remettre en question leurs théories. J'ai dit : « Dr. Petit, commençons par toi. Combien d'enfants avez-vous?"

"Trois."

« Combien vas-tu en avoir encore ? »

"Aucun. Je ne peux pas me les permettre.

« Professeur East, combien en avez-vous et combien allez-vous en avoir encore ?

Et ainsi la question tourna. Aucun d'entre eux n'avait prévu d'avoir un autre enfant, même si le Dr Little en a eu deux depuis avec une seconde épouse. « Vous voilà, dis-je, un groupe ultra-intelligent, le type même pour lequel vous préconisez plus d'enfants, mais vous ne mettrez pas vous-mêmes en pratique ce que vous prêchez. Si je devais poser la même question à un groupe de femmes pauvres qui ont déjà une famille, chacune d'entre elles répondrait également : « Non, je n'en veux plus ». Aucun argument ne peut inciter les gens à vouloir des enfants s'ils pensent en avoir suffisamment.

Une fois la Conférence terminée, une dernière réunion a eu lieu dans mon appartement pour former une association internationale permanente dont le Dr Little a été nommé président.

Tout gérer avait été une véritable entreprise, mais après le départ de tous les délégués, nous avions encore de l'argent en banque. Ma foi avait été justifiée

: si vous entrepreniez quelque chose qui en vaille la peine , les moyens pour
sa réalisation seraient disponibles.

Chapitre trente et un

LES GRANDES HAUTEURS SONT DANGEREUSES

" Professeur East, même si vous pouvez essayer,

Tu ne parviens pas à éveiller mes peurs,

Car je ne rêve pas que même moi

vivra cent ans ;

Mais ne pense pas que je regarde avec gaieté

Cinq milliards de personnes (assortiment)

Cinq milliards serrés sur terre

Qui ne peut pas être soutenu. »

(Revue sud-africaine)

Conférence de New York , j'ai pensé que je n'aurais jamais rien à voir avec l'organisation d'une autre. Mais à peine plus de quelques mois s'étaient écoulés avant que mon esprit ne se concentre sur la surpopulation comme cause de guerre. Des déclarations de Keynes et des spécialistes de la Société des Nations, ainsi que de la situation des pays européens, on a déduit que la paix internationale ne pourrait en aucun cas être assurée tant que des mesures n'auraient pas été mises en œuvre pour faire face aux populations explosives.

Entre 1800 et 1900, la population mondiale a doublé malgré des guerres sanglantes, prouvant ainsi qu'il ne s'agissait que de freins temporaires. Pour cent mille bébés morts entre l'aube et l'aube, le professeur East a estimé que cent cinquante mille naissaient. Ces cinquante mille survivants ont apporté au globe, en vingt ans, une horde presque égale aux trois cent soixante-quinze millions de l'Inde.

Aux États-Unis, numériquement parlant, la surpopulation n'avait apparemment pas d'importance ; nous avions encore des terres inoccupées. Mais la preuve que nous commencions à prendre en compte la qualité de nos citoyens ainsi que leur quantité a été démontrée dans nos lois sur l'immigration. En 1907, nous avions exclu les étrangers atteints de maladies mentales, physiques, contagieuses ou répugnantes, ainsi que les pauvres analphabètes, les prostituées, les criminels et les faibles d'esprit. Si ces précautions avaient été prises plus tôt, nos institutions ne seraient pas aujourd'hui remplies de mères, de filles et de petites-filles idiotes – trois générations à la fois, qui doivent toutes être entretenues par des contribuables qui ferment les yeux sur cette condition, il est vrai. préjudiciable à la circulation sanguine de la race.

Puis, notre fermeture soudaine des portes en 1924, en imposant un quota au monde, a renvoyé l'excédent de population de l'Europe sur elle-même. L'Italie a dû faire face à ce problème comme l'Allemagne avait dû le faire en 1914. À l'Institut de politique de Williamstown, Massachusetts, à l'été 1925, le comte Antonio Cippico , sénateur fasciste, a pratiquement exigé que, pour faire place à son « expansion explosive « L'Italie soit autorisée à exporter son demi-million de gains annuels vers des pays étrangers. Le professeur East lui répondit, demandant à l'Italie de mettre d'abord de l'ordre dans sa maison, et exposant avec clarté les conséquences inexorables de « la reproduction d'enfants sur le monde avec une imprudence aléatoire ». Mais elle n'en avait pas l'intention. Peu de temps après, Mussolini expose son plan : « Si l'Italie veut réaliser quelque chose, elle doit entrer dans la seconde moitié de ce siècle avec au moins soixante millions. »

Le Japon, l'Allemagne et l'Italie étaient déjà qualifiés de zones dangereuses en 1925. L'objectif du Japon était d'atteindre cent millions. Göring ne tardera pas à dire : « Le territoire sur lequel vivent les Allemands est trop petit pour nos soixante-six millions d'habitants et sera trop petit pour les quatre-vingt-dix millions que nous voulons devenir. » Les trois pays militaires suppliaient leurs femmes de donner naissance à davantage d'enfants, offrant en récompense des médailles, de l'argent et des terres. Ils revendiquaient le droit à l'expansion parce qu'ils étaient trop peuplés chez eux et, en même temps, ils augmentaient leur population afin de promouvoir des guerres victorieuses.

Les populations peuvent tomber dans un état d'inertie semi-affamé, comme celui de l'Inde ou de la Chine, à moins qu'elles ne soient agressives. Ils ont le choix entre trois solutions : abaisser le niveau de vie au strict niveau de subsistance, contrôler le taux de natalité ou s'ouvrir aux colonies comme l'a fait la Grande-Bretagne.

Alors que nous tenions notre conférence à Londres en 1922 , j'avais rencontré lors d'un des déjeuners du major Putnam le très révérend « sombre » Dean Inge, sauf qu'il n'était pas sombre du tout ; il était plein de malice. A la fin de la cinquantaine, grand, mince comme un point d'exclamation, plutôt sourd, il me faisait penser à un personnage de Dickens. Il avait commenté, avec son style piquant habituel, la véritable signification du droit à l'expansion :

C'est une perspective réjouissante si chaque nation ayant un taux de natalité élevé a le « droit » d'exterminer ses voisins. Le prétendu devoir de multiplication et le prétendu droit d'expansion sont parmi les principales causes de la guerre moderne ; et je répète que s'ils justifient la guerre, ce doit être une guerre d'extermination, puisque la simple conquête ne résout en rien le problème.

J'étais encore d'avis en 1925 que la Société des Nations devait inclure le contrôle des naissances dans son programme et proclamer que l'augmentation démographique ne devait pas être considérée comme une raison justifiable d'expansion nationale, mais que chaque nation devait limiter ses habitants à ses ressources. comme principe fondamental de la paix internationale.

D'un autre côté, c'était très bien de dire : « Réduisez vos effectifs », mais comment y parvenir si le développement scientifique et médical était si en retard que peu de gens savaient comment le faire ? Construire d'énormes populations en suivant les voies de la nature était assez simple, mais il n'était en aucun cas simple de les réduire à nouveau volontairement. Aucun programme à long terme n'était possible tant que les économistes, les sociologues et les biologistes n'auraient pas rassemblé et apporté des faits à la solution. L'occasion était donc désormais mûre pour que l'attention du monde scientifique se concentre sur la question démographique. J'avais prévu de les réunir à Genève, lieu de rencontre logique.

Le Dr Little, qui avait accepté la présidence de la prochaine conférence internationale sur le contrôle des naissances, était devenu président de l'Université du Michigan. Il n'avait pas le temps de s'organiser, de collecter des fonds, de recruter des conférenciers ; si ce long travail d'organisation de la Conférence mondiale sur la population devait être accompli , je devrais le faire.

La concurrence entre la Société des Nations et d'autres groupes désireux de tenir des congrès à Genève pendant ses sessions était si grande qu'il fallait réserver un auditorium et des chambres pour les délégués pratiquement douze mois à l'avance. En conséquence, vers la fin de 1926, je me rendis à Genève pour préparer les trois cents invités attendus. J'avais déjà fait la connaissance de plusieurs Genevois. William Rappard , alors professeur à l'université, a consenti à faire partie de notre comité et à me conseiller sur des détails sociaux que seul un indigène connaîtrait.

Le Bureau du travail de la Ligue était pour moi plus vital, où il ne s'agissait pas de questions politiques mais de problèmes industriels résolus par des personnes choisies pour leurs connaissances particulières. J'y rencontrai Albert Thomas, un personnage étrange, petit, trapu, avec une barbe noire qui lui poussait sur le visage, très bavard, étonnant d'énergie, voyageant de nuit à travers l'Europe, arrivant le matin à Genève, menant ses affaires, faire des discours. Mais avec toute cette activité, il a réussi à consacrer suffisamment d'heures pour m'aider énormément lorsque je le consultais sur des sujets, des personnes, des lieux et des dates.

La Salle Centrale fut occupée pendant trois jours, du 30 août au 2 septembre de l'année suivante 1927. De retour, je retournai à Londres pour recruter un comité anglais. Clinton Chance est devenu l'assistant de mon mari dans la supervision des finances et a également assuré le siège de Londres dans ses bureaux, fournissant des sténographes et des secrétaires. Edith How-Martyn nous a rejoint et j'ai obtenu l'aide inestimable de Julian Huxley, frère d'Aldous, un jeune scientifique brillant et enthousiaste, vivant et doté d'un esprit qui non seulement captait les choses, mais les révélait. La Conférence devait beaucoup à ses opinions justes et justes et aux excellents partisans qu'il avait rassemblés. Ensemble, nous avons examiné des noms, des noms et des noms, en essayant de choisir un président suffisamment distingué autour duquel les scientifiques européens se rallieraient. Le professeur AM Carr - Saunders a d'abord accepté, mais un mois et demi plus tard m'a informé que ses autres obligations étaient si lourdes qu'il devrait limiter sa participation à l'adhésion au Conseil.

Après des semaines d'incertitude, d'entretiens et de refus, nous avons sélectionné Sir Bernard Mallet, KCB, ancien du ministère des Affaires étrangères, du Trésor, du Board of Inland Revenue, plus tard registraire général des naissances, des décès et des mariages, et président de la Royal Statistical Society. Bien que très anglais, il n'était pas trop conservateur. Il connaissait bien Sir Eric Drummond, alors chef de la Société des Nations, et avait également de nombreux amis sur le continent, notamment en Italie. Il était typique de quelqu'un qui avait grimpé loin, qui savait où il allait et quelle route il devait emprunter. Lassé d'être désormais à la retraite, il accepta volontiers notre offre car, même si aucun salaire n'était attaché, cela lui donnerait une position et un intérêt, et le maintiendrait en contact social avec des personnalités notables. L'expérience antérieure de Lady Mallet en tant que dame d'honneur de la reine Victoria faisait d'elle une hôtesse experte, et cela aussi nous en avions besoin.

Une fois, j'ai dû faire une expédition jusqu'à Édimbourg pour trouver le Dr FAE Crew, une lumière brillante parmi les jeunes biologistes, qui faisait chanter les poules et faire pondre des œufs aux coqs. Il a volontiers accepté de venir à la Conférence et pendant les deux jours que je lui ai rendu visite, il m'a aidé à élaborer mon programme.

Je voulais aussi lire un article d'André Siegfried, auteur de *America Comes of Age*, rédigé après un voyage d'environ six semaines à travers les États-Unis. Lorsqu'il m'a invité à prendre le thé chez lui à Paris, je l'ai trouvé en apparence plus comme un mélange d'américain et d'anglais que de français. Mais on pouvait sentir à son attitude et déduire de sa conversation qu'il enviait, méprisait, détestait réellement les Américains ; en envahissant la France avec « notre richesse et notre vulgarité », nous avions complètement gâté la situation de ses compatriotes. Appréciant la bonne nourriture, que nous ne mangions jamais à la maison, nous gaspillions énormément, quatre ou cinq fois plus qu'eux. Il en était de même pour le vin ; nous buvions leur meilleur, le payant cher sans pouvoir faire la différence lorsqu'on nous donnait des millésimes bon marché. Par conséquent, les Parisiens étaient exclus de Paris parce qu'ils ne pouvaient pas se permettre les prix.

« Je ne vois pas comment vous pouvez reprocher aux Américains d'être venus payer ce que vous, Français, demandez, » répondis-je. « Vous pourriez peut-être avoir une plainte si nous essayions de vous vendre à un prix inférieur ou si nous refusions d'acheter. Mais il me semble que vous profitez considérablement de cette « intrusion scandaleuse du dollar américain ».

Même si nous ne nous entendions pas très bien et même s'il ne lisait pas de journal, il a consenti à y assister.

Une partie des préliminaires étant posés, mon mari a pris une villa au Cap d'Ail entre Nice et Monte-Carlo et assez près de Genève, Paris et Londres pour des déplacements chaque fois que nécessaire. Depuis ma chambre, le lever du soleil était incroyablement vif : des rouges et des jaunes mélangés au bleu glorieux de la Méditerranée. Mais il ne faisait pas chaud. HG, qui possédait une villa à Grasse, a déclaré que la réputation de la Riviera en matière de chaleur estivale en hiver était une fraude. Nous avions l'habitude de venir le voir en voiture ; les fleurs destinées aux manufactures de parfums poussaient en épaisseur sur les flancs des collines, si épaisses que l'air à des kilomètres à la ronde était parfumé. De temps en temps, nous pique-niquions dans le petit village au sommet de la montagne d' Ez , lieu de prédilection des artistes. Autrefois, le vieux château appartenait à des barons voleurs, qui pouvaient voir à des kilomètres l'approche d'un navire ; maintenant, l'aînée Mme OP Belmont y avait une résidence somptueuse.

La Riviera a toujours été la Mecque des Anglais désireux d'échapper au froid, au brouillard et à l'humidité, et nos huit chambres d'hôtes étaient pleines la plupart du temps. C'était assez nouveau pour moi de gérer un ménage en français. Nous avons eu la malchance traditionnelle des Américains ; les femmes de chambre volaient les invités et la chaudière à eau chaude ne contenait que dix gallons - personne ne pouvait prendre un bon bain tant qu'une chaudière moderne n'était pas installée. Ma première cuisinière était une experte dans son domaine, mais je me suis vite aperçue qu'elle débordait dans ses factures, même en prenant en compte le bénéfice habituel d'un sou pour chaque franc dépensé chez le boucher et le marchand de légumes. Les œufs et le beurre figuraient sur la liste tous les jours, mais jamais combien d'œufs ni quelle quantité de beurre. J'en ai imputé la responsabilité à mon mauvais français, avant de découvrir que c'était sa compréhension des Américains. Sur-le-champ, je lui ai dit qu'elle devait partir le lendemain immédiatement après le petit-déjeuner. Elle a reçu cet ultimatum avec des larmes et des lamentations. Un peu inquiet, je me suis levé tôt à sept heures pour découvrir qu'elle était partie tard la nuit précédente, emportant avec elle tous les restes de nourriture du garde-manger et du cellier, à l'exception du sel.

Lors d'un de mes fréquents déplacements à Londres, je me suis rendu chez un coiffeur que je ne connaissais pas mais qui portait l'insigne de fiabilité : « Sur rendez-vous auprès de Sa Majesté ». Je devais revenir au Cap d'Ail dans quelques jours et souhaitais apparaître avec une vague dans les cheveux que je portais Mid-Victorian, très doux et simple. Après l'avoir lavé, le coiffeur a mis un fer à repasser sur un petit appareil à gaz dans la fenêtre voisine et a quitté la pièce pendant qu'il séchait, flottant au vent.

Pendant ce temps, je méditais sur le sujet des cheveux. L'histoire de Samson semblait avoir été plus qu'un conte allégorique. Je pouvais dire, à la façon dont le mien se comportait après avoir été brossé le matin, comment j'allais être moi-même. Si c'était fort et électrique, alors j'étais plein de vitalité. Lorsque j'étais affalé sur mon front et qu'il fallait l'attacher, je me traînais sans entrain.

Il était également intéressant d'analyser pourquoi une femme devrait porter ses cheveux selon un certain style. J'en connaissais qui, à soixante ans, enroulaient les leurs dans des boucles de bébé ; sans doute quelque chose en eux voulait ne jamais grandir. Les femmes qui s'étaient engagées dans le mouvement clandestin en Russie portaient la cisaille à la leur afin que rien ne détourne l'attention sur le charme féminin. Je n'étais pas assez féministe pour sacrifier la mienne, mais j'étais un jour arrivée à la conclusion que le triomphe de la vie serait de la repousser directement de mon front et de la nouer derrière, parce que c'était à ça que les gens pensaient que j'avais l'air. . Mais je ne pouvais pas le faire. Peu importe ce qu'on disait de vos pieds ou de votre silhouette, vous pouviez au moins montrer vos cheveux, devant les chapeaux, dans le dos, partout, et je m'étais donc accroché avec ténacité à mes longues mèches.

À ce stade de mes réflexions , j'ai senti quelque chose de brûlé et je me suis retourné pour trouver la moitié de mes cheveux roussis jusqu'à mon oreille. J'ai poussé un cri et tout le personnel s'est précipité. Mais il était trop tard ; tout a dû être interrompu et j'ai vraiment pleuré.

Dès mon arrivée à Paris, j'ai fait faire ce qui restait comme un interrupteur pour que je puisse le remettre si je me sentais trop mal. Je l'ai gardé dans une boîte, tout prêt au cas où mon mari ne voudrait pas de moi sans mes cheveux. Finalement, j'ai dû faire face à sa désapprobation. Je suis apparu pour le dîner. Rien n'a été dit. Bien qu'intérieurement amusés, les invités gardaient des visages graves, attendant qu'il s'en aperçoive ; ce n'est que le lendemain matin qu'il le fit. Ma propre attitude avait changé du jour au lendemain ; je n'ai jamais voulu revenir aux cheveux longs.

Au début du printemps, juste au moment où il commençait à faire le plus beau, je pouvais passer peu de temps à Cap d'Ail . Le quartier général permanent a été établi en avril à Genève : quatre salles spacieuses et aérées sur deux étages. Je m'attendais à ce qu'Edith How-Martyn soit avec moi, mais elle a attrapé la scarlatine à Londres. C'était une complication de se passer d'elle jusqu'à ce que Mme Marjorie Martin, qui avait organisé un groupe de sténographes, secrétaires et dactylographes au Bureau du travail, nous fournisse un personnel de bureau très compétent et expérimenté de dix-sept personnes.

A seize heures trente notre grande salle de réception s'est transformée en salon où se retrouvaient tous les employés et bénévoles. Chacun à son tour fournissait des gâteaux, préparait le thé et se lavait ensuite. Un soir, à sept heures moins le quart, un bon Américain s'est arrêté et, voyant tout le monde souriant et joyeux bien qu'étant encore au travail, a demandé : « Voulez-vous me dire quelle magie vous, les femmes, utilisez pour créer cette atmosphère ? Vous y travaillez depuis sept heures du matin.

La réponse était : le thé à quatre heures trente.

J'aimais être à Genève, propre et soignée et remplie de boutiques de montres. Le grand nombre de personnes vêtues de vêtements noirs et solennels ne me dérangeait même pas. Si quelqu'un mourait dans cette ville calviniste, la famille portait le deuil complet pendant un an et la moitié pour l'année suivante ; dans les familles nombreuses, le processus devenait presque perpétuel.

Je n'ai pas été stimulé par les séances de la Ligue. Il y a eu beaucoup de lectures de journaux et beaucoup de bruit, mais pas d'excitation haletante pendant les débats. Au lieu de cela, les membres parlaient en petits groupes, l'air très ennuyés. Les grandes choses, tout comme à Washington, se sont déroulées dans les coulisses, à table et lors de conférences privées. Les assemblées générales n'étaient que des caisses de résonance de l'opinion publique. L'une des caractéristiques les plus intéressantes était la façon dont un délégué pouvait prononcer un discours dans sa propre langue et que d'autres personnes à leur bureau pouvaient brancher des écouteurs et l'entendre simultanément dans le leur, venant des cabines hors scène.

Les délégués à notre Conférence se demandaient tous si leurs communications devaient être données dans leurs langues respectives. J'ai pris une décision rapide : adopter le précédent bilingue français-anglais de la Ligue. Il était assez simple de trouver des interprètes familiers avec la terminologie politique, car ils pullulaient à Genève, mais trouver ceux qui comprenaient les termes scientifiques en allemand, italien, hongrois, scandinave, portugais, grec, espagnol, japonais et chinois en était une autre . affaire. Nous avons essayé d'en attraper autant que possible de passage à Genève et de les retenir pendant le temps où nous avions besoin de leurs services.

Afin de faciliter les choses, mon mari a généreusement financé le journal du matin qui devait être livré sur le plateau du petit-déjeuner de chaque personne inscrite à la Conférence, ainsi qu'aux membres de la Société des Nations. Il a été imprimé en anglais et en français dans des colonnes parallèles, contenant les communications, les discussions et toutes les nouvelles pouvant intéresser les délégués.

Le divertissement était un élément important. Une série de déjeuners devait avoir lieu au restaurant Besson, avec un hôte à chaque table, et chaque jour les sièges devaient être réaménagés afin que chaque convive puisse être placé entre ceux qui parlaient sa ou ses langues. M. Rappard devait donner une réception. M. Fatio nous a invités à bord du *Montreux* pour rendre visite à Mme. Ancienne demeure de Staël à Coppet . L'événement social principal a été la réception et le dîner au Château de Prangins du XVe siècle de Mme Stanley McCormick à Nyon . Elle-même ne pouvait pas être là, mais elle envoya un représentant d'Amérique pour l'ouvrir, l'équiper de domestiques et tout préparer.

Une gestion adéquate de la publicité était essentielle, et Albin Johnson, correspondant du New York *World* , l'a fait pour moi. Il savait qui était qui, qui éviter et quelles personnes mettraient l'accent sur quoi. Il offrit ses services, mais certains de ses assistants durent être payés.

Nous avons offert des dépenses à tous les conférenciers et à certains visiteurs qui pourraient plus tard avoir une influence dans leur propre communauté. L'afflux d'argent était constant et je n'en obtenais pas assez en sollicitant auprès de particuliers fortunés. En conséquence, abandonnant la villa en mai, je suis revenu aux États-Unis pour en obtenir auprès d'une fondation.

À présent, je savais que je devrais partir pendant au moins un an et que quelqu'un devait prendre en charge mon absence. La femme de notre conseil d'administration qui semblait la plus dévouée, donnant du temps et des efforts sans compter, capable de parler et de diriger, était Mme F. Robertson-Jones. Elle se rendait aux réunions par temps de blizzard ou de pluie, en métro ou à pied si nécessaire. Aucune couturière, aucun ami venu déjeuner ne l'a empêchée de travailler. Mais elle différait de moi sur un point. Elle ne pouvait pas diriger les choses à moins de se sentir en sécurité ; elle voulait une signature définitive sur la ligne pointillée pour un montant annuel au lieu de contributions volontaires correspondant à ce que les gens pensaient pouvoir se permettre lorsqu'ils en avaient les moyens. C'était tout à fait contraire à l'esprit dans lequel le mouvement avait toujours fonctionné, mais j'étais prêt à faire des compromis. Je ne réalisais pas alors à quel point il serait grave dans l'avenir d'avoir renoncé à ce précepte fondamental. Elle a accepté la présidence provisoire et j'ai reparti pour atteindre Genève en juillet.

J'ai été surpris par la montée de la solidarité internationale qui, dans cette ville non industrielle, s'est manifestée de manière étonnante la nuit où Sacco et Vanzetti devaient être électrocutés. J'avais travaillé tard au bureau et quand je suis sorti vers minuit, la foule dans les rues était si dense que je pouvais à peine bouger. Dès que l'on apprit au petit matin que l'exécution n'était pas suspendue, ils crièrent des reproches devant les maisons des Américains, brisèrent les fenêtres du consulat des États-Unis et certains dans le bâtiment de la Ligue. Même devant l'Hôtel des Bergues , où nous nous arrêtions, ils ont crié leurs protestations.

Le grand Dr William Welch de Johns Hopkins était à Genève à cette époque, une personne enjouée, roly-poly, riche en plaisanteries et en remarques sournoises et aiguës. À écouter sa conversation peu impressionnante , on ne soupçonnerait jamais qu'il s'agissait d'un homme dont le nom était connu dans le monde entier. Nous avons déjeuné ensemble un midi. Il savait à quel point je dépendais de la Conférence, combien j'espérais que l'aspect populationnel du contrôle des naissances soit lancé dans la bonne direction et sous les bons auspices. Il a marché un peu avec moi puis, passant son bras autour de mes épaules, il m'a dit : « Peut-être pensez-vous que vos batailles sont terminées, mais ce n'est pas le cas.

J'avais l'impression qu'il essayait de me préparer à quelque chose qui n'allait pas, même si je ne pouvais pas imaginer ce que c'était. Dès lors, j'ai eu conscience d'un désagréable mystère souterrain qui troublait insidieusement l'harmonie antérieure. Mais personne n'en parlait ouvertement.

Pendant mon absence aux États-Unis, Sir Bernard était venu chercher ses amis européens. Non seulement l'Italie avait l'intention d'augmenter sa population, mais l'élément réactionnaire de la France avait également formé une société pour lutter contre le contrôle des naissances. Nous avions invité les Italiens Guglielmo Ferrero et Gaetano Salvemini , mais Sir Bernard avait été amené à accepter comme substitut Corrado Gini, qui, brun, basané, très égoïste, parlant péniblement l'anglais, était le miroir parfait des sentiments de Mussolini, et s'est avéré être un orateur très ennuyeux et une nuisance générale.

Les délégués, Gini parmi les premiers, commencèrent à se rassembler fin août. La tempête a éclaté le vendredi précédant notre ouverture prévue le mardi 31 août. Les épreuves du programme officiel venaient de me parvenir pour approbation. Sir Bernard est entré dans mon bureau et les a regardés. «

Eh bien, nous allons simplement les rayer », dit-il en traçant au crayon mon nom et celui de mes assistants.

"Pourquoi fais-tu ça?"

"Les noms des travailleurs ne devraient pas figurer sur les programmes scientifiques."

« Ces gens sont différents », objectai-je. "Dans leurs domaines particuliers, ils sont autant experts que les scientifiques."

"Cela n'a pas d'importance. Ils ne peuvent pas continuer. Hors de question. Ce n'est pas fait.

Un long cri de consternation s'éleva du personnel. Ils considéraient cette action comme répréhensible et insignifiante. La jeune femme qui devait livrer le programme à l'imprimeur ne le fera pas. Samedi matin, les secrétaires et les dactylographes, au nombre de vingt et un, se sont réunis en masse, et sans eux, la Conférence ne pourrait pas se dérouler avec succès.

Pendant que le Dr Little essayait de les persuader, j'ai signalé la situation à Sir Bernard, lui disant qu'en justice envers les femmes qui avaient donné si généreusement de leur temps et de leurs efforts, qui avaient collecté de l'argent, lancé les invitations, payé les dépenses des délégués, elles devraient être dûment créditées. Ces derniers n'avaient eu qu'à débarquer au dernier moment, présenter leurs papiers et participer à la vie sociale prévue pour eux.

Après avoir enregistré mes sentiments, j'ai passé la majeure partie du dimanche à convaincre les membres du personnel que la Conférence était plus grande que leurs propres sentiments blessés et à leur faire promettre de revenir ; Cependant, Edith How-Martyn, qui m'avait rejoint quelque temps auparavant, a refusé de continuer parce que le dur labeur des ouvriers n'était pas reconnu.

Même si je soupçonnais que l'élimination de mon nom était le nœud du problème, j'étais toujours incapable de connaître la raison exacte de cette tempête jusqu'à ce qu'un des délégués me raconte l'histoire. Sir Eric Drummond avait prévenu Sir Bernard que ces éminents scientifiques seraient la risée de toute l'Europe si l'on apprenait qu'une femme les avait réunis. Ainsi, afin d'influencer les délégués italiens et français à y assister, Sir Bernard avait secrètement promis que je ne serais pas partie à la Conférence et qu'aucune discussion sur le contrôle des naissances ou le malthusianisme ne serait autorisée. Il avait espéré que tout cela pourrait être confus et, lorsque les délégués étaient arrivés, il était passé les uns aux autres pour leur demander instamment : « Je vous demande de rester à mes côtés ; ne me laisse pas tomber."

Seuls nos jeunes amis anglais avaient résisté à la reconnaissance des femmes. Je n'ai pas été surpris par les Européens ; mais il était difficile de comprendre l'attitude américaine sur ce point. Peut-être que le professeur Pearl et le Dr Little, en acceptant de soutenir Sir Bernard, n'avaient pas réalisé le caractère injuste de cette action. Clarence Little était un être humain aussi honnête que possible, mais parfois je pensais que ses allégeances personnelles obstruaient sa vision ; il utilisait son intelligence pour inventer des arguments du côté de la loyauté plutôt que du côté des principes.

A l'heure indiquée, la première séance s'est ouverte dans la Salle Centrale. Chaque délégué avait un certain nombre de billets supplémentaires, et avec les contingents allemands, belges et français se trouvaient plusieurs messieurs portant de grandes croix d'argent pendantes devant leurs manteaux. Dans le hall d'entrée, une librairie genevoise avait été autorisée à dresser une table pour la vente des volumes par les délégués. Ces invités demandèrent aussitôt à Sir Bernard qu'un certain homme, qu'ils désapprouvaient, soit banni. Sir Bernard a trotté vers moi et m'a dit qu'il ne souhaitait pas d'ennuis ; il semblait y avoir une certaine controverse. Est-ce que je ferais retirer les livres incriminés ?

Je me suis approché des étrangers et leur ai demandé qui ils étaient. Ils vociféraient dans diverses langues, secouant le livre sous mon nez, devenant rouges, comme si l'apoplexie allait les frapper. J'ai fait venir un interprète et je lui ai demandé de dire : « La salle sera à louer lundi prochain. En attendant, j'ai payé pour cela et je ne subirai aucune dictée de la part de qui que ce soit quant à ce qui doit être fait ici.

Les perturbateurs ne sont pas repartis et l'excitation autour du kiosque était telle que les volumes étaient épuisés et qu'il fallait en commander davantage.

Au cours de la Conférence, les Américains, les Britanniques et les Scandinaves ont admis la nécessité de limiter la population ; les Allemands et les Tchèques étaient d'accord, quoique avec moins d'assurance ; les voix italiennes et slaves étaient nettement opposées ; les Français, qui la pratiquaient chez eux, prêchaient publiquement contre elle. Les articles des professeurs East et Fairchild ont failli mentionner le mot interdit malthusianisme, mais quant au contrôle des naissances, il était comme une bombe qui pourrait exploser à tout moment.

A la fin de ces trois jours, une union permanente de la population s'est formée et se réunit toujours, seul groupe international s'occupant du problème.

Tous les brillants comités prirent alors le train et repartirent chez eux, me laissant avec les projets de loi, la mise au point et, plus important encore, la rédaction des débats. Après un repos dans un sanatorium de Glion en Suisse, je me mis au travail et, à la fin du mois de novembre, ils étaient sous presse.

Je voulais visiter l'Inde mais j'ai dû penser ce voyage en termes de forme physique et, par conséquent, j'ai été obligé d'y renoncer. Au lieu de cela, j'ai accepté une invitation qui m'a été envoyée par Agnes Smedley au nom de l'Association des femmes médecins allemandes pour donner une conférence en Allemagne en décembre.

Le Berlin de 1927 était très différent de celui de 1920. La nourriture était abondante, même si elle était chère, l' Adlon et les autres restaurants étaient bondés, l'agitation de la vie et le nationalisme étaient partout perceptibles. A l'apparition d'un Zeppelin dans le ciel, les hommes dans les rues ôtaient leur chapeau comme s'il s'agissait d'un dieu.

Lorsque j'ai pris la parole à l'hôtel de ville de Charlottenburg-Berlin, je me suis souvenu de la grève des naissances que les Allemandes avaient menée lors de ma dernière visite. Les hommes allemands semblaient s'en souvenir peu, pensant toujours qu'ils pouvaient garder leur femme jusqu'à la procréation, « leur fonction raciale », comme on l'appelait. Mais les femmes avaient désormais définitivement orienté leurs pensées de la préservation de la race vers l'auto-préservation. Comme je l'ai dit à mon auditoire : « Le contrôle des naissances a toujours été pratiqué, à commencer par l'infanticide, qui est abhorré, puis par l'avortement, presque aussi grave. En revanche, la contraception est inoffensive.

Presque avant que j'aie terminé, le Dr Alfred Grotjahn , professeur d'hygiène sociale à l'Université de Berlin, qui cherchait à dresser un tableau de la future grandeur de l'Allemagne en termes de nombre, a crié que chaque femme devrait avoir trois enfants avant de pouvoir devenir mère. autorisé les informations sur la contraception. A peine avait-il repris sa place que plusieurs femmes réclamaient la reconnaissance. On m'a dit que l'une d'elles était le Dr Marthe Ruben-Wolf. « Elle est communiste. Ce qu'elle dit est de votre côté, mais cela ne sert à rien, car personne n'a jamais été capable de faire face à Grotjahn . Néanmoins, elle lui a répondu chiffre pour chiffre, fait pour fait, chacun en se basant sur son expérience, ajoutant que son patriotisme n'était que superficiel. Autant s'enterrer maintenant ; il serait bientôt enterré par la génération montante et oublié.

Puis une forme immense surgit, vêtue d'un uniforme et d'un bonnet. Je pensais qu'elle devait être diaconesse, mais elle s'est avérée être la présidente de l'Association des sages-femmes. Elle a hurlé dans des tons encore plus forts que ceux de Grotjahn , s'exprimant publiquement contre le contrôle des naissances. On ne pouvait pas l'arrêter ; elle ne voulait pas s'asseoir même quand on sonnait la cloche. D'autres lui ont répondu : le débat s'est transformé en un véritable jardin d'ours avant que les concurrents ne soient séparés et expulsés.

À la suite de cette réunion, une vingtaine de femmes médecins se sont réunies à mon hôtel deux soirs plus tard. Des cliniques devaient être créées à Neuköln sous la direction du Dr Kurt Bendix, l'administrateur sanitaire de la section ; pour la première fois dans l'histoire, une agence gouvernementale autorisait réellement le contrôle des naissances. J'ai promis cinquante dollars par mois pendant trois ans pour les fournitures ; les médecins acceptèrent de fournir des chambres et des services médicaux. Ils avaient un point de vue plus féministe que le nôtre aux États-Unis ; L'influence libérale d'Ellen Key s'était infiltrée depuis la Scandinavie. Néanmoins, j'ai été étonné que dans le pays même où nous achetions nos contraceptifs, ces membres exceptionnels de leur profession n'en savaient pratiquement rien. La première clinique a été ouverte en mai suivant et, pendant cinq ans, des informations sur la contraception ont été dispensées dans une douzaine de lieux sous contrôle médical. Puis les nazis sont arrivés au pouvoir, ils ont été fermés et le Dr Bendix s'est suicidé.

Vers le milieu du mois, je me rendis à Francfort-sur-le-Main, où le Dr Herthe Riese dirigeait l'un des plus grands bureaux de conseils matrimoniaux, il y en avait environ mille cinq cents en Allemagne. N'importe qui peut s'y adresser pour obtenir des informations juridiques et, par exemple, recevoir des éclaircissements sur la personne qui doit avoir la garde d'un enfant s'il est illégitime, le montant de la pension alimentaire à payer par le mari en cas de divorce, la nationalité de l'enfant si le père si vous étiez étranger, l'effet de la stérilisation, les résultats du mariage de cousins, ou tout autre problème, y compris l'homosexualité et l'inversion, la débilité mentale et l'avortement.

En cette période de grand chômage, qui pesait particulièrement lourdement sur les familles nombreuses, le Dr Riese s'était adressé aux dirigeants d'une des grandes compagnies d'assurance maladie et les avait persuadés qu'il serait économique pour eux d'assurer la stérilisation des femmes bénéficiant d'une assurance maladie. si cela était conseillé par un médecin. Je l'ai vue ordonner soixante-quinze de ces grosses opérations un soir, entre dix-huit heures et huit heures trente, dans sa propre clinique. Le professeur Grotjahn avait presque créé un slogan en exigeant que, pour soutenir la baisse du taux de natalité, chaque femme ait trois enfants. Mais les femmes avaient un contre-slogan ; ils sont arrivés en disant : « J'en ai eu trois. Je veux une opération. J'en ai vu aussi qui revenaient de l'hôpital pour se présenter. Ils semblaient heureux, fiers et satisfaits d'eux-mêmes. Leurs dix ou deux semaines au lit leur avaient apporté de la nourriture et un repos bien mérité.

Après l'Allemagne, je suis parti en vacances à Saint-Moritz pour jouer, patiner, skier, dans cette magnifique altitude. C'était d'une beauté transcendante. Je me levais le matin et j'écoutais les traîneaux gravir la colline avec leurs clochettes tintantes et je regardais la neige scintillante ; chaque brindille de chaque arbre était enveloppée de glace sur laquelle le soleil brillait sans la faire fondre. La scène était une gravure blanche.

Saint-Moritz était très fréquenté par la noblesse et la royauté en vacances. Chaque fois que l'un d'eux arrivait, comme une volée d'oiseaux, les parasites s'y dirigeaient en vol, s'installaient dans tous les hôtels, de sorte que les gens ordinaires pouvaient à peine trouver de la place.

Presque la première personne que j'ai rencontrée était Lady Astor, plus britannique que les Britanniques eux-mêmes, l'accent du Sud ayant complètement disparu. Ses cheveux blonds étaient devenus couleur sable, ses yeux bleus étaient toujours gais, ses traits bronzés et robustes étaient nets, sa bouche et sa mâchoire fermes, son cou bien coupé. Elle était colérique et franche, et prête à s'enflammer facilement. Lord Astor, qui était dévoué à sa femme, était beaucoup plus avisé politiquement et faisait généralement campagne avec elle. Il s'est assis juste derrière elle et, lorsque le chahut a commencé ou qu'une question a été posée qui pourrait la mettre en difficulté, il a crié dans un murmure de scène : « Ne vous laissez pas attirer, Nancy, ne vous laissez pas attirer !

Au cours d'un débat à la Chambre des communes, Lady Astor avait tenté de faire valoir son point de vue en déclarant qu'elle était mère de cinq enfants et qu'elle devrait donc le savoir.

Son adversaire, en désaccord avec elle, s'était levé, affirmant que sa parole devrait avoir plus de poids sur le sujet car il était père de sept enfants.

Lady Astor a alors rétorqué: "Mais je n'ai pas encore fini."

Les Britanniques se disaient horrifiés par cette situation si vulgaire et si américaine !

Une fois, après que Lady Astor fut partie skier toute la journée, je la rejoignis dans sa chambre peu avant le dîner. Elle était assise dans son lit, les fenêtres grandes ouvertes, de la crème froide étalée sur son visage brûlé par le soleil, ses lunettes sur le nez, lisant *Science et Santé* avec la Bible à proximité . Elle n'avait pas encore fini sa leçon de la journée.

Presque partout où je suis, le sujet du contrôle des naissances revient tôt ou tard, et ce fut le cas à cette occasion. Lady Astor semblait penser que sa religion lui interdisait d'y croire. « S'ils veulent des bébés, qu'ils en aient. S'ils n'en veulent pas, qu'ils pratiquent la continence.

« Même en acceptant que la continence soit l'idéal ultime », répondis-je, « ne seriez-vous pas d'accord que la contraception en tant que nécessité immédiate pour aider des millions de femmes est d'égale importance avec le port de lunettes pour lire la Bible ? En tant que bon scientiste chrétien , vous ne devriez pas les utiliser. En attendant d'avoir suffisamment de foi pour vous en passer, ne pensez-vous pas qu'il vaut mieux lire Mary Baker Eddy à travers des lunettes, par exemple, plutôt que de ne pas lire du tout ? »

En une seconde , elle rayonna. « Vous avez parfaitement raison. C'est tout à fait raisonnable.
Si vous présentez à des personnes sensées l'hypothèse que le contrôle des naissances relève du bon sens, elles réagiront toujours de manière sensée. Lady Astor était une personne pratique et, depuis lors, elle est devenue une amie du mouvement.

Chapitre trente-deux

J'espère que le changement a commencé

À mesure qu'une cause connaît de plus en plus de succès, les idées des personnes qui y sont engagées sont vouées à changer. Alors que j'étais encore à Saint-Moritz, j'avais reçu des messages et des lettres concernant la situation inquiétante de la Ligue américaine de contrôle des naissances. J'ai télégraphié à Frances Ackermann pour qu'elle s'en occupe, mais elle m'a répondu qu'elle n'était pas en mesure de parvenir à une solution à l'amiable.

Je constatai à mon retour après dix-huit mois que le ton du mouvement avait changé. La machinerie que j'avais construite pour être prêt à faire face à toute urgence marquait le pas. Un incident survenu presque immédiatement était hautement révélateur. Pendant mon absence, la Ligue avait été invitée à participer à l'exposition des parents au Grand Central Palace et avait signé un contrat pour un certain espace. La veille de l'ouverture, nous avons reçu une lettre de Robert E. Simon, responsable, déclarant que William O'Shea, surintendant des écoles publiques, avait menacé de retirer l'exposition du Conseil scolaire si la nôtre était là, et il a donc demandé notre retrait. .

Avec si peu de temps, j'ai demandé à un avocat d'obtenir une injonction du tribunal pour empêcher notre exclusion. Mais un membre du Conseil a déclaré qu'aucune mesure ne devrait être prise sans l'approbation de tous ; une réunion devrait être convoquée pour discuter de la ligne de conduite à adopter. J'ai essayé de joindre différents directeurs par téléphone, mais avant de pouvoir réunir le quorum, il était trop tard ; le chèque qui payait notre espace avait été renvoyé et l'Exposition était ouverte. Nous avons été laissés de côté.

De toute évidence, le vieil esprit agressif avait été remplacé par un programme doctrinaire d'activité sociale ; la Ligue s'était stabilisée. J'ai toujours cru que les offrandes devaient être volontairement mesurées en fonction du désir de l'individu. De cette façon, vous pourriez faire appel chaque fois qu'une occasion spéciale le justifiait et recevoir entre un et deux ou trois cents dollars. Les donateurs donnaient à quelque chose qui les concernait au plus haut point, et ils le faisaient, non pas parce qu'ils avaient signé un engagement pour une somme limitée, mais parce qu'ils voulaient contribuer à faire avancer le mouvement. Je ne pouvais pas partager l'enthousiasme de la Ligue face au fait que notre compte bancaire avait atteint des proportions considérables – des milliers de dollars rapportant des intérêts, même si j'admets que cela a dû être un grand soulagement pour un conseil d'administration dont l'expérience précédente avait été d'entendre les lamentations du président. et trésorier quant à nos besoins pour un nouveau projet.

Je connaissais l'apathie qui résultait d'un gros solde bancaire. Je connaissais aussi la désapprobation tacite qui s'opposerait à toute suggestion visant à toucher à ce précieux fonds. Mais ma politique avait été de dépenser, et non d'économiser, quand il fallait travailler. J'ai découvert que les abonnés de la *Revue* n'avaient pas été informés qu'il était temps pour eux de renouveler leur abonnement, et que, par conséquent, ils étaient tombés de treize mille à deux mille cinq cents. En conséquence , j'ai dit au comptable de donner quinze ou vingt dollars au commis pour payer la circularisation. Elle a dit qu'elle ne pouvait pas le faire ; un règlement avait été adopté selon lequel personne ne pouvait diriger une dépense de plus de cinq dollars sans une résolution adoptée par le conseil d'administration.

Il y a sans aucun doute une place pour les organisations qui limitent leur champ d'action au statu quo. La plupart des organisations caritatives sont ainsi : elles vivent de valeurs mobilières et nomment comme dirigeants ceux qui suivent l'opinion générale sans jamais l'anticiper. Deux membres du conseil d'administration, formés à la Ligue des électrices , ont vu le mouvement à la lumière de cotisations annuelles de routine et d'un budget, passant par le même rituel année après année et restant ainsi, accomplissant un service silencieux dans la communauté. Je le considérais comme quelque chose de temporaire, quelque chose à parcourir, à terminer et à terminer ; c'était simplement un instrument d'accomplissement. Je voulais que nous profitions de chaque événement psychologique, pour avancer jusqu'à ce que les hôpitaux et les agences de santé publique prennent en charge le contrôle des naissances dans le cadre de leur programme régulier, ce qui mettrait fin à notre fonction.

Avec regret, j'ai découvert que la Ligue allait éluder l'opportunité la plus grande et la plus ambitieuse qui lui soit jamais offerte. Elle était logiquement armée pour entrer dans le domaine législatif. Mais il voulait progresser État par État. J'étais convaincu que l'action dans le domaine fédéral serait plus rapide et beaucoup plus large sur le plan éducatif et que, de plus, le succès dans ce domaine constituerait un précédent pour les États.

Lorsque vous construisez une organisation, vous essayez de combiner des éléments harmonieux, mais vous ne pouvez pas prédire ce qu'ils donneront avant qu'un certain intervalle ne se soit écoulé. Certaines de ces femmes faisaient partie du mouvement pour des raisons qu'elles ne comprenaient pas toujours. Quelques-uns aimaient la sensation d'être importants et de bénéficier d'une attention personnelle ; ils faisaient de leur mieux pour suivre un individu, mais je n'ai jamais eu l'impression qu'ils le faisaient à ma place. Les libéraux qui avaient commencé avec moi n'avaient jamais exigé de récompense. Ce qu'ils ont donné, c'était pour la cause ; ils refusaient de travailler *pour* les gens ; ils ont travaillé *avec* eux ou pas du tout.

La plupart des mouvements passent par la phase d'introduction au salon. Ceux qui n'étaient pas d'accord avec moi pensaient que l'accent devait être mis sur l'adhésion au registre social et affirmaient que mes associations avaient été radicales. La réponse a été « Oui », car seuls les radicaux avaient eu la vision et le courage de me soutenir au début. Les femmes qui soulevaient maintenant des objections ne s'étaient jointes qu'après avoir pu le faire en toute sécurité. De plus, il s'agissait pour la plupart de New-Yorkais, et tous n'étaient même pas allés dans les États voisins. Leur attitude avait tendance à être : « Ne vous souciez pas de l'Occident ; laissez l'Empire State prendre les décisions.

Les conflits de vues qui régnaient sur diverses questions reposaient sur des vies et des environnements très éloignés. Le temps de certains membres du Conseil devait dépendre de ce qui restait d'autres tâches : maris, enfants, domestiques, œuvres caritatives, divertissements religieux, courses. Pour moi, la cause n'était pas un passe-temps, ni un simple élément de remplissage dans un tourbillon de nombreux engagements, ni quelque chose qui pouvait dépendre de telle ou telle humeur, mais une inspiration vivante. Cela est venu en premier dans ma conscience éveillée et a été ma dernière pensée lorsque je m'endormais la nuit.

J'ai toujours été prêt à présenter mes faits à des experts et à respecter leurs connaissances supérieures, et j'ai pris en considération les suggestions du Conseil. Mais je n'étais pas président de journal. L'expérience m'avait donné un jugement qui me donnait une certaine liberté d'action, et je ne pouvais pas bien suivre les diktats de gens qui ne connaissaient pas mon sujet aussi bien que moi.

Le 12 juin 1928, je démissionne de la présidence de la Ligue. Parce que la majorité des administrateurs étaient contre cela et parce que je voulais faciliter la prise de fonction de Mme Robertson-Jones, je suis resté au conseil d'administration et j'ai continué à éditer la *Revue* .

Mais les divergences d'opinions se sont rapidement cristallisées au cours des mois suivants. Il fallait réfléchir à cette question et la traiter avec sagesse. La situation allait entraîner des frictions constantes, et la Ligue pourrait facilement se désintégrer en une organisation mourante et statique. Quoi qu'il en soit, la discorde interne était odieuse. J'ai commencé à me demander si je pouvais passer à côté de la Revue, qui, depuis onze ans, était une partie vitale de mon être.

Puis vint une réunion au cours de laquelle se posa la question de la direction éditoriale. Pour la première fois, un ami s'opposait à un ami. Trois ont voté contre moi ; les neuf autres étaient pour moi. Mais ma décision était désormais prise. Je pouvais combattre des ennemis extérieurs, mais pas ceux qui avaient été mes collègues de travail ; Je donnerais une liberté totale aux autres pour obtenir une nouvelle liberté pour moi-même. C'est pourquoi j'ai cédé la *Revue* à la Ligue comme propriété privée. J'ai regretté que cette mesure ait été nécessaire, car le magazine est passé du statut de média national et international d'expression d'idées à celui d'un simple organe de presse. Cependant, j'espère qu'un jour il sera possible d'élargir à nouveau son champ d'application.

La clinique, qui a récemment été traitée comme une orpheline, est restée intacte. Personne dans la Ligue n'y avait jamais prêté attention et les médecins du comité étaient trop occupés avec leur propre cabinet. Je sentais que c'était ma responsabilité et que cela m'appartenait personnellement. C'était un angle intéressant sur ma propre psychologie. Je ne regrettais pas que la partie théorique du mouvement soit passée entre d'autres mains, mais j'aurais trahi tout ce qui m'avait été confié si j'avais cédé la clinique à des femmes qui s'étaient montrées incapables de la compréhension et de la sympathie nécessaires à son fonctionnement. .

L'un des aspects les plus pénibles de cette impasse était que les membres de l'organisation devaient renoncer à l'un pour en choisir un autre, ce que je détestais. Juliet Rublee , Frances Ackermann et Mme Walter Timme m'ont accompagné sans hésitation. Il en a été de même pour Kate Hepburn, Mme Day et le Dr William H. Garth, le seul ministre du Conseil, un homme franc qui disait toujours ce qu'il pensait.

Le Dr Cooper était prêt soit à rejoindre la clinique, soit à continuer de travailler avec la Ligue sur le terrain si je pensais qu'il pourrait y être le plus utile. Il me semblait que peu de personnes dans le pays pouvaient prendre sa place auprès de la profession et, par conséquent, je lui ai conseillé de continuer dans cette dernière.

Anne Kennedy avait été loyale, avait bien fait son travail et avait servi un objectif précieux. Elle m'a demandé si j'approuverais qu'elle s'affilie à la société Holland- Rantos . Le secteur manufacturier avait cruellement besoin de quelqu'un qui soit en harmonie avec nos politiques et qui puisse contribuer à insuffler la fierté de la qualité dans le secteur des contraceptifs. Même si je savais qu'elle n'aimait pas l'atmosphère commerciale et que ce serait un sacrifice certain pour elle, c'était un excellent choix, et j'étais sûr que toute entreprise dans laquelle elle travaillerait respecterait les normes éthiques.

Mme Delafield m'a appelé et je suis allé la voir. « Ils m'ont téléphoné trois ou quatre fois ce jour-là. J'ai refusé de répondre avant de vous avoir parlé. Que voulez-vous que je fasse?"

Je lui ai posé une contre-question. "Que veux-tu? Vous devez y aller comme votre cœur vous le dit.

"Eh bien," répondit-elle, "je réalise que vous n'aurez désormais besoin que de professionnels - médecins, infirmières, travailleurs sociaux, gens qui connaissent la politique - peut-être que je pourrais être plus utile dans le travail que je connais."

Ainsi l'affaire fut réglée.

Il existe de nombreuses manières d'atteindre le même objectif et, en règle générale, il faut en essayer diverses afin de trouver la meilleure. Je croyais toujours que nous visions tous cela, même si nous n'étions pas d'accord sur la procédure.

Je sentais très clairement que l'avenir du mouvement était comme celui d'un enfant qui grandit. Vous pourriez guider ses premiers pas hésitants, mais à moins de le laisser courir et tomber, il ne pourra jamais développer sa propre force. La jeune génération aurait peut-être besoin d'être un peu poussée et encouragée de temps en temps, mais j'étais convaincu qu'elle finirait par construire une civilisation solide.

À mesure que les choses reculent dans le temps, elles deviennent de moins en moins importantes. L'une de mes théories absolues est que tout mouvement fondé sur la liberté, comme cela a été le cas, est comme une cellule vivante ; il existe une biologie des idées comme il existe une biologie des cellules, et chacune passe par un processus d'évolution. La cellule parent se divise et les nouvelles entités à leur tour se divisent et se divisent à nouveau. Au lieu d'indiquer une panne, c'est un signe de santé ; une énergie infinie est dépensée pour essayer de maintenir ensemble des forces qui devraient être distinctes. Chaque cellule remplit sa mission dans cette séparation qui, en réalité, n'est pas du tout une séparation. La cohésion est maintenue jusqu'à ce qu'au final l'ensemble soit une vaste mosaïque qui s'unit dans l'union et la force.

Chapitre trente-trois

VIEUX PÈRE ANTIC, LA LOI

Entre la Cinquième et la Sixième Avenue, pratiquement à l'ombre de la masse grise du Collège Saint-François-Xavier, se trouvait un bâtiment délabré en pierre brune, au numéro 46 ouest de la Quinzième Rue. Après deux années de collecte d'histoires statistiques au 104 Fifth Avenue, nous avons décidé en 1925 que le moment était venu de nous développer et avons déménagé dans cette deuxième maison du Bureau de recherche clinique. C'était à côté d'une agence express, à trois pas de la rue, qui était généralement bordée de camions car le quartier était rempli de lofts, d'usines et d'entrepôts – pas particulièrement attrayants, mais bon marché, et nous avions un propriétaire irlandais heureux qui nous aidait. aménager le sous-sol anglais en bureaux et salles de réception.

La clinique était un lieu de voisinage où les mères pouvaient se rassembler. Nous avons essayé de faire en sorte que cela ressemble à une maison, afin qu'ils ne ressentent pas une atmosphère de maladie ou d'infirmité. Les patients étaient traités avec autant de considération qu'une maison de commerce accordait à ses clients et non, comme dans les antichambres de nombreux médecins, ils étaient obligés d'attendre indéfiniment ; de toute façon, ils étaient généralement suffisamment nerveux pour ne pas avoir à endurer un suspense supplémentaire. De plus, elles avaient des maris et des enfants à nourrir et à soigner, et chaque heure leur était précieuse. À mesure qu'ils augmentaient, le personnel augmentait ; deux médecins étaient toujours disponibles. Nous avons rapidement inclus le premier étage et avons finalement occupé les trois.

Environ un an avant notre changement de lieu, Lord Buckmaster avait présenté à l'auguste Chambre des Lords la résolution mémorable dont nous avions discuté lors de mon dernier séjour en Angleterre.

Rarement une voix aussi éloquente s'était élevée pour notre cause :

Je ferais appel en faveur... des femmes sur le dos nu desquelles tombe le fouet intempérant de la malédiction primitive déclarant que « dans le chagrin tu enfanteras des enfants », les femmes dont la fierté et la gloire de leur vie sont brisées et méprisées, et la fleur de la maternité s'est transformée en rien d'autre qu'en mauvaises herbes pourrissantes ; et au nom des enfants qui sont jetés dans ce monde non désirés, mal accueillis, non chéris, non soutenus , les enfants qui ne traînent pas derrière eux des nuages de gloire mais la souillure d'une maladie héréditaire, et sur la tête desquels peut planer à jamais la hantise. horreur de la folie héréditaire ; au nom d'eux tous, je ferais appel et en tant qu'hommes qui croient au grand avenir de notre race, je vous supplie, je vous supplie sincèrement, de soutenir la motion que je cherche à présenter.

On dit que ces femmes dont nous cherchons à bénéficier sont si indolentes, si ignorantes, si stupides qu'elles ne viennent pas se renseigner. Ce n'est pas seulement qu'elles viennent, mais les gens qui font cette déclaration font ce que font si souvent les hommes : ils négligent le côté féminin de la question. Ce qui pour un homme peut être une simple trivialité, un acte entre un sommeil et un sommeil et oublié en un instant, peut apporter à la femme la terreur des conséquences que nous ne pouvons pas mesurer, de mois de maladie, de misère et de mauvaise santé, se terminant par avec des heures d'agonie qui ne sont pas voilées sous le manteau du sommeil le plus miséricordieux du chloroforme. Ce sont ces personnes que nous voulons aider.

Nous aussi, nous nous consacrions à aider ces femmes, et chaque jour apportions plus aux portes de notre clinique que ce à quoi nous pouvions fournir une instruction, venant de tout le pays et de toutes les classes. Certaines semaines, il y avait tellement de femmes italiennes que nous devions employer un interprète. Puis des foules d'Espagnols ou de Juifs arrivèrent.

Rien qu'à en juger par les lettres qui m'étaient parvenues, j'étais prêt à découvrir de nombreux problèmes psychologiques. J'ai souvent pensé au coût élevé des petites familles pour les femmes qui avaient plus ou moins restreint leurs pouvoirs procréateurs par d'autres moyens que la contraception. Même si son ampleur était limitée, elle s'accompagnait fréquemment de malheurs conjugaux et de troubles psychiques cachés. Mais la gentillesse du Dr Stone a été d'une aide inestimable dans notre « tribunal informel des relations domestiques ».

Par une chaude journée de juillet, alors que je sortais de la clinique, j'ai vu une femme, visiblement enceinte, portant un bébé d'un an et demi, en traînant un autre, à peine plus gros, en pleurant derrière elle. Les chaussures de la petite fille étaient trop courtes et lui pinçaient les orteils. Je me suis tortillé, me souvenant de mes propres pieds pressés quand j'étais enfant. Je l'ai rattrapée. « Je ne peux pas porter un des bébés ? Celui-ci semble fatigué. Dans quelle direction vas-tu ?

« Pouvez-vous me dire où se trouve la prison ? »

"Le plus proche est sur Spring Street, je pense."

"Non, il y a une prison quelque part par ici."

"Tu n'as pas eu l'adresse ?"

"Oui, mais je l'ai laissé sur la table."

"Pourquoi veux-tu une prison ?"

"Mon homme est là."

"Pourquoi?"

"Me laissant. Il le fait toujours quand je suis comme ça.

"Combien d'enfants avez-vous?"

"Neuf."

« Combien de fois vous a-t-il quitté ? »

"C'est la quatrième fois maintenant."

"Voulez-vous d'autres enfants?"

"Non!" énergiquement.

"Saviez-vous déjà qu'il existait un moyen d'arrêter d'en avoir autant?"

Elle a failli laisser tomber le bébé, m'a saisi et a dit : « Ils ne me le donneront pas. Je demande à tout le monde. Ils ne le donneront qu'aux riches. Il le veut. Il va même subir une opération. Mais personne ne nous le dira.

J'ai noté notre rue et notre numéro et j'ai dit : « Retourne à l'endroit où je t'ai rencontré, et le médecin là-bas t'en parlera. »

Le lendemain, j'ai été appelé officieusement par une assistante sociale, une de celles qui nous envoyaient des dossiers de leur propre initiative. Elle a voulu m'expliquer : le mari serait libéré s'il promettait de vivre avec sa famille et de la subvenir aux besoins ; sinon, il devait purger une peine. Sa femme l'avait vu et lui avait montré mon billet ; il avait dit qu'il préférerait rester trois ans sur l'île plutôt que d'en sortir, à moins que nous puissions garantir non seulement qu'il obtiendra l'information, mais, en outre, que cela fonctionnera. Il en avait marre d'avoir un nouveau bébé chaque année.

Nous lui avons proposé d'en discuter avec nous et d'amener sa femme. Elle était silencieuse, maussade, ne semblait pas savoir de quoi il s'agissait. Il était découragé et dubitatif. Nous lui avons donné l'information et il est parti. « C'est moi qui dois faire ça. Elle ne le fera pas », lançant un regard noir à sa femme, qui le suivait derrière lui.

Nous espérions le meilleur.

Environ six mois plus tard, tous deux revinrent pour le contrôle, elle avec la main sur son bras. Cette femme vague, muette et immobile était maintenant en veste et jupe en épicéa, la tête haute, marchant légèrement. Vous ne l'auriez jamais connue pour la même personne. Les deux étaient allés au cinéma ensemble.

Peu de travailleurs sociaux étaient suffisamment compréhensifs pour faciliter la vie des personnes confrontées à de telles difficultés. Un médecin a dit à une agence qu'une certaine famille inscrite sur ses listes ne devait pas s'agrandir ; la mère avait déjà eu quatre bébés et avait un cœur malade. Une infirmière visiteuse a raconté cela au mari un dimanche matin alors qu'il rentrait du travail. "Si votre femme tombe à nouveau enceinte, vous serez un meurtrier."

Il avait peur. «Je ne veux pas la tuer. Que dois-je faire ?

"Dormir seul."

Le caractère du mari commença à changer ; il est devenu sombre, ne voulait pas parler à sa femme, était laid dans des colères soudaines, a giflé, a crié et a même donné des coups de pied aux enfants, s'est précipité dans la maison pour prendre ses repas, puis est ressorti, ne se retirant dans son propre lit qu'après qu'elle était dans la sienne, préparée dans la cuisine où il faisait chaud. Elle était si mécontente de la métamorphose qu'elle fit des tentatives d'approche, après quoi il la frappa et courut dans la rue. Le lendemain, elle s'est rendue au campement des infirmières pour leur dire ce qu'elle pensait d'elles. « Si tout ce que vous pouvez faire, c'est éloigner mon mari de moi, restez à l'écart. Je préfère être mort plutôt que de vivre comme ça ! »

Le cas a été porté devant un médecin, qui a judicieusement averti : « Vous ne pouvez pas séparer les gens par de telles barrières. Ce n'est pas la réponse.

Puis elle nous a été envoyée. Après qu'elle ait reçu ses instructions, la tension s'est atténuée et la situation domestique a été réglée.

Dans une autre famille de six enfants, le mari, en partie italien et en partie d'une autre nationalité, était affectueux et irresponsable. Chaque fois qu'il franchissait la porte, entouré de sourires, sa femme le saluait avec des sourcils froncés et renfrognés. Elle lui lança des plats et des casseroles. Il la pensait folle et a demandé son internement. Un psychiatre lui a parlé et a découvert qu'elle avait une peur mortelle d'être à nouveau enceinte. Quand nous l' avons vue, elle avait vraiment l'air démente.

Un matin, six mois plus tard, alors que je traversais la salle d'attente, l'infirmière au bureau m'a lancé son habituel : « Bonjour, Mme Sanger. Immédiatement, une femme soignée et soignée est venue vers moi.

«Regarde-moi», rayonna-t-elle. « Vous ne me connaissez pas. C'est moi qui étais assis là et ils ont dit que j'étais fou. Je n'ai pas l'air fou maintenant, n'est-ce pas ? Je n'étais pas fou à l'époque, juste mort d'inquiétude.

Pendant quatre ans, nous sommes restés à la clinique, travaillant sans relâche, redressant les enchevêtrements mentaux et soulageant la détresse physique lorsque nous le pouvions. Puis, tôt le matin du 15 avril 1929, le téléphone de mon appartement sonna, me surprenant. J'étais assez nerveux, après avoir passé la nuit avec Stuart, qui souffrait d'une mastoïdite. Sa température était élevée et il souffrait d'une douleur terrible et indescriptible.

J'ai enlevé le récepteur. "Bonjour. C'est Anna. La police est ici à la clinique. Elle raconta brièvement comment ils étaient descendus sans avertissement, avaient marché dans la cave et étaient à ce moment-là en train de mettre des choses en pièces.

Avec ces maigres informations qui me traversaient l'esprit, je me suis précipité dans la rue, j'ai hélé un taxi et j'ai exhorté le chauffeur à aller aussi vite qu'il le pouvait jusqu'à la Quinzième Rue Ouest.

Le store de la porte vitrée était baissé ; la porte elle-même était verrouillée. J'ai frappé et un homme en civil de la brigade des mœurs l'a ouvert. "Eh bien, qui es-tu?"

"Je suis Mme Sanger et je veux entrer."

Ma demande a été transmise à un supérieur et j'ai entendu quelqu'un répondre : « Laissez-la entrer ».

À l'intérieur, dans une pièce plus qu'ordinairement petite parce que les cloisons l'avaient découpée pour en faire de minuscules cabines de consultation, les patients étaient assis tranquillement, certains pleurant. Les détectives se précipitaient sans but ici et là comme des poules voletant autour d'un perchoir attaqué, s'appelant les uns les autres et, au milieu de la confusion, exigeant des noms et des adresses. Les trois infirmières étaient là ; Le Dr Elizabeth Pissoort était pratiquement hystérique.

Le Dr Stone était distant, totalement insensible au tumulte et au bruit. J'ai toujours admiré son attitude. C'était la première fois de sa vie qu'elle était arrêtée, et pourtant elle l'a traité avec tant de légèreté. "N'est-ce pas fantastique?" remarqua-t-elle. « Il y a quelques instants à peine, un médecin visiteur du Middle West a demandé à l'une des infirmières si nous avions déjà subi l'intervention de la police. «Oh, non», répondit joyeusement l'infirmière. «Ces jours sont révolus.»

La trapue Mme Mary Sullivan, chef du bureau des femmes policières de la ville, supervisait le raid en personne. Son visage rond et trapu aurait pu être sympathique lorsqu'il souriait, mais il était très terrifiant lorsqu'il était rouge de colère. Elle donnait des ordres à ses serviteurs si rapidement qu'il semblait impossible de suivre leur rythme. J'ai essayé de lui parler, lui demandant pourquoi elle était venue et de quoi il s'agissait.

"Vous verrez", dit Mme Sullivan, et elle continua à diriger les patrouilleurs qui retiraient les livres des étagères, les images et les diagrammes des murs et balayaient le contenu des armoires médicales. Dans leur zèle, j'ai remarqué qu'ils saisissaient des articles des stérilisateurs, tels que des gants et des compte-gouttes de médicaments, qui n'avaient aucune signification sinistre. Ils rassemblaient également les différents appareils étranges et bizarres que les patients nous avaient apportés pour vérifier leur efficacité et que nous exhibions comme bibelots.

La patrouilleuse Anna McNamara, beaucoup moins assurée que son chef, consultait une liste à la main et feuilletait les histoires des dossiers aussi rapidement que ses doigts pouvaient bouger. Beaucoup d'entre eux contenaient des aveux personnels de femmes, dont certaines nous avaient confié que leurs maris souffraient de maladies vénériennes ou de folie. Il m'est venu à l'esprit qu'un terrible malheur pourrait s'ensuivre en étant victime de chantage de la part de quiconque obtiendrait les dossiers.

J'ai demandé à Mme Sullivan de me montrer son mandat de perquisition et j'ai vu qu'il avait été signé par le magistrat en chef McAdoo. Néanmoins, je l'ai prévenue : « Vous n'avez pas le droit de toucher à ces fichiers. Même les infirmières ne les voient jamais. Ils sont la propriété privée des médecins et si vous les prenez, vous aurez des ennuis.

« Problème », rétorqua-t-elle. « J'ai des ennuis ? Et les ennuis dans lesquels vous vous trouvez ?

"Je ne changerais pas le mien pour le tien."

«Eh bien, c'est *ma* fête. Restez à l'écart.

L'un des policiers a ramassé toutes les cartes nominatives et les a mises dans une poubelle pour les emporter comme « preuves ». Il s'agissait là d'une violation flagrante de l'éthique médicale ; rien n'était plus sacré pour un médecin que les confidences de ses patients. Anna a immédiatement téléphoné au Dr Robert L. Dickinson de l'Académie de médecine pour l'informer que la police confisquait les dossiers des patients et lui a demandé de recommander un avocat. Il a suggéré Morris L. Ernst, qu'Anna a ensuite appelé.

Des médecins, des infirmières et des preuves étaient poussés dans la rue. Le wagon de patrouille était arrivé, mais j'ai appelé des taxis dans lesquels nous nous sommes rendus à la gare de West Twentieth Street. En chemin, j'ai entendu une partie de l'histoire qui expliquait ma non-arrestation. Environ trois semaines plus tôt, une femme inscrite sous le nom de Mme Tierney était venue demander des conseils en matière de contraception et, après examen, les deux médecins ont découvert qu'elle souffrait de rectocèle, de cystocèle, de prolapsus de l'utérus, d'érosions et de rétroversion. Bien qu'elle n'ait pas été informée de son état exact, on lui a dit, car une autre grossesse serait dangereuse, et on lui a dit de revenir pour un contrôle. Elle l'avait désormais fait sous son nom légitime de McNamara, en compagnie de Mme Sullivan et d'une équipe de police.

Le Dr Stone, le Dr Pissoort et les trois infirmières ont été arrêtés pour violation de l'article 1142, même si j'ai tenté d'expliquer que la clinique avait été active pendant six ans en toute légalité en vertu de l'exception, l'article 1145. À Jefferson Market Court, à laquelle nous Ensuite, le magistrat Rosenbluth a examiné le mandat et a ordonné une caution de trois cents dollars pour chacun.

Le lendemain matin , j'envoyai Stuart à l'hôpital pour y être soigné ; Je devais assister à une réunion à Boston et, le lendemain, me rendre à Chicago pour une série de conférences. Encore une fois, je fus obligé de le quitter, et cette fois avec encore plus d'inquiétude. A Buffalo arriva un télégramme annonçant qu'une opération de la mastoïde avait été pratiquée. A Chicago, j'ai téléphoné au médecin et j'ai été rassuré. Dès que mes fonctions furent terminées, je me dépêchai de revenir auprès de lui et, incidemment, d'assister aux audiences.

Je n'avais toujours aucune idée du sort réservé à ces cas et j'étais très inquiet. J'ai appris que le soir suivant le raid, le magistrat McAdoo dînait avec le Dr Karl Reiland , le pasteur de mon mari. Le Dr Reiland , très bouleversé, avait remarqué son caractère scandaleux. Le juge McAdoo, consterné et horrifié de constater que, sans le lire, il avait signé ce mandat, l'un des nombreux mandats déposés sur son bureau, avait immédiatement appelé le commissariat de police pour lui dire que les vingt-quatre dossiers devaient être déposés. son coffre-fort et y est resté jusqu'à son arrivée le matin. Il avait immédiatement compris que les dossiers de ces médecins allaient être un sérieux embarras.

Cent cinquante cartes, nos seules notes de noms et d'adresses, n'ont jamais été restituées. Les patients catholiques, dont les dossiers avaient ainsi été volés, ont reçu des appels téléphoniques mystérieux et anonymes les avertissant que s'ils continuaient à se rendre à la clinique, leur vie privée serait exposée. Ils sont venus nous voir avec crainte : « Est-ce que je serai dans les journaux ?

Immédiatement après le raid, plusieurs médecins se sont portés volontaires pour monter à la barre et témoigner sur les principes médicaux en cause. La Société médicale du comté de New York s'est réveillée et a adopté une résolution pour protester contre la saisie. Grâce à la clairvoyance et à l'intérêt énergique du Dr Dickinson, l'Académie de médecine a tenu une réunion spéciale qui a résolu :

Nous considérons avec une vive inquiétude toute action des autorités qui porte atteinte à l'inviolabilité des relations confidentielles qui ont toujours existé et devraient exister entre les médecins et leurs patients.

Le commissaire de police Grover A. Whalen, alors impliqué dans une enquête mortifiante et vaine sur le meurtre d'Arnold Rothstein, le joueur, avait qualifié le raid de « affaire de routine », mais lorsque le Dr Linsley Williams, directeur de l'Académie, a écrit une lettre En signe de protestation, il a décidé que cela n'était peut-être pas aussi courant qu'il y paraissait et s'est excusé.

Qu'est-ce qui avait provoqué ce raid en premier lieu ? J'ai employé l'agence de détectives Burns pour examiner l'affaire. Environ cinquante pour cent de nos dossiers étaient envoyés par des travailleurs sociaux des Lower East Sides et West Sides, un conglomérat de tous les peuples et de toutes les classes, y compris des Irlandais, des Italiens et d'autres catholiques. Beaucoup en ont profité et ont dit à leurs voisins que d'autres demandaient également à leurs agences comment se rendre à notre clinique. Les travailleurs sociaux catholiques, lors d'une réunion mensuelle avec les responsables de l'Église, avaient demandé conseil pour répondre aux paroissiens, et les ecclésiastiques avaient été choqués de découvrir qu'une clinique existait. Des policières catholiques avaient été convoquées, Mary Sullivan avait été choisie pour anéantir le Bureau de recherche clinique et Mme McNamara avait été choisie pour servir de leurre.

Morris Ernst, qui avait accepté notre cause, s'était déjà forgé une réputation grâce à son attachement aux causes libérales. Il était très encourageant de découvrir un avocat aussi convaincu que nous que le principe du droit était la question importante. Même s'il semblait très jeune, au moment où je lui ai parlé, j'ai reconnu que c'était la personne qu'il nous fallait. C'était un bon psychologue ainsi qu'un bon avocat. Il a essayé de tout faire ressortir, mais il voulait que les preuves soient exactes et que les témoins aient l'esprit clair sur ce qui s'était passé.

Le 21 avril, lorsque le magistrat Rosenbluth a appelé l'affaire, l'attitude dans la salle d'audience était très différente de celle manifestée lors des audiences précédentes sur le contrôle des naissances. Un seul témoin a été entendu ce jour-là, Mme McNamara. Malgré l'hostilité du procureur adjoint Hogan, à laquelle il fallait s'attendre, et malgré les insistances du magistrat selon lesquelles elle était une policière et qu'elle n'était pas tenue de tout dire, Mme McNamara a été obligée d'avouer qu'elle avait délibérément décidé de tromper. les médecins de la clinique. Alors qu'elle témoignait lors du contre-interrogatoire de M. Ernst de ce qu'elle avait fait, son visage impassible est passé du rose au violet. Lors de sa première visite, elle avait appris la routine et lors de la seconde, restée seule, elle avait copié le numéro de chaque carte de visite posée sur le bureau du Dr Stone.

Des murmures s'élevaient parmi les spectateurs, un son mélodieux résonnant encore dans les oreilles avec les accents durs et suspects d'il y a à peine douze ans.

Après quarante minutes, le magistrat Rosenbluth a ajourné l'audience en raison de nos protestations ; si l'objectif avait été d'obtenir un public plus calme et moins sympathique le jour suivant, cela aurait échoué. Maintenant, des médecins sont venus à la barre : le Dr Dickinson, le Dr Frederick C. Holden, le Dr Foster Kennedy, le neurologue. Le point culminant est venu lorsque M. Hogan a demandé au Dr Louis T. Harris, ancien commissaire à la santé de la ville de New York, s'il avait déjà donné des informations à un patient indépendamment d'un acte de mariage. Le Dr Harris a répondu : « La clinique de contrôle des naissances est une œuvre de santé publique. Il est demandé à chaque femme souhaitant se faire soigner si elle est mariée.

« Ne doivent-ils pas apporter leur acte de mariage avec eux ?

"Non."

Le magistrat se pencha lourdement et lourdement en avant. « La clinique n'envoie-t-elle pas des travailleurs sociaux pour découvrir la véracité des déclarations des patients ?

M. Ernst a interpolé : « Avez-vous déjà eu connaissance d'une situation dans laquelle un médecin a envoyé un détective pour savoir si son patient était marié ?

De grands rires sont venus des auditeurs. Le juge Rosenbluth a frappé avec son marteau. "À moins qu'il n'y ait un silence absolu , je viderai la salle d'audience." Puis, semblant devenir de plus en plus en colère , il ajouta : « Après réflexion, je vais quand même clarifier la situation. Sortez.

La blague était sur lui. Ce sont les médecins qui ont ri le plus fort et leur présence comme témoins ne peut être supprimée. Après une pause d'un quart d'heure, le public était de nouveau dans la salle, plus partisan que jamais.

Le jeune M. Hogan a essayé d'être dramatique, mais il a échoué devant la logique froide et intransigeante de notre avocat. Il a pris l'un des pessaires qui avaient été récupérés lors du raid et s'est adressé au Dr Harris. « Vous savez que les lois de l'État de New York stipulent que la contraception ne peut être administrée que pour guérir ou prévenir une maladie. Oserez-vous prétendre que cet article guérira la tuberculose ? Est-ce que cela guérira le cancer, l'hypertension artérielle, les maladies cardiaques, les maladies rénales ?

revint . Personne ne pensait qu'un pessaire ou toute autre forme de contraception pouvait guérir. "Mais", répondit le Dr Harris, "en empêchant la conception, on peut dire qu'on guérit, car la grossesse peut souvent être la cause de l'aggravation de la maladie."

Un mois plus tard, les accusés furent libérés, le magistrat Rosenbluth écrivant une décision admirablement lucide, juste et définitive :

Dans ces circonstances, la bonne foi est la conviction du médecin que la prévention de la conception est nécessaire à la santé et au bien-être physique de la patiente.

Mme Sullivan a été temporairement rétrogradée. Elle a cependant continué à percevoir le même salaire qu'auparavant et a finalement été rétablie dans son rang.

C'était un vent mauvais qui ne faisait pas du bien à quelqu'un. Ensuite, nos agendas ont été remplis trois semaines à l'avance et nous avons dû ajouter deux soirées par semaine à la routine quotidienne. À notre grand étonnement, parmi les nombreux patients, est apparue un après-midi Mme McNamara, qui avait été la première à entendre parler au tribunal de ses cinq maladies, dont chacune lui donnait légalement droit à des informations sur la contraception. Elle était revenue demander au Dr Stone si elle avait vraiment tant de problèmes avec elle, et on lui avait assuré que le diagnostic était correct.

Cette perquisition a été l'une des pires erreurs commises par l'opposition, car elle a touché les médecins dans un domaine très sensible, le caractère sacré des archives, et ils ont été obligés de nous soutenir, qu'ils le veuillent ou non. Pour autant, nous n'étions pas encore sûrs que la question soit définitivement réglée. A tout moment, notre propriétaire irlandais pourrait recevoir l'ordre de son évêque de nous expulser. Pour éviter une telle éventualité et faire face à un nombre croissant de personnes, nous avons acheté en 1930 notre propre maison au 17 West Sixteenth Street.

Notre nouveau bâtiment nous a offert non seulement plus d'espace pour les patients, mais également de meilleures opportunités de recherche. C'est un triste commentaire que, bien que la médecine ait évolué vers un état préventif où elle provoque une révolution dans l'assainissement et l'éducation sanitaire, la technique contraceptive a été peu avancée depuis l'époque de Mensinga .

Cependant, des recherches se déroulaient dans différents pays et dans les conditions les plus diverses. Une clinique moderne a rouvert ses portes aux Pays-Bas, en mémoire d'Aletta Jacobs et portant son nom. Il était basé sur les anciennes normes Rutgers, devenues obsolètes depuis si longtemps. L'Amérique et l'Angleterre, grâce à l'orientation professionnelle du mouvement et à l'accent mis sur la tenue des registres, ont fait les plus grands progrès. Mais toutes les réalisations devaient être corrélées, coordonnées , unifiées dans une conférence scientifique. Zurich était une position centrale pour de nombreux pays et offrait en outre de magnifiques paysages en abondance ; c'était un endroit agréable à vivre.

Le 1er septembre 1930, quelque cent trente médecins et directeurs de cliniques de différentes régions du monde commencèrent à comparer leurs notes et à rendre compte des progrès réalisés. Seule la génération actuelle était en retard. Un jour, un représentant des Pays-Bas, une personne plutôt jeune, s'est levé et a déclaré : « Je suis heureux de vous annoncer qu'aux Pays-Bas, nous avons enfin également une clinique de contrôle des naissances. » C'était extraordinaire étant donné que les Pays-Bas ont été le pays pionnier et nous ont tous inspirés.

Plus récemment encore, j'ai rencontré une jeune matrone, membre de la Ligue américaine de contrôle des naissances et chef de l'organisation d'État du New Jersey, qui s'était encore une fois complètement dissociée de l'histoire. Elle a insisté : « Mme. Sanger, ne pouvons-nous pas vous convertir à la création de cliniques ? Vous savez, ils s'en vont, ils s'implantent dans tout le pays.

"Quand êtes-vous né?" C'était tout ce que je pouvais haleter.

Ces deux femmes incarnent une journée qui n'avait pas étudié ce qui s'était passé auparavant ; si c'était nouveau dans leur esprit, alors c'était nouveau.

Contrairement à Genève et à ses problèmes de tact , Zurich était un pigeonnier. Un léger incident à lui seul troubla le calme. J'étais allé à Berlin pour recruter des délégués et là, dans un théâtre public, j'avais vu un film qui avait parcouru toute l'Allemagne comme propagande pour l'avortement dans des conditions sûres. La scène s'est ouverte avec des pas interminables dans les rues ; vous avez vu un foulard tomber, une main masculine se pencher pour le ramasser, le garçon et la fille en train de déjeuner, elle le regardant avec les yeux écarquillés. Bientôt, elle fut obligée de se rendre chez une *femme savante* dans une vieille ruelle sale et étroite ; vous la regardiez monter les escaliers branlants, une vieille femme épluchant des pommes de terre, enfournant du bois dans le poêle avec les mains sales, l'agonie sur le visage de la jeune fille. C'était une succession d'images comme celle-ci, tout droit sorties de la vie.

J'avais emprunté le film et loué une salle à Genève. À ma grande surprise et non sans amusement, lorsque la césarienne apparut à l'écran, plusieurs hommes et femmes dans le public commencèrent à s'évanouir, parmi eux nos propres ouvriers, même Edith How-Martyn. L'un d'entre eux, un jeune scientifique, a dû être emmené et donné à boire pour se réconforter. Des voitures et des taxis ont été réquisitionnés pour ramener les dégoûtés à leurs hôtels.

Cette Conférence doit rester une étape importante car toute la propagande, tous les aspects moraux et éthiques du sujet y ont été oubliés. Le problème tout entier a été sorti de l'atmosphère troublée de la théorie, où il avait été auparavant battu par les vents de la doctrine et les rafales brutales des préjugés, pour entrer dans le courant d'une abstraction scientifique sereine et impersonnelle. Il était trop tôt pour dire quels résultats pratiques pourraient en résulter, mais au moins nous avons rapidement reçu l'assurance que certains médecins accueilleraient favorablement des contraceptifs efficaces.

Depuis 1923, certains médecins de New York avaient sérieusement réfléchi à la nécessité de la contraception. Mme Amos Pinchot avait organisé certains membres éminents de l'Académie de médecine au sein du Comité de la santé maternelle. Ils avaient eu la chance de pouvoir compter sur le célèbre gynécologue à la retraite, le Dr Dickinson, comme secrétaire. Il avait formé un grand nombre d'hommes plus jeunes et était capable d'impliquer dans le mouvement des médecins qui n'auraient prêté qu'une légère attention à quiconque était moins admiré et honoré. Avec l'aide de diverses fondations, le Comité de la Santé maternelle a accompli un excellent travail en publiant les découvertes des scientifiques dans des brochures et des brochures.

L'Académie, après la Conférence de Zurich, a déclaré formellement que « le public est en droit d'attendre des conseils et des informations de la part du corps médical sur la question importante et intime des conseils en matière de contraception ».

Nous avions remporté de petites victoires et, petit à petit, les églises protestantes avaient commencé à nous considérer favorablement. En septembre 1925, la Chambre des évêques de l'Église épiscopale protestante, réunie à Portland, dans l'Oregon, s'était prononcée contre le contrôle des naissances. Plus tard, certaines des épouses de ces mêmes évêques étaient venues me voir à New York et m'avaient demandé de les aider à éduquer leurs maris. Un groupe de trois personnes avait pris sur lui de veiller à ce que chaque évêque soit parfaitement éclairé. La conséquence de la campagne fut que lors d'une réunion ultérieure en 1934, ils revinrent sur leur position initiale.

Même les Juifs s'y sont parfois opposés. Le rabbin Mischkind du temple de Tremont avait été réprimandé par son conseil d'administration pour m'avoir invité à prendre la parole un dimanche matin. Plutôt que de se rendre, il avait démissionné et trouvé une autre synagogue dans laquelle je pouvais apparaître.

Aujourd'hui, la Conférence centrale des rabbins américains appelle à la reconnaissance du contrôle des naissances. La cent soixante-dixième conférence de l'Église méthodiste l'a sanctionné et l'American Unitarian Association a fait de même. Une commission spéciale nommée par l'Assemblée générale presbytérienne pour étudier les problèmes du divorce et du remariage a admis l'opportunité de restreindre les naissances sous avis médical. Et en mars 1931, le Comité sur le mariage et le siège du Conseil fédéral des Églises du Christ en Amérique l'approuva.

Grâce en grande partie à l'éloquence de Lord Dawson, les évêques de Lambeth nous ont offert l'un de nos plus grands triomphes en votant par 193 voix contre 67 en faveur du contrôle des naissances. Bernard Shaw pensait que l'Église d'Angleterre faisait « une tentative tardive pour voir si elle pouvait rattraper le vingtième siècle ».

Depuis l'éclatement de l'intolérance religieuse à la mairie, il était évident qu'aux États-Unis, la hiérarchie et l'administration catholiques allaient être les principaux ennemis du contrôle des naissances. De ville en ville , on pouvait le ressentir. A Albany, nous ne pouvions pas avoir de salle parce que le commissaire de police était catholique. À Cincinnati, les Chevaliers de Colomb ont presque réussi à nous interdire l'accès à l'hôtel. À Syracuse, le maire a dû opposer son veto à l'ordonnance du Conseil catholique avant que nous puissions y tenir une conférence. Alors que je devais donner une conférence à Milwaukee, la Ligue des femmes catholiques est venue protester contre la réunion auprès du maire socialiste Hoane . Il leur avait pourtant dit : « Si j'empêche Mme Sanger de parler parce que vous protestez, je devrai également vous empêcher de parler lorsque d'autres s'opposeront à la doctrine catholique. La liberté d'expression doit prévaloir à Milwaukee.

Les tactiques visant à provoquer une réconciliation entre les anglicans et Rome avaient été rendues vaines par l'aval des évêques . Je soupçonnais que la demande d'une déclaration claire de la part du Vatican sur la question venait des États-Unis, où les femmes catholiques faisaient preuve d'un esprit d'indépendance progressif mais persistant. Malgré les canons de l'Église , ils utilisaient des contraceptifs et l'Église, dans sa sagesse, fut obligée de changer la loi pour empêcher ses paroissiens de la violer. En décembre, la réponse est venue sous la forme d'une encyclique papale. Le monde bougeait mais le Pape restait immobile. Il a déclaré qu'il « regardait avec un œil paternel, comme depuis une tour de guet ». Mais que regardait-il ?

Le Pape a répété à maintes reprises que les rapports sexuels, à moins qu'ils ne soient spécifiquement destinés à produire des enfants, étaient contre nature et constituaient un péché ; il condamna catégoriquement tout moyen contraceptif et affirma qu'en matière de limitation des familles , seule la continence était permise. Pourtant, dans le même document, il annulait son insistance précédente selon laquelle la procréation était la seule justification des relations conjugales en les autorisant à des moments où une grossesse ne pouvait pas avoir lieu. Il a rendu ces temps indéfinis ; ils peuvent faire référence à la stérilité, à la post-ménopause ou à ce que l'on appelle la « période de sécurité » pendant le cycle menstruel ; enfin, il disait d'abord qu'on ne pouvait avoir de relations sexuelles que si l'on espérait avoir un enfant, et, du même coup, qu'on pouvait avoir des relations sexuelles alors qu'il était impossible d'avoir un enfant. Cette incohérence jésuite a permis la publication du livret de la Fondation Latz intitulé *Le rythme de la stérilité et de la fertilité chez la femme* , publié avec « l'approbation ecclésiastique » et recommandé par les sociétés catholiques.

Cela faisait désormais partie de ma routine de répondre à chaque défi lancé à la cause, tout comme j'essayais de répondre à chaque question lors d'une réunion. Là encore se trouvait le vieux débat sur la « nature » qui aurait dû être enterré depuis longtemps. L'affirmation selon laquelle c'était un péché d'interrompre la nature dans ses processus était tout simplement absurde. Le pape l'a frustré en se rasant ou en se faisant couper les cheveux. Chaque fois que nous attrapions un poisson, tirions sur un loup ou massacrions un agneau, chaque fois que nous arrachions une mauvaise herbe ou élaguions un arbre fruitier, nous aussi frustrions la nature. Les germes de la maladie étaient des petits êtres tout à fait naturels qu'il fallait combattre avant que nous puissions nous rétablir. Quant à la prétendue « période de sécurité » qu'énonce désormais *Rhythm* , quoi de plus contre nature que de restreindre les rapports sexuels au moment même où la nature l'avait le moins prévu ?

Mais, tout bien considéré, il me semblait alors que l'idée du contrôle des naissances avançait allègrement. Je pourrais sympathiser avec un vieux radical indigné qui a quitté un congrès sur le contrôle des naissances en reniflant : « Cette chose est devenue trop sûre pour moi. »

Chapitre trente-quatre

SÉNATEURS, N'AYEZ PAS PEUR

« Faut-il modifier les lois fédérales ? » était le sujet de mon débat avec le juge en chef Richard B. Russell de Géorgie, qui avait eu dix-huit enfants de deux femmes. J'ai toujours accueilli favorablement un débat, même si après les premières années, il avait été presque impossible de trouver quelqu'un pour défendre l'autre camp, et c'est pourquoi j'ai été heureux d'être appelé à Atlanta, en mai 1931, pour celui-ci.

Le vieux juge, aux cheveux blancs, aux sourcils et à la moustache blancs, la silhouette toujours droite , me fixa d'un regard tantôt satirique, tantôt enflammé de la rage d'un prophète de l'Ancien Testament. Il a parlé du caractère sacré de la maternité, du foyer et de l'État de Géorgie. « Nous n'avons pas besoin de contrôle des naissances en Géorgie. Nous avons dû abandonner deux membres du Congrès parce que nous n'avons pas assez de personnel. Si New York veut anéantir sa population, elle le peut. Nous avons besoin des nôtres.... Je peux m'occuper de tous les enfants que Dieu m'a envoyés. Je crois que Dieu me les a envoyés parce qu'ils ont une âme. Les chiens caniches et les ânes n'ont pas d'âme. J'ai obéi au commandement de Dieu d'« augmenter et de me multiplier ».

Ses enfants, leurs épouses et leurs proches occupant plusieurs rangées de sièges devant ont applaudi vigoureusement.

Dans le train qui revenait, j'ai acheté un journal et j'ai remarqué avec surprise que j'avais reçu la médaille de l'American Women's Association pour mes réalisations en faveur des femmes et que j'étais censée la recevoir ce soir-là à New York. J'ai envoyé un télégramme de remerciement à Anne Morgan lui disant que je venais d'en avoir connaissance et que je n'avais aucun moyen d'y assister.

C'était agréable de recevoir une médaille au lieu d'un mandat ; Lors du dîner reporté, organisé par John A. Kingsbury, directeur du Milbank Fund, j'étais assis là à écouter les beaux hommages et je me suis demandé : « Est-ce vraiment vrai ? Suis-je réveillé ? Ou est-ce un rêve ? Je n'ai jamais pensé que la médaille m'était remise en tant que personne, mais plutôt à la cause, aux femmes que je représentais et, les représentant, j'ai fait l'acte de l'accepter.

Alors que j'essayais d'exprimer cela, une petite femme qui apparaissait fréquemment en toutes sortes d'occasions traversa le public bien soigné, monta sur l'estrade et m'offrit un bouquet de fleurs des mères de Brownsville. « Vous êtes notre Abraham Lincoln », a-t-elle déclaré, inconsciente des sourires à la fois amusés et sympathiques du public. Elle m'a déposé un baiser sur le front et est retournée précipitamment chez elle. Pour moi, elle incarnait l' esprit de Mme Sachs, décédée il y a si longtemps – tout ce pour quoi je travaillais encore, bien que par des canaux qui se soient considérablement élargis depuis lors.

Au début du mouvement de contrôle des naissances, l'objectif principal était d'atténuer les souffrances des femmes, avec ou sans loi Comstock. Sa genèse même a été la violation consciente, délibérée et publique de cette loi. Plus tard, il devint impératif de le changer, afin que les millions de personnes qui dépendaient des dispensaires et des hôpitaux puissent être instruites par des mains compétentes.

En 1918, Mary Ware Dennett avait dissous l'ancienne Ligue nationale de contrôle des naissances en la Ligue pour la parentalité volontaire, dont le but était d'abroger la loi fédérale. Cela semblait acceptable à première vue, mais l'abrogation permettrait à quiconque de donner et d'envoyer des dispositifs contraceptifs ainsi que des informations à quiconque par la poste, quelles que soient les normes ou la qualité. Mme Dennett considérait toujours le mouvement comme une question de liberté d'expression et de liberté de la presse, tout comme je l'avais fait avant de me rendre aux Pays-Bas. Or, je considérais que personne n'avait suffisamment de connaissances sur les conséquences possibles de certains contraceptifs pour permettre leur fabrication ou leur distribution sans conseils ni directives. Ils pourraient tuer le mouvement contraceptif ainsi que certaines des femmes qui les utilisaient. Aucun parrain n'a pu être trouvé jusqu'à ce qu'en 1923 le sénateur Cummins présente son abrogation, ou projet de loi dit ouvert, dans lequel le manque de garanties était sévèrement critiqué. C'est pourquoi elle l'avait fait réintroduire en 1924 avec une clause ajoutée selon laquelle toute la littérature contenant des informations sur la contraception doit être certifiée par cinq médecins comme « ne nuisant pas à la vie ou à la santé ». Ce projet de loi, pratiquement impossible d'application, est mort en commission.

Puisque nous pensions que l'information devait être diffusée uniquement par les médecins, nous étions restés très discrets et à l'écart pendant ces années. Mais nous avions nos propres idées sur le type de législation que nous préférions. Lorsque Mme Dennett prit sa retraite et que son organisation cessa ses travaux, Mme Day, Anne Kennedy et moi, en janvier 1926, nous rendîmes à Washington pour une expédition de reconnaissance afin d'examiner l'attitude mentale des membres du Congrès et de découvrir si leur réaction était positive. plus favorable à un projet de loi d'abrogation ou à notre proposition d'un « projet de loi amendé pour les médecins ». Nous avons installé notre quartier général et commencé à interviewer les sénateurs jusqu'à ce que nous soyons convaincus que nos sentiments personnels étaient plus favorables à notre politique.

Nous avons jugé utile de sonder également la position catholique. Se réunir était la tendance de l'époque. Les eugénistes , la Voluntary Parenthood League, l'American Birth Control League essayaient tous de se rencontrer. Les gens aux opinions tolérantes ont toujours estimé que l'Église catholique était trop intelligente pour s'opposer à un mouvement qu'elle devrait inévitablement un jour sanctionner, et le tumulte et l'ingérence étaient simplement le résultat de l'ignorance et de l'intolérance locales ; si nous pouvions atteindre les dirigeants eux-mêmes, si nous pouvions tous « nous asseoir autour d'une table et discuter », nous découvririons que leurs idéaux humanitaires ressemblent beaucoup aux nôtres.

Par conséquent, Anne a eu un entretien avec des membres de la Catholic Welfare Conference, dont Mgr John Ryan, John M. Cooper, Ph.D., le père Burke et d'autres prélats. Nous pensions que nous serions d'accord sur le projet de loi des médecins – qu'ils voulaient sûrement protéger le public contre l'utilisation abusive des contraceptifs. Mais ils ont formulé sans équivoque leurs objections ; même le droit incontestable d'un médecin de sauver des vies ne les a pas convaincus. Ils ont déclaré qu'il était de leur devoir de veiller à ce qu'aucune législation « sociale ou morale » ne soit adoptée par le Congrès qui ne soit conforme aux principes de la doctrine catholique ; ils tenteraient d'empêcher qu'un tel projet de loi devienne une loi. Anne a rédigé un rapport de l'entretien, comprenant cette déclaration choquante, et le leur a montré afin qu'ils puissent avoir l'occasion de le corriger s'ils le souhaitaient. Ils l'ont laissé essentiellement tel qu'il était écrit.

Considérant qu'il s'agissait d'une question fondamentale de liberté et de vie qui n'affectait pas uniquement le contrôle des naissances, j'ai apporté le document présomptueux à HL Mencken, soi-disant le libertaire le plus remarquable d'Amérique. Il avait le pouvoir de susciter une réponse des esprits réfléchis, même s'ils étaient enfermés dans des dogmes patriotiques ; il avait renversé un grand nombre de dieux, principalement sur le plan politique et religieux.

Espérant que Mencken ferait une protestation efficace à bord du *Mercury américain* , je lui ai parlé, lui ai expliqué la situation, prédisant que si nous laissions cela passer inaperçu , nous devrions tous en supporter les conséquences futures. Il a admis que l'action catholique était effrontée, mais a mentionné le fait qu'il avait trop d'amis de cette foi à Baltimore pour qu'il puisse attaquer leur église. J'ai eu l'impression qu'il cherchait à frapper là où la cause était manifestement populaire, mais qu'il n'avait pas l'intention de diriger un espoir désespéré ou de jouer le rôle d'un pionnier de la liberté. Il n'a jamais répondu aux attentes que j'avais autrefois de lui ; ce n'était pas un arbre portant des fruits mais une cuillère qui remuait, une sorte de « Oui, mais-euh ». Il a répondu : « Oh, oui, c'est formidable, mais d'un autre côté, il y a ceci à dire pour l'autre côté. »

Dans notre campagne d'éducation du public sur la nécessité de modifier la loi fédérale, j'ai commencé à organiser des conférences régionales à l'Est, au Sud, au Moyen-Ouest et à l'Ouest, et à les relier toutes en une organisation pour soutenir le projet de loi. L'un d'eux était à Los Angeles. Au début, la plupart des Occidentaux souhaitaient un projet de loi ouvert comme celui de Mme Dennett, et j'étais plutôt seul sur l'amendement des médecins, qui n'a été approuvé que par une très faible majorité le dernier soir de la Conférence.

Alors que les gens sortaient, j'aperçus au fond de la pièce une femme mince, presque émaciée, aux cheveux gris, un peu défraîchie, mais pas inhabituelle. Elle a tendu une main osseuse pour serrer la mienne, sans pratiquement rien dire, juste un mot ou deux, et son nom, Kaufman, m'est venu à l'esprit. Je m'en souvenais parce que Viola Kaufman avait été l'une des petites abonnées au contrôle des naissances dans le passé, et je connaissais la plupart de ces noms. Je n'y pensais pas davantage à l'époque.

Voulant obtenir toute l'approbation possible pour le projet de loi sur les médecins, et en particulier celui de l'American Medical Association, j'ai fait un voyage spécial à Chicago pour voir le Dr Morris Fishbein, qui était une puissance dans cette organisation. J'ai demandé des conseils ou de l'aide et je leur ai proposé de rédiger un projet de loi de la manière qui leur conviendrait. Le Dr Fishbein s'est montré sympathique et m'a confié au Dr William C. Woodward, le directeur législatif ; nous avons eu une conversation agréable et c'est tout. Bien qu'il n'ait fait aucun commentaire sur ses avantages ou ses inconvénients, j'ai consigné le projet de loi dans leur bureau.

Des amis fidèles et éprouvés, dont les capacités et la loyauté avaient été testées et prouvées, se sont ralliés au Comité national sur la législation fédérale pour le contrôle des naissances, qui a établi son siège à Washington en 1931. Frances Ackermann a aidé mon mari en tant que trésorier. Pour vice-présidente, nous avions Mme Walter Timme , qui avait quitté la Ligue des électrices, une excellente oratrice, une militante lucide, une alliée dévouée de longue date. Grande, corpulente, large d'épaules, elle pouvait haranguer le public de la manière forte, convaincante et énergique des premiers jours du suffrage et de la tribune à savon - rien de délicat ou de fragile. Lorsqu'elle avait une idée, c'était une idée, et elle l'exprimait comme une idée. Plus d'une fois, notre compte bancaire aurait été réduit à néant sans les talents d'Ida Timme en matière de collecte d'argent.

Mme Alexander C. Dick était secrétaire. Elle avait la tête démodée d'un daguerréotype, mais était tout à fait moderne par sa verve, sa personnalité gaie et sa vive agilité d'esprit. Depuis 1916, date à laquelle je l'avais connue pour la première fois, elle s'intéressait beaucoup à la recherche sur le contrôle des naissances et était définitivement d'accord avec le nouveau cri de guerre de l'époque selon lequel cela devait être sous surveillance médicale. C'est principalement grâce à elle et à son défunt mari, Charles Brush de Cleveland, que l'Ohio avait eu dès le début l'une des ligues d'État les mieux organisées et dirigées.

Kate Hepburn en était la présidente. Au cours de sa longue carrière publique , elle a appris une grande efficacité et était si attentive aux moindres détails qu'elle n'a jamais laissé nos témoins abuser de leur temps. Alors que nous nous balancions vivement, elle tirait invariablement sur un manteau et passait un petit slip – « le temps est écoulé dans une minute ».

Le meilleur de tous nos lobbyistes était Mme Hazel Moore, notre secrétaire législative, qui avait quitté la Croix-Rouge du Sud pour nous soutenir. Rien ne pouvait résister à son enthousiasme infatigable, et il fallut un vaillant sénateur pour endurcir son cœur contre ses ruses féminines et ses manières gagnantes.

Nous commençons alors à nous initier à l'ABC de la procédure législative fédérale. Une fois votre projet de loi rédigé, vous deviez trouver un membre du Congrès pour le présenter. Parfois il y croyait à cent pour cent ; parfois il croyait à cent pour cent en l'individu ; parfois, il le parrainait uniquement pour être accommodant et agréable, auquel cas on l'appelait « sur demande », une manière très faible puisqu'on savait qu'il n'allait pas se battre pour l'obtenir. Une fois présenté, le projet de loi était lu à la Chambre ou au Sénat et immédiatement renvoyé à un comité chargé de modifier une loi sur le pouvoir judiciaire. La nôtre a été difficile à gérer au début, car nous essayions de modifier plusieurs lois simultanément, non seulement l'article 211 et tout ce qui concernait le courrier et les transporteurs publics, mais aussi les lois relatives aux importations. Nous avions un principe général derrière nous, mais nous avons dû continuer à proposer des articles pour que cela ne soit pas renvoyé au mauvais comité.

Si vous aviez la chance d'obtenir une audition au Sénat pour votre projet de loi, le président de votre commission nommait une sous-commission d'environ trois personnes ; à la Chambre, l'ensemble du comité pourrait assister à l'audience. Un jour était fixé et vous commenciez à préparer vos munitions ; l'opposition disposait d'un temps égal à la seconde. Après l'audience, un vote a eu lieu. S'ils étaient contre, ils le tuaient sur-le-champ ; s'ils le recommandaient, il était présenté devant le comité plénier et, s'il était ensuite approuvé, était envoyé au Sénat ou à la Chambre pour un débat en salle.

Pour les membres du Congrès frénétiques, inquiets, harcelés et motivés de 1931, l'annonce d'un projet de loi sur le contrôle des naissances était comme un message venant de Mars, mais en moins intéressant et plus lointain. L'esprit de chaque sénateur ressemblait à un standard téléphonique avec sa secrétaire méfiante comme opératrice. Tous les fils étaient liés aux dettes extérieures, à l'aide au chômage, aux réparations, aux moratoires, aux taxes sur les ventes, à la prohibition, aux budgets et aux primes, à la guerre en Mandchourie, aux conférences de paix, au désarmement et aux tarifs douaniers – des questions d'une importance vitale pour eux-mêmes pour lesquelles ils avaient besoin de tout leur soutien. vote; et leur principal effort était de ne pas provoquer de conflit ou de se faire détester. Quelle chance avions-nous de nous connecter ?

Lorsque le secrétaire vigilant a découvert que nous n'étions pas des électeurs directs, on nous a dit que le sénateur était occupé – en conférence, en comité, à rencontrer une délégation qui arrivait. Est-ce qu'on reviendrait plus tard, demain, la semaine prochaine ? Nous sommes toujours revenus rapidement et ponctuellement. Pendant des mois, il était presque impossible de les voir. Souvent, jusqu'à quarante appels étaient passés, et si nous parvenions à obtenir deux entretiens, nous considérions que c'était une bonne journée de travail. Lorsque nous les avons finalement rejoints, peu de sénateurs parmi les plus jeunes, et encore moins parmi les sénateurs plus âgés, savaient de quoi nous parlions. Lorsque nous avons pu le dire clairement, jeunes et vieux, tout comme dans les législatures des États, étaient pleins de peurs – peur des préjugés, peur des bagarres dans les vestiaires , et principalement peur de l'opposition catholique.

Bien que le sénateur Norris ait approuvé le projet de loi d'abrogation, il pensait que le nôtre avait de meilleures chances d'être adopté car l'antagonisme envers le premier était encore plus grand qu'en 1926. Il avait lui-même entre ses mains Muscle Shoals et l'Amendement Lame Duck et plusieurs autres projets favoris. boot, et a suggéré que nous demandions à quelqu'un de présenter le projet de loi qui ne serait pas réélu. Notre choix s'est porté sur le sénateur Frederick Huntington Gillett du Massachusetts, pendant des années président de la Chambre, et maintenant sur le point de prendre sa retraite. C'était un gentleman né, aux cheveux gris, typiquement de la Nouvelle-Angleterre, sans enfants ni philosophie particulière en matière de contrôle des naissances. Nos aides du Sud, notamment Mme JB Vandeveer , étaient persévérantes et déterminées. Ils ne se laisseraient pas décourager par des licenciements polis et routiniers, mais demandaient catégoriquement : « Voudriez-vous présenter ce projet de loi pour nous ? Le sénateur Gillett, reconnaissant leur sérieux, a accepté. Mais nous n'en avons plus entendu parler.

À mon retour à la session suivante du même Congrès, quelqu'un m'a fait remarquer : « N'êtes-vous pas chanceux d'avoir présenté votre projet de loi ?

"Quoi?" J'ai regardé avec les yeux grands ouverts.

"Oui, le sénateur Gillett s'en est souvenu quelques jours avant la clôture de la session."

Je l'ai appelé aussitôt. « Où est passée notre facture ?

Cela n'avait abouti à rien. « Nous allons simplement l'envoyer au Comité judiciaire », a déclaré le sénateur. « Norris est président et il est sympathique. Il choisira pour vous un bon sous-comité.

Nous avons rassemblé nos témoins la veille de l'audience, qui devait avoir lieu le 13 février, et leur avons demandé : « Que voulez-vous dire ? Dans combien de temps veux-tu le dire ? Nous avons eu huit personnes pour témoigner en l'espace de deux heures ; les moments devaient être soigneusement répartis entre chacun. Nous étions autorisés à en déduire dix de notre allocation le premier jour pour les utiliser le lendemain pour une réfutation.

William E. Borah de l'Idaho et Sam G. Bratton du Nouveau-Mexique nous avaient été assignés avec le sénateur Gillett, mais Borah ne s'est pas présenté. Le public, majoritairement des femmes, remplissait la salle de commission, imposante avec ses piliers en marbre, son acajou brillant et ses fenêtres luisantes.

Le Dr John Whitridge Williams, obstétricien en chef de l'hôpital Johns Hopkins, a résumé les preuves médicales en faveur du contrôle des naissances. "Un médecin qui dispose de cette information (prévention de la conception) et ne la donne pas ne peut s'empêcher de penser qu'il assume la responsabilité de la vie et du bien-être d'un grand nombre de personnes." Le révérend Charles Francis Potter, fondateur de la Société Humaniste de New York, a évoqué la phase morale. "L'oiseau de guerre n'est pas l'aigle mais la cigogne." Le professeur Roswell H. Johnson, alors à l'Université de Pittsburgh, a mis l'accent sur l'eugénisme. "La plupart des gens intelligents et bien informés (...) sont si déterminés à cet égard (espacer les enfants) qu'aucune loi encore conçue ne parvient à leur imposer une famille naturelle, qui compte environ dix-huit enfants." Le rabbin Sidney Goldstein s'est occupé des aspects religieux. « La population n'est pas composée de ceux qui naissent mais de ceux qui survivent. » Le professeur de sociologie Henry Pratt Fairchild s'est exprimé du point de vue économique. « Nous, les humains, ne pouvons pas enfreindre les lois de la nature. Nous pouvons cependant choisir à laquelle de ses lois nous jugeons opportun d'obéir. Mme Douglas Moffatt a annoncé que les 2 700 membres de la Ligue junior de la ville de New York étaient massivement en faveur du projet de loi.

Le lendemain matin, l'opposition a commencé par essayer de prouver que nous, partisans du contrôle des naissances, une innovation russe, cherchions à démolir la maternité et la famille, comme cela avait été fait en Russie. L'honorable Mary T. Norton, représentante du New Jersey, a fait l'affirmation étonnante que la famille la plus heureuse est la grande et qu'un grand pourcentage des grands hommes et femmes de ce pays sont nés pauvres ; c'était une bénédiction car cela les enflammait d'ambition. Et elle mentionna Abraham Lincoln, dont l'anniversaire n'avait eu lieu que deux jours auparavant. J'ai été particulièrement indigné par les déclarations d'autres témoins selon lesquelles la Fédération américaine du travail était contre nous, que l'American Medical Association était hostile et que les méthodistes et d'autres églises allaient contribuer à faire échouer notre projet de loi. Les orateurs représentant les organisations catholiques ont lancé à plusieurs reprises des tirades aussi dramatiques que : « Je vous le demande, messieurs, au nom des vingt millions de citoyens catholiques du pays, pour les profondes convictions religieuses desquels ces vices sont odieux, et de tous ceux pour qui le la vertu d'une mère ou d'une fille est sacrée, de dénoncer défavorablement ce projet de loi diabolique et damnable !

Il était difficile d'évaluer l'impression qui était produite ; on pouvait seulement sentir que la réponse était une réaction de sentiment. Ces dogmatiques, évoquant l'âge des ténèbres, invoquaient à leur aide les mêmes arguments qui avaient été utilisés pour entraver tout progrès de notre civilisation : c'était contre la nature, contre Dieu, contre la Bible, contre les meilleurs intérêts du pays et contre moralité. Même si vous avez prouvé votre cause par les statistiques, la raison et tous les dispositifs connus de l'esprit humain, les opposants ont répété la ligne d'attaque encore et encore ; à la fin, vous avez compris que faire appel au renseignement était vain.

Dans des occasions comme celle-ci, la fureur intérieure qui m'envahissait passa du froid à la chaleur blanche ; cela n'a pas produit d'éloquence, mais cela m'a permis d'émouvoir les autres. La meilleure façon d'affronter l'opposition était de garder ses émotions sous contrôle et, en même temps, sans trébucher ni tâtonner, de les laisser partir. Chaque mot que j'ai prononcé a été calculé et réfléchi, non pas à l'avance, mais au fur et à mesure. Je n'ai pas souvent réagi de cette façon, mais je l'ai fait ce jour-là.

Lorsque mes dix minutes de réfutation sont arrivées, je savais qu'il fallait de la vitesse émotionnelle. Néanmoins, j'ai d'abord démenti leurs fausses affirmations : selon lesquelles le mouvement pour le contrôle des naissances était né dans ce pays en 1914, bien avant que quiconque ait jamais entendu parler du bolchevisme ; que les objections de la Fédération américaine du travail avaient porté sur le projet d'abrogation de 1925, tout à fait différent du projet de loi des médecins actuellement en discussion ; que l'American Medical Association n'avait pris aucune position, mais que deux de ses branches les plus importantes, la Neurological et la Woman's Medical, s'étaient prononcées en notre faveur ; On s'est opposé au fait que le Dr CI Wilson, du Conseil méthodiste, avait nié son église et, en fait, ses ministres avaient travaillé officieusement pour nous. «Quand quelqu'un dit que les familles les plus heureuses sont les plus nombreuses et que les grands dirigeants du monde sont issus de familles nombreuses, j'aimerais attirer votre attention sur le fait que le grand leader du christianisme, Jésus-Christ lui-même, était considéré comme le seul enfant." Ici, les catholiques se signaient et murmuraient : « Blasphème ! »

"Ces opposants ont eu avec eux les lois, la richesse, la presse, et pourtant ils en viennent aujourd'hui à dire qu'ils ont peur de la morale de leur peuple s'ils ont la connaissance, s'ils ne continuent pas à être maintenus dans la peur et l'ignorance. . Ensuite, je dis que leurs enseignements moraux ne sont pas très profonds. Monsieur le Président, nous disons que nous voulons des enfants conçus dans l'amour, nés du désir conscient des parents et nés dans le monde avec un corps et un esprit sains.

Les deux sénateurs restèrent assis en silence. Le projet de loi a été rejeté en raison du vote défavorable du sénateur Borah, qui n'avait pas assisté aux audiences.

L'année suivante, en 1932, le sénateur Gillett était parti et il fallait trouver un remplaçant. Pensant que la première femme sénatrice serait du côté de son sexe, nous avons demandé à Mme Hattie Caraway de présenter le projet de loi. Elle a dit qu'elle était elle-même intéressée par le sujet, mais que sa secrétaire ne la laissait pas y toucher.

D'ordinaire, les membres du Congrès accordaient peu d'attention aux arguments abstraits, à la logique ou aux besoins humanitaires des étrangers. Mais ils pourraient être contactés par l'intermédiaire de leurs électeurs. Une façon d'y parvenir était d'amener les femmes « de retour chez elles » à s'aider elles-mêmes directement en écrivant des lettres. Cela nécessitait de l'argent. Nous l'avons sollicité auprès d'une fondation qui a fait don de dix mille dollars réservés à cet effet particulier. Au flot toujours continu de lettres de mères, demandant comme toujours des conseils en matière de contraception, ma réponse fut : « Je serais heureux de vous donner les informations que vous demandez si la loi le permet. Votre membre du Congrès a maintenant la possibilité de voter sur ce projet de loi. Envoyez-lui une lettre indiquant combien d'enfants vous avez vivants, combien de bébés morts, combien d'avortements, quel salaire votre mari reçoit, tout ce que vous m'avez dit », et j'ai joint une enveloppe timbrée et adressée à leurs membres du Congrès respectifs.

Un jour, alors que je traversais le tunnel qui reliait la Chambre au Sénat, je me suis arrêté pour demander mon chemin à un homme. Il a dit : « Je vais vers vous. Venez et je vais vous montrer.

Nous avons entamé une conversation. Il m'a informé qu'il était sénateur et m'a demandé ce que je faisais.

"Je travaille sur le projet de loi sur le contrôle des naissances."

"Ca c'est drôle. Je viens de recevoir une lettre d'une femme à huit kilomètres de l'endroit où j'ai vécu la majeure partie de ma vie. Écoute ça."

Et il le sortit de sa poche et lut l'historique des avortements et des opérations de la femme. "Je n'ai jamais rien entendu d'aussi horrible, et au fond elle dit : 'Vous pouvez m'aider en faisant changer cette loi, et Mme Sanger, qui a l'information, me l'enverra si vous faites changer la loi.' .'»

Ces lettres apportèrent d'excellents résultats. Grâce à eux, le sénateur Henry D. Hatfield de Virginie occidentale a été persuadé de présenter le projet de loi. Lors de l'audience, il a décrit comment, en tant que médecin, chirurgien et gouverneur de son État, il avait assisté à l'accouplement libre des inaptes et avait imposé une loi sur la stérilisation. Nous avons produit notre éventail habituel d'experts, et l'opposition a produit le Dr Howard Atwood Kelly, un gynécologue célèbre en son temps à Johns Hopkins, mais maintenant professeur émérite et très âgé, qui divaguait de manière discursive sur la morale ; c'était un état d'esprit sinon de raison. Le Dr John A. Ryan, membre de la Conférence nationale catholique sur le bien-être social, a choisi l'économie pour son débat. Ni l'un ni l'autre n'a parlé de son propre sujet, mais ont choisi quelque chose sur lequel il n'avait pas d'autorité.

Le projet de loi a été rejeté en commission, et celui présenté à la Chambre par le représentant Frank Hancock de Caroline du Nord a été renvoyé dans la mauvaise commission, donc rien ne s'est produit.

Avant que vous ne l'ayez vu, le Congrès des États-Unis apparaissait de manière impressionnante dans votre conscience ; on avait le sentiment : « C'est le plus grand pays du monde, c'est son gouvernement, j'ai aidé à envoyer ces hommes ici. » Ensuite, vous avez regardé le Congrès travailler, vous l'avez écouté et vous avez été déçu. Quelques années passées à la tribune à baisser les yeux vous ont donné moins de respect pour la qualité de nos représentants, moins de confiance dans l'action législative, et vous vous êtes demandé si ceux qui avaient déjà abandonné l'espoir d'obtenir un soulagement de cette manière et recouru à l'action directe avaient ce n'est peut-être pas la bonne idée.

Les mêmes arguments se poursuivaient d'année en année. Une certaine publicité a été assurée, un certain nombre a été instruit. Certains de nos partisans, malgré l'évidence du contraire, étaient toujours convaincus que si les catholiques comprenaient notre projet de loi , ils ne s'y opposeraient pas. Ils ont déclaré que le représentant Arthur D. Healey du Massachusetts, membre du comité judiciaire, bien que catholique, était si libéral que si on pouvait lui faire comprendre les raisons de son attitude , il cesserait d'être ouvertement hostile, et cela pourrait même être révélé. de comité. En conséquence, je me suis rendu à son bureau ; nous avons longuement parlé, et encore une fois, nous n'avons abouti à rien. Alors que je partais, ce père de quatre enfants m'a dit, pour s'expliquer : « Vous voyez, Mme Sanger, je suis juste un de ces hommes insolites qui aiment beaucoup les enfants. J'étais intérieurement convulsé à l'idée qu'il se considérait comme inhabituel et que nous étions tous une bande d' Hérode essayant de se débarrasser des bébés.

Au début, il semblait que j'allais avoir plus de succès suite à mon entretien avec le Dr Joseph J. Mundell, professeur d'obstétrique à l'Université de Georgetown, qui conseillait la Catholic Welfare Conference sur toute sa législation médicale. Lors d'une séance privée, j'ai concédé certaines choses dans le projet de loi ; Le Dr Mundell en a renoncé à certains autres. Le compromis convenait apparemment à tout le monde.

En 1934, des projets de loi identiques furent présentés au Sénat et à la Chambre, cette dernière par le représentant Walter M. Pierce, démocrate, qui, en tant que gouverneur de l'Oregon, avait brûlé ses ponts politiques en opposant son veto à un projet de loi autorisant les écoles paroissiales. Puisqu'il n'avait rien à perdre, il n'avait pas à faire de politique.

Hatton W. Summers, du Texas, présidait l'audience. Notre équipe a pris le départ, là encore des spécialistes dans chaque ligne couvrant les points vitaux. Le rabbin Edward L. Israel de Baltimore a lancé un plaidoyer passionné. « Et je dis, messieurs, si ce que nous préconisons maintenant n'est pas moralement juste, cessons d'être des hypocrites et, à la place, inscrivons dans nos lois une loi qui chassera les dispositifs contraceptifs de vos maisons et des miennes. »

Ici, John C. Lehr du Michigan, assis dans son fauteuil, les pouces attachés dans ses bretelles, a déclaré pompeusement : « En tant que membre de ce comité, je tiens à déclarer officiellement qu'aucun contraceptif n'a jamais été utilisé chez moi. J'ai aussi six enfants.

Malcolm C. Tarver de Géorgie l'interrompit : « Vous ne voulez pas dire qu'un membre du Congrès a utilisé quelque chose de ce genre, n'est-ce pas ? Sa surprise était visiblement réelle.

Les partisans de notre projet de loi, même des femmes âgées, s'étaient levés pour témoigner. Mais lorsque le père Charles E. Coughlin entra, les joues très roses sur son col noir, une chaise lui fut placée, car en tant que représentant de l'Église, il ne voulait pas se présenter devant un organe représentatif de l'État. Il commença à parler au hasard : « Je n'ai pas entendu un seul mot des témoignages de ces dames et messieurs, et mes remarques ne s'adressent pas à eux maintenant, car je peux facilement les traiter à la radio dimanche après dimanche. , messieurs, vous êtes tous des hommes mariés, et vous en savez plus que je n'en saurai jamais. Ici, il haussa les sourcils en un regard lorgnant. « Le président, je crois comprendre, est un célibataire comme moi... Nous savons comment ces contraceptifs sont contrefaits dans les pharmacies du coin autour de nos lycées. Pourquoi sont-ils autour des lycées ? Pour leur apprendre à forniquer et à ne pas se faire prendre. Tout ce que ce projet de loi signifie, c'est "Comment commettre l'adultère sans se faire prendre".

Certains de nos sympathisants ont quitté la salle. Deux membres du Congrès ont quitté la table. Mais nous étions un groupe poli et bien élevé qui reculait devant les scènes et, bien que furieux et indignés, nous lui avons permis de conclure sa demi-heure de grossièreté.

J'ai eu du mal à en croire mes oreilles lorsque le Dr Mundell, qui nous avait aidés peu auparavant à formuler un projet de loi qu'il disait satisfaisant, s'est levé et nous a délibérément trahi en déclarant qu'il n'était pas nécessaire de légiférer du tout, parce qu'un récent travail scientifique—par il parlait du *Rythme* – avait montré que la fécondité des femmes pouvait être estimée avec une précision presque mathématique.

Dans sa réfutation, le Dr Prentiss Willson a témoigné que la théorie du cycle de stérilité n'avait aucune valeur médicale. Puis vint mon tour. J'avais dans ma poche un exemplaire de *Rhythm* et j'en ai cité. Au titre de la procréation , il demandait si les personnes mariées étaient obligées de mettre au monde autant d'enfants qu'ils pouvaient, puis répondait :

Loin d'être une obligation, une telle démarche pourrait s'avérer totalement indéfendable. D'une manière générale, les couples mariés n'ont pas le droit de mettre au monde des enfants qu'ils ne sont pas en mesure de subvenir aux besoins, car ils infligeraient ainsi un préjudice grave à la société.

J'ai dit au comité qu'apparemment la seule distinction entre le pour et le contre de la question du contrôle des naissances était que la méthode que nous préconisions était une méthode scientifique sous la supervision de médecins ; celui des catholiques n'avait pas été prouvé scientifiquement et était ouvert à tout garçon ou fille sachant lire la langue anglaise.

Néanmoins, le projet de loi est de nouveau mort en commission.

Les audiences du Sénat sur le projet de loi, présenté par notre vieil ami Daniel O. Hastings du Delaware, n'ont eu lieu qu'en mars. Nous avons présenté nos défenseurs, parmi lesquels l'épouse d'un mineur de Virginie occidentale, l'État natal de deux membres du comité, Hatfield et Nealy. Elle était une illustration parfaite du type qui avait le plus besoin de contrôle des naissances. Lorsqu'elle eut fini, une femme catholique lui demanda : « Lequel de tes neuf enfants préféreriez-vous voir mort ? »

« Oh, je ne veux voir aucun d'entre eux mort. Je les aime tous; mais je n'aime pas ceux que je n'ai pas eu.

Sa réponse était juste ; ça n'aurait pas pu être mieux.

Vito Silecchia , mon ancien vendeur de charbon et de glace de la Quatorzième Rue, s'est également rendu à Washington et a raconté son histoire simple. Sa femme était venue me voir alors qu'elle était enceinte de son quatrième enfant, et je lui avais dit que je ne pouvais rien faire pour elle jusqu'à ce qu'elle ait eu son bébé. Aujourd'hui, bien des années après, elle n'en avait plus que quatre. Vito a raisonné en tant qu'homme : « Je suis moi-même catholique. Les catholiques disent que nous devrions avoir beaucoup d'enfants. Je dis différent. Je dis que ce n'est pas bien d'avoir trop d'enfants. Vous ne pouvez pas vous occuper d'eux. Il a terminé en décrivant la mère de six enfants qui habitait à côté de chez lui. «Je lui ai dit : 'Je vais t'emmener dans un endroit. C'est un endroit merveilleux. Elle ne connaît pas la langue anglaise. Par conséquent, elle n'est jamais venue voir Mme Sanger, mais elle le fera… mais elle le fera !

Pour la première fois, le sous-comité sénatorial a rendu compte du projet de loi et celui-ci a été inscrit au calendrier du consentement unanime. Le dernier jour de la session arriva, le 13 juin. Il y en avait plus de deux cents, mais il y avait toujours de l'espoir. L'un après l'autre, ils furent précipités et puis, miracle des miracles, le nôtre passa sans qu'aucune voix ne s'élève contre lui. Le texte suivant a été présenté, a également été converti en loi, un autre a été soumis à discussion et déposé. Vingt minutes se sont écoulées. Soudain, le sénateur Pat McCarran de Reno, Nevada, célèbre avocat spécialisé en divorce mais catholique remarquable, s'est précipité du vestiaire et a demandé le consentement unanime pour rappeler notre projet de loi. Par courtoisie sénatoriale, le sénateur Hastings a accédé à sa demande ; S'il ne l'avait pas fait, le sénateur McCarran se serait opposé à chaque projet de loi qu'il a présenté par la suite. L'affaire a été renvoyée sommairement au comité et c'est là qu'elle est morte.

En 1935, nous avons pris la décision fatale de le faire voter au début de la session et il a été rapidement abandonné. Le travail d'une année entière a été perdu. L'hiver suivant, alors que j'étais en Inde, Percy Gassaway de l'Oklahoma a présenté un projet de loi à la Chambre, Royal S. Copeland de New York, au Sénat, sur demande ; ni l'un ni l'autre n'ont atteint une audience.

Une autre ligne d'attaque contre la loi Comstock consistait à tenter d'en obtenir une interprétation libérale par l'intermédiaire des tribunaux. Parmi les produits présentés à la Conférence de Zurich en 1930 figurait un pessaire japonais. Poursuivant la politique clinique consistant à tester chaque nouveau contraceptif apparu, j'en ai commandé quelques-uns à un médecin de Tokyo. Lorsque les douanes nous ont informés qu'ils avaient été interdits d'entrée et détruits, nous avons envoyé un autre envoi adressé au Dr Stone dans l'espoir qu'il serait ensuite remis à un médecin. Mais cela a également été refusé et nous avons donc intenté une action en son nom.

Après deux ans d'attente , l'affaire a finalement été jugée devant le juge Grover Moscowitz du tribunal fédéral du district sud de New York. Morris Ernst a mené notre réclamation avec brio et, le 6 janvier 1936, le juge Moscowitz a tranché en notre faveur : le texte de la loi semblait interdire l'importation de tout article destiné à empêcher la conception, mais il estimait que la loi devait être interprétée de manière plus raisonnable. Le gouvernement a immédiatement fait appel et l'affaire a été plaidée devant la Cour d'appel de circuit devant les juges Augustus N. Hand, Learned Hand et Thomas Swan, dont les décisions unanimes ont rarement été annulées par la Cour suprême.

À l'automne 1936, alors que j'étais à Washington pour relancer le projet de loi fédéral avant la réunion du Congrès, la nouvelle arriva que les trois juges avaient confirmé la décision de Moscouitz et avaient ajouté qu'un médecin avait le droit non seulement d'introduire des articles dans ce projet mais, plus important encore, de les envoyer par la poste et, enfin, de les utiliser pour le bien-être général du patient, ce qui, depuis vingt ans, avait été l'objet de mes efforts les plus sérieux.

Le gouvernement avait toujours le droit de faire appel dans un délai de quatre-vingt-dix jours. Par conséquent, je ne jubilais pas outre mesure. Nous avions remporté tant de victoires apparentes qui ont ensuite fondu.

Mais bien avant l'expiration du délai de grâce, le procureur général Cummings a annoncé à la presse que le gouvernement accepterait la décision comme étant une loi et, avec une cohérence louable, le secrétaire au Trésor a immédiatement fait savoir aux douanes que nos expéditions devaient être expédiées. admis. C'est vraiment un soulagement de pouvoir dire quelque chose de positif à propos du gouvernement.

Face à la décision du tribunal, il ne servait à rien, à l'heure actuelle, de poursuivre la campagne fédérale. L'argent nécessaire à sa fermeture est arrivé par un canal des plus inattendus et des plus touchants. Environ un an après avoir vu Viola Kaufman à la Conférence de Californie en 1931, j'ai reçu une lettre d'elle me demandant d'écrire sous quelle forme je voudrais qu'il me reste de l'argent afin qu'elle puisse le désigner dans son testament. J'ai apporté sa note claire et concise à mon avocat qui a suggéré que, puisque les organisations étaient nombreuses et pouvaient disparaître à tout moment, il serait plus sage que le legs à mon nom soit distribué à n'importe quelle fin au sein du mouvement que j'ai vu. ajuster. Je lui ai répondu en ce sens et elle a répondu : « Je vous transmets maintenant dans mon testament tout ce que je possède. »

J'ai estimé que la seule chose courtoise à faire était de demander à Anna Lifshiz , qui vivait à Los Angeles, d'aller voir Miss Kaufman. L'adresse était dans le quartier mexicain, dans le quartier le plus pauvre, le plus délabré et le plus délabré. Vêtue de vêtements rapiécés, elle se présenta à la porte de sa maison, où il n'y avait presque pas de meubles. Elle était formelle et plutôt froide.

Anna a simplement expliqué que la raison de son appel était qu'elle connaissait Miss Kaufman comme l'une de nos abonnés. Elle m'a écrit : « Cette pauvre créature n'a pas assez d'argent pour subsister corps et âme. »

Deux ans se sont écoulés. J'étais à Washington, me préparant à partir pour Boston pour une réunion lorsqu'un messager m'a remis un télégramme du directeur de l' hôpital général de Memphis, Tennessee, me demandant de venir immédiatement ; Viola Kaufman était dangereusement malade d'une pneumonie et me demandait. J'ai recherché les trains; cela prendrait quarante-huit heures, alors j'ai appelé la directrice à distance, qui m'a dit qu'elle était décédée dans la nuit.

"Que faisait-elle à Memphis?"

« Nous ne savons pas. L'Armée du Salut nous l'a amenée. Elle n'a qu'un peu d'argent liquide dans un mouchoir. Nous ne pouvons rien faire sans vous car vous en êtes le bénéficiaire.

L'entrepreneur de pompes funèbres voulait également un ordre de ma part et, comme son exécuteur testamentaire, un employé d'une banque de Los Angeles, était parti en voyage de pêche, j'ai réglé les détails de sa crémation. Elle avait ordonné que sa dépouille me soit envoyée et quand ils sont arrivés, le personnel de la clinique est venu à Willow Lake et nous avons organisé un petit service commémoratif de gratitude et de respect, répandant les cendres sur le jardin de rocaille.

Au grand étonnement de tous, Viola Kaufman possédait environ trente mille dollars en biens immobiliers à Los Angeles. Mais il fallut un an et demi pour régler la succession et à ce moment-là, tout était au plus bas de la dépression. Nous avons reçu environ douze mille dollars. Je n'ai jamais consulté les nécrologies des vingt dernières années sans espérer lire que quelqu'un ait légué un million de dollars pour le contrôle des naissances, mais le seul héritage qui nous ait jamais été légué est celui économisé sur les maigres revenus de cette institutrice, Viola Kaufman, qui elle-même vivait dans la pauvreté.

Avec cet argent, nous avons mis fin à la législation fédérale. De l'ancienne organisation, tout ce qui restait à Washington était un secrétaire chargé de lire quotidiennement le *Congressional Record* – un chien de garde chargé de signaler tout projet de loi proposé qui nous obligerait à passer à l'action pour les combattre.

Six années de ce travail avaient coûté cent cinquante mille dollars. Cela avait également signifié une tension et une inquiétude au-delà de tout ce que j'avais jamais tenté – ne jamais pouvoir m'en détacher, que le Congrès soit en session ou non, toujours à l'affût de toute nouvelle personne élue qui pourrait être favorablement disposée. De temps en temps, cela avait été décourageant ; vous pourriez vous efforcer avec plaisir s'il s'agissait de convaincre une personne et de voir son esprit s'ouvrir de force, mais ici, maintes et maintes fois, vous avez vu cette même conviction, et pourtant il est revenu aux mêmes peurs et s'est abstenu de faire quelque chose.

Cependant, le processus visant à éclairer les législateurs a également ouvert les yeux d'un très grand nombre d'organisations. Le premier à approuver publiquement cette décision fut le Conseil national des femmes juives. Finalement, plus d'un millier de clubs – civiques, politiques, religieux et sociaux, dont la Fédération générale des clubs féminins, la YWCA et les ligues juniors locales – représentant au total entre douze et treize millions de membres – avaient donné leur soutien. Et, plus important que toute autre chose, le public a été constamment informé, loin des conseils occasionnels et précaires en matière de contraception et confié aux mains qualifiées du corps médical.

Le Dr Dickinson apparaissait régulièrement lors des réunions de l'American Medical Association, gardant constamment la question d'actualité. Mais ce n'est que lorsque le Dr Prentiss Willson a formé un corps national de médecins en 1935 pour mener à bien le travail législatif que des mesures ont été prises. On s'était remué ; l'autre organisé.

J'étais à Willow Lake un matin de juin 1937 lorsque j'ai vu s'étaler dans le journal en double colonne la bonne nouvelle : le Comité sur la contraception de l'American Medical Association avait informé la convention que les médecins avaient le droit légal de donner des contraceptifs, et il recommandait que les normes soient étudiées et que la technique soit enseignée dans les facultés de médecine.

Dans mon enthousiasme, je suis tombé en bas. Pour moi, c'était vraiment une plus grande victoire que la décision de Moscouitz . C'était là le point culminant d'un travail incessant depuis mon retour d'Europe en 1915, la satisfaction de voir un rêve devenir réalité.

Ces réalisations spécifiques sont significatives car elles ouvrent la voie à un champ de recherche plus large et à des recherches susceptibles d'améliorer considérablement les méthodes actuellement connues, rendant possible la propagation du contrôle des naissances dans les régions désertes et surpeuplées de la terre, et permettant à la science de déterminer finalement les potentialités d'une postérité conçue et née d'un amour conscient.

Chapitre trente-cinq

UN PASSÉ QUI EST PARTI À JAMAIS

La parentalité reste sans conteste la plus sérieuse de toutes les relations humaines, la plus vaste en termes de bien ou de mal, et en même temps la plus délicatement complexe. J'ai toujours essayé de gagner la confiance de mes fils en étant honnête avec eux, en les traitant comme s'ils étaient intelligents et en m'attendant à ce qu'ils l'utilisent. Par souci de camaraderie, il était essentiel d'être honnête, quel qu'en soit le prix. Heureusement, la jeune génération ne s'effondre pas lorsqu'elle est brusquement confrontée à la vérité. Ils ont renoncé à leurs sentiments jusqu'à ce qu'ils puissent se dire des choses extraordinairement brutales sans pour autant être blessés. Et avec cela, ils ont inventé un nouveau langage ; ils peuvent « le prendre ».

Bien des fois, j'aurais pu imposer mon opinion aux garçons et peut-être épargner à Fern d'amères déceptions ... " Laisse-moi faire. " Je vais gérer tout ça. Faites-moi savoir quand vous avez besoin de quelque chose. Mais au lieu de cela, j'ai simplement exposé mon attitude et dit : « Voici les deux alternatives. Tu veux ça; Je pense que l'autre est meilleur. Aucun de nous ne peut dire ce qui est juste. Si vous choisissez votre propre voie, je vous aiderai à condition que vous la fassiez bien, à condition que vous arrêtiez dès que vous savez que c'est mal et que vous reveniez en arrière et repreniez l'autre. Si l'expérience vous enseigne une plus grande sagesse, vous pouvez l'appeler carré.

Au Peddie Institute, Stuart accordait plus d'attention au sport qu'aux études. C'était facile pour lui d'être un athlète. Mais il avait aussi un esprit logique et une capacité rapide à coordonner ses mains et son cerveau. Lorsqu'il était prêt à entrer à l'université , il entra à la Sheffield Scientific School de l'Université de Yale. Son imagination fut bientôt captivée par l'archéologie et la médecine, mais son cap était déjà fixé.

Pendant ce temps, Grant, qui avait tendance à vénérer son frère aîné comme un héros, était également allé voir Peddie. Ses activités sportives lui laissaient peu de possibilités de faire ressortir ses talents artistiques et il accepta de passer ses deux dernières années à la Westminster School de Simsbury, dans le Connecticut, où il fut encouragé à se développer selon ses propres lignes. Lors de sa deuxième année à Princeton, il n'avait toujours aucune idée de ce qu'il voulait faire de sa vie. Même s'il avait un penchant pour la diplomatie, ce qui incluait une formation en droit, je lui ai expliqué que, puisque la famille n'avait aucune influence politique, elle pourrait l'amener à devenir un petit homme politique.

donc dressé une liste d'autant d'occupations connues de l'homme que je pouvais imaginer, et je les lui ai envoyées, en lui disant de marquer au crayon bleu celles dont il était parfaitement sûr qu'elles ne lui plaisaient pas, et de vérifier avec rouges ceux pour lesquels il éprouvait une certaine prédilection. Immédiatement, un déménageur de piano, un serveur, un ouvrier d'étage, un directeur de banque, un comptable et une cinquantaine d'autres sont partis.

Six mois plus tard, je lui ai rendu la liste rouge pour une lecture plus approfondie. Désormais, ses préférences étaient beaucoup plus précises. La recherche, le journalisme, le travail éditorial, la diplomatie étaient à nouveau rouges, mais presque tout le reste le dirigeait vers une carrière scientifique.

La décision prise, Grant commença son cours pré-médical.

Après avoir obtenu son diplôme de Yale , Stuart a déménagé du centre-ville à Wall Street et a travaillé dans un bureau de courtier tout au long de la dépression. Mais, dans cette atmosphère de gain d'argent , son attitude changeait. Il avait conclu que servir l'humanité était une plus grande satisfaction que de profiter aux dépens de l'humanité, et la médecine semblait être la carrière qu'il préférait également. Après l'avoir découvert, il a eu le courage de recommencer depuis le début pour y parvenir. Nous avons conclu un accord pour qu'il aille aussi loin qu'il le pouvait et vérifie si son intérêt persistait. Il devait d'abord acquérir suffisamment de chimie et de biologie, allant à l'Université de Columbia le jour pour le premier, à l'Université de New York le soir pour le second, préparant ses cours jusqu'à trois heures du matin.

L'année suivante, il réussit ses examens d'entrée.

Après la quasi-victoire législative de l'hiver 1934, j'ai décidé d'aller en Russie pour voir par moi-même ce qui se passait dans la plus grande expérience sociale de notre époque. J'attendais avec impatience de découvrir si la philosophie marxiste, dramatisée et réalisée et basée sur une idéologie économique, n'était pas obligée d'accepter une partie de la philosophie de Malthus.

Grant, alors sur le point d'entamer sa dernière année à la Cornell Medical School, était impatient d'enquêter sur les progrès de la médecine en Union soviétique et décida de l'accompagner. J'emmenais également ma secrétaire, Florence Rose, efficace, compétente à tous les niveaux, que ce soit en organisation de terrain ou au bureau. Bien que récemment enrôlée dans le mouvement, elle s'était davantage inscrite dans l'attitude des premiers jours, non pas pour ce qu'elle pouvait en retirer, mais pour ce qu'elle pouvait apporter à sa promotion. Ses talents et son enthousiasme, ajoutés à sa gaieté, en faisaient une combinaison rare ; toujours joyeuse et bouillonnante de plaisir, elle a réalisé presque tout dans cet esprit.

Mme Ethel Clyde, fonctionnaire de l'organisation législative fédérale, devait être la quatrième de notre petit groupe au sein d'un grand groupe. Lorsque le zèle pour la « nouvelle civilisation » en Russie était à son apogée, elle avait abandonné son coûteux appartement de Park Avenue pour un appartement plus petit situé dans une rue latérale et avait reversé la différence de loyer à diverses causes de gauche et au contrôle des naissances.

Au dernier moment, il semblait que nous ne pourrions peut-être pas y aller. Depuis quelques années, Stuart souffrait d'une grave maladie des sinus et, à peine inscrit à Cornell à l'automne 1933, il fut frappé par une raquette de squash, lui fracturant l'os au-dessus de l'œil. Cet hiver-là, il avait été opéré neuf fois. Une semaine avant mon départ, ce médecin m'a conseillé de subir une opération exploratoire. Je me suis précipité de Washington, où les travaux législatifs de cette session venaient juste de se terminer, et j'aurais abandonné l'expédition russe si l'opération n'avait apparemment pas été entièrement réussie. Stuart a insisté pour que j'y aille. Comme il ne courait aucun danger, j'ai continué mes plans.

Il n'était pas possible de voyager en Russie sauf en groupe sous direction officielle. Trois personnes que je connaissais et qui étaient allées seules ont décrit comment train après train les avait dépassés, bateau après bateau avaient descendu la Volga sans aucun hébergement disponible. C'est pourquoi nous avons choisi le deuxième séminaire russe, non partisan.

Peu de temps avant de partir, j'ai passé une soirée avec Maurice Hindus, Will Durant, John Kingsbury et les Drs. Hannah et Abraham Stone, qui étaient tous allés en Russie l'année précédente. Maurice Hindus était revenu impersonnel et toujours sans préjugés, Will Durant totalement antagoniste, John Kingsbury plein de ferveur et les deux Stones étaient chaleureusement disposés. Ils étaient tous à Moscou pratiquement au même moment, depuis à peu près le même nombre de jours, et tous avaient reçu des impressions tout à fait différentes. Même les photos prises par Will Durant n'étaient pas les mêmes que celles de John Kingsbury ou du Dr Stone, prises à des endroits presque identiques, me montrant ainsi l'ampleur de la variété des réponses, en fonction des préjugés individuels.

Je m'attendais à garder les yeux ouverts, à penser de manière indépendante, à poser des questions et à comparer. J'allais utiliser autant de bon sens et d'équité que je possédais, et ne pas me laisser emporter émotionnellement par un courant d'opinion.

Billy Barber était le directeur du séminaire et je ne lui enviais pas son travail. Il y a eu beaucoup de plaintes, de remarques stupides et de critiques. La plupart des membres du parti allaient simplement pouvoir dire que les choses qu'ils avaient précédemment déclarées étaient vraies. J'ai demandé à une femme qui a participé à toutes les expéditions touristiques mais qui n'est jamais descendue du bus : « Pourquoi es-tu venue ?

"Oh, juste pour rayer la Russie de ma liste."

Edward Alsworth Ross faisait partie des leaders. Il était le seul à avoir été là sous l'ancien régime, une vingtaine d'années plus tôt, et il disposait d'une base faisant autorité en matière de contraste entre l'ancien et le nouveau ; nous étions tous plutôt assis à ses pieds. C'était un professeur typique, il portait des cols extrêmement hauts et rigides, jouait aux dames avec tous ceux qui voulaient lui faire plaisir et était bouleversé lorsqu'il ne parvenait pas à gagner. Sa personnalité était impressionnante, littéralement parce que partout où vous regardiez, vous l'épiiez. L'un des spectacles les plus amusants était de voir ce géant nordique mesurant six pieds quatre pouces, marchant avec Florence Rose, une petite brune et brune mesurant cinq pieds deux, chacune se réjouissant l'autre.

Nous avons traversé l'Angleterre jusqu'à Copenhague, dont je me souviens très peu. J'essayais toujours de savoir quels progrès le mouvement des femmes avait fait, mais quelqu'un essayait toujours de me dire à quel point la ville était merveilleuse. En me souvenant d'Ellen Key, j'ai atteint la Scandinavie avec de grands espoirs pour le féminisme. Mais les femmes considérées comme les plus intelligentes se reposaient complaisamment sur leurs lauriers. Les plus âgés régnaient toujours en maîtres et estimaient que, parce qu'ils avaient gagné leurs batailles d'il y a vingt-cinq ans, il n'y avait plus rien pour quoi se battre. Les plus jeunes avaient du mal à surmonter l'inertie de ce prestige écrasant. La population n'étant pas un problème en Scandinavie, ils s'intéressaient principalement à l'eugénisme et avaient presque oublié l'aspect de la souffrance individuelle.

A Oslo, plusieurs d'entre nous allèrent en pèlerinage sur la tombe d'Ibsen. Alors que je me tenais là pour rendre un hommage silencieux , j'avais le sentiment qu'il avait compris les femmes et les liens qu'elles avaient desserrés. À mon avis, Nora n'est jamais retournée dans la « maison de poupée » ; son évolution était trop complète. Ou bien, si elle revenait, elle entrait par une autre porte.

M. Barber s'était arrangé pour nourrir ses cent six charges à la dernière gare ferroviaire finlandaise. La perspective de ce repas suscitait une exaltation particulière, car ce devait être notre dernier avant de traverser la Russie « frappée par la famine ». Nous sommes arrivés à dix heures du matin, tous affamés. En entrant dans la gare, nos yeux rencontrèrent le plus beau panorama : de longues tables joliment dressées avec de délicieuses viandes, poissons, pains, compotes.

Pendant que nous faisions une pause, débattant laquelle de ces spécialités goûter en premier, une cinquantaine d'autres Américains se sont précipités, un groupe de touristes dirigé par Sherwood Eddy. Je n'avais jamais vu une telle exposition. Les hommes, mal rasés, sans chapeau, sans manteau, se bousculaient, devant et presque sur les tables. Le mieux que nous puissions faire était de trouver des sièges confortables d'où nous pourrions avoir une bonne vue sur l'émeute. Le repas préparé par le chemin de fer avec tant de courtoisie pour notre groupe a été démoli par un autre.

Barber et Eddy ont finalement découvert que tout cela n'était qu'une erreur. Le train transportant les Eddyites n'avait pas réussi à s'arrêter à la ville où leur repas les attendait, et naturellement ils crurent que ce petit déjeuner était le leur.

À Leningrad, nous avons été accueillis par des bus et conduits dans des rues remplies de gens imperturbables, ressemblant à des paysans. Les parties supérieures de leurs têtes en forme de Mongolie étaient toutes exactement les mêmes. J'ai remarqué à quel point ils étaient impeccables. Les visages, les cous, les mains étaient blancs comme du blanc et affichaient une propreté tout simplement merveilleuse si l'on songe à la difficulté de se procurer de l'eau et du savon. Très peu étaient vieux ; beaucoup étaient des enfants apparemment âgés de deux à douze ans. Mais dans les expressions de tous j'ai entrevu une tristesse.

L'ancienne capitale était déprimante et délabrée, délabrée et avait besoin d'être repeinte. Pourtant, sa dignité spacieuse était sans comparaison ; la conception architecturale des maisons ne pouvait être cachée. Ma chambre haute de plafond à l'Astoria était luxueuse avec un lit en alcôve, une salle de bains et une grande baignoire en marbre qui, bien que craquelée et tachée de rouille, témoignait néanmoins des jours de splendeur où l'hôtel était fréquenté par l'aristocratie de l'Ancien Régime. .

De ma fenêtre, je pouvais voir la place pavée. Il était huit heures et la ville se réveillait. J'ai regardé le spectacle qui passait : de lourds chariots étaient tirés par un seul cheval, souvent très décrépit, avec ce qui semblait un arc-en-ciel brun foncé, arqué et gracieux, sur son cou ; des files d'attente se formaient devant de petits stands qui servaient des rations de bière ou d'eau gazeuse en bouteille ; certaines femmes, les couleurs variées de leurs châles faisant des taches lumineuses, balayaient les voies des voitures avec des interrupteurs de bouleau ou poussaient des chariots vides pour se rendre au marché, d'autres transportaient des tonnes de ciment sur les échelles jusqu'aux maçons des nouveaux bâtiments en construction partout. Habituellement, les hommes effectuaient le travail qualifié, et les femmes, robustes et robustes, avec des jambes fortes, des pieds nus, un visage brûlé par le soleil, étaient maintenues dans un travail physique laborieux et monotone jusqu'à ce qu'elles puissent se qualifier comme artisans experts.

Les appartements des communistes étaient bien meilleurs, plus légers, plus aérés, plus propres et plus modernes que ceux des non-membres du parti. Quand nous avons demandé pourquoi, dans un État égalitaire, une section devrait être ainsi privilégiée, on nous a répondu : « Ce sont eux qui ont rendu tout cela possible. Pourquoi n'auraient-ils pas le meilleur ? Ce que vous, bourgeois, donnez à vos capitalistes, nous le donnons à nos communistes.»

Nous avons demandé à Tanya, notre guide, si elle était communiste, et elle a répondu : « Oh, non. C'est trop dur. Les citoyens ordinaires peuvent être excusés d'une erreur ou même d'un crime, mais les membres du parti ne peuvent avoir aucune faiblesse humaine. Ils ont été exilés ou peut-être fusillés pour avoir triché, volé, trompé, exploité, pris de l'argent sous de faux prétextes, ou bien d'autres choses que les gens ordinaires pouvaient faire et être punis uniquement d'amendes.

Même si le coût du voyage lui-même était relativement faible, tout ce que nous achetions en Russie était excessivement élevé en raison de la situation particulière du rouble. En premier lieu, il n'y avait pas de rouble ; cela n'existait qu'en théorie. Deuxièmement, tout étranger était censé traiter exclusivement avec les magasins Torgsin , par lesquels le gouvernement avait adroitement réussi à s'approvisionner en devises étrangères en facturant soixante-dix-huit cents dans notre monnaie pour chaque rouble, au lieu de sa valeur réelle de cinq cents. Par exemple, le prix d'un timbre sur une lettre destinée aux États-Unis, qui était de deux roubles et demi, s'élevait à deux dollars.

Mme Clyde, qui avait une sympathie pour le communisme, a dit à l'un de nos jeunes hommes : « Laissez-moi vous offrir un petit cadeau. »

"Pas ici", dit-il. "Ce sera trop cher."

"Oh, oui", a-t-elle insisté. "Qu'est-ce que tu voudrais?"

"Eh bien, une barre de chocolat aux amandes, alors."

Elle a dû payer dix dollars américains pour cette barre de chocolat à dix cents. Son communisme fondit légèrement.

Finalement, nous avons résolu le problème du rouble. Un matin, un garçon qui flânait autour de l'Astoria a demandé à Grant : « Voudriez-vous que je vous fasse visiter la ville ?

Grant demanda prudemment : « Combien ? Il semblait que le garçon désirait simplement avoir l'occasion de perfectionner son anglais ; il possédait beaucoup de roubles, dont il était heureux de se débarrasser au prix de cinquante pour un dollar. Les Russes ne pouvaient obtenir que les marchandises les moins chères sur leurs billets ; s'ils voulaient des produits de luxe tels que de bonnes chemises, des bottes en cuir ou en caoutchouc et d'autres articles vendus uniquement à Torgsin , ils étaient obligés de céder une pièce d'or précieuse ou d'utiliser de l'argent étranger.

Muni d'une réserve abondante de roubles , j'envoyai à Stuart des télégrammes longs et élaborés pour lui remonter le moral. Il a dû penser qu'une sollicitude maternelle excessive prenait le dessus sur mon jugement économique. Mais en réalité, un mot sur vingt me coûtait moins de vingt-cinq centimes.

Dr Nadina Kavanoky , qui s'était intéressée au contrôle des naissances aux États-Unis, m'avait remis une lettre à son père, le Dr Reinstein , autrefois dentiste à Rochester, New York, désormais dans l'étroite confiance de Staline. Il est venu me voir vers onze heures trente et un soir, l'heure d'appel russe, et nous avons discuté jusqu'à trois heures du matin. Lorsqu'il a voulu connaître mes « impressions sur la Russie », j'ai immédiatement répondu : « Il me semble que votre politique consistant à nous facturer trop cher est une erreur ; pour quelques dollars , vous créez de la mauvaise volonté, tout comme les Français l'ont fait. Dans notre propre Séminaire, nous avons vingt bibliothécaires et peut-être le double de ce nombre d'enseignants et d'étudiants, dont beaucoup sont partis sans autres vacances pour venir ici. Ils ont une occasion unique d'influencer les gens ; tout le monde leur demandera à leur retour : « Vous avez aimé la Russie ? Vous essayez de bâtir une opinion publique favorable à l'étranger, et ces personnes sont les meilleurs moyens d'y parvenir. S'ils sont satisfaits, ils se battront pour vous et briseront les préjugés.

Mais il n'était pas convaincu et, évoquant le spectre de la dette tsariste envers l'Amérique, il répondit : « Nous allons vous saigner, nous vous traire, nous retirerons de vous chaque dollar que nous pouvons. L'Amérique exige sa livre de chair et c'est ainsi que nous vous paierons.

Les occasions de recevoir des « impressions agréables » étaient offertes par des visites guidées vigoureuses des points d'intérêt. On nous a donné le choix entre des bus durs ou des bus plus durs, tous, d'après mon expérience, sans ressorts et claquant bruyamment dans les rues pavées. Après quelques secousses, nous heurtions généralement le toit et souffrions de maux de tête. Nos pauvres petits guides ont dû crier à pleine puissance pour se faire entendre malgré les cliquetis incessants.

Un matin, en revenant d'une visite touristique, le moteur a haleté et s'est effondré sur une légère colline. Les passagers ont proposé des suggestions utiles : « Mettez-le au niveau bas. Mettez-le au neutre. Poussez ça. Tirez ça.

Le conducteur a avancé et reculé les vitesses, puis nous a regardé autour de lui avec perplexité : « Je l'ai fait, mais ça ne marchera pas. » Nous avons attendu et attendu et attendu et attendu. Quelqu'un a couru un kilomètre pour téléphoner que nous étions bloqués et que nous avions besoin d'un autre bus. Pendant ce temps, tout ce que nous souhaitions voir était en train de se fermer, et nous savions déjà que tout ce qu'on manquait en Russie valait toujours le plus la peine . En fait, il semblait que les heures de visite étaient programmées pour se terminer cinq minutes avant votre arrivée. Plusieurs autres bus sont arrivés et se sont arrêtés. Leurs chauffeurs sont descendus, ont passé la tête sous le capot, ont commencé à démonter les choses, éparpillant les boulons par ci et les écrous par là. Alors eux aussi se découragèrent et, laissant une confusion croissante, remontèrent sur leurs chars et continuèrent leur route.

Finalement, un jeune homme brillant a découvert que nous étions à court d'essence.

Alors que nous traversions l'immense place devant l'hôtel, j'aperçus juste devant nous un énorme tas de briques avec de larges espaces des deux côtés. Nous nous rapprochions de plus en plus. "Quand le chauffeur va-t-il tourner ?" Je me suis demandé. Mais il ne l'a jamais fait ; nous sommes allés par-dessus et les briques ont glissé par en dessous. C'était le système russe. On ne pouvait pas contourner un obstacle ; vous devez y revenir.

Des portraits agrandis de Lénine et de Staline se trouvaient dans tous les bâtiments publics. Leurs statues étaient partout, sur chaque place, à chaque coin de rue. L'une des tâches majeures de la Russie semblait être de trouver de nouvelles poses pour Staline : se lever, s'allonger, écrire, lire. Souvent, seule sa tête, bien reconnaissable malgré la prédominance du rouge, était dessinée dans des parterres de fleurs. Une des attentions les plus délicates était de lui donner une cravate de couleur différente selon les jours ; les plantes ont été conservées en pots pour rendre possible ce geste charmant.

Après la Révolution, une fois la paix revenue, les connaisseurs de divers pays avaient été invités à examiner les statues, tapis, tapisseries et *objets d'art* retrouvés volés dans les palais et les églises. Un à un, les tableaux inestimables étaient exposés, les spécialistes rendaient leurs avis, les marchands fournissaient des évaluations, les sténographes notaient chaque mot. On fit de même avec les tables en lapis-lazuli, les tabatières, les bijoux de cour.

La partie intéressante du nouvel arrangement était que l'interprétation était entièrement marxiste. Les tableaux, au lieu d'être accrochés selon l'histoire orthodoxe de l'art, ont été adaptés à la révolution industrielle. Une certaine Madone n'était pas admirée pour ses qualités de couleur ou de forme, ni pour sa beauté en soi ; le guide vous a expliqué qu'elle a été créée à telle ou telle époque où l'Église essayait de s'emparer du peuple, où les artistes mouraient de faim et devaient chercher leurs moyens de subsistance auprès du patronage de l'Église.

Plus tard, au Kremlin de Moscou, nous vîmes des richesses fantastiques et inouïes, des selles ornées de pierreries, tout un harnais constellé de turquoise, une immense étoffe de cercueil brodée de milliers de perles. Afin de situer la période de cette dernière j'ai demandé à Tanya d'où elle venait. Elle a répondu dans son anglais précis : « Vous voyez, c'est pour couvrir les morts. Vous voyez, en Russie, il y avait une telle coutume. Quand ils mouraient, ils les mettaient en terre. C'était une telle coutume, voyez-vous, de les couvrir de tissus.

Elle a parlé du régime tsariste comme s'il existait il y a des siècles.

L'une des images représentait un Christ retiré de la croix et allongé sur le sol. Tanya a déclaré : « Les gens venaient ici et ils l'embrassaient même ! Elle a prononcé cela sur le ton du mépris d'une très jeune génération choquée et horrifiée par les anciennes traditions.

« Notre espoir réside dans les jeunes », dit-elle fréquemment.

"Mais quel age as-tu?"

"Oh, j'ai trente-deux ans", comme si elle était gênée.

Grant et moi marchions un jour à côté d'un groupe d'enfants lorsqu'un petit garçon nous a pointé du doigt et a fait remarquer : « Ah, voilà une partie de la race mourante. » Pour eux , *les Amerikanski* étaient tous des capitalistes.

L'idéologie marxiste a été appliquée à toutes les phases de la vie. HG, accompagné de Gyp, son fils biologiste, était arrivé de Londres. Comme il voulait avoir l'occasion de se promener seul, il était plutôt mécontent d'être si étroitement surveillé et si courtoisement guidé. Après avoir discuté avec Staline, il était arrivé à la conclusion que le dictateur n'avait aucune compréhension en économie. Il était quelque peu agacé par l'interprétation constante de tout en termes de politique et par le fait qu'on lui bourre la gorge à chaque instant.

Dans les écoles, vous pourriez demander quel genre de mathématiques elles enseignaient.

« Marx. »

"Et quel système d'ingénierie ?"

« Marx. »

Quelle que soit la question, la réponse était Marx.

Le musée antireligieux, autrefois cathédrale, se trouvait juste en face de l'Astoria. Chaque demi-heure, des petites filles, qui paraissaient à peine plus de dix ou douze, les manches pendantes jusqu'au bout des doigts , conduisaient avec une grande dignité les excursions des paysans. Leur conférence commençait par le principe fondamental selon lequel la terre était ronde. Un bas-relief du monde se trouvait sous l'immense pendule suspendu au dôme. Si vous restiez là assez longtemps, vous le voyiez osciller d'un point à un autre. Ils essayaient de montrer qu'il était au pouvoir de l'homme de créer son propre paradis.

Ici étaient conservés les reliques des églises, les icônes chargées d'argent et d'or arrachées autrefois aux paysans pauvres. Les choses concrètes étaient réduites à leurs termes les plus simples sur de grandes affiches murales représentant des histoires, une pratique nécessaire puisque les moujiks étaient généralement analphabètes. Dans l'un d'entre eux, un koulak venait chez le prêtre avec un enfant malade dans les bras, lui demandant des prières pour guérir sa maladie. Le prêtre, gros et vêtu de riches robes, secoua la tête en disant : « Vous devez apporter de l'argent pour le saint. La sainte ne guérira pas votre enfant si ses bras ne sont pas recouverts d'argent. Mais le koulak n'avait que sa ferme. « Hypothéquez-le et récupérez l'argent », ordonna le prêtre. Bientôt, le koulak revint avec de l'argent et la peinture murale montrait que le bras du saint était désormais presque caché. Mais l'enfant restait malade. « L'auréole du saint est nue », dit le prêtre. Finalement, la silhouette entière fut argentée, mais le bébé mourut quand même.

En face de cette fresque était représentée la manière soviétique. Le père a porté le bébé à l'hôpital, où les infirmières, avec une gaze sur la bouche, l'ont pris précieusement, l'ont baigné soigneusement et l'ont couché au lit. L'ensemble du processus de stérilisation était illustré : le médecin en blouse et casquette blanches, frottant et lavant chaque main pendant cinq minutes, comme indiqué par une horloge. Finalement, vous avez vu l'enfant, en bonne santé, sauter dans les bras de sa mère.

Les gens restaient là à regarder, leur imagination enflammée. Ils ont dit : « C'est ce qui nous arrive. »

Je voulais plus particulièrement enquêter sur ce qui avait été fait pour les femmes et les enfants en Russie, pour savoir s'ils avaient obtenu les droits et libertés qui leur étaient dus dans toute civilisation humanitaire. Grant, Rose, comme je l'appelais, et moi nous rendîmes un jour à l'Institut pour la protection de la maternité et de l'enfance, un vaste établissement s'étendant sur plusieurs kilomètres, avec des cliniques modèles, des crèches, des centres de lait et des laboratoires pédagogiques. J'étais bouleversé en contemplant l'entreprise. Il ne fait aucun doute que le gouvernement s'efforce avec acharnement d'enseigner les rudiments de l'hygiène à une population énorme qui n'en savait rien auparavant. La Russie cherchait également à libérer les femmes des deux liens qui les asservissaient le plus : la crèche et la cuisine. Partout dans le pays, il y avait des crèches liées aux lieux où ils travaillaient.

Les enfants étaient un bien inestimable pour la Russie. Leur temps était prévu pour eux depuis la naissance jusqu'à l'âge de seize ans, lorsqu'ils étaient payés pour aller à l'université s'ils le souhaitaient. Ils n'étaient plus une charge ou un fardeau pour leurs familles. Non seulement il était interdit aux enseignants ou aux parents d'infliger des châtiments corporels, mais les enfants pouvaient même dénoncer leurs parents comme étant vindicatifs, de mauvaise humeur ou désordonnés, et dans de nombreux cas, ils le faisaient.

Dans un litige de divorce concernant la garde de sa progéniture, le père a soutenu que la mère était mauvaise. Le juge demanda : « En quoi consiste sa méchanceté ?

"Elle est nerveuse et s'emporte."

Le juge a reconnu qu'elle n'était pas apte à la maternité.

En outre, la Russie investit dans les générations futures en bâtissant une race saine. En cas de pénurie de lait, les enfants étaient approvisionnés en premier, les hôpitaux en second, les membres du Parti communiste en troisième, les groupes industriels en quatrième, les classes professionnelles en cinquième et les personnes âgées de plus de cinquante ans devaient se débrouiller avec ce qu'elles pouvaient obtenir, à moins qu'elles ne soient approvisionnées. parents de communistes ou étroitement associés à eux.

J'étais également impatient de savoir ce qui avait été fait à propos de l'étude menée par le professeur Touchnov , de l'Institut de médecine expérimentale, sur ce qu'on appelle la spermatoxine , une substance qui, selon la rumeur, produisait une stérilité temporaire chez les femmes. J'ai pris rendez-vous avec lui, mais un choc m'attendait. Il avait testé sa spermatoxine sur trente femmes, dont vingt-deux avaient été immunisées pendant quatre à cinq mois, mais désormais tous les travailleurs du laboratoire avaient été retirés de la recherche pure et assignés à des tâches utilitaires telles que les effets pratiques de diverses vocations. sur la santé des femmes. Rien concernant l'immunisation jusqu'à la conception ne pouvait être publié en Russie soviétique, aucune information ne pouvait être divulguée sous peine d'arrestation et, en outre, rien ne pouvait paraître dans un journal étranger qui n'avait déjà été imprimé en Russie.

Intourist , l'office du tourisme du gouvernement, et Voks , la Société de l'Union pour les relations culturelles avec les pays étrangers, m'avaient demandé à mon arrivée qui je souhaitais voir et où je souhaitais aller, et m'avaient proposé d'appeler des gens au ma liste et organiser des visites, un service qui m'avait épargné bien des ennuis et des dépenses. Malgré cette attitude coopérative, je soupçonnais que beaucoup de choses nous étaient cachées. Avant de quitter l'Amérique, j'avais entendu dire que je ne voyais que ce que la Russie présentait comme vitrine, et c'est dans cet esprit que j'étais en alerte.

Grant et moi nous demandions comment les hôpitaux construits sous les tsars se comparaient aux hôpitaux récents. Quand j'ai demandé à être conduit dans un certain endroit, on m'a assuré que c'était trop loin et que de toute façon, il était en rénovation ; il n'y avait personne. Je me suis dit : « Aha ! voici l'un des sites interdits. Qui a entendu dire qu'un hôpital équipé pour accueillir des milliers de patients était complètement vide ? Ils ne vont pas nous laisser voir cela parce que cela pourrait plaider en faveur de l'ancien par opposition au nouveau.

Poliment mais fermement , j'ai insisté. Encore une fois , on m'a dit qu'il y avait tellement d'autres choses intéressantes que ce serait dommage de perdre mon temps à aller les voir. J'ai eu du mal à dire quoi que ce soit de plus sans offenser. Puis Grant rencontra une jeune infirmière américaine du Presbyterian Hospital de New York qui parlait russe ; elle voulait aussi visiter les hôpitaux. Nous avons pris notre propre voiture et avons parcouru une bonne quinzaine de kilomètres hors de la ville sur des routes horribles, sinueuses, poussiéreuses et mal pavées, et même en poussant aussi vite que nous le pouvions, nous n'y sommes arrivés que tard dans l'après-midi. À notre grande consternation, nous n'avons découvert ni patient, ni médecin, ni infirmière sur place, mais seulement des plâtriers, des peintres, des menuisiers et des nettoyeurs, en train de démolir et de remettre à neuf. Nous avions perdu une demi-journée et avions un peu honte de notre manque de foi.

La nuit est venue pour prendre le train pour Moscou. Personne n'a appelé « Tous à bord ! » en Russie. Les trains partaient juste en dessous de vous lorsque vous aviez un pied sur le quai et un autre sur la marche. Ils ont juste bougé et bougé vite. Mais nous avons grimpé et bientôt les sièges en cuir ont été transformés en lits ; ils étaient si glissants que nous n'arrêtions pas de nous brouiller.

Une fois à Moscou, nous qui venions en deuxième classe, selon la procédure marxiste, avons reçu les pires chambres de l'hôtel ; ceux qui ont voyagé en troisième ont eu le meilleur. Je n'ai pas pu applaudir celui choisi pour moi. C'était juste au-dessus du linge et des odeurs de cuisine et de mousse flottaient par la fenêtre. J'ai refusé de rester et j'ai été hébergé au dernier étage où vivaient autrefois les domestiques.

Moscou était aussi différente de Leningrad que la ville de New York d'une ville endormie de Pennsylvanie. Les gens marchaient plus vite et semblaient aller quelque part, et non simplement errer apathiquement. Le chaos existait dans les hôtels, mais nous commencions maintenant à comprendre que les Russes étaient tellement préoccupés par leur propre efficacité qu'ils n'avaient pas le temps de faire quoi que ce soit. Etre pressé n'est que des choses compliquées . Je pouvais attendre, mais pour l'énergique Rose, c'était une torture. À toutes les demandes spécifiques, ils ont répondu : « Cela ne peut pas être le cas. Ça ne peut pas être." Elle avait ses propres méthodes pour faire face à cela, disant qu'elle ne souhaitait pas entendre le mot « impossible » ; elle n'avait pas l'intention de demander l'impossible. Puis, quand ils ont tergiversé en disant « un peu plus tard », elle a répliqué : « En Amérique, nous disons « maintenant ! » »

Son triomphe sur la lenteur est survenu lors de la Journée de la Santé. La santé étant presque un dieu en Russie, toutes les activités cessèrent à cette occasion et la population de Moscou se rassembla sur la Place Rouge. Le spectacle devait commencer à deux heures de l'après-midi, mais avant le jour, on pouvait entendre les chants des hommes, des femmes et des enfants se dirigeant vers leurs stations désignées.

Parmi nous, trente seulement ont eu le privilège de recevoir des billets et leurs noms ont été affichés. Mme Clyde et moi étions sur la liste, mais pas Grant ni Rose. La veille, le nombre avait été réduit à vingt ; ce matin-là, il n'y en avait que seize, et l'émotion était vive. "Pourquoi n'ai-je pas de ticket?"

Heureusement pour moi, j'avais été invité à déjeuner par l'ambassadeur William C. Bullitt, qui recevait généreusement et aidait les voyageurs américains. Lorsque je l'avais rencontré en Nouvelle-Angleterre, je ne l'avais jamais considéré comme un ambassadeur, ni comme un homme habile à résoudre les grands problèmes qui exigeaient stratégie, diplomatie, sagacité politique et une connaissance approfondie de l'économie et de l'histoire. Je le considérais plutôt comme amusant, excellent hôte à dîner, et vers qui on pouvait s'adresser en cas de difficulté, sûr qu'il vous sortirait. C'était peut-être ce que la Russie souhaitait à cette époque plus que toute autre chose. Sans doute a-t-il alors été quelque peu déçu de la tournure prise par les relations entre la Russie et les États-Unis. Les Russes dans l'ensemble l'admiraient ; ils n'avaient pas oublié que, même s'il n'était pas considéré comme un prolétaire ni dans la catégorie de Jack Reed, il leur avait levé le bâton dans les premiers temps, quand on avait besoin d'amis.

Ann, la petite fille de l'ambassadeur, âgée de dix ans, officiait en bout de table, apparemment en train de s'amuser. La maison dans laquelle ils vivaient pendant la construction de la nouvelle ambassade avait une architecture tout à fait conforme à ce que j'imaginais que devrait être le style de la Russie : un peu de Kremlin, un peu de mosquée et un peu de palais indien.

Sur le chemin vers la place après le déjeuner, une vague de personnes s'est formée entre le reste du groupe diplomatique et moi-même, mais je n'arrêtais pas de dire « diplomatique » et j'ai été salué jusqu'à la tribune.

Pendant ce temps, Rose avait consacré toute son attention aux billets – et il n'y en avait pas. Les heureux détenteurs se sont alignés et ont défilé sous la direction d'un leader. Rose, toujours pleine de ressources, a enfilé un bandana rouge et a dit aux « hommes oubliés » du groupe : « Nous créerons notre propre bataillon. » Elle distribua des bouts de papier de la taille des billets puis commença, Grant et les professeurs de Harvard la suivirent à travers le fracas de la musique et les troupes qui marchaient et l'apparat de malles bleus et de chemises blanches, de malles orange et de chemises cerise.

Chaque fois que quelqu'un arrêtait Rose, elle montrait devant elle et répétait mon sésame ouvert, « diplomatique », et ils la laissaient passer jusqu'à ce qu'elle atteigne la dernière barrière. Là, le gardien s'est méfié de son mot de passe et l'a défiée. Puis elle aperçut un autre groupe qui arrivait, se précipita vers le chef et s'exclama : « Vite, s'il vous plaît, expliquez que notre interprète a continué avec nos billets !

La femme avait l'air incrédule, mais d'autres encore sont arrivés à ce moment-là et le système russe s'est effondré sous la pression. Ils s'entassèrent tous et Rose se tourna vers sa bienfaitrice inconnue : "Tu ne sais pas à quel point je te suis reconnaissante de nous avoir accueillis."

La réponse a été : « Vous ne savez pas à quel point je vous suis reconnaissant de nous avoir accueillis ! Je suis aussi un touriste et nous n'avons pas non plus de billets.

Personne ne voyant Moscou ce jour-là n'aurait pu penser que c'était un endroit sombre. C'était vivant de chansons, de visages heureux, de tenues lumineuses. Le défilé de cent mille personnes ou plus était l'un des spectacles les plus merveilleux en termes de couleur, de forme, de cadence et de précision géométrique que j'aie jamais vu des êtres humains accomplir. Hommes et femmes représentaient toutes sortes de jeux et de sports : natation, tir, tennis, vol. Il n'y avait rien de ridicule. Chaque compagnie brandissait des pancartes magnifiquement conçues en passant devant Staline, qui se tenait au sommet de la tombe de Lénine. Le dictateur ressemblait beaucoup à ses photos, avec sa lourde moustache noire ressemblant aux ailes d'un oiseau de proie.

Toute la journée et partout, on entendait l' *Internationale* , encore et encore. Chaque groupe s'est mis à jouer à l'approche du Tombeau et a continué à jouer tout en avançant. Toujours le chant émouvant de ceux qui arrivent, de ceux qui sont au loin, avec des nuances, des nuances, passionnantes, insistantes, tantôt fortes dans vos oreilles, tantôt résonnant faiblement au loin, un motif rythmique symbolisant la marche en avant de la Jeune Russie.

Chapitre trente-six

LA FOI EST UNE BELLE INVENTION

« Il y a une grande différence entre voyager pour voir des pays et voir des gens. »

JEAN-JACQUES ROUSSEAU

"Tovarish... souhaite vous voir", reçut un appel du bureau de l'hôtel. Pendant un instant, je ne parvins pas à situer le nom, et le visage avait si complètement changé que je ne pus tracer qu'une légère ressemblance avec le garçon que j'avais vu auparavant. Il m'a rappelé que je l'avais connu à Seattle comme quelqu'un qui avait aidé à organiser des réunions sur le contrôle des naissances. Lors de l'arrestation des Wobblies aux États-Unis, il s'était engagé comme chauffeur sur un bateau et s'est progressivement rendu en Russie, où il pensait pouvoir contribuer à l'avènement de la nouvelle société.

Voilà une personne qui n'avait pas eu le meilleur de l'affaire. Il était mal habillé et avait l'air délabré, ayant visiblement traversé des moments difficiles, et avait une expression battue dans les yeux. Pourtant, aussi désillusionné soit-il, il n'était pas venu se plaindre. Comme il était quatre heures de l'après-midi, l'heure du déjeuner en Russie, je lui ai demandé de me rejoindre dans la salle à manger, conduite comme un grand commun . Les serveurs semblaient mécontents, mécontents, incompétents et connaissaient très peu le service. ils jetèrent un regard méprisant à l'homme qui s'était assis à côté de moi. La seule note vivante était l'orchestre, qui se lançait dans des marches et des danses folkloriques caucasiennes ou slaves sauvages et animées pendant que nous mangions.

Mon invité a dit que c'était le meilleur repas qu'il avait mangé depuis son départ d'Amérique. "Pourquoi ne reviens-tu pas?" J'ai demandé.

"Je ne pouvais pas entrer."

« Le feriez-vous si vous le pouviez ?

"Donne moi une chance!"

Je suppose qu'il était inévitable que beaucoup souffrent d'un tel bouleversement social. J'ai fait appel au Dr Peter Tutyshkin , qui avait tenté d'assister à notre conférence de 1925 à New York, mais était arrivé trop tard. Comme c'était le cas de la plupart des hommes professionnels de son époque, il appartenait à la vieille aristocratie. Lui, sa femme et ses deux filles, toutes deux médecins, possédaient une belle maison. Désormais, les milliers de volumes de ce qui constituait autrefois sa belle bibliothèque médicale et scientifique avaient été emportés, et lui et sa femme dormaient et mangeaient dans la pièce qui les contenait. Il était marginalisé et rationné au dernier degré, et je sentais son humiliation d'avoir si peu de nourriture qu'il ne pouvait pas nous offrir une tasse de thé.

Alors que nous étions à Moscou, le groupe Eddy et les six élus pilotés par Louis Fischer ont croisé notre chemin. Fischer, un Russe vivant à Moscou et écrivant pour The *Nation* , publié aux États-Unis, nous a invité Grant et moi à les accompagner pour rencontrer le secrétaire du Commissariat à la santé publique, le Dr Kaminsky. Nous avons monté un escalier grand ouvert comme celui d'un palais de justice et sommes entrés dans une pièce spacieuse avec de hautes fenêtres allant du sol au plafond à la française et une immense table de banquet chargée de l'invariable thé de l'après-midi.

Le Dr Kaminsky s'est adressé à nous. « Notre pire héritage de l'Ancien Régime était dans le domaine de la médecine. La tâche principale qui nous attend est d'unir la science et la pratique. Notre médecine est une forme d'assurance sociale, notre politique médicale basée sur la prévention. Ce n'est pas le profit qui nous intéresse, seulement le service. »

Les Russes ont été gentils et ont très vite compris toute amélioration qui leur était suggérée, acceptant même les critiques avec une grande tolérance. Conscient de cela, lorsque le Dr Kaminsky s'est arrêté pour poser des questions, Grant s'est renseigné sur les médecins qui entraient en pratique privée.

« À mesure que la Russie développe son travail de santé publique », fut la réponse, « davantage de médecins pourront trouver de la place pour exercer en privé s'ils le souhaitent ».

Sherwood Eddy m'a glissé un mot. "Voici votre opportunité d'évoquer le contrôle des naissances."

J'ai suivi mon exemple. « La Russie a-t-elle une politique démographique ? A-t-elle formulé un programme pour le taux de croissance de son peuple ?

Le public s'est remué comme si j'avais lancé une grenade. L'interprète se leva d'un bond et cria : « Malthusianisme ! Nous n'aurons pas de malthusianisme ici ! Nous n'en avons pas besoin. Pensez-vous ou insinuez-vous que la Russie soviétique doit promouvoir les idées malthusiennes ? Nous pouvons avoir tous les enfants que nous voulons et la Russie peut se contenter d'une population deux fois supérieure à celle qu'elle a actuellement.» Il a continué encore et encore.

Après avoir attendu quelques instants que l'air s'éclaircisse, j'ai continué : « J'ai posé au Dr Kaminsky une question simple que je vais répéter. Je n'ai rien dit sur le malthusianisme. Mais je voudrais savoir si la Russie a une politique démographique. Elle a des projets quinquennaux, voire décennaux, pour l'agriculture, l'industrie et tout ce qu'elle fabrique. Mais qu'a-t-elle fait concernant le problème le plus important aujourd'hui : la population, sa croissance et sa répartition ?

Fischer chuchotait au Dr Kaminsky, lui disant visiblement ce que je voulais savoir. Le médecin a répondu : « Si j'ai bien compris, vous demandez s'il existe une politique du point de vue biologique ou économique. »

« Je demande si la Russie, en planifiant ses industries, a également des projets quant au contrôle éventuel des familles. Je sais que vous avez une grande liberté pour les femmes et une excellente technique d'avortement. Pour nous, cela est extrêmement important, car après un avortement, une femme retrouve les mêmes conditions et tombe à nouveau enceinte. Quatre cent mille avortements par an indiquent que les femmes ne veulent pas avoir autant d'enfants ; à mon avis, c'est une méthode cruelle pour résoudre le problème, car l'avortement, aussi bien pratiqué soit-il, est une terrible tension nerveuse et une épreuve physique épuisante.

La réponse du Dr Kaminsky n'était pas encourageante. « Il n'y a aucun doute quant à l'augmentation de la population. Il n'existe aucune politique concernant la question des restrictions biologiques ; au contraire, il y a une politique d'augmentation de la population. Depuis six ans, nous avons une grande pénurie, non seulement de travailleurs qualifiés, mais de main d'œuvre en général. »

Évidemment, je n'étais pas un visiteur particulièrement bienvenu.

Par hasard, j'ai eu la chance de rencontrer à nouveau le Dr Marthe Ruben-Wolf, qui, avec son mari et ses enfants, s'était échappée de l'Allemagne nazie et dirigeait alors un avortement à Moscou. En raison de sa vaste expérience en Allemagne, où les cliniques étaient sous tutelle municipale, elle était l'une des rares communistes sensées en matière de population. Elle m'a très gentiment aidé pour certains de mes entretiens.

En Russie, toute femme qui en faisait la demande avait le droit d'avorter sur demande auprès d'un médecin. On lui a parlé des dangers, on l'a prévenue que cela pourrait entraîner la stérilité et on lui a facturé environ deux dollars et demi. Nous avons discuté avec une cinquantaine de patients qui étaient là depuis trois jours déjà. Aucun n'avait de température. Ils étaient très joyeux et rentraient chez eux cet après-midi pour se reposer encore une semaine ou deux. Ensuite, ils retourneraient au travail sans déduction de salaire. Même si certaines de ces femmes ont subi cinq avortements en deux ans et une en a eu huit, elles ne peuvent pas trop vanter les mérites de leur pays pour avoir autorisé ces opérations. Lorsque je leur ai demandé si elles ne préféreraient pas avoir des informations sur la manière d'en éviter d'autres en se protégeant d'une grossesse, toutes ont répondu : « Nous n'avons rien de tel. Nous en entendons parler, mais nous n'avons rien. La Russie est trop pauvre. Nous espérons qu'elle l'obtiendra bientôt.

Dans un seul endroit j'ai vu une clinique au sens où nous utilisons ce mot ici, et c'était à Moscou où le Dr Kabanova avait soixante femmes l' après-midi où nous l'avons visité. Un grand mérite revient également à Madame Lebedova qui a organisé la création originale des Instituts pour la protection de la maternité et de l'enfance, a posé les principes à suivre et a persisté jusqu'à ce qu'ils soient incorporés dans un programme défini.

Le Dr Abram B. Genss , directeur adjoint, était responsable des fournitures contraceptives et de l'administration du contrôle des naissances, tel qu'il était. Il était hostile, désagréable, désagréable, criant « malthusianisme » dans mes oreilles plus de fois en une heure que je ne l'avais entendu auparavant en vingt ans. Les méthodes utilisées à la clinique de Moscou étaient désuètes et j'ai proposé d'envoyer un médecin pour les instruire, mais ma proposition n'a pas été acceptée.

Je considérais la situation de la Russie comme très grave. Sa population était une question de mathématiques ; il s'était accru d'une cinquantaine de millions depuis la chute de l'Empire. À moins qu'elle ne regarde vers l'avenir et n'éduque son peuple sur les problèmes liés à la population, d'ici deux générations, elle se retrouverait avec le même taux de natalité différentiel qui existait alors en Angleterre et aux États-Unis. Cela aurait cependant des conséquences bien plus tragiques, car cela réduirait l'augmentation des troupes de choc capables et qualifiées de l'industrie, des idéalistes et des travailleurs actifs et altruistes, et multiplierait par le bas les travailleurs non qualifiés, ignorants et stupides. l'élément superstitieux que même les plus grands efforts d'une dictature soviétique menée à toute vitesse n'ont pas pu extraire de leur environnement évolutif.

J'ai vraiment commencé à voir la Russie sous un autre visage après avoir pris le train reliant Moscou à Gorki, l'ancienne Nijni Novgorod. Dans les grands hôtels de la ville, les vendeurs essayaient de se débarrasser des zibelines douces et chaudes et des retables brodés d'or provenant évidemment des églises, en demandant de bons prix pour eux. Mais désormais, les paysannes proposaient des cache-théiers, des boîtes en bois sculptées et peintes, des poupées, du cuir, du laiton, des bibelots pour les touristes, très différents de ce qu'on pouvait trouver ailleurs en Europe, et toujours, bien sûr, des chemisiers russes.

Le bateau à vapeur *Kommunistka* , petit mais confortable, nous attendait pour nous transporter sur la Volga jusqu'à Stalingrad. Notre groupe occupait pratiquement toutes les cabines disponibles, mais des centaines de Russes étaient entassés sur les ponts. À certains endroits, la rivière mesurait un kilomètre de large et se glissait entre des paysages plats, sans limites à perte de vue. Souvent, nous rattrapions des radeaux de rondins, certains mesurant au moins un quart de mille de long, chacun portant une petite maison où vivaient le capitaine et sa famille. On pouvait voir les enfants courir d'avant en arrière et l'équipage le pousser tranquillement dans le courant.

Nous avons passé quatre jours en transit, traversant de nombreux villages et quelques villes : Kazan, Samara et Saratov. Je ne me souviens pas clairement des villes. Certains endroits sont indélébiles dans votre esprit ; d'autres représentent très peu. Si vous cherchez quelque chose et ne le trouvez pas, la scène disparaît.

A chaque arrêt, des hommes et des femmes accompagnés d'enfants et de paniers remplis d'affaires étaient rassemblés par centaines. Ils étaient venus une semaine ou plus en avance pour être sûrs de prendre le bateau, de passer les nuits à terre, de subsister d'un pain, d'une tomate ou d'un concombre. Leurs enfants étaient pris en charge à la crèche de la gare, baignés, habillés de vêtements frais, instruits, dirigés par des jeux, remis aux parents juste avant l'atterrissage de la *Kommunistka* .

Puis vint la folle bousculade. C'était comme au bon vieux temps à Ellis Island, lorsque les paysans d'Europe arrivaient par milliers, portant d'énormes paquets sur la tête, se bousculant, se précipitant et bavardant dans des langues étranges, essayant de se faufiler. à bord. Ils n'avaient aucun confort, pas de place pour dormir comme nous. Ils semblaient austères et affamés, alors que nous avions une nourriture merveilleuse, en fait trop abondante. Tout Américain envisageant de perdre du poids en Russie a été très déçu.

Stalingrad, près de l'embouchure de la Volga, était la plus grande ville industrielle de Russie. Ici, je vis un hôtel qui montait devant et s'effondrait derrière avec une rapidité à peu près égale ; les matériaux de construction gisaient dans les rues. Dans celui où nous logions, nous avons dû éviter les robinets. Des installations de plomberie avaient été installées dans tout le pays, mais le jet d'eau d'un robinet ne débouchait jamais là où il était prévu. Vous vous êtes approché avec précaution, ne sachant pas si cela vous toucherait à l'œil, au nez, ou s'il vous tirerait par-dessus l'épaule et heurterait votre valise. La salle de bain n'avait pas de serrure et le préposé insistait sur le fait que c'était son travail d'aider les clients à prendre un bain. J'ai poussé d'un côté de la porte ; lui de l'autre. J'ai gagné.

A Stalingrad, comme partout où j'étais allé auparavant, je cherchais des méthodes contraceptives russes, mais ayant été découragé à la fois par le Dr Kaminsky et par le Dr Genss , j'y suis allé avec assez de prudence. Lorsque j'ai visité le nouvel hôpital impressionnant, j'ai demandé au directeur, qui était gynécologue et parlait bien anglais, s'il donnait des conseils en matière de contraception.

"Non, mais nous avons un département de consultation."

"Puis-je le voir?" J'en avais déjà inspecté une quinzaine, où je n'avais trouvé que des objets exposés au mur.

"C'est juste de l'autre côté de la route."

« Veux-tu venir avec moi ? J'ai demandé. "Ailleurs, il est difficile d'obtenir des informations."

Il accepta volontiers. Lorsque nous sommes entrés, un employé montrait de longs schémas à certains touristes qu'on accompagnait et leur disait que le contrôle des naissances était enseigné dans les hôpitaux de toute la Russie. Quelqu'un que je connaissais est venu vers moi. "C'est merveilleux, Mme Sanger, le gouvernement enseigne aux gens le contrôle des naissances."

Les affiches étaient là pour le prouver, mais la salle de consultation elle-même était fermée à clé. « Qui commande ici ? » demanda le surintendant. «J'ai envoyé des patients. Qui s'occupe d'eux ?

«Je le fais parfois», a proposé une assistante. Elle nous a laissé entrer dans la pièce. Il y avait les mêmes caisses que j'avais vues partout, probablement intactes depuis 1925, les articles à l'intérieur moisis et fissurés.

"Qu'est ce que tu utilises?" J'ai demandé.

«Nous n'avons rien. Nous avons demandé et demandé à Moscou, mais nous n'obtenons rien.»

Le surintendant était très embarrassé ; il a demandé depuis combien de temps les fournitures n'étaient pas arrivées.

"Deux ans."

"Pourquoi?"

"Nous ne savons pas."

"Eh bien, qu'en est-il des patients que j'envoie ici ?"

« Nous leur disons simplement de rentrer chez eux et d'attendre. Nous n'avons rien pour eux.

De Stalingrad, nous avons pris le train pour Ordzonikidze , le début de la route militaire géorgienne traversant le Caucase jusqu'à Tiflis. Après le petit-déjeuner habituel composé de thé russe, de pain noir et de caviar frais, que j'ai trouvé délicieux, nous sommes montés dans quatre char-à-bancs ouverts et les avons remplis à pleine capacité. D'énormes camions arrivaient avec nos bagages. Pendant environ deux heures, nous avons roulé au bord de la rivière Terek, qui coulait dans l'obscurité et allait si vite que la seule chose à laquelle je pouvais penser était les ruisseaux des glaciers suisses, mais au lieu d'être vert glace, elle était boueuse, éclabousser sur la route. Les guides nous ont dit qu'il y avait eu une pluie torrentielle pendant deux jours, la pire que le Caucase ait jamais connue.

Vers dix heures, nous nous sommes arrêtés pour nous dégourdir les jambes dans un village. Des groupes d'alpinistes vigoureux nous regardaient, souriant avec bonne humeur, comme si nous étions aussi étranges que n'importe quel monstre dans un cirque. Ils nous ont donné du fromage et du pain ; certains d'entre nous ont acheté du vin et du thé, ne sachant pas quand nous pourrions partir. Au bout de trois heures, nous étions toujours au village quand finalement des hommes portant de grands chapeaux hauts et des capes d'astrakan d'apparence militaire sont montés à cheval et ont parlé à nos guides qui, n'étant pas géorgiens, avaient du mal à deviner qu'ils essayaient de dire que nos voitures ne pouvaient pas. passer.

Nous avons pensé que c'était le genre des Russes de s'inquiéter de quelques petits obstacles, et nous avons dit qu'il devait y avoir un moyen de les surmonter. Nous sommes partis et nos chauffeurs étaient magnifiques. Avec l'entêtement des tracteurs , nous avons plongé à travers les ruisseaux et les rochers ; quand les arbres bloquaient la route, ils soulevaient les troncs, les branches et tout. Nous roulâmes encore et encore, lentement, et enfin, vers cinq heures, nous arrivâmes à un endroit où il n'y avait rien devant nous, rien que le flanc de la montagne à pic jusqu'à l'eau tourbillonnante.

Les quatre-vingts touristes, jeunes et âgés, grands et petits, minces et gros, sortirent. Nous pouvions voir la route commencer environ un quart de mile plus loin, un soleil étouffant souriant sur les sommets des montagnes. La rivière montait toujours. Un de nos guides entra pour vérifier si nous pouvions le franchir à gué et se retrouva bientôt pratiquement à mi-hauteur dans la crue trouble. Grant commença à transporter des vieilles dames à travers les profondeurs et quelques garçons transportèrent le professeur Ross, pesant deux cent dix livres. Le courant était formidable et les gens tombaient sans cesse.

Après presque trois heures, tout le monde était de passage. Notre chef a trouvé un cheval, est parti au galop pour récupérer de nouveaux bus, qui sont arrivés et nous ont emmenés à la ville où nous étions censés déjeuner. Mais il faisait maintenant nuit et le déjeuner devint un souper. Plus de conversations, plus de consultations, plus de retard, plus de mystère. Pourquoi n'avons-nous pas commencé ? La réponse fut que trois hommes étranges étaient assis dans l'une de nos voitures – des Russes qui voulaient se rendre à Tiflis. Ils allaient avoir leurs droits. Lorsque plaider, argumenter, raisonner ne pouvait les ébranler, il fallait invoquer la GPU ; toujours pas de résultats. Ce n'est que lorsqu'on leur a promis qu'un bus partirait immédiatement qu'ils sont descendus et ont fait de la place aux trois membres de notre groupe dont ils avaient usurpé les sièges.

Nous sommes repartis, pour ensuite être refoulés. Encore une longue halte et encore une conversation. Finalement, comme des bus avaient été envoyés de Tiflis pour nous accueillir et attendaient à environ six miles de là, il a été décidé de continuer.

Puis a commencé la véritable traversée du col Godaur , à travers les rochers et les talus, les racines des arbres, le sable et l'eau, des détours précaires dans une nuit aussi intense que toutes celles que j'ai jamais vues. Les milices avaient reçu l'ordre de Moscou de maintenir la route ouverte – des fusées vertes pour nous faire avancer, des rouges pour nous arrêter, et des lanternes allumées devant les endroits les plus dangereux – de grandes descentes dans les ravins. Finalement , nous sommes arrivés au bout et avons monté une nouvelle série d'autobus, mais seulement trois d'entre eux. Grant faisait partie de ceux qui sont restés sur place. Nous arrivâmes à Tiflis à deux heures du matin. Le dîner était prêt ainsi que les lits propres, et nous avons dormi jusqu'à ce que le soleil humide nous réveille pour le petit-déjeuner, juste au moment où les autres arrivaient en traînant.

C'était dimanche matin. Sur les marches de la vieille cathédrale géorgienne se trouvaient des mendiantes – boiteuses, aveugles, sales – je n'en avais jamais vu d'autres en Russie. Les enfants regardaient la messe avec curiosité, mais on nous a dit qu'il était interdit aux parents de les obliger à aller à l'église. Les quelques femmes âgées présentes portaient des fleurs et les avaient également enroulées autour des cadres des images des saints. Nous, touristes, présentions un contraste incongru avec les prêtres avec leurs longues barbes et leurs robes splendides.

Tiflis avait échappé au joug de Moscou. Ici, parmi les mosquées, les chameaux et les bazars, qui lui donnaient une teinte résolument orientale, nous avons enfin aperçu des signes d'entreprise privée. Dans les montagnes se trouvaient des tribus que les Soviétiques essayaient de civiliser : des tribus guerrières, incultes et barbares. Staline, peut-être sentimental pour son pays d'origine, choisissait autant de Géorgiens que possible pour des postes élevés et envoyait des enseignants et des films pour éduquer les autres, mais la tâche était herculéenne.

Il faisait chaud et torride lorsque nous arrivâmes à Batum, au bord de la mer Noire. Le soleil tombait ; nous voulions aller nager pour nous rafraîchir et avons été dirigés vers une plage de galets. L'eau était obscurcie par le dépôt lourd et riche qui recouvrait le fond, et le sable, de même couleur, était parsemé de masses de gens comme Coney Island, des milliers sur les rochers couverts d'algues. Cela n'avait pas l'air agréable et nous avons continué à marcher. Une cloison de lattes à travers laquelle il y avait une visibilité parfaite était censée séparer les femmes des hommes, mais malgré avoir tant entendu parler de la baignade nue là-bas, nous avons découvert que tout le monde portait des costumes – des vêtements étonnants et démodés.

Mme Clyde a refusé d'entrer, mais elle est restée assise à regarder avec son chapeau et ses lunettes. Tanya a gardé une culotte rose et un soutien-gorge. Le reste d'entre nous était déterminé à se débarrasser de nos inhibitions. Une fois que vous avez fait cela, vous en avez été libéré pour le moment ; c'était le faire qui était si difficile. Les plus surprenants furent les enseignants des écoles de la Nouvelle-Angleterre, qui n'avaient certainement jamais retiré leurs vêtements en public. Ils jetèrent hardiment leurs corps longs et maigres dans l'eau comme pour dire : « Russie, nous voilà ! »

Le bateau à vapeur sur lequel nous avons quitté Batum était sale, chargé de passagers qu'il fallait enjamber pendant qu'ils dormaient sur le pont. Si vous quittiez votre cabine ne serait-ce que quelques instants, quelqu'un l'attrapait et prenait votre lit.

Mais le paysage de la Riviera russe était très beau. Les contreforts du Caucase, le long de la côte, brillaient de palais de marbre. Je me souviendrai toujours des puissants cyprès sableux, des colonnes élancées se découpant sur les murs blanc crème ; ils n'étaient pas pour moi des funérailles, mais plutôt des sentinelles.

Seuls les élus parmi les élus, les cadres et l'intelligentsia, pouvaient séjourner à Yalta pour les vacances. De nombreuses personnes, notamment Agnes Smedley, avaient des raisons d'être reconnaissantes envers les Soviétiques pour leurs périodes de repos. Bien qu'elle ne soit pas communiste, elle avait écrit des articles sympathiques et le ministère russe de la Santé, apprenant qu'elle était malade en Chine, lui avait envoyé une invitation à venir se rétablir, et elle y était restée un an gratuitement, se remettant d'un cœur tendu.

J'ai passé une journée dans le majestueux palais d'été byzantin de Nicolas II, à proximité de Livadia . Il était parfaitement aménagé avec des statues, des fontaines, des terrasses. Alors que nous arrivions, d'innombrables têtes rasées sont sorties des fenêtres ouvertes. Dans la merveilleuse salle de bal se trouvaient cent cinquante lits en émail, côte à côte, dortoirs des hommes en vacances. Nous avons vu la pièce appartenant à l'ancienne tsarine, aux murs fragiles en brocart et aux panneaux délicats. Au centre du parquet, dépourvu de tout revêtement, se trouvait une table de sapin recouverte de tissu vichy à carreaux.

De temps en temps, on apercevait des gens dans le palais, mais la plupart étaient allongés dans les jardins. En nous promenant en rond, nous tombâmes sur un groupe de vingt-cinq personnes endormies, pâles et pas très bien nourries. Ils n'ont pas bronché à notre approche. J'ai demandé à Tanya : « Qui sont-ils ?

Touchant l'épaule de l'un d'eux, elle dit : « Tovarish, ces tovarish veulent savoir qui tu es. »

A ce moment-là, non seulement lui, mais tous les autres se levèrent d'un bond, comme lors d'un exercice militaire. L'un après l'autre donnait son nom, chacun avec un « vich » ou un « ski » au bout, indiquant également sa profession. Ayant fini , il tourna la tête vers le suivant, qui reprit le récit. La petite femme aux cheveux noirs coupés au carré et au curieux corsage bleu disait fièrement qu'elle portait la croix de Lénine sur sa robe parce qu'avec lui elle avait combattu pour la Russie. C'était la plus haute distinction qu'une femme russe puisse recevoir ; seulement une centaine en avaient.

Ensuite, le premier homme s'est incliné poliment devant Tanya et lui a dit quelque chose avec dignité. Elle nous a interprété : « Ils veulent savoir qui *vous* êtes. »

"Dites-leur que nous sommes Américains."

« Les Nord-Américains ? » avec beaucoup d'enthousiasme.

"Oui."

Puis question après question éclaboussée comme une mitrailleuse. « Êtes-vous de Seattle ? Portland ? Comment es-tu arrivé là? Par quel chemin es-tu venu ? Combien de temps cela vous a-t-il pris? Combien cela-a-t-il coûté? Qu'est-il arrivé à Dillinger ? Quelles sont les dernières nouvelles de la grève des marins sur la côte Pacifique ? Quand viendra la Révolution ?

Nous étions plutôt abasourdis par l'ampleur des informations actuelles qu'ils avaient glanées, principalement grâce aux affiches affichées dans les parcs. Leurs bombardements se sont poursuivis. « Les femmes américaines ont-elles autant de liberté que les hommes ? Nous n'étions pas tous d'accord là-dessus. « Les femmes mariées peuvent-elles travailler pour le gouvernement ? Peuvent-ils enseigner à l'école ? Certains d'entre nous ont répondu « Non », d'autres « Oui ». Sur chacune de leurs questions, nous étions divisés, mais sur toutes les questions que nous leur posions, ils étaient unis.

« Quel est votre auteur américain préféré ? »

J'ai répondu: "J'aime Sinclair Lewis."

La femme m'a regardé d'un air accusateur : « Pas Theodore Dreiser ?

"Oh, oui", ai-je accepté, "il est bon."

Un homme a suggéré : « Pas Upton Sinclair ?

Ils étaient apparemment tristement déçus de nous.

Finalement, l' un d'eux, faisant un grand geste, m'a dit : « Votre gouvernement américain n'a jamais construit quelque chose de pareil pour ses travailleurs, n'est-ce pas ?

«Non», répondis-je, «nous n'avons jamais eu de tsar», ce qui était très maladroit de ma part.

Il a répondu quelque chose comme : « Vous avez des opinions mais pas de convictions. Nous avons été en prison pour les nôtres.

Tanya s'est portée volontaire en me désignant : « Cette dame a été en prison huit fois pour la sienne.

L'étonnement fut enregistré et un homme s'adressa précipitamment à Tanya qui traduisit : « Il veut savoir qui vous êtes. Dois-je lui dire ? Elle a ensuite expliqué que je préconisais le contrôle des naissances.

«Eh bien, nous l'avons. N'avez-vous visité aucun de nos hôpitaux ? Des milliers de femmes en sont atteintes.

« Non, c'est un avortement. Nous ne voulons pas de cela. Le contrôle des naissances est différent.

La conversation était passée à quelque chose de concret et de réel ; nous avions noué une *entente* très *cordiale* . Le groupe s'est rapproché. "Allez. Allez. C'est important." Ils n'avaient jamais entendu parler de contraception. Comment aurait-on pu me mettre en prison pour ça ? Quel gouvernement fou ! Pire qu'ils ne le pensaient !

La femme a dit : « Nous avons besoin de vous ici. Venez travailler avec nous. Ne gâchez pas votre vie en Amérique.

Du bus impatient sortaient des klaxons, des sifflets, des cloches, nous appelant à partir. Les vingt-cinq au complet nous suivirent jusqu'aux char-à-bancs en nous saluant.

Tanya était une petite personne très perspicace, habituellement impassible mais qui surgissait de manière animée dès que la musique commençait. Un membre de notre groupe l'a invitée : « Venez en Amérique. Tu auras de jolis vêtements, et pour tous ceux qui savent danser comme toi, la gloire attend.

"Jolis vêtements? J'ai deux robes qui répondent à leur fonction. Et quant à la gloire, c'est mon peuple. J'aime danser et ils m'apprécient. Pourquoi devrais-je aller en Amérique ?

Avant de partir , je voulais faire quelque chose pour elle, lui offrir une sorte de cadeau en échange de ses nombreux services. Elle allait se marier et, comme sa mère était démodée, organiser une cérémonie officielle, appeler tous ses amis et même revêtir des vêtements spéciaux. J'avais de nouveaux bas avec moi et je les lui ai présentés. Elle les regardait, les manipulait comme si elle chérissait quelque belle chose dont elle rêvait mais ne pouvait pas la posséder.

« Je n'oserais pas les porter. J'aurais honte parce que mes amis ne pourraient pas avoir la même chose.

Tanya était prête à s'en passer jusqu'à ce que tout le monde ait des bas de soie. Il fallait saisir cette attitude pour comprendre le soviétisme. Cela vous donnait une légère liberté personnelle et vous deviez vous demander honnêtement si l'exploitation par le gouvernement ou par un individu était fondamentalement différente. Mais ce que vous aviez, c'était la sécurité pour votre vieillesse et l'espoir que lorsque les récompenses viendraient, vous auriez votre part.

Les Russes étaient un amas de contradictions. Un moment j'étais assez irrité pour les déchirer membre par membre, le suivant me prosterner devant leur sincérité et leur zèle. Les plus de cent cinquante races et quarante-cinq langues créaient des problèmes qui mettaient à l'épreuve l'intelligence de l'homme. Peut-être qu'aucune autre nation n'avait eu un servage d'un ordre inférieur pour sortir de sa léthargie et mettre au travail une nouvelle civilisation. On ne pouvait accorder que de l'admiration à leurs tentatives et à leurs réalisations.

Mais la plupart du temps, ils étaient fascinés par leur propre drogue, l'idéalisme. Ils en avaient tellement avalé qu'ils se sont auto-hypnotisés et se sont heurtés à la réalité sans la comprendre. Comme les Espagnols, il leur suffisait de dire : « Ce sera le cas », sans réfléchir suffisamment à la manière de le réaliser.

A Odessa, nous embarquons sur ce qui nous semble alors par contraste le plus beau navire du monde, le paquebot italien *Campidoglio* , entrant dans un autre domaine. Un drap blanc et soigné a été étendu pour vous, vous-même ; vous n'aviez plus une serviette sale pliée pour un usage indéfini ; des manteaux impeccables ornaient les serveurs ; nos chaises ont été retirées ; tout le monde avait un lit et une cabine convenables. Ce n'était qu'un simple navire, mais il représentait le raffinement occidental et je dois dire que je l'ai bien accueilli. Quelle que soit la sympathie prolétarienne que vous puissiez avoir, vous appréciiez les tables propres, la vaisselle, les draps, les serviettes et une salle de bain qui fonctionnait.

Afin de hâter la rentrée, Grant s'est séparé de moi en Roumanie et mon mari m'a rejoint à Naples pour aller à Marienbad. J'étais à peine arrivé là-bas que Grant m'a télégraphié que Stuart était de nouveau malade ; Je suis rentré chez moi le même jour. À mon arrivée, j'ai trouvé les médecins qui envisageaient une opération radicale, mais j'ai refusé de lui en permettre une autre. Comme alternative, Tucson, en Arizona, a été suggérée en raison de son climat sec et chaud. Sa blessure n'était pas encore cicatrisée lorsque nous avons commencé.

Être arrimé dans le petit coupé Ford de Stuart pendant des jours nous a donné la meilleure opportunité possible de rattraper notre retard sur nos discussions et nos expériences et de placer les événements insignifiants et sans importance dans les poches de mémoire auxquelles ils appartenaient. La joie de me familiariser ainsi avec mon fils adulte me faisait envier les mères qui avaient le loisir de grandir avec leurs enfants ou, du moins, de les voir se développer. Mais il est possible que nous soyons d'autant meilleurs amis dans la vie adulte ; au moins, nous adhérons aux droits de l'individualité pour nous-mêmes et les uns pour les autres.

Le mois d'octobre approchait lorsqu'un beau matin, nous avons quitté El Paso et avons traversé des kilomètres et des kilomètres de désert brun et jaune, jusqu'aux collines et aux montagnes. À travers les vagues de chaleur, nous avons vu des mirages ; nous étions sûrs qu'il s'agissait de lacs. L'Arizona ne ressemblait tellement à aucun endroit où j'avais été auparavant ; Il fallait soit en être captivé, soit le détester et le redouter. N'étant pas prompt à tirer des conclusions, je n'en étais pas sûr au début. Mais je savais qu'il y avait un plaisir dans les nuits fraîches et les journées translucides et ensoleillées avec une belle saveur piquante dans l'air. Au début, ce sont les gens qui m'ont conquis, en particulier Mme Robert P. Bass, fille de Mme Charles Sumner Bird, l'une de nos premières pionnières. Nous sommes restés avec elle pendant une courte période, puis avons loué une maison en pisé rose, là où le désert rencontrait les contreforts. Stuart allait mieux. Au printemps, nous avons refait nos valises dans la petite voiture et sommes partis, regardant avec regret les indescriptibles Catalinas, sur lesquelles la lumière et les nuages jouaient dans un changement de motif sans fin.

Chapitre trente-sept

QUI PEUT PRENDRE UN RÊVE POUR LA VÉRITÉ ?

« La Divinité dort dans les pierres, respire dans les plantes, rêve dans les animaux et s'éveille dans les êtres humains. »

PROVERBE INDIEN

Plusieurs fois j'avais envisagé l'idée d'aller en Inde, et toujours quelque chose m'en avait empêché. En 1922, quand j'étais à proximité , c'était la saison chaude et tout le monde était allé dans les stations de montagne. En 1928, alors que j'avais moi aussi fait des projets provisoires, je n'allais pas bien. Je pense que j'avais, en outre, été réticent parce que le livre de Katherine Mayo m'avait laissé une douleur si douloureuse que je me sentais impuissant à aider à lever l'inertie qu'elle décrivait.

Finalement, en 1936, j'ai reçu un message de Margaret Cousins, pionnière du mouvement des femmes indiennes, épouse d'un poète et professeur d'université, qui m'a demandé si j'accepterais une invitation à assister à la prochaine conférence pan-indienne des femmes. La conférence précédente avait adopté une résolution favorable au contrôle des naissances en théorie, mais maintenant ils voulaient que je les aide à « y mettre du mordant », à en élaborer une qui esquisse un plan pratique applicable à toutes les castes, à le présenter et à argumentez-le.

Comme une telle résolution signifiait que le mouvement avait désormais dépassé le point où nous devions intervenir pour être entendus et qu'elle lancerait les choses dans la bonne direction, je m'arrangeai pour passer trois mois en Inde, de novembre à janvier, sous la direction de sous les auspices du Centre international d'information, qui a été créé à Londres après la Conférence de Genève afin que les différents peuples et pays intéressés par la question puissent avoir des moyens de contact.

Mme John Phillips, qui avait mené de nombreuses batailles à Pittsburgh pour le contrôle des naissances, a suggéré que sa fille, diplômée de Vassar et journaliste, pourrait devenir ma secrétaire. Tout au long du trajet, une belle foule de jeunes se rassemblait autour de la pleine d'entrain d'Anna Jane, qui avait une capacité de rire aussi grande que n'importe quel être humain que j'ai jamais connu. Rien n'était trop difficile pour elle, rien de trop grand ou de trop petit pour qu'elle le fasse ; dans l'ensemble, elle fut une compagne parfaite, commençant par notre voyage en Angleterre et se terminant à Honolulu.

Le successeur désigné de Gandhi, l'expert Jawaharlal Nehru, issu d'une famille réputée pour ses études, se trouvait temporairement à Londres. Il était le jeune leader des éléments les plus radicaux en Inde, beaucoup plus enclin au communisme que Gandhi. Après avoir passé quatre ans en prison, il avait été libéré pour rendre visite à sa femme malade et mourante en Allemagne. Je n'ai pas pu assister à une réception pour lui, alors Anna Jane a téléphoné pour me dire que j'étais désolée. "Pourquoi Mme Sanger devrait-elle être désolée?" dit-il avec la simplicité des vrais grands. "Elle peut venir à tout moment." Je l'ai fait le lendemain après-midi.

Nehru était calme et posé, avec une attitude réfléchie qui vous impressionnait immédiatement comme une intelligence contrôlée. Son intention était d'établir dans l'esprit de la Jeune Inde que les doctrines spirituelles de Gandhi ne seraient efficaces que si elles étaient liées à des principes économiques et sociologiques.

Plus obscur que l'Indien était l'Anglais Paul Brunton, petit et brun, avec une expression solennelle, intense, presque mystique dans les yeux. Il essayait de découvrir quelle était la vertu des fakirs et des saints hommes, parcourant l'Inde à leur recherche, et avait incarné le résultat dans son livre, *The Search in Secret India* . Il m'a dit : « Il ne reste plus beaucoup de saints hommes ; la plupart d'entre eux sont repartis vers les montagnes, inaccessibles aux Occidentaux. Celui pour qui j'ai le plus grand respect est le sage d'Arunachala, le Maharshi de Tiruvannamalai. Ma femme et moi avons une petite cabane au sud-ouest de Madras, et si vous nous rendez visite lorsque vous atteindrez cette partie de l'Inde, je veillerai à ce que vous veniez en sa présence.

Naturellement, j'ai accepté son offre avec enthousiasme et je l'ai inscrite sur ma liste de « incontournables ».

Peu avant mon départ de Londres, un banquet d'adieu fut donné au Barber-Surgeons' Hall, vestige du vieux Londres connu de peu de gens et auquel vous ne pouviez être admis que sur invitation. C'était sur Monkwell Street dans la City, près du mur de Londres et d'Aldersgate . Bien conscient des difficultés qu'il y a à parcourir ce labyrinthe, même de jour, je demandai au chauffeur du Savoy si le chauffeur de taxi le connaissait.

"Certainement Madame."

Je partis avec Mme Kerr-Lawson, la femme du peintre, quelque peu pressée par le temps. Comme d'habitude en novembre, il pleuvait. Après avoir serpenté pendant vingt minutes, nous avons commencé à supposer que le conducteur était perdu, et je l'ai appelé : « Vous ne connaissez pas le chemin ?

"Eh bien, je pensais que c'était ici, mais ça ne semble pas être le cas."

"Pourquoi ne demandes-tu pas à quelqu'un ?"

« Où sont les barbiers ? Il s'est adressé à un facteur, qui a fait une pause pour réfléchir, puis a dit : « Eh bien, c'est par là », en pointant du doigt d'où nous venions.

Nous avons fait demi-tour mais n'avons pas eu plus de chance. Le chauffeur a arrêté au moins dix personnes, chacune portant un uniforme ou une livrée quelconque. « Où sont tous les barbiers ? et tout ce que nous avons entendu était l'écho, "Barbers' 'All?" Il s'est arrêté à côté d'un policier ; même lui ne le savait pas.

Enfin, nous avons vu des voitures intelligentes aller dans une certaine direction. Nous avons dit que ça devait être ça et, bien sûr, il y avait le panneau au coin de la rue. Pour notre tranquillité d' esprit, nous n'étions pas les derniers. HG était juste derrière nous, écumant de fureur parce que lui aussi avait contourné la grange de Robin des Bois.

Une grande partie du bâtiment était fermée à clé, mais ce que nous avons vu était magnifiquement préservé. De toute évidence, la Guilde des Barbiers avait prospéré à l'époque où ses membres saignaient et sangsuaient, et s'occupaient d'autres désagréments de l'humanité, comme arracher les dents.

La salle à manger, autrefois salle d'opération, était désormais le cadre le plus beau qu'on puisse avoir pour un dîner: le service présenté par la reine Anne, des gobelets en cristal, un bol à doigt en argent sculpté d'une rose, la vaste Coupe de Grâce Royale offerte par Henri VIII, comme un calice avec une tige de six pouces, le tout utilisé uniquement en de rares occasions. La table ressemblait à un E avec le milieu laissé en dehors, et au centre était assis Harry Guy dans sa chaise à haut dossier au-dessus du reste d'entre nous. J'étais à sa droite et à côté de moi se trouvait un homme dont le nom avait fait presque un miracle pour le contrôle des naissances en Angleterre : le baron Thomas Horder , alors médecin du prince de Galles.

Sidney Walton, le membre sans qui ce banquet n'aurait pas pu avoir lieu, a ouvert l'affaire selon une ancienne coutume prescrite en déclamant : « Priez, silence pour le roi ! Après le toast à Sa Majesté, on a bu un verre au Président des États-Unis, puis on a proposé ma santé ; la coupe aimante, contenant environ un litre de vin rouge, commença à faire le tour. Pendant le toast, trois personnes devaient être debout : celui qui tenait la coupe, celui qui venait de la recevoir à gauche et celui à droite qui devait la recevoir. Le garçon venait s'essuyer hygiéniquement les lèvres lorsque chacun avait avalé sa gorgée ; c'était la seule touche moderne.

Londres m'a offert de nombreuses courtoisies. L'invasion italienne de l'Éthiopie battait désormais son plein. Des rumeurs couraient selon lesquelles les navires britanniques évitaient le canal de Suez ; j'ai donc réservé sur une ligne néerlandaise. Lorsque j'en ai parlé à Sir John Megaw, ancien directeur du service médical indien, il a pratiquement arrêté de respirer et tous les cheveux de sa tête se hérissaient. "Quoi! un bateau P. et O. ne passe-t-il pas par le canal par peur de l'Italie ?

" Donc j'ai entendu."

« Ma chère Mme Sanger, vous pouvez traverser le canal de Suez sur un bateau britannique si la marine britannique doit vous escorter !

Le rapport de Sir John appelant le gouvernement britannique à élaborer un plan de croissance, d'augmentation et de répartition de la population en Inde était l'un des plus intelligents publiés par un officier de santé de cette époque. Bien qu'entièrement sympathique à mon projet, il doutait cependant que je puisse faire quoi que ce soit. Il pensait cependant que le fait que j'étais Américain pourrait éviter l'antagonisme qui suivrait inévitablement la mention du contrôle des naissances par n'importe quel habitant des îles britanniques.

Presque aussitôt que le *vice-roi des Indes* s'embarqua, nous semblâmes beaucoup plus près de l'Est. Les matelots indiens se déplaçaient, se distinguant par leur corps mince, leur visage brun et leur turban, mais les Anglais commandaient tous les départements. Cela a dû être une source de ressentiment pour les passagers indiens d'être ignorés ou traités comme des inférieurs par la fonction publique anglaise qui allait les gouverner dans leur propre pays.

Le navire était de second ordre, rocheux dans une mer agitée et rauque. Le son des clairons pour le lever et les repas était depuis longtemps dépassé sur la plupart des paquebots, mais a été conservé ici. J'ai été réveillé à huit heures ou plus tôt chaque matin par le bruit sourd le plus horrible au-dessus de ma tête. Après avoir eu mal à la tête pendant deux jours, je suis monté sur le pont sportif et j'ai découvert que les Anglais faisaient de l'exercice en lançant des palets directement au-dessus de ma cabine.

Le canal de Suez était brillant de sable jaune et de ciel bleu. Nous avons lentement dépassé deux transports italiens avec des soldats bandés sur les ponts, invalides rentrés d'Éthiopie. En ce qui concerne les conversations sur notre propre navire, personne n'aurait soupçonné qu'il y avait une guerre. Pas un Anglais n'aborda le sujet et, s'il était entraîné dans une discussion, il y éluda en affirmant que son pays pouvait très bien se débrouiller tout seul.

Une fois dans la mer Rouge, les passagers et les officiers sortirent en blanc ; les ponts étaient couverts de toile pour que les jeux puissent continuer. La plupart de ces Britanniques avaient tellement voyagé qu'ils avaient une routine maritime. Ils s'adonnaient au sport le matin, habillés convenablement. De deux heures à quatre heures de l'après-midi, un silence s'installa. Toutes les chaises sur le pont étaient occupées par des chaises longues somnolentes. Mais dès que les choses à base de thé sont apparues, la vie a commencé à être intéressante. La musique jaillissait de l'orchestre, les bébés sortaient de la crèche, tout le monde se précipitait d' une chaise à la table, cueillant et choisissant des gâteaux ou des petits pains, des sandwichs ou du pain nature et de la confiture. Après le dîner, de nouveau, les lumières pleines et flamboyantes éclairèrent amplement les interminables ping-pong et palets.

De loin, Bombay était une ville composée de grands immeubles. Ce n'est que de très près que l'on pouvait voir la chaleur grésillante de l'eau ; le soleil brûlant et l'air lourd rendaient désagréable de se tenir debout sur le pont. Le quai était rempli, les Britanniques facilement reconnaissables à leurs sola topees, le couvre-chef le plus laid du monde. Tous saluaient la foule avec beaucoup d'enthousiasme et beaucoup portaient des guirlandes de fleurs pour les visiteurs ou ceux qui rentraient chez eux. Au milieu de la confusion et de la confusion, les coolies se sont précipités à bord pour récupérer leurs bagages. Une délégation d'une cinquantaine de personnes nous a accueillis, dont Edith How-Martyn, qui avait sondé les sentiments populaires et religieux, et le Dr AP Pillay, rédacteur en chef du magazine *Marriage Hygiene*, l'homme le plus actif dans l'eugénisme et le contrôle des naissances en Inde.

J'avais écrit à Gandhi et une réponse de sa part m'a accueilli au bateau : « Venez par tous les moyens chaque fois que vous le pouvez, et vous resterez avec moi, si cela ne vous dérange pas ce qui doit vous apparaître comme notre extrême simplicité ; nous n'avons ni maîtres ni serviteurs ici.

La soirée était chaude et oppressante à l'intérieur mais douce et douce à l'extérieur, et je me promenais sous un ciel charmant et profond. Les femmes, petites de corps, de chevilles et de poignets, aux traits bien formés et parlant doucement comme les Japonaises, qu'elles soient pauvres ou non, portaient des bracelets, des bracelets de cheville, des anneaux aux oreilles et certaines un bouton bijou sur le côté du corps. nez. Rares étaient ceux qui portaient un costume occidental ; ils portaient presque toujours des saris, des plis gracieux drapés sur leur tête. Hommes et garçons étaient étendus dans les promenades, n'ayant pour tout bien que des nattes sur lesquelles ils s'étendaient. C'était révoltant de voir quelque chose remuer dans la poussière, et de voir des haillons se transformer en un être humain qui dormait là.

Le lendemain après-midi, j'ai eu ma première réunion au Cowasji Jehangir Hall, le plus grand de Bombay et extrêmement bruyant. Elle était ouverte sur la rue, et les tramways passaient en vacillant, les piétons parlaient fort et des dizaines et des dizaines de ventilateurs électriques ronronnaient en rond et en rond. Il fallait parler tout en haut de la gorge pour être entendu ; Les Indiens étaient habitués à l'énonciation britannique et au discours britannique et trouvaient l'anglais américain difficile à comprendre. Regarder le public de haut, c'était comme regarder une mer agitée ; c'était un amas brisé de casquettes blanches de Gandhi, dont la forme ressemblait à celles que portaient nos soldats outre-mer. On ne les enlevait ni à la maison, ni dans les magasins, ni même à table. Partout en Inde , on les voyait, démontrant l'ampleur de ses partisans.

On m'avait dit que les femmes célibataires n'existaient pas en Inde et qu'aucun membre de la classe cultivée ne travaillait pour un salaire. Cependant, le jour même de mon arrivée, j'ai rencontré trois filles qui étaient encore célibataires, donnaient de leur temps pour aider les exclus et possédaient leur propre petit appartement. Deux d'entre eux essayaient d'être indépendants ; une autre recevait une allocation de son père qui, bien que désapprobateur, lui garantissait sa subsistance.

Il avait également été prédit que seuls les Eurasiens et les classes inférieures m'écouteraient sur le contrôle des naissances, mais la question s'est avérée n'être pas : « Est-ce que cela sera donné ? mais "Que donner?" et cela venait de toutes les couches. Le maire de Bombay m'a invité à prendre la parole devant un rassemblement de responsables municipaux. Mme Sarojini Naidu, la célèbre poétesse, remarquable par sa loyauté envers l'Inde et, après Gandhi, la personne la plus aimée du pays, m'a parlé de la tenue d'une réunion à Hyderabad, où son mari était chef du corps médical. Lady Braybourne, lors d'un déjeuner à Government House, m'a dit qu'elle et le gouverneur étaient soucieux d'empêcher les mille cinq cents personnes vivant dans leur propre enceinte de doubler leur nombre en quelques années. Que suggérerais-je ?

La réponse était compliquée par de nombreux facteurs. Avant tout, il y avait la pauvreté indescriptible qui régnait. Un contraceptif si bon marché qu'il pouvait être accessible à tous avait été inventé sous la forme d'une poudre mousseuse qui pouvait être fabriquée à partir d'amidon de riz ; assez pour un an ne devrait pas coûter plus de dix cents. Mais nous ne l'avions pas encore suffisamment testé pour garantir son innocuité et son efficacité.

Les femmes les plus pauvres de Bombay, au visage sobre et à l'air terne, qui avaient particulièrement besoin de cette méthode, vivaient dans des *chawls sales et mortels* - des cabanes en tôle ondulée - sans fenêtres, ni lumières, ni lampes, seulement trois murs et parfois de vieux morceaux de bois. un chiffon ou du papier accroché devant dans une pitoyable tentative d'intimité.

J'ai vite appris que lorsque nous parcourions le pays, nous devions avoir un domestique, ou un porteur, pour sécuriser les compartiments ferroviaires, préparer les lits, veiller à ce que nous ayons de la nourriture dans les différentes gares et éloigner les vendeurs. Matelas, couvertures, draps, oreillers, serviettes et savon devaient nous accompagner dans les trains. Chez Cook's, nous avons acquis Joseph, un personnage extraordinaire, toujours vêtu d'un manteau d'alpaga noir et d'un turban coloré. Nous le payions environ un dollar par jour, ce qui était considéré comme un très bon salaire. Cependant, comme il parlait non seulement l'hindoustani, mais aussi le bengali, le tamoul et l'anglais, nous avons pensé qu'il s'agissait d'une excellente trouvaille. Il nous servait, nous apportait du thé le matin, nous accompagnait aux appels.

Le respect de Joseph pour nous s'est énormément accru lorsqu'il a appris que nous allions rendre visite à Gandhi. Il est devenu notre conseiller dévoué, dormant devant la porte la nuit. En raison de sa position, il était indigne de transporter quoi que ce soit. Nous fûmes donc obligés de louer un coolie pour ses bagages ainsi que plusieurs pour les nôtres. L'Inde était sans aucun doute l'endroit où l'homme blanc pouvait perdre son complexe d'infériorité, s'il en avait un ; la classe des serviteurs était obséquieuse et les instruits, distants et supérieurs.

Nous fûmes accueillis à la gare de Wardha par une charrette couverte à deux roues, un tonga , très propre, avec de petites marches qui montaient et tirée par un bœuf couleur crème. Comme il n'y avait pas de sièges, nous nous sommes assis à plat sur le fond et avons été traînés tranquillement et lentement le long des routes poussiéreuses jusqu'à l' *ashram* .

Gandhi était les jambes croisées sur le sol d'une pièce d'une grande structure carrée, un tissu blanc comme un drap autour de lui. Il s'est levé pour me saluer alors que j'entrais avec une brassée de livres, de fleurs, de magazines et de gants dont je n'avais pas réalisé l'existence jusqu'à ce que nous essayions de nous prendre à deux mains. Il rayonnait et j'ai ri.

était peut-être encore plus exagérée que ses photos : ses oreilles étaient plus saillantes ; son crâne rasé l'était davantage ; sa bouche édentée sourit plus largement, laissant un grand vide entre ses lèvres. Mais autour de lui et une partie de lui se trouvait une aura lumineuse. Et une fois que vous avez vu cela, la laideur s'est estompée et vous avez entrevu ce quelque chose dans l'essence de son être que les gens ont suivi et qui leur a fait l'appeler le Mahatma.

C'était lundi, le jour de silence, de méditation et de prière de Gandhi. Il était tellement assiégé par des problèmes et des difficultés sur lesquels il devait se prononcer que celui-ci vingt-quatre heures il se réservait sans interruption. Il se contenta donc de sourire et de hocher la tête, puis Anna Jane et moi fûmes escortés le long d'un chemin de gravier jusqu'à la maison d'hôtes, à peut-être une centaine de mètres de là, un bâtiment de quatre pièces, aux murs dégrossis et enduits de plâtre blanc, la partie supérieure ouvert pour la ventilation. Sur le sol en pierre inégal se trouvaient deux lits de camp sans matelas sur lesquels était étalée notre literie. Un poteau de toit au centre comportait une étagère circulaire qui servait de table ou de chaises selon les besoins.

Des bols de bouillie et de lait furent apportés, sucrés soit avec du miel, soit avec du sucre brûlé – je ne saurais dire lequel, mais c'était très agréable. Je n'ai posé aucune question sur la façon dont il était bouilli, ni si c'était du lait de chèvre ou de vache ; même si je n'avais pas faim, la baisse s'est quand même produite.

Dès Tiffin, nous avons inspecté la culture du coton, la fabrication du papier, le pressoir à huile et l'irrigation au moyen de roues tournantes à l'ancienne. Je n'étais pas enthousiaste. Cela semblait un effort si pitoyable, comme revenir en arrière au lieu d'avancer, et essayer de maintenir des millions de personnes à travailler sur de petits processus manuels simplement dans le but de leur donner un travail grâce auquel ils pourraient exister.

Le soir, Gandhi écrivit sur son ardoise que le lendemain matin je pourrais le rejoindre dans sa promenade. C'était son exercice régulier, occupant environ une heure. Il prenait bien soin de lui physiquement, observant de manière rigide et stricte les règles de santé et d'alimentation. Il le fallait pour accomplir l'énorme quantité de travail qui lui était toujours confié.

Après être montés sur le toit pour les prières du soir, nos lits ont été déplacés sur la terrasse sous la lune et les étoiles et le ciel glorieux et sans limites au-dessus de nous. Des lumières scintillaient le long du chemin menant à la maison principale mais, pour le reste, tout était sombre. Je n'ai jamais été plus conscient du calme de la nature ni des agitations plus constantes des êtres humains - le chant résonnant du village voisin , chantant, criant, riant, les chiens aboyant, les sons flottaient clairement dans l'air frais et vif alors qu'il n'y avait pas une feuille dessus. les arbres tremblaient. A quatre heures, les cloches sonnèrent pour la prière du matin et à six heures, Joseph vint me dire l'heure et je me levai et m'habillai.

Gandhi et moi avons marché avec ses deux autres invitées ; ils considéraient comme sacré chaque moment qu'ils passaient avec lui. Des hommes, des femmes et des enfants l'attendaient sur son passage, plusieurs se prosternant comme devant un saint personnage. En enjambant les décombres, nous avons traversé des chemins étroits à travers des champs ouverts où les familles se blottissaient dans leurs petites huttes avec des chiens et des chèvres. Les gens se baignaient, se lavaient et se brossaient les dents. De petites spirales de fumée s'échappaient des feux pour le repas du matin.

À onze heures, nous sommes tous allés prendre notre petit-déjeuner de l'autre côté du terrain, laissant nos chaussures dehors. Tout le monde était prêt et de grands plateaux brillants en métal argenté étaient placés devant nous sur le sol. Gandhi essayait de persuader les Indiens d'utiliser les légumes cultivés localement de différentes manières et d'augmenter ainsi leur consommation de vitamines. Mme Gandhi supervisait le département culinaire et servait elle-même le repas, dont l'approvisionnement était bon et varié : pas de viande, mais beaucoup de fruits et de légumes dans de curieuses combinaisons, comme des tomates et des oranges dans une salade. Tous ramassaient leur nourriture avec leurs doigts, la mélangeaient et la ramassaient très astucieusement sans en laisser tomber un morceau.

Les partisans de Gandhi étaient si nombreux et son influence était si profonde que j'étais sûr que son soutien au contrôle des naissances serait d'une immense valeur si je parvenais à le convaincre de la nécessité de ce contrôle pour les femmes indiennes. Après le petit-déjeuner, je me mis à la tâche.

Il parlait couramment anglais, à voix basse, avec des intonations précises, ne manquant jamais d'un mot, et pouvait apparemment discuter de n'importe quel sujet proche ou lointain. Néanmoins, j'avais l'impression que son enregistrement d'impressions était émoussé ; pendant que vous répondiez à une de ses questions, il s'en tenait à une idée ou à une pensée qui lui était propre et, dès que vous vous arrêtiez, il la poursuivait comme s'il ne vous avait pas entendu. À maintes reprises, j'ai cru qu'il me suivait, et puis est apparu le mur de pierre de la religion, de l'émotion ou de l'expérience, et je n'ai pas pu le dynamiter pour surmonter cet obstacle. En fait, malgré sa prétention à l'ouverture d'esprit, il était fier de ne pas modifier ses opinions.

Gandhi affirmait qu'il connaissait les femmes et qu'il était en accord avec elles. Personnellement, après l'avoir écouté pendant un moment, je ne pensais pas qu'il avait la moindre lueur du fonctionnement interne du cœur ou de l'esprit d'une femme. Il s'accusait d'être une brute pour avoir désiré sa femme lorsqu'il était plus jeune, et qualifiait toutes les relations sexuelles d'actes avilissants, bien que parfois nécessaires à la procréation. Il a convenu que pas plus de trois ou quatre enfants ne devraient naître dans une famille, mais a insisté sur le fait que les rapports sexuels devraient donc être limités à trois ou quatre occasions pendant toute la vie conjugale du couple.

J'ai suggéré qu'un tel régime ne pouvait que provoquer des troubles psychologiques chez le mari et la femme. De plus, lorsque le respect, la considération et la révérence faisaient partie de la relation , je l'appelais amour, pas convoitise, même si cela s'exprimait dans l'union sexuelle, avec ou sans enfants.

Gandhi m'a fait référence à la nature, la grande réalisatrice, qui résoudrait nos problèmes si nous dépendions d'elle, mais il a dit que ce que nous faisions était d'injecter les idées de l'homme dans la nature.

À cela, j'ai répondu : « Comment pouvez-vous vous différencier ? Voici du coton qui pousse sur vos terres et des citrons aussi. C'est la nature. Seriez-vous opposé à l'idée de tremper du coton dans du jus de citron et de l'utiliser comme contraceptif ? »

Il a dit positivement qu'il le ferait. À chaque argument que j'ai présenté, il a répondu : « Je trouverais d'autres méthodes », mais n'en a proposé aucune qui ne soit basée sur la continence. Il a réitéré que les femmes, afin de contrôler la taille de leur famille, doivent « résister » à leur mari, et dans les cas extrêmes, le quitter.

Ceux qui ont écouté l'interview ont déclaré que le Mahatma avait fait des concessions qu'il n'avait jamais faites auparavant. Il m'a lui-même dit : « Cela n'a pas été un effort inutile. Nous nous sommes certainement rapprochés. Néanmoins, je savais qu'il était vain de compter sur Gandhi pour aider le mouvement en Inde ; son état d'esprit ne changerait pas. Après avoir lu son autobiographie, j'ai cru voir la cause de ses inhibitions. Lui-même avait éprouvé ce qu'il appelait la luxure, et il le détestait désormais. Cela formait un pivot émotionnel dans son cerveau autour duquel se concentrait tout ce qui avait trait au sexe. Mais il restait sa gentillesse, son hospitalité, ses dispositions pour votre confort, qu'il reproduisait encore et encore pour les visiteurs qui ne donnaient rien mais s'inspiraient de lui. Et, en outre, comme l'humanité, en règle générale, ne fait pas grand-chose pour elle-même et que la masse inerte doit être soulevée jusqu'au point où elle puisse prendre l'initiative, quiconque peut sortir une nation de toutes classes et de tous âges de l'incroyable léthargie dans laquelle elle s'est plongée a longtemps été coulé et peut inciter un peuple à espérer qu'il est une personne grande, voire noble.

Néanmoins, contrairement à l'attitude de Gandhi à l'égard du contrôle des naissances, celle de Rabindranath Tagore était un réconfort. Avec Anna Jane et Joseph , j'ai entrepris un long voyage jusqu'à Calcutta, qui couvre les deux tiers de l'Inde. Maintenant, on voyait vraiment le pays : les palmiers et les bananiers, les indigènes montant dans les trains, vivant dans leurs petites huttes. Ceux-ci étaient en bambou enduits de boue et blanchis à la chaux ; les sols étaient imbibés de bouse de vache pour durcir la terre et les toits étaient recouverts de chaume. Alors que nous traversions village après village, j'ai observé des vaches, des chèvres, des chiens, des bœufs, tous avec leurs petits, se promenant dans les rues, se mêlant librement aux gens et s'écartant dès qu'un sifflet ou une cloche sonnait. Les colporteurs, en équilibre sur leur tête , des plateaux remplis d'oranges, parcouraient les quais de la gare, appelant leurs marchandises dans un rythme fascinant et chantant.

Nous sommes arrivés à Bolpur, au-delà de Calcutta, à sept heures trente du début de la soirée de décembre. Le fils de Tagore était dans le train et nous sommes allés avec lui à Santineketan , la Maison de la Paix, où Tagore vivait et enseignait. Le regroupement des bâtiments dans le domaine de mille acres ressemblait à celui d'un ancien monastère, pas aussi confortable ou individuel que celui de Gandhi, mais plutôt froid et nu. Avant le lever du soleil, j'ai entendu les prières des étudiants. Garçons et filles allaient ensuite ensemble à six heures étudier dans la mangueraie ou sous les banians, le tout en plein air.

Son ancienne maison luxueuse, Tagore, avait été cédée à son fils et occupait lui-même une petite maison en terre cuite conçue comme un temple de style moderne. La pièce dans laquelle on m'a conduit dans l'après-midi était pleine de livres et de papiers, comme le bureau d'un cadre occupé. Tagore, vêtu d'une longue robe rugueuse en tissu fait main, était assis derrière son bureau. On m'avait dit que je le trouverais très âgé, mais, même s'il était légèrement plus maigre que lorsque je l'avais vu à New York en 1931, il ne paraissait pas beaucoup plus âgé. Il est vrai que sa barbe et ses cheveux étaient plus rares, mais son visage, presque sans rides, avait le même calme, et sa voix finement modulée exprimait la même compréhension lorsqu'il parlait de l'importance du contrôle des naissances pour son pays, et espérait sincèrement que je serais en mesure de le faire. atteindre les villageois, ce qui, selon lui, doit être fait si cela peut apporter un quelconque bénéfice à l'Inde.

Tagore savait que j'étais allé voir Gandhi, mais il n'en a pas parlé. Il avait du tact combiné à sa grâce et à son intelligence ; il dessine, peint, dirige la danse, sculpte et joue même. Faisant appel à des classes plus riches que Gandhi, il a orienté son école vers le développement de la culture et des arts ainsi que vers l'amélioration des nécessités agricoles.

Le bâtiment médical de Calcutta avait été choisi pour ma première conférence là-bas, mais M. O'Connor, qui en était le responsable, a refusé la permission. Comme l'édifice appartenait au gouvernement britannique, le contrôle des naissances devint immédiatement populaire auprès des Indiens et la réunion fut transférée à l'Albert Hall. On m'avait prévenu que nous avions besoin, comme président, d'un homme fort, doté d'une personnalité dominatrice, car c'était un endroit bruyant et les fauteurs de troubles le hantaient toujours. Mais l'association qui m'avait demandé de parler avait déjà choisi une femme, Mme Soudamini Mehta, qui dirigeait la clinique de Calcutta. J'ai parlé à contre-courant pendant quarante minutes, puis Mme Mehta, dont la voix résonnait à peine dans la rampe, a ouvert le forum pour les questions.

Deux patriarches barbus ressemblant à des Messies étaient assis au premier rang. L'un d'eux se leva d'un bond et, sans poser de questions, se mit à haranguer sur un ton onctueux. Mme Mehta a essayé de l'arrêter, mais n'y est pas parvenue. Le public a essayé de le crier ; quelques-uns étaient avec lui mais la plupart ne l'étaient pas. Puis une bagarre éclate et le deuxième sexagénaire se lève et réclame sa reconnaissance. Quelqu'un lui attrapa les mains par derrière et une autre dispute commença.

Finalement, j'ai dit à Mme Mehta : « Peut-être qu'ils peuvent m'entendre. Demandons-leur s'ils veulent écouter ces hommes.»

Immédiatement, un puissant rugissement de « Non ! » est monté. Puis les deux vieillards éclatèrent de nouveau en hurlant. Mme Mehta, la colère renforçant ses cordes vocales , a finalement crié avec indignation : « Vous êtes méchante, et la réunion est maintenant terminée ! Et ainsi, au milieu des cris de joie, nous nous séparâmes.

Je n'avais plus de conférences prévues à une certaine époque et j'ai accepté avec plaisir l'invitation de Mme Norman Odling à lui rendre visite à Kalimpong , à l'ombre du mont Everest, à trois cent cinquante milles au nord de Calcutta.

En préparant cette excursion , je devais décider si je devais emmener Joseph. C'était un homme silencieux. Chaque fois que je lui avais demandé d'effectuer un service, depuis la lessive jusqu'à la garde des bagages, il n'avait jamais répondu par oui ou par non, mais il se contentait de secouer la tête - pas une secousse régulière, mais un hochement de tête d'un côté à l'autre comme s'il disaient: "Eh bien, eh bien!" J'avais l'habitude de soupirer : « Peu importe. J'étais devenu plutôt exaspéré par ce qui semblait son manque d'enthousiasme déplorable, même si Anna Jane semblait l'apprécier ; étant occupée dans d'autres directions, notamment avec des beaux, elle lui avait laissé beaucoup de choses à régler. Finalement, j'ai informé Cook's que nous partions pour le Nord et que nous aimerions quelqu'un d'autre. Lorsque leur représentant est venu enquêter, il a dit à Joseph : « Souhaitez-vous accompagner Mme Sanger ? Joseph secoua la tête.

"Te voilà!" M'écriai-je. "Il ne veut pas y aller."

À ce moment-là, Joseph leva les mains suppliantes et parla en hindoustani.

"Oui, il le fait", a déclaré l'homme du Cook. « Quand il secoue la tête en disant « non », il veut dire « oui ». »

Avant de commencer, Joseph m'a mentionné à quel point il faisait hivernal dans l'Himalaya ; il doit avoir un pardessus. Je lui ai demandé s'il y était déjà allé.

"Oui."

"Alors tu avais un manteau?"

"Oui."

"Est-ce que quelqu'un l'a acheté pour toi?"

"Oui, achetez-le toujours pour les porteurs."

"Eh bien, où est ce manteau?"

"Épuisé."

J'ai également interrogé Cook à ce sujet et on m'a répondu : « Il essaie de s'en prendre à toi. Il en a probablement déjà deux ou trois, et si vous lui en donnez un autre , il le vendra.

Nous avons endurci notre cœur et Joseph a dû se passer de son manteau.

À mesure que nous avancions vers le nord, les nuits devenaient froides, les matinées froides, quatre heures de l'après-midi étaient froides. Joseph s'était changé pour un hideux chapeau noir qu'il disait être plus chaud que son turban, mais il n'avait pas de pardessus et se mit à tousser.

Nous sommes arrivés à Siliguri à six heures du matin, juste à temps pour regarder l'aube rose se lever sur les montagnes enneigées. Après une tasse de café chaud mais infect, nous nous sommes enveloppés dans des tapis et nous sommes partis pour une heure de route jusqu'à Kalimpong , en montant et en contournant des virages en épingle à cheveux, en suivant principalement la rivière, souvent à travers des morceaux de jungle d'où l'on savait qu'un tigre pourrait surgir. la route d'une minute à l'autre. Le paysage était le plus superbe que j'aie jamais vu, plus grandiose que les Rocheuses, les Pyrénées ou les Alpes, un mélange d'enchevêtrement vert et de sommets blancs touchant le ciel clair, avec des couronnes de nuages au loin.

À mesure que nous approchions de Kalimpong, nous constations une nette différence dans le type d'indigène ; Les Tibétains et les Népalais étaient fréquents. Les nuées de femmes ressemblaient à des squaws, même si, au lieu de papooses, elles portaient sur leur dos d'énormes paniers de charbon de bois ou de six à huit gros blocs de pierre, le tout pour six cents par jour. Pas de chevaux, pas de mulets, pas de chariots, seulement des femmes comme bêtes de somme transportant ces roches de la carrière au chantier, tintant avec des anneaux aux chevilles et des anneaux aux orteils. Ce qui m'a frappé le plus singulièrement, c'est que beaucoup d'entre eux portaient de vilains châles, assurément produits par des filatures écossaises ; tout le flanc de la colline était parsemé de plaids.

Dès que je suis arrivé chez Mme Odling et que j'ai entendu l'accent de son père médecin missionnaire, j'ai connu la réponse. « Nous ne pensons jamais rentrer en Écosse sans en rapporter », a-t-elle déclaré. "Ils préfèrent de loin les plaids à leurs propres créations."

Mme Odling était une chérie, née là dans les collines, et s'intéressait intensément à cultiver les industries des Thibétains , qu'elle encourageait à traverser la frontière avec leurs belles boîtes en argent et leurs bols en laiton parsemés de turquoise. Ce n'était pas un peuple d'apparence agréable. C'était presque ridicule de voir cette femme délicate donner de bon cœur une tape sur l'épaule à certains des personnages les plus laids et leur parler dans leur langue primitive ; il était évident qu'ils l'adoraient et feraient n'importe quoi pour elle.

Kalimpong lui-même était charmant et ensoleillé, perché sur un éperon extérieur de l'Himalaya oriental ; à l'arrière-plan s'élevait la puissante barrière enneigée du Kinchenjunga , qui le séparait du Thibet, et au-delà passait la route haute, froide et rocailleuse qui menait à Lhassa.

Pour atteindre Darjeeling, qui se trouvait de l'autre côté d'une chaîne de montagnes, il fallait revenir sur nos pas jusqu'à Siliguri puis emprunter une route magnifique mais périlleuse remontant une autre vallée. Darjeeling lui-même m'a déçu, un méli-mélo de tout et de tout : touristes, racailles, prix exorbitants sur des articles sans valeur, à peine quelques bons dans les boutiques de cadeaux. Mais j'ai eu l'occasion d'acheter pour Grant la peau d'un tigre abattu lors d'une chasse récente, et cette beauté a été emballée dans des boules à naphtaline et envoyée directement au navire. Une caisse de thé Darjeeling provenant d'un des plus beaux jardins m'a également été livrée à Calcutta, où je suis maintenant retourné.

Là, un certain Dr Ankelsaria , un conférencier indien qui avait parlé en Amérique sur la psychologie et les phénomènes psychiques, s'est imposé comme mon interprète et mon guide et m'a entraîné bon gré mal gré vers des sites tels que le temple Jain et le palais de cristal. Il m'a entendu téléphoner pour un rendez-vous avec Sir Jagardis Chandra Bose, célèbre pour son ingénieuse théorie selon laquelle les plantes respiraient. Il dit aussitôt : « Je connais très bien Sir Jagardis ; Je t'y emmènerai.

J'ai laissé entendre qu'Anna Jane et moi étions les seules invitées, mais il a répondu : « Oh, ce n'est rien. Nous y allons tous assez souvent pour prendre le thé. Mais comme il n'est pas arrivé à l'heure indiquée, nous sommes partis en taxi, quelque peu soulagés.

Sir Jagardis était une personne d'une grande dignité – âgée, polie, un scientifique pur et simple. Il me semblait être une personne essayant de garder sa vie claire, sans que des éléments extérieurs ne l'entourent de trop près.

Nous avions à peine fini notre thé qu'à ma grande surprise le Dr Ankelsaria apparut sur le seuil et Sir Jagardis demanda : « Souhaitez-vous avoir ce monsieur ? Nous lui avons expliqué qu'il avait proposé de nous emmener dans sa voiture.

Bientôt, nous sommes sortis pour voir le jardin, où des plantes de toutes sortes étaient soigneusement entretenues, chacune étant traitée comme un enfant unique : celui-ci se couchait tôt, celui-là était réveillé par le soleil, celui-là reculait devant le bruit, celui-là aimait l'eau courante, celui-là avait soif d'une atmosphère humide, qui avait besoin d'un désert dans lequel prospérer ; il comprenait les caractéristiques de chacun. Lui-même était dérangé parce que ses fleurs n'aimaient pas la présence du Dr Ankelsaria et en seraient affectées.

De là, nous sommes entrés dans le laboratoire, où Sir Jagardis a démontré le fonctionnement de sa machine. Lorsqu'il plaçait de l'azote ou du carbone sur la plante, l'instrument, qui était presque au repos, laissait de petites marques, un peu comme le rythme cardiaque d'une personne était montré sur un cardiographe.

Le Dr Ankelsaria entra et sortit un crayon et un cahier. Sir Jagardis se figea aussitôt, cessa de parler et demanda : « Êtes-vous journaliste ?

"Non, je suis médecin."

« Qu'est-ce que tu enlèves ? Je ne l'aurai pas ! Puis, se tournant vers moi comme si j'avais été coupable de trahison : « Ma conversation avec vous était personnelle et confidentielle.

J'étais profondément embarrassé et, aussi sévèrement que je pouvais, j'ai demandé au Dr Ankelsaria d'arrêter immédiatement d'écrire.

Le soir où je quittais Calcutta pour Bénarès, le digne docteur insista pour que je dîne chez sa sœur, un véritable festin indien. Parmi les invités, il y avait une personne extraordinaire qui m'a accueilli comme si nous étions de vieux amis, et je me suis demandé où, au nom du ciel, je l'avais déjà connu. Puis soudain, je me suis rappelé : Carnegie Hall quatre ans plus tôt, les portes étaient bondées, une femme qui avait renoncé à son siège parce qu'elle pensait que le sujet de la conférence était plus important pour moi que pour elle, puis l'apparition du Swami trapu de Californie, cheveux noirs qui lui tombaient sur les épaules, et mon étonnement que dans cette bonne vieille Amérique, à l'époque de la grande dépression, cinq mille personnes aient pu être amenées à le suivre en chœur à l'unisson : « Je suis l'amour, je suis l'amour », se balançant, hypnotisées par leur propre rythme, jusqu'à ce que la haute salle vibre et tonne. Au bout de cinq minutes , j'avais remercié la dame qui m'avait donné sa place et je sortais silencieusement sur la pointe des pieds.

Maintenant, ici à Calcutta, j'ai rencontré à nouveau le Swami, vêtu de sa robe de couleur ocre, de retour en Inde pour la première fois depuis de nombreuses années. Il s'est renseigné sur ma santé, m'a assuré qu'il était au courant de ce que je faisais en Amérique et qu'il était vraiment désolé de ne pas avoir vu sa maison à Los Angeles. J'ai dit que je lui rendrais visite la prochaine fois que j'irais en Californie.

Au lieu d'être emmené dans le train dans la voiture sans prétention d'Ankelsaria , j'ai été transporté dans l'élégante Rolls-Royce de Swami avec le toit abaissé. Tandis que nous parcourions les rues, les passants sautaient sur les marchepieds, des dizaines d'autres nous suivaient, tous voulant toucher l'ourlet de la robe du Swami. Lorsque nous arrivâmes à la gare, nous étions une centaine dans notre sillage. J'ai aperçu Joseph à la porte, et sur la plate-forme, avec un œil sur moi, se trouvait Anna Jane entourée de ses amis anglais formels en tenue de soirée ; le train devait partir dans quelques minutes. Lorsqu'elle m'a vu approcher avec le Swami et sa suite , elle s'est précipitée dans le compartiment pour reprendre ses traits. Puis nous nous sommes tenus sur le pas de la porte alors que nous sortions pour regarder les Anglais se détourner un peu avec raideur, et le Swami, l'une de ces connaissances incongrues mais bienveillantes qu'attire le contrôle des naissances, lui faisant un vigoureux au revoir.

Chapitre trente-huit

DE LA PROFONDEUR MAIS PAS DU TUMULTE

De toutes les villes de l'Inde, Bénarès m'a laissé la pire impression ; tant de choses exagérément vantées ne sont pas à la hauteur des attentes. Je n'ai jamais rencontré plus de confusion de symboles religieux – le Temple de l'Or, le Temple du Singe, le Temple du Serpent – tout à fait déplacés dans une ville sainte. Je n'aimais pas les temples. Ils me faisaient me sentir bizarre au milieu, si puant et si reliques d'époques révolues. Les fidèles s'inclinaient profondément, posant leur front sur le sol mouillé et gluant où des milliers de personnes entraient et sortaient. Autour des portes se trouvaient des mendiants – aveugles, mutilés, malades. Dans le parc se trouvaient des animaux de toutes espèces : des singes, des bœufs, des buffles, des chèvres pour le sacrifice ; des vautours et des corbeaux volaient au-dessus de nous.

La plupart des étrangers n'aimaient pas le Gange, où flottaient des horreurs, mais je le trouvai à l'aube relativement propre, et de loin ce qu'il y avait de plus attrayant. Nous nous étions levés tôt pour voir les brahmanes, les premiers venus, hommes et femmes, vieux et jeunes, se baigner dans l'eau bénite. Les personnes en deuil étaient assises sur une colline à environ vingt pieds d'un ghat en feu, toujours en flammes, attendant que le feu s'éteigne et que les cendres puissent être balayées dans la rivière. Cela me paraissait une manière plus saine de traiter les morts que la coutume occidentale de l'enterrement.

Plus tard, Joseph, dont la toux s'intensifiait, nous conduisit à travers les rues étroites jusqu'aux bazars. Des foules de vendeurs hurlants vous attiraient vers les magasins de dentelle ou pour acheter des cuivres ou des soieries. Ils sont venus vous offrir des cartes. Si vous en preniez un, les concurrents criaient et hurlaient : « C'est un menteur, un voleur, un voleur, ne partez pas avec lui ! Ses produits sont faux ! Même si certaines marchandises étaient exquises, cette férocité ne coïncidait pas avec ma conception d'une ville sainte.

Allahabad ressemblait davantage à une ville universitaire et j'y ai rendu visite à Mme Ranjit Sitaram Pandit, la sœur de Jawaharlal Nehru, que j'avais rencontré à Londres. Sa maison était ancienne et spacieuse, un noyau de pensée et d'activité intellectuelle.

Elle a parrainé une réunion à laquelle sont venus environ six cents étudiants. C'était inspirant de voir des jeunes gens talentueux tenter de tisser votre philosophie et la leur. Ils étaient extrêmement sensibles, plus que la plupart des publics, je pense. Mais, comme c'était le cas pour les jeunes d'ailleurs, ils ont ridiculisé tout ce qui pouvait l'être. Après la réunion, des publications gratuites ont été annoncées et, en deux minutes, c'était une véritable ruée vers le football. Nous avons dû jeter les tracts par-dessus leurs têtes pour les empêcher de se ruer sur la plate-forme dans leur course effrénée.

Au Purdah Club, le public, bien entendu, était entièrement composé de femmes ; beaucoup, au début de la vingtaine, avaient déjà une famille nombreuse. Ils étaient peu habitués à un examen franc de ces sujets, mais, d'un autre côté, ils ne voulaient pas de simples théories. Au moment où les questions furent posées, ils s'étaient remis de leurs rires et étaient prêts à parler sérieusement. Comme d'habitude, quelques-uns vinrent ensuite m'interroger personnellement sur des sujets qui auraient pu être mieux et plus avantageusement discutés avec tous.

En arrivant à Agra, nous avons réservé le Taj Mahal pour le coucher du soleil. Heureusement, il n'y avait que quelques personnes, ce qui rendait le calme encore plus intense. Les mots sont insuffisants pour décrire sa dignité et sa chasteté ; il semblait respirer l'essence de la beauté. Ce n'était pas écrasant, comme l'étaient certaines des merveilles du monde, mais c'était d'une parfaite simplicité. Je suis resté jusqu'à ce que le soleil se couche, et dans la rémanence, le marbre brillait dans un éclat mystique, comme quelque chose dans une autre dimension se reflétant dans la piscine immobile et translucide. Il n'y avait pas un nuage dans le ciel, juste un rayonnement partout. Avant l'aube, je grimpai de nouveau au sommet de la tour-porte et regardai le soleil levant projeter son ombre sur le dôme. À contrecœur, je me détournai pour prendre le train pour Baroda.

Après un long voyage, nous arrivâmes à la capitale à trois heures du matin. J'avais été invité comme invité d'État et, malgré l'heure, nous fûmes accueillis par le secrétaire sous un beau chapeau rouge, or et noir. On sentait immédiatement une touche parisienne dans la façon dont les vêtements étaient portés à Baroda.

Des dispositions avaient été prises pour mon audience avec le Gaekwar, qui avait été placé sur le trône par le gouvernement britannique. Il était un dirigeant très progressiste pour ses deux millions et demi de sujets, visant l'éducation obligatoire et l'abolition des restrictions de caste. Dans l'immense antichambre du Palais se trouvaient dix ou quinze Indiens de grande taille, coiffés de magnifiques turbans, qui devaient être bien plus que de simples fonctionnaires. Le Gaekwar, petit, vigoureux, alerte, me serra la main et rappela qu'il avait été président de la World Fellowship of Faith à Chicago, ce qui, selon lui, avait été le plus grand honneur de sa vie, et qu'il se souvenait de mon discours là-bas.

« Son Altesse souhaite vous rencontrer cet après-midi. Elle commence à consacrer beaucoup de temps au travail de santé et vous devez l'intéresser à ce que vous faites. Elle sera une bonne amie pour toi.

A l'heure dite, j'allai voir le Maharani, tout à fait différent de son mari, très grave, récemment sorti du purdah et gardant toujours un palais séparé. Elle ne savait presque rien du contrôle des naissances, mais tenait un centre de protection sociale pour les mères et les nourrissons.

J'avais entendu de nombreuses sources que telle classe, telle classe et l'autre classe seraient favorables ou opposées au contrôle des naissances, mais aucune de ces déclarations ne s'était jusqu'à présent avérée exacte. Le médecin de l'État, qui était très proche du Maharani, avait une autre thèse qu'il exposa alors qu'il m'emmenait au campement du Maharani, un petit endroit où étaient assises quarante ou cinquante femmes, chacune avec un enfant. « Ces femmes ont été élevées dans le devoir d'avoir des enfants et sont si timides et modestes qu'elles n'écouteraient rien sur le contrôle des naissances. »

Il avait l'air d'être hostile, mais il indiquait simplement les difficultés telles qu'il les voyait. Je lui ai répondu que je n'avais encore jamais rencontré de femmes qui, lorsque le sujet leur était présenté d'une manière qu'elles pouvaient comprendre, n'étaient pas désireuses d'en savoir plus. J'ai suggéré : « Il y a un musulman qui a un bébé malade. Quel âge a-t-elle?"

"Vingt."

"Combien d'enfants a-t-elle?"

"Trois."

"Est-ce qu'elle en avait plus?"

"Deux sont morts."

« Quel âge a celui-ci ? »

"Cinq ou six mois."

"Ne préférerait-elle pas attendre que ce bébé soit fort et en bonne santé avant d'en avoir d'autres ?"

La femme n'a pas eu la possibilité de répondre. Tout le troupeau s'est avancé. "Je fais! Nous faisons! Cette dame a-t-elle quelque chose comme ça ? C'est ce que nous voulons !

Le médecin-conseil était véritablement étonné. "Je dois le dire à Son Altesse." Lorsque j'ai moi-même vu la Maharani pour la deuxième fois, elle a parlé de manière beaucoup plus favorable du contrôle des naissances.

Finalement, j'étais en route pour Trivandrum, la capitale de Travancore, pour apporter tout le soutien possible à la résolution sur le contrôle des naissances à la Conférence panindienne des femmes. La plus grande partie de la population de cet État semi-indépendant du sud était d'origine dravidienne, parmi laquelle le mariage des enfants n'existait pratiquement pas. Ici, les veuves étaient autorisées à se remarier, le divorce était autorisé pour les deux parties et les femmes occupaient une position unique car la propriété revenait aux enfants de la sœur de l'homme plutôt qu'aux siens.

Certains des autres invités d'État étaient déjà arrivés. Une charmante fille m'a particulièrement attiré. Elle était chaleureuse, gentille, désireuse de servir l'humanité et prête à consacrer sa vie aux enseignements de Gandhi. Quand je lui ai demandé à quoi elle comptait se consacrer, elle a répondu : « Montrez aux classes défavorisées que les femmes de mon type peuvent nettoyer leurs latrines. Si je peux le faire, alors ils verront que ce n'est finalement pas une occupation si indigne.

Croyant que cela était inutile, j'ai dit : « Ne pensez-vous pas que vous gaspillez peut-être vos efforts ? Pourquoi ne pas faire quelque chose de constructif, apprendre aux mères à laver et à nourrir correctement leurs enfants ?

Mais elle était déterminée à se sacrifier. "Gandhi veut que les latrines soient nettoyées."

Le Maharani de Travancore, Sethu Parvathi Bai, était le chef titulaire de la Conférence, mais l'esprit directeur était une Parsee d'Hyderabad, Mme Rustomji . Feridoonji , une femme d'une cinquantaine d'années, aux cheveux presque blancs, une érudite maîtrisant l'anglais, l'allemand et le français, avec le vernis de l'Inde et de l'Occident également, alerte et consciente de tout ce qui se passe dans le monde. Elle et plusieurs autres comme elle ont été une source d'inspiration pour d'autres Orientaux et pourraient faire honte à de nombreux Occidentaux pour leur courage et leur vision. Ils avaient immédiatement compris la nécessité de placer le mouvement sous le contrôle de la santé publique. Dans ce qui était pratiquement une forme de médecine socialisée, les municipalités envoyaient déjà des sages-femmes, des infirmières et des médecins aux classes pauvres. Partout où la vaccination allait, les défenseurs du contrôle des naissances prévoyaient de suivre avec des informations sur la contraception. Avec Mme Feridoonji et le reste du comité, j'ai aidé à rédiger une résolution à cet effet.

Le deuxième après-midi, le Maharani s'est diverti lors d'une garden-party. Les fontaines éclaboussaient, les lacs et les piscines brillaient au soleil. La danse était exécutée par des enfants et des filles plus âgées, les couples se déplaçant en rond, à petits pas précis, d'un côté à l'autre, sans apparemment lever les pieds du sol.

Le Maharani et moi fîmes une petite promenade ensemble et elle me demanda particulièrement de venir à son palais le lendemain matin à sept heures. Je ne savais vraiment pas pourquoi elle voulait me voir et j'étais inquiet, car le débat sur notre résolution devait commencer à neuf heures.

Néanmoins, j'ai obéi à son ordre. Nous avons commencé notre conversation par une conversation agréable sur l'éducation des enfants, surtout lorsqu'ils étaient seuls dans la famille, sans camarades de jeu. J'ai réalisé qu'elle hésitait à en venir au fait. Tout le temps, les minutes s'écoulaient.

Finalement, elle a franchi le pas ; sa situation de Présidente du Congrès était très délicate. Elle avait été avertie que les catholiques se retireraient de la Conférence si la résolution était adoptée, et elle espérait donc que je ne trouverais pas nécessaire de parler en sa faveur.

«Mais», protestai-je, «j'ai été invité spécialement à poser cette question.»

"Vous pourriez lui substituer un autre sujet qui pourrait être plus important pour l'Inde."

"Mais quoi?" J'ai demandé.

« Eh bien, » suggéra-t-elle, « pourquoi pas des bordels ? C'est une honte d'avoir des bordels en Inde — remarquez qu'il n'y en a pas à Travancore. Les femmes indiennes n'en parleront pas, mais vous êtes Américain, vous le pouvez. Ce dont nous avons le plus besoin, c'est de supprimer les bordels.

Je pouvais facilement voir la position du Maharani. Son secrétaire social était catholique et un grand nombre de ses sujets eurasiens étaient de la même foi. Mais j'ai dit que les besoins de millions de femmes en Inde étaient plus urgents que les demandes de quelques missionnaires catholiques. Elle l'a magnifiquement pris et a accepté. "Je resterai ici parce que je pense que la discussion doit être complète et libre", a-t-elle déclaré. "Je veux seulement que vous disiez à Mme Feridoonji de donner à vos adversaires deux orateurs pour chacun de votre côté."

Il y avait une chaleur considérable. Aucune femme indienne n'était contre, seulement des Eurasiennes converties ; toutes les mères étaient pour et toutes celles qui s'y opposaient n'étaient pas mariées. Jamais je n'avais autant entendu parler des convoitises et des passions des hommes que de la part de ces derniers. Ils avancent les mêmes vieux arguments, absolument comme si un disque phonographique avait fait le tour du monde. Rien n'aurait pu être plus monotone, répétés comme ils l'étaient dans la presse, sur les estrades et dans les livres. Vous pourriez les contester, les décomposer, les corriger, mais en vain. Plus la véhémence était grande, plus l'opposition se croyait brillante. Vous deviez vous demander : « Comment ai-je formulé cette réponse il y a vingt ans ? Nous étions complètement fatigués lorsque le vote fut enfin compté ; nous avions gagné par quatre-vingt-quatre contre vingt-cinq. Les catholiques ont tenu parole. Aucun n'est revenu cet après-midi-là. Mais puisque c'était la fin de la Conférence, cela n'avait pas d'importance non plus.

Le lendemain, je partais donner une conférence à Madras et Anna Jane me rendait visite à Ceylan. Le soucieux Joseph a laissé entendre qu'il avait plus besoin de s'occuper d'elle que de moi. "Très bien", ai-je accepté. « Mais vous n'êtes pas obligé d'emporter les bagages avec vous. Mettez-le dans mon compartiment. Joseph, cependant, s'est trompé et m'a mis dans le mauvais train ; cela n'est pas allé plus loin que Madura. Le lendemain matin, vers onze heures, on a dit à tout le monde de sortir, et j'étais là avec dix-sept bagages personnels et autant d'autres appartenant à Anna Jane.

Il se trouve qu'un jeune médecin de Calicut, Manjeri Sundaram, m'avait invité à Trivandrum à parler dans sa ville. Quand j'avais répondu que je ne pouvais pas le faire à ce stade, il avait plaidé : « J'irai partout où tu iras. Je dois te parler beaucoup, beaucoup, beaucoup. Chaque fois que vous ne dormez pas, si vous me le permettez , s'il vous plaît, venez avec vous et vous parlez. Je l'avais découragé de la manière la plus totale, mais maintenant il est venu m'aider avec mes bagages et a demandé à des coolies de s'asseoir dessus pendant que nous visitions quelque trente acres de temple.

A Madras, en pays tamoul, les indigènes sans turban étaient beaucoup plus sombres, les costumes blancs et sans intérêt. Monsieur Vepa Ramasan m'a pris en charge. C'était un juge à la retraite de la Haute Cour, un homme très imposant et fortuné qui avait consacré une grande partie de sa fortune à une petite revue malthusienne et qui faisait bouger les choses depuis 1930. Comme d'habitude, la réunion qu'il avait fixée avait lieu de cinq à six heures. , période que les Occidentaux passent habituellement autour du thé, des cocktails ou des apéritifs , mais mise à profit par les Indiens. Les hommes avaient alors quitté leurs bureaux ; il faisait plus frais et ils pouvaient quand même rentrer à la maison pour le dîner.

Sir Vepa , beau, dominant, de port droit, ne paraissant pas du tout son âge, était président. Une fois mon discours de quarante minutes terminé, il a posé des questions de sa voix riche et claire. Un homme en a produit un que j'ai trouvé simple, mais Sir Vepa l'a regardé sévèrement : « Ce n'est pas autorisé !

"Je vais le poser d'une manière différente." Et il l'a fait.

"Je dis toujours que ce n'est pas autorisé!"

"Puis-je en demander un autre?"

"Laissez-moi l'entendre."

Sir Vepa l'entendit et le rejeta. "C'est dans la même catégorie : l'argument !"

L'homme se releva d'un bond et protesta bruyamment. "Asseyez-vous!" » rugit Sir Vepa , et l'homme s'assit comme s'il avait été frappé à la tête.

Quelqu'un d'autre, cinq ou six sièges plus loin, a soulevé une nouvelle question, à laquelle il semblait également assez facile de répondre. Mais encore une fois , Sir Vepa a statué : « Cela n'appartient pas au sujet ! »

L'homme s'est fané.

Le premier intervenant passait alors un papier par-dessus son épaule à un troisième Indien qui secouait violemment la tête ; il refusa de s'y mêler.

Requête après requête, elle a été interdite. Finalement, une voix faible a posé des questions sur le taux de natalité des Français. Sir Vepa s'est retourné contre lui et lui a dit : « Vous avez l'air d'une personne intelligente, mais si vous êtes resté assis pendant quarante minutes à écouter ce discours et que vous ne l'avez pas compris, alors vous n'êtes pas assez intelligent pour justifier qu'une dame parcoure dix mille milles. et perdre son souffle !

Le public riait de la sévérité judiciaire de Sir Vepa . Par contre, j'étais plutôt déprimé. Alors que nous partions , je lui ai dit : « J'aurais aimé que tu me laisses y répondre.

Son expression était surprise : « Cela fait vingt-cinq ans que je leur réponds et que je me bats avec ces mêmes personnes. Ils ne font que confondre. Ce sont des ennemis de la cause et je ne leur fais aucun quartier !

Cela a réglé la situation à Madras.

Comme je n'étais qu'à une heure de voiture d'Adyar, l'ancienne demeure d'Annie Besant, qui avait tant influencé le mouvement, j'y ai fait un pèlerinage. Alors que je marchais dans des sentiers sinueux sous d'énormes banians, noix de coco et bananes, apercevant toujours et encore la belle eau de la baie au loin, j'imaginais avoir capté l'écho de ses paroles qui s'étendaient à travers la décennie depuis que je l'avais entendue expliquer la philosophie. de la réincarnation : plus vous avez évolué ici sur terre, moins il est certain que vous devrez revenir pour réparer vos erreurs — mieux vaut les effacer au fur et à mesure.

Annie Besant, aussitôt devenue théosophe, avait retiré ses livres sur la population. J'étais curieux de connaître l'attitude des théosophes actuels à l'égard du contrôle des naissances et j'ai découvert que ceux d'Adyar étaient persuadés de son importance. Parmi leurs croyances, il y avait que les grandes âmes ne se réincarnaient que si le corps des parents, leur véhicule de naissance, était parfait. S'ils devaient accomplir leurs missions, ils doivent attendre la pureté de leurs vêtements physiques.

J'avais décidé de profiter de l'offre de Paul Brunton et de rendre visite à Sri Ramana Maharshi, le sage d'Arunachala, l'ancien ermite de la colline du Phare sacré et l'un des derniers nobles rishis de l'Hindoustan. Par conséquent, un soir, peu après six heures, le train arriva au tournant et j'aperçus la montagne sacrée, selon la tradition ancienne, le centre du cœur du dieu Siva et, par conséquent, du monde. Je savais que ce devait être *la* montagne même sans qu'on me le dise. Le soleil venait de se coucher et la rémanence donnait un effet charmant et serein.

Le secrétaire du Maharshi, Shastri, m'a rencontré et nous avons marché à travers le crépuscule naissant jusqu'à la maison d'hôtes à environ 800 mètres de là, une pièce simple avec une véranda devant. Paul Brunton n'avait pas pu venir car c'était l'anniversaire du Maharshi et des milliers de fidèles devaient être nourris. Shastri était très bavard et voulait que je réalise que le succès apparent que j'avais était uniquement auprès des classes instruites ; les masses n'en savaient rien. Cela, dis-je, viendrait avec le temps.

Après le petit-déjeuner, j'ai regardé les grands tamariniers sur la pelouse, sur lesquels couraient des singes. Souvent vingt, depuis les bébés jusqu'aux grands-parents, étaient en vue en même temps. Les fenêtres devaient être barricadées la nuit pour les exclure de votre chambre ; ils aimaient particulièrement les bananes mais ne dédaignaient pas les gâteaux de savon.

Pendant que je les regardais gambader, Paul Brunton a pédalé sur un vélo accompagné d'un tonga pour moi. Le chauffeur criait continuellement : « Haiee ! Haiee !" ce qui semblait signifier à la fois que les gens s'écartaient de la route et que le bœuf blanc se déplaçait plus vite ; criait-il d'une voix rauque aux autres conducteurs qui circulaient pêle- mêle dans les rues. Nous nous sommes arrêtés au marché pour acheter quelques bananes en cadeau pour le Maharshi ; il préférait la nourriture aux fleurs, car il pouvait l'offrir. Puis nous avons trotté à travers le village densément peuplé, entendant toujours de loin et de près le grondement des charrettes et les cris des conducteurs : « Haiee ! Haiee !"

Nous atteignîmes enfin l' ashram *au* pied de la colline . Shastri ramassa les bananes dans ses mains, mais à peine s'était-il retourné pour m'aider à sortir du tonga qu'un singe du temple sauta d'un arbre voisin, en arracha deux et, aussi vite qu'un éclair, enleva la peau et les engloutit. les a abattus sans aucun souci quant à l'éthique de sa conduite. Au lieu de cela, il regarda autour de lui pour chercher une autre prise.

Des chaussures et des sandales ont été laissées à l'extérieur de l' *ashram* et Shastri est allé devant pour annoncer mon arrivée. Je me suis incliné dans l'entrée et j'ai pris place sur le sol juste à l'intérieur, j'ai croisé les jambes sous ma jupe et j'ai regardé autour de moi pour ressentir et sentir l'atmosphère. Le Maharshi, nu à l'exception d'un pagne, était assis les jambes croisées sur un canapé recouvert de soie, des oreillers derrière lui et une peau de léopard jetée sur le pied. Un petit feu de charbon de bois et de l'encens, que les préposés brûlaient toute la journée, adoucissaient et alourdissaient l'air. Les yeux lumineux du Maharshi étaient fixés en transe, même si parfois son éventail se soulevait un peu et son regard s'élargissait.

Au début, c'était plutôt calme ; alors quelques femmes se mirent à chanter sur un ton aigu, passant beaucoup par le nez et la tête, bon sans doute pour la glande pinéale, autrefois censée être le siège de l'âme. Les hommes chantaient à haute voix et quelqu'un jouait d'un instrument à cordes.

Vers onze heures, le Maharshi partagea ses dons entre ceux qui étaient assis en réflexion, et peu de temps après, un homme du Cachemire, grand de six pieds et massivement bâti, entra, se prosterna comme des centaines de personnes l'avaient déjà fait, tombant de tout son long, les mains étendues au-dessus de lui sur le sol. , touchant son front trois fois. Alors qu'il se relevait, tout son corps tremblait, des larmes coulaient sur ses joues. Voir des femmes pleurer sous l'effet d'un excès d'émotion ne me dérangeait pas, mais quand un homme d'un tel type, en aucun cas un faible, entrait dans des paroxysmes d'extase, cela dépassait mon entendement. Sans intention critique, mais curieux de savoir pourquoi il avait été si ému, nous lui avons demandé ce qui lui était arrivé.

« Quand je suis entré en présence du Maharshi, c'était comme si l'électricité avait traversé mon corps. Je sentais que lorsque je m'inclinais, j'allais me calmer, mais quand je regardais dans ces yeux, il était comme une flamme.

Ce pèlerin était venu avec des problèmes financiers, des maladies dans sa famille et d'autres ennuis, mais deux ou trois heures de contemplation les avaient effacés ; il savait qu'ils étaient insignifiants et insignifiants contrairement à sa régénération. En termes de foi, les gens de l' *ashram* étaient comparables à ceux qui jetaient leurs béquilles dans un sanctuaire faisant des miracles, sauf qu'ils étaient venus pour une illumination intérieure plutôt que pour guérir des maux corporels. Ils rendaient visite au Maharshi pour recevoir le rayonnement de son âme, tout comme nous cherchions le soleil pour nous réchauffer.

Ce n'est que lorsqu'on obligeait les enfants ou les bébés à se prosterner que le Maharshi souriait, quelque peu sceptique me semblait-il. Il parut amusé lorsqu'un garçon de trois ou quatre ans commença une prière en tamoul mais oublia le reste. Sinon, il restait à l'écart de tout. Peu à peu, il se retirait et abandonnait les choses matérielles. Il voulait disparaître spirituellement, laissant derrière lui la coquille.

Le deuxième jour, le Maharshi dormit ; rien , sauf qu'un chanteur occasionnel faisait irruption dans le silence, ou qu'un singe n'eût la témérité de se précipiter et de s'emparer d'une orange.

Le troisième jour, j'ai assisté à l' *ashram* . Maintenant, la méditation était comme une connexion entre l'esprit et l'émotion, où même la respiration était arrêtée. Je pouvais comprendre pourquoi les yogis entraient dans le silence. Même les bruits à côté, le cliquetis de la vaisselle, semblaient lointains et très lointains. C'était un état de conscience assez semblable à celui qui précède le sommeil.

J'ai regretté de ne pas ressentir le pouvoir du Maharshi. Sa totale indifférence – rester assis toute la journée en semi-transe, ne se livrant à aucune activité – me semblait un gaspillage. Néanmoins, j'étais très reconnaissant envers Paul Brunton pour cette expérience et j'ai mieux compris les Indiens par la suite. Ils voyaient à l'intérieur et au-delà de l'apparence extérieure ; c'était la base même de leur caractère, semblable à la sensibilité du télégraphe en vigne. Tous les Orients en parlaient. Quelque chose est arrivé à vous ou à moi et avant que vous puissiez vous rendre à un autre endroit par le moyen de transport le plus rapide, vous l'avez su. Peut-être s'agissait-il d'une fonction primitive de l'esprit, cette forme de transfert de pensée, mais elle existait là.

Le Dr Sundaram, qui est réapparu à mon retour à Madras, insistait toujours pour que j'aille à Calicut, et j'ai finalement cédé. J'étais heureux de l'avoir fait, car cette ville de quarante mille habitants, entourée d'une baie sur la côte, La côte de Malabar, caressée par de douces brises, était un endroit magnifique avec des forêts de palmiers. Les femmes presque noires portaient des saris de couleurs variées bleus et verts, violets et jaunes, avec des guirlandes de jasmin autour du cou, des bouquets de roses dodus et formels à la main, et au centre de chaque front se trouvait une marque de caste rouge circulaire. .

La réunion s'est tenue dans la cour d'un temple bouddhiste. Le soleil se couchait et une partie du ciel rose coquille se fondait en un carmin profond, comme une fleur. Directement devant, étaient assis trois prêtres, chacun avec le crâne rasé, une robe orange et un épais bâton. Des centaines de freux bavardaient et d'autres oiseaux gazouillaient dans les arbres, des enfants criaient à leurs jeux, le chant aigu des pèlerins marchant dans les rues saturait le crépuscule poussiéreux. On entendait surtout le tintement des bœufs qui montaient et descendaient la route. Le public était assis dans un silence total, entouré de tous ces sons.

Deux jours plus tard, nous avons traversé les bois épais jusqu'à Mysore. Joseph, toussant toujours à se déchirer, m'avait rejoint. J'ai pris ma petite pharmacie et lui ai administré des comprimés de vitamines A et D, le guérissant et acquérant ainsi une réputation. D'autres Indiens ont commencé à traquer le rhume, l'asthme et les douleurs, et sont venus me voir pour leur donner des médicaments américains, en lesquels ils avaient beaucoup confiance.

Bientôt, j'étais dans le train pour Bangalore, à nouveau en tant qu'invité d'État. Le Dewan de Mysore, Sir Mirza Ismail, connaissait tout le monde en Europe, était bien informé des méthodes occidentales de santé et était plein d'idées sur les bâtiments publics, les routes, les rues, les industries et le grand barrage qui devait fournir de l'électricité à l'État. . Il a été la première personne en Inde à s'enquérir de Katherine Mayo. Je m'attendais à rencontrer de l'antagonisme à cause de *Mother India* , que je considérais moi-même désormais comme trompeuse. Il est certain que les conditions dans lesquelles j'étais là-bas semblaient très différentes de celles qu'elle avait dépeintes quelques années plus tôt.

Les Britanniques croyaient que chaque mot était vrai, mais la plupart des Indiens que j'ai vus considéraient Miss Mayo comme étant entrée chez eux et ayant ensuite trahi leurs confidences. Ils affirmaient qu'elle avait définitivement des préjugés et que, en artisan intelligent qu'elle était, elle avait corrigé ses statistiques. Par exemple, lorsqu'elle parlait de l'âge du mariage, elle faisait des déclarations radicales et citait à la page telle ou telle de tel ou tel rapport ; vous vous êtes tourné vers cet endroit et ils avaient raison, et c'est la raison de l'incroyable acceptation de son livre. Néanmoins, elle avait violé l'esprit, car deux pages plus loin dans le même rapport suivaient une explication ou une exception à ses conclusions.

Mirza Ismail, mahométan, pensait qu'elle avait profité aux Indiens en les secouant et que les faits qu'elle avait mis en évidence, même s'ils n'étaient pas vrais pour tout le pays, devaient être corrigés ; que l'Inde doive se défendre était une bonne chose pour elle.

Après avoir visité Hyderabad, qui était agréable et sociale, et après avoir vu ce paysage saisissant dans lequel les montagnes semblaient avoir été brisées par un maul géant en énormes morceaux, je me suis mis en route vers chez moi. L'Inde était une terre de contrastes spectaculaires : les plus hautes montagnes, les plaines les plus chaudes, les jungles les plus denses, les pluies les plus violentes. La plus belle architecture du monde se déroulait sur fond de misère nauséabonde. Une richesse incalculable coexistait avec une pauvreté qui signifiait vivre la mort, des réalisations mentales éblouissantes à côté d'une ignorance totalement abyssale. Je ne pouvais pas dire avec précision quels avaient été les résultats de ce voyage ; ceux-ci arrivaient rarement immédiatement. Et s'il fallait marteler et marteler pendant des années aux États-Unis, il fallait le faire dix fois en Inde.

Un terrible changement de température m'a gelé à Hong Kong ; les pauvres se pressaient autour de petits feux dans les rues. Le Dr Arthur Woo, un protégé de la Fondation Rockefeller, enthousiaste, plein d'énergie, m'a procuré comme par magie un logement dans l'un des hôtels bondés du dernier étage, calme et reposant mais, oh, comme il fait froid !

D'après mon emploi du temps, je devais rester vingt-quatre heures, au cours desquelles devaient s'entasser un déjeuner, un thé, une conférence, un dîner chinois et une réunion publique. Ensuite, j'ai décidé de rester une journée pour une réunion médicale. Ho Kum Tong, un riche Chinois, a offert un autre déjeuner dans sa belle maison.

À Hong Kong, j'ai entendu parler d'un spécialiste de l'eugénisme, un domaine auquel les Chinois s'intéressaient beaucoup. On disait qu'il avait, outre une femme, trente concubines, de chacune desquelles il avait eu trois enfants. L'un des descendants noirs – grand, aux cheveux crépus et aux yeux obliques – était un jeune homme d'apparence des plus extraordinaires ; il ne semblait appartenir à nulle part. Les filles étaient beaucoup plus grandes que la moyenne des Chinois ; tous étaient instruits et faisaient un excellent travail. Non seulement les traits des types cultivés de l'île, mais même ceux des coolies, des débardeurs, me paraissaient de moins en moins orientaux et plus anglo-saxons, le front plus plein, les yeux moins bridés.

Quand je suis arrivé au Japon, j'ai constaté que l'occidentalisation avait fait un bond en avant. Tokyo n'était pas la même ville que j'avais vue en 1922 : des automobiles et des rues largement pavées, de nombreux vélos, de nombreux hommes et jeunes enfants en costume européen. Partout également régnait une atmosphère de tension en raison de l'assassinat des membres du cabinet une dizaine de jours auparavant. Les communications téléphoniques en anglais étaient interdites ; les habitants de Yokohama n'ont pas pu se rendre à Tokyo car tous les transports étaient coupés. La guerre semblait inévitable. La baronne Ishimoto m'a dit que les activités de son organisation avaient été réduites, mais que les articles, les discussions et la diffusion des connaissances avaient continué. La diffusion se faisait désormais comme en France : de maison en maison, de famille en famille, de bouche à oreille plutôt que sous de bons auspices.

À la fin d'un triste voyage à Honolulu, à peine m'étais-je inscrit à l'hôtel que j'entendis une voix féminine à mon oreille : « Êtes-vous Mme Sanger ?
"Oui."

Le Dr Muriel Cass, comme ce comité d'accueil s'est avéré être, savait que je sortais récemment d'un hôpital et a disparu pendant quelques instants pour téléphoner à un médecin. Quand il est arrivé , elle a dit : « Tout ce que nous voulons de vous, c'est de donner à Mme Sanger quelque chose pour qu'elle puisse continuer. Elle a huit conférences à donner.

Je me sentais comme un pauvre vieux cheval de guerre recevant la dernière mesure d'avoine. J'avais un horrible souvenir de deux semaines de brouillard, de pluie et de froid à l'hôpital Memorial de Hong Kong, et maintenant j'allais mourir ici à Honolulu.

Mais le Dr Cass, un gestionnaire efficace et dévoué, a fait pour moi les choses les plus étonnantes. Elle a ordonné à l'opérateur téléphonique de transférer tous les appels vers elle. J'étais là, bien seul. Personne ne pouvait me voir ni même me parler ; Je dois conserver mes forces pour les rencontres. À plusieurs reprises, elle m'a précipité dans les couloirs, m'a mis dans des voitures et m'a emmené au lit. Vraiment , j'étais meilleur après chaque cours qu'avant. Quand j'ai quitté Honolulu, elle-même était tellement épuisée qu'elle a dû prendre des vacances, mais j'allais presque mieux.

L'hospitalité et la luxuriance de ce paradis du Pacifique étaient presque indescriptibles. Hula-hulas dans les hôtels, se baignant sur les plages, les balanciers plongeant, les femmes autochtones dans de grands colliers fleuris de Mother Hubbard , les chansons qu'elles chantaient, l'air de loisir et de divertissement, tout cela faisait d'Honolulu une ville à part. C'était la caisse de résonance de l'Orient, les gens y allaient, les gens revenaient, mais tous là pour s'amuser.

À Honolulu, j'ai remballé et, pour gagner de la place, mis la peau de tigre de Grant dans le coffre autour de ma boîte de thé Darjeeling. Quand, quatre semaines plus tard, j'ai arraché la couverture à Willow Lake, elle empestait le camphre. J'ai essayé d'aérer les feuilles, de les sécher, de les fumiger au soleil, mais c'est resté du thé antimite. Un paquet que j'avais donné avant de découvrir la tragédie. Sa réception a été ignorée. Aucune lettre de remerciement, aucune mention de celui-ci. Les autres amis à qui j'avais prévu d'offrir ce cadeau de choix ont dû s'en priver.

J'ai passé l'été à Willow Lake et l'hiver, me souvenant de l'Arizona du temps où j'y étais avec Stuart, je sortais de nouveau en réponse à l'appel du désert. Mon mari et moi avons trouvé une maison en adobe près de Tucson, ornée de bleu. Les montagnes, ni lointaines, ni distantes, ni dominantes, s'élevaient vers le ciel, mais elles étaient aussi en quelque sorte intimes, entourant doucement la ville des quatre côtés.

Vous vous êtes installé là-bas, dans les contreforts de Catalina, et vous avez senti que vous faisiez partie du tout. La première chose lorsque vous avez ouvert les yeux, avant l'aube, vous avez vu l'or et le violet, puis le ciel tout entier s'est coloré. Le soir, les couchers de soleil se reflétaient sur les montagnes dans des tons rose-lavande ; parfois la lueur jaillissait du bas vers le haut, comme la rampe d'un théâtre, jusqu'à ce que les pointes s'enflamment. Le coucher du soleil a disparu aussi vite que le lever du soleil, sans jamais s'attarder longtemps.

Lorsque la merveille du printemps est arrivée dans le désert, vous avez vu les cactus et leurs fleurs, vous avez vu le sol brun se transformer en un jaune pâle délicat, vous êtes restés impressionnés par la nature en osant vivre sans eau. Cela vous a rappelé la futilité de vous épuiser en vous contentant de vous procurer de la nourriture et des vêtements. Tout comme le défi de la mort, auquel tant de gens étaient vaillamment confrontés, le désert lui-même était un défi.

Chapitre trente-neuf

LE MOTIF SPLENDIDE GRANDIT LENTEMENT

« Il n'y a pas de force au monde plus grande que celle d'une idée quand son heure a sonné. »

VICTOR HUGO

Regarder le passé, c'est comme regarder depuis un promontoire un paysage varié. Les années le traversent comme une route qui serpente dans une vallée. Au fil du temps , vous obtenez une vue d'ensemble et les petits détails deviennent flous et difficiles à retenir. Je me demande s'il ne devrait pas y avoir un cours scolaire pour souligner l'importance de tenir un journal, afin que vous sachiez les événements vraiment importants à noter. La plupart du temps, vous griffonnez des notes destinées à évoquer une image plutôt qu'un récit réel de ce qui s'est passé – des mémorandums de dates, d'engagements et d'événements, laissant les résultats au souvenir. Une certaine inégalité dans cette chronique quant à ce qui est significatif et ce qui ne l'est pas – certaines lacunes dans ma mémoire des événements – peuvent en être la conséquence.

C'est étrange les tours que l'esprit peut jouer. Mon père, la personne qui a le plus contribué à ma croissance, est décédé en 1926 à l'âge de quatre-vingts ans. Le jour où il a été enterré à Corning, je passais devant la banque au coin de la place de la ville avec mes frères Dick et Bob, et nous avons eu la chance de jeter un coup d'œil simultanément à la tour de l'horloge. Légèrement surpris, nous nous sommes regardés et Dick s'est exclamé : « Regardez cette petite chose ! J'ai toujours pensé que c'était aussi grand que la Tour Eiffel !

Au cours de tous nos voyages, chacun de nous avait été convaincu que rien n'était jamais aussi haut que cette tour. Cela peut arriver à tant de souvenirs de jeunesse. Des mois et des kilomètres qui paraissaient si longs à l'époque deviennent si courts plus tard.

La même année, mon père convoqua aussi ma sœur Mary, dont la cruelle immolation au sanctuaire du devoir familial l'avait obligée à renoncer au mariage ; même si je ne l'avais que rarement vue, elle aussi avait eu une influence importante sur moi et restait une présence chère dont je ressentais profondément la perte. Sur onze enfants, sept sont encore en vie. Les familles ont un rôle séparé et distinct dans votre existence. Ils sont plus proches et plus éloignés que des amis, mais vous découvrez souvent que vous n'avez rien d'autre que les liens de l'enfance pour vous maintenir ensemble.

Ce que j'ai pu apporter au mouvement de contrôle des naissances a été le résultat de forces qui ont fixé un objectif clair presque dès l'enfance, chaque circonstance successive traçant les lignes plus nettement : ma naissance dans une famille si nombreuse qu'elle en est en partie responsable. pour la mort prématurée de ma mère ; ma préparation d'infirmière, qui m'a éveillé aux chagrins des femmes ; l'inspiration d'être entré en contact avec de grands esprits et d'en avoir considéré plusieurs comme amis. C'était peut-être le destin, comme certains l'ont dit, je ne sais pas.

Avoir contribué à porter la cause jusqu'à présent a parfois été éprouvant, mais je n'ai jamais considéré cela comme un sacrifice. Chaque heure consciente, nuit et jour, dans n'importe quelle ville, dans n'importe quel pays, a apporté ses compensations. Ma vie a été joyeuse, exultante et pleine parce qu'elle a profondément touché des millions d'autres vies. C'est toujours un privilège de faire partie de quelque chose dont la valeur est incontestablement prouvée, quelque chose d'aussi fondamentalement juste.

De temps en temps, on s'étonne que tant de choses aient été accomplies en si peu de temps. Il n'en reste pas moins qu'à une époque où d'immenses fortunes ont été dépensées pour soulager la misère humaine, les progrès ont été terriblement lents. D'innombrables femmes meurent encore prématurément parce que le peu de connaissances essentielles à toute vie ne leur appartient toujours pas. Le contrôle des naissances doit s'infiltrer jusqu'à atteindre les couches où les besoins sont les plus grands ; tant qu'il n'aura pas été démocratisé, il ne pourra y avoir de repos.

Il est vrai que de grands progrès ont été réalisés dans le domaine théorique. Aujourd'hui, on peut presque déterminer l'âge des gens grâce à leur attitude à l'égard du contrôle des naissances. Pour les jeunes, ce n'est qu'un fait admis ; s'ils sont interrogés, ils supposent que toute l'affaire doit avoir été réglée depuis longtemps.

À maintes reprises dans le passé, une nouvelle époque a adopté un concept censuré par la précédente et s'est demandé avec dérision comment ses ancêtres avaient pu être si aveugles à quelque chose d'aussi évident. L'utilisation d'anesthésiques pour les mères lors de l'accouchement était autrefois condamnée comme une tentative impie d'échapper à la malédiction biblique prononcée contre toutes les femmes et, de la même manière, l'évolution comme frappant les racines du christianisme. Des batailles contre l'impiété, l'hérésie, le blasphème et l'obscénité ont été menées, temporairement perdues et finalement gagnées. La science élimine peu à peu ces obstacles. « The Moving Finger écrit ; et avoir des brefs passe à autre chose. En janvier 1937, dans ce même Hôtel de Ville où quinze ans auparavant il m'avait été interdit de parler et d'où j'avais été traîné au tribunal, je reçus une médaille. Pearl Buck a déclaré un jour : « La cause triomphe parce que la jeunesse est pour vous. Je vis en Chine depuis si longtemps et je sais ce que signifie attendre que les vieux meurent et que les jeunes puissent faire le nécessaire. Je suis heureux que mes deux fils soient médecins avec une formation d'intérêt humain à laquelle s'est ajoutée une qualité d'esprit scientifique qui peut aider à repousser l'horizon du service plus loin dans le futur.

On me demande souvent : « N'êtes-vous pas heureux maintenant que la lutte est terminée ? Mais je ne peux pas accepter que ce soit le cas. Bien que de nombreuses barricades controversées aient été franchies, vous ne pouvez jamais rester les bras croisés, satisfaits et convaincus que la victoire vous appartient pour toujours ; il y a toujours la menace qu'on vous l'enlève. Toute liberté doit être sauvegardée et détenue. La jubilation est injustifiée alors que le monde est dans une tourmente guerrière, chaque unité politique essayant de conserver ce qu'elle possède – certaines menaçant de le lui enlever et d'autres regardant avec convoitise des débouchés dans des pays pas encore complètement remplis. L'application du mouvement aux nations qui devraient, dans l'intérêt de la paix, contrôler leurs populations doit perdurer.

Avant 1914, la tendance mondiale était à l'unité et à la paix. Mais un typhon nous a ensuite rattrapés et nous a bouleversés. Nous avons commencé à tourbillonner violemment dans une direction, celle de l'émancipation individuelle et nationale, jusqu'à ce qu'enfin le grand vent souffle les couronnes des têtes des tsars et des empereurs, balayant le pouvoir entre les mains du peuple.

Lorsque cette guerre a éclaté pour la première fois dans un monde en état de choc, les gens du monde entier étaient consternés et pleuraient devant le massacre d'hommes qu'ils ne connaissaient pas. Mais après quatre ans, en état de légitime défense, ils se sont armés contre l'émotion que devrait susciter toute cruauté, et sont devenus insensibles et endurcis jusqu'à ce que la mort de milliers de nations laisse les nations insensibles.

Puis vint le tourbillon, le centre de la tempête, et nous attendîmes, essoufflés, l'approche du bord opposé. Tout avait été amarré, les lignes de vie avaient été renforcées. Finalement, tout ce que nous avions considéré comme constant dans la pensée rationnelle, la morale, l'éthique, a commencé à aller avec une égale violence dans l'autre sens vers la dictature, le nationalisme et les préjugés raciaux – un abandon de la liberté individuelle. L'immédiateté de la mort des femmes en couches semblait si minime en comparaison, si peu de conséquence ; on ne ressentait plus les douleurs des problèmes qui étaient autrefois si préoccupants.

J'entends sans cesse : « Comment intégrer le contrôle des naissances dans un monde où les dictateurs réclament toujours plus de monde ? » Je ne peux que répondre que l'élan doit désormais tirer sa puissance d'une autre source que celle de susciter la sympathie. L'insensibilité actuelle est due à l'horreur du péril qui plane. Beaucoup seront emportés et détruits, mais lorsque les coques endommagées des différents navires de l'État émergeront dans des mers plus calmes, une leçon aura peut-être été apprise, grâce à laquelle ces navires pourront être rendus plus navigables.

Les Grecs, avec leur génie inné pour dramatiser les vérités fondamentales dans des images d'une beauté révélatrice, ont établi autrefois la course au flambeau à relais, ou Lampadephoria , en l'honneur du Titan Prométhée, qui avait accordé le don divin du feu à l'humanité. Le concours se déroulait la nuit, les grands flambeaux étant allumés de manière appropriée sur l'autel d'Eros. La participation n'est pas une distinction conférée sans discernement ; les élus étaient préparés par la discipline à transmettre la flamme vitale, tout comme les parents ont besoin de formation avant d'être éligibles à leurs graves responsabilités. Les personnages qui parcourent le parcours à toute vitesse symbolisent la transmission de l'étincelle de vie de génération en génération. Chaque coureur doit remettre son flambeau intact à son successeur.

«Construis-toi au-delà de toi-même», disait Nietzsche, et c'est ce que fait le mouvement pour le contrôle des naissances. À l'avenir, tous les peuples accorderont davantage d'importance à la qualité des corps et des cerveaux qui doivent être équipés pour construire la civilisation future ; le contrôle des naissances sera la pierre angulaire de cette grande structure.

www.ingramcontent.com/pod-product-compliance
Lightning Source LLC
LaVergne TN
LVHW042344190726
843493LV00005B/905